jetzt lerne ich **OpenGL**

Unser Online-Tipp
für noch mehr Wissen ...

... aktuelles Fachwissen rund
um die Uhr – zum Probelesen,
Downloaden oder auch auf Papier.

www.InformIT.de

jetzt lerne ich

OpenGL

Der einfache Einstieg in die
Schnittstellenprogrammierung

LORENZ BURGGRAF

Bibliografische Information Der Deutschen Bibliothek
Die Deutsche Bibliothek verzeichnet diese Publikation in der Deutschen
Nationalbibliografie; detaillierte bibliografische Daten sind im Internet
über <http://dnb.ddb.de> abrufbar.

Die Informationen in diesem Produkt werden ohne Rücksicht auf einen
eventuellen Patentschutz veröffentlicht.
Warennamen werden ohne Gewährleistung der freien Verwendbarkeit benutzt.
Bei der Zusammenstellung von Texten und Abbildungen wurde mit größter
Sorgfalt vorgegangen.
Trotzdem können Fehler nicht vollständig ausgeschlossen werden.
Verlag, Herausgeber und Autoren können für fehlerhafte Angaben
und deren Folgen weder eine juristische Verantwortung noch
irgendeine Haftung übernehmen.
Für Verbesserungsvorschläge und Hinweise auf Fehler sind Verlag und
Herausgeber dankbar.

Alle Rechte vorbehalten, auch die der fotomechanischen
Wiedergabe und der Speicherung in elektronischen Medien.
Die gewerbliche Nutzung der in diesem Produkt gezeigten
Modelle und Arbeiten ist nicht zulässig.

Fast alle Hardware- und Software-Bezeichnungen, die in diesem Buch
erwähnt werden, sind gleichzeitig auch eingetragene Warenzeichen
oder sollten als solche betrachtet werden.

Umwelthinweis:
Dieses Buch wurde auf chlorfrei gebleichtem Papier gedruckt.

10 9 8 7 6 5 4 3 2 1

05 04 03

ISBN 3-8272-6237-2

© 2003 by Markt+Technik Verlag,
ein Imprint der Pearson Education Deutschland GmbH,
Martin-Kollar-Straße 10–12, D-81829 München/Germany
Alle Rechte vorbehalten
Lektorat: Annette Tensil, atensil@pearson.de
Herstellung: Claudia Bäurle, cbaeurle@pearson.de
Coverkonzept: independent Medien-Design, Widenmayerstraße 16, 80538 München
Coverlayout: Sabine Krohberger
Titelillustration: Karin Drexler
Satz: text&form GbR, Fürstenfeldbruck
Druck und Verarbeitung: Bosch, Ergolding
Printed in Germany

Übersicht

Vorwort		13
1	Einführung	15
2	Theoretische Grundlagen	29
3	Programmierung mit Visual C++	55
4	Hello OpenGL	111
5	GL – Primitives	133
6	Szenenmanipulationen	171
7	Es werde Licht!	189
8	Materialien	221
9	Globales zur Lichtdarstellung	239
10	Betrachtungsweisen	255
11	Listentechnik/Transformation	285
12	Szenenanimation	313
13	GLU – Primitiver geht's nimmer	347
14	Texturen	375
Schlusswort		403
Anhang A: Lösungen zu den Übungen		405
Anhang B: Kleines 3D-Glossar		419
Anhang C: OpenGL-Datentypen		425
Anhang D: OpenGL-Unterstützung		427
Anhang E: Quellenverzeichnis		431
Anhang F: Inhalt der Buch-CD		433
Stichwortverzeichnis		435

»*A programmer is just a tool which converts coffeine into code*«

(anonym)

Im Sinne dieses bekannten und vielsagenden Zitats widmen Ihnen die Autoren und Lektoren der Buchreihe »Jetzt lerne ich« in jeder Ausgabe ein Rezept mit oder rund um das belebende und beliebte Getränk. Sollten Sie gerade ohne Bohnen oder Pulver sein: Über die Adresse *http:\\www.mut.de\coffee* können Sie einen eigens entwickelten Markt+Technik Programmiererkaffee bestellen.

Viel Spaß und Genuß!

Ginger Coffee

(pro Tasse)
1 Kaffeelöffel gemahlener Kaffee
1/4 Teelöffel Ingwerpulver
1 Teelöffel Honig
Schlagsahne

Kaffee- und Ingwerpulver mischen und im Filter überbrühen. Honig in eine Tasse geben, mit dem heißen Kaffee auffüllen und mit einer Schlagsahnehaube verzieren.

Obwohl unser Kaffee einen einzigartigen, mit nichts vergleichbaren Geschmack besitzt, ist er ein friedvoller und verträglicher Geselle. So ist er durchaus in der Lage, mit dem scharfen Ingwer (engl. ginger) eine harmonische Ehe zu führen. Wenn Sie dieses Rezept ausprobieren, sind Sie wahrscheinlich der dritte Liebhaber in diesem Bunde.

Das Kaffeerezept wurde entnommen aus:

»Kaffee«
Dr. Eugen C. Bürgin
Sigloch Edition, Blaufelden
ISBN: 3-89393-135-X

Mit freundlicher Genehmigung des Verlages.

Inhaltsverzeichnis

Vorwort		13
1	**Einführung**	15
1.1	Computergrafik – damals und heute	17
1.2	Nötige Vorkenntnisse	18
1.3	Das Anliegen von OpenGL	19
1.4	Vergangenheit, Gegenwart und Zukunft	20
1.5	Prinzipielle Funktionsweise von OpenGL	21
1.6	Prozessor- und Grafikkartenleistung	22
1.7	OpenGL und Visual C++	23
1.8	Windows unterstützt OpenGL	24
1.9	Die Bibliotheken zu OpenGL	24
1.9.1	GL	24
1.9.2	GLU	25
1.9.3	GLUT	26
1.10	Client-Server-Technik/Execution-Model	26
1.11	3D-Modellierungsarten	27
1.12	Lichtberechnungsmodell	27
2	**Theoretische Grundlagen**	29
2.1	Mathematik	30
2.1.1	2D-Ebene	30
2.1.2	3D-Raum	31
2.1.3	Vektoren	32

2.1.4	Rechtshändigkeit	37
2.1.5	Transformationen	38
2.1.6	Matrizen	40
2.2	Physik	42
2.2.1	Optik – Die Physik des Lichts	42
2.2.2	Farbenlehre à la Computer	50
3	**Programmierung mit Visual C++**	**55**
3.1	OpenGL unter Visual C++ programmieren	56
3.2	Eine dialogbasierte Anwendung erstellen	57
3.3	Visual C++ konfigurieren	64
3.4	Eine OpenGL-Steuerzentrale entwerfen	66
3.5	Eine OpenGL-Klasse erzeugen	92
3.6	Windows goes to OpenGL	98
3.6.1	Ein Windows-Fenster OpenGL-fähig machen	98
3.6.2	Den OpenGL Rendering Context definieren	103
4	**Hello OpenGL**	**111**
4.1	Member-Funktion HelloOpenGL erzeugen	112
4.2	Der HelloOpenGL-Code	113
4.3	Starten des HelloOpenGL-Programms	118
4.4	Beschreibung der HelloOpenGL-Szene	119
4.5	OpenGL-Realisierungsschritte	120
4.5.1	Code-Überblick	120
4.5.2	OpenGL-Server installieren und initialisieren	121
4.5.3	Client-Initialisierungen	121
4.5.4	Szenenbetrachtungsweisen definieren	122
4.5.5	OpenGL-Grafikelemente zeichnen	122
4.5.6	Erzwingen der OpenGL-Darstellung	122
4.6	OpenGL, die State-Machine	125
4.7	OpenGL-Datentypen und -Konstanten	126
4.7.1	OpenGL-Datentypen	126
4.7.2	OpenGL-Konstanten	128
4.8	C-Strukturen in COpenGL-Klasse nutzen	129
5	**GL – Primitives**	**133**
5.1	Befehlsübersicht	134
5.2	Vertices – Die unsichtbaren Punkte	134
5.2.1	Befehlssuffixe	135
5.3	Primitive – Elementare Geometrien	136
5.3.1	glBegin/glEnd – Der Primitiv-Definitionsbereich	137
5.3.2	Punkte und Linien	138

5.4	Primitive Flächen erzeugen	140
5.4.1	TRIANGLES – Dreiecksflächen	141
5.4.2	QUADS – Vierecksflächen	147
5.4.3	POLYGON – Vielecksfläche	165
5.5	C-Zeigertechnik unter OpenGL nutzen	166
5.5.1	Programmiercode in Zeigertechnik	166
5.5.2	Stern-/Und-Operator	168
5.5.3	Punkt-/Pfeil-Operator	169
6	**Szenenmanipulationen**	**171**
6.1	Befehlsübersicht	171
6.2	Jetzt kommt Farbe ins Spiel	172
6.2.1	glColor_ – Wenn der Anstreicher kommt	172
6.2.2	Transparente Farben und andere Probleme	173
6.2.3	Standard-RGB-Farben organisieren	181
6.3	Hintergründiges zu OpenGL	184
6.3.1	glClearColor – Hintergrundfarbe festlegen	184
6.3.2	glClear – Der Pufferlöscher	184
6.4	Flächen-, Gitter- und Punktdarstellung	185
7	**Es werde Licht!**	**189**
7.1	Am Anfang war kein Licht	190
7.2	Licht und Material – Echte Partner!	191
7.3	Befehlsübersicht	192
7.4	Lichtquellendefinition	193
7.4.1	Lichtquellenanzahl	193
7.4.2	Lichtquellentypen	194
7.4.3	Lichtquelleneigenschaften	195
7.4.4	Lichtquellen-Standardwerte	196
7.4.5	Abstrahlbare Lichtquellenanteile	199
7.4.6	Lichtquellenposition und -wirkrichtung	200
7.4.7	Und es ward Licht!	205
7.4.8	Lichtquellenfarbe	217
8	**Materialien**	**221**
8.1	Materialeigenschaften	221
8.1.1	Materialkonstanten	222
8.2	GL_COLOR_MATERIAL – Kapitelende?	223
8.3	glMaterial – Physikalische Farbdefinition	224
8.3.1	Standardmaterialeigenschaften	224
8.3.2	Material – Vorder- und Rückseitendefinition	225
8.3.3	Materialfarbdefinition Schritt für Schritt	226

8.4	Material-Emission	236
8.5	Material – Shininess	237
9	**Globales zur Lichtdarstellung**	**239**
9.1	Standardwerte	239
9.2	Lichteffekte einschalten	240
9.3	glLightModel – Das globale Lichtmodell	242
9.3.1	GL_LIGHT_MODEL_AMBIENT	242
9.3.2	GL_LIGHT_MODEL_LOCAL_VIEWER	243
9.3.3	GL_LIGHT_MODEL_TWO_SIDE	245
9.4	glColorModel	246
9.5	glShadeModel	246
9.5.1	Eckpunktbewertung von grafischen Primitiven	247
9.6	Szenen – Diskretisierungsgrenzen	250
9.7	Einfluss der Flächennormalen	252
10	**Betrachtungsweisen**	**255**
10.1	Einführung	255
10.2	Matrizenrechnung	256
10.3	Sichtweisen	257
10.3.1	2D-Projektion – Die Entstehungsgeschichte	257
10.3.2	Sichtmatrix-Initialisierung	259
10.3.3	Initialsichtweise auf eine OpenGL-Szene	260
10.3.4	Blickfelddefinition	262
10.3.5	Blickrichtungs- und Blickausrichtungsdefinition	267
10.4	Kamerasichtdefinition	268
10.4.1	Blickfeldausrichtung mit gluLookAt	268
10.4.2	Blickfelddefinition über glOrtho	270
10.4.3	Zoomen	271
10.4.4	Clipping	273
10.5	glViewport – Ein kleiner Schritt für ...	275
10.6	Perspektivische Projektion	281
11	**Listentechnik/Transformation**	**285**
11.1	Wieso, weshalb, warum	285
11.2	Befehlsübersicht	286
11.3	Listig, listig!	287
11.3.1	Generierung/Implizite Ausführung	287
11.3.2	Explizite Ausführung	288
11.3.3	Verschachtelung	288
11.4	Hausszene in Listentechnik realisieren	289
11.4.1	Listennamen vergeben	289

11.4.2	Listen generieren	290
11.4.3	Listen verschachteln	292
11.5	Mit den Listen spielen	293
11.5.1	glScale_ – Vergrößerung und Verkleinerung	294
11.5.2	glTranslate_ – Verschiebung	297
11.5.3	glRotate_ – Verdrehung	299
11.5.4	Nachträge zur Transformation	301
11.6	glPush/glPop – Die Hoch- und Tiefstapler	301
11.6.1	Befehlsübersicht	302
11.6.2	Matrizenstapel	303
11.6.3	Attributstapel	308
12	**Szenenanimation**	**313**
12.1	COpenGL-Animationsvariante laden	314
12.2	Animationsarten	315
12.3	Animationsproblematik	316
12.4	Echtzeit/Ablaufsynchronisation	317
12.5	Storyboard	318
12.6	Animationsprogrammierung	319
12.6.1	Animationssteuerung/-kontrolle	319
12.6.2	Vorhandenen OpenGL-Code auslagern	321
12.6.3	Listentechnik für Animationstechnik nutzen	322
12.6.4	C-Strukturen zur Animationssteuerung	324
12.6.5	Einen Animations-Taktgeber einpflanzen	328
12.6.6	Animationsmodus installieren und entfernen	332
12.6.7	Animationsmodus aus Fremdklasse aufrufen	334
12.6.8	Ablauftransparenz – Die vierte Dimension	336
12.7	Animieren	339
12.7.1	Animation starten	340
12.7.2	Bildzerstörung und Bildrestaurierung	340
12.7.3	Gameplay in Animationsablauf einbauen	342
12.7.4	Animationssynchronisation – Echte Zeit	344
13	**GLU – Primitiver geht's nimmer**	**347**
13.1	Quadrics, die komplexen GL-Primitive	348
13.1.1	Befehlsübersicht	349
13.1.2	Kugel	350
13.1.3	Zylinder	359
13.1.4	Kegel	360
13.1.5	Kreis-/Lochscheibe	361
13.2	NURBS – Freiformflächen	361
13.2.1	NURBS-Befehlsübersicht	362

13.2.2	NURBS, wat is denn dat?	362
13.2.3	NURBS-Kontrollfeld definieren	363
13.2.4	NURBS-Oberfläche erzeugen	366
13.2.5	NURBS-Eigenschaften	368
13.2.6	NURBS-Transformationen	372
13.2.7	NURBS-Topologie	373
13.2.8	Getrimmte NURBS, Tesselationsobjekte usw.	374
14	**Texturen**	375
14.1	Befehlsübersicht	376
14.2	Was versteht man unter einer Textur?	376
14.3	Textur-Mapping	377
14.4	Textur laden	378
14.5	Polygone texturieren	381
14.5.1	Textur mit einem GL-Primitiven verbinden	382
14.5.2	Texturwiederholungen	385
14.5.3	Texturtransparenz – Maskerade pur	388
14.6	NURBS-Objekt texturieren	395
14.7	GLU-Objekt texturieren	397
14.8	Texturschattierungen	400

Schlusswort 403

Anhang A: Lösungen zu den Übungen 405

Anhang B: Kleines 3D-Glossar 419

Anhang C: OpenGL-Datentypen 425

Anhang D: OpenGL-Unterstützung 427

Anhang E: Quellenverzeichnis 431

Anhang F: Inhalt der Buch-CD 433

Stichwortverzeichnis 435

Vorwort

Dieses Buch richtet sich in erster Linie an OpenGL-Neulinge und -Interessierte, die bereits etwas Computererfahrung mitbringen – also an diejenigen, die den Umgang mit dem PC, mit Windows und mit einer Programmiersprache nicht scheuen. Nachdem Sie das Buch durchgearbeitet haben, werden Sie über elementare Kenntnisse der 3D-Grafikbehandlung im Allgemeinen und der OpenGL-Programmierung im Speziellen verfügen. Wenn darüber hinaus, als Folge des neu erworbenen Wissens, weiterführende Fragen zur OpenGL-Thematik aufkommen sollten, dann ist alles erreicht, was dieses Buch meiner Meinung nach leisten soll und maximal überhaupt nur leisten kann. Denn wer eigene, weiterführende Fragen formuliert, die dieses Buch nicht mehr beantworten kann, hat die Inhalte größtenteils oder sogar vollends verinnerlicht. Hierfür die Grundlage zu bieten, gab mir in der Erstellungsphase des Buches die nötige Motivation, Sie unterhaltend, kurzweilig, aber nachhaltig durch die Thematik zu führen.

Sicher haben Sie sich vor dem Kauf dieses Buches mit folgenden oder ähnlichen Fragen auseinander gesetzt:

Ist jetzt wirklich der geeignete Zeitpunkt, sich mit OpenGL zu befassen und damit wieder einen Teil meiner Freizeit vor dem Rechner zu verbringen, um am Ende eventuell doch nur bescheidene Grafikelemente wie Punkte, Linien, Kügelchen und einige gekrümmte Flächen auf den Bildschirm zaubern zu können? Wird der neuerliche Zeitaufwand auch in der Zukunft noch von Bedeutung sein oder wie so viele Male zuvor als alter Hut in den Weiten des 3D-Universums verpuffen? Ist man tatsächlich nach dem Durcharbeiten dieses

Werkes schlauer? Und vor allem: Kann man danach sein erworbenes Wissen auch für eigene Zwecke sinnvoll ein- und umsetzen?

Diese Fragen kann man getrost mit Ja beantworten!

Dieses Buch bietet Ihnen eine praktisch nachvollziehbare Grundlage zur Grafikprogrammierung mit OpenGL. Ich werde Ihnen diese Thematik Schritt für Schritt nahe bringen – ganz nach dem Motto: »Heben Sie den Zeigefinger der rechten Hand, führen Sie ihn in die unmittelbare Nähe der [Alt]-Taste, drücken Sie dann ...« Na ja, nicht ganz so, aber immerhin so, dass wirklich jeder Schritt nachvollziehbar ist.

Ich persönlich nutze OpenGL zu technisch-wissenschaftlichen Zwecken. Dies bedeutet jedoch nicht, dass Aspekte der Spieleprogrammierung in diesem Buch nicht behandelt werden können. Zugegeben, das könnte die richtige Schlussfolgerung sein, nicht aber – und dies bitte ich bei aller Bescheidenheit sagen zu dürfen – bei meiner Person. Die Faszination für das Programmieren bezog und beziehe ich ausschließlich aus den Möglichkeiten der Grenzprogrammierung, wie sie gerade beim Spieleentwurf häufig vorkommt. Echtzeitkritische Berechnung, animierte Grafikprogrammierung, Simulationen und künstliche Intelligenz waren und sind das Rüstzeug zur erfolgreichen Spieleprogrammierung, also einfach das Salz in der Suppe. All diese Aspekte versuche ich stets in meine Programme zu implementieren. Dies sichert mir den Spaß und die Freude am Programmieren, die ich mir neben aller trockenen Theorie stets bewahrt habe und natürlich weiterhin bewahren werde.

Abschließend sei noch gesagt: OpenGL ist im Grunde nicht schwierig zu erlernen, bedarf aber dennoch einiger Konzentration und Übung. Ich glaube an Ihre Fähigkeit und Ihr Können, denn sonst würden Sie sich kaum für OpenGL interessieren. Darum werde ich bereits erklärte Arbeitsschritte, selbst in abgewandelter Form, nicht wiederholen. Sie können sich aber jederzeit darauf verlassen, dass ein nur kurz angedeuteter Arbeitsschritt in gleicher oder ähnlicher Form bereits vorher ausführlich beschrieben wurde. Vertrauen Sie mir und blättern Sie im Fall der Fälle einfach ein paar Seiten zurück. Der betreffende Sachverhalt wurde bestimmt schon einmal in ähnlicher Art und Weise zuvor beschrieben. Und wenn Sie es tatsächlich nicht finden, dann können Sie mich ja immer noch unter meiner E-Mail-Adresse beim Verlag erreichen: *lburggraf@mut.de* Hier können Sie auch jederzeit Feedback, Lob, Kritik, Verbesserungsvorschläge zum Buch loswerden.

Viel Spaß und Erfolg mit *Jetzt lerne ich OpenGL* wünscht Ihnen

Lorenz Burggraf

KAPITEL 1

Einführung

OpenGL ist der einzig existierende universelle Grafikstandard, der sich in der Computerwelt etabliert hat. Universell deshalb, weil OpenGL prinzipiell unabhängig von dem gerade verwendeten Rechnersystem samt geladenem Betriebssystem arbeitet. Der OpenGL-Programmiercode lehnt sich nicht einmal an eine bestimmte Programmiersprache an. Als Grafikstandard darf man diese Schnittstelle deshalb bezeichnen, da jede erwerbbare Grafikkarte u.a. mit OpenGL-Fähigkeit wirbt. Davon kann man sich schon vor jedem Kauf einer neuen Grafikkarte überzeugen. Irgendwo auf der Verpackung findet sich ganz sicher ein entsprechender Hinweis. Interessant ist nur, dass der OpenGL-Standard über keinen großen Bekanntheitsgrad beim gemeinen Computeranwender verfügt und damit auf der bunten Verpackung einer Grafikkarte einfach überlesen wird – ganz im Gegensatz zu Microsofts plattformabhängiger (Windows) Direct3D-Grafikschnittstelle. Wie passt es also zusammen, dass OpenGL einerseits von jedem Betriebssystem und von jeder Grafikkarte unterstützt wird, andererseits aber (noch) weitestgehend unbekannt ist?

Ein Grund hierfür mag sicher sein, dass es nur spärliche Informationen zur konkreten Verwendung von OpenGL gibt – zumindest im deutschsprachigen Raum. Betrachtet man hingegen das entsprechende Angebot in den englischsprachigen Teilen der Erde, so wird deutlich, wie unterentwickelt – im Weltmaßstab gesehen – die Informationsfülle im deutschsprachigen Raum ist. Es bedarf anscheinend einer bestimmten *kritischen Masse*, damit ein Randthema wie z.B. OpenGL im höheren Maße publiziert wird. Mit diesem Informationsdefizit finden Initialfragen wie »Was kann OpenGL?«, »Wie funktioniert OpenGL?« oder »Wie schnell ist OpenGL?« keine adäquate Resonanz bzw. kommen erst gar nicht auf.

Ein weiterer Punkt für die stiefmütterliche Behandlung von OpenGL ist, dass OpenGL der Grafikhardware einiges an Leistung abverlangt. Das hat natürlich seinen Preis – einen Preis, der bisher vom Normal-User nicht akzeptiert wurde. Verständlich zwar, aber dieses Argument war nur in der Vergangenheit zutreffend. Seit kurzer Zeit gibt es diese Hardware quasi gratis, denn die Fähigkeiten heutiger Grafikkarten befriedigen die Standardanforderungen von OpenGL an die Hardware – und dies ohne nennenswerten Zusatzaufwand oder Zusatzkosten. So werden Spiele oder andere Anwendungen auf OpenGL-Basis in der Zukunft wohl zur Normalität werden, denn die Fähigkeiten von OpenGL sind nahezu grenzenlos, zumindest solange die in der Vergangenheit betriebene Weiterentwicklung voranschreitet. Es gibt meiner Ansicht nach keinerlei Veranlassung, daran zu zweifeln.

Die angesprochene Normalität der Verfügbarkeit von OpenGL-unterstützenden Grafikkarten kann in publizistischer Hinsicht – wie bereits angedeutet – noch nicht vermeldet werden. Es liegt schon einige Jahre zurück, als ich in den örtlichen Büchereien nach Informationsquellen zum Thema OpenGL forschte. Ergebnis: Es fand sich zu dieser Thematik einfach kein geeignetes, d.h. praxisorientiertes Einsteigerbuch. Alle vorhandenen Werke über OpenGL, inklusive der offiziellen OpenGL-Referenz (auf der Buch-CD enthalten), sind gespickt mit unverständlichem Fachchinesisch. Ohne anglistisches und naturwissenschaftliches Studium hat man damit geringe Erfolgsaussichten. Unter Praxisorientiertheit verstehe ich, ein zusammenhängendes OpenGL-Beispielprojekt unter Anwendung von Standardtools von Anfang bis Ende nachvollziehbar vorzustellen. Also, Standardrechner + Standardbetriebssystem + Standardprogrammiersprache! Sprich: PC + Windows + Visual C++. Die aufgeführten Standards sind weit verbreitet und damit für jedermann verfügbar. Schließlich richtet sich dieses Buch auch an *jedermann*.

Nichtsdestotrotz können Sie den hier dargestellten OpenGL-Code auch auf jeder anderen Hardware/Software-Plattform (z.B. Linux) ausführen, die OpenGL unterstützt. Die Entwicklung von OpenGL-Programmen ist mit fast jeder Programmiersprache (z.B. Delphi) und fast jeder Entwicklungsumgebung (z.B. Borland C++) möglich. Meist sind hierzu nur geringfügige Codemodifikationen nötig.

Die folgende Einführung und das Grundlagenkapitel sind gerade in Bezug auf die hier dargestellte Thematik ein sinnvoller Einstieg in OpenGL, denn: Hektik beim Erforschen und Kennenlernen von OpenGL macht wenig bis überhaupt keinen Sinn. OpenGL ist sehr mächtig und genauso komplex. Komplex bedeutet aber nicht, dass es schwierig ist. Vielmehr läuft man Gefahr, durch die Fülle an Informationen das Grundlegende zu vernachlässigen. In diesem Buch geht es primär um die *Vermittlung von Basiswissen*. Ist einmal das Grundverständnis für die Art und die Funktionsweise von OpenGL vorhanden, kann man sich gut gerüstet dessen bunter Vielfalt widmen.

Also, lehnen Sie sich anfänglich zurück – bei einer Tasse Kaffee oder Tee – und lesen Sie erst einmal ganz in Ruhe und ganz unverbindlich die folgenden zwei Kapitel durch. Ich empfehle hierzu Locations (Örtlichkeiten) wie Parkanlagen, Nassreviere oder in kalten Jahreszeiten ein gemütliches Café. Ihren Rechner können Sie noch früh genug (ab Kapitel 3) und zur Genüge mit entsprechend *schwerer* Software (Visual C++) starten.

1.1 Computergrafik – damals und heute

Eine scheinbar mystische Faszination geht von der Computergrafik aus. Diese Aussage trifft zumindest auf die meisten der unverbesserlichen Computerenthusiasten zu. Aber auch der Otto Normalverbraucher lässt sich von der einen oder anderen virtuellen Grafikszene begeistern. Und dies vor allem dann, wenn diese in flüssig animierter Weise über den Monitor huschen oder in einem Spielfilm zum Einsatz kommen. Die Grenzen zur visuellen Umsetzung von Erdachtem verschwinden mehr und mehr. Grenzen und Möglichkeiten liegen nun alleine in der Fantasie des Menschen. Und diese scheint unerschöpflich bis grenzenlos zu sein.

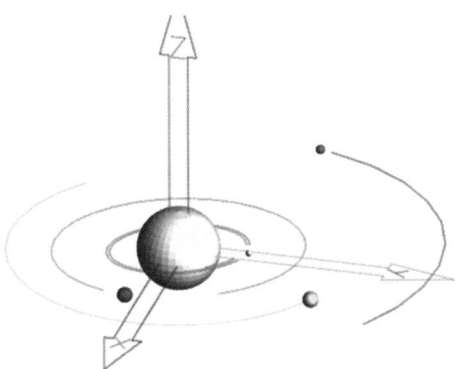

Wie und wann kam es zu dieser Grenzüberschreitung? Welche Entwicklung führte zu der so genannten virtuellen Realität? Mit was hätten sich heutige Hobby-Computerenthusiasten beschäftigt, bevor es malträtierungsfähige Computertastaturen gab, wenn sie nicht die Gnade der späten Geburt ereilt hätte? Vielleicht kann ein kleiner Erfahrungsbericht einige dieser Fragen beantworten.

In meinen ersten Programmierjahren, Anfang der 80er-Jahre, waren die Möglichkeiten, grafische Elemente auf den Bildschirm zu zaubern, äußerst begrenzt bis ganz unmöglich. Wenn ich Ihnen sage, dass ich noch Lochstreifenkarten in den Händen gehalten habe, dann können Sie sich vielleicht vorstellen, wie weit man damals von der grafisch orientierten Programmierung entfernt war. Damals waren grobe, bildschirmfüllende Buchstabengrafiken aus zeilenweise geschickt angeordneten *, +, X usw. bereits ein Blickfang der besonderen Art. Nur wenige Jahre später verschlug es einem fast den Atem, wenn treppenförmige Linien und Kreise den monochromen PC-Bildschirm bei einer Auflösung von 200x160 Bildpunkten (*Pixel*) erhellten. Ich erinnere mich noch sehr gut daran, wie sich mir plötzlich eine neue *Welt* mit ungeahnten Möglichkeiten auftat. Mit der dann unglaublich schnell fortschreitenden Hardwareentwicklung war der Tag nicht mehr fern, bis die ersten farbigen *Grafikelemente* (Pixelpunkte und -linien) das »Bunt« der Welt erblickten. Unglaubliche vier Farben standen anfänglich zur Verfügung. Andächtigkeit und Rührung ergriffen mich damals und versetzten mich schlagartig in die Gefühlswelt eines kleinen Jungen zurück, der vor dem Weihnachtsbaum steht – die unendliche Lego-Welt mit all ihren Möglichkeiten vor Augen. Nach diesem genesisähnlichen Entwicklungsschritt ging alles rasend schnell: 16, 256, 65536 usw. Farben bei gleichzeitiger Erhöhung der Bildschirmauflösung folgten Schlag auf Schlag. Die Faszination Computergrafik hatte mich und eine immer größer werdende Fangemeinde von Grafikverrückten endgültig gepackt, und bis heute einfach nicht mehr losgelassen! Eine Gemeinde, stets auf der Suche, die Grenzen des Grafikmachbaren weiter zu verschieben.

1.2 Nötige Vorkenntnisse

OpenGL-Anwendungen sind nicht wirklich schwierig zu realisieren, aber alles braucht seine Zeit, und kleine Einsteins sind wir ja alle nicht. Zumindest erlaube ich mir, hier einmal davon auszugehen. Anspruchsvoll ist die Thematik hingegen allemal. Die umfangreichen OpenGL-Informationen samt allen angrenzenden Wissensgebieten führen zu einem Komplexitätsgrad, der die ganze Sache als schwierig erscheinen lassen könnte.

Prinzipiell sollten Sie über folgende Vorkenntnisse bzw. Fähigkeiten verfügen:

- Grundlegende mathematische Kenntnisse (Arithmetik, Algebra)
- Handwerkliche Fähigkeiten (Maschineschreiben, Mausbedienung etc.)
- Grundkenntnisse der englischen Sprache (Befehlsbezeichnungen)
- Kenntnisse eines Betriebssystems (hier Windows)
- Programmiergrundverständnis (Ablaufverhalten, Binärsystem etc.)
- Bedienung einer Programmierumgebung (Editor, Compiler etc.)
- C-Kenntnisse inklusive Grundverständnis des objektorientierten Programmieransatzes (C++)
- Räumliches (3D) Vorstellungsvermögen

- Begeisterungsfähigkeit, Durchhaltevermögen und die Bereitschaft, sich der OpenGL-Herausforderung zu stellen

Über den einen oder anderen Punkt mögen Sie vielleicht geschmunzelt haben, weil Sie diesen eventuell als eine Selbstverständlichkeit ansehen. Aber die vollständige Punkteliste kann unbemerkt und alternativ auch einmal aufzeigen, wie viele Fähigkeiten bereits in Ihnen schlummern. Fähigkeiten, die zumeist die jüngeren Leser unter Ihnen mittlerweile als »gottgegeben« ansehen. Dies sollte man aber nicht tun!

Wie stark diese Fähigkeiten bei jedem Einzelnen ausgeprägt sind, ist dabei von untergeordneter Bedeutung. Hauptsache, sie sind in irgendeiner Form vorhanden – gerade so viel, dass man darauf aufbauend OpenGL erlernen kann. Dass von Ihnen wirklich nur Grundlagenwissen abverlangt wird, werden Sie in dem einen oder anderen Abschnitt bemerken. So wird vielleicht der mathematisch versierte Leser unter Ihnen den mathematischen Grundlagenteil als Trivialität abtun. Dies sollte man aber nicht tun!

Mit dieser Vorgehensweise werden nämlich zwei Ziele verfolgt: Zum einen sollten wir in diesem Buch die gleiche Sprache sprechen, damit eine terminologische[1] Synchronisation erreicht wird, bevor es ans OpenGL-Eingemachte geht. Zum anderen hat damit auch ein unerfahrener Leser die Chance, sich den fehlenden Wissenshintergrund anzueignen.

1.3 Das Anliegen von OpenGL

OpenGL stellt eine universelle Methode dar, relativ unkompliziert komplexe 3D-Grafiken zu erzeugen. Durch die gezielte Anordnung einfacher Grafikelemente, die in der OpenGL-Terminologie *Primitive* genannt werden, erzeugen Sie komplexe Körper, die schließlich die 3D-Szene bilden. Primitive sind *Punkte*, *Linien* und *Flächen* (*Polygone*). Aufbauend auf diesen *Grundgeometrien* hält OpenGL für Sie *Grundkörper* wie *Kugeln*, *Zylinder* oder gar gekrümmte Oberflächen (*NURBS*) in einer gesonderten Funktionsbibliothek bereit.

Um die konkrete mathematische Berechnung von beispielsweise Lichteffekten oder Szenenausschnitts- und Betrachtungswinkeltransformationen brauchen Sie sich dabei nicht zu kümmern. Dies erledigt OpenGL für Sie. Sie selbst fungieren mehr als *Schnittstellenbediener*, teilen also OpenGL lediglich mit, wie eine Grafikszene aussehen und dargestellt werden soll. Sie nehmen damit mehr die Position eines *Grafikbeschreibers* ein.

---

1. Terminologie: Gezielte Verwendung von Fachwörtern in einem Fachgebiet, ugs. Fachchinesisch

1.4 Vergangenheit, Gegenwart und Zukunft

Die Bezeichnung OpenGL steht für die englischen Wörter Open Graphic Library. Ins Deutsche übersetzt könnte man sagen: offene Grafik-Bibliothek. Mit *offen* verspricht sich der Erfinder dieses Grafikstandards die auch anderweitig viel zitierte und hoch gelobte *Plattformunabhängigkeit*. Angedacht war dabei, dass die OpenGL-Befehle von jedem Betriebssystem verstanden, umgesetzt und dargestellt und damit von jeder Hardware ausgeführt werden können. Auf gut Deutsch: Die Grafiken, die einmal über OpenGL-Befehle definiert wurden, können grundsätzlich auf jeder Rechneranlage dieser Erde ausgeführt und mit dem gleichen, vom heimischen Rechner her bekannten Resultat betrachtet werden.

Der Erfinder von OpenGL ist übrigens eine Firma und heißt Silicon Graphics, Incorporation, kurz SGI. Damit verfügt SGI über alle Rechte an diesem Standard und bestimmt dessen Entwicklung maßgeblich. Da kann man nur sagen: Ehre, wem Ehre gebührt. OpenGL selbst ist aus der geschlossenen systemabhängigen IRIS-Grafikbibliothek von Silicon Graphics entstanden und steht, wie bereits erwähnt, jedem Nutzer als offene und systemunabhängige, aber systemerweiternde Softwareschnittstelle (API = Advanced Programming Interface) zur Verfügung.

Die erste OpenGL-Spezifikation wurde vom SGI-Gremium 1992 unter der Version 1.0 veröffentlicht und war für lange Zeit die einzige Programmierschnittstelle für schnelle 3D-Grafiken.

In der globalen Welt von heute wäre es allerdings nicht besonders klug, ganz alleine über den aktuellen OpenGL-Standard (Version) zu entscheiden, weshalb neben SGI namhafte Firmen wie der Softwareriese Microsoft und der Grafikchiphersteller Nvidia, um nur einige zu nennen, im OpenGL-Entscheidungsgremium ARB (Architecture Review Board) vertreten sind. Aus diesem Grunde z.B. liegt OpenGL auf Vorschlag und Drängen von Nvidia seit August 2002 in der Version 1.4 vor. Diesen Zwischenschritt hat Nvidia u.a. gefordert, um sich neben 3D-Labs den Einfluss auf die kommende Version 2.0 zu sichern, die in Fachkreisen als die *nächste Evolutionsstufe* von OpenGL bezeichnet wird. Sicher verbergen sich hinter allen Einflussnahmen vitale strategische und wirtschaftliche Interessen der Mitglieder des Entscheidungsgremiums, aber auch dies ist *natürlich* und legitim. Wir OpenGL-User möchten schließlich unsererseits auch an der Weiterentwicklung partizipieren. Die neuesten Features von OpenGL 1.4 unterstützen z.B. neben den hardwarenahen Ansteuerungsmöglichkeiten für Vertex-Shader eine High-Level-Shading-Language, *Echtzeitschatten* sowie die automatische Erzeugung von *MipMap*-Texturen, was auch immer das im Einzelnen bedeutet. Und dreimal darf man raten: Gerade der neueste Nvidia-GeForce-Grafikchip unterstützt diese aktuellen Features. Zu den aktuellen Neuerungen ist allgemein anzumerken, dass gerade die Schattenberechnung bei den vorangegangenen OpenGL-Versionen ein echtes Problem darstellte.

Alle OpenGL-Versionen sind grundsätzlich abwärtskompatibel. Es bestehen aber einige wenige Unterschiede zwischen den Versionen 1.0, 1.1, 1.2, 1.3 und 1.4. So existieren beispielsweise in einer Version OpenGL-Befehle, die in einer späteren nicht mehr vorhanden sind. Auch wenn dies nicht den Inhalt dieses Buches betrifft, so sollten Sie diesen Sachverhalt stets im Hinterkopf behalten. Vielleicht wirkt sich dieses Wissen für Sie einmal bei der Fehleranalyse entscheidend aus. Üblicherweise werden 3D-Anwendungen zurzeit auf Basis der Version 1.2 programmiert.

Im Programmierteil dieses Buches wird der OpenGL-Befehlssatz bis Version 1.2 behandelt bzw. programmiert.

1.5 Prinzipielle Funktionsweise von OpenGL

Auch wenn die Programmierung mit OpenGL in der Regel über einen »Mittelsmann« in Form einer höheren Programmiersprache geschieht und somit auch in dieser eingebettet ist, so unterscheidet sie sich dennoch grundlegend von dieser Programmiersprache. Und dies gerade beim Mittelsmann einer event-orientierten (engl. event für Ereignis) Programmiersprache wie Visual C++. Sie werden noch bemerken, dass Sie bei dem Gespann OpenGL/Visual C++ zweigleisig denken müssen und schließlich auch werden, je nachdem, an welchem Teil Sie gerade programmieren.

Unter OpenGL können Sie im Prinzip 3D-Grafiken mithilfe der bereitgestellten *OpenGL-Befehlssätze* (Bibliotheksfunktionen) entwerfen und diese unabhängig von dem eingesetzten Rechnertyp und Betriebssystem sowie der Programmiersprache ausführen bzw. betrachten – und zwar unabhängig vom Ausführungsort. Damit liegen hier ähnliche Verhältnisse wie beim Internet vor.

Sie haben Zweifel? Lassen Sie es mich an dieser Stelle sagen: Es ist nicht nur eine theoretisch gedachte schöne Vorstellung, es handelt sich hierbei um eine bunte, erfahrbare Realität und funktioniert tatsächlich. So kann man seine OpenGL-Befehle via Modem zu einem mehrere tausend Kilometer weit entfernten Rechner schicken, der über eine unbekannte Hardware und ein unbekanntes Betriebssystem verfügt, aber dennoch OpenGL *versteht*. Natürlich wünschte man sich bei dem Gegenüber einen Mega-Teraflop-Rechner, selbstverständlich mit heliumgekühlter Grafikkarte, sodass die eigens in der Ferne entworfene 3D-Grafikszene in ungeahnter Schnelligkeit und Farbbrillanz über den unbekannten Bildschirm flimmert. Dass dieses *Fremdverhalten* überhaupt möglich ist, wird über das *Client-Server-Konzept* von OpenGL erreicht. Hierauf wird weiter unten noch ausführlicher eingegangen.

Aber es gibt noch weitere bestechende Eigenschaften von OpenGL. So können Sie bereits jetzt OpenGL-Funktionen in Ihr Programm implementieren, die Sie erst Jahre später nutzen werden, da Ihnen zurzeit noch die Hardware bzw. Software fehlt, die diese zumeist ressourcen- und performancefressenden Sonderfunktionen unterstützt. Es sei hier vor allem auf den *stereoskopischen Modus* von OpenGL hingewiesen. Dieser errechnet aus Ihrer heute erzeugten 3D-Szene morgen ein doppelt versetztes Szenenbild, das Sie über geeignete Hilfsmittel wie eine 3D-Brille räumlich betrachten können.

1.6 Prozessor- und Grafikkartenleistung

Einer der großen Vorteile von OpenGL darf in seinem *hardwarenahen Entwurf* gesehen werden. Das heißt, dass bei entsprechend vorhandener *Grafikhardware* die OpenGL-Befehle effizient und schnell, an der *CPU* vorbei, fast ausschließlich vom Grafikchip ausgeführt werden. Hierin liegt auch einer der Hauptgründe dafür, dass gerade über einen OpenGL-Test die Performance-Unterschiede zwischen den einzelnen Grafikkarten deutlich werden.

OpenGL *läuft* aber auch ohne Hardwareunterstützung. Der Grund hierfür liegt in der *softwaremäßigen Implementierung* des OpenGL-Befehlssatzes. Womit wir beim *Laufen* wären? Denn ein Baby läuft eben auch etwas langsamer und vor allem wackeliger als ein junger Spitzensportler. Also darf jeder Versuch, interaktive Spiele bzw. Animationen mit aufwändig berechneten komplexen Szenen, die Spiegel-, Nebel- und diverse *Lichteffekte* in *Echtzeit* aufweisen sollen, ausschließlich softwaremäßig zu realisieren, als ein hoffnungsloses Unterfangen betrachtet werden.

Aufgrund meiner Erinnerungen an die Frühzeit der Computergrafik mit ihren bescheidenen Möglichkeiten, war ich während der Erstellung dieses Buches mehrfach geneigt zu sagen: *Schöne neue 3D-Welt!* Schön ist diese zwar, aber neu sicherlich nicht. Irgendwie dann aber doch wieder, denn seit der ersten Definition der OpenGL-Schnittstelle sind mit jeder höherer Versionsnummer zwar stetig neue Grafikbefehle und damit erweiternde Fähigkeiten hinzugekommen, die prinzipiellen 3D-Grafikmöglichkeiten jedoch bestanden schon seit der ersten Version 1.0 von OpenGL (1992). Wieso wird OpenGL dann aber erst seit ungefähr 1999 von der PC-Gemeinde aufmerksamer beachtet?

Nun, erst heute verfügt der Otto Normal-User standardmäßig über die dazu nötige leistungsfähige Grafikhardware, die die enorme Anzahl an Bildinformationen mit feinsten Farbnuancen in Echtzeit überhaupt erst ermöglicht. Auch wenn es bereits vor Jahren diese leistungsfähigen Grafikrechner (das Kerngeschäft von SGI) mit zugehöriger Spezialsoftware gegeben hat, so waren diese jedoch für die breite Masse einfach nicht bezahlbar und somit auch nur als Ergebnis aufwändig berechneter Filmsequenzen (Computeranimationen) für die Forschung oder die Unterhaltungsindustrie in Film und Fernsehen zu bestaunen. Jetzt aber ist auch die Zeit für den privaten Nutzer gekommen, selbst derartige *Welten* zu erschaffen. Denn heute bekommen Sie diese Fähigkeiten zu jeder Grafikkarte quasi gratis dazu.

1.7 OpenGL und Visual C++

Es wurde bereits erwähnt, dass das in Visual C++ eingebettete OpenGL in erster Linie ein sequenzielles und prozedurales *Programmierdenken* erwartet, was nichts anderes bedeutet, als dass OpenGL-Befehlszeilen nacheinander (sequenziell) abgearbeitet werden, bis das Programm beendet wird. Hingegen verlangt Visual C++ Ihnen hauptsächlich ein *Denken* in der zeitlichen Dimension ab, da diese Programmiersprache ereignisgesteuert abläuft (*eventorientierter Programmieransatz*). Die Kombination OpenGL/Visual C++ darf damit als besonders geeignet angesehen werden, denn die Ablaufsteuerung des primär sequenziellen OpenGL über Visual C++ *spielt* der zeitkritischen Behandlung von interaktiv animierten Grafiksequenzen zu, wie Sie noch erkennen werden.

Neben dem angesprochenen Zeitverhalten ist darüber hinaus der in Visual C++ realisierte *objektorientierte Programmieransatz* (C++) durch das damit verbundene Klassenkonzept für den unabhängigen und anwendungsübergreifenden OpenGL-Entwurf von großem Vorteil. Die Nutzung dieser modernen Programmiersprache für OpenGL ist den veralteten *prozeduralen Programmiersprachen* weit überlegen und vereinfacht die Arbeit mit OpenGL ungemein, auch wenn dies meist erst auf den zweiten Blick deutlich wird.

Für dieses Buch wurde die Autorenversion von Visual C++ in der deutschen Version 6 verwendet. Diese ist der Buch-CD im Verzeichnis `CD:\VisualC++\` beigefügt und unterliegt einigen kleineren Einschränkungen im Vergleich zur regulär erwerbbaren Visual C++-Version. Das wohl wichtigste Argument für die Verwendung von Visual C++ ist, neben der extrem effektiven und damit schnellen Programmiersprache C++, dessen umfangreiche und konsequente Unterstützung von OpenGL. So stehen alle zur Ausführung von OpenGL notwendigen Dateien – inklusive der kontextbezogenen Hilfe-Infos innerhalb der Entwicklungsumgebung von Visual C++ – zur Verfügung.

1.8 Windows unterstützt OpenGL

Es sei an dieser Stelle nochmals betont, dass OpenGL grundsätzlich an kein Betriebssystem und auch an keine Hardware gebunden ist. Das OpenGL-Gremium (ARB) wird sich auch weiterhin davor hüten, diesbezüglich irgendwelche Empfehlungen auszusprechen, zudem es sich damit auch von der eigenen OpenGL-Philosophie entfernen würde.

Bei der Verwendung von OpenGL sind vor allem die Windows-Versionen Windows 2000 und Windows XP zu empfehlen, da diese die Hardware und Prozessressourcen optimal verwalten. Gerade bei animierten OpenGL-Szenen beeinflussen Nebentätigkeiten wie Drucken, Speichern oder ablaufende Hintergrundprogramme die Ausführung von OpenGL kaum bis gar nicht. Im Ergebnis läuft die OpenGL-Anwendung gleichmäßig, d.h. ohne Ruckeln ab. Demgegenüber sind unter Windows NT und Windows 98 deutliche Performance-Unterschiede festzustellen, die sich zumeist in einer ruckeligen OpenGL-Darstellung äußern. Insgesamt gewinnt man den Eindruck, dass mit Windows 2000 bzw. Windows XP seitens Microsoft ein großer Schritt in Richtung höhere Systemstabilität vollzogen worden ist. Aus meinen beruflichen Erfahrungen weisen andere Betriebssysteme kein besseres oder schlechteres Laufzeitverhalten auf.

So wie Visual C++ OpenGL innerhalb seiner Entwicklungsumgebung unterstützt, so unterstützt auch Windows OpenGL, und zwar direkt und indirekt. Die OpenGL *direkt* unterstützenden *WIN32*-Befehle und *indirekt* unterstützenden *WGL*-Befehle finden Sie in den betreffenden Anhängen aufgeführt; sie werden außerdem in den Programmierkapiteln angesprochen und erläutert.

1.9 Die Bibliotheken zu OpenGL

OpenGL wird programmiertechnisch über so genannte Bibliotheksfunktionen (engl. libraries) angesprochen.

1.9.1 GL

Die Standard-OpenGL-Grafikbibliothek (GL = Graphic Library) stellt die Basis des OpenGL-Befehlssatzes dar und umfasst ca. 150 Befehle. Der mit der ersten OpenGL-Version verabschiedete Funktionsumfang ermöglicht *grundlegende 2D-* und *3D-Grafikoperationen*. Typischerweise werden hiermit z.B. einfache Grafikelemente (Primitive) wie Punkte, Linien und Polygone (Flächen) erzeugt oder einfache Szeneneffekte realisiert.

Zur Kennzeichnung der Befehle dieses OpenGL-Befehlssatzes wird innerhalb von Visual C++ dem jeweiligen Befehl das Präfix gl_ vorangestellt. Die für diesen Befehlssatz nötigen Dateien sind:

OPENGL32.DLL	32-Bit Dynamic Link Library (WIN-Systemdatei)
OPENGL32.LIB	32-Bit-Bibliothek (Visual C++-Entwicklungsumgebung)
GL.H	Header-Definitionsdatei

Auf Basis dieses Befehlssatzes werden Sie Ihre ersten OpenGL-Lernerfolge erzielen. Und verstehen lernen, wie OpenGL im Grunde funktioniert. Auf der Buch-CD finden Sie das offizielle Dokument zum GL-Befehlssatz im pdf-Format.

1.9.2 GLU

Mit der OpenGL-Utility-Bibliothek (GLU) steht dem Anwender eine erweiternde OpenGL-Funktionalität zur Verfügung. Durch die GLU-Bibliotheksfunktionen stehen Ihnen zunächst vereinfachte Aufrufvarianten der GL-Bibliotheksfunktionen zur Verfügung, die meist gleich auf mehrere GL-Funktionen zugreifen. Damit stellen die GLU-Befehle häufig eine Zusammenfassung verschiedener GL-Basisbefehle dar, die in einem neuen Befehl münden.

Des Weiteren werden mithilfe der elementaren GL-Grafikelemente komplexe Grafikkörper realisiert. Hier seien vor allem 3D-Objekte wie die Kugel, der Zylinder und andere geometrische Körper genannt. Diese Körper werden aus den GL-Grafikelementen (Punkte, Linien und Flächen) aufgebaut. Neben allen Rückgriffen auf die GL-Bibliothek stellt der GLU-Befehlssatz dem Anwender aber auch Neuerungen zur Verfügung. So können z.B. gekrümmte (sphärische) Flächen, die so genannten NURBS, definiert werden. Die für diesen Befehlssatz nötigen Dateien sind:

GLU32.DLL	32-Bit Dynamic Link Library (WIN-Systemdatei)
GLU32.LIB	32-Bit-Bibliothek (Visual C++-Entwicklungsumgebung)
GLU.H	Header-Definitionsdatei

Zur Kennzeichnung der Befehle dieses OpenGL-Befehlssatzes wird innerhalb von Visual C++ dem jeweiligen Befehl das Präfix glu_ vorangestellt. Auf der Buch-CD finden Sie das offizielle Dokument zum GLU-Befehlssatz im pdf-Format.

1.9.3 GLUT

Die Graphic Library Utility Toolkit-Bibliothek (GLUT) stellt eine extreme Vereinfachung zur Nutzung von OpenGL unter Windows dar. Dieser OpenGL-Aufsatz soll den Einstieg in die OpenGL-Nutzung auch nicht so versierten Programmierern erleichtern. Die GLUT gehört standardmäßig nicht zum Standard-Befehlsumfang von OpenGL und muss daher auch gesondert installiert werden. Für die verschiedenen Betriebssysteme finden Sie entsprechend andere Aufsätze. Allgemein wird von der Verwendung dieser Bibliotheken abgeraten. Sie liegen mit den GL- und GLU-Bibliotheksfunktionen immer auf der sicheren plattformunabhängigen Seite!

1.10 Client-Server-Technik/Execution-Model

Das Modell zum Interpretieren und Ausführen der OpenGL-Befehle lehnt sich an das *Client-Server-Prinzip* an. Was darunter zu verstehen ist, soll zunächst bildlich umschrieben werden.

Stellen Sie sich vor, Sie sitzen irgendwo in Deutschland an Ihrem Rechner und realisieren gerade mithilfe von OpenGL-Befehlen eine 3D-Szene auf Ihrem Monitor. Parallel dazu schicken Sie, z.B. über das Internet, exakt den gleichen OpenGL-Befehlssatz über den großen Teich nach Amerika, zu einem Ihnen vollkommen unbekannten OpenGL-Rechner. Auch in diesem Falle erscheint die heimische 3D-Grafikszene dort (fast) genauso, wie sich diese auf Ihrem eigenen Rechner darstellt. Dieser Vorgang ist für sich schon ungewöhnlich genug, noch außergewöhnlicher ist aber, dass sich die beiden beteiligten Rechnersysteme hardwaremäßig vollkommen unterscheiden können. In Netzwerksprache gesprochen, nehmen Sie als OpenGL-Anwender die Position des *Clients* (zu Deutsch Kunde) ein und der ferne Rechner (z.B. eine UNIX-Workstation) die des *Servers* (zu Deutsch Diener).

Damit wäre das OpenGL zugrunde liegende so genannte *Execution-Model* (zu Deutsch Ausführungsmodell) allgemein beschrieben. Nach der bildlichen sei abschließend noch die offizielle Beschreibung in Ausschnitten und in sinngemäßen deutschen Worten wiedergegeben:

Das Modell für die Übersetzung der OpenGL-Befehle lehnt sich an die Client-Server-Technik an. Der Anwender-OpenGL-Code (Client) wird vom OpenGL-Server übersetzt und bearbeitet. Der Server muss dabei nicht unbedingt auf dem Rechner des Clients vorliegen. In diesem Sinne darf OpenGL als *netzwerktransparent* bezeichnet werden. Der Server kann dabei mehrere OpenGL-Kontexte (OpenGL-Darstellungseinheiten mit verschiedenen 3D-Szenen) zugleich verwalten, wobei jeder davon einen eigenen OpenGL-Status aufweisen kann. Der Client kann demnach mehrere dieser OpenGL-Fenster bedienen. Das entsprechende Fenster-System (Windows, UNIX-X11, Mac OS etc.), das die nötigen Frame-Buffer-Ressourcen (Zwischenspeicher) zur OpenGL-Darstellung bereitstellt, bestimmt damit auch die Art und Weise, wie die OpenGL-Befehle verarbeitet werden. Damit muss auch die Bereitstellung und Initialisierung des entsprechenden Fenster-Systems außerhalb des Einflussbereichs des Clients auf dem jeweiligen OpenGL-Server autonom erfolgen. Die OpenGL-Initialisierungen finden immer dann statt, wenn das Fenster-System ein OpenGL-Ausgabefenster einrichtet.

1.11 3D-Modellierungsarten

Für die Generierung einer 3D-Szene wird in der Fachwelt zwischen der *oberflächen-* und der *volumenorientierten Modellierung* unterschieden. Im ersten Fall werden 3D-Körper über ihre Oberflächenerscheinung modelliert und im zweiten Fall werden aus analytischen Volumina (Quader, Kugel, Zylinder, Torus etc.) über logische Verknüpfungsoperationen komplexe Körper modelliert. Verknüpfungsoperationen sind z.B. die Volumenaddition, -subtraktion und -schnittmengen. Beide genannten Ansätze werden in der Technik (CAD) angewendet. Jede der beiden Modellierungsarten hat seine Vor- und seine Nachteile.

Unter OpenGL wenden Sie die Oberflächenmodellierung an.

1.12 Lichtberechnungsmodell

Das Erscheinungsbild einer virtuellen Landschaft hängt maßgeblich von dem zugrunde gelegten *Lichtberechnungsmodell* ab. Das bedeutet, diese Modelle wirken sich auf ein und dieselbe Grafikszene unterschiedlich aus. Meist erkennt man sofort, mit welchem Lichtberechnungsmodell eine Grafikszene generiert wurde.

Die beiden wohl bekanntesten Verfahren sind das *Rendering* und das *Raytracing*. Ohne näher auf die genaue Arbeitsweise beider Verfahren einzugehen, sei gesagt, dass das Raytracing-Verfahren besonders realistische Lichtszenen ermöglicht. Allerdings ist dieses Verfahren so rechenintensiv, dass damit keine *Echtzeit-Darstellungen* realisiert werden können – zurzeit zumindest noch nicht. Das Rendering stellt somit einen Kompromiss zwischen einer realistischen Lichtdarstellung und der Echtzeitfähigkeit dar.

OpenGL ist ein so genannter *Renderer*. Hier wird der Lichteinfluss auf Basis der *Eckpunkte* (*Vertices*) des Grafikelements bewertet und berechnet. Im Ergebnis resultiert hierbei eine (Licht-)*Eckpunktfarbe*, die in einem weiteren Schritt die Farbe bzw. den Farbverlauf des 3D-Grafikelements bestimmt.

KAPITEL 2

Theoretische Grundlagen

Es ist denkbar und unter gewissen Umständen auch möglich, dass Sie dieses Kapitel komplett überspringen und direkt zur Tat schreiten! Genauer gesagt rechne ich in dem einen oder anderen Fall damit – und dies schon aus eigener Erfahrung als Leser. Man möchte schließlich ran an den Speck und sich nicht mit Nebensächlichkeiten auseinander setzen – zumindest jetzt noch nicht. Man kann ja später, ganz nach Bedarf, den einen oder anderen Abschnitt dieses Kapitels nachlesen. Ganz wie Sie es wünschen, es ist ja schließlich Ihr Buch, aber vielleicht tun Sie mir doch den Gefallen und lesen zumindest diese kapiteleinleitenden Zeilen. Vielen Dank! :-)

Die hier aufgeführten Grundlagen sind, wie der Name schon sagt, grundlegend für die erfolgreiche Behandlung von OpenGL und damit eine unvermeidliche Wissensbasis für Sie. So sind beispielsweise Grundkenntnisse über Farbbildung unter Windows nötig, wollen Sie Farben definiert auf den Bildschirm bannen, wovon hier in erster (farbiger) Linie auszugehen ist. Aber auch abstrakte mathematische (geometrische) und physikalische Zusammenhänge fördern das Verständnis und liefern Ihnen das entsprechende Fundament, um effektiv Ihre *virtuellen Realitäten* erzeugen zu können. Mit strengen Definitionen (Deklarationen) sind Sie schon alleine aufgrund Ihrer Programmierkenntnisse vertraut, wenn auch vielleicht ganz unbewusst. Jeder Versuch, von dieser vorgegebenen Definition (also Syntaxfehler oder Missachtung von Konventionen, wie das Semikolon nach jeder abgeschlossenen C-Anweisung) abzuweichen, führt unweigerlich zu einem Compilerfehler.

Allgemein habe ich mir einige Gedanken darüber gemacht, ob es geschickter wäre, die nun folgenden einzelnen Themenabschnitte innerhalb der folgen-

2 Theoretische Grundlagen

den Programmierkapitel einzuarbeiten oder sie, wie nun geschehen, separat darzustellen. Beide Varianten haben etwas für sich, aber schlussendlich wurde dieser Separierungsansatz gewählt, um die OpenGL-Kapitel nicht noch mehr mit Nebenthemen anzureichern, als dies ohnehin schon durch die Visual C++-Programmierthemen geschieht.

2.1 Mathematik

Was ist eigentlich unter einer *3D-Grafik* zu verstehen? Warum spricht man in einem Falle von einer 3D-Grafik und in einem anderen von einer *2D-Grafik*, obwohl beide Grafikarten auf einem flachen, zweidimensionalen Blatt Papier oder einem heute üblichen flachen Bildschirm erscheinen?

2.1.1 2D-Ebene

Das *D* hinter den zwei erwähnten Zahlen steht bekanntlich für die Dimension. In dem einen Fall haben Sie es mit zwei Dimensionen und in dem anderen mit drei Dimensionen zu tun. Aus der Schule wissen Sie es wahrscheinlich noch: Zwei Dimensionsachsen kennzeichnen eine *Ebene* (Fläche), eben wie ein Blatt. Meist haben Sie dabei die *Koordinatenachsenbezeichnungen* x und y verwendet. Als erste buchinterne Definition werden hier aber die Bezeichnungen y und z verwendet. z ist demnach die *Höhenachse* und wird im Folgenden für alle grafischen Elemente herangezogen, die ein Höhenmaß besitzen – wie es z.B. in der folgenden 2D-Grafik für den in die z-Achse hochragenden Schornstein angebracht ist.

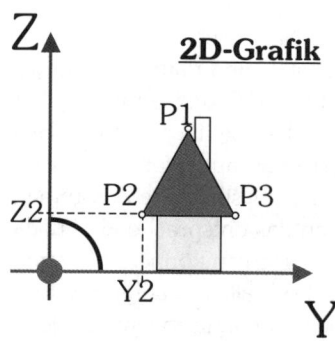

Abb. 2.1: 2D-Grafik im kartesischen Koordinatensystem

Als zweite Definition sei die rechtwinklige Anordnung der Koordinatenachsen erwähnt. Koordinatensysteme, in denen die Achsen senkrecht zueinander stehen, werden als *kartesische Koordinatensysteme* bezeichnet. Diese Definition ist eine reine Konvention, also einfach eine (willkürliche) Festlegung. Dass zur Kennzeichnung eines *rechten Winkels* häufig ein Viertelkreis herangezogen wird, hat den plausiblen Grund, dass ein 90°-Winkel auch als rechter Winkel bezeichnet wird. Bekanntlich besitzt ein geschlossener Kreis 360° und ein Viertelkreis weist demnach einen Winkel von 90° auf. Es existieren in der Mathematik noch weitere Koordinatensystemdefinitionen. Wir wollen hier aber ausschließlich das kartesische System heranziehen, das uns auch bei der OpenGL-Anwendung von Nutzen sein wird.

Bei der dreidimensionalen Darstellung wird dem 2D-Koordinatensystem eine weitere *dritte Raumachse* hinzugefügt. Diese x-Achse steht ebenso im rechten Winkel zu den beiden anderen Achsen (y und z) – so, wie es die Definition zum kartesischen Koordinatensystem verlangt. Jetzt aber im räumlichen und nicht mehr im flächigen Sinne. Hiermit können Sie ab sofort Ihre 3D-Welten und -Räume beschreiben.

Den Schnittpunkt der drei Raumachsen bezeichnet man als *Ursprungspunkt*. In diesem Punkt weisen die Koordinatenachsen x, y und z die Koordinatenwerte 0.0 auf. Der Ursprung nimmt in vielerlei Hinsicht eine besondere Stellung ein. Alle OpenGL-Grafikobjekte werden im Verhältnis (Relation) zu diesem Punkt beschrieben. Positive Koordinatenwerte sind all die Punkte, die vom Ursprung aus in positiver Koordinatenachsenrichtung verlaufen. Die positive Richtung wird durch die Pfeile der Koordinatenachsen angegeben, wie dies in Abbildung 2.1 zu sehen ist.

Mit dem Ursprung und dem kartesischen Koordinatensystem hat man das für den 3D-Raum grundlegende *globale Koordinatensystem* definiert. Das globale Koordinatensystem entspricht dem OpenGL-Koordinatensystem und ist somit der Ausgangspunkt für alle weiteren Definitionen. So werden z.B. eventuelle weitere im Raum befindliche *lokale Koordinatensysteme* auf dieses globale Koordinatensystem bezogen.

2.1.2 3D-Raum

Auf ein zweidimensionales Papier zweidimensionale Objekte zu zeichnen, fällt im Allgemeinen leicht. Hingegen tut sich der eine oder andere bei der dritten Dimension schon etwas schwerer. Hier muss man sich den Raum mithilfe einer zusätzlichen und vor allem schief eingezeichneten dritten Achse perspektivisch vorstellen, da die echte rechtwinklig angeordnete Raumachse nur in der realen 3D-Welt wahrnehmbar wäre und bei Ihnen auf dem 2D-Papier lediglich einen Punkt zur Folge hätte. Abbildung 2.2 zeigt eine zu Abbildung 2.1 analoge 3D-Darstellung.

Abb. 2.2:
3D-Grafik im kartesischen Koordinatensystem

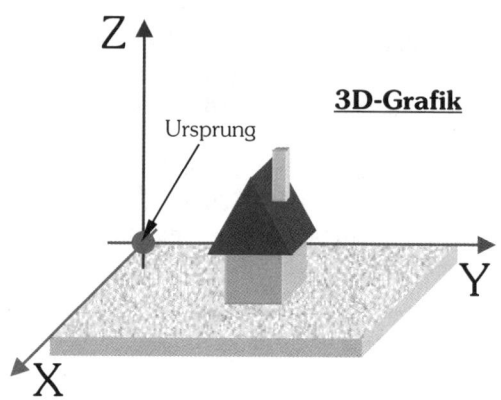

In ganz ähnlicher Weise werden Sie später 3D-Bilder auf Ihren 2D-Computermonitor zaubern. Warum ist die gedankliche Auseinandersetzung mit den Achsen, Dimensionen und Projektionen eigentlich so wichtig für das OpenGL-Verständnis?

Betrachten Sie dazu nochmals Abbildung 2.2. Empirisch (mit dem Sinne wahrnehmbar) ausgedrückt ist auf dem Bild ein Haus zu sehen, das auf einem Grundstück steht. Der Schornstein ragt deutlich über das auf das Erdgeschoss aufgesetzte Dach hinaus in Richtung Himmel. Mathematisch abstrakt kann das Bild aber auch wie folgt beschrieben werden: Ein kartesisches Koordinatensystem spannt den dreidimensionalen Raum über seine x-, y- und z-Koordinaten auf. Die Grundfläche des Erdgeschosses berührt dabei die xy-Ebene, also die Ebene, die durch die x- und y-Achsen aufgespannt wird. Die rechte und die linke Hauswand liegen jeweils parallel zur xz-Ebene verschoben. Hingegen liegen die vordere und die hintere Hauswand parallel zur yz-Ebene verschoben. Die Berührlinien der Hauswandebenen bilden dabei die vier Hausecken. Der Schornstein zeigt in positiver z-Richtung über die Berührlinie der zwei gleichschenklig angeordneten Dachhälften hinaus.

Welche der beiden Beschreibungen einem mehr gefällt, darüber lässt sich streiten. Beide Versionen beschreiben die Situation gleichermaßen. Allerdings ist ein entscheidender Unterschied zwischen den Versionen festzustellen. Dieser liegt darin, dass nur die zweite Version definiert ist – und zwar mithilfe der *abstrakten* Methoden der geometrischen Mathematik.

2.1.3 Vektoren

Im 3D-Raum werden alle Objekte auf das bereits erwähnte globale Koordinatensystem bezogen. Einige Grundkenntnisse der *Vektorrechnung* sind demnach unerlässlich. Der mathematische Begriff des *Vektors* ist gerade im Zusammenhang mit der Beschreibung von Räumen sehr anschaulich und auch sehr nützlich. Betrachten Sie hierzu zwei verschiedene Arten von Vektoren innerhalb der bekannten 3D-Hausszene.

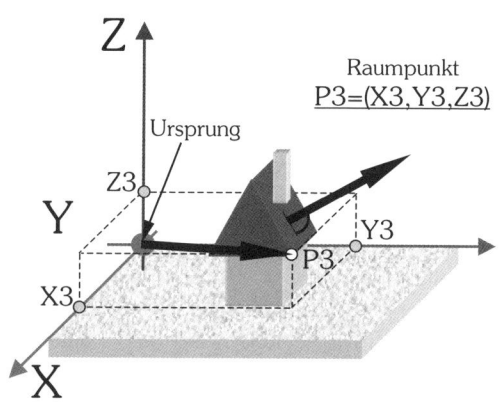

Abb. 2.3: Raumpunktbeispiel P3 in kartesischen Koordinaten

Ortsvektor

Unter einem *Vektor* versteht man im Allgemeinen eine *gerichtete Größe*, die der *Länge* des Vektors entspricht. Einen Vektor, der vom Ursprung oder auch Nullpunkt des Koordinatensystems zu einem Raumpunkt (z.B. Punkt P3) ausgerichtet ist und dabei mit seiner Spitze gerade diesen *Raumpunkt* berührt, nennt man *Ortsvektor*. Die Bezeichnung Ortsvektor ist insofern sehr treffend, als dass damit ein *Ortspunkt* im Raum beschrieben wird. Für den beispielhaften Ortsvektor aus Abbildung 2.3 schreibt man in Vektorschreibweise:

$$\vec{P3} = \begin{pmatrix} X3 \\ Y3 \\ Z3 \end{pmatrix} = (X3 \quad Y3 \quad Z3)$$

Der Vollständigkeit halber wurde hier die Schreibweise des *Spalten-* und die des *Zeilenvektors* aufgeführt. Hierdurch wird die Art und Weise gekennzeichnet, in der die *Vektorkomponenten* x, y und z angeordnet werden können, also *spaltig* und *zeilig*. Dieser Umstand spielt im Zusammenhang mit den im Folgenden noch zu beschreibenden Matrizen eine wichtige Rolle.

Es hat sich ferner eingebürgert, einen Vektor mit einem darüber angeordneten, parallel verlaufenden Pfeil zu kennzeichnen. Dies ist sehr sinnig, da wir es ja hier mit *Pfeilen* zu tun haben! Für einen dreidimensionalen Vektor werden drei und für einen zweidimensionalen Vektor nur zwei Komponenten benötigt. Wir beschäftigen uns hier mit Räumen. Demnach werden wir uns ausschließlich mit dreidimensionalen Vektoren beschäftigen.

Die Größe bzw. Länge L eines Vektors errechnet sich aus dem Wurzelwert der Komponentenquadratsumme und wird fachterminologisch als der *Betrag* des Vektors bezeichnet. Alles klar? Nein? Dann hilft vielleicht folgender analoge mathematische Ausdruck weiter – wobei Ihnen wahrscheinlich nur der Ausdruck hinter dem letzten Gleichheitszeichen bekannt vorkommen wird:

$$L_{\vec{P}3} = |\vec{P}3| = (X3 \quad Y3 \quad Z3) = \sqrt{(X3)^2 + (Y3)^2 + (Z3)^2}$$

Wie z.B. kommt man an die Vektorkomponenten x, y und z der 3D-Szenenelemente heran? Nun, da sind Sie gefordert und zwar ganz alleine. Da Sie der Gestalter einer Szene sind, sind auch Sie angehalten, eine solche zu entwerfen. Betrachten Sie dazu nochmals die Hausszene aus Abbildung 2.3.

Als alter Grafikfuchs interessiert man sich vornehmlich für ausgewiesene Raumpunkte, also z.B. für den Dacheckpunkt P3. In welcher Höhe (z-Komponente Z3), in welchem Abstand nach rechts (y-Komponente Y3) und in welcher Tiefe (x-Komponente X3) sich der Raumpunkt vom Koordinatenursprung befindet, ist Ihrer Kreativität überlassen. Was auch immer Sie festlegen, ob die gewählten Werte sinnvoll sind oder nicht, Sie messen diese Werte stets vom Koordinatenursprung aus und *denken* somit automatisch in den hier beschriebenen Ortsvektoren. Eine Lösung könnte z.B. sein: Der Punkt P3 befindet sich in 5 m Höhe (+z), 10 m nach rechts (+y) und 10 m in den Vordergrund (+x) vom Ursprung des Koordinatensystems aus gemessen. Damit hätten Sie den P3-Vektor wie folgt festgelegt:

$$\vec{P}3 = (10 \quad 10 \quad 5) \Rightarrow L_{P3} = \sqrt{10^2 + 10^2 + 5^2} = 15$$

Das Zeichen ⇒ bedeutet *daraus folgt*. Denn durch die Festlegung der Komponentenwerte lässt sich sofort die Länge L_{P3} des Ortsvektors errechnen. Für die obigen Zahlenwerte errechnet sich ein Längenwert von 15 und kann z.B. für eine Meterangabe stehen. So können Sie jetzt, neben den Komponentenwerten des Raumpunktes, zusätzlich noch aussagen, dass sich der Dacheckpunkt P3 15 Meter vom Ursprung entfernt befindet.

Zahlenwerte in OpenGL sind immer *einheitslos*. Sie sollten vor jeder Szenendefinition die Maßeinheit Ihrer 3D-Welt festlegen und »für alle Ewigkeit« auch daran festhalten.

Generieren Sie eine Hausszene, so wäre z.B. die Meterangabe eine gute Wahl. Ein Flugsimulator sollte hingegen mit Kilometern operieren. Ein Weltraumabenteuerspiel aber benötigt schon die Astronomische Einheit (AE = Abstand Erde-Mond), sonst wird das nichts mit dem intergalaktischen Warp7-Flug, da der Zahlenbereich des Computers beschränkt ist, ganz im Gegensatz zu den unendlichen Weiten des Weltraums.

Einsvektor

Ausgewiesene Vektortypen sind all die Vektoren, die die Länge bzw. den Betrag 1 aufweisen. Jeder Vektor, also z.B. jeder Orts- und der im Folgenden beschriebene *Normalenvektor*, mit einer solchen charakteristischen Länge wird auch als *Einsvektor* bezeichnet. Mathematisch erhält man diesen Vektor, indem man jede Komponente durch seinen Vektorbetrag teilt. Verdeutlicht werden soll dies am Beispiel des bekannten Ortsvektors P3:

$$\vec{P3}^0 = \frac{\vec{P3}}{|\vec{P3}|} = \frac{\begin{pmatrix} 10 \\ 10 \\ 5 \end{pmatrix}}{\sqrt{10^2 + 10^2 + 5^2}} = \frac{\begin{pmatrix} 10 \\ 10 \\ 5 \end{pmatrix}}{15} = \begin{pmatrix} 10 \div 15 \\ 10 \div 15 \\ 5 \div 15 \end{pmatrix} = \begin{pmatrix} X3 = 0.\overline{6} \\ Y3 = 0.\overline{6} \\ Z3 = 0.\overline{3} \end{pmatrix}$$

Da der Einsvektor auf Basis eines beliebigen Vektors berechnet wird, übernimmt man dessen Bezeichnung und kennzeichnet ihn durch eine angehängte hochgestellte ^{0}. An diese Konvention sollte man sich halten, damit man auch mathematisch kompatibel ist. :-)

Dem Einsvektor kommt eine wichtige Bedeutung zu, da OpenGL diesen Vektortyp explizit immer wieder erwartet.

Richtungsvektor

Der *Richtungsvektor* ist als ein so genannter *freier Vektor* zu verstehen. Im Gegensatz zum Ortsvektor wird dieser über einen beliebigen Anfangs- und einen beliebigen Endpunkt gebildet. Der Richtungsvektor liegt also *frei* im Raum. Sie erinnern sich, der Ortsvektor besitzt im Gegensatz dazu einen Anfangspunkt, der immer im Ursprung des globalen Koordinatensystems liegt. Der Richtungsvektor wird hingegen aus der Angabe zweier beliebiger Ortsvektoren und damit beliebiger Raumpunkte berechnet.

$$\vec{R} = \vec{P2} - \vec{P1} = \begin{pmatrix} x_{P2} \\ y_{P2} \\ z_{P2} \end{pmatrix} - \begin{pmatrix} x_{P1} \\ y_{P1} \\ z_{P1} \end{pmatrix} = \begin{pmatrix} x_{P2} - x_{P1} \\ y_{P2} - y_{P1} \\ z_{P2} - z_{P1} \end{pmatrix}$$

Der Richtungsvektor wird demnach dadurch ermittelt, dass man komponentenweise die Differenz (*Differenzvektor*) aus dem Ortsvektor des Endpunktes und dem Ortsvektor des Anfangspunktes bildet. Dieser *Berechnungsgang* ist unbedingt einzuhalten, da damit die Richtung des Richtungsvektors festgelegt wird, dessen Pfeilspitze immer den Endpunkt und nicht den Anfangspunkt berührt.

Normalenvektor

Womit wir abschließend noch zu einem anderen Vektortyp kommen, der für die OpenGL-Thematik von entscheidender Bedeutung ist: der *Normalenvektor*. Normalenvektoren stehen *normaler*weise senkrecht (orthogonal) zu oder auf etwas anderem. Ein Normalenvektor sollte *normalisiert* den Längenbetrag 1.0 aufweisen, also ein Einsvektor sein. Sollten Sie sich jetzt ganz spontan fragen, ob der Autor eigentlich noch ganz *normal* ist, Sie mit derart abstrusen Begriffen zu behelligen, so lassen Sie mich mit einem entschiedenen Ja antworten. OpenGL macht massiv von diesem Begriff Gebrauch und schert sich leider nicht darum, ob Sie damit etwas anfangen können oder nicht.

Wie in Abbildung 2.3 zu sehen war, zeigt ein Pfeil *senkrecht (orthogonal)* von der rechten Hausdachseite weg, ist also ein typischer Normalenvektor – hier einer Fläche. Über folgenden mathematischen Zusammenhang, den Sie keinesfalls mathematisch nachzuvollziehen brauchen, wird u.a. der Normalenvektor n zu der Fläche rechnerisch ermittelt:

$$\vec{n}^0 = \frac{(\vec{P}2 - \vec{P}1) \times (\vec{P}3 - \vec{P}1)}{\left|(\vec{P}2 - \vec{P}1) \times (\vec{P}3 - \vec{P}1)\right|}$$

Über diese Formel wird das so genannte *vektorielle Kreuzprodukt* (×) berechnet, woraus der gesuchte *normalisierte Normalenvektor* in Form des Einsvektors n^0 resultiert. Der hier gezeigte Formelzusammenhang lehnt sich an die im folgenden Abschnitt dargestellte Abbildung 2.4 an, die die zur Normalenvektorbildung nötigen drei Punkte P1, P2 und P3 (Ortsvektoren) enthält.

Jeder *Normalenvektor* sollte innerhalb von OpenGL vorzugsweise als Einsvektor angegeben werden. Neben der möglichen manuellen Angabe *normalisiert* OpenGL diesen auch für Sie, wenn Sie das wünschen.

An dieser Stelle ist eine kleine Verständnisfrage sinnvoll, da Sie die Normalenvektoren einer Szene auch über reine Betrachtungen ermitteln werden. In den seltensten Fällen müssen Sie auf den o.g. Formelzusammenhang zurückgreifen. Wie man diesen dennoch programmiertechnisch umsetzt, wird im Programmierteil noch vorgestellt.

Betrachten Sie nochmals die Hausszene aus Abbildung 2.3. Die Erdgeschossseiten, das Dach und der Schornstein (oben und unten offen) werden über jeweils vier Flächen gebildet. Das Grundstück ist ebenfalls als eine Fläche in die Betrachtungen mit einzubeziehen. Damit besteht die Hausszene aus 13 Flächen. Da jeder Fläche ein Normalenvektor zugeordnet werden muss, existieren also auch 13 Normalenvektoren, aber ...

... wie viele *unterschiedliche* Normalenvektoren weist die Hausszene auf? *Übung 1*
Die Antwort auf diese Frage können Sie in Anhang A nachlesen.

2.1.4 Rechtshändigkeit

Dieser Abschnitt befasst sich mit der so genannten *rechtshändigen Geometrie* und stellt eine wichtige Definitionsregel zur Normalenbildung dar. Im Abschnitt *Primitive Flächen erzeugen* in Kapitel 5 wird diese Regel in praktischer Hinsicht angewendet.

Bislang ist die Vektorrichtung noch nicht definiert worden. Im Abschnitt *Normalenvektor* wurde lediglich erklärt, dass ein Normalenvektor senkrecht auf einer Fläche steht. Senkrecht stehen aber pro Fläche immer zwei Normalenvektoren, nämlich einer auf der Vorder- und einer auf der Rückseite der Fläche. Bisher wurden *intuitiv* immer die Normalenvektoren betrachtet, die auf den hausabgewandten Seiten (Außenflächen) stehen.

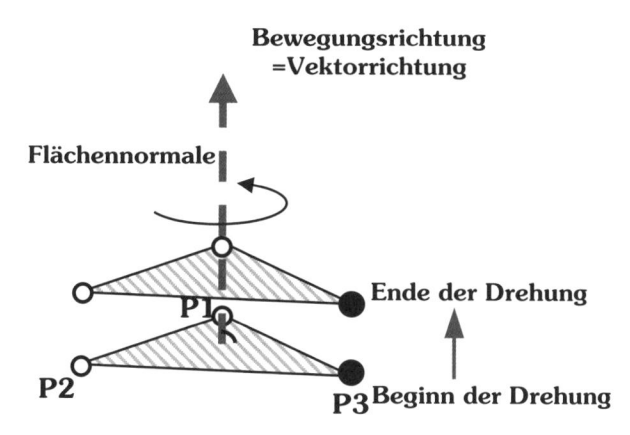

Abb. 2.4: Skizze zur Erläuterung der rechtshändigen Geometrie

Bei der Flächennormalenrichtungsdefinition kommt es entscheidend darauf an, in welcher Reihenfolge Sie die flächenbildenden Punkte angeben. Damit wird zugleich der Drehsinn festgelegt. Solche Systeme drehen rechtshändig (positiv), wenn die Drehbewegung gegen den Uhrzeigersinn stattfindet. Diese Konvention ist auch unter der *Korkenzieherregel* bekannt, da der Vorgang des Korkenziehens einer rechtshändigen Bewegung gleicht.

Da alle Theorie grau ist, soll diese Regel an einem Beispiel demonstriert werden. Die in Abbildung 2.4 dargestellte Flächennormale steht senkrecht auf der Dreiecksfläche, die über die drei Eckpunkte P1, P2 und P3 beschrieben wird. Drehen Sie diese Fläche in dieser Punktreihenfolge, also gegen den Uhrzeigersinn. Damit *schraubt* sich die dargestellte Dreiecksfläche wie ein Korkenzieher um die Flächennormale nach *oben*. Nach beispielsweise einer

Umdrehung befindet sich die ursprüngliche Fläche jetzt in gleicher Lage wie zuvor, aber in einer parallel versetzten Position, also *in Richtung der positiven Normale* (Pfeilrichtung).

Natürlich stellt man sich diese Drehbewegung nur zum besseren Verständnis der rechtshändigen Geometrie vor. Derart betrachtete Flächen verharren natürlich an Ort und Stelle.

> Definiert man drei Punkte einer Fläche in Reihenfolge und im Sinne der Rechtshändigkeit, so resultiert hieraus eine Flächennormale, die auf der *positiven Seite der Fläche* steht und in *positiver Richtung* von dieser wegzeigt.

Übung 2 Wie viele und welche Punktreihenfolgen führen im Sinne von Abbildung 2.4 zu einer Flächennormale im Sinne der rechtshändigen Geometrie?

Die Antwort auf diese Frage können Sie in Anhang A nachlesen.

2.1.5 Transformationen

Der Begriff der *Transformation* ist von zentraler Bedeutung für die Behandlung von 3D-Grafikelementen. Unter einer Transformation ist, ganz simple ausgedrückt, eine *Änderungen des Ursprungszustands* zu verstehen. Sie haben sicher schon bemerkt, dass bisher bei allen Erläuterungen stets mit 3D-Raumpunkten (Ortsvektoren) operiert wurde. So wird z.B. ein Richtungsvektor durch einen Anfangs- und einen Endpunkt beschrieben. Es wird sich noch zeigen, dass jedes unter OpenGL erzeugte Grafikelement über Raumpunkte definiert wird. Selbst die Lichtberechnungen erfolgen an Elementpunkten. Demnach werden auch ausschließlich Raumpunkte transformiert, was bedeutet, dass diese ihre Ortsposition verändern. Die elementarsten und am häufigsten verwendeten Transformationen sind *Translation* und *Rotation*.

Abb. 2.5: Punkttransformationen Translation und Rotation

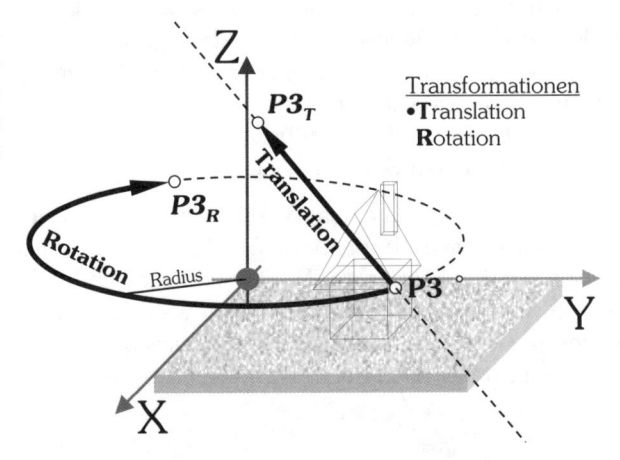

Abbildung 2.5 zeigt, ausgehend von dem bekannten Raumpunkt P3, diese zwei Transformationsarten. Im Translationsfall wird P3 nach $P3_T$ und im Rotationsfall P3 nach $P3_R$ transformiert. Die beiden transformierten Raumpunkte $P3_T$ und $P3_R$ wurden willkürlich in Abbildung 2.5 eingezeichnet und dienen beispielhaft der Verdeutlichung der im Folgenden beschriebenen Transformationsarten.

Translation

Eine Translation (engl. translate für verschieben) bewirkt eine Verschiebung eines Raumpunktes entlang einer Geraden, so wie es Abbildung 2.5 beispielhaft darstellt. Diese Verschiebung wird über einen entsprechenden Vektor, den *Verschiebungsvektor*, beschrieben und entspricht damit mathematisch dem zuvor beschriebenen Richtungsvektor. Die Länge, um die dabei der Punkt im Raum verschoben wird, entspricht dem bereits erwähnten Betrag des Verschiebungsvektors. Die Verschiebung wird in einer so genannten *Transformationsmatrix* abgespeichert, die an späterer Stelle noch genauer beschrieben wird. Sollten mehrere Translationsbefehle auf einen Raumpunkt wirken, was durchaus üblich ist, so resultiert daraus ein *Gesamtverschiebungsvektor*, der sich mathematisch aus der einfachen Addition der einzelnen Verschiebungsvektoren errechnet. Bei einer aus mehreren Transformationsschritten zusammengesetzten Transformation muss allgemein Folgendes unbedingt beachtet werden:

> Unter OpenGL ist bei zusammengesetzten Transformationen, also Transformationen, die aus mehreren Einzeltransformationen bestehen, immer die *Reihenfolge der Transformationsschritte* zu *beachten*!

Rotation

Neben der Translation ist die *Rotation* (engl. rotate für drehen) die am häufigsten angewandte Transformationsart unter OpenGL. Auch hier werden Raumpunkte, die über Ortsvektoren beschrieben werden, transformiert. Allerdings werden diese nicht im Raum verschoben, sondern im Raum verdreht. Für jede Drehung benötigt man eine Drehachse und einen Drehpunkt. Unter OpenGL ist die *Drehsachse* immer eine der drei Koordinatenachsen und der *Drehpunkt* immer der Ursprung des zugrunde gelegten globalen Koordinatensystems. In Abbildung 2.5 wurde beispielhaft eine Drehtransformation um die z-Achse skizziert – wieder für den Beispielpunkt P3.

Der Transformationspunkt wandert um den Kreisbogen im festen vektoriellen Abstand (Radius) vom Ursprung. Analog zur Verschiebungsrichtung ist auch hier die Festlegung der *Drehrichtung* von Wichtigkeit. Ein positiver Drehwinkel entspricht einer positiven Drehung im Sinne der bereits angesprochenen Rechtshändigkeit (Korkenzieher- bzw. Rechte-Hand-Regel). Für das Rotationsbeispiel aus Abbildung 2.5 ist daher der Drehwinkel negativ, womit gleich die Rechte-Hand-Regel nochmals geübt werden soll, allerdings jetzt mit *angeborenen* Mitteln.

Ballen Sie Ihre Hand zu einer Faust. Strecken Sie jetzt Ihren Zeigefinger und den Daumen ganz aus. Danach strecken Sie Ihren Mittelfinger etwa bis zur Hälfte aus. Wenn Sie das so entstandene *Gebilde* betrachten, müssten alle Finger senkrecht zueinander stehen, zumindest näherungsweise. Jetzt betrachten Sie nochmals Abbildung 2.5 und richten Ihre hoffentlich noch nicht verkrampfte Hand entsprechend dem dargestellten Koordinatensystem wie folgt aus: Ihr Zeigefinger zeigt entsprechend der z-Achse in die Höhe. Behalten Sie diese Fingerlage bei und drehen Sie jetzt die gesamte Hand, bis der Mittelfinger auf Sie zeigt. Fertig! Ihr Mittelfinger entspricht jetzt der dargestellten x-Achsenlage und der ausgestreckte Daumen automatisch der y-Achsenlage aus Abbildung 2.5. Dann drehen Sie das Fingergebilde jetzt nach der Korkenzieherregel in positiver Richtung, indem Sie ausschließlich den Arm entsprechend der Korkenzieherbewegung drehen. Im Ergebnis heben Sie drehend gegen den Uhrzeigersinn den Arm und damit den Zeigefinger in die Höhe. Wie gesagt, dies entspricht einer positiven Drehung. Sie müssen aber negativ drehen, um die Drehrichtung des Punktes P3 aus Abbildung 2.5 nachzuempfinden. Also drehen Sie den Arm jetzt im Uhrzeigersinn, während der Zeigefinger an Höhe verliert. Dies entspricht exakt der Bewegung eines Korkenziehers, wenn Sie diesen wieder aus dem Korken herausdrehen, und damit der Rotationstransformation des Punktes P3 aus Abbildung 2.5.

Wie hilfreich diese Fingerfertigkeit bei der OpenGL-Arbeit ist, werden Sie noch feststellen. Auf jeden Fall haben Sie mit diesem kleinen Trick eine fest *eingebaute* und natürliche Definitionsgrundlage an der Hand – im wahrsten Sinne des Wortes. Üben Sie jetzt auch die positiven Drehungen um die x- und um die y-Achse. Ich hoffe, dass Ihnen bei diesen wissenskonsolidierenden Fingerübungen keine dritte Person zuschaut, Sie könnten sonst den Eindruck eines *Durchgedrehten* vermitteln. ;-)

2.1.6   Matrizen

Im Zusammenhang mit OpenGL tritt immer wieder ein spezieller Typ einer Matrix auf, der in der Mathematik auch als *homogene Matrix* bezeichnet wird. Die Haupteigenschaft dieses Matrixtyps ist, dass diese Matrix genauso viele Spaltenelemente wie Zeilenelemente enthält, also *quadratisch* ist, und zwar genau aus 4x4 Matrixelementen besteht.

$$M = \begin{pmatrix} R_x & R_x & R_x & T_x \\ R_y & R_y & R_y & T_y \\ R_z & R_z & R_z & T_z \\ u & v & w & 1 \end{pmatrix}$$

Mathematik

Das Besondere an der homogenen Matrix ist, dass sie die Gesamttransformation speichert und somit auch alle definierten Einzeltransformationen (siehe dazu den Abschnitt *Transformationen* weiter oben in diesem Kapitel). Transformationen sind vor allem die bereits erläuterte Rotation R sowie die Translation T. Während für die Gesamttranslation nur drei Matrixelemente benötigt werden, werden für die Gesamtrotation R 3x3 Matrixelemente, also neun Elemente, belegt. Eine genauere Erläuterung dazu entfällt hier. Dass hier immer charakteristische Matrixelementgrößen von drei auftreten, hängt mit den zu verarbeitenden 3D-Raumkoordinaten x, y und z zusammen.

Während sich der Alltagsmathematiker (Ingenieur) mit der Translations- und Rotationszuweisung begnügt, geht OpenGL hier noch einen Schritt weiter und verwendet die in der letzten Matrixzeile aufgeführten Matrixelemente u, v und w für die Speicherung der *Projektionstransformation*.

Gut, wie eine *Transformationsmatrix M* gebildet wird, wissen Sie jetzt. Bliebe nur noch die Frage zu klären, wie mit Matrizen gerechnet bzw. transformiert wird. Allgemein werden Matrizen mit Vektoren PUNKT•-multipliziert. Die zugrunde liegenden Rechenvorschriften zu erklären, würde hier zu weit führen. Alternativ sei der Vorgang im Folgenden ganz allgemein beschrieben.

$$P' = M \bullet P = \begin{pmatrix} R_x & R_x & R_x & T_x \\ R_y & R_y & R_y & T_y \\ R_z & R_z & R_z & T_z \\ u & v & w & 1 \end{pmatrix} \bullet \begin{pmatrix} P_x \\ P_y \\ P_z \end{pmatrix} = \begin{pmatrix} P'_x \\ P'_y \\ P'_z \end{pmatrix}$$

Ausgehend vom untransformierten Raumpunkt (Ortsvektor) P wird über die Matrixoperation M•P (sprich M PUNKT P) der transformierte Raumpunkt P' berechnet und stellt das Ergebnis der *Koordinatentransformation* dar.

Folgende Matrixtransformationen sind üblich und werden bei Bedarf von OpenGL durchgeführt: Translation, Rotation, Skalierung, Spiegelung und Projektion.

Skalierung

Als eine besonders einfache Transformation kann man sich die Skalierung vorstellen. Hier werden die Koordinatenwerte der Punkte einfach *skalar* multipliziert. Skalar bedeutet dabei, dass jede Komponente (Koordinate) eines Vektorpunktes mit einem skalaren Wert (reelle Zahl) multipliziert wird.

$$P' = S \cdot P = \begin{pmatrix} S \cdot P_x \\ S \cdot P_y \\ S \cdot P_z \end{pmatrix}$$

Einheitsmatrix

Als eine besondere (ausgewiesene) Matrix in OpenGL und der Mathematik kann die so genannte *Einheitsmatrix E* angesehen werden. Diese hat folgendes Erscheinungsbild:

$$E = \begin{pmatrix} 1 & 0 & 0 & 0 \\ 0 & 1 & 0 & 0 \\ 0 & 0 & 1 & 0 \\ 0 & 0 & 0 & 1 \end{pmatrix}$$

Diese 4x4-Matrix bewirkt absolut nichts und verhält sich demnach transformationsneutral. Die Einheitsmatrix dient Ihnen daher innerhalb von OpenGL als *Initialisierungsmatrix*. Dies macht auch Sinn, denn Sie müssen häufiger Ihre Transformationsanweisungen von dieser *unbelasteten* Matrix aus beginnen. Aber auch wenn Sie nie einen Transformationsbefehl anwenden werden, die Einheitsmatrix ist stets vorhanden, denn OpenGL führt basierend auf den OpenGL-Objektkoordinaten Matrizenoperationen zur Realisierung der so genannten OpenGL-Fensterkoordinaten aus, die zur endgültigen Darstellung der Szenenelemente führt.

Abschließend sei noch bemerkt, dass eine detaillierte Auseinandersetzung mit der Matrizen- und auch der Vektorrechnung zwar von Vorteil für die OpenGL-Programmierung wäre, aber in keinem Verhältnis zu dem damit verbundenen Mehraufwand stünde. Zudem liefe man mit weiteren mathematischen Exkursionen Gefahr, den einen oder anderen OpenGL-Einsteiger zu demotivieren.

2.2 Physik

Die Tatsache, dass das sichtbare Licht der Sonne, das die Oberfläche unseres Planeten erreicht, nur einen kleinen Teil des gesamten vorliegenden elektromagnetischen Wellenspektrums ausmacht, lässt bereits erahnen, wie problematisch die Simulation virtueller Welten sein kann. Streben Sie *natürliche* Verhältnisse bei der Darstellung einer OpenGL-Szene an, so sollten Sie die damit verbundenen physikalischen Vorgänge kennen – zumindest in grundlegender Hinsicht. Ein wenig Hintergrundwissen kann nicht schaden, zumal wenn dieses sehr interessant ist.

2.2.1 Optik – Die Physik des Lichts

Licht ist eine besondere Energie in Form von *elektromagnetischer Strahlung* und wird physikalisch einer bestimmten *Wellencharakteristik* zugeordnet. Im gesamten *Wellenspektrum* des Sonnenlichts befinden sich für das menschliche Auge sichtbare und unsichtbare Wellen. Jede dieser Wellen weist

Physik

eine charakteristische _Wellenlänge_ auf und kann somit einer _Wellenfrequenz_[1] zugeordnet werden. Kleine Wellenlängen entsprechen dabei hohen Wellenfrequenzen.

Die für den menschlichen Hörgenuss wichtigen _Radiowellen_ liegen im Wellenlängenbereich von 1 km bis 1 m. Die entsprechenden Radiofrequenzen im Bereich von 1 Kilohertz (kHz) bis 1 Megahertz (MHz) sind Ihnen vielleicht von der Anzeige Ihres Autoradios bekannt. In Richtung noch kleinerer Wellenlängen liegt der unsichtbare _infrarote_ Wellenbereich. Dieser Strahlungsbereich ist für die Technik interessant und vor allem durch dessen Anwendungen in Form der Infrarotkamera bekannt.

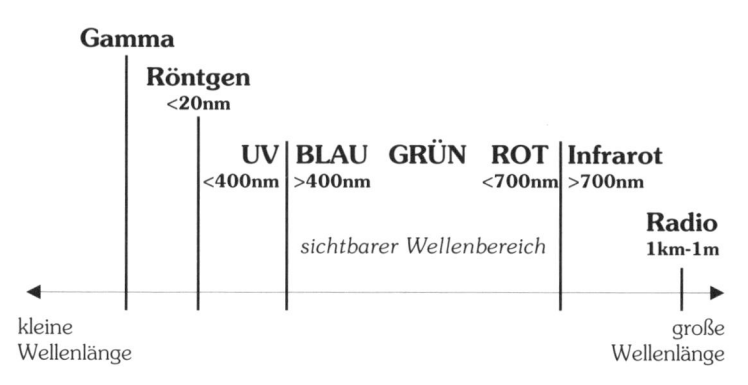

Abb. 2.6: Wellenlängen von Strahlungen in der Übersicht

Wird die Strahlungswellenlänge noch kleiner, so werden die Wellen _sichtbar_. Das sichtbare Licht schließt direkt an den Infrarotbereich an und liegt im Wellenlängenbereich zwischen 700 bis 400 nm, beginnend mit der Farbe Rot. Ein Nanometer (nm) ist der einmilliardste (1000 Millionen) Teil eines Meters. Es folgen das grüne und schlussendlich das blaue Licht. Diese für die so genannte RGB-Farbgebung unter OpenGL wichtigen Farben stellen demnach nur Spezialfälle im gesamten sichtbaren Lichtspektrum dar. Zwischen diesen Farben liegen alle bekannten Mischfarben, die Sie unter OpenGL im additiven Verfahren aus diesen Grundfarben _mischen_.

Zu noch kleineren Wellenlängen hin folgen die hochenergetischen Wellenbereiche der _Röntgen-_ und _Gammastrahlung_. Die zugehörigen Wellenlängen weisen eine derart hohe _Intensität_[2] auf, dass die Welle bereits Materiecharakter (Korpuskularstrahlung) aufweist. Die damit verbundene Strahlung herrscht _natürlich_ im erdnahen Weltraum vor und würde ohne

---

1. Eine Frequenz kennzeichnet eine periodische Schwingung, deren Bewegungsform sich nach einer bestimmten Zeit wiederholt. Ein Hz (Hertz) hat sich als Einheitsbezeichnung für 1 Schwingung pro Sekunde etabliert.
2. Die Intensitätsverteilung lässt sich nach Max Planck u.a. als Funktion der Wellenlänge berechnen. Es handelt sich dabei um eine Euler-Funktion.

schützende Maßnahmen alles biologische Leben vernichten. Hauptsächlich das Erdmagnetfeld und unsere Atmosphäre schützen die Erde vor dieser gefährlichen Strahlung. Ein Wunder, dass wir überhaupt existieren, denn es ist keinesfalls selbstverständlich, dass ein Planet ein so starkes Magnetfeld aufweist, wie es bei unserer Erde der Fall ist. Es könnten jetzt noch einige andere merkwürdige *Existenzzufälligkeiten* aufgezählt werden, aber das wäre an dieser Stelle wirklich ein wenig zu viel des Guten!

Was ist Farbe?

Sie werden unter OpenGL die Eigenschaften eines Materials (Oberfläche) so definieren, dass u.a. eine bestimmte sichtbare Oberflächenfarbe zum *Vorschein* kommt. Diese ist, entsprechend den Zusammenhängen aus den vorangegangenen Abschnitten, wie folgt zu verstehen: Ein roter Dachziegelstein ist von Hause aus gar nicht rot, sondern seine Oberfläche ist lediglich in der Lage, den sichtbaren roten Wellenlängenanteil zu reflektieren.

Das dazu nötige *Bestrahlungslicht* muss – in Anlehnung an das obige Beispiel – dabei *mindestens* den Wellenlängenanteil des roten Lichts enthalten. Wie Sie ja wissen, ist dieser Anteil in weißem Bestrahlungslicht immer vorhanden. Die *unnützen* Lichtanteile (grüne und blaue Wellenlängen) werden dabei von der Oberfläche absorbiert und gehen in Form von Wärme (innere Energie) in den Körper ein. Übrig bleibt demnach nur der Anteil der reflektierten Farbe, hier Rot. Auf welche Art und Weise Farben genau reflektiert werden können, wird weiter unten gezeigt.

Mit den Kenntnissen des oben beschriebenen Sachverhalts werden Sie eventuell schon an dieser Stelle nachvollziehen können, dass z.B. eine *rein* grüne Lichtquelle niemals einen *rein* roten Dachziegel dazu veranlassen wird, rot zu leuchten. Dass dem tatsächlich so ist, wird in praktischer Hinsicht in Kapitel 7 im Abschnitt *Lichtquellenfarbe* demonstriert.

Glücklicherweise brauchen Sie die Farben unter OpenGL nicht durch komplizierte Wellenlängendefinitionen zu definieren. Sie bestimmen die Farbe einer Oberfläche oder einer Lichtquelle durch Angabe der RGB-Farbanteile. Im einfachsten Falle geben Sie das zu emittierende farbige Licht einfach an. In einem anderen Falle filtern (absorbieren) Sie die unerwünschten Farbanteile aus dem empfangenen Licht heraus, womit die gewünschte sichtbare Farbe *übrig* bleibt. In diesem und in den folgenden beschriebenen Fällen, müssen Sie dazu *ans* Material ran.

> Die *Farbeigenschaft* ist die sichtbare Eigenschaft eines *Materials* und wird unter OpenGL über die *Grundhelligkeitseigenschaft* und die *Reflexionseigenschaften* definiert.

Wie Materialeigenschaften unter OpenGL definiert werden können, wird in praktischer Hinsicht in Kapitel 8 demonstriert.

Helligkeit

Die *Helligkeit* eines sichtbaren Körpers wird durch seine Intensität (Energiegehalt der Lichtwellen) bestimmt. Demnach leuchten sichtbare Wellen mit hohem Energieniveau heller als solche mit geringem Energieniveau. Anders ausgedrückt haben Sie es in dem einen Fall mit einer höheren und in dem anderen Fall mit einer niedrigeren *Leuchtdichte* zu tun.

Ein Beispiel soll obigen Sachverhalt verdeutlichen: Sie leuchten aus einiger Entfernung mit Ihrer Taschenlampe eine Hauswand an. Ab und zu halten Sie dabei Ihre Hand zwischen Taschenlampe und Hauswand in den Lichtkegel. Sie beobachten dabei, dass auf Ihrer Hand das Licht mit höherer Leuchtdichte als an der Hauswand erscheint. Um an der Hauswand die gleiche Leuchtdichte wie auf der Handfläche zu erhalten, müssten Sie der Taschenlampe mehr Energie zuführen. Allerdings brennt dann die Glühbirne durch. ;-)

Reflexion

Auch für die *Reflexion* ist die *Oberflächeneigenschaft* eines Körpers verantwortlich. Die damit zusammenhängenden *Reflexionseffekte* werden durch die *Material-/Oberflächenbeschaffenheit* bestimmt.

Bei den Erläuterungen zu den Lichteffekten wird von einem Lichtstrahl ausgegangen, der geradlinig[1] durch den Raum *saust*. Wenn dabei der Lichtstrahl auf eine Körperoberfläche (Grenzfläche) auftrifft oder gar in diesen eindringt, können dadurch physikalisch betrachtet neben der beschriebenen Absorption folgende Effekte hervorgerufen werden:

- Reflexion
  - Diffusion (zerstreute Reflexion)
  - Spiegelung (gerichtete Reflexion)
- Brechung
- Interferenz

Bei der Anwendung von OpenGL kommt es hauptsächlich auf die Reflexionseffekte *Diffusion* und *Spiegelung* an. Die anderen Effekte seien aber dennoch eben kurz erläutert, da hier ja das Bewusstsein für die *Physik des Lichts* entwickelt werden soll.

Beim Eintritt einer Lichtwelle (aber auch jeder anderen elektromagnetischen Welle) aus einem Medium in ein andersartiges Medium, tritt der Effekt der so

---

1. Nach Herrn Einsteins Gesetzen ist dies keineswegs selbstverständlich!

2 Theoretische Grundlagen

genannten *Brechung* auf. Dieses grundlegende Phänomen der Optik wird über das *Brechungsgesetz* bestimmt und beschreibt das Verhalten eines Lichtstrahls, der mit einer bestimmten Geschwindigkeit v_1 und einem bestimmten Einfallswinkel α in ein anderes Medium eindringt und sich in diesem mit einer um den *Brechungswinkel* β geänderten Richtung mit einer veränderten Geschwindigkeit v_2 fortbewegt. Der *Brechungsindex* n beschreibt das Brechungsverhalten durch das Verhältnis der Lichtgeschwindigkeit im Vakuum zur Ausbreitungsgeschwindigkeit v.

$$\frac{\sin\alpha}{\sin\beta} = \frac{v_1}{v_2} = \frac{n_2}{n_1} \text{ mit } n = \frac{c}{v}$$

Unter *Interferenz* versteht man ganz allgemein die Überlagerung gleichartiger physikalischer Vorgänge. So werden z.B. bei gleichschwingenden parallel vorhandenen Systemen *Interferenzerscheinungen* beobachtet – die so genannte *Schwebung*. Dem einen oder anderen sind diese Effekte vielleicht aus den Monitortests einschlägiger Computermagazine bekannt.

Spiegelung

Kommen wir zu dem ersten OpenGL-relevanten Reflexionseffekt, der *Spiegelung*. Idealerweise werden Wellen nach dem *Reflexionsgesetz* von einer Oberfläche mit dem gleichen Winkel reflektiert, in dem die Welle zuvor auf diese aufgetroffen ist. Damit ist der *Einfallswinkel* gleich dem Reflexionswinkel. Wie gesagt, idealerweise. Natürliche Oberflächen weisen hingegen ausnahmslos Rauigkeiten auf.

Abb. 2.7: Reflexionsgesetz und Rauigkeit

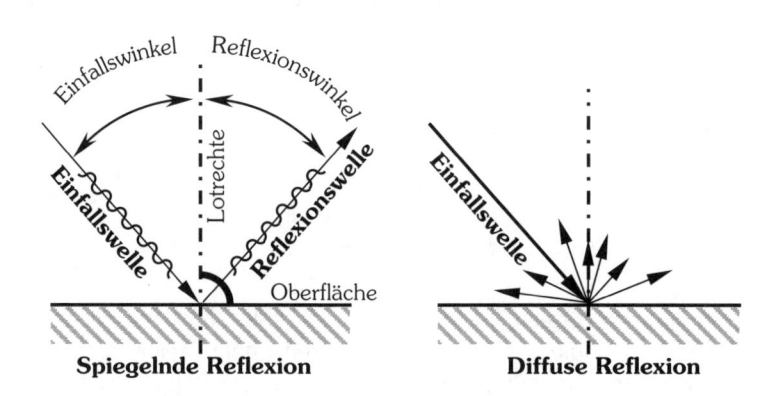

Spiegelnde Reflexion **Diffuse Reflexion**

Rauigkeiten sind Oberflächenstörungen und verändern den Wellenstrahlenverlauf gegenüber der Lotrechten[1]. Ist die Wellenlänge der Einfallswelle relativ

---

1. Die Lotrechte steht senkrecht auf der Reflexionsfläche (*Flächennormale*).

groß gegenüber der Oberflächenrauigkeit, so wird diese von der Oberfläche ideal reflektiert. Wahrnehmbar ist dies in Form einer Spiegelung. Metallisch blanke Oberflächen oder der blank polierte Lack Ihres Autos weisen solche Spiegeleffekte auf.

Dass der Spiegeleffekt extrem abhängig von der *Strahlenrichtung* der *Einfallswelle* und von der Position des Oberflächenbeobachters ist, ist jedem von uns bekannt. Wir können uns diesem manchmal unangenehmen Effekt nur durch Positionsveränderung oder durch Änderung der *Lichtquellenverhältnisse* entziehen. Gelingt dies nicht, weil wir z.B. so schlecht an der Sonne drehen können und wir gerade im Küstensand eingebuddelt worden sind, schließen wir einfach die Augen. |-)

Diffusion

Liegt die Oberflächenrauigkeit im Bereich der Wellenlänge des einfallenden Lichtstrahls, wird dieser Lichtstrahl diffus reflektiert. Diffus bedeutet in Anlehnung an Abbildung 2.7, dass die Reflexion in alle Richtungen unregelmäßig, also zerstreut, stattfindet. Im Gegensatz zur Spiegelung ist die *diffuse Reflexion* unabhängig von der Position des Beobachters. Das bedeutet, dass Sie so weit um das Objekt herumgehen können, wie Sie wollen, die Diffusionserscheinung ändert sich nicht, es sei denn, Sie verdecken die Lichtquelle.

Zusammengesetzte Reflexion

Die gesamte, also zusammengesetzte, Reflexion besteht demnach aus einem Diffusionsanteil und einem Spiegelanteil. Das passt physikalisch insofern zusammen, als dass in der Realität immer diffuse und spiegelnde Rauigkeiten auf einer Oberfläche existieren. Zudem sind die Wellenlängen auch unterschiedlicher Natur, und eine Lichtquelle leuchtet darüber hinaus auch nicht mit konstantem Licht. OpenGL trägt diesem Umstand insofern Rechnung, indem u.a. die Reflexionsanteile getrennt definiert werden. Das Ergebnis einer Reflexionsberechnung liegt somit in Ihrer Hand. Durch Erfahrungswerte bei der Reflexionsdefinition werden Sie schnell realistische Effekte erzeugen können.

Transparenz

Unter *Transparenz* ist die Durchschimmerfähigkeit eines Körpers zu verstehen. Dabei dringt das Licht mehr oder weniger ungehindert in den Körper ein und durch den Körper hindurch. Das beste Beispiel für einen solchen Körper ist natürlich die Glasscheibe. Dass das Licht nicht vollkommen ungehindert durch Glas dringt, ist Ihnen durch die daneben vorliegende spiegelnde Reflexionseigenschaft von Glas bekannt. Und das ist auch gut so. Denn zum einen würden wir bei vollkommen transparentem Glas dieses als solches nicht erkennen und uns permanent verletzen, zum anderen hätten wir damit auch Probleme, Glas in OpenGL darzustellen.

OpenGL biete Ihnen die Möglichkeit, einen *Transparenzwert* (*Alpha*) anzugeben. Damit werden die Oberflächen transparent. So können die hinter der betreffenden Oberfläche liegenden Objekte mehr oder weniger betrachtet werden. Im geschickten Zusammenspiel mit der Spiegel- und der Diffusionseigenschaft können Glaseffekte simuliert werden.

Lichtstrahlenverlauf

Eine wichtige Eigenschaft einer Lichtquelle ist ihre *Leuchtrichtung*. Es macht wenig Sinn, eine Lichtquelle – und leuchtet diese noch so weiß – so zu platzieren und auszurichten, dass sie z.B. an dem roten Dachziegel vorbeileuchtet. Aber selbst wenn die Lichtquelle auf den Dachziegel leuchtet, kann noch einiges schief laufen. Sollte die Reflexionseigenschaft des Dachziegels z.B. ungünstige Verhältnisse aufweisen, so blendet der Ziegel den Beobachter entweder mit grellem weißen Licht oder ist einfach nur dunkel.

Parallelstrahlung

Die Sonnenstrahlen, die auf unserer Erde auftreffen, sind idealerweise als *Parallelstrahlen* mit gerichtetem Strahlenverlauf anzusehen. Schematisch wird ein solcher Strahlenverlauf in Abbildung 7.2 im Abschnitt *Lichtquellendefinition* in Kapitel 7 dargestellt. Auch wenn die Sonne ihre Strahlen von einer kugelförmigen Oberfläche abstrahlt und somit auch einige unparallele Strahlen (wenn auch mit sehr flachem Winkel) die Erde erreichen, so wäre jedoch die reale Definition einer solchen Leuchtquelle viel zu aufwändig und auch nicht praktikabel. Aufwand bedeutet Rechenzeit und ist dem 3D-Grafikprogrammierer teuer. Nicht praktikabel ist dies zudem, da die Berücksichtigung der *Un*parallelstrahlen keine sichtbare Ergebnisänderung zur Folge hätte. Somit sind in solchen Fällen ausschließlich parallel strahlende Lichtquellen vollkommen ausreichend.

Dies bedeutet nun nicht, dass OpenGL Ihnen *nur* einen Parallelstrahler zur Verfügung stellt, sondern vielmehr, dass Sie sich mit derartigen idealen und abstrakten *Lichtquellen* anfreunden sollten.

Punktstrahlung

Im Gegensatz zum Parallelstrahler sendet der *Punktstrahler* nach allen Seiten aus – und zwar gleichmäßig in alle Richtungen, rundum. Eine virtuelle Glühbirne in der Mitte eines Zimmers macht dies deutlich. Die wichtigste Charakteristik ist dabei, dass eine punktförmig bestrahlte Zimmerwand an keiner Stelle seiner Fläche Lichtstrahlen aus der gleichen Richtung empfängt. Somit wäre für jeden Punkt der Wand eine gesonderte Spiegelberechnung nötig.

OpenGL berechnet diese *Ungleichmäßigkeit* der Bestrahlung, indem es von vereinfachten Ansätzen (Interpolationen) ausgeht.

Ambientstrahlung

Der *Ambientstrahler* (engl. ambient für Umgebung) passt eigentlich nicht in diese Betrachtungen hinein, weil er keine signifikante Strahlungsrichtung aufweist. Es handelt sich hierbei vielmehr um eine künstliche Lichtquelle, die OpenGL einsetzt, um den Raum gleichmäßig auszuleuchten. Ein typisches Einsatzgebiet für dieses Licht sind Szenen, die von einer Atmosphäre (Luftgas) umgeben sind, die dieses Umgebungslicht *trägt*. Innerhalb einer Weltraumszene (z.B. auf dem Mond) würde man hingegen diesen Lichttyp nie einsetzen, da hier keine Atmosphäre vorhanden ist.

Materialien (Oberflächen) und *Lichtquellen* können in OpenGL ambientes Licht berücksichtigen.

Licht-Abstandsgesetze

Zum Abschluss sei der Einfluss des Abstands einer Lichtquelle zum beleuchteten Körper erwähnt. Die damit verbundene Festlegung der Position einer Lichtquelle im Raum, ist unter Umständen für das Leuchtergebnis von entscheidender Bedeutung. So wie in der Natur auch, wird das Licht mit steigender Entfernung von der Lichtquelle schwächer (*Intensitätsabschwächung*). In der Regel weisen Lichtquellen einen Leuchtkegel auf, womit nur selten alle ursprünglich ausgesendeten Strahlen den beleuchteten Körper erreichen. Ein anderes Beispiel für den Intensitätsverlust von entferntem Licht stellt der bereits erwähnte Absorptionseffekt der Erdatmosphäre dar.

Unter OpenGL bedeutet dies, dass Sie immer darauf achten müssen, dass eine entfernungsabhängige Lichtquelle neben der korrekten Definition der Ausgangsleuchtstärke I_0 auch die richtige Entfernung zum Objekt aufweist. Unter OpenGL stehen Ihnen zwar auch entfernungsunabhängige Lichtquellen zur Verfügung, aber der beschriebene Verlust von Leuchtstärke gehört einfach in eine realistische Szene hinein. Darum sei das zugehörige *Quadratische Abstandsgesetz* erwähnt – und zwar in seiner einfachen linearen Form:

$$I(r) = I_0 \cdot \frac{1}{r^2}$$

I_0 = anfängliche Intensität der Lichtquelle

r = Abstand von der Lichtquelle

2 Theoretische Grundlagen

und in seiner differenzierten Form unter Berücksichtigung der *Abschwächungsfaktoren* C, L und Q, die das Entfernungsverhalten des Lichts in nichtlinearer Weise beschreiben:

$$I(r) = I_0 \cdot \frac{1}{C + L \cdot r + Q \cdot r^2}$$

C = konstanter Anteil

L = linearer Anteil

Q = quadratischer Anteil

Mathematisch nennt man C, L und Q Koeffizienten. Deren Werte können Sie analytisch oder auch durch Erfahrungswerte bestimmen. Folgende Koeffizientenkombinationen (C, L, Q ungleich NULL!) sind u.a. denkbar:

C	Laserstrahl durch Weltraum
C , L	Laserstrahl durch Atmosphäre
C , Q	Lichtkegel durch Weltraum
C. , L , Q	Lichtkegel durch Atmosphäre

Nun, Sie haben sicher bemerkt, es ist einiges zu beachten, wenn man in physikalischen Lichtdimensionen *denkt*. Wie man im OpenGL-Alltag damit umgeht, also diese Eigenschaften umsetzt, werden Sie noch in den Kapiteln erfahren, die sich mit dem Thema Licht beschäftigen. Dazu ist es zunächst von Vorteil, dass Sie die hier dargestellten Aspekte einmal im Zusammenhang kennen gelernt haben. Unter Umständen könnte sonst der Versuch, *Lichteffekte* einer OpenGL-Szene zu programmieren, schnell zu einer *finsteren Veranstaltung* werden.

2.2.2 Farbenlehre à la Computer

Zugegeben, Farbenlehre als Überschrift für die folgenden zwei Unterpunkte zu wählen ist sicher nicht ganz korrekt, da die Farbenlehre hier nur flankierend angesprochen wird. Inhaltlich hätte es ohnehin keinen großen Sinn gemacht, hier die Farbenlehre dezidiert, also umfassend und detailliert, zu behandeln. Denn interessanterweise existieren in der Fachwelt unterschiedliche Auffassungen von der Richtigkeit einiger Lehrmeinungen zu diesem Thema. Man ist sich also nicht einig und streitet über die korrekte Theorie. Ihnen kann dies jedoch relativ egal sein, denn wichtig ist hier nur, dass Sie mithilfe der folgenden Zusammenhänge die gewünschte OpenGL-Farbwelt definieren können. Verwenden Sie dazu einfach die in Anlehnung an die Farbenlehre(n) gebräuchlichen Begriffe. Diese werden später für OpenGL immer wieder benutzt.

Prinzipiell kann jede Farbe am Bildschirmmonitor aus einer entsprechenden Mischung der drei *Grundfarben* Rot, Grün und Blau erzeugt werden. Die drei Grundfarben stellen die fundamentalen *Farbkomponenten* zur Erzeugung jedes anderen *Farbtons* dar und werden daher auch als *RGB-Farben* bezeichnet. Glücklicherweise entsprechen bei dieser Abkürzungswahl die Anfangsbuchstaben der englischen Farbwortbezeichnungen denen der deutschen Bezeichnungen: RGB = Red Green Blue = Rot Grün Blau

In der Farbenlehre wird zwischen der *additiven* und der *subtraktiven Farbmischung* unterschieden. Im Falle des Computermonitors werden die drei genannten Grundfarben im additiven Verfahren gemischt.

Weiter unterscheidet man in der Farbenlehre zwischen dem *farbigen Licht* und der so genannten *Körperfarbe*. Im ersten Fall handelt es sich um eine selbstleuchtende Farbe und im zweiten um eine nicht selbstleuchtende Farbe.

Schlussendlich seien noch die Begriffe *Helligkeit* und *Sättigung* im Zusammenhang mit der Farbe zu beschreiben. Ein Farbton, sagen wir Lila, kann bekanntlich verschieden hell leuchten, ohne – und das ist wichtig zu verstehen – dabei seinen Farbton zu verändern. Am besten, man stellt sich dazu z.B. eine lilafarbene Glasscheibe vor, die nacheinander von zwei unterschiedlich hellen weißen Lichtquellen beleuchtet wird. In beiden Fällen wird der Farbton der Glasscheibe hierdurch nicht beeinflusst, erscheint aber mit unterschiedlicher Helligkeit. Nur wenn zwei Extremfälle auftreten, resultiert hieraus eine Änderung des Glasscheibenfarbtons zu den Grundfarben Weiß oder Schwarz – also bei Verwendung einer extrem hellen Lichtquelle oder einer ausgeschalteten Lichtquelle in absolut dunkler Umgebung.

Beleuchten Sie hingegen zwei verschieden lilafarbene Glasscheiben, deren Farbtöne sich durch den *Sättigungsgrad* voneinander unterscheiden, mit zwei Lampen gleicher Helligkeit, so wirken die Glasscheibenfarben entweder knalliger oder matter. Im deutschen Wortgebrauch spricht man von einer *satteren* oder farbloseren Farbe. Auch hier existieren zwei Extremwerte: Zum einen ein zum Farbton korrespondierender Grauton, zum anderen dessen gesättigte Variante. Im Folgenden werden die soeben beschriebenen Zusammenhänge nochmals verdeutlicht, jetzt allerdings in praktischer, d.h. computertechnischer Hinsicht.

Wie bereits gesagt treten bei der additiven Mischung der drei Farbanteile zwei Extreme auf, nämlich *Schwarz* und *Weiß*. Schwarz wird durch das vollständige Deaktivieren der drei Grundfarben Rot, Grün und Blau erreicht. Hingegen erhält man die Farbe Weiß durch die vollständige Aktivierung der Rot-, Grün- und Blau-Anteile. Vollständig bedeutet hier ganz AUS oder ganz EIN. Wir wollen für die OpenGL-Thematik die Extremzustände AUS dem Zahlenwert

2 Theoretische Grundlagen

0.0 und EIN dem Zahlenwert 1.0 zuordnen. Für den einfachsten Fall, dass die drei einzelnen Farbanteile nur diese zwei Werte annehmen können, erhalten Sie aus allen Kombinationsmöglichkeiten für die einzelnen Rot-, Grün- und Blau-Anteile die im Folgenden dargestellten acht Farben:

Abb. 2.8:
RGB-Farb-
definition im
additiven
Mischverfahren

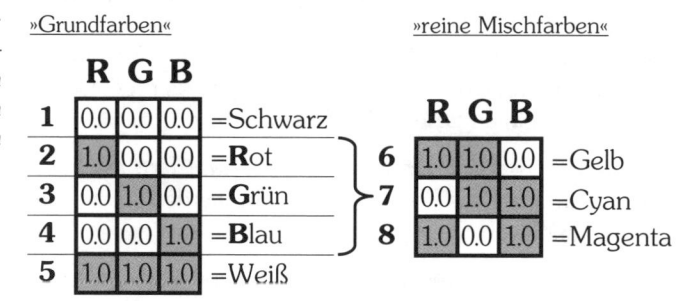

»Grundfarben«

	R	G	B	
1	0.0	0.0	0.0	=Schwarz
2	1.0	0.0	0.0	=**R**ot
3	0.0	1.0	0.0	=**G**rün
4	0.0	0.0	1.0	=**B**lau
5	1.0	1.0	1.0	=Weiß

»reine Mischfarben«

	R	G	B	
6	1.0	1.0	0.0	=Gelb
7	0.0	1.0	1.0	=Cyan
8	1.0	0.0	1.0	=Magenta

Zugegeben, Schwarz und Weiß als *Farben* zu bezeichnen fällt manch einem schwer, sollte hier aber der Einfachheit halber hingenommen werden.

Warum eigentlich acht Farben? Ein wenig *Binärarithmetik* liefert eine mathematische Erklärung. Aus drei Grundfarben mit jeweils zwei Zustandsmöglichkeiten errechnet sich die Anzahl der überhaupt in Frage kommenden Farbkombinationen über den dualen Zusammenhang $2^3 = 2 \cdot 2 \cdot 2 = 8$. Für alle dualen Probleme wird vorzugsweise das *Dualsystem* verwendet, das seine Werte aus Potenzzahlen mit der Basiszahl 2 errechnet. Ist ja auch klar, denn Sie befinden sich hier in der Computerwelt, deren Transistoren eben gerade nur die zwei Zustände – EIN und AUS oder 1.0 und 0.0 – kennen!

Bei den letzten drei der acht möglichen Farben handelt es sich um die ersten *reinen Mischfarben*. Die Farbbezeichnungen Gelb, Cyan und Magenta sind Ihnen aus dem Computeralltag heraus bekannt. Diese werden, wie in Abbildung 2.8 zu sehen ist, aus einer Mischaktivierung der Rot-, Grün- und Blau-Anteile mit den *reinen* Werten 1.0 oder 0.0 erzeugt.

Für den weitergedachten Fall, dass Sie die Zahlenwerte der Grundfarben aus Abbildung 2.8 zwischen 1.0 und 0.0 variieren können, werden alle anderen Farben mit entsprechenden Farbtönen, Helligkeiten und Sättigungen definierbar. Beispiele von weiteren RGB-Kombinationen sind:

Tabelle 2.1:
Kombinations-
beispiele zur
Farbkodierung
der RGB-
Anteile

RGB-Farbe	Rot-Anteil	Grün-Anteil	Blau-Anteil
Orange	1.00(255)	0.50(128)	0.00(0)
Braun	0.50(128)	0.25(64)	0.00(0)
Lila	0.50(128)	0.00(0)	0.50(128)
Olivgrün	0.50(128)	0.50(128)	0.00(0)

RGB-Farbe	Rot-Anteil	Grün-Anteil	Blau-Anteil
Dunkelgrün	0.00(128)	0.50(128)	0.00(0)
Marineblau	0.00(0)	0.00(0)	0.50(128)
Türkis	0.00(0)	0.50(128)	0.50(128)
Backsteinrot	0.75(192)	0.00(0)	0.00(0)
Grau	0.50(128)	0.50(128)	0.50(128)
Silber	0.75(192)	0.75(192)	0.75(192)

Zur Farbmischungsdemonstration liegt auf der Buch-CD die Offline-Seite *RGB.htm* in folgendem Ordner vor:

\Buchdaten\Kapitel02\Themen_Infos\Internetseiten\

Hier variieren Sie Zahlenwerte zwischen 0 und 255 in Fünferschritten für die einzelnen RGB-Anteile. Diese 8-Bit (2^8=256) RGB-Kodierung ist eine gebräuchliche Zahlenbereichsangabe zur Farbgebung, sollte aber unter OpenGL vermieden werden.

> Unter OpenGL sollten Sie für die *RGB-Definitionen* normierte Gleitkommawerte zwischen 0.0 und 1.0 verwenden. Für die alternativ mögliche RGB-Definition über Ganzzahlenwerte wird der dabei verwendete Wertebereich OpenGL-intern auf den normierten Gleitkommawertebereich 0.0 und 1.0 zurückgeführt.

Obiger Merksatz liefert damit auch die Erklärung dafür, dass in Tabelle 2.1 neben den Werten 0.0 bis 1.0 auch die entsprechenden RGB-Werte 0 bis 255 aufgeführt sind. Der höchste definierbare RGB-Ganzzahlwert 255 entspricht demnach dem Gleitkommawert 1.0. Über den bekannten Dreisatz können Sie alle anderen Zwischenwerte errechnen.

> Bei der RGB-Farbgebung legen Sie implizit die *Helligkeit*, den *Sättigungsgrad* und den *Farbton* fest.

In der realen analogen Welt lassen sich alle möglichen Farben dadurch erzeugen, dass man weißes Licht durch ein Prisma leitet. Dieses meist aus der Schule bekannte physikalische Phänomen zeigt das gesamte Farbspektrum (Spektralfarben) an natürlichen Farbtönen. Derer gibt es in der Natur unendlich viele. Wir befinden uns hier aber in der digitalen Welt, wo nur eine begrenzte Anzahl von Farben zur Verfügung steht. Dies bedeutet jedoch keinesfalls, dass man auf eine Wunschfarbe verzichten müsste.

Besonders deutlich wird dieser farbbegrenzende Zusammenhang durch die Auswahlmöglichkeit des gerade verwendeten *Farbmodus* innerhalb der aktuellen Windows-Umgebung. Hier können Sie typischerweise (aber leider nicht idealerweise) zwischen folgenden Farbmodi auswählen:

- 16 Farben (4 Bit), VGA
- 256 Farben (8 Bit), SVGA
- 65.536 Farben (16 Bit), High Color und
- 4.294.967.296 Farben (32 Bit), True Color (auch 24 Bit!)

Immer seltener existiert noch der 24-Bit-Farbmodus (16.777.216 Farben), der in Zeiten von Speicherknappheit und geringer Rechnerleistung einen guten Kompromiss darstellte.

> Windows und OpenGL sollten im *32- oder 24-Bit-Farbmodus* betrieben werden, da nur in diesen Echtfarbenmodi alle Funktionen und Effekte von OpenGL genutzt werden können und auch nur so zur Geltung kommen!

OpenGL sollte nur im RGB-Farbmodus betrieben werden. Daneben kennt OpenGL noch den *Farbindexmodus*, der aber nicht mehr genutzt werden sollte, wie gleich noch näher erläutert wird.

KAPITEL 3

Programmierung mit Visual C++

Alle im Folgenden durchgeführten Programmierschritte werden detailliert vorgestellt und ausführlich mit Bildern (Screenshots) dokumentiert. Es ist ja durchaus denkbar, dass Ihre letzten Programmiererfahrungen bereits einige Zeit zurückliegen und Sie sich daher in dieser Kunst erst wieder ein wenig üben müssen. Weiter ist denkbar, dass Sie Visual C++ erst vor kurzem kennen gelernt haben und sich daher noch ein wenig unsicher auf diesem neuen Parkett bewegen. Den selbstverständlichen Umgang mit der Visual C++ (VC++) -Entwicklungsumgebung und der objektorientierten Programmierung (C++) erlangt ohnehin nur der VC++-Profi, der täglich mit diesem Werkzeug umgeht.

Das in diesem Buch realisierte OpenGL-Projekt liegt in einer praktisch nachahmbaren Form vor. Schritt für Schritt werden Sie an das Thema herangeführt. Auch wenn das hier vorgestellte Projekt nicht alle Aspekte der OpenGL-Programmierung darstellen kann, am Ende werden Sie genau so viel gelernt haben, dass Sie sich in der glücklichen Ausgangslage befinden, weitere Möglichkeiten zur OpenGL-Programmierung auch umsetzen zu können. Sie auf dieses Intitialniveau zu hieven, ist das erklärte Ziel dieses Buches.

Bleiben Sie stur und konsequent bei der Durcharbeitung der Lerninhalte. Gehen Sie jedes der folgenden Kapitel Schritt für Schritt durch. Am Ende Ihrer Mühen nehmen Sie auf jeden Fall etwas mit. Versprochen!

3.1 OpenGL unter Visual C++ programmieren

Der Visual C++- bzw. C++-Anteil des OpenGL-Projekts beschränkt sich auf das programmiertechnisch absolut Notwendige. Im Verlauf der Programmentwicklung werden z.B. für den C++-Anteil keine Fehlerroutinen entwickelt. Diese Standardprogrammieraufgabe bietet für sich alleine schon ein so weites Betätigungsfeld, dass es den Rahmen dieses Buches sprengen würde. Sie sollen sich hier vorrangig auf die Programmiermöglichkeit von OpenGL konzentrieren und nicht auf die Unmöglichkeit der C-Programmierung. Nichtsdestotrotz wird innerhalb des OpenGL-Projekts auch auf eventuelle C-Fehlerquellen aufmerksam gemacht. Wie Sie letztlich die C-Laufzeitstabilität und -Sicherheit eines Programms realisieren, bleibt Ihrer Kreativität und Ihrem Geschick überlassen.

Bei der hier vorgestellten OpenGL-Lösung wird nach meiner Kenntnis ein programmiertechnisch neuartiger Weg beschritten, der in dieser Form noch nicht gegangen wurde. Dieser Ansatz entstand zu einer Zeit, als eine einfache und unabhängige Lösung zur Einbindung der OpenGL-Fähigkeiten in eine x-beliebige C-Anwendung gesucht wurde. Unabhängig hieß dabei, dass die angestrebte Lösung in Form einer in sich abgeschlossenen (isolierten) C-Klasse münden sollte. Zu welchem Zweck auch immer diese Klasse von einer Anwendung verwendet wird, der damit verbundene Implementierungsaufwand ist minimal.

Die einzig bestehende Abhängigkeit der hier zu entwickelnden OpenGL-Klasse besteht in der Nutzung der Objekt-Klassenbibliothek MFC (Microsoft Foundation Classes). Microsoft hat diese Fenster-Bibliothek aber glücklicherweise im Geist von OpenGL ausgelegt, also plattformunabhängig entworfen. Prinzipiell kann damit die gesamte Funktionalität der OpenGL-Klasse später auf ein anderes Betriebssystem (ex)portiert werden. Sie halten damit eine Option auf das Übermorgen in den Händen, denn es ist durchaus denkbar, dass Sie die OpenGL-Klasse später unter einem anderen Betriebssystem einsetzen wollen. Hierzu müssten lediglich einzelne betriebssystemspezifische Anpassungen vorgenommen werden, bevor der Quellcode nochmals durch den entsprechenden Compiler übersetzt wird.

3.2 Eine dialogbasierte Anwendung erstellen

Sie werden im Folgenden eine einfache *dialogbasierte* und MFC-unterstützte Visual C++-Anwendung erstellen, und zwar ohne jeden Schnickschnack. Dabei wird auf alles verzichtet, was in irgendeiner Form von der eigentlichen Thematik ablenkt. Dennoch gibt es einiges an Vorarbeit zu leisten. Da hilft alles Jammern nichts: Ohne Fleiß kein Preis. Auch die größten Genies der Menschheitsgeschichte verwandten mehr Zeit für das *Abarbeiten* als dafür, einfach nur genial zu sein.

Starten Sie Ihre *Visual C++-Entwicklungsumgebung* (Installationshinweise siehe Anhang E) und wählen Sie den Menüpunkt DATEI/NEU, um ein neues Visual C++-Projekt zu erstellen.

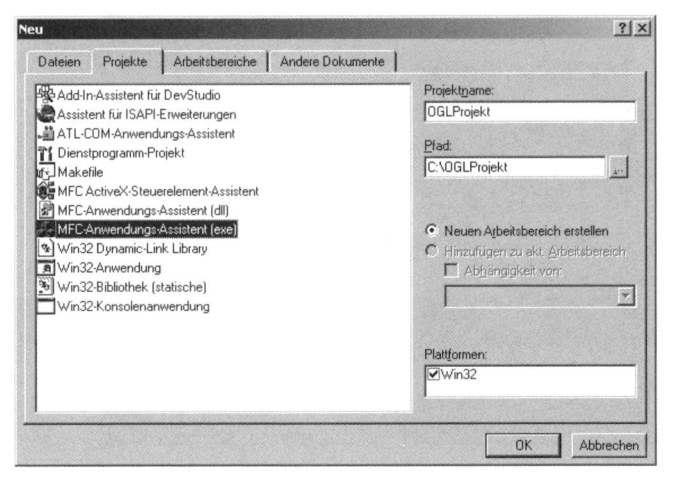

Abb. 3.1: Visual C++-Projekt mit dem MFC-Anwendungs-Assistenten erstellen

Markieren Sie im PROJEKTE-Register den Eintrag MFC-ANWENDUNGS-ASSISTENT (EXE). Damit werden Sie für das OpenGL-Projekt von der MFC-Klassenbibliothek regen Gebrauch machen.

Über das Textfeld PROJEKTNAME bestimmen Sie den Projektnamen. Um mit den folgenden Darstellungen und dem Programmcode des Buchprojekts übereinzustimmen, wird hier die Verwendung der Bezeichnung `OGLProjekt` empfohlen.

Für den Ablageort der VC++-Programmdateien wählen Sie über das Dropdown-Listenfeld PFAD das Laufwerk und das Projektverzeichnis aus. Hier wurde einfach über die rechts vom PFAD-Feld angeordnete <...>-Schaltfläche der Laufwerksbuchstabe C ausgewählt. Damit wird automatisch der Projektordner `C:\OpenGLProjekt\` erzeugt.

> Die Anwendung von Assistenten zur Erzeugung von Projekten oder zur Erzeugung/Manipulation von Programmiercodes hat Vor- und Nachteile. Die Erfahrung zeigt, dass die intensive Nutzung dieser Werkzeuge äußerst sinnvoll und effektiv ist, da diese dem Programmierer viel Wartungs- und auch Denkarbeit abnehmen. Zum Erlernen von Visual C++ ist diese Herangehensweise hingegen nicht empfehlenswert, da eine *erzwungene* Denkarbeit für die Programmierbewusstseinsbildung förderlich ist.
>
> Hier wollen Sie sich aber mit der OpenGL-Programmierung beschäftigen. Alles was mit der reinen Visual C++-Programmierung zu tun hat, ist nicht direkt zielführend und die Nutzung der C-Assistenten damit sehr sinnvoll.

Bestätigen Sie die Eingaben über die OK-Schaltfläche. Der Assistent öffnet daraufhin den Erstellungsdialog MFC-ANWENDUNGS-ASSISTENT – SCHRITT 1.

Abb. 3.2:
Erstellungsassistent –
Schritt 1

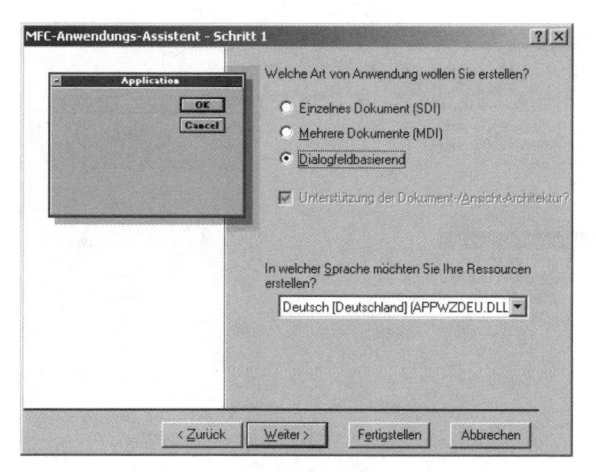

Wählen Sie hier den Punkt DIALOGFELDBASIEREND aus. Damit bestimmen Sie, dass Sie eine dialogbasierte Anwendung erzeugen wollen. Eine dialogbasierte Anwendung eignet sich besonders für das OpenGL-Projekt, da diese bereits über die Windows-Minimalfunktionalität (Fenster, Schaltflächen und Informationstextzeilen) verfügt, die Sie zum bequemen Aufrufen, Steuern und Austesten Ihrer noch zu erstellenden OpenGL-Klasse benötigen. Damit reduziert sich der Anwendungscode-Ballast, der durch die alternative Wahl der beiden anderen Anwendungsarten (SDI-/MDI-Anwendungen) erzeugt worden wäre. Es sei aber nochmals darauf hingewiesen, dass die Nutzung der OpenGL-Klasse unabhängig von der Anwendung ist.

Die Voreinstellung des Dropdown-Feldes SPRACHE übernehmen Sie ganz einfach. Da das Buch in Deutsch geschrieben ist, ist davon auszugehen, dass Sie die Visual C++-Ressourcen auch in deutscher Sprache nutzen wollen. Was man unter Ressourcen zu verstehen hat, wird weiter unten noch erklärt.

Über die WEITER-Schaltfläche gelangen Sie zum nächsten Erstellungsdialog des Assistenten.

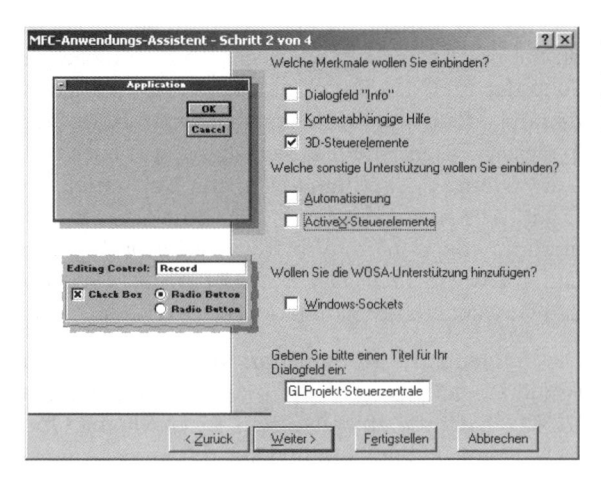

Abb. 3.3: Erstellungsassistent – Schritt 2

Im Prinzip sollten Sie hier alle Kontrollkästchen deaktivieren, um den eben bereits erwähnten Codeballast zu reduzieren. Empfohlen sei hierbei einzig die Aktivierung der 3D-Steuerelemente. 3D ist ja genau das, was Sie wollen, auch wenn es sich hier nur um die 3D-Steuerelemente der Dialogfensterelemente handelt. Wir OpenGL-»Fritzen« sind halt extrem 3D-orientiert. ;-)

Den Titel für den zu erzeugenden Dialog (Fenstername) sollten Sie im entsprechenden Textfeld funktionsbeschreibend mit OGLProjekt-Steuerzentrale angeben.

Klicken Sie wieder auf WEITER, um zum nächsten Erstellungsschritt zu gelangen.

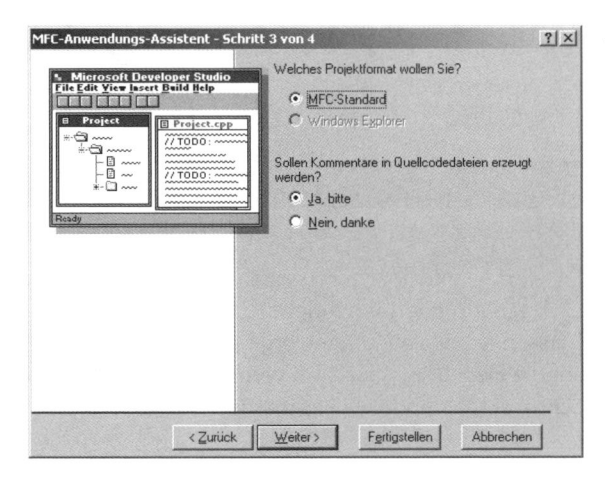

Abb. 3.4: Erstellungsassistent – Schritt 3

59

Mit Ausnahme der automatischen Erzeugung von Kommentaren in dem Quellcode Ihrer Anwendung können Sie hier nichts bestimmen – genauer sollte man aber sagen, der Autor und diejenigen unter Ihnen, die die Autorenversion von Visual C++ anwenden. In der professionellen Visual C++-Version hat der Anwender hier zusätzlich die Möglichkeit, zwischen der Verwendung der MFC-Bibliothek als *gemeinsam verwendete DLL* (Dynamic Link Library) oder der *statisch* eingebundenen Bibliothek zu wählen. Ich empfehle in diesem Falle Ersteres auszuwählen, was auch der Voreinstellung des MFC-Anwendungs-Assistenten entspricht. Der Vorteil einer in die *Programm.exe*-Datei statisch eingebundenen Bibliothek liegt in der Unabhängigkeit des Programms von den im Windows-Verzeichnis \system32\ installierten MFC-DLLs. Der Nachteil: Der Byte-Bedarf der *Programm.exe*-Datei wächst um den verwendeten Bibliothekscode.

Die automatische Kommentarerzeugung ist sehr hilfreich und sollte immer von Ihnen genutzt werden. Es können gar nicht genug Informationen in dem VC++-Quellcode enthalten sein. Es ist wie mit OpenGL. Man kann sich einfach nicht jede Funktion und jeden Parameter merken und sollte deshalb für jeden Hinweis dankbar sein. Aber natürlich ist das Ihrem persönlichen Geschmack überlassen.

Fahren Sie in der Abarbeitung der Erstellungsschritte durch Klicken auf WEITER fort.

Abb. 3.5: Erstellungsassistent – Schritt 4

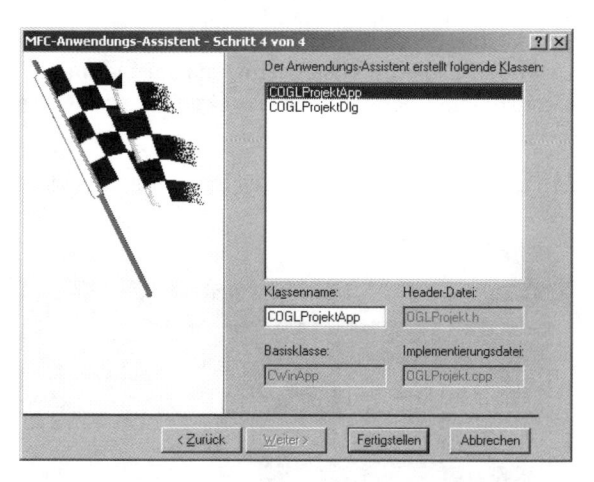

Im vierten und letzten Assistentendialog sind keine weiteren Einstellungen bzw. Änderungen vorzunehmen, da der Assistent für die zwei aufgeführten Klassen sinnvolle Namen vergibt. An dieser Stelle bietet es sich an, ein wenig auf die Bedeutung der zwei vom Erstellungsassistenten erzeugten Klassen COGLProjektApp und COGLProjektDlg einzugehen.

Eine dialogbasierte Anwendung erstellen

Sie wissen wahrscheinlich, dass die `App`-Klasse (engl. application für Anwendung) aufgrund des Betriebssystemkonzeptes zwingend erforderlich ist. Die Applikationsklasse kapselt hier die Funktionen und Prozeduren, die zum Starten einer Anwendung unter Windows erforderlich sind. Sollten Sie schon Erfahrungen mit dem C-Programmierstandard ANSI-C gesammelt haben, so entspricht die dortige `main(void)`-Hauptprogrammfunktion der hier erzeugten `App`-Klasse.

Neben der Anwendungsklasse wurde noch die `Dlg`-Klasse (Dialog) erzeugt, die den sichtbaren `OGLProjekt-Steuerzentrale`-Dialog repräsentiert. Dieser setzt quasi auf die `App`-Klasse auf. Aus der `Dlg`-Klasse heraus werden Sie in einem späteren Schritt OpenGL aufrufen und austesten. Mit den vom Erstellungsassistenten erzeugten Klassen und der von Ihnen noch zu erzeugenden `COpenGL`-Klasse, verwaltet Visual C++ also den Quellcode von drei C++/MFC-Klassen.

Zum Abschluss der Anwendungserstellungsprozedur klicken Sie auf die FERTIGSTELLEN-Schaltfläche.

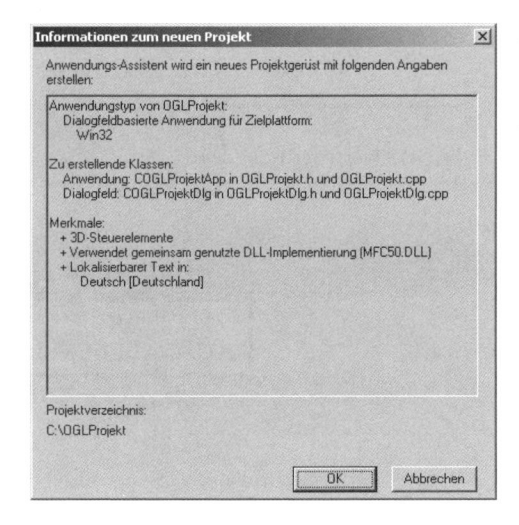

*Abb. 3.6:
Erstellungsassistent –
Abschlussinformation*

In dem nun erscheinenden Fenster wird noch einmal zusammenfassend eine Art Erstellungsprotokoll angezeigt. Hierbei sei vor allem die Meldung über die gemeinsam genutzte MFC-Bibliothek erwähnt. Wie schon gesagt, ist es mit der Autorenversion von Visual C++ nicht möglich, die statische Bibliotheksvariante zu nutzen. An dieser Stelle könnte eine andere Visual C++-Version also diese Möglichkeit offerieren.

Die in dem Informationsfenster gemeldete Angabe zu der verwendeten MFC-Versionsnummer könnte eventuell von Interesse sein. Im Falle des hier verwendeten Compilers ist dies die MFC-Version 5.0. Insgesamt können Sie mit

3 Programmierung mit Visual C++

diesem Hinweis den aktuellen DLL-Status dieser wichtigen Bibliothek und damit auch den der zugehörigen Datei (*MFC50.DLL*) Ihres Windows-Systems überprüfen. Sollte bei Ihnen eine Versionsnummer unterhalb der hier angegebenen, z.B. `MFC-Version 4.2 (MFC42.DLL)`, angezeigt werden, so ist das jedoch kein Beinbruch. Ihr OpenGL-Projekt ist auch damit realisierbar.

Der Vollständigkeit halber sei abschließend in Abbildung 3.7 das Erscheinungsbild der Visual C++-Entwicklungsumgebung gezeigt, die Sie direkt nach dem Klicken auf die OK-Schaltfläche im Informationsfenster aus Abbildung 3.6 sehen.

Abb. 3.7: Bereichsaufteilung der VC++-Entwicklungsumgebung

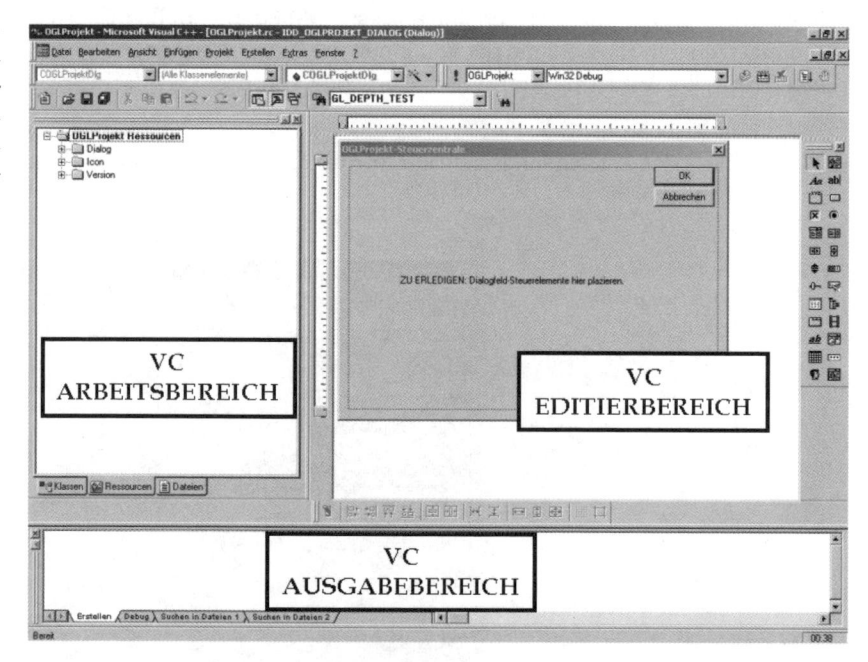

Es bietet sich hier eine gute Gelegenheit, die fachsprachliche (terminologische) Synchronisation zwischen Autor und Leser zu fördern. Zudem können gleich noch ein paar Randinformationen angebracht werden.

Der dargestellte *VC++-Arbeitsbereich* verwaltet Ihr gesamtes Projekt und dies ausgesprochen kontextsensitiv. Wählen Sie beispielsweise das R<small>ESSOUR</small>-<small>CEN</small>-Register aus, können Sie die *Ressourcen* Ihres Projekts definieren. Als Ressource bezeichnet man die von Ihrer Windows-Anwendung benötigten *Dialog-*, *Text-*, *Editier-* und *Schaltflächenelemente*, die Sie individuell editieren (gestalten) können.

Eine dialogbasierte Anwendung erstellen

Wählen Sie im Arbeitsbereich eine Dialog-Ressource zur Bearbeitung aus, haben Sie im *VC++-Editierbereich* Zugriff auf das zugehörige Dialog-Fenster und können diesem über Auswahl in der Werkzeugleiste STEUERELEMENTE (die vertikal angeordnete Leiste am rechten Bildschirmrand) kontextbezogen die Windows bekannten Steuerelemente wie Schaltflächen, Textfelder, Listenfelder usw. zuordnen.

Die andere wichtige Ansicht erhalten Sie, wenn Sie das KLASSEN-Register auswählen. Daraufhin werden alle Ihre aktuell verwendeten Klassen übersichtlich und vor allem strukturiert im VC++-Arbeitsbereich angezeigt. Vergleichbar mit der Verzeichnisdarstellung des Windows-Explorers sind alle Klasseninformationen bis in die letzte Einzelheit (Attribute/Variablen und Methoden/Funktionen) hinein auflösbar. Kontextbezogen wird Ihnen bei Anwahl einer der dargestellten Einzelheiten der zugehörige Programmiercode im VC++-Editierbereich dargestellt. Diesen können Sie dann editieren.

> Unter einer *Klasse* versteht man bei der objektorientierten Programmierung vereinfacht ausgedrückt die strukturierte Ansammlung von *Funktionen* und *Variablen*. Derart strukturierte (klassifizierte) Elemente können von Anwendungsprogrammen verwendet werden, wenn diese zuvor eine so genannte *Instanz* von dieser Klasse bilden. Ein so entstandenes *Objekt* kann als eine funktionale Variable mit komplexen Datentypen angesehen werden, ganz im Gegensatz zur funktionslosen Variable vom C-Standard-Datentyp `int`, `float` oder `bool`.
>
> Die Funktionen einer Klasse werden als *Methoden* und deren Variablen als *Attribute* bezeichnet.

Abschließend sei noch der *VC++-Ausgabebereich* erwähnt. Hier werden vornehmlich *Compiler-* und *Quellcodesuchergebnisse* angezeigt. Kontextbezogen erreichen Sie über einen Doppelklick in eine der Informationszeilen des Ausgabebereichs, z.B. in eine Compilerfehlermeldungszeile, die entsprechende Codestelle im Editierbereich zum Fehler, womit Sie diese sofort editieren (verbessern) können.

Bevor Sie aber Ihren ersten Programmiercode eingeben können, hat der »Programmiergott« noch ein paar kleinere Pflichtübungen für Sie vorgesehen. Sie wissen ja: Ohne Fleiß kein Preis.

3.3 Visual C++ konfigurieren

Bevor Sie sich so richtig in die Erstellung des OpenGL-Projekts stürzen können, sind erst noch ein paar Einstellungen an der VC++-Entwicklungsumgebung erforderlich, nämlich

- die VC++-Entwicklungsumgebung konfigurieren und
- dem Compiler die benötigten OpenGL-Bibliotheken mitteilen.

Sie sollten für dieses Projekt ausschließlich im *Win32 Release-Modus* arbeiten. Über den Menüpunkt ERSTELLEN/AKTIVE KONFIGURATION FESTLEGEN können Sie den *Compilermodus* bestimmen.

Abb. 3.8: Compilermodus des aktiven Projekts konfigurieren

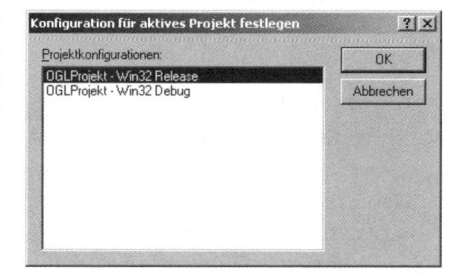

Hiermit verfügen Sie für alle späteren Zeitpunkte über *gebrauchsfertige* Programmversionen, ganz im Gegensatz zum *Debug-Modus* (debug, zu Deutsch entwanzen). Welcher der beiden Modi für die Programmentwicklung der »gescheitere« ist, bleibt nach meiner Kenntnis höchst umstritten. Es macht aber an dieser Stelle wenig Sinn, darüber zu philosophieren, welcher der beiden Modi nun tatsächlich der geeignetere für die Programmentwicklung von OpenGL ist. Für dieses Projekt einigen wir uns einfach auf den *Win32 Release-Modus* und erleben damit auch keine bösen Überraschungen, wenn Sie vom Debug-Modus auf den Release-Modus umschalten. Gebrannte Kinder scheuen halt das Feuer, vor allem der Autor ...

Im nächsten Schritt wählen Sie den Menüpunkt PROJEKT/EINSTELLUNGEN aus. Über die Anwahl des Registers ALLGEMEIN im daraufhin erscheinenden Dialog können Sie die bei der Projekterstellung erwähnte Einbindungsweise der MFC-Bibliothek bestimmen. Hier könnten Sie eventuell die statische Einbindung dieser Datei in Ihren Programmcode erzwingen, aber nur wenn Sie nicht mit der Autorenversion des VC++-Compilers arbeiten.

In den Textfeldern des Bereichs AUSGABEVERZEICHNISSE speichert Visual C++ alle Dateien ab, die bei der Kompilierung erzeugt werden. Da Sie zuvor den Release-Modus gewählt haben, werden diese in das namensgleiche Verzeichnis `OGLProjekt\Release\` gespeichert, was Sie auch nicht ändern sollten.

Visual C++ konfigurieren

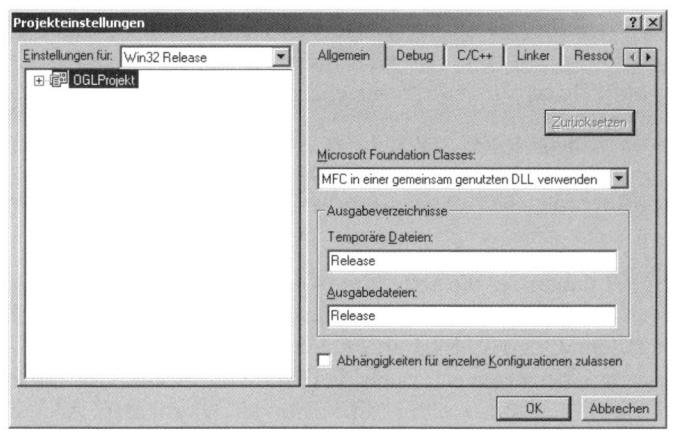

Abb. 3.9: MFC-Bibliotheken und Ausgabeverzeichnisse konfigurieren

Abschließend teilen Sie im gleichen Einstellungsdialog Visual C++ die OpenGL-Bibliotheken mit, die Sie noch für das Projekt benötigen. Hierzu klicken Sie das Register LINKER an. In dem Textfeld OBJEKT-/BIBLIOTHEK-MODULE geben Sie die beiden in diesem Buch verwendeten OpenGL-Bibliotheken *OPENGL32.LIB* und *GLU32.LIB* ein.

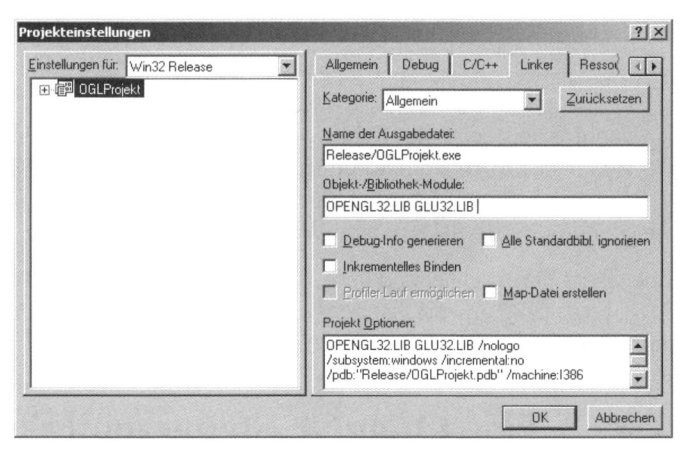

Abb. 3.10: OpenGL-Bibliotheken dem Linker mitteilen

Um aber wirklich das gleiche Bild wie in Abbildung 3.10 zu erhalten, müssen Sie einmal kurz das Register wechseln. Erst danach wird das Feld PROJEKT OP-TIONEN entsprechend der zuvor getroffenen Bibliotheksangaben aktualisiert.

65

> In der *OPENGL32.LIB*-Bibliothek werden alle OpenGL-Befehle definiert, die dem Standard-OpenGL-Befehlssatz entsprechen, also alle Befehle, die unter Visual C++ mit der Zeichenfolge `gl_` beginnen.
>
> Die Befehle des erweiterten OpenGL-Befehlssatzes werden über die *GLU32.LIB*-Bibliothek definiert und beginnen unter Visual C++ mit der Zeichenfolge `glu_`.

Somit haben Sie die erste OpenGL-spezifische Aktion vollzogen, auch wenn dabei noch kein OpenGL-Code programmiert wurde. Aber ohne diese grundlegenden OpenGL-Bibliotheken würde einem der Visual C++-Compiler beim ersten Übersetzungsversuch des OpenGL-Programms die eiskalte Schulter zeigen – einen also mit Fehlermeldungen überhäufen. Allgemein kann zur Bibliotheksverwendung unter Visual C++ noch Folgendes angemerkt werden:

> Die explizite Angabe von Bibliotheken ist mittlerweile eine seltene Programmieraufgabe geworden. Die am häufigsten verwendeten Bibliotheksfunktionen rund um Windows sind heutzutage fest in die Compilerumgebung integriert und können direkt angesprochen werden.
>
> Für die OpenGL-Programmierung müssen Sie aber immer noch alle zum Einsatz kommenden OpenGL-Bibliotheken *manuell* in die Visual C++-Programmierumgebung einbinden.

Ich benutze beispielsweise neben den genannten OpenGL-Bibliotheken noch die *WINMM.LIB*-Bibliothek, um multimediale Inhalte über die Windows-Betriebssystemfunktionen ausgeben zu können. Typische Beispiele hierfür sind die Standard-Systemklänge von Windows.

Speichern Sie abschließend Ihr gesamtes Projekt über den Menüpunkt DATEI/ALLE SPEICHERN, um die soeben vorgenommenen Entwicklungsumgebungseinstellungen für dieses Projekt zu sichern.

3.4 Eine OpenGL-Steuerzentrale entwerfen

In diesem recht ausführlich gehaltenen Abschnitt programmieren Sie Ihren zentralen Dialog zur Steuerung der noch zu erzeugenden `COpenGL`-Klasse. Im Folgenden wird dieser Dialog als *Steuerzentrale-Dialog* bezeichnet und stellt beispielhaft die Anwendung dar, die die `COpenGL`-Klasse nutzt. In diesem Zusammenhang lernen Sie einige grundlegende Programmierroutineaufgaben der grafisch orientierten Windows-Programmierung kennen.

Eine OpenGL-Steuerzentrale entwerfen

Das Grundgerüst des Steuerzentrale-Dialogs existiert bereits in Form einer grafischen Fensterfläche und einer damit verbundenen C++/MFC-Klasse CO-GLProjektDlg, die beim Erstellen der Anwendung automatisch erzeugt wurde (siehe den Abschnitt *Eine dialogbasierte Anwendung erstellen* weiter oben in diesem Kapitel). Um den Dialog in grafischer Hinsicht (Layout) ausformulieren zu können, aktivieren Sie im VC++-Arbeitsbereich das RESSOURCEN-Register und wählen im Dialogordner die einzig vorhandene Identifikationsbezeichnung IDD_OGLPROJEKT_DIALOG aus. Das sichtbare Dialogfenster und seine grafischen Elemente (Schaltflächen, Editier-/Textzeilen etc.) werden, wie bereits zuvor kurz erwähnt, innerhalb der Visual C++-Entwicklungsumgebung als Ressourcen bezeichnet.

In diesem Abschnitt werden Sie die Ressourcen mithilfe des *Ressourcen-Editors* erzeugen, modifizieren und programmieren. Das Ergebnis Ihrer Bemühungen sollte dann Abbildung 3.11 ähneln.

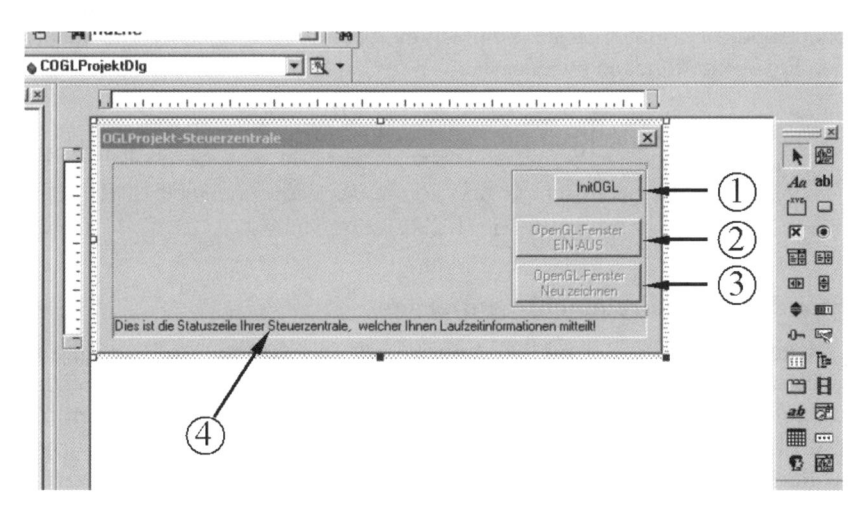

Abb. 3.11: Erstes Steuerelemente-Layout des Steuerzentrale-Dialogs

Über diese layouttechnische Arbeit hinaus werden Sie die Steuerelemente wie z.B. die Schaltflächen mit einem Programmiercode »beleben«. Die noch zu erzeugende OpenGL-Klasse wird später mithilfe der Steuerzentrale-Anwendung initialisiert und gesteuert.

So, jetzt aber ran an den Speck!

Eigenschaften des Steuerzentrale-Dialogs einstellen

Definieren Sie zunächst die Eigenschaften des Steuerzentrale-Dialogs über einen Klick mit der rechten Maustaste auf das Dialogfenster im VC++-Arbeitsbereich. Daraufhin erscheint der DIALOG EIGENSCHAFTEN-Dialog. Mit Ausnahme der ID (Identifikationsbezeichner) IDD_OGLPROJEKT_DIALOG können Sie hier nach Belieben frei schalten und walten, ganz nach Ihrem Geschmack. Vielleicht gefällt Ihnen z.B. der Fenstertitelname oder die voreingestellte Schriftart und -größe für diesen Dialog nicht.

*Abb. 3.12:
Eigenschaftendialog des Steuerzentrale-Dialogs*

Auf die einzelnen Einstellungsmöglichkeiten in den Registerkarten FORMATE, WEITERE FORMATE, ERWEITERTE FORMATE und WEITERE ERWEITERTE FORMATE soll hier nicht näher eingegangen werden. Auf unser Kernziel, OpenGL zu programmieren, haben diese zumindest keinen Einfluss. Probieren Sie die eine oder andere Formateinstellung einfach einmal aus und schließen Sie danach den Eigenschaftendialog wieder.

> Über die RÜCKGÄNGIG-Schaltfläche in der Symbolleiste der Visual C++-Entwicklungsumgebung können Sie alle ungewollten Ressourcen- und Codeänderungen wieder rückgängig machen.

Standard-Steuerelemente entfernen

Löschen Sie die durch den MFC-Anwendungs-Assistenten standardmäßig erstellten Schaltflächen (engl. button) OK und ABBRECHEN aus dem Steuerzentrale-Dialog. Das ebenfalls vorhandene *statische Textfeldelement* ZU ERLEDIGEN: DIALOGFELD-STEUERELEMENTE HIER PLAZIEREN löschen Sie hingegen nicht. Platzieren Sie dieses vielmehr zur späteren Verwendung im unteren Dialogbereich.

> Hinter den beiden Standard-Schaltflächen OK und ABBRECHEN verbergen sich die virtuellen Funktionen OnOK und OnCancel, die durch die COGLProjektDlg-Anwendungsklasse indirekt zur Verfügung gestellt werden. Diese Klasse *erbt* den dafür notwendigen Funktionscode von einer anderen Klasse, hier der CDialog-Basisklasse. Durch das Löschen beider Schaltflächen werden die zugehörigen Funktionen OnOK und OnCancel jedoch *nicht* gelöscht und stehen weiterhin zur Verfügung!

Überprüfen Sie obigen Informationshinweis, indem Sie das bis jetzt vorhandene Programm über den Menüpunkt ERSTELLEN/AUSFÜHREN VON OGL-PROJEKT.EXE starten.

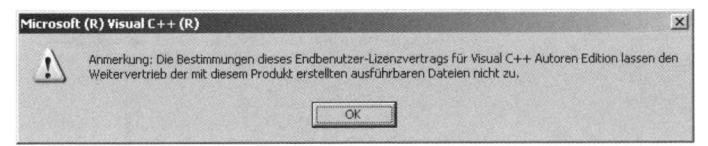

Abb. 3.13: Hinweis der Visual C++-Autorenversion bei Programmstart

Wenn Sie mit der Autorenversion von Visual C++ arbeiten, erscheint direkt nach dem Start ein entsprechender Hinweis. Mit dieser sichtbaren Versionsrestriktion müssen Sie sich abfinden, was aber nicht allzu tragisch ist. Klicken Sie an dieser Stelle einfach auf die OK-Schaltfläche.

Drücken Sie nach dem Erscheinen des Steuerzentrale-Dialogs die Tasten ⏎ für OnOK oder Esc für OnCancel. In beiden Fällen wird das Programm beendet, was den Schluss zulässt, dass die ursprünglich den beiden Schaltflächen OK und ABBRECHEN zugeordneten Funktionen weiterhin ausgeführt werden.

Schaltflächen innerhalb des Dialog-Fensters platzieren

Fügen Sie in diesem Schritt dem Dialog drei neue Schaltflächen-Steuerelemente 1, 2 und 3 entsprechend Abbildung 3.11 hinzu. Diese und andere Steuerelemente erstellen Sie mithilfe der am rechten Rand befindlichen Werkzeugleiste STEUERELEMENTE des VC++-Editierbereichs. Klicken Sie dazu das betreffende Schaltflächen-Icon an, um anschließend an einer beliebigen Position im Dialog-Fenster die neue Schaltfläche zu platzieren.

> In Visual C++ wird beim Zeigen (nicht Klicken!) auf symbolisch integrierte Funktionselemente (*Icons*) eine kontextbezogene Information (*QuickInfo*) angezeigt.

Der Mauszeiger erscheint bis zum Positionierungsklick mit der linken Maustaste in Form eines Fadenkreuzes. Natürlich bleibt es letztlich Ihrer Kreativität überlassen, wo Sie die Steuerelemente anordnen und auf welche Größe Sie sie ziehen. Abbildung 3.14 zeigt – neben der Visual C++-Werkzeugleiste STEUERELEMENTE mit QuickInfo-Anzeige – die Größenvariationspunkte eines durch Mausklick markierten Schaltflächen-Steuerelements – hier BUTTON1.

*Abb. 3.14:
Schaltflächen-
vergrößerung
und STEUERELE-
MENTE-Werk-
zeugleiste mit
QuickInfo*

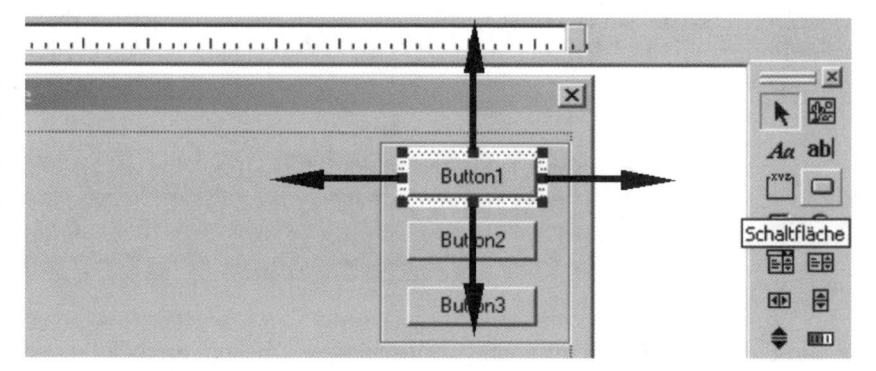

An den dargestellten Ziehpunkten können Sie bei gedrückter linker Maustaste die Größe der Schaltfläche in horizontaler und vertikaler Richtung variieren.

Schaltflächen konfigurieren

Am Beispiel der INITOGL-Schaltfläche 1 soll im Folgenden die Vorgehensweise zur Definition eines Steuerelements vorgestellt werden. Dies geschieht über den Dialog SCHALTFLÄCHE EIGENSCHAFTEN. Dazu klicken Sie mit der rechten Maustaste auf die BUTTON1-Schaltfläche und wählen dann den Menüpunkt EIGENSCHAFTEN.

*Abb. 3.15:
Dialogeigen-
schaften der
Steuerzentrale*

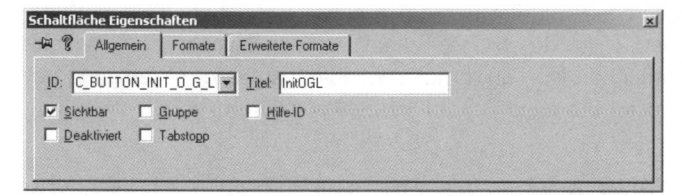

Wie in Abbildung 3.15 dargestellt, geben Sie im Feld ID die Steuerelementi-dentifikationsbezeichnung `IDC_BUTTON_INIT_O_G_L` ein bzw. passen den Vorgabewert (meist `IDC_BUTTON1`) an. Das C in `IDC_BUTTON_...` steht für control (zu Deutsch steuern) und deutet an, dass es sich hier um ein Steuerelement handelt. Die Zeichenfolge `..._INIT_O_G_L` bewirkt, dass die noch zu erzeugende Funktion zur Schaltfläche entsprechend der im Feld TITEL stehenden Angabe die Bezeichnung `InitOGL` tragen wird. Dazu aber später mehr. Tragen Sie diesen Titelnamen in das Feld TITEL ein.

Übung 1 Erzeugen und konfigurieren Sie analog zu Schaltfläche 1 die verbleibenden zwei Schaltflächen 2 und 3 (siehe Abbildung 3.11). Die ID- und Titel-Angabe entnehmen Sie Tabelle 3.1. Deaktivieren Sie hier zusätzlich die beiden Schaltflächen über die DEAKTIVIERT-Option auf der Registerkarte ALLGEMEIN. Um zudem einen Zeilenumbruch innerhalb der Schaltflächenbeschriftungsdarstel-

Eine OpenGL-Steuerzentrale entwerfen

lung zu ermöglichen, sollten Sie noch die folgenden drei Punkte berücksichtigen:

- Über die C-übliche \n-Steuersequenz in der TITEL-Textangabe erzwingen Sie einen Zeilenumbruch in der Schaltflächentextdarstellung.

- Über die MEHRZEILIG-Option auf der Registerkarte FORMATE ermöglichen Sie die mehrzeilige Textangabe innerhalb der Schaltflächentextdarstellung.

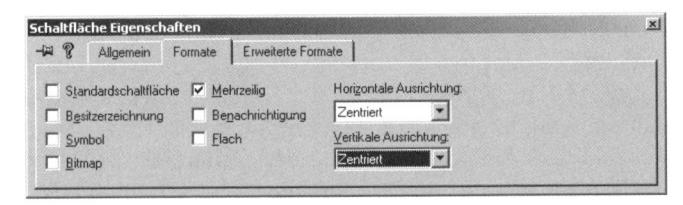

Abb. 3.16: Mehrzeilige Titeltextangabe einer Schaltfläche zulassen

- Vergrößern Sie die Höhe der Schaltflächen, damit mehrzeilige Texte dargestellt werden können.

Informationen zur Lösung dieser Übung können Sie in Anhang A nachlesen.

Nr	Steuerelement-ID	MFC-Bezeichnung MFC-Klasse Variable EIGENSCHAFT	TITEL
1	IDC_BUTTON_INIT_O_G_L	Schaltfläche CButton m_cbInitOGL -KEINE-	InitOGL
2	IDC_BUTTON_ON_OFF	Schaltfläche CButton m_cbOnOff DEAKTIVIERT	OpenGL-Fenster\n EIN-AUS
3	IDC_BUTTON_REDRAW	Schaltfläche CButton m_cbRedraw DEAKTIVIERT	OpenGL-Fenster\n NeuZeichnen
4	IDC_STATIC_INFO	Statischer Text CString m_csInfoText VERTIEFT o.Ä.	Dies ist die Statuszeile Ihrer Steuerzentrale, welche Ihnen Laufzeitinformationen mitteilt!

Tabelle 3.1: Zuordnungsdaten für die Steuerelemente 1, 2, 3 und 4

3 *Programmierung mit Visual C++*

Die in Abbildung 3.16 dargestellte zentrierte Ausrichtung (horizontal und vertikal) ist sinnvoll für die hier benötigte Schaltflächenbeschriftung. Aber auch das ist ganz und gar Ihrem Geschmack überlassen.

Vergleichbar zu dem Schaltflächen-Steuerelement verfahren Sie mit einem anderen unter Windows typischen Steuerelement, dem *statischen Textfeld* (siehe 4 in Abbildung 3.11). Textfelder werden zur Beschriftung von Dialogfeldern verwendet und weisen in der Regel fest definierte (statische) Textinhalte auf. Daher ist die Standard-ID-Bezeichnung aller statischen Textfelder auch IDC_STATIC (engl. static für statisch). Dass man diese aber auch dynamisch verwenden kann, also mit zur Laufzeit veränderlichen Texten, wird noch gezeigt. Ordnen Sie dem (noch) statischen Textfeld zunächst nur den TITEL-Text aus Tabelle 3.1 zu, vergleichbar zu der Definition der Schaltflächenbeschriftung. Aufgrund der langen Textfeldbeschriftung sollten Sie darauf achten, dass das Textfeld über die gesamte Breite des Steuerzentrale-Dialogs aufgezogen ist. Andernfalls könnte der Titelnamentext abgeschnitten oder gar nicht erscheinen! Zudem benötigen Sie dieses breite Textfeld, da zum jetzigen Zeitpunkt noch nicht absehbar ist, wie groß der tatsächliche Zeichenbedarf eines Informationstextes zur Laufzeit (dynamisch!) Ihres Programms sein wird. Weniger ist eben nicht immer mehr!

Innerhalb der Textfeldeigenschaften könnten Sie noch aus optischen Gründen z.B. die Option VERTIEFT und RAND (auf der FORMATE-Registerkarte) aktivieren oder eine andere Stilart wählen. Aber das ist jedem selbst überlassen.

Abb. 3.17:
FORMATE-
*Textfeld-
eigenschaften*

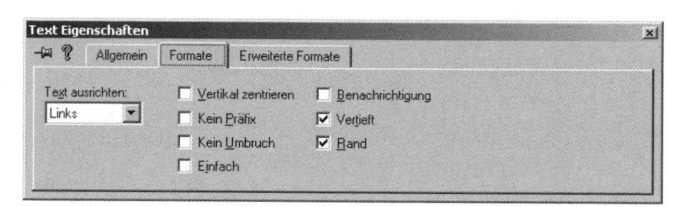

Starten Sie an dieser Stelle das Programm, indem Sie es über den Menüpunkt ERSTELLEN/AUSFÜHREN VON OGLPROJEKT.EXE kompilieren und ausführen.

*Abb. 3.18:
Der Steuer-
zentrale-Dialog
nach dem
Erstellen
der Steuer-
elemente*

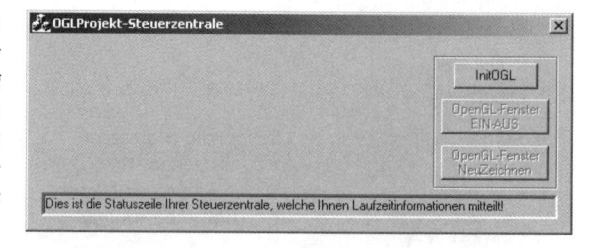

In layouttechnischer Hinsicht wäre so weit alles erledigt, einzig fehlt es noch an der Funktionalität und Variabilität der Steuerelemente. Diese wird durch die im Folgenden erläuterten Codezuweisungsoperationen vollzogen. Damit wären dann alle Aspekte der *Steuerelementeprogrammierung* behandelt. In Zukunft werden Sie diese Operationen dann eigenständig ausführen.

Steuerelemente über Member-Variablen mit dem Dialog verbinden

Was bei der objektorientierten Programmierung die beiden Begriffe Attribut und Methode bedeuten, wurde bereits am Ende des Abschnitts *Eine dialogbasierte Anwendung erstellen* erklärt. Terminologisch werden diese unter Visual C++ als Member-Variable und Member-Funktion bezeichnet. Das englische Wort member steht für das deutsche Wort Mitglied. Demnach werden einer C-Klasse *Mitglieder* in Form von Variablen und Funktionen zugeordnet. Beispielhaft legen Sie im Folgenden für die Steuerelemente eine *Member-Variable* (Attribut) und für ein weiteres Steuerelement eine *Member-Funktion* (Methode) in der Dialogklasse COGLProjektDlg an.

Zunächst *verbinden* Sie das Textfeld-Steuerelement 4 über eine Member-Variable mit der Dialogklasse COGLProjektDlg. Mithilfe dieser Variablen verfügen Sie über eine simple Möglichkeit, Informationen in Form einer Textmitteilung im Dialogfeld auszugeben. Die Alternative, eine komfortable, aber aufwändige Ausgabekonsole zu programmieren, wäre für unsere Zwecke zu aufwändig.

Unter Visual C++ können Sie Member-Variablen auf verschiedene Art und Weise erzeugen. Im Zusammenhang mit den Steuerelementen verwenden Sie dabei direkt und indirekt den *Klassen-Assistenten* von Visual C++. Für das Textfeld-Steuerelement wenden Sie diesen zunächst indirekt an. Doppelklicken Sie dazu bei gedrückter [Strg]-Taste mit der linken Maustaste auf das Textfeld 4. Was passiert?

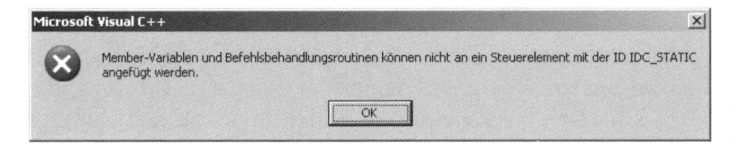

Abb. 3.19: Fehler bei der Variablenzuweisung eines statischen Textfeldes

Anstelle des angekündigten Klassen-Assistenten erhalten Sie eine wie in Abbildung 3.19 dargestellte Fehlermeldung.

Wie Sie sich erinnern, handelt es sich bei dem *aktuellen Textfeld* um ein *statisches Textfeld*, da dieses die ID-Bezeichnung IDC_STATIC trägt. Wollen Sie dieses dynamisch benutzen, also den Textinhalt zur Laufzeit ändern, so müssen Sie dem Textfeld eine andere ID-Bezeichnung zuweisen. Verwenden Sie daher die in Tabelle 3.1 aufgeführte ID-Bezeichnung IDC_STATIC_INFO.

Doppelklicken Sie anschließend zum zweiten Mal bei gedrückter [Strg]-Taste mit der linken Maustaste auf das Textfeld 4. Was passiert?

Abb. 3.20: Member-Variable einem dynamischen Textfeld zuordnen

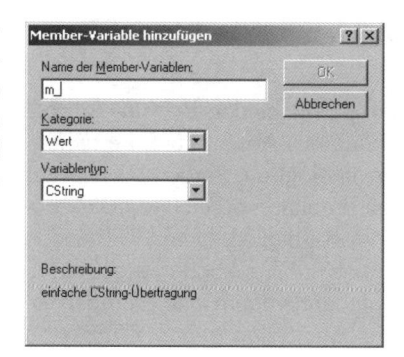

Kontextbezogen öffnet sich sofort der Dialog MEMBER-VARIABLE HINZUFÜGEN. Dieser bietet Ihnen die schnelle Möglichkeit, dem Textfeld eine MFC-Klassenvariable CString zuzuweisen. Sofort und schnell deshalb, weil Ihnen die Verwendung des Klassen-Assistenten an dieser Stelle noch erspart bleibt. Die MFC-Klasse CString verwaltet Zeichenketten (hier den Informationstext) auf besonders komfortable und einfache Weise. Die gefürchtete Standard-C-Zeichenkettenverarbeitung bleibt Ihnen damit erspart.

> Die CString-Klasse als MFC-Klasse zu bezeichnen, ist sicher nicht ganz korrekt. Diese Klasse in Zusammenhang mit den MFC-Klassen zu bringen, ist aber auch nicht ganz falsch. Der Einfachheit halber wird alles so gelassen, wie es ist. Es sei dem Autor an dieser Stelle diese kleine *Ungenauigkeit* einfach verziehen. ;-)

Vergeben Sie gemäß Tabelle 3.1 im Feld NAME DER MEMBER-VARIABLEN für das Textfeld-Steuerelement den Variablennamen m_csInfoText, der vom Datentyp CString ist. Damit weisen die Felder KATEGORIE und VARIABLENTYP kontextbezogen bereits die richtigen Einstellungen auf. Bestätigen Sie die Eingaben mit OK.

> Es ist sehr sinnvoll, die Variablenbezeichnung wie im dargestellten Falle beginnend mit m_cs gefolgt von einem beliebigen Namenszusatz (hier InfoText) konsequent im gesamten Programmcode anzuwenden. m_ steht hierbei für Member-Variable und cs als Kürzel für den verwendeten Klassentyp (hier CString).

Der hier dargestellte und einfach erscheinende Vorgang zur Variablenerzeugung stellt einen größeren Eingriff in den Programmcode der OGLProjektDlg-Dialogklasse dar, als dies zunächst zu beobachten war. Die reine Variablendeklaration innerhalb der Klasse war dabei noch das Geringste.

Im Einzelnen deklariert der Assistent für Sie die Variable in der *Definitionsdatei* der Dialogklasse (*OGLProjektDlg.h*). Der Dateierweiterungsbuchstabe *h* steht für das englische Wort header, weshalb die Definitionsdatei auch Header-Datei genannt wird.

Danach integriert der Assistent die Variable in die wichtige *Dialogdatenschleife* (AFX-DATA-Loop) der *Implementierungsdatei* (*OGLProjektDlg.cpp*) innerhalb der Klassenmethode DoDataExchange. Die AFX-Datenschleife sorgt dafür, dass eine Änderung der Textfeldvariablen auch eine Änderung der Textfelddarstellung bewirkt.

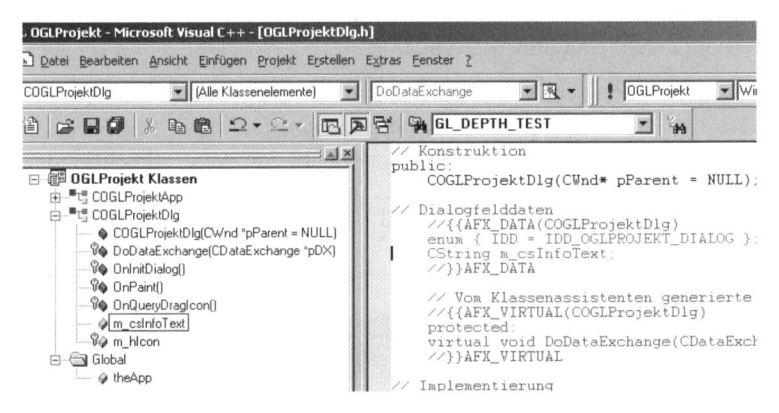

Abb. 3.21: Visual C++-Klassenansicht und Konstruktorcode

Darüber hinaus wird die Member-Variable m_csInfoText im *Konstruktor* COGLProjektDlg::COGLProjektDlg der Dialogklasse vorinitialisiert.

> Klassenobjekte weisen neben den Member-Funktionen einen *Konstruktor* und einen *Destruktor* auf. Diese beiden elementaren Klassenmethoden werden zu Beginn und zum Ende der Klassennutzung aufgerufen. Während beim Konstruktoraufruf meist Initialisierungsaufgaben ausgeführt werden, wird beim Destruktoraufruf dafür gesorgt, dass die Klasse *ordentlich* beendet wird, also z.B. belegter Speicher wieder freigegeben wird.

Als Visual C++-Programmierer erkennen Sie den Codeeingriff des Assistenten, indem Sie im VC++-Arbeitsbereich das Klassen-Register auswählen und auf das +-Symbol vor der Dialogklassenbezeichnung OGLProjektDlg klicken. So wie in Abbildung 3.21 dargestellt, erscheint daraufhin u.a. die zuvor ange-

3 Programmierung mit Visual C++

legte Member-Variable m_csInfoText in der Dialogklassenstruktur. Der zur Member-Variablen gehörige C-Definitionscode in der Header-Datei *OGLProjektDlg.h* der Klasse wird im VC++-Editierbereich angezeigt, wenn Sie einen Doppelklick auf die Member-Variable m_csInfoText ausführen.

Die erwähnten Codeänderungen in der Implementierungsdatei *OGLProjektDlg.cpp* erreichen Sie auf analoge Weise, indem Sie den erwähnten Konstruktor COGLProjektDlg(CWnd *pParent=NULL) oder die Klassenmethode DoDataExchange(CDataExchange *pDX) zur Datenschleife im Klassenansichtsbereich anklicken.

Member-Funktion mit Steuerelement verbinden

Neben der elementaren Member-Variablenerzeugung können Sie, vergleichbar mit der soeben dargestellten Vorgehensweise, eine Member-Funktion erzeugen. Auch hier geschieht dies vorzugsweise unter Zuhilfenahme des *Klassen-Assistenten*. Allerdings führen Sie dies beispielhaft nun für ein Schaltflächen-Steuerelement aus.

Auf geht's. Mit gedrückter Strg-Taste und Doppelklick mit der linken Maustaste auf die INITOGL-Schaltfläche gelangen Sie sofort in den VC++-Editierbereich, also mitten in den Codebereich der dabei gleichzeitig erzeugten Member-Funktion (Methode) OnButtonInitOGL(). Indirekt hat der Klassen-Assistent auch hier diese Methode in der OGLProjektDlg-Dialogklasse angelegt.

Abb. 3.22: Erzeugte Member-Funktion in der Klassenübersicht

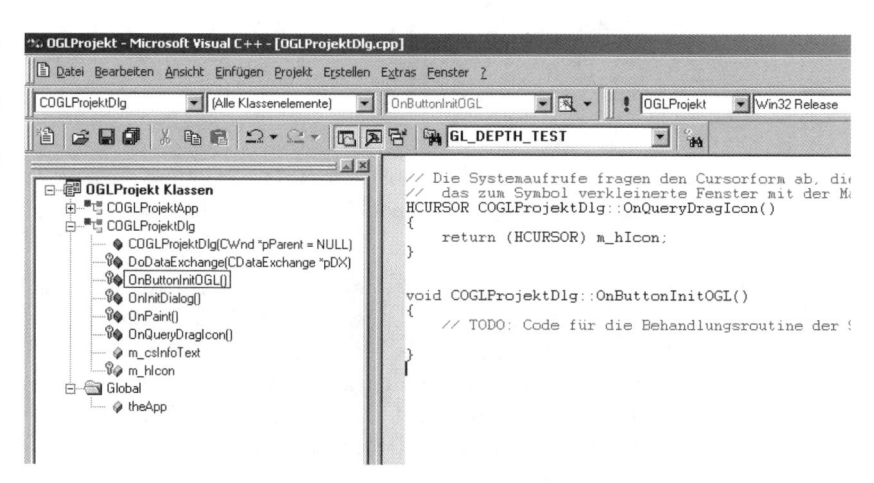

Abbildung 3.22 zeigt den frisch erstellten Funktionsrumpf im VC++-Editierbereich innerhalb der Implementierungsdatei an. Manuell erreichen Sie in Zukunft diese Codestelle dadurch, dass Sie im VC++-Arbeitsbereich in der Klassenansicht auf die Methode OnButtonInitOGL()doppelklicken.

Neben der Erstellung des Funktionsrumpfes in der Implementierungsdatei (*.cpp) hat der Klassen-Assistent gleich noch die für dieses Steuerelement typische Methodendefinition in der Definitionsdatei (*.h) der Dialogklasse erledigt. Ähnlich der Datenschleife bei der Variablendefinition für den Informationstext hat der Klassen-Assistent eine so genannte *Nachrichtenschleife* (AFX-MSG-Loop) für die Schaltfläche INITOGL eingerichtet. Assistent sei Dank!

> Sollten Sie Standardprogrammieraufgaben, wie z.B. die Erzeugung einer Member-Variablen oder Member-Funktion zu einem Kontrolelement, in Visual C++ ohne den Klassen-Assistenten durchführen, so laufen Sie dabei immer Gefahr, einen Fehler zu machen oder notwendige Deklarationsschritte zu vergessen. Der zudem erheblich höhere Zeitaufwand bei der manuellen Codeerzeugung für das gleiche Ergebnis stellt dabei einen weiteren Nachteil dar. Sicher würde die alternative *Eigenleistung* das Bewusstsein für die Windows-Programmierung fördern, aber Sie wollen hier ja in erster Linie Ihr Bewusstsein für OpenGL-Programmierung fördern ...

Die Nachrichtenschleife (engl. message loop) sorgt dafür, dass bei Anwahl der Schaltfläche *automatisch* die zugehörige Member-Funktion aufgerufen wird. Der darin enthaltene Code wird damit ausgeführt.

Bisher haben Sie noch keine einzige C++-Codezeile selbst eingegeben. Dies hat bisher der Klassen-Assistent für Sie erledigt. Jetzt ist aber die Zeit gekommen, einen *eigenen* Code zu implementieren. Programmcodes werden in so genannten *Listings* dargestellt. Bevor aber das erste Listing abgebildet wird, müssen zunächst einige allgemeine Hinweise zu den Listingdarstellungen erfolgen.

- Alle Kommentare //... sind sehr kurz gehalten und müssen von Ihnen nicht unbedingt mit eingegeben werden. Die Angabe von Kommentaren dient der Lesbarkeit des Codes.

- Die **fett** gedruckten Teile in den Listings zeigen den von Ihnen einzugebenden C- bzw. OpenGL-Code an. Nicht fett gedruckter Code wurde entweder vom Klassen-Assistenten erzeugt oder wurde bereits in einem vorhergegangenen Schritt eingegeben.

- Programmiercode, der zu Erläuterungszwecken ohne eine Listingunterschrift dargestellt wird, nutzt den Fettdruck, um bestimmte Zusammenhänge hervorzuheben.

- Die häufig innerhalb der Listings dargestellten drei Punkte ... kennzeichnen bereits an anderer Stelle dargestellten Programmiercode.

- Zusammenhängende Zeichenkettenausdrücke "Zeichenkette" verursachen (selten) in der Listingdarstellung einen Zeilenumbruch, den Sie bei der Eingabe einfach ignorieren.

Nachfolgendes Listing zeigt den bisher vom Klassen-Assistenten erzeugten Programmcode zur Nachrichtenschleifen-Behandlung, in dem u.a. die `OnButtonInitOGL()`-Methode *eingearbeitet* vorliegt.

```
...
    // Generierte Message-Map-Funktionen
    //{{AFX_MSG(COGLProjektDlg)
    virtual BOOL OnInitDialog();
        afx_msg void OnPaint();
        afx_msg HCURSOR OnQueryDragIcon();
        afx_msg void OnButtonInitOGL();
    //}}AFX_MSG
    DECLARE_MESSAGE_MAP()
...
```

Sie finden diesen Code in der Header-Definitionsdatei *OGLProjektDlg.h*, indem Sie im VC++-Arbeitsbereich in der Klassenansicht auf die Dialogklassenbezeichnung `OGLProjektDlg` klicken und den kontextbezogen erscheinenden Code im VC++-Editierbereich durchsuchen.

Übung 2 Erzeugen Sie analog zur INITOGL-Schaltfläche 1 die Member-Funktionen der verbleibenden Schaltflächen 2 und 3.

Hinweise:

- Überprüfen Sie nach der Erzeugung der zwei neuen Member-Funktionen, ob auch diese im obigen Listing zur Nachrichtenschleifen-Behandlung auftauchen.

- Die Member-Funktionsnamen werden nach dem gleichen Prinzip wie die Member-Variablennamen gebildet.

Zusatzfrage: Worauf beruht die Erzeugung der Namen, und nach welcher bekannten Regel werden diese Namen gebildet?

Informationen zur Lösung dieser Übung sowie die Antwort auf die Fragen finden Sie in Anhang A.

Kompilieren, analysieren, programmieren und wieder kompilieren

Kompilieren Sie Ihre bisherige Arbeit über den Menüpunkt ERSTELLEN/ALLES NEU ERSTELLEN. Damit wird der gesamte Projektcode, bestehend aus diversen *.h*- und *.cpp*-Dateien, inklusive der erzeugten Ressourcen-Dateien (*.rc*) komplett neu übersetzt und zu einem ausführbaren Programm (*.exe*) verbunden (Linker). Werden hierbei keine Fehler gemeldet, starten Sie das Programm über den Menüpunkt ERSTELLEN/AUSFÜHREN VON OGLPROJEKT.EXE.

Eine OpenGL-Steuerzentrale entwerfen

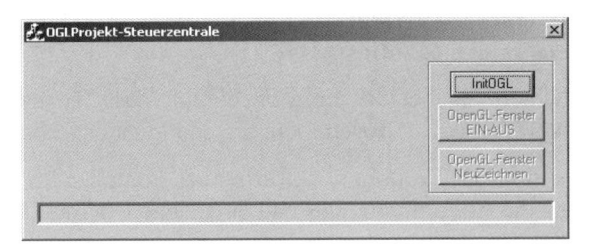

Abb. 3.23:
Steuerzentrale-
Dialog ohne
Informations-
textangabe

Alles sieht so aus, wie Sie es mit dem Ressourcen-Editor und mithilfe des Klassen-Assistenten programmiert haben. Alles? Nein, nicht alles! Das Informationstextfeld *wehrt* sich anscheinend noch, den vorgegebenen Text darzustellen. Eigentlich erwartet man das Erscheinungsbild aus Abbildung 3.18, also mit Informationstext. Was ist in der Zwischenzeit geschehen?

Die nachträgliche Zuordnung einer Member-Variablen m_csInfoText zu einem ehemals statischen Textfeld hat den Verlust der ursprünglichen statischen (festen) Textvorgabe zur Folge. Hätten Sie dem Textfeldelement keine Variable zugeordnet (und nicht dessen ID abgeändert), würden Sie den bekannten Vorgabetext immer noch sehen. Eine Veränderung des Textinhalts zur Programmlaufzeit wäre dann allerdings nicht möglich.

Dennoch habe ich versäumt, Ihnen mitzuteilen, dass der Klassen-Assistent für Sie die Member-Variable m_csInfoText in der Implementierungsdatei *COGLProjektDlg.cpp* der Dialogklasse mit einer NULL-Zeichenkette _T="", anstatt mit dem statischen Vorgabewert aus der Eigenschaftendefinition zur Schaltfläche, initialisiert hat. Diese *NULL-Initialisierung* nahm der Klassen-Assistent in der bereits erwähnten Konstruktorfunktion der Dialogklasse vor.

```
COGLProjektDlg::COGLProjektDlg(CWnd* pParent /*=NULL*/)
    : CDialog(COGLProjektDlg::IDD, pParent)
{
    //{{AFX_DATA_INIT(COGLProjektDlg)
    m_csInfoText = _T("");
    //}}AFX_DATA_INIT
    // Beachten Sie, dass LoadIcon unter Win32 ...
    m_hIcon = AfxGetApp()->LoadIcon(IDR_MAINFRAME);
}
```

Bestimmen Sie daher einen neuen Initialisierungstext für diese Variable. Sie erreichen die dargestellte Codestelle über einen Doppelklick mit der linken Maustaste auf die Konstruktorfunktion COGLProjektDlg(CWnd *pParent=NULL) in der Klassenübersicht im VC++-Arbeitsbereich. Modifizieren Sie diese Codezeile im VC++-Editierbereich wie folgt:

Listing 3.1: Initialisierungswertänderungen im Konstruktor

```
m_csInfoText=_T("Willkommen zum OGLProjekt! Bitte initialisieren Sie
zuerst die OGL-Klasse!");
```

Achten Sie bei der Eingabe darauf, dass Sie den Zeichenkettenausdruck "Willkommen..." zusammenhängend in einer Codezeile unterbringen!

Anstatt das Programm sofort neu zu kompilieren, soll gleich noch inhaltlich auf die Aufforderung des neu eingegebenen Textfeldtextes eingegangen werden, die direkt nach dem Programmstart zu sehen sein wird. Programmieren Sie einen *Reaktionscode* innerhalb der zuvor erstellten Member-Funktion OnButtonInitOGL(), da diese ausgeführt wird, wenn Sie die INITOGL-Schaltfläche anklicken.

Wieder gelangen Sie über einen Doppelklick in der Klassenübersicht zur OnButtonInitOGL()-Funktion. Ergänzen Sie diese wie folgt:

Listing 3.2: OnButtonInitOGL-Funktion programmieren

```
void COGLProjektDlg::OnButtonInitOGL()
{
// TODO: Code für die Behandlungsroutine der Steue...
    m_csInfoText = CString(    //MFC-String-Klasse nutzen
    " Die OpenGL-Klasse wird initialisiert..."); //Info
    UpdateData(FALSE);         //Dialog-Membervariablen Update!
}
```

> **HINWEIS**
>
> Die MFC-Klasse CDialog, die die *geerbte* Basis für die Steuerzentrale-Dialogklasse COGLProjektDlg darstellt, bietet Ihnen mit der *ererbten* UpdateData-Methode die komfortable Möglichkeit, alle zur Laufzeit geänderten Dialogvariablen auf einen Schlag zu aktualisieren (also auch die Variablen der Steuerelemente). Die Angabe des Parameters FALSE der UpdateData-Methode bewirkt die Aktualisierung aller Member-Variablen eines Dialogs.

Obiger Merksatz betrifft natürlich nur die Dialogvariablen, die in die AFX_DATA-Schleife *eingearbeitet* wurden – so auch die Member-Variablen m_csInfoText. Analysieren Sie in diesem Zusammenhang die entsprechenden Codestellen Ihrer Definitions- (*.h) und Implementierungsdatei (*.cpp) der COGLProjektDlg-Klasse.

Der Merksatz machte darauf aufmerksam, dass der Steuerzentrale-Dialog selber eine *Basisklasse* besitzt. Die Klassendeklarationscodezeile innerhalb der Definitionsdatei untermauert diese Behauptung:

```
class COGLProjektDlg : public CDialog
```

Der Merksatz wirft allerdings auch einige Fragen bezüglich des Klassenbegriffs *Vererbung* auf.

Eine OpenGL-Steuerzentrale entwerfen

> Das Prinzip der *Vererbung* stellt eine außergewöhnliche Fähigkeit innerhalb der objektorientierten Programmierung dar und kennzeichnet die Fähigkeit von Klassen, die Methoden und Attribute von *Basisklassen* erben und damit nutzen zu können.

Kompilieren und starten Sie das zweifach abgeänderte Programm und folgen Sie der (eigenen) Anweisung aus der Informationszeile, indem Sie nach dem Programmstart die INITOGL-Schaltfläche anklicken.

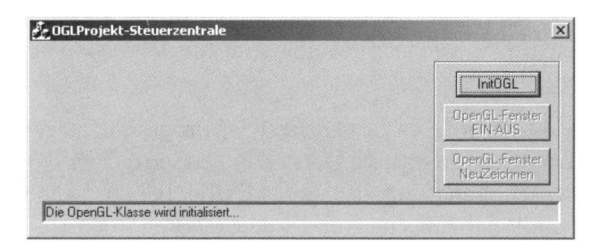

Abb. 3.24: Steuerzentrale-Dialog mit variabler Informationstextangabe

Glückwunsch! Ihre Anwendung hat ein erstes selbst programmiertes *Lebenszeichen* von sich gegeben. Wie Sie bemerkt haben, hat sich der anfängliche Textinhalt der Informationszeile nach Anklicken der INITOGL-Schaltfläche verändert. Das vorliegende Programm hat demnach erstmals auf ein Ereignis (engl. event) reagiert – hier das Anklicken einer Schaltfläche.

Im Prinzip haben Sie damit eine vollständige *objekt-* und *event-orientierte* Anwendung programmiert. Was jetzt noch kommt, sind Feinheiten ...

Steuerelemente über MFC-Control-Klassen kontrollieren

Als nächsten Lernschritt werden Sie ein Schaltflächen-Steuerelement mit *seiner* MFC-Klasse verbinden. Der allgemeine Zweck dieser Ausnahmebehandlung ist es, die volle programmiertechnische *Kontrolle* über ein Steuerelement zu gewinnen. Was bedeutet das?

Eigentlich benötigen Sie keine explizite Verbindung zwischen einem Steuerelement und der zugehörigen MFC-Klasse. Die fest definierten Grundfunktionen des Steuerelements sind in der Regel für die Alltagsprogrammierung ausreichend und können zudem direkt genutzt werden. Es existieren aber Ausnahmefälle, in denen Sie weitere und tiefer liegende Funktionen der zu diesem Steuerelement zugehörigen MFC-Klasse nutzen wollen. Dazu ein Auszug aus der Visual C++-Hilfe:

3 Programmierung mit Visual C++

> Die Microsoft Foundation Class Library (MFC) ist ein *Anwendungsgerüst* für die Programmierung in Microsoft Windows. Die MFC wurde in C++ geschrieben und stellt einen Großteil des Codes bereit, der zum Verwalten von Fenstern, Menüs und Dialogfeldern, zum Durchführen der Basis-Ein-/Ausgabe, zum Speichern von Datenobjekt-Auflistungen usw. benötigt wird. Ihre Aufgabe besteht »nur« noch darin, den anwendungsspezifischen Code in dieses Gerüst einzubauen.

Am Beispiel der Schaltfläche mit der Identifikationsbezeichnung IDC_BUTTON_ON_OFF, also der Schaltfläche 2 mit dem Titeltext OPENGL-FENSTER EIN-AUS, wird jetzt die erläuterte Ausnahmebehandlung einmal exemplarisch vorgestellt.

Die Schaltfläche soll während der Programmlaufzeit ihre deaktivierte Darstellung in eine aktivierte Darstellung ändern. Über die DEAKTIVIERT-Option im Eigenschaftendialog der Schaltfläche haben Sie in einem vorhergehenden Schritt Schaltfläche 2 und 3 deaktiviert.

Deaktivierte Schaltflächen zeigen keine Reaktion, wenn man mit der Maus darauf herumgeklickt. Dadurch wird verhindert, dass die damit verbundene Member-Funktion ausgeführt wird. Im Folgenden soll ein solches Schaltflächenverhalten *kontrolliert* werden.

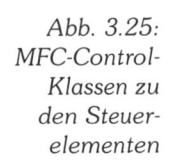

Abb. 3.25: MFC-Control-Klassen zu den Steuerelementen

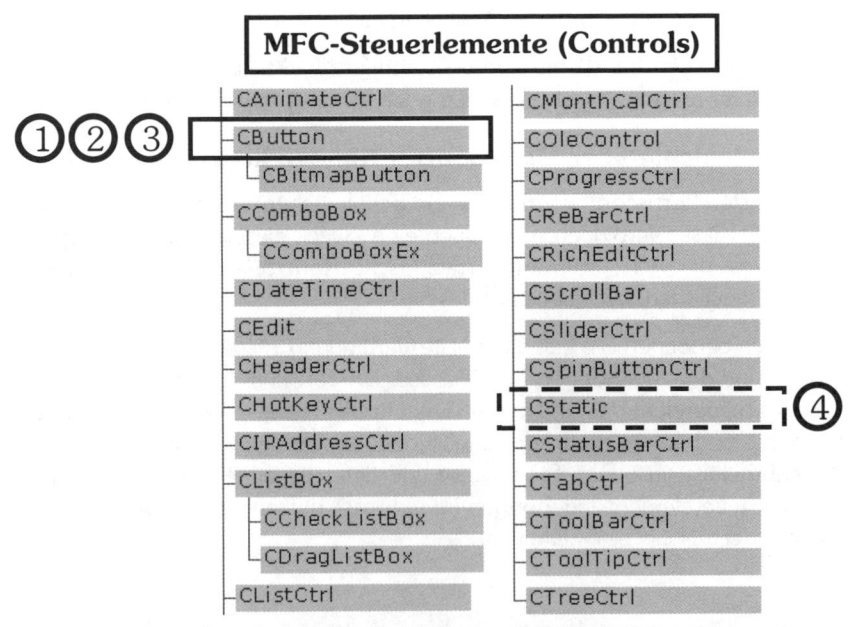

MFC-Steuerlemente (Controls)

① ② ③

- CAnimateCtrl
- CButton
  - CBitmapButton
- CComboBox
  - CComboBoxEx
- CDateTimeCtrl
- CEdit
- CHeaderCtrl
- CHotKeyCtrl
- CIPAddressCtrl
- CListBox
  - CCheckListBox
  - CDragListBox
- CListCtrl
- CMonthCalCtrl
- COleControl
- CProgressCtrl
- CReBarCtrl
- CRichEditCtrl
- CScrollBar
- CSliderCtrl
- CSpinButtonCtrl
- CStatic ④
- CStatusBarCtrl
- CTabCtrl
- CToolBarCtrl
- CToolTipCtrl
- CTreeCtrl

MFC 6.0-**Klasseninfo aus VisualC-Hilfe** (VC-Autorenversion)

Eine OpenGL-Steuerzentrale entwerfen

Dazu benötigen Sie die MFC-Klasse `CButton` (engl. button für Schaltfläche), die das Steuerelement (engl. control) Schaltfläche repräsentiert. Die MFC-Klassenzuordnung zu den bisher im OpenGL-Projekt verwendeten Steuerelementen können Sie analog zu Tabelle 3.1 auch Abbildung 3.25 entnehmen, die alle MFC-Steuerelemente-Klassen in der Übersicht zeigt. So würden Sie z.B. zur totalen Kontrolle des Textfeldes 4 die `CStatic`-Klasse verwenden.

Sie erfahren in diesem Zusammenhang auch, wie man den Visual C++-Klassen-Assistenten *direkt* anwendet. Bisher wurde dieser kontextsensitiv genutzt, ohne dass dabei der Klassen-Assistent-Dialog sichtbar wurde. Der Klassen-Assistent wurde bisher nur *indirekt* verwendet.

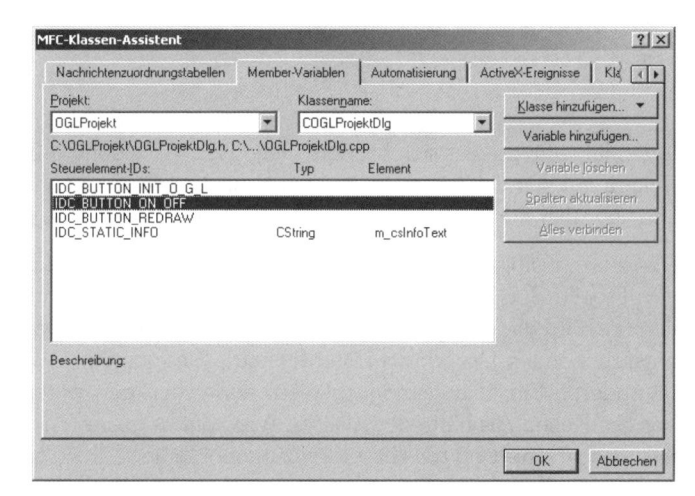

Abb. 3.26: Schaltfläche mit CButton-Klasse verbinden

Starten Sie über den Menüpunkt ANSICHT/KLASSEN-ASSISTENT den Klassen-Assistenten direkt. Ohne näher auf das zunächst erscheinende Dialogfeld einzugehen, wählen Sie gleich das MEMBER-VARIABLEN-Register mit einem Mausklick an.

Abbildung 3.26 zeigt den MEMBER-VARIABLEN-Dialog, der die vier Ihnen bekannten Steuerelemente im Listenfeld STEUERELEMENT-ID enthält. Wie zu erwarten, existiert bereits eine Verbindung zwischen dem Textfeld und einer `CString`-Klasse. Diese Verbindungsart stellt aber nicht die hier angestrebte Verbindung zu einem Steuerelement dar. Sie wollen eine Schaltfläche mit der zugehörigen MFC-Klasse `CButton` verbinden, um die verschiedensten Manipulationen an dieser durchführen zu können.

Sollten Sie es versäumt haben, Schaltfläche 2 vor dem Aufruf des *Klassen-Assistenten* zu markieren, markieren Sie jetzt in der Auswahlliste die Schaltfläche mit der Steuerelement-ID `IDC_BUTTON_ON_OFF`. Fahren Sie mit einem Klick auf die Schaltfläche VARIABLE HINZUFÜGEN fort. Daraufhin öffnet sich der zu dieser Schaltfläche kontextbezogene Dialog MEMBER-VARIABLE HINZUFÜGEN.

Abb. 3.27: CButton mit einem Schaltflächen-Steuerelement verbinden

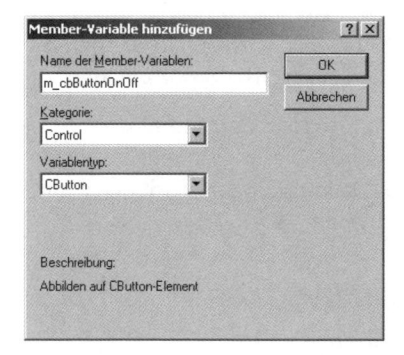

Ihnen fällt auf, dass es sich bei dem Dialog aus Abbildung 3.27 um einen alten Bekannten handelt? Richtig, aber damals wurde dieser indirekt, ohne den Umweg über die direkte Anwahl des *Klassen-Assistenten*, erreicht.

Alle zum Ausfüllen dieses Dialogs benötigten Informationen können wieder der Tabelle 3.1 für das Steuerelement 2 entnommen werden. Wählen Sie demnach für die Kategorie Control und für den Variablentyp CButton aus dem entsprechenden Dropdown-Listenfeld aus. Sie meinen, es gäbe ohnehin keine anderen Einstellungsmöglichkeiten außer den genannten? Auch hier haben Sie Recht. Als hätte der Klassen-Assistent es geahnt, dass Sie der Schaltfläche *nur* eine CButton-Klasse hinzufügen wollen. Nun, ganz so intelligent sind Computerprogramme dann aber doch nicht. Vielmehr existiert keine andere Zuordnungsmöglichkeit in Visual C++ zu einem Windows-Button. Dennoch sollten Sie in Zukunft immer die Auswahlmöglichkeiten in diesen Feldern überprüfen, denn eine Auswahl von Alternativeinstellungen ist für andere Steuerelemente meistens möglich.

Vergeben Sie abschließend entsprechend den Informationen aus Tabelle 3.1 im Editierfeld NAME DER MEMBER-VARIABLEN die Zeichenfolge m_cbOnOff. Auch hier wird der Variablenname entsprechend der Konventionen für die Textfeldvariable m_csInfoText gebildet. Im vorliegenden Fall wird allerdings cb für die CButton-Klasse in den Variablennamen m_cbOnOff eingearbeitet. Bestätigen Sie die Eingaben über die OK-Schaltfläche.

Damit haben Sie eine Verbindung zwischen der Schaltfläche OPENGL-FENSTER EIN-AUS und der CButton-Klasse in Form der Member-Variablen m_cbOnOff hergestellt, die ein Mitglied (engl. member) der Steuerelement-Dialogklasse COGLProjektDlg ist. Sichtbar wird dies im veränderten Listenerscheinungsbild des MEMBER-VARIABLEN-Dialogs (vgl. Abbildung 3.27). Neben dem Textfeld-Steuerelement besitzt nun auch die Schaltfläche OPENGL-FENSTER EIN-AUS

Eine OpenGL-Steuerzentrale entwerfen

eine Member-Variablenverbindung. Schließen Sie den Klassen-Assistenten über OK.

Auch im VC++-Arbeitsbereich können Sie in der Klassenübersicht zur Dialogklasse COGLProjektDlg die neue Member-Variable entdecken. Mit dem bekannten Doppelklick auf diese Variable wird die entsprechende Codestelle in der Definitionsdatei *COGLProjektDlg.h* angezeigt. Auch diese befindet sich, genau wie die Informationstextfeldvariable m_csInfoText, innerhalb der bereits angesprochenen AFX_DATA-Dialogdatenschleife.

```
...
// Dialogfelddaten
  //{{AFX_DATA(COGLProjektDlg)
  enum { IDD = IDD_OGLPROJEKT_DIALOG };
  CButton m_cbButtonOnOff;
  CString m_csInfoText;
  //}}AFX_DATA
...
```

Diese wird, wie bereits erwähnt, über die UpdateData-Methode aufgerufen, die für die nötige Dialogaktualisierung bei sich verändernden Variablenwerten sorgt.

Zurück zur Aufgabenstellung: Es soll die deaktivierte Darstellung der Schaltfläche OPENGL-FENSTER EIN-AUS in die aktivierte Darstellung überführt werden. Da sich diese Umstellung als Folge der Anwahl der INITOGL-Schaltfläche ereignen soll, ist es nahe liegend, auf die bereits erzeugte Member-Funktion OnButtonInit aus Listing 3.2 zurückzugreifen. Doppelklicken Sie wie gewohnt in der Klassenansicht auf diese Funktion und erweitern Sie deren Code wie folgt:

```
void COGLProjektDlg::OnButtonInitOGL()
{
    // TODO: Code für die Behandlungsroutine der Steue...

  if (TRUE) //Hier später OpenGL-Klasse initialisieren!
  {//Die OpenGL-Klasse wurde ordnungsgemäß initialisiert
     //Hier gleich die InitOGL-Schaltfläche deaktivieren!
     m_cbButtonOnOff.EnableWindow(TRUE); //AKTIVIEREN
     m_csInfoText = CString(  //MFC-String-Klasse nutzen
       "Ok, OpenGL ist initialisiert!");  //Info ausgeben
  }
  else
  {//Die OpenGL-Klasse konnte NICHT initialisiert werden
     m_csInfoText = CString(       //Neue Info ausgeben
       "Fehler bei der Initialisierung von OpenGL!");
  };
  UpdateData(FALSE);    //Dialog-Membervariablen updaten!
}
```

Listing 3.3:
Schaltfläche über die CButton-Methode EnableWindow aktivieren

Zur Standard-C-Programmierung zählt die if-else-Anweisung, die Sie in diesem Projekt immer wieder anwenden werden.

Listing 3.4:
Standard-C-
if-else
Bedingungs-
anweisung

```
if (Ausdruck)    //Bedingung erfüllt?
{  //Ja, dann...
   Anweisung1_TRUE;  //Kommentar Anweisung1
   Anweisung2_TRUE;..//Kommentar Anweisung2
   ...
}
else
{  //Nein, dann...
   Anweisung1_FALSE;  //Kommentar Anweisung1
   Anweisung2_FALSE;  //Kommentar Anweisung2
};.              //Ende der if-else-Anweisung
```

Der *Ausdruck* in der if()-Bedingung entspricht einem boolschen Ausdruck, der wahr (engl. true) oder falsch (engl. false) sein kann. Ist der *Ausdruck*=TRUE, dann wird der Anweisungsblock {...} direkt nach der if-Anweisung ausgeführt. Optional kann bei *Ausdruck*=FALSE der Anweisungsblock {...} direkt nach der else-Anweisung ausgeführt werden. Wird dieser weggelassen, so wird direkt nach dem if-Anweisungsblock im folgenden Programmcode fortgefahren.

In Listing 3.3 wurde die if-Bedingung durch den konstanten Ausdruck TRUE *vorentscheidend* erfüllt. Soll heißen, dass mit dem aktuellen Programmcode die OpenGL-Initialisierung *immer* gelingt. Der nebenstehende Kommentar //Hier später OpenGL-Klasse initialisieren macht darauf aufmerksam, dass der konstante Ausdruck später durch einen variablen ersetzt wird, womit dann auch dem else-Anweisungsblock eine Bedeutung zukommt.

Kompilieren und starten Sie das nach Listing 3.3 modifizierte Programm. Nach Anklicken der INITOGL-Schaltfläche müsste sich ein Steuerzentrale-Dialog wie in Abbildung 3.28 zeigen.

Abb. 3.28:
Aktivierte
Schaltfläche
OPENGL-FENS-
TER EIN-AUS

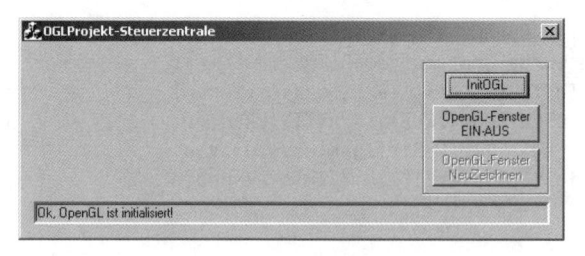

Die eigentliche Aktivierung der Schaltfläche geschieht über die Codezeile:

```
m_cbOnOff.EnableWindow(TRUE);  //AKTIVIEREN!
```

Um zu verstehen, was programmtechnisch zur Aktivierung der Schaltfläche geführt hat, seien im Folgenden einige elementare Zusammenhänge in Bezug auf die *objektorientierte Programmierung* angemerkt. Versuchen Sie die folgenden Erläuterungen zu verstehen! Erproben Sie Ihr erworbenes Wissen in einer anschließenden Übung.

Die Aktivierung der Schaltfläche haben Sie über die Verwendung der Klassenmethode `EnableWindow`, über die die *instanzierte* Klasse in Form der Member-Variablen `m_cbOnOff` anscheinend zugreift, erreicht. In der Fachsprache spricht man davon, dass man eine *Instanz* bzw. ein *Objekt* einer Klasse gebildet hat – hier ein Objekt/eine Instanz der `CButton`-Klasse. CButton ist eine MFC-Klasse und *erbt* u.a. die Methoden und Attribute der MFC-`CWnd`-Klasse. Eine dieser Methoden lautet `EnableWindow`. In Klassenfunktionsdeklarationsschreibweise schreibt man dafür:

BOOL **CWnd::EnableWindow**(BOOL bEnable)

Wahrscheinlich ist Ihnen die Fülle der Methoden (und Attribute) aufgefallen, die Visual C++ Ihnen nach Eingabe der Member-Variablen `m_cbOnOff` mit nachfolgendem Punkt . in Listenform angezeigt hat.

Abb. 3.29: Kontextbezogene Auflistung bei Klassenvariablen

Der Grund für die enorme Anzahl der Listenelemente liegt in dem Umstand begründet, dass die `CButton`-Klasse – neben den eigenen Methoden und Attributen – viele weitere Methoden und Attribute der anderen geerbten MFC-Klassen besitzt, wie eben die erwähnte CWnd-Klasse mit ihrer Methode `EnableWindow`. Auswählen können Sie alle *öffentlichen* Methoden/Attribute der Instanz `m_cbOnOff`.

> In der objektorientierten Programmierung unterscheidet man zwischen öffentlichen (engl. public), privaten (engl. private) und geschützten (engl. protected) Methoden und Attributen (Daten wie Variablen, Konstanten und Strukturen). Damit werden die *Zugriffsrechte* definiert.

Stöhn! Die vorangegangenen Erläuterungen enthielten geballte Ladungen an Informationen zur C++-Programmierung. Zugegeben, vielleicht ein bisschen viel auf einmal. Dabei kam es aber mehr darauf an, dass Sie alle erläuterten Zusammenhänge einmal gehört bzw. gelesen haben. Wissenskonsolidierend sollten Sie folgende Übungen angehen:

Übung 3 Erzeugen Sie entsprechend der Vorgehensweise bei der Schaltfläche 2 und mit den Angaben aus Tabelle 3.1 die beiden verbleibenden Member-Variablen für die Schaltflächen 1 und 3.

Übung 4 Deaktivieren Sie die INITOGL-Schaltfläche an der in Listing 3.3 kommentierten Codestelle `//Hier gleich die InitOGL-Schaltfläche deaktivieren!`

Hinweise:

Über die CWnd-Methode `EnableWindow(FALSE)` deaktivieren Sie ein Windows-Fenster.

> Schaltflächen, Textfelder, Dialogfelder, Editierfelder und Icons stellen grafische Elemente dar, die im Sinne von Windows *Windows-Fenster* sind.

Alles klar? Wenn nicht, dann schauen Sie doch im Anhang A bei den Lösungen nach.

Kompilieren und starten Sie nach Fertigstellung der Übung das Programm. Nach Anklicken der INITOGL-Schaltfläche zeigt sich der Steuerzentrale-Dialog wie in Abbildung 3.30.

Abb. 3.30: »Aktiviert« und »Deaktiviert« geschaltete Schaltflächen

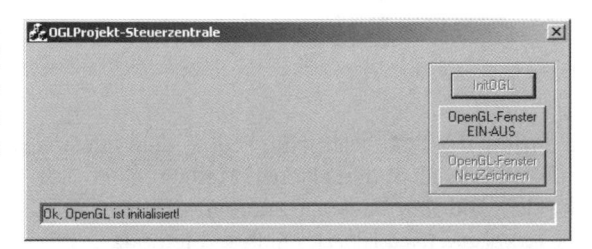

Mit der gezielten Aktivierung und Deaktivierung der Schaltflächen verfügt Ihr Programm jetzt über eine Art *implizite Ablauflogik*, denn nach dem Programmstart haben Sie nur noch die Möglichkeit, die aktivierte Schaltfläche INITOGL anzuklicken. Klaro, denn zunächst muss ja OpenGL initialisiert werden, bevor man die beiden anderen Schaltflächen aktiv nutzen kann. Implizite Ablauflogik deswegen, weil hierfür z.B. keine `if-else`-Anweisung unter Verwendung von variablen Ausdrücken explizit in Form einer *Programmlogik* in den Code einprogrammiert werden muss. Die Ablauflogik wird vielmehr durch den augenblicklichen funktionalen *Status* der einzelnen Steuerelemente bestimmt.

> Das implizite *Statusverhalten* der Steuerelemente unter Windows gleicht dem Statusverhalten von OpenGL. Hier wirkt sich ein vorliegender Status auf den Programmablauf bzw. auf das Erscheinungsbild einer 3D-Szene aus. OpenGL wird daher auch als *State-Machine* bezeichnet (engl. state für Status).

Nach erfolgreicher – wenn auch *simulierter* – Initialisierung von OpenGL kann die deaktivierte Schaltfläche INITOGL nicht mehr angeklickt werden. Stattdessen hat der Anwender ab sofort die neue Möglichkeit, die bis dato deaktivierte Schaltfläche OPENGL-FENSTER EIN-AUS anzuklicken. Dass die Schaltfläche OPENGL-FENSTER NEUZEICHNEN noch nicht aktiviert ist, hängt wiederum von der Schaltfläche OPENGL-FENSTER EIN-AUS ab, die ja bisher noch nicht angeklickt wurde. Das Neuzeichnen eines (noch) nicht sichtbaren OpenGL-Fensters machte bisher noch keinen Sinn – zumindest solange Sie die folgende Übung nicht angehen werden ...

Programmieren Sie die Member-Funktion der Schaltfläche OPENGL-FENSTER EIN-AUS so, dass beim Anklicken dieser Schaltfläche der Informationstext `Das OpenGL-Fenster ist nun sichtbar!` im Informationstextfeld des Steuerzentrale-Dialogs erscheint.

Übung 5

Realisieren Sie in der gleichen Methode die *Aktivierung* der Schaltfläche OPENGL-FENSTER NEUZEICHNEN. Ebenso ändern Sie hier den Titeltext der Schaltfläche OPENGL-FENSTER EIN-AUS in TESTTITEL :-).

> Die CWnd-Methode `SetWindowText("Text")` ändert die Titelbezeichnung eines Windows-Fensters.
>
> Der Schaltflächentext entspricht dem Titeltext eines Windows-Fensters!
>
> Eine Schaltfläche ist ein Windows-Fenster!

Sie sind ein Visual C++-Profi? Dann stellt obige Übung für Sie sicher kein Problem dar. Für alle anderen Leser wird eine mögliche Lösung in Anhang A aufgezeigt. Vergleichen Sie diese mit Ihrem Lösungsansatz!

Nachdem Sie den kompilierten Übungscode gestartet und alle Schaltflächen *programmablauflogisch* angeklickt haben, sollte die Steuerzentrale wie in Abbildung 3.31 aussehen.

Abb. 3.31:
Schaltflächen-
textänderung

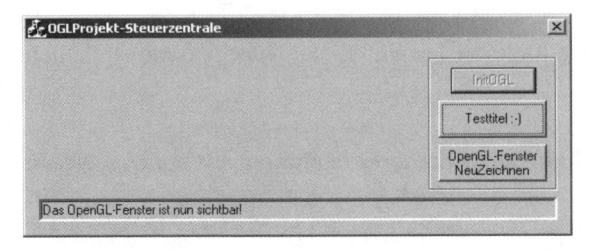

Vergleichen Sie abschließend alle aktuell vorhandenen Methoden und Attribute der `COGLProjektDlg`-Dialogklasse aus Abbildung 3.32 mit der Klassenübersichtdarstellung Ihres VC++-Arbeitsbereichs.

Abb. 3.32:
Methoden
und Attribute
der `COGLPro-`
`jektDlg`-Klasse

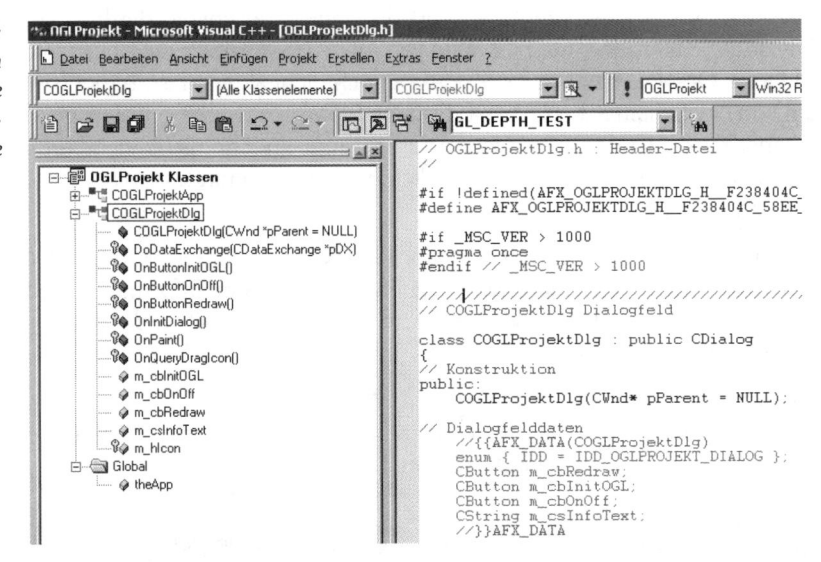

Die Übung zur Änderung des Titels der Schaltfläche OPENGL-FENSTER EIN-AUS sollte an dieser Stelle Ihr Bewusstsein für weitere Möglichkeiten der Manipulation eines Steuerelements erweitern. Versuchen Sie sich an weiteren Manipulationen, indem Sie sich mittels der Visual C++-Hilfe die Methoden der Steuerelementeklassen (z.B. `CButton` oder `CStatic` und deren *Basisklassen*) genauer anschauen und diese mithilfe der Steuerelementevariablen *ansteuern*.

Die `CButton`-Klasse basiert auf der Basisklasse `CWnd`. Die wiederum basiert auf der Basisklasse `CCmdTarget`, die schlussendlich auf der `CObject`-Klasse aufbaut. Damit wurde die *Vererbungshierarchie* der `CButton`-Klasse vollständig dargestellt. `CButton` verfügt somit über alle öffentlichen Methoden und Attribute der genannten Basisklassen.

Am einfachsten erreichen Sie alle o.g. Klasseninformationen, indem Sie hierarchisch richtig, bei der `CButton`-Klasse beginnend die *Visual C++-Hilfe* durchforsten. Dazu markieren Sie im VC++-Editierbereich das Klassenwort `CButton` und drücken dann die F1-Taste. Wählen Sie anschließend die CLASS MEMBER-Informationen zur `CButton`-Klasse aus, und schon werden alle Klassenmitglieder (Methoden und Attribute) angezeigt.

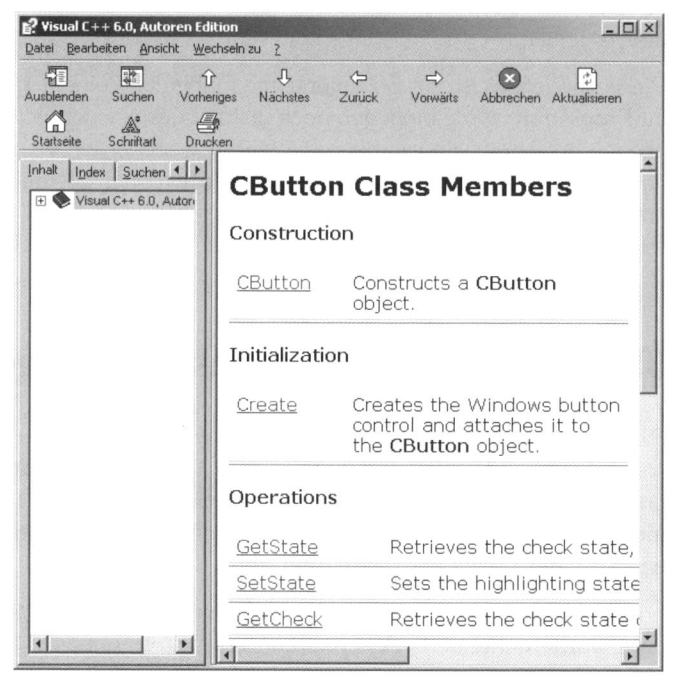

Abb. 3.33: Kontextbezogene Visual C++-Hilfe

Um jetzt in der Hierarchie stufenweise Basisklasse für Basisklasse herabzusteigen, klicken Sie am Ende der Member-Liste auf den Link *Base Class*. In null Komma nichts befinden Sie sich in der Member-Liste der Basisklasse. Und so weiter und so fort. In gleicher Weise können Sie z.B. die Textfeld-Klasse `CStatic` oder andere MFC-Klassen untersuchen.

> **HINWEIS:** Mithilfe der kontextbezogenen Visual C++-Hilfefunktion (Wortmarkierung + F1) erhalten Sie neben den Informationen zu den C/C++-Befehlen auch Informationen zu den OpenGL-Befehlen.

Gut, so viel dazu. Kommentieren Sie abschließend den zu Testzwecken erstellten Schaltflächentextänderungscode wieder aus:

```
//m_cbOnOff.SetWindowText(      //Schaltflächentext..
//   "Testtitel :-)");          //..abändern
```

Mit diesem letzten Lernschritt haben Sie die meisten für das OpenGL-Projekt nötigen Programmiertechniken angewendet und dabei auch noch die Visual C++-Entwicklungsumgebung kennen gelernt. Sie haben darüber hinaus die wichtigen Bestandteile einer dialogbasierten Anwendung kennen gelernt und diese mithilfe von Visual C++ mit programmiertechnischem Leben gefüllt.

Die Vorgehensweise zur Erzeugung und Einbindung einer eigenen C-Klasse in Ihr Programm wurde hingegen noch nicht angesprochen. Hierauf wird im folgenden Abschnitt eingegangen, wobei auch schon ein wenig OpenGL-Luft geschnuppert wird. Dann ist es aber auch wirklich gut mit der VC++-Programmiererei. Die erworbenen Visual C++-Kenntnisse aus diesem und dem folgenden Abschnitt werden in der OpenGL-Programmierung *unerbittlich* vorausgesetzt. ;-)

3.5 Eine OpenGL-Klasse erzeugen

Sie werden nun erstmals etwas »Butter bei die Fische« tun. Wir sprechen ab sofort überwiegend *OpenGL* miteinander. Visual C++ degradiert damit mehr und mehr zu einem Hilfsmittel. Grundlegend wird hier auf die C++-Programmierung nur noch dann eingegangen, wenn diese im direkten Zusammenhang mit der OpenGL-Realisierung steht.

Für diesen Abschnitt wird auf dem C-Programmgerüst aufgebaut, das Sie in den vorhergehenden Abschnitten erarbeitet haben. Sollten Sie ein Visual C++-Kenner sein und als *Quereinsteiger* direkt mit diesem Abschnitt begonnen haben, so kopieren Sie sich den bis hierhin entwickelten Projektcode von der Buch-CD aus dem folgenden Ordner auf Ihre Festplatte:

`\Buchdaten\Kapitel03\ProjektDSWs\Steuerzentrale_Entwurf\`

Starten Sie die Visual C++-Entwicklungsumgebung, indem Sie im Windows-Explorer auf die Projektdatei *OGLProjekt.dsw* doppelklicken.

Für unser OpenGL-Projekt generieren Sie nun die C-Klasse `COpenGL`. Ein Hauptziel bei der Entwicklung der `COpenGL`-Klasse wird es sein, dass Sie Ihr

Eine OpenGL-Klasse erzeugen

stetig steigendes OpenGL-Wissen in eine MFC-Klasse einarbeiten werden. Und dies nach *außen* so allgemein, dass Sie die Klasse zu jedem späteren Zeitpunkt ohne detaillierte OpenGL-Kenntnisse von *außen* nutzen können. Der Steuerzentrale-Dialog stellt einen solchen Klassennutzer dar und trägt damit seinen Namen zu Recht, da diese dialogbasierte Anwendung als Beispiel dafür steht, wie man die COpenGl-Klasse in Form einer Instanz nutzen und *steuern* kann.

C-Klasse mithilfe des Klassen-Assistenten erzeugen

Erzeugen Sie zunächst mithilfe des Klassen-Assistenten die COpenGL-Klasse, die selbst eine MFC-Klasse ist und darüber hinaus auf einer MFC-Basisklasse aufbaut.

Wählen Sie im Menü EINFÜGEN Ihrer Visual C++-Entwicklungsumgebung den Menüpunkt NEUE KLASSE. In dem daraufhin erscheinenden Erstellungsdialog geben Sie analog zu Abbildung 3.35 die Zeichenfolge COpenGL im NAME-Editierfeld für die zu erzeugende Klasse an. Mit dem vorangestellten Großbuchstaben C hat es hierbei etwas Besonderes auf sich. Zum einen kennzeichnet man geschickterweise eine C-Klasse mit einem C vor der eigentlichen Klassenbezeichnung. Zum anderen haben Sie vielleicht während der Namenseingabe Folgendes bemerkt: Visual C++ hat bei Ihrer Eingabe gleichzeitig den Namen der zugehörigen Implementierungsdatei *OpenGL.cpp* erzeugt. Allerdings wurde dabei das *hohe C verschluckt*. Dieses *Eigenleben* des Klassen-Assistenten macht durchaus Sinn.

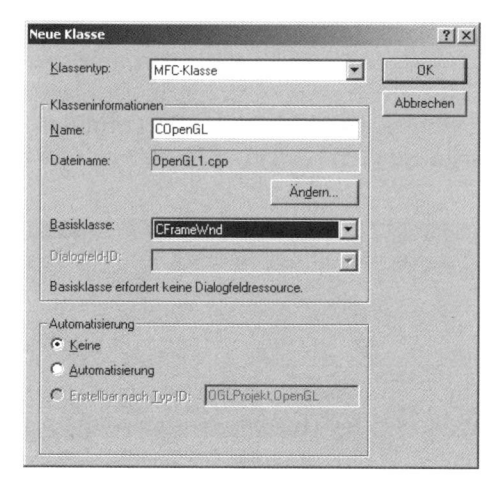

Abb. 3.34: COpenGL-Klasse mithilfe des Erstellungsdialogs erzeugen

Ohne dass es im Erstellungsdialog NEUE KLASSE angezeigt wird, wird gleichzeitig auch der Name der zugehörigen Header-Datei mit *OpenGL.h* festgelegt.

3 *Programmierung mit Visual C++*

Weiter wählen Sie als Basisklasse die MFC-Klasse CFrameWnd aus. Die COpenGL-Klasse kapselt auf diese Weise dessen Methoden und Attribute. Diese benötigen Sie dringend, wie Sie noch feststellen werden. Der Name der Basisklasse nährt die Vermutung, dass sie die Darstellungsbasis für das OpenGL-Ausgabefenster darstellt. Aber wirklich nur die Basis, denn für ein *echtes* OpenGL-Fenster müssen Sie noch programmgestalterisch in diese Klasse eingreifen. Man könnte auch künstlerisch sagen, da dieser Eingriff eher einem *Kunstgriff* ähnelt!

Der Vollständigkeit halber sei hier noch die Voreinstellung des Dropdown-Feldes KLASSENTYP erwähnt, das selbstverständlich den Wert MFC-KLASSE aufweisen muss. Neben der MFC-Anwendung handelt es sich hier bei allen verwendeten Klassen um MFC-Klassen.

Fahren Sie fort, indem Sie Ihre Eingabedaten im Erstellungsdialog über die OK-Schaltfläche bestätigen. Das war's. Eine neue Klasse wurde erzeugt!

> Es kann gar nicht oft genug betont werden, wie viel Arbeit Ihnen hier der Klassen-Assistent und seine Helfershelfer gegenüber einer möglichen manuellen Erstellung abnehmen. Glauben Sie mir, einige Nächte hat mich mein sturer Dickkopf diesbezüglich bereits gekostet und dies nur, weil ich der *Herr der C-Dinge* sein wollte. Ersparen Sie sich das. Ihre Nerven werden es Ihnen danken.

Es kann eine kleine Weile dauern, bis die neue Klasse das Kathodenstrahllicht der Welt erblickt (zugegeben, in Zeiten von TFT- und Plasmabildschirmen könnte der Begriff Kathodenstrahl bei Ihnen eventuell ein mitleidiges Schmunzeln hervorrufen ;-)). In der Klassenübersicht können Sie dann die zugehörige »Geburtsurkunde« in Form des neuen Klassenordners COpenGL bestaunen, ganz so, wie es Abbildung 3.35 zeigt.

Abb. 3.35: Klassenansicht nach der COpenGL-Klassenerzeugung

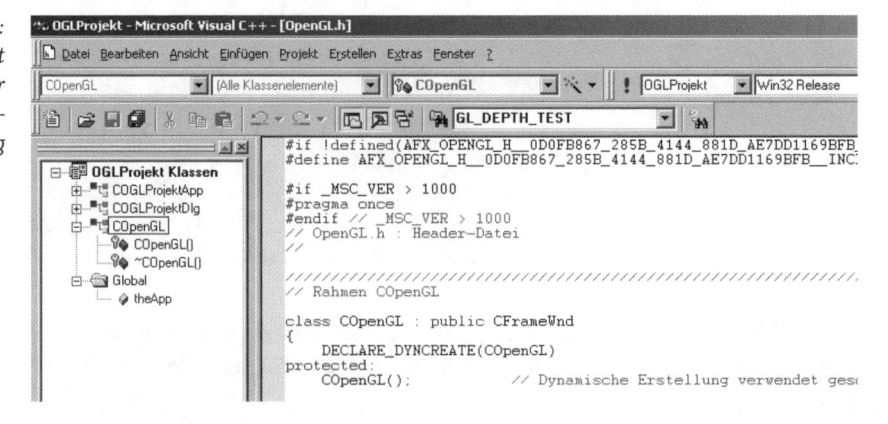

Wie bereits mehrfach erwähnt, stellt Visual C++ durch einen Klick auf das +-Zeichen neben dem `COpenGL`-Ordnernamen in der Klassenansicht des VC++-Arbeitsbereichs alle zu dieser Klasse gehörenden Methoden und Attribute dar. Zum jetzigen Zeitpunkt sind dies *nur* die bereits erwähnten Konstruktor- und Destruktor-Methoden. Gehaltvoller ist das gleichzeitige Erscheinen des Definitionscodes der `COpenGL`-Klasse im VC++-Editierbereich, nachdem Sie einen Doppelklick auf den `COpenGL`-Ordnernamen ausgeübt haben. Somit können Sie jetzt den Definitionscode der Header-Datei *OpenGL.h* bearbeiten. Bisher haben Sie nur den Code einer Implementierungsdatei (*.cpp*) editiert – hier der Dialogklasse *OCOGLProjektDlg.cpp*.

Damit bietet sich an dieser Stelle die Gelegenheit, einige grundlegende Zusammenhänge in Bezug auf die Klassendefinition innerhalb der Header-Datei zu verdeutlichen, z.B. die bei der Erzeugung der `COpenGL`-Klasse vorgenommene *Kapselung* der `CFrameWnd`-Basisklasse in C++-Manier.

```
...
// OpenGL.h : Header-Datei
//////////////////////////////////////////////////
// Rahmen COpenGL

class COpenGL : public CFrameWnd   //<- Kapselung!
{
    DECLARE_DYNCREATE(COpenGL)
protected: //<- Bitte durch public: ersetzen!!!
    COpenGL(); // Dynamische Erstellung verwendet
               // geschützten Konstruktor
// Attribute
...
}
...
```

Obiger Codeauszug zeigt eine typische Klassendeklaration, die durch das Schlüsselwort (Anweisung) `class` eingeleitet wird und eine Basisklasse kapselt – hier `CFrameWnd`.

COpenGL-Klasse bearbeiten und instanzieren

Als kleine Auflockerungsübung ersetzen Sie zunächst die `protected`-Anweisung durch das Schlüsselwort `public`. Auch wenn ich mich hiermit der Programmierlächerlichkeit preisgebe, ersparen Sie mir an dieser Stelle gnädigerweise die Antwort auf die Frage »*Warum?*«. Danke, und verraten Sie es bitte niemandem. ;-)

Damit Sie die `COpenGL`-Klasse tatsächlich in Ihrer `OGLProjektDlg`-Anwendung nutzen können, muss zuvor die Header-Datei *OpenGL.h* in die Header-Datei der Steuerzentrale eingebunden (engl. include) werden, also in die Datei *OGLProjektDlg.h*. Damit wird der `COGLProjektDlg`-Klasse die `COpenGL`-Klasse *be-*

3 Programmierung mit Visual C++

kannt gemacht – samt allen zugehörigen Methoden und Attribute natürlich. Fügen Sie zu diesem Zweck den in Listing 3.5 gezeigten Visual C++-Präprozessor-Befehl `#include` in die Datei *OGLProjektDlg.h* ein.

Listing 3.5: Präprozessor-Befehl in Header-Datei de Dialogklasse e ügen

```
// OGLProjektDlg.h : Header-Datei
//

#if !defined(AFX_OGLPROJEKTDLG_H__F238404C_58EE_4446_...
#define AFX_OGLPROJEKTDLG_H__F238404C_58EE_4446_...

// ** Hier INCLUDE-Anweisungen einfügen
#include "OpenGL.h"   //Benötige COpenGL-Deklarationen!
// **

#if _MSC_VER > 1000
...
```

Damit steht Ihnen die `COpenGL`-Klasse innerhalb der Steuerzentrale-Anwendung prinzipiell zur Verfügung. Dafür ist nur noch dessen expliziter Aufruf (*Instanzierung*) innerhalb des Steuerzentrale-Dialogs nötig. Ergo werden Sie jetzt das `COpenGL`-Objekt aus dem Steuerdialog heraus zum Leben erwecken, also eine Instanz dieser Klasse bilden. Vielleicht lässt sich damit auch der angekündigte Rahmen zur Darstellung von OpenGL-Grafiken auf den Desktop zaubern.

Fügen Sie dazu in einem vorbereitenden Schritt der `COGLPRrojektDlg`-Klasse manuell eine Member-Variable `m_pOpenGL` hinzu, und zwar in der *OGLProjektDlg.h*-Datei direkt nach dem einzigen Schlüsselwort `protected`.

Listing 3.6: Dialogklasse auf COpenGL-Klassennutzung vorbereiten

```
...
// Implementierung
protected:
    COpenGL* m_pOpenGL;      //Zeiger auf die OpenGL-Klasse
    HICON m_hIcon;

    // Generierte Message-Map-Funktionen
...
```

Das kleine `p` im Member-Variablennamen `m_pOpenGL` steht hier für das englische Wort *pointer* (Zeiger) und kennzeichnet diese Variable als eine so genannte *Zeigervariable*. Unter C wird zur Zeigerbildung dem Datentyp (hier dem Klassentyp `COpenGL`) ein **-Referenzierungsoperator* nachgestellt. Was genau unter einem Zeiger zu verstehen ist, wird im Abschnitt *C-Zeigertechnik* in Kapitel 5 erklärt. Hier soll zunächst folgende Erklärung genügen: Die Zeigervariable `m_pOpenGL` *zeigt* auf die Speicherposition (Adresse) des `COpenGL`-Objekts und kann erst einmal als eine Art Querverweis auf diese *Klasseninstanz* verstanden werden. Mit der Zeigervariablen halten Sie ein wichtiges Instrument zur Steuerung des `COpenGL`-Objekts in Händen. Sie haben das Objekt damit quasi im (Programmier-)Griff. Na, dann probieren Sie das doch gleich einmal aus!

Zum Leben erwecken Sie die COpenGL-Klasse zweckmäßigerweise innerhalb der Steuerzentrale-Dialogfunktion OnButtonInitOGL, die Sie bereits im vorigen Abschnitt erzeugt und mit erstem Code versehen haben. Erweitern und verändern Sie den Funktionscode wie folgt:

```
void COGLProjektDlg::OnButtonInitOGL()
{
  // TODO: Code für die Behandlungsroutine der Steu...
  m_pOpenGL = new COpenGL(); //Ich denke, also bin ich!

  if (m_pOpenGL != NULL) // OpenGL-Klasse initialisiert?
  {//Die OpenGL-Klasse wurde ordnungsgemäß initialisiert
    m_cbInitOGL.EnableWindow(FALSE);        //DEAKTIVIEREN!
    ...
```

Listing 3.7: Bildung einer OpenGL-Instanz im Steuerzentrale-Dialog

Die global unter der Dialogklasse vorliegende Member-Variable m_pOpenGL wird über den new-Operator mit einem Zeigerwert besetzt, der auf ein Klassenobjekt COpenGL zeigt, wenn der new-Operator ausreichend Speicher für das Objekt reservieren konnte. Sollte dies nicht der Fall sein, so wird ein NULL-Zeiger (Wert 0) zurückgegeben. Um dies zu überprüfen, wurde der ursprüngliche TRUE-Ausdruck in der if-Bedingungsklammer durch den Vergleichsausdruck m_pOpenGL != NULL ersetzt. != ist ein *logischer Vergleichsoperator* und wertet aus, ob der linke Vergleichswert *nicht gleich* dem rechten ist. Ein anderer viel verwendeter Vergleichsoperator lautet == und wertet aus, ob der linke Vergleichswert *gleich* dem rechten ist. Entsprechend der Wahrheitslogik resultieren aus diesen Vergleichsbetrachtungen die bereits angesprochenen C-Konstanten TRUE und FALSE (*wahr* und *falsch*).

> Ein CFrameWnd-Objekt darf *nicht* explizit nach Beendigung des Programms gelöscht werden, da dies automatisch geschieht, was einen weiteren Vorteil des MFC-Objekts darstellt.

Warum wird im obigen Merksatz die CFrameWnd-Klasse erwähnt, wenn hier doch nur eine COpenGL-Klasse instanziert wird?

Übung 6

Die Antwort auf diese Frage können Sie in Anhang A nachlesen.

Normalerweise muss ein mithilfe des new-Operators angeforderter Speicher nach Gebrauch über den delete-Operator wieder freigegeben werden. Obiger Hinweis begründet, warum Sie dies für Ihr COpenGL-Objekt nicht durchzuführen brauchen bzw. sogar nicht dürfen. Somit ersparen Sie sich wieder ein wenig C-Standardprogrammierarbeit und laufen zudem auch nicht Gefahr, diese wichtige Operation zu vergessen. Auch mal schön, oder?

Kompilieren und starten Sie jetzt das Programm. Folgen Sie den Anweisungen der Informationstextzeile ...

Na, Sie machen jetzt doch nicht etwa ein langes Gesicht :——(, weil Sie eventuell erwartet haben, dass jetzt das OpenGL-Fenster zu sehen sein müsste? Spaß beiseite! Die Ankündigung, die COpenGL-Klasse in diesem Abschnitt noch zum Leben erwecken zu wollen, ist mit der Instanzierung der COpenGL-Klasse tatsächlich geschehen, mehr aber auch nicht. Zwar könnte man an dieser Stelle über zwei (noch) nicht verständliche Codezeilen das Fenster sichtbar machen, dieses wäre dann aber nicht OpenGL-fähig, sondern lediglich Windows-fähig!

3.6 Windows goes to OpenGL

3.6.1 Ein Windows-Fenster OpenGL-fähig machen

Um OpenGL-Grafiken in einem Windows-Fenster anzeigen zu können, müssen Sie dieses entsprechend konfigurieren. Es ist demnach eine Art Softwareschnittstelle (engl. interface) nötig, über die OpenGL mit der Windows-Plattform *kommunizieren* kann. Windows als Betriebssystem sorgt *nur* dafür, dass Ihnen ein Fenster zur Ausgabe der OpenGL-Grafik zur Verfügung steht.

Durch die Definition der COpenGL-Klasse mit der Basisklasse CFrameWnd haben Sie bereits einen wichtigen vorbereitenden Schritt auf diesem Weg gemacht. Gegenüber allen anderen Möglichkeiten, ein Windows-Fenster für OpenGL zu kreieren (z.B. auf WIN32-Ebene), ist die MFC-CFrameWnd-Variante, salopp gesagt, ein Kinderspiel. Viele Informationen und Strukturen, die Sie noch benötigen, stecken bereits fix und fertig in diesem Objekt. Lediglich ein wenig Anpassungsarbeit ist noch zu leisten. Kurzum: Der hier gewählte Weg ist einfach der kürzeste und unkomplizierteste. Sie wollen sich anhand dieses Buches ja auch in erster Linie mit OpenGL auseinander setzen und sich so wenig wie möglich mit den Innereien von Windows befassen.

Los geht's!

OpenGL-Fenster über CFrameWnd::Create-Methode initialisieren

Die wichtigste Eigenschaft, die ein Windows-Fenster besitzen muss, um *OpenGL-fähig* zu sein, wird durch folgenden Merksatz verdeutlicht:

Ein *Fenster* unter Windows muss vom Typ Children (Kind) sein. Dieser Fenstertyp ist für die OpenGL-Darstellung zwingend erforderlich!

Zur Definition der o.g. *Children*-Eigenschaft existiert programmiertechnisch wahrscheinlich nur eine geeignete Einsprungstelle innerhalb der COpenGL/CFrameWnd-Klasse. In dem hier gezeigten Buchprojekt soll aber der gesamte *OpenGL-Initialisierungscode* einheitlich in einer definierten Initialisierungsfunktion untergebracht werden, also auch die oben angesprochene Child-Definition. Damit organisieren Sie alle in der Folge nötigen Grundinitialisierungen der COpenGL-Klasse einheitlich, übersichtlich und jederzeit nachvollziehbar in einer einzigen Member-Funktion.

Reden ist Silber, machen ist Gold. Klicken Sie mit der rechten Maustaste in der Klassenübersicht des VC++-Arbeitsbereichs auf den COpenGL-Ordner und wählen Sie im daraufhin erscheinenden Kontextmenü den Punkt MEMBER-FUNKTION HINZUFÜGEN aus. Anschließend wird der in Abbildung 3.36 zu sehende Erstellungsdialog angezeigt.

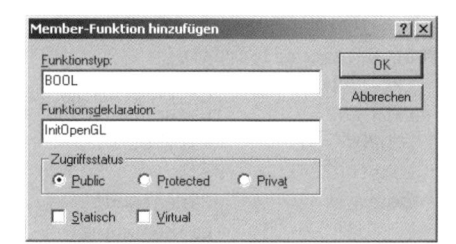

Abb. 3.36: IntitOpenGL-Methode über Erstellungsdialog erzeugen

Als *Rückgabewert* des Funktionstyps bestimmen Sie den C-Datentyp BOOL und geben als Methoden-Namen InitOpenGL ein. Der *Zugriffsstatus* auf diese Methode ist PUBLIC (öffentlich), d.h., Sie verfügen als Klassennutzer über einen uneingeschränkten Zugriff auf diese Methode. Nach Bestätigung über die OK-Schaltfläche erscheint die neue Methode in der Klassenübersicht im COpenGL-Ordner. Fügen Sie hier folgenden Code ein:

```
BOOL OpenGL::InitOpenGL()
{
// Diese Routine dient der Initialisierung von OpenGL
// 1.) OpenGL-Fenster als Typ "Child" definieren
if (Create(      // CFrameWnd::Create - Methode aufrufen
    NULL,              // Klassenname für AFX-MSG
    "OpenGL-Fenster", // Fenstername/Titeltext
    WS_CLIPCHILDREN    // Fensterstil/ -Eigenschaften
     | WS_CLIPSIBLINGS,//   CLIPCHILDREN,CLIPSIBLINGS
    CRect(0,0,400,400),// Fensterposition & Größe
    NULL,              // kein Elternfenster
    NULL,              // kein DialogMenu
    WS_EX_TOPMOST,     // Erweiterte Fensterstile
    NULL))             // kein ZeigerCreateContext
```

*Listing 3.8:
Initialisierung
des OpenGL-
Fensters über
die Create-
Methode*

```
{   // Create war erfolgreich,
    // 2.) also, hier weitere Initialisierungen ...
       // Hier später Initialisierungscode einfügen!
       return TRUE;   // Melde: Alles gut gegangen!
};

return FALSE;   // Melde: Hier ist was schief gelaufen...
};
```

Kompilieren Sie Ihr Programm über den Menüpunkt ERSTELLEN/ALLES NEU ERSTELLEN, um zu überprüfen, ob sich in den eingegebenen Code eventuell Fehler eingeschlichen haben.

Die durch die Erzeugung der COpenGL-Klasse implizit nutzbare Member-Funktion Create (erzeugen) der Basisklasse CFrameWnd initialisiert und definiert das OpenGL-Fenster. Die Create-Parameterliste inklusive der Datentypen lautet wie folgt:

```
BOOL CFrameWnd::Create(
    LPCTSTR           lpszClassName,   //Klassenname AFX-MSG
    LPCTSTR           lpszWindowName,  //Fenstername/Titeltext
    DWORD             dwStyle,         //Stil/-Eigenschaften
    const RECT&       rect,            //Fensterposition&Größe
    CWnd*             pParentWnd,      //kein Elternfenster
    LPCTSTR           lpszMenüName,    //kein Dialog-Menü
    DWORD             dwExStyle,       //Erweit. Fensterstile
    CCreateContext    *pContext)       //kein CreateContext
```

Die erfolgreiche Ausführung der Create-Funktion wird dem rufenden Programm (hier der Steuerzentrale-Dialog) über den boolschen Rückgabewert TRUE mitgeteilt. Es bietet sich dafür eine bedingte Programmausführung via if-Anweisung der Create-Methode innerhalb der InitOpenGL-Funktion an. Aus den vielfältigen Parameterangaben in der obigen Liste ist hauptsächlich der Parameter dwStyle von Interesse. Die hier verwendeten und logisch-ODER-verknüpften (|) Werte WS_CLIPCHILDREN | WS_CLIPSIBLINGS definieren den für OpenGL so wichtigen Children-Fenstertyp. Das WS_ in den Konstanten steht hier für Windows Style.

Über lpszWindowName vergeben Sie den Titelnamen des OpenGL-Fensters, und über die Parameterwerte der CRect-Klasse bestimmen Sie die Größe und die Position des OpenGL-Fensters – relativ zum Windows-Desktop. Optional wurde hier beispielhaft für den ExStyle-Parameter der Wert WS_EX_TOPMOST verwendet, was bewirkt, dass das OpenGL-Fenster immer im Vordergrund zu sehen sein wird. Verwenden Sie für das Buchprojekt den NULL-Parameter.

Die vollständigen Informationen zu den einzelnen Parametern der Create-Funktion erhalten Sie über die Visual C++-Hilfefunktion.

COpenGL-Funktion ansteuern und abgeleitete Methoden nutzen

Jetzt ist es an der Zeit, die COpenGL-Klassenmethode InitOpenGL aus dem Steuerzentrale-Dialog COGLProjektDlg heraus aufzurufen. Wo anders als in der OnButtonInit-Methode kann dies geschehen? Passen Sie den Code der Methode wie folgt an:

```
void COGLProjektDlg::OnButtonInitOGL()
{
  // TODO: Code für die Behandlungsroutine der Steu...
  m_pOpenGL = new COpenGL(); //Ich denke, also bin ich!

  if (m_pOpenGL != NULL) // OpenGL-Klasse initialisiert?
  {//Die OpenGL-Klasse wurde ordnungsgemäß initialisiert
    if (m_pOpenGL->InitOpenGL()) //OGL-Fenster konfig.
    {
      m_cbInitOGL.EnableWindow(FALSE);   //DEAKTIVIEREN!
      m_cbOnOff.EnableWindow(TRUE);      //AKTIVIEREN
      m_csInfoText = CString(   //MFC-String-Klasse nutzen
        "Ok, OpenGL ist initialisiert!");//Info ausgeben
      UpdateData(FALSE);//Dialogvariablen updaten!
      return;   //Alles OK, die Funktion verlassen!
    };
  }
  else
...
```

Listing 3.9: InitOpenGL() – OpenGL-Initialisierungsmethode aufrufen

Der entscheidende Schritt in dem Listing ist der Aufruf der Initialisierungsmethode mithilfe des C-Zeigeroperator ->, der zu einem späteren Zeitpunkt noch im Detail erläutert wird:

`m_pOpenGL->InitOpenGL();`

Ohne weitere Volksreden halten zu wollen, soll jetzt das tatsächliche Erscheinen des nun initialisierten OpenGL-Fensters in den Programmcode implementiert werden. Natürlich geschieht dies im Codebereich der OnButtonOnOff-Funktion, also als Reaktion auf das Anklicken der Schaltfläche OPENGL-FENSTER EIN-AUS. Beachten Sie hierbei die vorgenommenen weitreichenden Änderungen gegenüber dem aktuellen Code.

```
void COGLProjektDlg::OnButtonOnOff()
{
// TODO: Code für die Behandlungsroutine der...
static BOOL FirstEntry = FALSE;    //Funktionserstaufruf!
static BOOL OGLWinStatus = FALSE;  //akt. Fensterstatus!

  if (!FirstEntry)                 //Erstaufruf?
  {
    FirstEntry = TRUE;             //Ja, Erstaufruf!
    m_cbRedraw.EnableWindow(TRUE); //AKTIVIEREN!
  };
```

Listing 3.10: OpenGL-Fenster erzeugen

```
            if (OGLWinStatus)     //Fenster zurzeit dargestellt?
            { //Ja, dann...
              m_pOpenGL->ShowWindow(SW_HIDE);//...Fenster weg!
              OGLWinStatus = FALSE;          //Status AUS!
              m_csInfoText = CString(
                "Das OpenGL-Fenster ist nun unsichtbar!");
            }
            else
            { //Nein, dann...
              m_pOpenGL->                    //...Fenster anzeigen!
                ShowWindow(SW_SHOWNOACTIVATE);
              OGLWinStatus = TRUE;           //Status EIN!
              m_csInfoText = CString(        //Textfeldvariable
                "Das OpenGL-Fenster ist nun sichtbar!");
            };
            UpdateData(FALSE);      //Dialogvariablen updaten!
          }
```

Versuchen Sie den Programmcode aus Listing 3.10 nachzuvollziehen und starten Sie nach der fehlerfreien Kompilierung die Anwendung. Testen Sie Ihr Programm aus.

Vielleicht ist es Ihnen aufgefallen: Das OpenGL-Fenster bleibt bei der ersten Anwahl der Schaltfläche OPENGL-FENSTER EIN/AUS inaktiv. Hingegen behält Ihre Dialoganwendung den *Focus*, bleibt also aktiv. Dies haben Sie durch die Parameterkonstante SW_SHOWNOACTIVATE in der CWnd-Funktion ShowWindow bestimmt. Hingegen sorgt die Konstante SW_SHOW für die Anzeige des Fensters.

Abb. 3.37: OpenGL-Fenster nach erfolgreicher Initialisierung

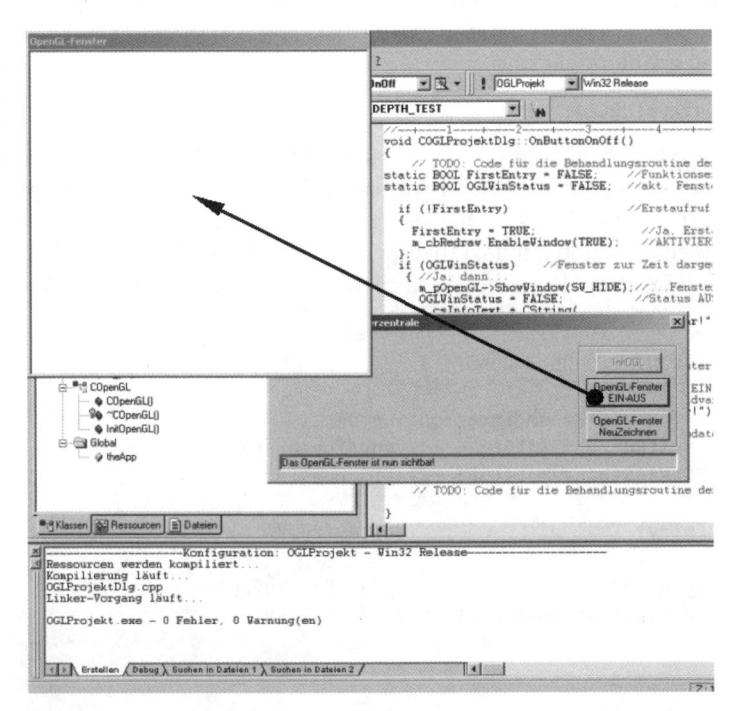

Dass die Inaktivität des OpenGL-Fensters gewollt ist und auch für die Zukunft die sinnvollere Voreinstellung sein wird, liegt in dem Verwendungszweck des Fensters begründet. Sie wollen das Fenster in erster Linie als Ausgabefenster für 3D-Grafiken benutzen und nicht als Eingabefenster. Das `OGLProjektDlg`-Fenster *erwartet* Ihre Steuerungsbefehle und soll daher weiter den Focus besitzen. Angemerkt sei aber, dass es dennoch Programmsituationen geben kann, in denen Sie den Focus auf das OpenGL-Fenster setzen möchten, da auch hier *Eingaben* zulässig sind.

Der *Aktivierungszustand* eines Windows-Fensters kann jederzeit *manuell beeinflusst* werden. Sie aktivieren das Fenster, indem Sie mit dem Mauszeiger auf das Fenster klicken, und Sie deaktivieren es, indem Sie auf ein Element außerhalb des Fensters klicken.

3.6.2 Den OpenGL Rendering Context definieren

Während »normale« Windows-Anwendungen über einen so genannten Device Context DC (Gerätekontext) ihre grafischen Informationen (Pixelgruppen wie Linien oder Buchstaben) an das »normale« Windows-Fenster schicken, benötigen Sie für OpenGL einen zusätzlichen Kontext, den so genannten Rendering Context RC. Durch diesen speziellen *Port* werden zukünftig alle OpenGL-Befehle *geschleust*. Sie werden demnach die OpenGL-Welt mit der Windows-Welt verbinden. Demnach steht ein RC immer in Beziehung zu einem DC.

Aber wie erzeugen und definieren Sie einen solchen RC? Nun, Microsoft hat sein Betriebssystem mit einigen Windows-Routinen ausgestattet, die genau diese Aufgabe unterstützen, ganz speziell für OpenGL. Hierzu existieren die bereits in Kapitel 1 im Abschnitt *Windows unterstützt OpenGL* angesprochenen `wgl`-Befehle, die Sie dabei unterstützen, die nötige Beziehung zwischen RC und DC herzustellen. Die für diesen Abschnitt wichtigen `wgl`-Befehle können Sie Tabelle 3.2 entnehmen.

wgl-Funktion	Beschreibung
`wglCreateContext`	Erzeugt einen neuen Rendering-Kontext
`wglMakeCurrent`	Setzt den definierten Rendering-Kontext zum OpenGL-Server
`wglGetCurrentContext`	Ermittelt den gerade gültigen Index-Schlüssel des Rendering-Kontextes
`wglGetCurrentDC`	Ermittelt den Index-Schlüssel des Device-Kontextes, der in Beziehung zu dem Rendering -Kontext der OpenGL-Anwendung steht
`wglDeleteContext`	Löscht einen beliebigen Rendering-Kontext

Tabelle 3.2: wgl-Befehle zum Erzeugen des Rendering-Kontextes

Einen vollständigen Überblick über alle `wgl`-Befehle finden Sie in Anhang D.

> Sollten Sie ein OpenGL-Programm von einem Betriebssystem zu einem anderen portieren wollen, so ist die Erzeugung und Initialisierung des Rendering Context RC prinzipiell der einzige Vorgang, den Sie neu programmieren müssen.
>
> Dieser Merksatz gilt nur, wenn Sie sich darüber hinaus an alle OpenGL-Konventionen, wie z.B. die Verwendung von OpenGL-Datentypen, halten.

Rendering Context mit wgl- und Win32-Befehlen erzeugen

Da Sie zunächst den RC erzeugen wollen, bietet sich dazu die aufgeführte wglCreateContext-Funktion an. Den nötigen Programmcode dazu werden Sie in einer neu zu erzeugenden Member-Funktion der COpenGL-Klasse implementieren. Wie bereits gezeigt, klicken Sie dazu mit der rechten Maustaste auf die COpenGL-Klasse und wählen dann den Punkt MEMBER-FUNKTION HINZUFÜGEN aus. Definieren Sie in dem daraufhin erscheinenden Erstellungsdialog im Editierfeld FUNKTIONSDEKLARATION den Funktionsnamen mit SetRenderingContext und den FUNKTIONSTYP mit BOOL, um den Erfolg der Funktion abfragen zu können. Deklarieren Sie erstmals den ZUGRIFFSSTATUS der Funktion als protected, um dem Programm, das eine Instanz von der COpenGL-Klasse gebildet hat, den Zugriff auf diese Funktion zu verweigern – hier dem Klassennutzer COGLProjektDlg. Es könnte nämlich zu Problemen führen, sollte ein *fremder* COpenGL-Klassennutzer unbefugt diese Funktion aufrufen.

Die wglCreateContext-Funktion benötigt als Parameter einen Zeiger auf den entsprechenden DC Ihres OpenGL-Fensters. Die Befehlssyntax lautet inklusive Rückgabewert vom Datentyp HGLRC:

HGLRC wglCreateContext(HDC hdc);

Sie benötigen demnach zunächst einen Handle (sinngemäß: im Griff haben) auf den DC, den HDC, der sinnvollerweise mit hdc abgekürzt werden kann. Nur woher einen solchen Handle nehmen, wenn nicht stehlen? Ganz einfach. Sie verfügen bereits über einen solchen. Diese Information ist in Ihrem OpenGL-Fenster-Objekt enthalten, das ja ein *ordentliches* Windows-Fenster darstellt. Dank der Basisklasse CFrameWnd von COpenGL existiert eine Methode innerhalb der wiederum zugeordneten CWnd-Basisklasse. Diese lautet GetDC und gibt einen Zeiger auf eine DC beschreibende CDC-Klasse zurück. Diese CDC-Klasse wiederum beherbergt ein Attribut (Variable), das den gewünschten Handle auf den DC, also den gesuchten HDC, enthält.

Ich gebe zu, die Erklärung zur Ermittlung des HDC ist, wenn auch nicht schwierig, so doch recht komplex bis »verwinkelt«. Das folgende Listing zur SetRenderingContext-Funktion verdeutlicht den beschriebenen Zusammenhang kurz und knapp à la C++. Geben Sie den Code ein.

Windows goes to OpenGL

```
BOOL COpenGL::SetRenderingContext()
{
// In dieser Funktion wird der Render-Kontext RC mit dem
// Device-Kontext DC des OpenGL-Fensters verbunden
   CDC* pcdc=GetDC();      // Lokalen Zeiger auf eigenen DC
   HDC hdc=pcdc->m_hDC;    // Lokalen Handle auf eigenen DC

return TRUE;
}
```

Listing 3.11: Ermittlung des HDC zur Bestimmung des OpenGL-Fenster-DC

Damit haben Sie den benötigten DC-Handle HDC mithilfe der *lokalen Variablen* pcdc und hdc ermittelt.

> Unter *lokalen Variablen* sind alle die Variablen zu verstehen, die Sie nur temporär innerhalb einer Funktion benötigen. Nach Beendigung der Funktion werden sie wieder gelöscht – jedenfalls ist es besser, Sie denken das ...

Mit dem Code aus Listing 3.11 müsste der wglCreateContext-Befehl jetzt eigentlich ausgeführt werden können. Leider ist dem nicht so. Zuvor müssen wie bei der Initialisierung der COpenGL-Klasse gewisse Eigenschaften angepasst werden – hier zum DC. Für die richtige Ausführung benötigen Sie eine PIXEL-FORMATDESCRIPTOR-C-Struktur, die noch OpenGL-spezifisch ausgelegt werden muss. Auf C-Strukturen und ihre Bedeutung wird zu einem späteren Zeitpunkt noch näher eingegangen. Die zu diesem Zeitpunkt vorhandene PIXEL-FORMATDESCRIPTOR-Struktur besitzt *nur* Initialisierungswerte, die für normale Windows-Fenster Sinn machen. Wir aber benötigen ja ein OpenGL-konformes Fenster. Fügen Sie der SetRenderingContext-Funktion noch folgenden Code hinzu:

```
BOOL COpenGL::SetRenderingContext()
{
// In dieser Funktion wird der Render-Kontext
// mit dem Device-Kontext des OpenGl-Fensters verbunden
PIXELFORMATDESCRIPTOR pfd =
{
  sizeof(PIXELFORMATDESCRIPTOR),//Größe der Struktur
  1,                           //Versionsnummer
  PFD_DRAW_TO_WINDOW    //(DrawStyle)=Puffer TO Window
   | PFD_DRAW_TO_BITMAP  // | Puffer TO Bitmap nutzen
   | PFD_SUPPORT_OPENGL  // | OpenGL-Grafik unterstützen
   | PFD_DOUBLEBUFFER,   // | Doppel-Pufferung aktivieren
  PFD_TYPE_RGBA,        //RGBA-Modus nutzen (PixelType)
  32,                   //Farbpuffertiefe (Color Bits)
  0, 0, 0, 0, 0, 0,     //Farb-Bits
  0, 0,                 //Alpha-Bits
  0, 0, 0, 0, 0,        //Accumulation-Bits
```

Listing 3.12: Initialisierung der PIXELFORMATDESCRIPTOR-Struktur

105

```
    16,                    //16-Bit Z-Tiefenpuf.(DepthBits)
    0,                     //Stencil-Puffer
    0,                     //Auxiliary-Puffer
    0,                     //Layertyp(alte OGL-Vers!)
    0,                     //Overlay / Underlay -Planes
    0,                     //Layer-Mask(alte OGL-Vers!)
    0,                     //Transparenz UnderlayPlane
    0                      //Layer-Masken(alte OGL-Vers!)
};
  CDC* pcdc=GetDC();       // Lokalen Zeiger auf eigenen DC
  HDC hdc=pcdc->m_hDC;     // Lokalen Handle auf eigenen DC
...
```

Die Bedeutung jedes einzelnen PIXELFORMATDESCRIPTOR-Strukturelements hier aufzuführen, würde den Rahmen dieses Buches sprengen. Ein paar für OpenGL wichtige Elemente sollen aber bereits an dieser Stelle erläutert werden. Detailliertere Informationen zu dieser Struktur entnehmen Sie nach Markieren des Strukturwortes und Drücken der F1 -Taste der Visual C++-Hilfe.

Das dritte Strukturelement (*DrawStyle*) wird aus vier logisch-ODER- verknüpften (|) PFD_-Konstanten gebildet. Die Konstanten PFD_DRAW_TO_WINDOW und PFD_SUPPORT_OPENGL fordern dabei die OpenGL-Unterstützung (engl. support) unter Windows an und ermöglichen das gepufferte Zeichnen in ein Windows-Fenster – genauer gesagt in den *Client*-Bereich des Windows-Fensters, aber dazu später mehr. Die Konstante PFD_DRAW_TO_BITMAP erlaubt dabei das gepufferte Zeichnen in den Bitmap-Speicher. Über PFD_DOUBLEBUFFER wird die Pufferungsart definiert, hier die doppelte Pufferung. Es existieren hierzu ein *BACK-* und ein *FRONT*-Pufferbereich, was zu einer effektiven und vor allem flackerfreien Darstellung der OpenGL-Grafik führt.

Das vierte Strukturelement (*PixelType*) weist einen PFD_TYPE_RGBA-Konstantenwert auf und bestimmt die hier verwendete Farbgebungsmethode. Hier werden demzufolge die Farbinformationen über RGB-Farben definiert. Alternativ könnten Sie hier den Farbindex-Modus über PFD_TYPE_COLORINDEX aktivieren.

Bedenken Sie, dass Sie OpenGL nur uneingeschränkt nutzen können, wenn Sie im *RGB True Color-Modus* (True Color ab 24 Bit) arbeiten. Nur so verfügen Sie über den gesamten Befehlssatz und damit über die gesamte Funktionsvielfalt von OpenGL!

Wichtig sind weiter noch die beiden Zahlenwerte 32 für die *Farbtiefe* (*ColorBits*) und 16 für den Z-Tiefenpuffer (*DepthBits*). Die Farbtiefenangabe sollte Ihrer Windows-Desktop-Einstellung entsprechen. Ich benutze hier 32 Bit, womit also maximal 2^{32} = ca. 4 Mio. Farben (True Color) dargestellt werden können. Durch die Wahl der 16-Bit-*Z-Puffer-Tiefenberechnung* (Verdeckungsberechnung) kann eine Erhöhung der Darstellungsgeschwindigkeit erreicht werden, was aber in der Regel auf Kosten der Darstellungsqualität geht. Meine Grafikkarte unterstützt die 16-Bit-Z-Puffer explizit, sodass ich diesen auch eingeschaltet habe. Schauen Sie an dieser Stelle doch einmal nach, ob Ihr OpenGL-Grafikkartentreiber über vergleichbare Einstellmöglichkeiten verfügt.

Damit ist das *OpenGL/Windows-Interface* konfiguriert. Um dieses auch funktionsfähig zu machen, vervollständigen Sie die `SetRenderingContext`-Funktion durch folgende Codezeilen:

```
...
  CDC* pdc=GetDC();    // Lokalen Zeiger auf eigenen DC
  HDC hdc=pdc->m_hDC;  // Lokalen Handle auf eigenen DC

  int iPixelFormat     // Pixelformat auswählen
    =ChoosePixelFormat(hdc, &pfd);
  SetPixelFormat(      //Pixelformat setzen
    hdc,               // Handle auf DeviceContext
    iPixelFormat,      // Pixelformat mitteilen
    &pfd);             // Zeiger auf Struktur
  HGLRC hglrc =        // Render Context für OGL erzeugen
    wglCreateContext(hdc); //über DC-Handle
  if (hglrc==NULL) return FALSE; // Fehler-> Abbruch!
  if (!wglMakeCurrent( // akt. RC-DC Verbindung setzen
        hdc,
        hglrc)) return FALSE; // Fehler-> Abbruch!

return TRUE;  // Alles OK, keine Fehler!
}
```

Listing 3.13: Aktuellen Rendering Context (RC) setzen

Erst jetzt kann der `wglCreateContext(hdc)`-Befehl eingesetzt werden, der wegen der OpenGL-untauglichen `PIXELFORMATDESCRIPTOR`-Struktur nicht direkt benutzt werden konnte. Dazu musste zunächst über die WIN32-Befehle `ChoosePixelFormat` und `SetPixelFormat` der DC entsprechend der neuen Strukturinformation umkonfiguriert werden. Erst danach kann der Rendering Context RC über den `wglCreateContext(hdc)`-Befehl erzeugt werden. Die abschließende RC/DC-Verbindung über den `wglMakeCurrent`-Befehl zu setzen, darf als reine Formsache angesehen werden, es sei denn, etwas in dieser langen Prozesskette ist schief gelaufen.

> Es kommt vor, dass Sie nach der erfolgreichen Initialisierung und Bereitstellung der RC/DC-Verbindung den RC und DC zu einem späteren Zeitpunkt im Programm nochmals ermitteln müssen. Dann verwenden Sie dazu nur noch die Funktionen `wglGetCurrentDC()` und `wglGetCurrentContext()`. Auf keinen Fall rufen Sie dazu nochmals den RC/DC-Ermittlungscode aus Listing 3.13 auf! Auch von dem Abspeichern der RC/DC-Handles in einer Member-Variablen zur späteren Wiederverwendung sei dringend abgeraten!

Rendering Context RC aktivieren

Sie haben jetzt eine OpenGL-fähige RC/DC-Verbindung programmiert und damit das OpenGL-Fenster auf den Empfang erster OpenGL-Befehle vorbereitet. Bleibt schließlich nur noch die Frage zu klären, aus welcher Member-Funktion der COpenGL-Klasse die SetRenderingContext-Funktion angesprochen werden soll. Klar, da es sich hierbei um einen Initialisierungsschritt handelt, sollte dies innerhalb der InitOpenGL-Funktion geschehen.

Listing 3.14: SetRendering-Context in InitOpenGL aufrufen

```
BOOL COpenGL::InitOpenGL()
{
// Diese Routine dient der Initialisierung von OpenGL
...
{// Create war erfolgreich,
  // 2.) Rendering-Kontext initialsieren
  if (!SetRenderingContext())  //RC-DC Verbindung setzen
    return FALSE;              //Melde: Fehler! -> Abbruch
  // 3.) Weitere Initialisierungsanweisungen ...

  return TRUE; // Melde: Alles gut gegangen!
};

return FALSE;  // Melde: Hier ist was schief gelaufen...
}
```

Kompilieren Sie an dieser Stelle das Programm, um zu überprüfen, ob Sie alles fehlerfrei eingegeben haben. Andernfalls würde der Compiler Ihnen dieses im VC++-Ausgabebereich mitteilen.

Rendering Context abmelden

Eine kleine Wartungsarbeit ist abschließend noch im Konstruktor der COpenGL-Klasse zu erledigen. Sie wollen ja schließlich *sauber* programmieren ...

Listing 3.15: RC im Konstruktor der COpenGL-Klasse sauber abmelden

```
OpenGL::~OpenGL()
{
//Hier beendet das OpenGL-Objekt sein "Leben". Zuvor
// sollten noch folgende Prozeduren durchlaufen werden,
// um ernstere "Rückstände" zu verhindern!
//Aktuellen Render Context holen
HGLRC hglrc=wglGetCurrentContext();
//Aktuellen Render Context deaktivieren
wglMakeCurrent(NULL,NULL);
//Render Context endgültig löschen
wglDeleteContext(hglrc);
}
```

Der Code sorgt dafür, dass die für die OpenGL-Darstellung geschaffenen RC/DC-Verbindungen wieder freigegeben werden.

Sie werden es vielleicht nicht für möglich halten, aber der Visual C++-spezifische Teil zur Realisierung eines OpenGL-Programms ist damit erledigt. Ende, aus und vorbei. Ab jetzt betreten Sie die Welt von OpenGL! Sie werden es im wahrsten Sinne des Wortes *sehen*.

KAPITEL 4

jetzt lerne ich

Hello OpenGL

Ab sofort befassen Sie sich mit OpenGL. Ein gutes Stück Arbeit liegt hinter Ihnen und noch viel mehr an grundlegenden Informationen. Auch wenn Sie bisher über die eigentliche OpenGL-Programmierung nur sehr wenig erfahren haben, die alternative Vorgehensweise, die zuvor dargestellten Informationen in die nun folgenden OpenGL-spezifischen Programmierthemen »reinzuquetschen«, hätte zu viel »Unruhe« in den Kern der OpenGL-Erläuterungen gebracht.

Bevor ich Sie aber weiter mit den Details zur OpenGL-Programmierung konfrontiere, werden Sie in diesem Kapitel ein in sich abgeschlossenes OpenGL-Programm erstellen. Quasi als Bonbon für Ihre fleißige Vorarbeit! Sie werden nun erste OpenGL-Befehle in eine gesonderte Member-Funktion der COpenGL-Klasse einarbeiten. Damit verfügen Sie in Zukunft auch über eine kleine Testroutine, in der Sie z.B. neue OpenGL-Befehle bzw. -Techniken ausprobieren können. Mit der Testroutine wird eine kleine 3D-Szene generiert und zur Darstellung gebracht. Als Bauvorlage dient hierbei die bekannte Hausszene. Die Testroutine wird HelloOpenGL heißen und dient Ihnen innerhalb dieses Buches und in Zukunft als

- *Demonstrator* zur Arbeitsweise von OpenGL im Allgemeinen und der COpenGL-Klasse im Speziellen
- *Funktionstest* eines COpenGL-Objekts
- *Labor* zum Erlernen, Modifizieren und Analysieren von OpenGL-Befehlen

Das `HelloOpenGL`-Prográmmchen ist mit dem allseits bekannten *HelloWorld*-Programm vergleichbar, wenn auch der direkte Vergleich mit dem damit verbundenen minimalistischen Ansatz ein wenig hinken mag. So wird hier z.B. nicht auf den programmverlängernden Code zur Lichtdarstellung verzichtet, denn zu einem »ordentlichen« OpenGL-Programm gehören einfach *Lichteffekte*. Auch ein anderer und vor allem beabsichtigter Umstand hat eine verlängernde Wirkung auf den OpenGL-Programmcode.

> Das `HelloOpenGL`-Programm bedient sich zunächst ausschließlich des Befehlssatzes der GL-Bibliothek. Die Kenntnisse dieses Befehlssatzes sind elementar und sollten nicht durch *höhere* Bibliotheksbefehle (z.B. GLU oder gar GLUT) *übergangen* werden, denn ...
>
> ... Wissen ist Macht und machen kann nur, wer etwas weiß!

4.1 Member-Funktion HelloOpenGL erzeugen

Erstellen Sie zunächst innerhalb der `COpenGL`-Klasse eine Member-Funktion `HelloOpenGL` mit einem Rückgabewert vom Datentyp `BOOL` mit dem Zugriffsrecht `public`.

Abb. 4.1: Member-Funktion HelloOpenGL erzeugen

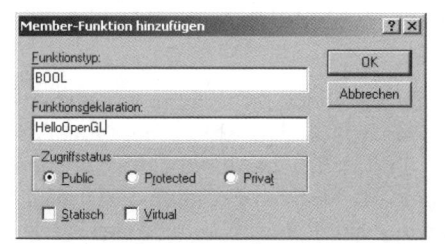

Nach der Eingabe der Klasseninformationen und dem Bestätigen über die OK-Schaltfläche befinden Sie sich im VC++-Editierbereich mitten in dem soeben erzeugten `HelloOpenGL`-Funktionsrumpf.

4.2 Der HelloOpenGL-Code

> Es zeigt sich in der Praxis immer wieder, dass es von Vorteil ist, den abgedruckten Code selber abzutippen. Sätze wie »Probieren geht über Studieren« oder »Learning by Doing« sind keinesfalls erfunden worden, um den Lernenden zu schikanieren. Vielmehr wird hierbei das theoretische Fundament praktisch umgesetzt und bekommt somit eine Form bzw. nimmt Gestalt an, was wiederum bewusstseinsfördernd ist.

Gerade weil obiger Hinweis nicht mit dem stupiden Abtippen der Szenenkoordinatenwerte aus dem HelloOpenGL-Listing vereinbar ist, finden Sie diesen speziellen Codebereich auf der Buch-CD im folgenden Ordner: \Buchdaten\Kapitel04\CCode_TXT\ Öffnen Sie dort über einen Doppelklick die Datei *HelloOpenGL_XYZ_Werte_SKALAR.txt*. Kopieren Sie den darin enthaltenen Koordinatencode an die im folgenden Listing 4.1 dargestellte Codestelle. Die ganz Tapferen unter Ihnen können sich natürlich über diesen Tipp hinwegsetzen, sich also fleißigerweise der erhöhten Gefahr einer Sehnenscheidenentzündung aussetzen und auch diesen Code selber eintippen. Sie sind so jemand? Sehr löblich, aber ein Fleißkärtchen liegt dem Buch leider nicht bei. ;-)

Fügen Sie folgenden Code in die HelloOpenGL-Funktion ein:

Listing 4.1: Erster HelloOpenGL-Funktionscode

```
BOOL COpenGL::HelloOpenGL()
{
//** Erzeugt eine kleine OpenGL-Szene (Haus),
//** um z.B. die COpenGL-Klasse antesten zu können.

// I.) HelloOpenGL-Variablendeklaration
  //Lokale Programmvariablen
  CRect clientRect;          //MFC- Rechteckdef.
  GetClientRect(&clientRect); //Fensterinfo holen
  GLsizei width =            //Pixel-Breite des
    (GLint) clientRect.right; //Fenster-Zeichenbereichs
  GLsizei heigth =           //Pixel-Höhe des
    (GLint) clientRect.bottom;//Fenster-Zeichenbereichs
  GLdouble ClientRatio =     //Breite zu Höhe Verhältnis
    (GLdouble) width/heigth; //des Pixel-Client-Bereichs
  GLdouble ClipSize = 0.8;   //Das Clipping-Maß

// II.) OGL-Initialisierung (BS-abhängig)
  wglMakeCurrent( //akt. Windows-OpenGL-Verbindung setzen
    wglGetCurrentDC(),      // aktuellen DC holen
    wglGetCurrentContext()); // aktuellen RC holen
```

4 Hello OpenGL

```
// III.) Projektionsmatrix (Szenen-Sichtweise definieren)
  glMatrixMode(GL_PROJECTION);  //aktuelle Matrix setzen
  glLoadIdentity();      //und mit Einheitsmatrix initial.
  //Clipebenen Blickfeld def.
  glOrtho(  // Vorzeichen sind Standardwerte!!!
    -ClipSize,             //Linke Clipplane
    +ClipSize,             //Rechte Clipplane
    -ClipSize,             //Untere Clipplane
    +ClipSize,             //Obere Clipplane
    -ClipSize*100.0,       //Vordere Clipplane
    +ClipSize*100.0);      //Hintere Clipplane
  //Blickwinkel in Projektionsmatrix einarbeiten
  glRotated(-65.0,1.0,0.0,0.0); //Szene um X drehen
  glRotated(-75.0,0.0,0.0,1.0); //Szene um Z drehen
  glTranslated(-2.5,0.0,-1.4);  //Szn. in X,Z verschieben
  //2D-Darstellungsbereich im OpenGL-Fenster definieren
  glViewport(  // Viewport-Darstellungsbereich definieren
    (GLint) 0,             //X-Fenster-Koor. (U.L)
    (GLint) 0,             //Y-Fenster-Koor. (U.L)
    (GLint) width,         //Darstellungsbreite
    (GLint) heigth);       //Darstellungshöhe

// IV.) Modellierungsmatrix (Szene definieren)
  glMatrixMode(GL_MODELVIEW); //aktuelle Matrix setzen
  glLoadIdentity();           //mit Einheitsmatrix intit.
  glClearColor(1.0F,1.0F,1.0F,1.0F); //Hintergrund Weiß
  glClear(GL_COLOR_BUFFER_BIT |     //Farb-Puffer löschen
          GL_DEPTH_BUFFER_BIT);     //Z-Puffer löschen

// IVa.) DARSTELLUNGS-/ STEUERUNGSARTEN
  // Definition des OpenGL-Status
  glEnable(GL_NORMALIZE);     //Einheitsvektorbildung EIN
  glEnable(GL_DEPTH_TEST);    //Z-Buffer-Test
  glEnable(GL_COLOR_MATERIAL);//Materialfarbgebungsart
  glEnable(GL_LIGHT0);        //Lichtquelle 0 EIN
  glEnable(GL_LIGHTING);      //OpenGL-Lichteffekte EIN
  glDisable(GL_CULL_FACE);    //Seiten nicht ausblenden
  // Korrespondierende Status-Befehle

// IVb.) LICHTEFFEKTE definieren
  // 1.) benötigte Variablendeklarationen...
  //...zum LICHT (L)
  // Def. 1. Lichtquelle
  GLfloat LPosition[4]=       //Lichtquellenrichtung
    {1.0F,1.0F,1.0F,0.0F};    //in Eye-Koor. definieren
  // Def. 2. Lichtquelle
  //...
  // Def. n. Lichtquelle
  //...zum MATERIAL(M)
```

```
// 2.) benötigte OpenGL-Befehle...
//...zum LICHT (L)
// Def. 1. Lichtquelle
glLightfv(GL_LIGHT0,GL_POSITION,&LPosition[0]);
// Def. 2. Lichtquelle
//...
// Def. n. Lichtquelle
//...zum MATERIAL (M)

// 3.) Globale Beleuchtungsdefinitionen
// Variablen deklarieren
GLfloat LModelAmbient[4]    //Umgebungslicht Modell
  ={0.2F,0.2F,0.2F,1.0F};   //Umgebungslicht Def.
// GL-Befehle zur Beleuchtungsrechnung
glLightModelfv(   //Lichtmodell definieren
  GL_LIGHT_MODEL_AMBIENT,  //Umgebungslicht-Modell
  &LModelAmbient[0]);      //Umgebungslichtwerte
glLightModeli(GL_LIGHT_MODEL_TWO_SIDE,1);  //2-seitig
glColorMaterial(   //Farbgebungsmethode
  GL_FRONT,                //NUR Vorderseiten einfärben
  GL_AMBIENT_AND_DIFFUSE);//Ambientes u. diffuses Licht

// IVc.) Szenenobjekte zeichnen
// 0.) Skalare Eckpunkte (Vertices) definieren...
// ...der Dachpunkte
GLdouble X1=0.75, Y1=0.50, Z1=0.50;  // V1-Komponenten
GLdouble X2=0.75, Y2=0.25, Z2=0.25;  // V2
GLdouble X3=0.75, Y3=0.75, Z3=0.25;  // V3
GLdouble X4=0.25, Y4=0.50, Z4=0.50;  // V4
GLdouble X5=0.25, Y5=0.25, Z5=0.25;  // V5
GLdouble X6=0.25, Y6=0.75, Z6=0.25;  // V6
// ...der Hausgrundseiten
GLdouble X10=0.70, Y10=0.30, Z10=0.0; //V10-Komponenten
GLdouble X11=0.70, Y11=0.70, Z11=0.0; //V11-Komp.
GLdouble X12=0.70, Y12=0.70, Z12=0.25;//V12-Komp.
GLdouble X13=0.70, Y13=0.30, Z13=0.25;//V13-Komp.
GLdouble X14=0.30, Y14=0.30, Z14=0.0; //V14-Komp.
GLdouble X15=0.30, Y15=0.70, Z15=0.0; //V15-Komp.
GLdouble X16=0.30, Y16=0.70, Z16=0.25;//V16-Komp.
GLdouble X17=0.30, Y17=0.30, Z17=0.25;//V17-Komp.

// 1.) Grundstück zeichnen
glBegin(GL_QUADS);   //Vierecks-Fläche
  glNormal3d(0.0, 0.0, 1.0);   //Normalenvektor
  glColor4f(0.0F,0.5F,0.0F,1.0F); // Farbe Dunkelgrün
  glVertex3d(0.1, 0.1, 0.0);   //hinten links nach
  glVertex3d(0.9, 0.1, 0.0);   //vorne links nach
  glVertex3d(0.9, 0.9, 0.0);   //vorne rechts nach
  glVertex3d(0.1, 0.9, 0.0);   //hinten rechts.Ende Def1
glEnd();   //Ende Def. der Vierecks-Flächen
```

```
// 2.) Erdgeschossseitenflächen zeichnen
glBegin(GL_QUADS);   //Vierecks-Flächen Primitive
  glColor4f(1.0F,1.0F,1.0F,0.2F); //Farbe WEIß
  glNormal3d(-1.0, 0.0, 0.0); //Normalenvektor(h.S.)
  glVertex3d(X14, Y14, Z14);   //V14 nach
  glVertex3d(X17, Y17, Z17);   //V17 nach
  glVertex3d(X16, Y16, Z16);   //V16 nach
  glVertex3d(X15, Y15, Z15);   //V15; Ende Def1

  glNormal3d(0.0, -1.0, 0.0); //Normalenvektor(l.S.)
  glVertex3d(X10, Y10, Z10);   //V10 nach
  glVertex3d(X13, Y13, Z13);   //V13 nach
  glVertex3d(X17, Y17, Z17);   //V17 nach
  glVertex3d(X14, Y14, Z14);   //V14; Ende Def.2

  glNormal3d(0.0, +1.0, 0.0); //Normalenvektor(r.S.)
  glVertex3d(X11, Y11, Z11);   //V11 nach
  glVertex3d(X15, Y15, Z15);   //V15 nach
  glVertex3d(X16, Y16, Z16);   //V16 nach
  glVertex3d(X12, Y12, Z12);   //V12; Ende Def.3

  glNormal3d(+1.0, 0.0, 0.0); //Normalenvektor(v.S.)
  glVertex3d(X10, Y10, Z10);   //V10 nach
  glVertex3d(X11, Y11, Z11);   //V11 nach
  glVertex3d(X12, Y12, Z12);   //V12 nach
  glVertex3d(X13, Y13, Z13);   //V13; Ende Def.4
glEnd();  //Ende Def. der Vierecks-Flächen

// 3.) Dachvorder- und -hinterseite (Dachgiebel)
glBegin(GL_TRIANGLES);  // Dreiecks-Fläche
  glColor4f(1.0F,0.0F,0.0F,0.2F);  // Farbe ROT
  glNormal3d(1.0, 0.0, 0.0);   // Normalenvektor
  glVertex3d(X1, Y1, Z1);      // V1 nach
  glVertex3d(X2, Y2, Z2);      // V2 nach
  glVertex3d(X3, Y3, Z3);      // V3; Ende Def.

  glNormal3d(-1.0, 0.0, 0.0);  // Normalenvektor
  glVertex3d(X4, Y4, Z4);      // V4 nach
  glVertex3d(X6, Y6, Z6);      // V6 nach
  glVertex3d(X5, Y5, Z5);      // V5; Ende Def.
glEnd();  //Ende Def. der Dreiecks-Flächen

// 4.) Rechte und linke Dachseite zeichnen
glBegin(GL_QUADS);  // Vierecks-Fläche
  glColor4f(1.0F,0.0F,0.0F,0.2F);  // Farbe ROT
  glNormal3d(0.0, 1.0, 1.0);   // Normalenvektor
```

Der HelloOpenGL-Code

```
    glVertex3d(X1, Y1, Z1);      // V1 nach
    glVertex3d(X3, Y3, Z3);      // V3 nach
    glVertex3d(X6, Y6, Z6);      // V6 nach
    glVertex3d(X4, Y4, Z4);      // V4; Ende Def.

    glNormal3d(0.0, -1.0, 1.0);  // Normalenvektor
    glVertex3d(X1, Y1, Z1);      // V1 nach
    glVertex3d(X4, Y4, Z4);      // V2 nach
    glVertex3d(X5, Y5, Z5);      // V5 nach
    glVertex3d(X2, Y2, Z2);      // V4; Ende Def.
  glEnd(); //Ende Def. der Vierecks-Flächen

  // 5.) Koordinatensystem am Schluss zeichnen
  glDisable(GL_LIGHTING);  //Koor immer ohne Lichteffekte
  glBegin(GL_LINES);       //Def.-Beginn der Linien
    // X-Achse
    glColor4f(1.0F,0.0F,0.0F,1.0F);  //Farbe ROT
    glVertex3d(0.0, 0.0, 0.0);      //Vom Ursprung
    glVertex3d(1.0, 0.0, 0.0);      //zu X=+1.0
    // Y-Achse
    glColor4f(0.0F,1.0F,0.0F,1.0F);  //Farbe GRÜN
    glVertex3d(0.0, 0.0, 0.0);      //Vom Ursprung
    glVertex3d(0.0, 1.0, 0.0);      //zu Y=+1.0
    // Z-Achse
    glColor4f(0.0F,0.0F,1.0F,1.0F);  //Farbe BLAU
    glVertex3d(0.0, 0.0, 0.0);      //Vom Ursprung
    glVertex3d(0.0, 0.0, 1.0);      //zu Z=+1.0
  glEnd(); //Ende Def. der Linien

  // V.) OGL-Szene berechnen und zur Darstellung bringen
  glFlush();  // Bearbeitung der GL-Befehle beginnen
  glFinish(); // Warten bis alle Befehle ausgeführt sind
  SwapBuffers(wglGetCurrentDC()); //Flackern verhindern

  return TRUE;
}
```

Puh! Das war eine Menge Tipparbeit, oder? Mein Trost für Sie: Wieder einmal haben Sie wertvolle Vorarbeit geleistet. Denn alle wissensvermittelnden Folgekapitel beziehen sich auf diesen OpenGL-Code. Auch wenn Sie diesen im weiteren Verlauf immer wieder erweitern bzw. modifizieren werden, über das *OpenGL-Gerüst* verfügen Sie nun.

4.3 Starten des HelloOpenGL-Programms

Kompilieren Sie das fertig eingetippte HelloOpenGL-Programm und ...

... Sie erhalten diverse Fehlermeldungen in Bezug auf die OpenGL-Befehle! Kann Visual C++ vielleicht doch kein OpenGL? Ja und nein! Ja, weil Visual C++ standardmäßig nur C/C++-Befehle kennt. Nein, weil man Visual C++ die *neuen* Befehle verständlich machen kann. Wie man das bewerkstelligt? Ganz einfach. Fügen Sie noch schnell den #include- Präprozessor-Befehl für den GL-Befehlssatz und gleich auch noch für den GLU-Befehlssatz in die Header-Datei *OpenGL.h* direkt zu Beginn nach dem #define-Präprozessor-Befehl ein.

Listing 4.2: GL-/GLU-Header-Definitionsdateien einbinden

```
#if !defined(AFX_OPENGL_H__ ...
#define AFX_OPENGL_H__OACEF5FF_CDCD_ ...

#include "GL/gl.h"    //GL-Bibliotheks-Header-Datei nutzen
#include "GLU/glu.h"  //GLU-Bibliotheks-Header-Datei nutzen

#if _MSC_VER > 1000
#pragma once
#endif // _MSC_VER > 1000
// OpenGL.h : Header-Datei
...
```

Durch das Präprozessor-Befehlskonstrukt #if !defined wird eine Mehrfachdeklaration der Header-Datei *OpenGL.h* (damit auch *gl.h* und *glu.h*) vermieden. Eine Mehrfachdeklaration kann vorkommen, wenn mehrere Klassen einer Anwendung gleichzeitig von der COpenGL-Klasse Gebrauch machen. Diesen wichtigen »Vermeidungsmechanismus« hat der MFC-Erstellungsassistent für Sie bereits implementiert. VC++-Assistent sei Dank!

Jetzt könnten Sie eigentlich den Programmcode kompilieren, aber Sie sollten noch den Aufrufort der HelloOpenGL-Funktion bestimmen. Dies hatte ich ganz versäumt zu erwähnen! Womit auch die bisher unbenutzte Member-Funktion OnButtonRedraw der Dialogklasse COGLProjektDlg endlich zum Zuge kommt. Geben Sie hier folgenden Code ein:

Listing 4.3: HelloOpenGL-Methode über eine COpenGL-Instanz aufrufen

```
void COGLProjektDlg::OnButtonRedraw()
{
    // TODO: Code für die Behandlungsroutine der...
    m_pOpenGL->HelloOpenGL();   //Funktion der Instanz rufen
    m_csInfoText = CString(     //Info-Zeilentext definieren
      "OK, die OpenGL-Grafik wurde neu gezeichnet!");
    UpdateData(FALSE);          //Dialogvariablen updaten!
}
```

Kompilieren und starten Sie nun endgültig Ihr Programm!

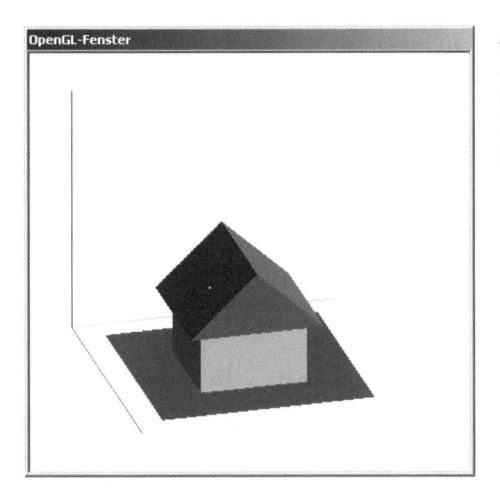

Abb. 4.2: Erste Darstellung der HelloOpenGL-Szene

Wundern Sie sich nicht über die Zeit, die vergehen kann, bis nach dem Anklicken der INITOGL-Schaltfläche die Schaltfläche OPENGL-FENSTER EIN-AUS aktiviert wird. Windows leistet in dieser Zeit einiges an interner OpenGL-Verwaltungsarbeit. Bei jedem folgenden Aufruf geht dieser Vorgang wesentlich schneller vonstatten, da Windows OpenGL nun *kennt*.

4.4 Beschreibung der HelloOpenGL-Szene

Ihre erste selbst geschriebene OpenGL-Szene erscheint nach Anklicken der Schaltfläche OPENGL-FENSTER NEUZEICHNEN und sollte dem Ergebnis in Abbildung 4.2 gleichen. Neben der Hausszene (Grundstück, Erdgeschossseiten und Dach) sehen Sie das globale Koordinatensystem mit seinen drei Koordinatenachsen x, y und z. Alle Achsen zeigen jeweils vom Ursprung (Schnittpunkt der Koordinatenachsen) aus in positive Achsenrichtungen und besitzen allesamt die Länge 1.0. Die rote x-Achse zeigt zum Beobachter, die grüne y-Achse zeigt nach rechts und die blaue z-Achse zeigt nach oben. Das dargestellte Hausobjekt wurde *absolut* zu diesem Koordinatensystem definiert. Damit ist direkt erkennbar, dass alle Koordinatenwerte des grafischen Hausobjekts kleiner als 1.0 sein müssen, da die Koordinatenachsen die OpenGL-Szene überragen.

Das rote Hausdach, die weißen Erdgeschossseiten und die dunkelgrüne Grundstücksfläche werden durch eine Lichtquelle beschienen, was an den schattierten Hausflächen zu erkennen ist (hier die linke Dach- und Erdgeschossseite).

4.5 OpenGL-Realisierungsschritte

Um es gleich vorwegzunehmen: Sie haben Glück, dass die *Standardwerte* (*Defaults*) von OpenGL Ihnen viel Definitionsarbeit erspart haben. Natürlich sagen Ihnen zum jetzigen Zeitpunkt die von Ihnen eingegebenen OpenGL-Befehle nicht allzu viel. Bevor Sie dies verstehen lernen, wird auf einige grundsätzliche Dinge von OpenGL eingegangen. Danach steigen Sie sofort in die Details zu den einzelnen OpenGL-Befehlen ein – mit folgendem netten Nebeneffekt: Das erworbene Detailwissen fließt erweiternd gleich in den HelloOpenGL-Code ein. Demnach reicht der OpenGL-Programmcode und Ihr OpenGL-Wissen weit über den aktuellen Programmstand hinaus.

4.5.1 Code-Überblick

Um einen Überblick über das HelloOpenGL-Programm aus Listing 4.1 zu bekommen, seien zunächst die gesamten zur Realisierung nötigen Programmierschritte kurz vorgestellt, die in der nachfolgenden Tabelle übersichtlich und in chronologischer (sequenzieller) Reihenfolge aufgeführt sind. Die gliederungspunktartig gekennzeichneten Schritte sind unbedingt nötig, um eine wie auch immer geartete OpenGL-Szene darstellen zu können.

Tabelle 4.1: Realisierungsschritte eines OpenGL-Programms

Schritt	Allgemein	Details (Windows Visual C++-MFC)

0.	Betriebssystemseitige *Bereitstellung des Fenstersystems* zur OpenGL-Visualisierung
	Plattformabhängig
		`COpenGL::CFrameWnd::Create`
		DC (Device Context) initialisieren:
		`PFD_SUPPORT_OPENGL`, Fenstertyp `CHILD`

1.	*OpenGL-Server* initialisieren und Verbindung zur Visualisierungseinheit herstellen *Plattformabhängig*	RC (Rendering Context) erzeugen und mit DC verbinden
I.	*Informationen* zum OpenGL-Server *abfragen* *Plattformabhängig*	`GetClientRect`: Größen- bzw. Seitenverhältnis des OpenGL-Visualisierungsbereichs holen
II.	Aktuelle *Client*-Verbindung zum OpenGL-Server herstellen *Plattformabhängig*	`wglMakeCurrent (CurDC,CurRC)`
III.	Aktuelle *Perspektive* der aktuellen OpenGL-Szene definieren *Plattformunabhängig*	aktuelle OGL-Matrix: `GL_PROJECTION` `glOrtho` (Blickfeld) `gluLookAt` (Blickwinkel) `glViewport` (Darstellungsbereich)

Schritt	Allgemein	Details (Windows Visual C++-MFC)
IV.	Aktuelle *Modellierungsdaten* (Szenenobjekte, Effekte wie Beleuchtung) definieren *Plattformunabhängig*	aktuelle OGL-Matrix: `GL_MODELVIEW` `glEnable` (Statusdefinitionen) `glBegin/glEnd` (Modellierungsdefinitionen) `glClear`, `glTranslate` ...
V.	*Rendering-Prozess einleiten* und Darstellung der Szene erzwingen (Ausgabezeitpunkt wählen) *Plattformunabhängig und -abhängig*	`glFlush` (Rendering-Prozess beginnen) `glFinish` (Prozessende erzwingen) `SwapBuffer` (flackerfreie Darstellung)

Die Tabelle zeigt die Realisierungsschritte 0. und 1. sowie I. bis V. in chronologischer Reihenfolge. 0. und 1. werden *außerhalb* des `HelloOpenGL`-Codes bei der Initialisierung der `COpenGL`-Klasse ausgeführt. Hingegen werden die Schritte I. bis V. innerhalb des `HelloOpenGL`-Codes ausgeführt.

4.5.2 OpenGL-Server installieren und initialisieren

Die Schritte 0. und 1. aus Tabelle 4.1 dienen der *plattformabhängigen* Vorbereitung zur Nutzung von OpenGL und liegen damit *außerhalb* der eigentlichen OpenGL-Programmierung. Diese vorbereitenden Schritte haben Sie bereits zu Beginn im Visual C++-Programmierteil kennen gelernt und durchgeführt. Daher bedürfen sie keiner weiteren Erläuterung. Zusammenfassend wird in Schritt 0. und 1. der *OpenGL-Server* samt Visualisierungseinheit (OpenGL-Fenster) *installiert und initialisiert*. Diese Schritte wurden in der `COpenGL`-Klasse über die Member-Funktionen `HelloOpenGL` und `SetRenderingContext` implementiert.

4.5.3 Client-Initialisierungen

Die Schritte I. und II. aus Tabelle 4.1 sind ebenfalls plattformabhängig, werden jedoch schon innerhalb des `HelloOpenGL`-Programms ausgeführt. Auch wenn hierbei noch kein *echter* OpenGL-Befehl in Erscheinung tritt, so dienen diese beiden Schritte doch der direkten Vorbereitung der OpenGL-Programmierung durch den OpenGL-Anwender, dem *Client*. So werden in Schritt I. über `GetClientRect` die Größeninformationen zum OpenGL-Darstellungsbereich eingeholt. Diese Methode der `COpenGL`-Basisklasse `CFrameWnd` ermittelt die nötigen Parameterwerte zur Ausführung des OpenGL-Befehls `glViewport` in Schritt III. Diese Fensterinformationen werden dazu in der lokalen Variablen `clientRect` der `HelloOpenGL`-Klassenfunktion, die vom MFC-Datentyp `CRect` ist, abgelegt.

Schritt II. setzt die aktuelle (sinngemäß engl. current) OpenGL-Verbindung des Clients zum OpenGL-Server. Dies geschieht mithilfe des OpenGL unterstützenden Windows-Befehls `wglMakeCurrent` und stellt damit die letzte plattformabhängige Aktion dar, die sich von Rechnersystem zu Rechnersystem jeweils unterschiedlich darstellt. Nach Ausführung dieses Befehls können alle anschließend angegebenen OpenGL-Befehle an den OpenGL-Server übertragen und dort verarbeitet werden.

4.5.4 Szenenbetrachtungsweisen definieren

Mit Schritt III. beginnen die eigentlichen OpenGL-Definitionen und stellen somit das Hauptbetätigungsfeld des OpenGL-Programmierers dar. Man beginnt hier sinnvollerweise mit der *Blickfeld-* und *Blickwinkeldefinition* der noch zu definierenden OpenGL-Szene. Damit wird also die Sichtweise auf die Szene festgelegt. Dazu wird zunächst eine entsprechende OpenGL-*Projektionsmatrix* über den ersten in Listing 4.1 auftretenden OpenGL-Befehl `glMatrixMode` mit dem Parameter `GL_PROJECTION` *eingeschaltet*. `glOrtho`, `gluLookAt` und `glViewport` definieren die Szenenbetrachtungsweisen.

4.5.5 OpenGL-Grafikelemente zeichnen

Schritt IV. stellt den eigentlichen *Szenendefinitionscode* dar, der dem Umfang nach den größten Anteil am `HelloOpenGL`-Programm einnimmt und auch in Zukunft einnehmen wird. Hierüber werden die *Szenenobjekte* (Grafikelemente) und die darauf wirkenden Darstellungseffekte (z.B. Licht) programmiert. Einleitend muss hierzu die zugehörige OpenGL-*Modellierungsmatrix* `GL_MODELVIEW` als aktuelle Matrix eingeschaltet werden. Dies geschieht analog zur Projektionsmatrix (siehe vorhergehenden Abschnitt) über `glMatrixMode`. Typische OpenGL-Befehle zur Szenendefinition sind beispielhaft `glEnable`, `glBegin` oder `glClear`.

4.5.6 Erzwingen der OpenGL-Darstellung

Den Schlusspunkt eines jeden OpenGL-Codes stellt Schritt V. aus Tabelle 4.1 dar. Womit erstmalig auf die entsprechenden OpenGL-Befehle aus Listing 4.1 näher eingegangen werden soll, da diese abgrenzend und unabhängig von den folgenden Lernabschnitten behandelt werden können.

```
...
  // V.) OGL-Szene berechnen und zur Darstellung bringen
  glFlush();   // Bearbeitung der GL-Befehle beginnen
  glFinish();  // Warten bis alle Befehle ausgeführt sind
  SwapBuffers(wglGetCurrentDC()); //Flackern verhindern

  return TRUE; //Ende des HelloOpenGL-Codes
}
```

Über glFlush weisen Sie den OpenGL-Server an, sofort mit der *Bearbeitung der zuvor übertragenen OpenGL-Befehle zu beginnen*. Damit können auch keine weiteren OpenGL-Befehle mehr angenommen werden.

glFinish *blockiert* die *Fortführung* des Programms an dieser Stelle und wartet, bis tatsächlich alle vorausgegangenen OpenGL-Befehle ausgeführt wurden und das berechnete Szenenbild im *Hintergrundpuffer* abgelegt worden ist.

Danach folgt über den WIN32-SwapBuffer(wglGetCurrentDC())-Befehl das *Umschalten des Hintergrundpufferbildes* in den sichtbaren Vordergrund, sprich in den OpenGL-fähigen Darstellungsbereich des Windows-Fensters. Damit verfügt man über einen Mechanismus, um eine *flackerfreie Darstellung* zu realisieren. Dies ist vor allem für die Spieleprogrammierung von entscheidender Bedeutung, bei der es besonders auf die flackerfreie Animationsdarstellung der Bildsequenzen ankommt.

Der Vollständigkeit halber sei das Blockdiagramm gezeigt, aus dem hervorgeht, wie die Szenendaten im OpenGL-Server verarbeitet und zur Darstellung gebracht werden (Abbildung 4.3). Diese Verarbeitungsstufe wird auch als *Rendering-Pipeline* bezeichnet. Einige Blöcke spezifizieren die zu zeichnenden Grafikobjekte und andere bestimmen, wie diese in den einzelnen Stufen verarbeitet werden.

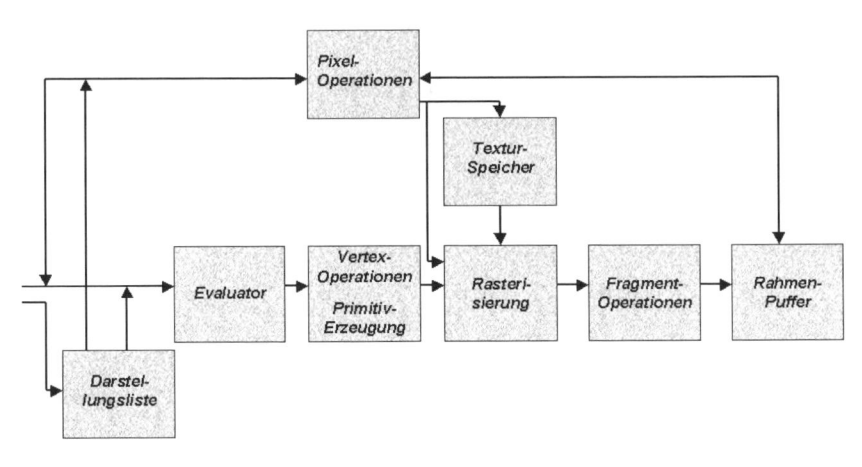

Abb. 4.3: Prozessstufen der Rendering-Pipeline

Es seien die einzelnen Begriffe zu den Prozessstufen kurz erläutert:

- *Darstellungsliste (Display List)* – Gruppierung von Grafikobjekten in Form von Listen.

- *Evaluator* – Über die Evaluatorstufe werden Kurvenobjekte, die nicht über Eckpunkte definiert werden (z.B. NURBS), mit solchen versorgt, um dem Rasterisierungsprozess zugeführt werden zu können.

123

- Vertex-Operationen (*Per-Vertex Operations*) und *Primitiv-Erzeugung* (*Primitive Assembly*) – OpenGL verarbeitet Primitive (Punkte, Linien und Flächen), die über Eckpunkte (Vertices) beschrieben werden. Nur die relevanten (sichtbaren) Eckpunkte werden umgewandelt und für die Rasterisierung vorbereitet.

- Unter *Rasterisierung* kann ganz allgemein die Konvertierung von Vektorgrafiken in äquivalente (entsprechende), aus Pixelmustern zusammengesetzte Bilder, die als Bitgruppen gespeichert und manipuliert werden können, verstanden werden.

- Unter OpenGL wird in der Rasterisierungsstufe eine ganze Anzahl von *Rahmen-Puffern* (*Frame Buffers*) generiert, die in Form von 2D-Pixelflächen Pixelinformationen (Fragmente) zu den Primitiven enthalten. Jedes so produzierte *Fragment* (Pixel mit Infos) wird anschließend in die letzte Stufe *Fragment-Operationen* (*Per-Fragment Operations*) überführt.

- Farbpunkte, die für das *Textur-Mapping* vorgesehen sind, überspringen gleich die erste Prozessstufe. Stattdessen werden sie direkt als Pixel in der *Pixel-Operationen*-Stufe bearbeitet. Folgende Pixel-Operationen können dabei ablaufen:

    - Farbpunkte werden in den Texturspeicher abgelegt, um darüber der *Rasterisierung* zugeführt werden zu können.

    - Farbpunkte werden rasterisiert, um mit den resultierenden Fragmenten verbunden in den Frame Buffer zu gelangen, so als ob diese von Primitiven gebildet worden wären.

Abb. 4.4: Rasterisierung

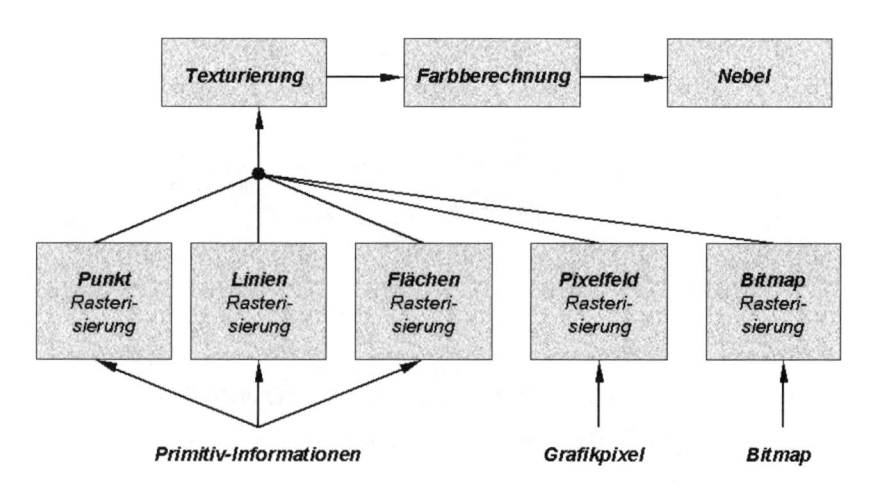

In Anlehnung an Abbildung 4.4 kann Folgendes gesagt werden: Die Rasterisierung beschreibt den Vorgang, wie ein Primitiv in ein zweidimensionales

Bild umgewandelt wird. Jeder Punkt dieses *Bildes* enthält Informationen wie Farbe, Tiefe und Texturdaten. Ein Punkt (mit zugehörigen Informationen) wird dabei als *Fragment* bezeichnet. Die augenblickliche Rasterposition, wie sie mit glRasterPos_ spezifiziert werden kann, wird auf verschiedenste Art und Weise für Pixel und Bitmaps verarbeitet.

4.6 OpenGL, die State-Machine

> OpenGL arbeitet als *State-Machine*; das bedeutet, dass alle gesetzten *Statuseigenschaften* (*Attribute*) so lange erhalten bleiben und sich somit auf alle folgenden OpenGL-Operationen auswirken, bis sie geändert werden.

Der Merksatz gilt für *sichtbare* und *unsichtbare Attribute* (Statuseigenschaften). Eine sichtbare Statuseigenschaft ist z.B. die gerade gesetzte Farbe, die dann eine Eigenschaft der nächsten zu zeichnenden Grafikelemente bestimmt. Hingegen ist als unsichtbare Statuseigenschaft z.B. der Status der automatischen Normalenbildung (Normalisierung) anzusehen, die dafür sorgt, dass bestimmte Vektoren automatisch auf deren Einsvektoren zurückgeführt werden.

OpenGL kennt ca. 250 Attribute, die sich thematisch in ca. 20 Gruppen einordnen lassen. Damit ist auch verständlich, dass für alle Attribute sinnvolle *Standardwerte* (*Defaults*) vorhanden sein müssen, da eine explizite Initialisierung dieser Menge an Attributen seitens des Anwenders nicht wirklich erwartet werden kann. Als OpenGL-Programmierer werden Sie die für Ihre 3D-Szene relevanten Attribute nach Ihren Bedürfnissen einstellen. Mithilfe der OpenGL-Befehle glEnable und glDisable können Sie den aktuell herrschenden *OpenGL-Status* von *außen* abändern.

Bereits in der HelloOpenGL-Funktion aus Listing 4.1 haben Sie diese *Status-Befehle* verwendet.

```
...
// IVa.) DARSTELLUNGS-/ STEUERUNGSARTEN
 // Globale GL-Befehle
  // Definition des OpenGL-Status
  glEnable(GL_NORMALIZE);      //Einheitsvektorbildung EIN
  glEnable(GL_DEPTH_TEST);     //Z-Buffer-Test
  glEnable(GL_COLOR_MATERIAL);//Materialfarbgebungsart
  glEnable(GL_LIGHT0);         //Lichtquelle 0 EIN
  glEnable(GL_LIGHTING);       //OpenGL-Lichteffekte EIN
  glDisable(GL_CULL_FACE);     //Seiten nicht ausblenden
...
```

Den Befehlen ist gemeinsam, dass sie Parameter vom Datentyp `GLenum` verwenden, die in Form der zuvor erwähnten OpenGL-Konstanten definiert werden. Mit den Konstanten wird festgelegt, welcher *OpenGL-Effekt* bzw. welche *OpenGL-Operation* ein bzw. ausgeschaltet werden soll. So schaltet z.B. der OpenGL-Befehl `glEnable(GL_LIGHTING)` die *Lichteffekte* unter OpenGL ein. Alle anschließend definierten Szenenobjekte werden somit mit Lichteffekten versehen. Da OpenGL als *State-Machine* arbeitet, sind alle möglichen Effekte bzw. Operationen mit bestimmten Ausgangsstandardzuständen, so genannten *Defaults,* vorbelegt. Beispielsweise sind die Lichteffekte und Ausblendeffekte standardmäßig ausgeschaltet.

> Häufig ist mit der *Aktivierung* eines *OpenGL-Effekts* bzw. einer *OpenGL-Operation* über den `glEnable`-Befehl die Angabe weiterer, den Effekt bzw. die Operation betreffender OpenGL-Befehle nötig!

Dieser wichtige Merksatz ist von fundamentaler Bedeutung und formt das Bewusstsein für den Umgang mit den OpenGL-Befehlen im Allgemeinen und im Zusammenhang mit den Status-Befehlen im Speziellen. Zum Beispiel macht die Aktivierung der Lichtberechnung (`glEnable(GL_LIGHTING)`) keinen definierten Sinn, wenn nicht auch die zugehörigen *Lichtquellentypen* und die Beleuchtungskörper (Materialien) über entsprechende GL-Befehle beschrieben werden.

4.7 OpenGL-Datentypen und -Konstanten

Vergleichbar zur C++-Programmiersprache verfügt auch OpenGL über eigene Datentypen und Konstanten. Auf diese soll im Folgenden kurz eingegangen werden.

4.7.1 OpenGL-Datentypen

OpenGL bringt seine *eigenen Datentypen* mit, die stets mit den Buchstaben `GL` beginnen. Da diese Datentypen sehr eng mit den *C-Datentypen* zusammenhängen bzw. sogar durch solche definiert werden, werden häufig die C-Datentypnamen einfach an das `GL` angehängt. Einen vollständigen Überblick zu den OpenGL-Datentypen finden Sie in Anhang C.

Bei der Verwendung von Datentypen ist unbedingt zu beachten, dass die Programmiersprache C-Datentypen *implizit umwandelt,* wenn dies die Variablen- und Funktionsdeklaration verlangt. Betrachten Sie zur Verdeutlichung dazu den folgenden C/OpenGL-Code:

OpenGL-Datentypen und -Konstanten

```
int     iWert=65;       //Ganzzahl-Datentyp
double  dWert=65.0;     //Fließkomma doppelter Genauigkeit
float   fWert=65.0F;    //Fließkomma einfacher Genauigkeit

glRotatef(65.0F, 1.0F,0.0F,0.0F);            //1 - OK
glRotatef(dWert, 1.0F,0.0F,0.0F);            //2 - Warning!
glRotatef(fWert, 1.0F,0.0F,0.0F);            //3 - OK
glRotatef(iWert, 1.0F,0.0F,0.0F);            //4 - Warning!
glRotatef((GLfloat) iWert,1.0F,0.0F,0.0F);   //5 - OK
```

Der Code zeigt die Deklaration von drei Variablen, die zwar über die unterschiedlichen C-Datentypen int, double und float deklariert wurden, aber alle den gleichen Wert 65 zugewiesen bekommen haben, wenn auch in unterschiedlichen Formaten. Diese kommen zum direkten Vergleich in den beispielhaften glRotatef-Befehlen zum Einsatz. Würden Sie den Code so kompilieren, so erhielten Sie folgende Warnhinweise:

```
Konvertierung von 'double' in 'float', moeglicher Datenverlust

Konvertierung von 'int' in 'float', moeglicher Datenverlust
```

> Diese Warnhinweise des Visual C++-Compilers sollten Sie nie übergehen. Erst wenn die Ursachen hierfür bekannt sind, sollten Sie solch ein kompiliertes Programm starten. Empfohlen wird aber immer die Beseitigung der Ursachen!

Die Warnhinweise hängen mit den im Code vorkommenden impliziten Typenumwandlungen zusammen. Der OpenGL-Befehl glRotatef erwartet aufgrund seiner Funktionsdefinition eine Parameterangabe vom OpenGL-Datentyp GLfloat. Da die verwendeten Parameter dWert und iWert in den Befehlsbeispielen 2 und 4 gänzlich inkompatibel mit dem OpenGL-Datentyp GLfloat sind, muss hier mit einem Datenverlust bei den impliziten Typenumwandlungen gerechnet werden. Im Gegensatz zum 32-Bit-GLfloat-Datentyp speichert das 64-Bit-Fließkommaformat double wesentlich mehr Nachkommastellen. Es gehen also 32 Bit an Informationen verloren.

Anders verhält es sich beim 32-Bit-Ganzzahlformat int des iWert-Parameters. Hier liegt zwar eine Bit-Gleichheit mit dem GLfloat-Format vor, aber das *Zahlenformat* ist signifikant verschieden. Zahlenformat bedeutet hier die Art und Weise, wie die Zahlen innerhalb des zur Verfügung stehenden Bit-Bereichs kodiert werden. Somit sind die maximalen Zahlenbereiche beider Datentypen unterschiedlich, womit mit einem Datenverlust *gerechnet* werden muss.

Dass Sie für die Befehlsbeispiele 1, 3 und 5 keine Warnungen angezeigt bekommen, hängt damit zusammen, dass die hier verwendeten Parameter fWert, 65.0F und (GLfloat) iWert datentypkonform zu GLfloat sind. Der fWert vom C-Datentyp float lässt bereits eine Nähe zum GLfloat-Datentyp vermuten. Die Tatsache, dass GLfloat in der OpenGL-Header-Datei *gl.h* tatsächlich über float deklariert wird, erklärt hinreichend, warum der Compiler hier nichts zu meckern hat.

Eine *Gleitkommazahl* -65.0 wird implizit in C in einen double-Datentyp umgewandelt. Da Sie aber einen float-Typ benötigen, müssen Sie der Zahl ein großes F nachstellen. Damit wandelt der VC++-Compiler explizit den Fließkommawert -65.0F intern in einen float-Datentyp um. Halten Sie sich nicht an diese *Zahlendarstellungskonvention*, so quittiert Ihnen der VC++-Compiler dies mit einem entsprechenden Warnhinweis.

Die Lösung für (fast) alle Probleme bei der Datentypenkonvertierung stellt die *explizite Typenumwandlung* dar. So wird z.B. über (GLfloat) iWert der als Ganzzahl definierte Datentyp iWert in ein GLfloat-Datentypformat umgewandelt und so auch in der Funktion glRotatef verwendet – als hätte es nie eine Ganzzahl gegeben.

> Sie sollten von der Möglichkeit der *impliziten Typenumwandlung* keinen Gebrauch machen. Diese entspräche aus mehreren Gründen einem schlechten Programmierstil und könnte im Extremfall zu nicht nachvollziehbaren Programmfehlern führen.
>
> Verwenden Sie unter OpenGL immer OpenGL-Datentypen oder nutzen Sie die Möglichkeit der *expliziten Typenumwandlung*!

Der Fall, dass Sie neben den OpenGL-Datentypen auch mit C-Datentypen in Ihrem OpenGL-Programm arbeiten müssen, darf als Regelfall betrachtet werden. Dafür steht Ihnen die beschriebene Möglichkeit der expliziten Typenumwandlung zur Verfügung, was zudem den Vorteil mit sich bringt, dass Sie bewusst und vor allem (code)lesbar eine Typenumwandlung vornehmen.

Bei den hier behandelten Datentypen handelt es sich um so genannte *einfache Datentypen*. Dass C/C++ auch *komplexe Datentypen* kennt und wie solche erzeugt und verwendet werden, wird im Abschnitt *C-Strukturen in COpenGL-Klasse* weiter unten in diesem Kapitel noch gezeigt.

4.7.2 OpenGL-Konstanten

Häufig werden Sie einem OpenGL-Befehl eine *OpenGL-Konstante* als Parameter übergeben. Typische OpenGL-Konstanten treten in OpenGL-Programmen in Form von Bezeichnungen wie z.B. GL_LIGHTING oder GL_LINES auf. Die Konstanten werden Befehlsparametern, die vom OpenGL-Datentyp GLenum sind, übergeben. enum leitet sich vom englischen Wort enumerate ab und bedeutet so viel wie aufzählen. Jede OpenGL-Konstantenbezeichnung wird durch eine eindeutige Zahl repräsentiert, die in der OpenGL-Header-Datei *gl.h* definiert wird. Jede Konstante entspricht einer vorzeichenlosen Ganzzahl. `GLenum` entspricht dem C-Datentyp `unsigned int`. Damit wären 2^{32}=4.294.967.296 verschiedene Konstanten denkbar.

Die andere wichtige Gruppe der OpenGL-Konstanten tritt in Form von Bitmustern auf. Zumeist handelt es sich hier um die so genannten *Attribute*, die häufig über logische Operationen bitweise verknüpft werden, bevor sie in Form *eines* Parameterwertes dem OpenGL-Befehl übergeben werden. Auch Attribute werden durch Bezeichnungen wie z.B. `GL_CURRENT_BIT` oder `GL_DEPTH_BUFFER_BIT` kodiert. Diese `BIT`-Konstanten werden Befehlsparametern, die vom OpenGL-Datentyp `GLbitfield` sind, übergeben. Wie `GLenum` entspricht auch `GLbitfield` dem C-Datentyp `unsigned int`.

4.8 C-Strukturen in COpenGL-Klasse nutzen

Dass C/C++ neben den einfachen auch komplexe Datentypen kennt, wurde bereits weiter oben im Abschnitt *OpenGL-Datentypen* angedeutet. Hier soll nun ein komplexer Datentyp in Form einer *C-Struktur* erzeugt werden.

> *C-Strukturen* bieten dem Programmierer die Möglichkeit, mehrere Variablen einfachen Datentyps zu einem *komplexen Datentyp* zusammenzufassen.

Für die `COpenGL`-Klasse bietet sich die Verwendung von C-Strukturen insofern an, als dass z.B. die darin enthaltenen Informationen die erwähnte autonome Entscheidungsgrundlage für das Laufzeitverhalten der `COpenGL`-Klasse bilden. Ablaufkonflikte oder gar -fehler können mithilfe dieser Informationsbasis während der Laufzeit des `COpenGL`-Objekts erkannt und manchmal auch behoben werden. Dies ist gerade unter dem zeitkritischen Gesichtspunkt der Animationsprogrammierung von entscheidender Bedeutung.

Es bietet sich an dieser Stelle an, beispielhaft eine sinnvolle C-Struktur innerhalb der `COpenGL`-Klasse zu erzeugen. Auch wenn zu Beginn nur ein Strukturelement in der C-Struktur enthalten ist, so kommen im Verlauf des Projekts weitere Elemente hinzu. Deklarieren Sie, wie im folgenden Listing gezeigt, eine C-Struktur mit der Bezeichnung `OpenGLStatus`, die Sie ganz zu Beginn der `COpenGL`-Header-Datei *OpenGL.h* definieren. Implementieren Sie in den Code auch die aufgeführten Kommentarzeilen, da im weiteren Verlauf auf diese Codestellen verwiesen wird.

Listing 4.4:
Definition einer C-Struktur in der COpenGL-Klasse

```
...
// OpenGL.h : Header-Datei
//
// * C-Strukturdefinition für COpenGL-Klasse *
typedef struct OpenGLStatusTAG //Globale Information
{
    //1. Globaler COpenGL-Status
    GLboolean   bInitOGL;           //OpenGL initialisiert?
    //2. Fensterinformationen
    //3. Globale Szeneneinstellungen
    //4. Globaler Animationsstatus
    //5. Globaler Fehlerstatus
    //6. Letzte berechnete Primitiv-Eigenschaften
    //7. Sonstiges

} OpenGLStatus;  //Strukturname des komplexen Datentyps
///////////////////////////////////////////////////////
// Rahmen COpenGL
...
```

Vielleicht haben Sie es während der Tipparbeit bemerkt. Visual C++ hat automatisch die C-Struktur als neues Element in die Klassenübersichtsanzeige Ihrer Entwicklungsumgebung aufgenommen. Und dies ist auch richtig so, denn eine C-Struktur ist als eine Art C-Klasse zu verstehen. Aber als alter C-Hase wissen Sie das ohnehin, oder ?–)

Das bisher einzige darin enthaltene Strukturelement bInitOGL soll anzeigen, dass das COpenGL-Objekt ordnungsgemäß initialisiert und bereit ist, szenenbildende OpenGL-Befehle entgegenzunehmen. Das Strukturelement ist vom Datentyp GLboolean und wird damit die GL-Konstantenwerte GL_TRUE und GL_FALSE speichern. Auch wenn man hier die C-Konstanten TRUE und FALSE verwenden könnte, so soll mit den GL-Pendants deutlich gemacht werden, dass hier in OpenGL-Kategorien *gedacht* wird.

Allein die Deklaration einer C-Struktur für sich bewirkt programmtechnisch rein gar nichts. Erst die Implementierung der Struktur in Form einer Member-Variablen innerhalb der COpenGL-Klasse macht sie nutzbar. Erzeugen Sie daher auf gewohnte Weise eine Member-Variable m_structOGLStatus in der COpenGL-Klasse, die vom komplexen Datentyp OpenGLStatus ist und ein Zugriffsrecht public aufweist.

Abb. 4.5:
C-Struktur als Member-Variable in COpenGL-Klasse definiert

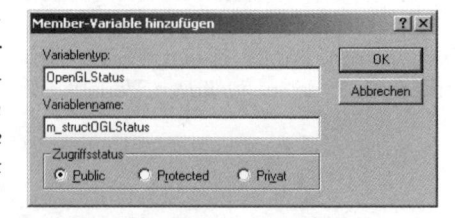

C-Strukturen in COpenGL-Klasse nutzen

Auf das Datenelement glbInit der C-Struktur kann ab sofort zur Laufzeit global über die erzeugte Member-Variable *innerhalb* der Member-Funktionen des COpenGL-Objekts und *außerhalb* über die Instanz m_pOpenGL der COGLProjektDlg-Klasse zugegriffen werden.

Gut, jetzt verfügen Sie also über eine *Strukturvariable* innerhalb der COpenGL-Klasse. Initialisieren Sie diese im Konstruktor der COpenGL-Klasse.

```
COpenGL::COpenGL()
{
  //Klasseninitialisierungen
  m_structOGLStatus.bInitOGL=GL_FALSE;//InitOGL aufrufen!
}
```

Listing 4.5: Strukturinitialisierung im Konstruktor der COpenGL-Klasse

Zweckmäßigerweise wird die Strukturvariable *innerhalb* der COpenGL-Funktion InitOpenGL gesetzt, da nur hier entschieden werden kann, ob die OpenGL-Initialisierung erfolgreich verlaufen ist. Fügen Sie an der gezeigten Codestelle folgende Codezeile ein:

```
// 2.) Rendering-Kontext initialisieren
   if (!SetRenderingContext()) //RC-DC Verbindung setzen
     return FALSE;              //Melde: Fehler! -> Abbruch
  // 3.) Weitere Initialisierungsanweisungen

  m_structOGLStatus.bInitOGL=GL_TRUE; //Init erfolgreich!
  return TRUE; // Melde: Alles gut gegangen!
};
```

Listing 4.6: Wertzuweisung des Strukturelements bInitOGL

Abschließend soll noch der *äußere Zugriff* auf das exemplarische Strukturelement bInitOGL von einem rufenden Programm aus vorgestellt werden, das eine Instanz der COpenGL-Klasse gebildet hat und somit auch auf die Struktur zugreifen kann. Dies könnte beispielhaft aus der Steuerzentrale-Dialogklasse an irgendeiner Programmstelle auf folgende Arten erfolgen:

```
// OGLStatus NUR INNERHALB der COpenGL-Klasse setzen!!
  m_pOpenGL->m_structOGLStatus.glbInitOGL = FALSE;
// OGLStatus INNERHALB der COpenGL-Klasse ermitteln
  GLboolean CheckOGLInitStatus=
    m_structOGLStatus.glbInitOGL;
// OGLStatus AUSSERHALB ermitteln
  BOOL CheckOGLInitStatus =
    m_pOpenGL->m_structOGLStatus.glbInitOGL;
```

In den folgenden Kapiteln werden noch weitere nützliche C-Strukturen erzeugt. Die größte Bedeutung erlangen diese aber erst bei der Animationsprogrammierung. Wie man eine C-Struktur erzeugt und wie man damit umgehen kann, wissen Sie jetzt zumindest.

131

KAPITEL 5

GL – Primitives

In diesem ersten Hauptkapitel zur OpenGL-Programmierung werden zunächst alle elementaren *grafischen Grundelemente*, die ausschließlich mithilfe der GL-Bibliothek erzeugt werden, vorgestellt. Die angesprochenen Grundelemente werden in der OpenGL-Terminologie als *Primitive* bezeichnet. Aus diesen wird eine OpenGL-Szene gebildet. Primitive sind z.B. Punkte, Linien oder auch Flächen. Auf dieser Elementenbasis können später komplexe geometrische Körper, wie z.B. die Kugel oder der Zylinder, gebildet werden.

Häufig wird Ihnen in diesem und den folgenden Kapiteln Basiswissen im Zusammenhang mit Primitiven »untergejubelt«. Das theoretische Fundament zu dem hier praktisch umgesetzten Basiswissen wurde bereits in Kapitel 2 vermittelt. Dieses Wissen benötigen Sie hier ebenso wie die in Kapitel 3 erworbenen Programmierkenntnisse.

> Bevor Sie in die praktische Szenenprogrammierung einsteigen, vergehen einige »Erzähl«abschnitte, da zunächst das theoretische Basiswissen zur Primitiv-Erzeugung unter OpenGL vermittelt werden muss.

Alle folgenden Erläuterungen lehnen sich an das bereits vorhandene HelloOpenGL-Programm an. Mit dem darin enthaltenen OpenGL-Code konnten Sie bisher nicht viel anfangen. Dies wird sich aber ab jetzt ändern.

5.1 Befehlsübersicht

Folgende GL-Befehle werden in diesem Kapitel angewendet:

Tabelle 5.1:
Befehls-
übersicht zum
Primitiv-
Kapitel

OpenGL-Befehl	Anwendungszweck
glVertex_(Raumpunkt)	Raumdefinition eines Grafikeckpunktes
glBegin(GL_Primitiv)	Beginn eines Primitiv-Definitionsbereichs
glEnd()	Ende eines Primitiv-Definitionsbereichs
glNormal_(Vektor)	Normalenvektordefinition
glFrontFace(Drehsinn)	Flächenvorderseitendefinition
glCullFace(Seite)	Definition der auszublendenden Flächenseiten

Als VC++-Datenbasis für dieses Kapitel verwenden Sie Ihren bis hier erzeugten OpenGL-Code oder laden den entsprechenden Code von der Buch-CD aus folgendem Ordner:

\Buchdaten\Kapitel05\ProjektDSWs\START\

5.2 Vertices – Die unsichtbaren Punkte

Grundlegend für alle Grafikelemente sind die so genannten *Vertices*. Ein *Vertex* kennzeichnet einen ausgewiesenen geometrischen Ort eines Grafikelements. Also z.B. den Anfangs- *oder* den Endpunkt einer Linie. Das englische Wort vertex heißt direkt übersetzt Scheitelpunkt und wird hier als *Eckpunkt* bezeichnet. Eine Gruppe/Folge von Eckpunkten (Vertices) beschreibt ein Grafikelement in seiner geometrischen Ausdehnung, also seiner Erscheinungsform. So wird z.B. eine Linie durch ihren Anfangs- *und* ihren Endpunkt beschrieben. Darüber hinaus ist es aber wichtig festzustellen, dass Vertices nicht nur die geometrische Erscheinung eines Grafikelements, sondern auch dessen Aufenthaltsort (Position/Lage) im Raum bestimmen.

Ein Vertex wird über den folgenden OpenGL-Befehl definiert, der hier in ganz allgemeiner Form dargestellt wird:

glVertex_(x,y,z); //allg. Form der Eckpunktdefinition

Übung 1 Betrachten Sie nochmals den HelloOpenGL-Code aus Kapitel 4. Von welchem Datentyp sind die Parametervariablen x,y,z der in Listing 4.1 vorkommenden glVertex3d-Befehle?

Die Antwort auf die Frage können Sie in Anhang A nachlesen.

5.2.1 Befehlssuffixe

Die *Suffixe* wie 3d, die beispielsweise dem glVertex-Befehl angehängt werden, bestimmen, wie die *Parameterliste* in der dem Befehl glVertex3d folgenden Klammer zu *bedienen* ist. Im dargestellten Beispiel handelt es sich um die drei Raumkoordinatenparameter x, y und z, die im Double-Precision-Format (doppelte Fließkommagenauigkeit = 64 Bit) deklariert sind. Somit werden hier Parameter vom OpenGL-Datentyp GLdouble verwendet bzw. eingesetzt.

> Unter OpenGL existieren häufig Befehle gleicher Funktion, die aber unterschiedliche Befehlssuffixe aufweisen. Diese *Befehlsvarianten* weisen verschiedene Parameterlisten auf. Diese unterscheiden sich in der Anzahl der Befehlsparameter und/oder in der Verwendung des Parameterdatentyps.

Folgende Befehlsvarianten zu glVertex_ – und zu vielen anderen OpenGL-Befehlen – werden über folgende Suffixe gebildet:

Suffixe	Befehlsvariante
2d, 2f, 2i, 2s	skalar zweidimensional (z=0)
2dv, 2fv, 2iv, 2sv	vektoriell zweidimensional (z=0)
3d, 3f, 3i, 3s	skalar dreidimensional, ohne h-Koordinate
3dv, 3fv, 3iv, 3sv	vektoriell dreidimensional, ohne h-Koordinate
4d, 4f, 4i, 4s	skalar dreidimensional, mit h-Koordinate
4dv, 4fv, 4iv, 4sv	vektoriell dreidimensional, mit h-Koordinate

Tabelle 5.2: Suffixe für Befehlsvarianten

Die *Suffixziffern* 2, 3, 4 zeigen dabei die Anzahl der verwendeten Parameter der Parameterliste eines Befehls an. Eine Besonderheit stellt die Verwendung der Suffixziffer 4 dar, da hier neben den drei Raumkoordinaten x, y und z noch eine vierte, so genannte *homogene Koordinate* h als Parameter verwendet wird. Diese gewinnt aber erst bei der Verwendung von Matrizen Bedeutung.

Die *Suffixbuchstaben* d, f, i und s bestimmen den hierbei verwendeten OpenGL-Datentyp.

Alle denkbaren Kombinationen aus Suffixziffern und -buchstaben bilden die möglichen *skalaren Befehlsvarianten*. Skalar bedeutet, dass die Parameterwerte direkt in die Parameterliste eingegeben werden, z.B. glVertex3d(X11, Y11, Z11).

Daneben existieren noch die *vektoriellen Befehlsvarianten*, die durch ein angehängtes v an die skalare Befehlsvariante gekennzeichnet werden. Im Gegensatz zu den skalaren Befehlsvarianten wird bei der vektoriellen Befehlsvariante nur ein Parameterwert verwendet. Hier wird in *C-Zeigertechnik* auf eine Startadresse des Arbeitsspeichers gezeigt, wo die entsprechende Anzahl an Parameter sequenziell abgelegt ist. Wie dies genau funktioniert, wird in Abschnitt *C-Zeigertechnik unter OpenGL* näher erläutert.

Es sei abschließend noch darauf hingewiesen, dass die vektorielle Suffixvariante v erst seit der OpenGL-Version 1.2 existiert.

5.3 Primitive – Elementare Geometrien

Wo fängt man üblicherweise an, um sich neues Wissen anzueignen? Genau, bei dem Einfachsten, das es gibt. Thematisch wären dies hier die *Primitive* (engl. primitive für einfach). Dies sind Punkte, Linien und Flächen. Also einfachste, aber höchst abstrakte geometrische Gebilde, die uns in irgendeiner Form ein Begriff sind. Das Wort *Polygon* könnte Ihnen hingegen vielleicht nicht so geläufig sein. Polygon heißt so viel wie *aus vielen Linien* und beschreibt *Vielecksflächen*, z.B. ein Oktagon, das aus acht geschlossenen Linien besteht. Natürlich könnte dies auch eine *Dreiecksfläche* (engl. triangle) sein. Diese urgeometrische Fläche existiert aber explizit in OpenGL und sollte auch nur mit dem entsprechenden Befehl erzeugt werden.

Abb. 5.1: OpenGL-Grafikelemente (Primitive) in der Übersicht

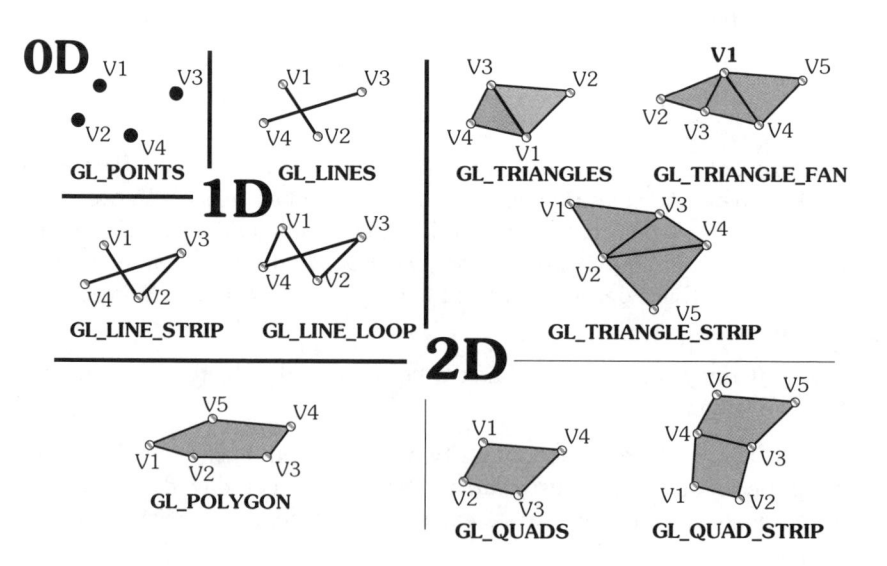

Abbildung 5.1 zeigt die zehn elementaren GL-Grafikelemente (Primitive) von OpenGL in der Übersicht. Diese werden über die zuvor erwähnten Vertices in ihrer Erscheinungsform beschrieben. Im Folgenden wird ein Vertex immer mit dem Buchstaben V gekennzeichnet bzw. abgekürzt.

5.3.1 glBegin/glEnd – Der Primitiv-Definitionsbereich

OpenGL-Primitive werden mithilfe der GL-Befehle glBegin und glEnd definiert. Diese bilden einen *Primitiv-Definitionsbereich*, an dessen Anfang der glBegin- und an dessen Ende der glEnd-Befehl steht.

> Eine *Primitiv-Definition* wird durch den OpenGL-Befehl glBegin eingeleitet und mit dem OpenGL-Befehl glEnd abgeschlossen. Neben den das Primitiv geometrisch beschreibenden glVertex-Befehlen können weitere das Primitiv beschreibende Definitionen angegeben werden, wie z.B. dessen Farbe, *Normalenvektor* oder Textur.
>
> Innerhalb eines glBegin/glEnd-Bereichs kann in vielen Fällen mehr als nur ein einziges Primitiv definiert werden!

Gerade der Schlusssatz obigen Hinweises soll Sie vorgreifend dafür sensibilisieren, dass es keinesfalls selbstverständlich ist, dass innerhalb eines glBegin/glEnd-Bereichs nur ein einziges Primitiv definiert werden kann.

Der *Primitiv-Definitionscode* sieht allgemein gehalten wie folgt aus:

```
glBegin(GL_Primitiv);     //Start der Primitiv-Definition
  //hier Definitionen wie Farbe und Normalenvektor
  glVertex3d(1.0, 2.0, 3.0);     //V1 -Erstes Vertex
  glVertex3d(4.0, 5.0, 6.0);     //V2 –Zweites Vertex
  ...
  glVertex3d(7.0, 8.0, 9.0);     //Vn –Letztes Vertex.
glEnd();                  //Ende der Primitiv-Definition
```

Der Platzhalter GL_Primitiv in der Parameterklammer des glBegin-Befehls steht hier für eine OpenGL-Konstante und beschreibt das bzw. die zu definierende(n) Primitiv(e) innerhalb des glBegin/glEnd-Bereichs. Die auszuwählende Konstantenbezeichnung der GL-Primitive entnehmen Sie der Übersicht aus Abbildung 5.1.

5.3.2 Punkte und Linien

Abb. 5.2: Übersicht der Dreiecksflächen-Primitive

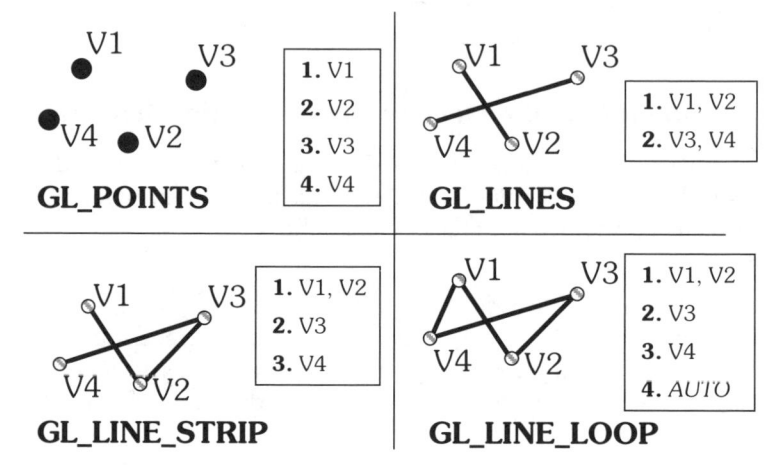

GL_POINTS

- V1
- V2
- V3
- V4

GL_LINES

1. V1, V2
2. V3, V4

GL_LINE_STRIP

1. V1, V2
2. V3
3. V4

GL_LINE_LOOP

1. V1, V2
2. V3
3. V4
4. AUTO

GL_POINTS

Bereits ein Punkt (engl. point) stellt ein OpenGL-Primitiv dar. Was aber ist der Unterschied zwischen einem Vertex-*Punkt* (Eckpunkt) und einem Punkte-Primitiv? Man könnte geneigt sein zu meinen, dass beides dasselbe ist, oder? Weit gefehlt, denn ein Punkt im mathematischen Sinne ist nicht sichtbar, da dieser unendlich klein ist – und farbig schon gar nicht. Und genau in diesem Sinne kann man das den Punkt beschreibende Vertex auch verstehen. Also, außer der gemeinsamen Koordinateninformation hat ein Vertex mit einem Punkt nicht viel gemein. Ein Vertex sollte somit eigentlich als *Uneckpunkt* bezeichnet werden.

Punkte-Primitive sind mehr physikalischer Natur, weisen also eine Ausdehnung/Größe auf und *erscheinen* in einer bestimmten Farbe – ganz ähnlich den Pixeln Ihres Computermonitors. Sie benötigen zu jeder Punktdefinition genau eine Vertex-Anweisung, die die geometrische Mitte des sichtbaren Punktes repräsentiert und im 3D-Raum eine feste Position aufweist. Daher sollte man sich einen Punkt eher als eine verkleinerte Kreisfläche vorstellen.

Folgender Definitionscode erzeugt drei Punkte:

Listing 5.1: Punkte über glBegin(GL_POINT) definieren

```
glBegin(GL_POINTS);      // Start der Punktdefinition
    //hier evtl. Farbe des ersten Punktes
    glVertex3d(1.0, 2.0, 3.0);   // V1 des 1. Punktes
    //hier evtl. Farbe des zweiten Punktes
    glVertex3d(4.0, 5.0, 6.0);   // V2 des 2. Punktes
    //hier evtl. Farbe des dritten Punktes
    glVertex3d(7.0, 8.0, 9.0);   // Vx 3. und letzter Pkt
glEnd();
```

Listing 5.1 zeigt zunächst, dass entsprechend Abbildung 5.2 die `GL_POINTS`-Konstante als Parameter für den `glBegin`-Befehl übergeben werden muss, wenn man Punkte-Primitive definieren möchte.

Die Kommentarzeilen vor den `glVertex3d`-Befehlen machen darauf aufmerksam, dass den Punkten – und allen anderen Primitiven – bestimmte Eigenschaften zugeordnet werden können. Hier wird im Speziellen die *Primitiv-Eigenschaft Farbe ankommentiert.* In diesem Zusammenhang kann ein ganz allgemein gültiger OpenGL-Zusammenhang formuliert werden:

> Aufgrund der Status-Arbeitsweise von OpenGL wirken sich alle aktuellen Primitiv-Eigenschaften auf alle anschließend definierten Primitive aus. Nur durch eine Änderung des aktuell aktiven *OpenGL-Status* können diese Eigenschaften geändert werden!

Würden Sie die aktuelle Eigenschaft der Farbe aus Listing 5.1 nur für das erste Punkte-Primitiv angeben, so würden auch alle weiteren Punkte-Primitive diese *erste* Farbe annehmen. Die zuletzt gesetzte Farbe bestimmt demnach den *Farbstatus* unter OpenGL und würde jedem folgenden Primitiv zugeordnet, wenn man ihn nicht mehr ändert. Das `HelloOpenGL`-Programm macht von dieser elementaren OpenGL-Eigenheit häufig Gebrauch.

Das der recht simple Farbbefehl hier nicht sofort in das Listing *eingebaut* wurde, liegt zum einen daran, dass Sie sich zunächst nur mit der Primitiv-Erzeugung befassen sollten. Zum anderen liegt es daran, dass die OpenGL-Farbgebungsprogrammierung noch gesondert und detailliert im Abschnitt *Jetzt kommt Farbe ins Spiel* in Kapitel 6 dargestellt wird.

GL_LINES

Alle bisher beschriebenen Zusammenhänge zur Punkte-Primitiv-Erzeugung und -Definition gelten auch für das im Folgenden darzustellende *Linien-Primitiv.* Zumindest gilt dies uneingeschränkt für den ersten Linientyp, der über die `GL_LINES`-Konstante erzeugt wird. Betrachten Sie dazu den nachstehenden Definitionscode, der 1:1 dem `HelloOpenGL`-Programm entnommen wurde.

```
...
glBegin(GL_LINES);
  // X-Achse
  glColor4f(1.0,0.0F,0.0F,1.0F);    // Farbe ROT
  glVertex3d(0.0, 0.0, 0.0);        // Vom Ursprung
  glVertex3d(1.0, 0.0, 0.0);        // zu X=1.0
  // Y-Achse
  glColor4f(0.0,1.0F,0.0F,1.0F);    // Farbe GRÜN
  glVertex3d(0.0, 0.0, 0.0);        // Vom Ursprung
  glVertex3d(0.0, 1.0, 0.0);        // zu Y=1.0
```

```
    // Z-Achse
    glColor4f(0.0F,0.0F,1.0F,1.0F);     // Farbe BLAU
    glVertex3d(0.0, 0.0, 0.0);          // Vom Ursprung
    glVertex3d(0.0, 0.0, 1.0);          // zu Z=1.0
glEnd();        // Ende von GL_LINES Linien
...
```

Auch in dem Linienbeispiel werden analog zur Punktedefinition drei Linien in einem einzigen `glBegin`/`glEnd`-Bereich definiert (hier die x-, y- und z-Achse des globalen Koordinatensystems). Erkennbar ist diese *Mehrfachdefinitionsmöglichkeit* an der Pluralbildung der Primitiv-Konstanten für Linien und Punkte.

GL_LINE_STRIP, GL_LINE_LOOP

Bei den beiden verbleibenden Linientypen `GL_LINE_STRIP` und `GL_LINE_LOOP` ist eine Mehrfachdefinition nicht möglich.

`GL_LINE_STRIP` stellt die *Linienzugvariante* innerhalb der Primitiv-Linientypen dar. Hierbei wird aus den Angaben der aktuellen Linie mit der vorhergehenden Vertex-Definition jeweils eine neue Linie erzeugt. Der so entstehende Linienzug *pflanzt* sich so lange fort, bis dieser Primitivtyp durch eine `glEnd`-Anweisung abgebrochen wird. Folgende Codezeile zeigt die Verwendung dieses Linientyps, der ebenfalls in Abbildung 5.2 dargestellt ist:

```
glBegin(GL_LINE_STRIP);  //Linienzug def.
   glColor4f(1.0F,0.0F,0.0F,1.0F);    // Farbe ROT
   glVertex3d(1.0, 2.0, 0.0);         // Von   V1
   glVertex3d(1.5, 0.5, 0.0);         // nach  V2
   glVertex3d(2.0, 1.5, 0.0);         // nach  V3
   glVertex3d(0.5, 1.0, 0.0);         // bis   V4
glEnd();  // Ende der GL_LINE_STRIP-Definition
```

Mit dem `GL_LINE_LOOP`-Linientyp erzeugen Sie ein zum `GL_LINE_STRIP`-Primitiv definitionsidentisches Grafikelement. Das heißt, dass Sie einfach nur die `GL_LINE_STRIP`- durch die `GL_LINE_LOOP`-Konstante auszutauschen brauchen. Der einzige und sichtbare Unterschied zwischen diesen beiden Primitivtypen besteht darin, dass die erste und die letzte Vertex-Definition *automatisch* eine weitere Linie definieren, die im Ergebnis einen Linienzug schließt. Vergleichen Sie dazu die beiden Linienzugvarianten in Abbildung 5.2.

5.4 Primitive Flächen erzeugen

Den wohl wichtigsten OpenGL-Grafikelementtyp bilden die *Flächen-Primitive*. Mit diesen Primitiven erreichen Sie die nächsthöhere *Dimensionsebene* nach den *0D-* (Punkte) und *1D*-Primitiven (Linien). Sie lernen demnach jetzt die *2D-Primititive* kennen.

Primitive Flächen erzeugen

Ohne definierte Flächen können Sie keine Texturen benutzen und auch keine wirkungsvollen *Lichteffekte* realisieren. OpenGL unterstützt *Dreiecksflächen* (engl. triangles), *Vierecksflächen* (engl. quads) und *Vielecksflächen* (engl. polygons), die im Folgenden detailliert behandelt werden. Allen ist gemeinsam, dass sie eckig und flach sind. Die daneben existierende *unflache* Flächenvariante der *NURBS* sei in diesem Kapitel zunächst nur der Vollständigkeit halber erwähnt.

> Wundern Sie sich bei den folgenden Abbildungen zu den einzelnen Primitiven nicht über die darin enthaltenen Pfeile. Deren Bedeutung im Zusammenhang mit Flächen-Primitiven wird erst weiter unten im Abschnitt *GL_QUAD_STRIP* erklärt werden.

5.4.1 TRIANGLES – Dreiecksflächen

Es existiert keine elementarere Fläche als die Dreiecksfläche. Und dies alleine schon aus geometrischer Sicht. Denn alle anderen ebenen und eckigen Flächengeometrien, wie z.B. die Vierecke, können durch eine entsprechende Kombination von Dreiecksflächen ersetzt bzw. gebildet werden. Eine sehr wichtige Erkenntnis, denn so manches Problem in der Wissenschaft und Technik wäre sonst nicht lösbar. So wird z.B. ein strömungstechnisch optimierter und damit komplex geformter Propeller aus Tausenden solcher Dreiecke nachgebildet. Da das Strukturverhalten (Verformung) eines einzelnen Dreiecks bekannt ist (analytisch berechenbar), kann auch das gesamte Strukturverhalten des Propellers näherungsweise berechnet werden. In Abbildung 5.3 werden die unter OpenGL erzeugbaren Dreieck-Primitive dargestellt:

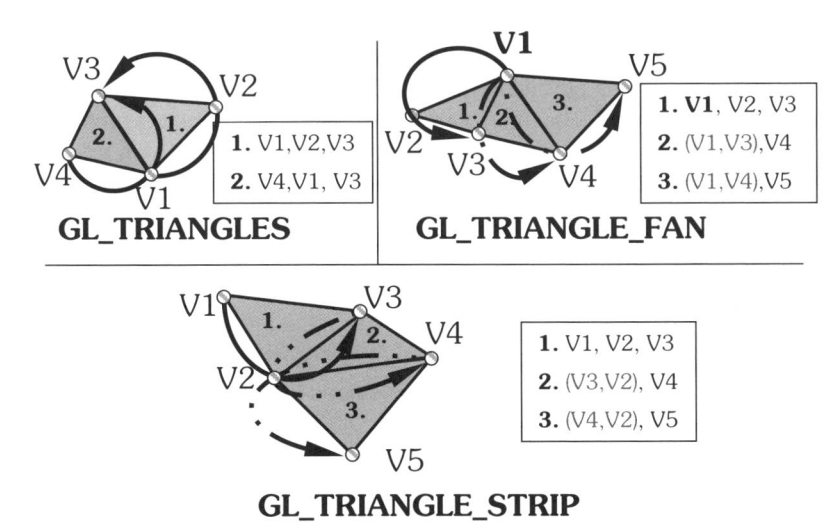

Abb. 5.3: Übersicht zu den Dreieck-Primitiven (TRIANGLES)

GL_TRIANGLES
1. V1, V2, V3
2. V4, V1, V3

GL_TRIANGLE_FAN
1. V1, V2, V3
2. (V1, V3), V4
3. (V1, V4), V5

GL_TRIANGLE_STRIP
1. V1, V2, V3
2. (V3, V2), V4
3. (V4, V2), V5

GL_TRIANGLES

Die einfachste Dreiecksfläche `GL_TRIANGLES` haben Sie bereits in der Hausszene des `HelloOpenGL`-Programms erfolgreich eingesetzt. Es handelt sich dabei um die Dachvorder- und Dachrückseite, also die Giebel. Zur Verdeutlichung seien die entsprechenden Codezeilen aus dem `HelloOpenGL`-Programm nochmals aufgelistet.

Listing 5.2: Dreiecksdefinitionen von GL_TRIANGLES-Primitiven

```
// 3.) Dachvorder- und -hinterseite (Dachgiebel)
glBegin(GL_TRIANGLES);   // Dreiecks-Fläche
    glColor4f(1.0F,0.0F,0.0F,0.2F);   // Farbe ROT
    glNormal3d(1.0, 0.0, 0.0);   // Normalenvektor
    glVertex3d(X1, Y1, Z1);   // V1 nach
    glVertex3d(X2, Y2, Z2);   // V2 nach
    glVertex3d(X3, Y3, Z3);   // V3; Ende Def.

    glNormal3d(-1.0, 0.0, 0.0);   // Normalenvektor
    glVertex3d(X4, Y4, Z4);   // V4 nach
    glVertex3d(X6, Y6, Z6);   // V6 nach
    glVertex3d(X5, Y5, Z5);   // V5; Ende Def.
glEnd();   //Ende Def. der Dreiecks-Flächen
```

Analog zu den 0D- und 1D-Primitiven können auch mehrere `GL_TRIANGLES`-Primitive innerhalb eines `glBegin/glEnd`-Bereichs definiert werden. Allerdings kommt es bei den Flächen-Primitiven ganz entscheidend auf die *Definitionsreihenfolge der Vertices* und damit auf die Reihenfolge der `glVertex3d`-Befehle innerhalb des `glBegin/glEnd`-Bereichs an. Die Frage nach dem »Wieso« und »Weshalb« beantworten die folgenden Abschnitte – und noch vieles andere mehr ...

Funktion zur Normalenberechnung erzeugen

Auffallend anders als bei den vorhergegangenen Primitiv-Definitionen (Punkte und Linien) ist das plötzliche Erscheinen einer *Normalenvektordefinition* in Form des OpenGL-Befehls `glNormal3d`, der vor jeder Dreiecksdefinition in Listing 5.2 auftritt. Auch diese tritt, so wie dies auch schon in den Erläuterungen zum `glVertex_`-Befehl ausführlich gezeigt wurde, als Befehlsvariation `glVertex3d` auf, also mit dem Suffix `3d`.

Was unter einem Normalenvektor zu verstehen ist, wurde bereits in Kapitel 2 bei den theoretischen Grundlagen ausführlich erklärt. Im Zusammenhang mit den Flächen-Primitiven sollten Sie nach Durcharbeitung dieses Kapitels folgenden wichtigen Merksatz verstehen, um bei der Szenenerzeugung nicht im Szenendunkel bzw. Szenen-Wirrwarr umherzuirren.

> I. *Indirekte Definition der Flächenvorder- und Rückseite* – Jedes Flächen-Primitiv in OpenGL besitzt eine definierte Vorder- und Rückseite. Um festzulegen, welche Seite die Vorder- und welche die Rückseite ist, müssen Sie die flächenbildenden Vertex-Definitionen in Reihenfolge und im Sinne der rechtshändigen Geometrie angeben. Die positive Flächenseite wird durch den sich aufgrund des angegebenen Punktedrehrichtungssinns bildenden positiven Normalenvektor festgelegt. Dieser zeigt in positiver Richtung von der positiven Fläche weg. Standardmäßig ist unter OpenGL die positive Seite gleich der Vorderseite einer Fläche.
>
> II. *Direkte Definition der Flächen-Lichtwirkungsrichtung* – Für Schattierungen und andere Lichteffekte benötigen Sie die manuelle Angabe der zu einer Fläche gehörenden Flächennormale. Diese wird über den OpenGL-Befehl `glNormal_` realisiert und bestimmt maßgeblich die Lichtwirkungsrichtung auf das Flächenelement. Leuchtet beispielsweise eine Lichtquelle senkrecht auf eine vorderseitig definierte Fläche und weist dabei die positiv definierte Flächennormale in die rückseitige Richtung, so resultiert daraus eine ungewollt dunkel schattierte Vorderseite in der OpenGL-Darstellung!

Man tappt nämlich leicht in die Falle der Vermischung der beiden beschriebenen Zusammenhänge. Merkpunkt I. ist nämlich unbedingt von Merkpunkt II. zu trennen. Gleichzeitig sollte man aber auch die Gemeinsamkeit beider Punkte erkennen. In beiden Fällen spielt nämlich der Normalenvektorzusammenhang – also dessen Bildungsgesetz – eine Rolle, aber nur für den Fall II. wird ein Normalenvektor über den OpenGL-Befehl `glNormal_` definiert. Da Sie im `HelloOpenGL`-Programm Lichteffekte angewendet haben, erscheint auch die Normalendefinition zur Dreiecksfläche im Code.

In den meisten Fällen ist die Ermittlung bzw. Berechnung des Normalenvektors durch *einfaches* Überlegen möglich. Im Problemfall können Sie aber auch mithilfe der Mathematik den Normalenvektor berechnen. Dies stellt den komfortabelsten und vor allem sichersten Ansatz zur Bestimmung des Normalenvektors dar. Dazu implementieren Sie gleich eine entsprechende Member-Funktion in Ihre OpenGL-Klasse, damit dieses Problem ein für alle Male vom Tisch ist. Bedenken Sie aber in der Zukunft, dass dieser Komfort kostbare Rechenzeit (Performance) kosten kann und nur dann zur Anwendung kommen sollte, wenn dies auf konventionelle Weise (durch Überlegungen) nicht zu bewerkstelligen ist. Dies gilt natürlich nur für die zeitkritische Darstellung einer OpenGL-Szene wie etwa bei der Animationsdarstellung.

Wie programmiert bzw. stellt man aber einen Vektor im Allgemeinen und einen Normalenvektor im Speziellen mithilfe der Programmiersprache C dar? Ganz einfach, Sie erzeugen einen komplexen C-Datentyp in Form einer C-Struktur, so wie das bereits im Abschnitt *C-Strukturen in COpenGL-Klasse nutzen* in Kapitel 4 erläutert wurde. Implementieren Sie dazu in die Header-

Datei der `COpenGL`-Klasse eine C-Struktur `dVektor`, die drei Strukturelemente aufweist – hier die 3D-Raumkoordinaten x, y und z, die vom einfachen OpenGL-Variablentyp `GLdouble` sind.

Da im weiteren Verlauf der noch darzustellende Code zur Berechnung des Normalenvektors mathematisch *belastet* ist, fügen Sie außerdem noch die Präprozessor-Befehlssequenz `#include <cmath>` zur Einbindung dringend benötigter mathematischer Funktionen ein.

```
...
#include "GL/gl.h"     //GL-Header-Datei einbinden!
#include "GL/glu.h"    //GLU-Definitionsdatei einbinden!
#include <cmath>       //fordere mathemat. Funktionen an!
```

Listing 5.3: C-Struktur zur Vektordefinition in COpenGL-Klasse einfügen

```
#if _MSC_VER > 1000
#pragma once
#endif // _MSC_VER > 1000
// OpenGL.h : Header-Datei

// * C-Strukturdefinitionen für COpenGL-Klasse *
typedef struct dVektorTAG // C-Struktur zur Vektornutzung
{ //Reihenfolge der Elemente beachten! (C-Zeigertechnik)
    GLdouble x;    //1. x-Komponente des Vektors
    GLdouble y;    //2. y-Komponente des Vektors
    GLdouble z;    //3. z-Komponente des Vektors

} dVektor;

typedef struct OpenGLStatusTAG //Globale Information
...
```

Erweitern Sie im nächsten Schritt die bereits vorhandene `OpenGLStatus`-Struktur um das Strukturelement `vLastNormale`, das vom Datentyp der zuvor angelegten `dVektor`-Struktur ist und in Zukunft immer das Ergebnis der letzten Normalenvektorberechnung *festhält*.

Listing 5.4: OpenGLStatus-Struktur um einen Vektordatentyp erweitern

```
typedef struct OpenGLStatusTAG //Globale Information
{
    //1. Globaler COpenGL-Status
    GLboolean  bInitOGL;     //OpenGL initialisiert?
    //2. Fensterinformationen
    ...
    //6. Letzte berechnete Primitiv-Eigenschaften
    dVektor    vLastNormale; //Letzte Normalenberechnung
    //7. Sonstiges
    ...
} OpenGLStatus;   //Strukturname des komplexen Datentyps
```

> Eine C-Struktur kann jeden Datentyp als Strukturelement aufnehmen. Neben den einfachen also auch komplexe Datentypen, die selbst über eine C-Struktur gebildet werden.

Erzeugen Sie in gewohnter Weise eine Member-Funktion CalcNormale(dVektor *V1, dVektor *V2, dVektor *V3) in der COpenGL-Klasse mit dem Rückgabewert BOOL und dem Zugriffsrecht public. Fügen Sie danach den folgenden Code in die neue Member-Funktion ein:

```
BOOL COpenGL::CalcNormale(dVektor *V1,dVektor *V2,dVektor *V3)
{
// Klassenmethode zur Berechnung des Normalenvektors
// aus drei Flächenpunkte (Vertexe).
// Es gilt die Regel der rechtshändigen Geometrie!
  dVektor V1V2, V1V3, KREUZ;   // Lokale Temp-Vektoren
  GLdouble Betrag;

  // Vorbereitung
  V1V2.x = V2->x - V1->x;   // Vektoren für Kreuzprodukt-
  V1V2.y = V2->y - V1->y;   // berechnung ermitteln:
  V1V2.z = V2->z - V1->z;   // Komponentenweise auf
  V1V3.x = V3->x - V1->x;   // Vertex V1 zurückführen
  V1V3.y = V3->y - V1->y;   // => 2 komplanare Vektoren
  V1V3.z = V3->z - V1->z;   //    mit Berührpunkt V1
  // Berechnung des Kreuzprodukts
  KREUZ.x = +((V1V2.y * V1V3.z) - (V1V2.z * V1V3.y));
  KREUZ.y = -((V1V2.x * V1V3.z) - (V1V2.z * V1V3.x));
  KREUZ.z = +((V1V2.x * V1V3.y) - (V1V2.y * V1V3.x));
  // Prüfen des Vektors
  Betrag = sqrt(         //Länge des Vektors ermitteln
      pow(KREUZ.x,2.0)
    + pow(KREUZ.y,2.0)
    + pow(KREUZ.z,2.0));
  if (Betrag == 0.0)     //Der Normalenvektor MUSS länger
      return FALSE;      //als ein Nullvektor sein!
  // Normalenvektor als Einsvektor abspeichern
  m_structOGLStatus.vLastNormale.x = KREUZ.x / Betrag;
  m_structOGLStatus.vLastNormale.y = KREUZ.y / Betrag;
  m_structOGLStatus.vLastNormale.z = KREUZ.z / Betrag;

return TRUE;  // O.K., der Normalenvektor ist berechnet!
}
```

Listing 5.5: Berechnung der Flächennormalen über drei Punkte

Die Erläuterungen zur Anwendung der Berechnungsfunktion erfolgen aus verschiedenen Gründen erst weiter unten im Abschnitt *QUADS – Vierecksflächen*. Dies aber vorweg: Die vorgestellte CalcNormale-Funktion berechnet einen *Normalenvektor* mathematisch korrekt in Form eines Einsvektors *und* im Sinne der rechtshändigen Geometrie.

Zum Berechnungsgang in Listing 5.5 sei zu sagen, dass hier das vektorielle Kreuzprodukt auf Basis zweier freier Vektoren berechnet wird, woraus der normalisierte Normalenvektor (Einsvektor = Länge 1.0) resultiert. Dieser steht senkrecht auf der Ebene, die durch die beiden freien Vektoren aufgespannt wird. Die beiden freien Vektoren werden dabei aus den Eckpunkten V1, V2 und V3 (Ortsvektoren) gebildet. Sehen Sie sich hierzu eventuell nochmals den Abschnitt *Normalenvektor* in Kapitel 2 an.

Kompilieren Sie an dieser Stelle Ihr Programm, um zu überprüfen, ob sich ein Fehler in den Code eingeschlichen hat.

Sollten Sie aus Performancegründen alle Normalenvektoren manuell (ohne Nutzung der Berechnungsfunktion) angeben, wobei diese aber nicht als Einsvektoren vorliegen (Länge ungleich 1.0!), so sei Ihnen der OpenGL-Statusbefehl glEnable(GL_NORMALIZE) ans Herz gelegt. Dieser sorgt stets dafür, dass alle angegebenen Normalenvektoren, die über glNormal_ definiert wurden, normalisiert werden. Zweckmäßigerweise implementieren Sie diesen OpenGL-Status vor dem Primitiv-Definitionsteil in Ihrem OpenGL Programm. Diesen *Schalter* haben Sie bei der Eingabe des HelloOpenGL-Programms bereits *umgelegt*.

GL_TRIANGLE_STRIP

Vergleichbar zum GL_LINE_STRIP-Linientyp ist der Dreiecksflächentyp GL_TRIANGLE_STRIP (siehe Abbildung 5.3), da hierbei aufbauend auf das zuvor definierte Primitiv das folgende bestimmt wird. Hierbei entsprechen die letzten zwei Vertices des vorhergehenden Dreiecks den ersten zwei Vertices des nachfolgenden Dreiecks. Auch dieses Primitiv wird in einem gesonderten glBegin/glEnd-Bereich definiert und durch den glEnd-Befehl beendet.

Einige Schwierigkeiten könnte Ihnen zum jetzigen Zeitpunkt die Wahl der Vertex-Reihenfolge für diesen Flächentyp bereiten, da damit gleichzeitig die Vorder- und die Rückseite der Dreiecksfläche definiert werden. Diese Schwierigkeiten lösen sich aber in Wohlgefallen auf, wenn Sie erst einmal den Abschnitt *QUADS – Vierecksflächen* studiert haben, womit auch das Rätsel um die in der Primitiv-Abbildung eingezeichneten Pfeile gelöst wird.

Für die Verwendung von Dreiecksflächen sei abschließend noch folgender Hinweis angebracht:

> Die Spiele- und Animationsfreaks unter Ihnen sollten unter *Performance*-Gesichtspunkten die Verwendung des GL_TRIANGLE_STRIP-Flächentyps bevorzugen. Schneller geht's nimmer!

GL_TRIANGLE_FAN

Das `GL_TRIANGLE_FAN`-Primitiv ist eine weitere und interessante Variante zur Dreiecksflächenerzeugung, die OpenGL dem Anwender zur Verfügung stellt (siehe Abbildung 5.3). Alle sich dabei bildenden Dreiecksflächen haben einen gemeinsamen Eckpunkt V1. Dieser wird immer durch den ersten Vertex-Befehl innerhalb des `glBegin/glEnd`-Bereichs festgelegt. Ab der dritten Vertex-Definition liegt das erste Dreieck fest, mit der vierten das zweite, mit der fünften das dritte usw. Der `glEnd`-Befehl schließt diese Definitions*kette* ab. Demnach kann auch dieser Primitivtyp nur einmal pro `glBegin/glEnd`-Bereich definiert werden.

Diese gefächerten (engl. fan) Dreiecke sind vielseitig einsetzbar, z.B. bei der Bildung eines Speichenrades, dessen Achsenmittelpunkt dem gemeinsamen Vertex-*Punkt* V1 entspricht.

5.4.2 QUADS – Vierecksflächen

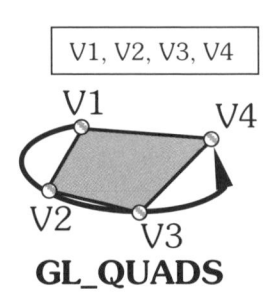

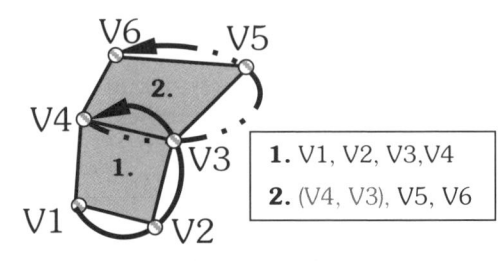

Abb. 5.4: Übersicht der Viereck-Primitivtypen

Die Dreiecksfläche besitzt einen entscheidenden Vorteil gegenüber der *Vierecksfläche*: Die Dreiecksfläche ist garantiert immer flach bzw. eben! Der Grund: Ein Dreieck wird bekanntermaßen durch drei Eckpunkte beschrieben und diese liegen *immer auf einer* Fläche bzw. *Ebene*. Alle anderen Flächentypen, die durch mehr als drei Punkte beschrieben werden, können unflach bzw. uneben sein, wenn einer der Punkte außerhalb der geometrischen Ebene liegt.

Gerade im Falle des in diesem Abschnitt betrachteten Vierecks (engl. quad) kann man sich ein solch unflaches Flächenelement als ein über die Tischkante geknicktes Blatt Papier vorstellen. Bezeichnenderweise wird ein viereckiges Blatt über vier Vertices beschrieben, die auf einer Ebene liegen *müssen* – und eben nicht nur sollten. Liegt dennoch einer der Blatteckpunkte außerhalb der Papierebene, wird es problematisch. Es handelt sich hierbei um ein grundsätzlich geometrisches Problem, das unbedingt vermieden werden muss, da andernfalls die *Topologie*[1] der Vierecksgeometrie *verletzt* wird.

Vielleicht können Sie bereits an dieser Stelle nachvollziehen, warum im vorhergehenden Abschnitt die Berechnungsfunktion `CalcNormale` *nur* drei Eckpunkte zur Normalenbestimmung benötigte. Einerseits reichen drei Eckpunkte zur Flächendefinition völlig aus und andererseits sind bei Dreiecken auch keine topologischen Probleme zu befürchten.

GL_QUADS

Den ersten und einfachsten Typ einer Viereckfläche stellt das `GL_QUADS`-Primitiv dar. Auch dieses Grafikelement kann mehrfach in einem einzigen `glBegin`/`glEnd`-Bereich definiert werden. Da es sich hier um ein Flächenelement handelt, ist auch hier die Angabe des zugehörigen *Normalenvektors* nötig, nachdem Sie z.B. die *Lichteffekte* unter OpenGL nutzen wollen.

`GL_QUADS`-Primitive haben Sie bereits im `HelloOpenGL`-Programm mehrfach definiert, und zwar zur Darstellung des Hausgrundstücks, der vier Erdgeschossseiten und der zwei schrägen Dachseiten. Beispielhaft sei daher der OpenGL-Definitionscode zur rechten Dachseite nochmals dargestellt:

```
// 4.) Rechte und linke Dachseite zeichnen
glBegin(GL_QUADS);         // Vierecks-Fläche
  glColor4f(1.0F,0.0F,0.0F,0.2F);  // Farbe ROT
  glNormal3d(0.0, 1.0, 1.0);       // Normalenvektor
  glVertex3d(X1, Y1, Z1);    // V1 nach
  glVertex3d(X3, Y3, Z3);    // V3 nach
  glVertex3d(X6, Y6, Z6);    // V6 nach
  glVertex3d(X4, Y4, Z4);    // V4; Ende Def.

  glNormal3d(0.0, -1.0, 1.0);      // Normalenvektor
  glVertex3d(X1, Y1, Z1);    // V1 nach
  glVertex3d(X4, Y4, Z4);    // V2 nach
  glVertex3d(X5, Y5, Z5);    // V5 nach
  glVertex3d(X2, Y2, Z2);    // V4; Ende Def.
glEnd();  //Ende Def. der Vierecks-Flächen
```

Flächennormale berechnen

> Zum besseren Verständnis dieses Abschnitts wird dringend empfohlen, die Abschnitte *Normalenvektor* und *Rechtshändigkeit* in Kapitel 2 nochmals nachzulesen bzw. sich deren Inhalte nochmals ins Gedächtnis zu rufen!

Der zuvor dargestellte Definitionscode zeigt neben den Vertex-Befehlen zur Vierecksdefinition den Einsatz des `glNormal_`-Befehls in der Suffix-Variante

---

1. Topologie: Lehre von der Lage und Anordnung geometrischer Gebilde im Raum

_3d. Für die erste Vierecksdefinition werden die glNormal3d-Befehlsparameter entsprechend den Normalenvektorkomponenten x=0.0, y=1.0 und z=1.0 gesetzt.

Zwei Probleme sind hierbei denkbar. Einerseits entspricht der hier angegebene Vektor nicht dem verlangten Einsvektor. Andererseits könnten Zweifel daran bestehen, ob die hier verwendete Vektorrichtung tatsächlich senkrecht auf der rechten Dachseite steht (orthogonale Ausrichtung).

Das erste Problem könnten Sie einfach durch die Verwendung des OpenGL-Befehls glEnable(GL_NORMALIZE) »erschlagen«. Wie bereits erwähnt sorgt dieser dafür, dass die Normalenvektoren auf Einsvektoren zurückgerechnet werden. Allerdings ist dies eine »unsaubere« Lösung. Sie sollten die manuell berechnete Angabe des Vektors bevorzugen und auf diese performance-fressende Krücke verzichten.

Dem zweiten Problem der korrekten Normalenrichtung könnten Sie bewaffnet mit einer Formelsammlung aller trigonometrischen Zusammenhänge (Sie wissen schon: Sinus, Kosinus und all die anderen »Nüsse«), einem Taschenrechner und einem gespitzten Bleistift zu Leibe rücken. Brav, da wird sich der Herr Lehrer aber freuen und darüber hinaus wäre diese Vorgehensweise einmal mehr extrem fleißkärtchenverdächtig, die aber bekannterweise diesem Buch nicht beiliegen! Also, pfeifen Sie doch auf diese Fleißarbeit. Sie benutzen einfach die im vorherigen Abschnitt erzeugte Member-Funktion CalcNormale zur Berechnung der Flächennormale, womit Sie auch gleich den Einsvektor im Sack haben. Wofür hat man denn den Rechenknecht, wenn nicht genau dafür!

Damit nachtragend zum Abschnitt *Funktion zur Normalenberechnung erzeugen* weiter oben in diesem Kapitel die Anwendung der CalcNormale-Funktion in theoretischer und praktischer Hinsicht besser verstanden werden kann, studieren Sie zunächst Abbildung 5.5.

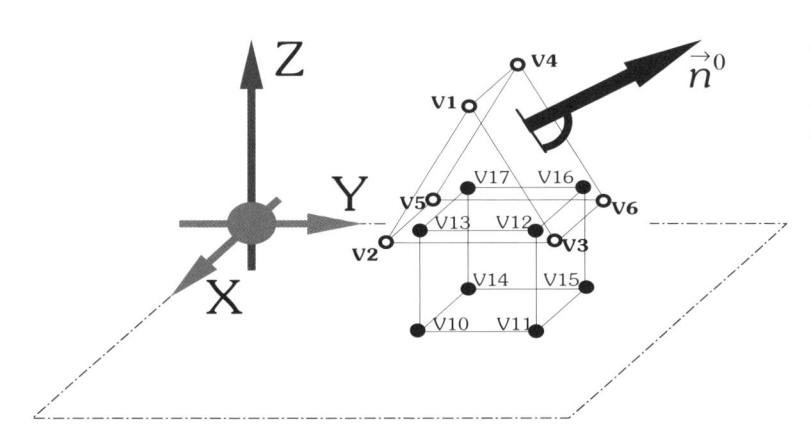

Abb. 5.5:
Vertices der Hausszene mit Dachflächennormale

Abbildung 5.5 zeigt die Hausszene als *Drahtgittermodell* mit den Angaben der hausflächenbeschreibenden Vertices. Konzentrieren Sie zunächst Ihr Augenmerk auf die Eckpunkte der rechten Dachseite V1, V3, V6 und V4. Diese beschreiben die Dach- bzw. Vierecksfläche vollständig. Darüber hinaus ist die zu dieser Fläche gehörende Flächennormale n^0 zu sehen. Damit ist die *positive Seite* der Fläche gekennzeichnet, die in Richtung des *positiven Normalenvektors* zeigt – die Dachseite, die dem *Himmel* zugewandt ist.

Die Eckpunktevariablen der rechten Dachhälfte haben Sie ursprünglich im HelloOpenGL-Programmcode wie folgt deklariert.

```
GLdouble X1=0.75, Y1=0.50, Z1=0.50;    //V1
GLdouble X3=0.75, Y3=0.75, Z3=0.25;    //V3
GLdouble X4=0.25, Y4=0.50, Z4=0.50;    //V4
GLdouble X6=0.25, Y6=0.75, Z6=0.25;    //V6
```

Diese Deklarationsart entspricht der *skalaren Angabe* der Raumkoordinaten für die Eckpunkte V1, V3, V4 und V6. Da Sie sich aber zurzeit und auch in Zukunft verstärkt mit Vektoren beschäftigen werden, soll nun auch die vektorielle Verwendung von Raumkoordinaten der dafür vorhandenen vektoriellen OpenGL-Befehlsvarianten demonstriert werden. Sie finden die vektorielle Deklarationsvariante der Eckpunkte der Hausszene auf der Buch-CD in folgendem Ordner: \Buchdaten\Kapitel05\CCode_TXT\ Öffnen Sie in diesem Ordner die Datei *HelloOpenGL_XYZ_Werte_VEKTORIELL.TXT* durch einen Doppelklick, kopieren Sie den darin enthaltenen vektoriellen Deklarationscode und fügen Sie ihn dann direkt im Anschluss an den bereits vorhandenen skalaren Deklarationscode ein.

```
...
    GLdouble X17=0.30, Y17=0.30, Z17=0.25;//V17-Vektor
    //VEKTORIELL
    // ...der Dachpunkte
    <hier die vektoriellen Deklarationszeilen einfügen!>
...
```

Neben der rechten Dachfläche verfügen Sie damit auch über alle anderen Eckpunkte in vektorieller Deklarationsweise, die nun zur Normalenberechnung herangezogen werden. Ändern Sie dazu den Primitiv-Definitionscode der rechten Dachhälfte, der aus Gegenüberstellungsgründen zusammen mit dem *alten* skalaren Definitionscode der linken Dachhälfte im folgenden Listing dargestellt wird.

Listing 5.6: Beispielcode zur Normalenberechnungsfunktion Calc-Normale

```
glBegin(GL_QUADS);   // Vierecks-Fläche
    //zuerst die rechte Dachseite definieren
    glColor4f(1.0F,0.0F,0.0F,1.0F); //Farbe ROT
    CalcNormale(&V1,&V3,&V6);       //Normale berechnen
    glNormal3dv(                    //Normalen-Status setzen
      &m_structOGLStatus.vLastNormale.x);
```

```
glVertex3dv(&V1.x);            //V1
glVertex3dv(&V3.x);            //V3 nach
glVertex3dv(&V6.x);            //V6 nach
glVertex3dv(&V4.x);            //V4; Ende Def.1

//dann die linke Dachseite definieren
glNormal3d(0.0,-1.0, 1.0);     //Normalenvektor
glVertex3d(X1, Y1, Z1);        //V1 nach
glVertex3d(X4, Y4, Z4);        //V4 nach
glVertex3d(X5, Y5, Z5);        //V5 nach
glVertex3d(X2, Y2, Z2);        //V2; Ende Def.2
glEnd();
```

Die Befehle zur Definition der rechten Dachfläche haben sich deutlich verändert. Zudem ist eine weitere Funktion (`CalcNormale`) im `glBegin/glEnd`-Bereich hinzugekommen, auch wenn es sich hier nicht um einen GL-Befehl handelt. Ob sich damit auch am Erscheinungsbild des `HelloOpenGL`-Programms etwas geändert hat, überprüfen Sie am besten gleich, indem Sie das so abgeänderte Programm neu kompilieren und starten.

Haben Sie einen Unterschied in der Hausszenendarstellung bemerkt? Natürlich nicht, denn schließlich soll ja auch alles beim *Alten* bleiben. Wie genau die vektoriellen Befehlsvarianten funktionieren, wird weiter unten in diesem Kapitel im Abschnitt *C-Zeigertechnik unter OpenGL* erläutert. Wichtig war an dieser Stelle festzustellen, dass trotz der vektoriellen Codeänderung alles wie gehabt funktioniert.

Zurück zum eigentlichen Ausgangsthema, der rechnerischen Bestimmung des *Normalenvektors* n in Form eines Einsvektors n^0 – hier am Beispiel der rechten Dachhälfte der Hausszene aus Abbildung 5.5. Anstatt diesen durch einfache Überlegung oder mit konventionellen Methoden (Papier, Bleistift und Taschenrechner) zu bestimmen, haben Sie in Listing 5.6 die zuvor erzeugte numerische Berechnungsfunktion `CalcNormale` (siehe Listing 5.5) eingesetzt. Dazu haben Sie die drei Ortsvektoren V1, V3 und V6, also drei der vier möglichen Eckpunkte der rechten Dachfläche, als Parameter der Parameterliste in *Zeigertechnik* übergeben. Was unter Zeigern zu verstehen ist, wird ebenfalls im Abschnitt *C-Zeigertechnik unter OpenGL* erläutert. Wichtig ist hier zunächst Folgendes:

> Zur Berechnung des positiven Normalenvektors über die `CalcNormale`-Funktion müssen dessen Vektorparameter (Ortsvektoren) in Reihenfolge und im Sinne der rechtshändigen Geometrie übergeben werden!

Damit definieren Sie die Vektorrichtung der Normale positiv, d.h. in unserem Fall von der Dachhälfte gen Himmel zeigend, so wie Abbildung 5.6 dies aufzuzeigen versucht.

Abb. 5.6:
Vertex-Reihenfolge in positiver Drehsinndefinition

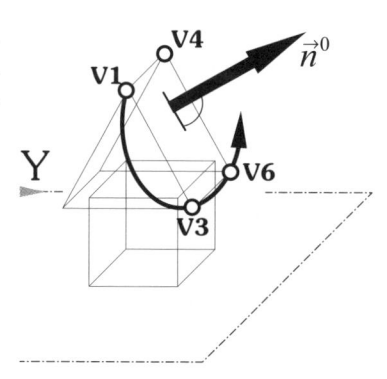

Hier wird der aus der Vertex-Reihenfolge V1, V3 und V6 resultierende *Drehsinn* durch einen kreisförmigen Pfeil gekennzeichnet, der im Sinne der rechtshändigen Geometrie *dreht*.

Was würde geschehen, wenn Sie die Vertex-Reihenfolge zur Normalenberechnung genau entgegengesetzt zur vorliegenden Reihenfolge ändern? Da bekanntlich Probieren über Studieren geht, ändern Sie dafür doch gleich die Codezeile zur Normalenberechnung wie folgt ab:

```
CalcNormale(&V6,&V3,&V1);   // Normale berechnen
```

Der Pfeil dreht gedanklich, für die so angegebene *verdrehte* Vertex-Reihenfolge, jetzt in entgegengesetzter Richtung des in Abbildung 5.6 dargestellten Pfeils. Damit zeigt der Normalenvektor nach den Gesetzen der rechtshändigen Geometrie auch in entgegengesetzte Richtung, also von der Dachfläche ins Hausinnere. Sie verfügen damit über den korrespondierenden *negativen Normalenvektor* $-n°$ des ursprünglichen positiven Vektors $n°$. Da der Normalenvektor u.a. die Lichtdarstellung beeinflusst, müsste der veränderte Code auch eine Auswirkung auf die Szenendarstellung haben, da diese bekanntermaßen von den Lichteffekten unter OpenGL Gebrauch macht. Probieren Sie dies gleich aus.

Nach erneuter Kompilierung und einem Programmneustart sehen Sie die Hausszene wie in Abbildung 5.7 dargestellt, die im direkten Vergleich zur Originalszene aus Abbildung 4.2 steht.

Sicher ist Ihnen aufgefallen, dass die ursprünglich hellrote rechte Dachseite plötzlich dunkelrot erscheint (nicht schwarz!). Aufgrund der *falschen* Normalenvektorangabe verhält sich die rechte Dachseite nun genauso wie die schattierte linke Dachseite. Und dies, obwohl die rechte Dachseite immer noch der Lichtquelle zugewandt ist. Die Erklärung: Durch die negative, also entgegengesetzte, Angabe des Normalenvektors der rechten Dachseite verhält sich diese nun so, also ob sie eine rückwärtige Dachseite wäre, also der innen liegenden Dachseite entspräche, die von *außen* beschienen wird.

Primitive Flächen erzeugen

Abb. 5.7:
Auswirkungen bei negativer Normalenangabe

Zu kompliziert? Eher nicht, denn die ganze Angelegenheit ist nur ein wenig abstrakt, wobei man öfter mal »um die Ecke« denken muss. Unter OpenGL ist halt alles reine Definitionssache, wie schon am Anfang dieses Buches einmal bemerkt werden musste.

Reihenfolge der Vertex-Befehle beachten

Zur Verdeutlichung der beschriebenen Zusammenhänge verändern Sie zusätzlich zum Normalenvektor auch noch die bisherige glVertex3dv-Befehlsreihenfolge, die die Viereckfläche der rechten Dachhälfte definiert. Folgende glVertex_-Befehlsreihenfolge erzeugt eine gleich große Dachfläche an der gleichen Position und in der gleichen Lage wie die ursprüngliche.

```
// 4.) Rechte und linke Dachseite zeichnen
...
  glNormal3dv(              //Normalen-Status setzen
    &m_structOGLStatus.vLastNormale.x);
  glVertex3dv(&V3.x);       //V1
  glVertex3dv(&V1.x);       //V3 nach
  glVertex3dv(&V4.x);       //V6 nach
  glVertex3dv(&V6.x);       //V4; Ende Def.1
...
```

Listing 5.7:
Umgekehrte Vertex-Definitionsreihenfolge

Betrachten Sie dazu nochmals Abbildung 5.6 und bedenken Sie, dass es sich in Listing 5.7 *nicht* um die Normalendefinition aus dem vorangegangenen Abschnitt handelt! Kompilieren Sie den so geänderten Code und starten Sie das Programm erneut. Abbildung 5.8 zeigt die resultierende Hausszenendarstellung.

*Abb. 5.8:
Hausszene mit
geänderter Vertex-Definitionsreihenfolge*

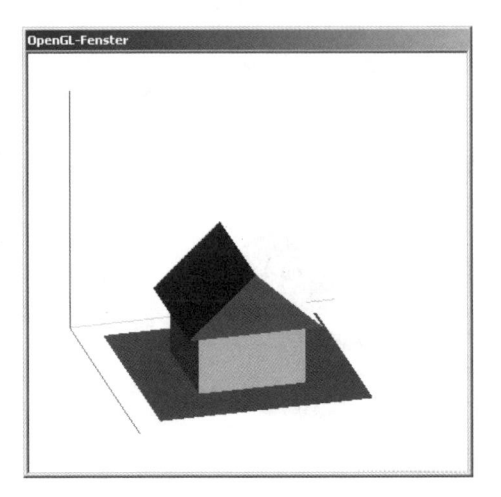

Offensichtlich spielt die rechte Dachseite jetzt endgültig verrückt. Eben schien diese Seite noch dunkelrot. Nun erstrahlt sie in reinem Weiß. Hat die Dachseite etwa ihre Farbeigenschaft verloren?

Nein, die weiße rechte Dachseite ist jetzt tatsächlich die *Primitiv-Flächenrückseite*. Und zwar geschah dies durch die Drehsinnänderung, die Sie durch die Änderung der glVertex_-Befehlsreihenfolge in Listing 5.7 bewirkt haben. Zusammen mit dem nach wie vor negativ definierten Normalenvektor wurde ein Effekt erzielt, als ob eine rückwärtige Lichtquelle auf die Rückseite der rechten Dachfläche leuchtet.

> OpenGL unterscheidet bei der Definition von *Primitiv-Flächen* zwischen der *Vorder-* und der *Rückseite* dieser Fläche. Diese werden nach den Gesetzen der rechtshändigen Geometrie über die *Vertex-Definitionsreihenfolge* festgelegt.

Die Farbgebung der Primitive erfolgt über den glColor_-Befehl und »bemalt« standardmäßig die Vorderseite von Primitiv-Flächen. Die Rückseiten weisen standardmäßig die Farbe Weiß auf. Und dies ist auch gut so.

> Unter OpenGL bietet es sich bei der Szenenerzeugung an, die Vorderseiten immer farbig zu definieren. Hingegen sollten die Rückseiten homogen mit der Farbe Weiß belegt werden. Damit können Sie eventuelle Fehler bei der Szenendefinition sofort *sehen*!

Die aktuelle weiße Dachseite wurde also durch das Vertauschen von Vorder- und Rückseite *und* einer negativen Normalenvektordefinition erreicht. Setzen Sie jetzt wieder den positiven Normalenvektor in Kraft.

```
CalcNormale(&V1,&V3,&V6);   //Positiver Normalenvektor
```

Kompilieren und starten Sie Ihr Programm erneut.

Betrachten Sie das Ergebnis ganz genau. Die rechte Dachhälfte ist jetzt grau – und nicht etwa dunkelrot! Genau so, als wenn Sie damals die Möglichkeit gehabt hätten, die Innenseite der rechten Dachfläche der HelloOpenGL-Originalszene (Abbildung 4.2) von *innen* zu betrachten.

Zugegeben, man ist angehalten, bei den Flächenseiten und Normalendefinitionen sehr konzentriert zu Werke gehen. Aber machbar ist die Angelegenheit allemal. Wenn Sie einmal das Gefühl für die beschriebenen Zusammenhänge entwickelt haben, dann geht Ihnen diese Definitionsarbeit leicht von der Hand, ganz sicher! Lesen Sie an dieser Stelle noch einmal den fundamentalen Merksatz weiter oben in diesem Kapitel im Abschnitt *Funktion zur Normalenberechnung*. Ich hoffe, dass die Merkinhalte jetzt verständlich geworden sind.

Versetzen Sie für den weiteren Verlauf das HelloOpenGL-Programm wieder in den Originalzustand, indem Sie die glVertex_-Befehlsreihenfolge nach Listing 5.6 definieren.

Bestimmung der Vorder- und Rückseiten von Primitiv-Flächen

Für alle zuvor beschriebenen Zusammenhänge wurde einfach vorausgesetzt, dass OpenGL die rechtshändige Geometrie bei der Festlegung der Vorderseite (engl. front face) und damit auch der Rückseite (engl. back face) einer Fläche automatisch anwendet. Wirklich automatisch? Nein, nicht wirklich! Dass die Vorderseite über den positiven rechtshändigen Drehsinn (Korkenzieher in den Korken drehen!) festgelegt wird, ist wieder einmal *reine Definitionssache*! Über den OpenGL-Befehl glFrontFace wird die entsprechende Drehrichtung festgelegt:

```
glFrontFace(GL_CCW);   // Gegen Uhrzeigersinn
```

Die Buchstaben CCW im Parameter GL_CCW stehen hier für den englischen Begriff counterclockwise, was gegen den Uhrzeigersinn bedeutet. Diese Drehrichtung entspricht dem bisher angewendeten positiven Drehsinn und somit der Voreinstellung unter OpenGL.

Sind Sie jetzt endgültig verwirrt? Vorderseite/Rückseite? Positiver/negativer Normalenvektor? Uhrzeigersinn/Gegen Uhrzeigersinn? Positiver Drehsinn? Ja, was denn nun! Aber, keine Panik, denn eines zeigt diese Situation an dieser Stelle wieder einmal ganz deutlich:

> **ACHTUNG!** Bei der Verwendung von OpenGL ist ALLES (aber auch wirklich ALLES) *reine Definitionssache!*

Dass Sie die Vorderseite über `GL_CW` (CW für clockwise = im Uhrzeigersinn) umdefinieren könnten, sei hier ganz vorsichtig und nur der Vollständigkeit halber erwähnt. Um am Ende nicht vielleicht doch noch völlig durchzudrehen, bleibt es bei der `GL_CCW`-Definitionsrichtung in diesem Buch. Auch wenn dies der Standardeinstellung von OpenGL entspricht und nicht explizit angeben werden muss, so sollten Sie den oben angeführten Definitionsbefehl dennoch in den `HelloOpenGL`-Programmcode aufnehmen, quasi als zukünftige Warnung für den damit drohenden »Dreh-Wahnsinn«.

Vorder- und Rückseiten ausblenden

OpenGL stellt Ihnen eine Möglichkeit zur Verfügung, die aktuell sichtbaren Vorder- oder Rückseiten einer Szene auszublenden. Über den OpenGL-Befehl `glCullFace` bestimmen Sie die auszublendende Vorder- (`GL_FRONT`) oder Rückseite (`GL_BACK`). Das englische Wort cull bedeutet so viel wie aussortieren oder vernachlässigen. Aktiviert bzw. eingeschaltet wird dieser Effekt über den OpenGL-Statusbefehl `glEnable` unter Angabe der OpenGL-Konstante `GL_CULL_FACE`. Standardmäßig ist das Ausblenden von Flächenseiten unter OpenGL ausgeschaltet.

Zur Demonstration des Effekts implementieren bzw. modifizieren Sie folgende Codezeilen in den Programmpunkt IV.) des `HelloOpenGL`-Programms.

Listing 5.8: Vorderseiten über glCull-Face ausblenden

```
...
// IVa.) DARSTELLUNGS-/ STEUERUNGSARTEN
    // Definition des OpenGL-Status
    ...
    glEnable(GL_LIGHTING);        //OpenGL-Lichteffekte EIN
    glEnable(GL_CULL_FACE);       //Def. Seiten ausblenden!
    // Sonstiges
    glFrontFace(GL_CCW);          //Positive Drehsinndef.!
    glCullFace(GL_FRONT);         //Vorderseiten ausblenden

// IVb.) LICHTEFFEKTE definieren...
...
```

Über `glFrontFace(GL_CCW)` wird definiert, welche Seiten der Primitiv-Flächen die Vorderseiten darstellen. Hier diejenigen, die im positiven Drehsinn definiert wurden. Das eigentliche Ausblenden der Vorderseiten (`GL_FRONT`) geschieht durch `glEnable(GL_CULL_FACE)`. Hierzu brauchen Sie im `HelloOpenGL`-Programm nur den bereits vorhandenen `glDisable`-Befehl abzuändern. Kompilieren Sie Ihr Programm erneut und starten Sie es. Betrachten Sie das Ergebnis.

Primitive Flächen erzeugen

*Abb. 5.9:
Hausszene
bei ausge-
blendeten
Vorderseiten*

Tatsächlich sehen Sie jetzt die üblicherweise von den Hausvorderseiten verborgenen Rückseiten, die aus diesem Szenenblickwinkel sichtbar sind – diesmal aber ohne flächenverdrehende Tricks, und zwar mit den entsprechenden Schattierungseffekten der weißen Rückseiten. Die der Lichtquellenrichtung mehr zugewandten Rückseiten leuchten heller (weißer) als die der Lichtquellenrichtung mehr abgewandten dunkleren (schwärzer) Seiten. Auch wenn OpenGL in der Lage ist, Flächen zu schattieren, so wird bei Betrachtung der Szene aus Abbildung 5.9 aber auch und wiederholt deutlich:

> OpenGL hat *Schwierigkeiten* bei der Bestimmung *natürlicher Schatteneffekte*. OpenGL kennt keine physikalischen Barrieren. Dies bedeutet, dass bei der Lichtberechnung alle Flächen vom Licht ungehindert durchdrungen und beleuchtet werden.

Auf diese OpenGL-Eigenheit wurde bereits früher in einem Nebensatz aufmerksam gemacht. Und da dies sehr bedeutend für die Lichtbetrachtungen im Allgemeinen ist, wird dieser Satz auch in dem späteren Abschnitt zur Lichtberechnung nochmals aufgeführt. Doppelt hält eben besser!

Folgende Übung bietet sich zum Ausblendverständnis an:

Wie würde sich die Szene darstellen, wenn Sie anstelle der `GL_FRONT`-OpenGL-Konstante `GL_BACK` als Parameter für den `glCullFace`-Befehl verwendet hätten?

Übung 2

Die Antwort auf diese Frage können Sie in Anhang A nachlesen.

Folgende Übung bietet sich zur wissenskonsolidierenden Visual C++-Programmierung an:

Übung 3 Implementieren Sie eine *globale Ausblendmöglichkeit* der Primitiv-Vorderseiten programmiertechnisch in das `HelloOpenGL`-Programm. Folgende Schritte sind dazu nötig:

- Erweitern Sie die C-Struktur `OpenGLStatus` um das Strukturelement `bCullFront`, das vom Datentyp `GLboolean` ist.

- Initialisieren Sie dieses Element im Konstruktor der `COpenGL`-Klasse mit dem Wert `GL_FALSE`.

- Erzeugen Sie eine Schaltfläche im Steuerzentrale-Dialog mit der ID-Bezeichnung `IDC_BUTTON_CULL_FRONT_FACES` und dem Titelnamen `Ausblenden`.

- Erzeugen Sie die zu der Schaltfläche AUSBLENDEN gehörige Member-Funktion mithilfe des Klassen-Assistenten (Doppelklick auf die Schaltfläche bei gedrückter [Strg]-Taste). Implementieren Sie in dieser Funktion über eine `if-else`-Anweisung einen Wechsel des `bCullFront`-Wertes von `GL_FALSE` nach `GL_TRUE` und umgekehrt. Geben Sie eine entsprechende Meldung in der Informationstextzeile des Steuerzentrale-Dialogs aus und rufen Sie abschließend die `HelloOpenGL`-Funktion erneut auf.

- Implementieren Sie eine `if-else`-Anweisung, die die Szenenvorderseiten über die entsprechenden OpenGL-Befehle ein- und ausschaltet, je nachdem, welchen aktuellen Wert des Strukturelements `bCullFront` besitzt. Platzieren Sie die `if-else`-Anweisung an der globalen Codestelle IVa.) des `HelloOpenGL`-Programms, wo sich zurzeit noch der `glEnable(GL_CULL_FACE)` befindet.

Hinweis: Ihr Steuerzentrale-Dialog könnte jetzt wie folgt aussehen:

Abb. 5.10: Steuerzentrale-Dialog mit AUSBLENDEN-Schaltfläche

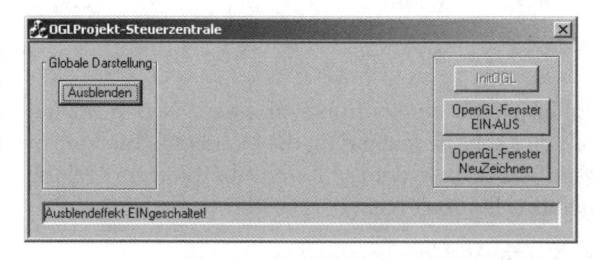

Somit können Sie im weiteren Verlauf des OpenGL-Projekts über Anwahl der AUSBLENDEN-Schaltfläche den OpenGL-Ausblendeffekt aktivieren und damit die OpenGL-Szene ohne Vorderseiten anzeigen lassen.

Informationen zur Lösung dieser Übung finden Sie in Anhang A.

> Bevor Sie die AUSBLENDEN-Schaltfläche (und alle noch in Zukunft zu erzeugenden Schaltflächen) anklicken können, *muss* zuvor immer die INITOGL-Schaltfläche zur Initialisierung von OpenGL angeklickt worden sein! Den entsprechenden Hinweis dazu erhalten Sie direkt nach jedem Neustart des Programms in der Infozeile des Dialogs!

Manuelle Angabe berechneter Normalenvektoren

Einer der Gründe, die zur Anwendung der CalcNormale-Funktion im Abschnitt *Flächennormale berechnen* führten, lag in der Beantwortung der Frage, ob der zunächst manuell angegebene Normalenvektor tatsächlich dem Normalenvektor der rechten Dachfläche entspricht. Diese Frage stellt sich prinzipiell immer im Definitionsprozess einer Szene und ist in den meisten Fällen durch einfache Überlegungen zu beantworten.

Nochmals zur Erinnerung: Über die skalare Befehlsvariante glNormal3d(0.0,1.0,1.0) wurden zunächst die x-, y- und z-Komponenten des positiven Normalenvektors der rechten Dachhälfte manuell definiert. Alternativ dazu können diese Komponenten über die CalcNormale-Funktion berechnet und über die vektorielle Befehlsvariante des glNormal3dv-Befehls unter OpenGL definiert werden.

```
...
  CalcNormale(&V1,&V3,&V6);    //Normale berechnen
  glNormal3dv(                 //Normalen-Status setzen
    &m_structOGLStatus.vLastNormale.x);
...
```

Wie Sie vielleicht noch wissen, setzt sich ein Vektor aus einer Richtungsangabe und einer *Längenangabe* (Betrag des Vektors) zusammen. Darum gleich vorweg die Antwort auf obige Frage:

Der berechnete positive Normalenvektor der rechten Dachfläche weist zwar den gleichen Richtungsvektor wie der manuell angegebene auf, allerdings sind die Längenbeträge beider Vektoren verschieden. Der berechnete entspricht dem gewünschten Einsvektor bei der Normalenvektorangabe, besitzt also die Länge 1.0. Der manuell angegebene befriedigt diese Grundanforderung an einen Normalenvektor nicht, konnte aber dennoch im HelloOpenGL-Programm verwendet werden, da der darin verwendete OpenGL-Befehl glEnable(GL_NORMALIZE) dafür gesorgt hat, dass alle angegebenen Normalenvektoren nachträglich auf die Einsvektorvariante zurückgerechnet wurden. Somit hatte dies auch keinen Einfluss auf die lichtberechnete Hausszene – trotz der genannten Unterschiede. Der Vollständigkeit halber sei der korrekte Normalenvektor für die rechte Dachhälfte als Einsvektorgröße gezeigt, so als hätten Sie diesen manuell in seiner skalaren Befehlsvariante definiert:

```
glNormal3d(0.0,0.707,0.707);
```

Der so definierte Normalenvektor beschreibt tatsächlich bei näherer mathematischer Analyse die Dachschräge der Szene mit einem Winkel von 45° bezogen auf die Grundfläche. Der diesen Winkel bildende Komponentenwert 0.707 entspricht dabei einem Näherungswert, da der exakte mathematische Wert ½√2 im Computer numerisch nicht abgebildet werden kann. Der Computer ist damit ungenauer!

> Definieren Sie eine OpenGL-Szene, die vor der Programmausführung bereits feststeht, sollten Sie die Normalenvektoren der verwendeten Flächen vorberechnen und danach manuell im Programmcode angeben. Während eines Programmtestlaufs können Sie mithilfe der `CalcNormale`-Funktion die numerischen Vektorwerte berechnen und über eine geeignete Ausgaberoutine ausgeben lassen.
>
> Definieren Sie hingegen eine variable OpenGL Szene, die sich erst während der Programmausführung Ihres OpenGL-Programms ausbildet, sollten Sie die resultierenden Normalenvektoren immer über die `CalcNormale`-Funktion ermitteln. Existieren in einer OpenGL-Szene mehrere parallele Flächen mit der gleichen Vorderseitenausrichtung, so weisen diese einen identischen Normalenvektor auf. Die Berechnung erfolgt somit effektiv nur einmal für alle parallelen Flächen.

Über zwei das Thema beschließende Übungen möchte ich Sie jetzt noch einmal dazu animieren, die vorangegangenen Abschnitte Revue passieren zu lassen. Die Übungen umfassen den gesamten Verständniskomplex zur Normalenvektorbildung.

Übung 4 Mithilfe der Vertex-Angaben zur rechten Dachfläche aus Abbildung 5.5 und aufgrund der theoretischen Zusammenhänge (rechtshändige Geometrie) zur Definition des zugehörigen positiven Normalenvektors kann unter Anwendung der `CalcNormale`-Funktion aus Listing 5.5 über die folgende Codezeile der positive Normalenvektor für die rechte Dachhälfte der Hausszene berechnet werden:

```
CalcNormale(&V1,&V3,&V6);   //Normale berechnen...
```

Welche anderen Vertex-Angaben für die Parameter der `CalcNormale`-Funktion führen zu exakt dem gleichen Normalenvektor?

Hinweise:

- Die Dachfläche wird über vier Eckpunkte definiert!
- Bevor Sie sich an die Lösung dieser Übung machen, lesen Sie die Aufgabenstellung der folgenden Übung durch.

Primitive Flächen erzeugen

Ebenfalls mithilfe von Abbildung 5.5 und aufgrund Ihrer erworbenen theoretischen Kenntnisse aus dem Abschnitt *Reihenfolge der Vertex-Befehle beachten* haben Sie die Vorderseite unter Beachtung der Vertex-Reihenfolge des `GL_QUADS`-Primitivs wie folgt definiert:

Übung 5

```
...
  glVertex3dv(&V1.x);        // V1
  glVertex3dv(&V3.x);        // V3 nach
  glVertex3dv(&V6.x);        // V6 nach
  glVertex3dv(&V4.x);        // V4 ; Ende Def.1
...
```

Welche anderen Aufrufreihenfolgen der `glVertex3dv`-OpenGL-Befehle hätten zu exakt dem gleichen Ergebnis geführt?

Hinweis:

- Die Kernabsicht der Fragen beider Übungen ist es zu überprüfen, ob Sie den großen Merksatz im Abschnitt *Funktion zur Normalenberechnung erzeugen* weitestgehend verinnerlicht haben.

Informationen zu den Lösungen dieser Übungen finden Sie in Anhang A.

Die Ausführungen zur Normalenbildung und -berechnung wird jetzt ein für alle Male beendet. Da die dahinter stehenden Zusammenhänge auch oder gerade in Zukunft von elementarer Bedeutung für die Szenenprogrammierung unter OpenGL sind, wurden diese in theoretischer und programmiertechnischer Hinsicht ausführlichst behandelt.

GL_QUAD_STRIP

Da nun die Bedeutung von Vorder- und Rückseite im Zusammenhang mit der Vertex-Definitionsreihenfolge von Primitiven bekannt ist, kann die Bedeutung der *Pfeilangaben in den Primitiv-Abbildungen* am Beispiel des `GL_QUADS_STRIP`-Primitivs erklärt werden.

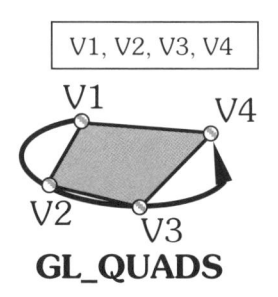

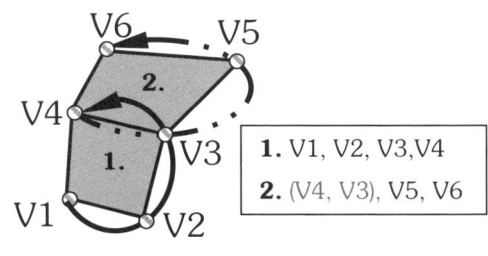

Abb. 5.11: Definitionsvorschrift zur Festlegung der Vorderseiten

Dieser Viereckstyp ähnelt in seiner prinzipiellen Definitionsweise den bereits vorgestellten _STRIP-Varianten des Linien-Primitivs GL_LINE_STRIP und des Dreieck-Primitivs GL_TRIANGLE_STRIP.

Hier wird das erste Viereck über die ersten vier Vertices V1, V2, V3 und V4 innerhalb des glBegin/glEnd-Definitionsbereichs angeben, also exakt so, wie dies bei der *einfachen* GL_QUADS-Variante der Fall war. Damit hat es sich dann aber auch schon mit den Gemeinsamkeiten, denn jeweils zwei weitere Vertex-Definitionen bilden in direkter Abhängigkeit zu den vorangegangenen glVertex_-Befehlen ein weiteres Viereck. Dieses setzt sich so lange fort, bis der glEnd()-Befehl die GL_QUAD_STRIP-Primitiv-Definition beendet. Hört sich simpel an, birgt aber eine kleine Schwierigkeit in sich, denn die zwei jeweils folgenden Vertices zur Bildung eines weiteren Vierecks können nicht willkürlich angegeben werden.

Die Definitionsvorschrift zur Angabe der Vertex-Reihenfolge geschieht mithilfe der Pfeilrichtungsangaben aus den Primitiv-Abbildungen in Abbildung 5.11. Damit definieren Sie die Vorderseiten der Flächenstücke – und zwar im Sinne der Rechtshändigkeit.

Dabei wird, beispielhaft für diesen _STRIP-Typ, ersichtlich, dass sich die fortlaufende zweite Vierecksfläche über die Vertex-Reihenfolge V5 und V6 ergibt, wenn die Vorderseiten beider Flächen über die *Normalenvektordefinition* in die gleiche Richtung *zeigen* sollen und damit über eine identische Seitendefinition verfügen. Durch die dargestellten Pfeilkurven, beginnend bei V1, wird also der gleiche positive *Drehsinn* für beide Flächen realisiert.

> Nach Festlegung der Vorder- oder Rückseite des ersten _STRIP-Flächen-Primitivs liegen auch die Vorder- oder Rückseiten der Folgeseiten fest.
>
> Folgen Sie den Definitionsvorschriften zu den Flächen-Primitiven. Andernfalls führt dies zu topologischen Problemen der Flächen!

Probieren Sie sich an folgender Übung zur Definition dieses Primitivtyps.

Übung 6 Ändern Sie in der HelloOpenGL-Funktion den OpenGL-Definitionscode zur Bildung der vier Erdgeschossseiten so ab, dass diese über *ein* GL_QUAD_STRIP-Primitiv gebildet werden.

Hinweise:

- Zum Festlegen der glVertex_-Reihenfolge werten Sie Abbildung 5.5 und Abbildung 5.11 aus. Verwenden Sie hier die *vektorielle* glVertex_-Befehlsvariante!

- Modifizieren Sie den bereits vorhandenen GL_QUADS-Definitionscode, nachdem Sie eine Kopie des ursprünglichen Codes angelegt haben, die Sie über /* ... */ auskommentieren.

- Berücksichtigen Sie die vier weiterhin gültigen glNormal3d-Befehle, die weiterhin angegeben werden müssen, da die vier Erdgeschossflächen *nicht auf einer Ebene* liegen!
- Insgesamt führt hier Probieren *und* Studieren zum Erfolg!

Die Lösung zu dieser Übung finden Sie ausnahmsweise nicht in Anhang A, sondern direkt hier:

```
...
// 2.) Erdgeschossseitenflächen zeichnen
glBegin(GL_QUAD_STRIP);   //Vierecks-STRIP-Primitive
  glColor4f(1.0F,1.0F,1.0F,0.2F); //Farbe WEIß
  glNormal3d(-1.0, 0.0, 0.0); //Normalenvektor
  glVertex3dv(&V14.x);      //V14 nach
  glVertex3dv(&V17.x);      //V17 nach
  glVertex3dv(&V15.x);      //V15 nach
  glVertex3dv(&V16.x);      //V16;hintere Seite

  glNormal3d(0.0, 1.0, 0.0); //Normalenvektor
  glVertex3dv(&V11.x);      //V11 nach
  glVertex3dv(&V12.x);      //V12;rechte Seite

  glNormal3d(1.0, 0.0, 0.0); //Normalenvektor
  glVertex3dv(&V10.x);      //V10 nach
  glVertex3dv(&V13.x);      //V13;vorderen Seite

  glNormal3d(0.0, -1.0, 0.0); //Normalenvektor
  glVertex3dv(&V14.x);      //V14 nach
  glVertex3dv(&V17.x);      //V17;linken Seite
glEnd();  //Ende Def. der Vierecks-Flächen     glEnd();
...
```

Listing 5.9: Vektorielle Definition eines GL_QUAD_STRIP-Primitivs

Nach Kompilierung und Neustart erscheint die Ihnen bekannte Hausszene fast wie gewohnt, allerdings jetzt mit einem noch nicht da gewesenen Lichteffekt. Schauen Sie genau hin! Haben Sie die Änderung erkannt?

Abb. 5.12: Erdgeschossseiten bei Anwendung von GL_QUADS_STRIP

Sie erkennen eine *fließende* Schattenbildung an der linken Erdgeschossseite und fragen daher zu Recht, warum dies plötzlich der Fall ist. In der Originalszene war die gesamte linke Seite einheitlich grau. Eigentlich haben Sie die vier Erdgeschossseiten nur auf eine etwas andere Art und Weise erzeugt. Dazu gleich mehr. Zuvor soll der zur Übungsaufgabe gewählte Lösungsansatz aus Listing 5.9 erläutert werden.

Die richtige Vertex-Definitionsreihenfolge zu finden, sollte Ihnen keine großen Schwierigkeiten bereitet haben. Wichtig war hierbei, dass Sie die für die Folgeflächen benötigten Vertices so gewählt haben, dass der daraus resultierende rechtshändige Drehsinn mit der Pfeildrehrichtung aus Abbildung 5.11 übereinstimmt. Einziger Knackpunkt war demnach nur die Angabe der Normalenvektoren zu jeder Erdgeschossseite. Üblicherweise liegen die Viereckflächen des `GL_QUAD_STRIP`-Primitivs auf einer Ebene, womit ein einziger `glNormal_`-Befehl vor den Vertex-Befehlen ausreichend wäre, da alle Flächen denselben Normalenvektor aufweisen. In unserem extremen Übungsbeispiel liegen die Viereckflächen des `GL_QUAD_STRIP`-Primitivs jedoch nicht auf einer Ebene, sondern *bilden die Seiten unseres Hauses*, sodass die Normalenvektoren jeweils nachdefiniert werden müssen.

> Innerhalb der `QUAD_STRIP`-Primitiv-Definition muss für jedes folgende Viereck, das von der vorhergehenden Ebene abweicht, eine neue `glNormal_`-Befehlssequenz angegeben werden, da sonst die Lichtverhältnisse an den Viereckflächen *falsch* berechnet werden.

Die Ursache für den eben erwähnten und in Abbildung 5.12 beobachteten Schattierungseffekt findet sich in der standardmäßigen Verwendung des noch nicht behandelten `glShadeModel`-Befehls *und* in der Wahl der Primitiv-Variante `GL_QUAD_STRIP`.

```
glShadeModel(GL_SMOOTH);   //SMOOTH-Shading (Default)
```

Die `GL_QUAD_STRIP`-Viereckflächen sind nämlich miteinander verbunden und weisen daher *gemeinsame Eckpunkte* (Vertices) und damit auch *gemeinsame Farbinformationen* als Ergebnis der Beleuchtungsberechnung auf. Hingegen weisen die `GL_QUADS`-Viereckflächen jeweils vier eigene und unabhängig beleuchtete Eckpunkte auf. So viel zur Ursache. Die *wahren* Zusammenhänge zur Definition des *Schattierungsmodells* können erst in Kapitel 9 im Abschnitt *glShadeModel* erläutert werden, da Ihnen die Grundlagen zur Lichtberechnung im Moment noch fehlen. Um dennoch an dieser Stelle einen Darstellungszustand wie bei den `GL_QUADS`-Flächen zu erreichen, sollten Sie folgende Codezeile an der kommentierten Codestelle des `HelloOpenGL`-Programms einarbeiten:

```
// 3.) Globale Beleuchtungsdefinitionen
...
  // GL-Befehle zur Beleuchtungsrechnung
  glShadeModel(GL_FLAT);       //FLAT: kantige Darstellung
...
```
Listing 5.10: Schattierungsmodell definieren

Nach Kompilierung und Neustart erstrahlt die Hausszene wieder im alten GL_QUADS-Glanz, also ohne Verschmierungseffekte. Ändern Sie abschließend die GL_FLAT- wieder in die Standard-GL_SMOOTH-Konstante ab. Damit belassen Sie den glShadeModel-Befehl in seiner ursprünglichen Wirkung explizit im Programmcode, womit ganz nebenbei eine Art *Lesezeichen* innerhalb des OpenGL-Codes gesetzt wäre.

5.4.3 POLYGON – Vielecksfläche

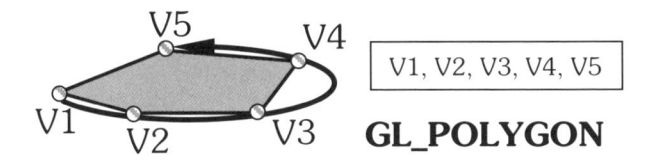

GL_POLYGON V1, V2, V3, V4, V5

Mit dem GL_POLYGON-Primitiv sind Sie in der Lage, geschlossene Flächen mit komplexer Kontur zu erzeugen. *Polygon* bedeutet so viel wie *Vieleck* und beschreibt damit treffend diesen Primitivtyp. Ein Beispiel für ein solches Vieleck ist das in der obigen Abbildung dargestellte Fünfeck.

Pro glBegin/glEnd-Bereich kann nur ein Polygon angegeben werden, was auch hier aus der singulären Namensgebung hervorgeht. Der Vollständigkeit halber soll folgender Code die Definition des zuvor dargestellten Fünfecks aufzeigen, wenn auch nicht in den HelloOpenGL-Programmcode aufgenommen werden.

```
// Beispiel zur Anwendung des GL_POLYGON-Primitivs
  glBegin(GL_POLYGON);  //Def. einer Vielecksfläche
    glColor4f(0.0F,0.0F,1.0F,1.0F);   // Sattes BLAU
    CalcNormale(&V1, &V4, &V5);       // Normale berechnen
    glNormal3dv(&m_structOpenGLStatus.vLastNormale.x);
    glVertex3dv(&V1.x);    // P1 nach
    glVertex3dv(&V2.x);    // P2 nach
    glVertex3dv(&V3.x);    // P3 nach
    glVertex3dv(&V4.x);    // P4 nach
    glVertex3dv(&V5.x);    // P5; letzter Vertex-Punkt
  glEnd(); // Def.-Ende der Fünfecksfläche
```
Listing 5.11: Beispiel für eine GL_POLY-GON-Primitiv-Definition

Zwei Punkte sollten Sie bei der Definition des Polygons (und den meisten anderen Flächen-Primitiven) beachten:

- Die Vertices dieser Fläche *müssen* auf einer Ebene liegen!
- Die Vertex-Definitionsreihenfolge muss sinnvoll angegeben werden, um topologische Fehler zu vermeiden!

Wenn Sie Lust haben, können Sie an dieser Stelle ein paar Polygone innerhalb der `HelloOpenGL`-Funktion *basteln*. Gerade auch für solche Testzwecke existiert ja diese *Laborfunktion*!

5.5 C-Zeigertechnik unter OpenGL nutzen

Zugunsten des chronologischen Ablaufs der vorangegangenen Abschnitte wurde auf den bereits angewandten C-Kunstgriff der Zeigertechnik bisher nicht näher eingegangen. Die Programmiersprache C zeichnet sich durch die Fähigkeit aus, mit diesen so genannten *Zeigern* operieren zu können. OpenGL unterstützt die damit verbundenen Möglichkeiten durch die zahlreich vorhandenen und bereits angewandten vektoriellen Befehlsvarianten.

Primär wird mit diesem Abschnitt dem Anspruch dieses Buches Rechnung getragen, dass einige unter Ihnen gerade erst die Programmiersprache C/C++ lernen oder gelernt haben und daher vielleicht mit der Zeigertechnik noch nicht vertraut sind. Der C-Profi unter Ihnen sollte die folgende »leichte Kost« nicht übergehen, sondern vielmehr quer lesen, da im gleichen Arbeitsgang noch einige Anpassungen an der `COpenGL`-Klasse durchgeführt werden.

5.5.1 Programmiercode in Zeigertechnik

Zur Erinnerung seien nochmals die Programmcodefragmente aufgelistet, die die Anwendung der Zeigertechnik für die vektoriellen Varianten des `glNormal_`- und des `glVertex_`-Befehls demonstrieren:

```
...
  dVektor V1 = {0.75, 0.50, 0.50};    // V1-Vektor
  dVektor V3 = {0.75, 0.75, 0.25};    // V3-"
  dVektor V4 = {0.25, 0.50, 0.50};    // V4-"
  dVektor V6 = {0.25, 0.75, 0.25};    // V6-"
...
  glNormal3dv(                        //Normalen-Status setzen
    &m_structOGLStatus.vLastNormale.x);
  glVertex3dv(&V1.x);                 //V1
  glVertex3dv(&V3.x);                 //V3 nach
  glVertex3dv(&V6.x);                 //V6 nach
  glVertex3dv(&V4.x);                 //V4; Ende Def.1
...
```

Durch einen *Probelauf* der kompilierten vektoriellen Codevariante mit dem v-Befehlssuffix konnten Sie sich davon überzeugen, dass das Programmverhalten der vektoriellen gegenüber den skalaren Befehlsvarianten absolut identisch ist. Verschwiegen wurden dabei allerdings die im Folgenden beschriebenen wichtigen programminternen Unterschiede zwischen den beiden Befehlsvarianten, die verstanden werden müssen, um eigenständig die C-Zeigertechnik anwenden zu können.

Bei der ursprünglich skalaren 3d-Suffix-Variante des glNormal_-Befehls und des glVertex_-Befehls haben Sie die drei Übergabeparameter einzeln in den Befehlsklammern angegeben. Dies geschah im Fall des glNormal_-Befehls durch konstante Zahlenangaben (0.0,1.0,1.0) und im Falle des glVertex_-Befehls durch Variablen (X1, Y1, Z1). Beide Parameterangaben beschreiben entsprechend dem 3d-Suffix einen dreidimensionalen Vektortyp, also einen Vektor, der aus drei skalaren Komponenten gebildet wird. Bei dem glNormal3d-Vektor handelt es sich um einen Normalenvektor und bei dem glVertex3d-Vektor um einen Ortsvektor, der einen Punkt im 3D-Raum definiert.

Deutlich unterschiedlich zu der skalaren Parameterübergabeart stellt sich die oben dargestellte vektorielle Parameterübergabeart dar. Hierbei werden den zwar funktionsgleichen, aber aufrufverschiedenen OpenGL-Befehlen lediglich Zeiger als Parameter übergeben. Der Begriff Zeiger ist dabei wörtlich zu nehmen, denn hierbei wird eine Art Querverweis an den entsprechenden OpenGL-Befehl übergeben, der indirekt auf die drei weiterhin benötigten Parameter zeigt. Die zugehörigen Parameterwerte befinden sich an einer bestimmten Stelle im Arbeitsspeicher. Diese *Speicherstelle* wird über eine *Speicheradresse* beschrieben, die in eine *Zeigervariable* gespeichert ist. Mithilfe dieses *Adresszeigers greift* der OpenGL-Befehl beginnend bei der beschriebenen Speicheradresse auf die drei Parameter zu, die aufeinander folgend ab dieser Speicherstelle gespeichert sind. Für unser Beispiel sind dies die vektoriellen Komponentenwerte x, y und z.

Wie viele *Speicherzellen*, also wie viele Bits oder Bytes, dabei ausgelesen werden, wird durch den Datentyp jedes einzelnen Parameters bestimmt. In den hier dargestellten Beispielfällen handelt es sich ausnahmslos um Parameter, die vom OpenGL-Datentyp GLdouble sind. Anhang C können Sie entnehmen, dass dieser Datentyp 64 Bit bzw. 8 Byte Ihres Arbeitsspeichers belegt. Erst mit der Kenntnis dieses Speicherbedarfs steht fest, über welches *Datenformat* diese Adresse ausgelesen wird. Für den Datentyp GLdouble wird beispielsweise der x-Parameter durch die ersten *anliegenden* 8 Byte, der y-Parameter durch die nachfolgenden 8 Byte und schließlich der z-Parameter durch die weiter darauf folgenden 8 Byte repräsentiert. Insgesamt müssen demnach im Speicher, ab einer bestimmten Speicheradresse, 24 Byte für die gesamte Parameterliste reserviert sein. Auf die Speicheradresse zeigt der Adresszeiger in Form einer Zeigervariablen, die der vektoriellen OpenGL-Befehlsvariante übergeben wird.

5.5.2 Stern-/Und-Operator

Zur Verdeutlichung der obigen Erläuterungen sei die OpenGL-Deklaration des hier verwendeten glVertex3dv-Befehls dargestellt:

void glVertex3dv(const **GLdouble *vektor**); //Deklaration

Das C-Schlüsselwort void (zu Deutsch leer) entspricht dabei dem *Rückgabewert* des Befehls, der hier ohne Inhalt ist. Nach der Deklaration des Rückgabewertes folgt der Funktionsname glVertex3dv und hierauf wiederum der in der Klammer eingeschlossene Zeigerparameter in Form der Zeigervariablen vektor, die vom *Zeigerdatenformat* GLdouble * ist.

Zur Verdeutlichung sollen die zeigerlose (skalare) und die zeigerbehaftete (vektorielle) Variante des glVertex_-Befehls gegenübergestellt werden:

```
//Befehls-Deklarationen
void glVertex3d(GLdouble X, GLdouble Y, GLdouble Z);
void glVertex3dv(const GLdouble *vektor);

//Befehls-Anwendung
  glVertex3d(X1, X2, X3);//Skal. Übergabe des V1-Vektors
  glVertex3dv(&V1.x);    //Vekt. Übergabe des V1-Vektors
```

Zwei *Neuheiten* sind bei dieser Gegenüberstellung augenfällig: Die hier verwendeten C-Operatoren * (Sternchen) und & (Und).

> Über den einer Variablen vorangestellten *&-Operator* wird in der Programmiersprache C angezeigt, dass hiermit die Zeigeradresse auf die Speicherstelle im Arbeitsspeicher der Variablen erzeugt werden soll – und nicht etwa wie üblich der Wert der Variablen.
>
> Über den einer Zeigervariablen vorangestellten **-Operator* wird in der Programmiersprache C angezeigt, dass hiermit auf eine bestimmte Speicherstelle (Adresse) zugegriffen werden soll. Die Art und Weise (Format), wie dieser Speicherbereich ausgelesen wird, wird dabei durch den angegebenen Datentyp bestimmt.

Damit sollten jetzt die Codezeilen zu der vektoriellen Nutzung der OpenGL-Befehle verständlicher sein. Durch den Zeigerparameter &V1.x haben Sie dem Befehl die Speicheradresse des Vektors V1 (komplexer Datentyp der eigendefinierten C-Struktur dVektor) übergeben. Bliebe nur noch die Bedeutung der x-Angabe des Zeigerparameters zu klären.

Da die x-Komponente die erste Variable innerhalb der von Ihnen erzeugten C-Struktur ist, muss diese auch zur Ermittlung der *Start*-Speicheradresse angegeben werden.

C-Zeigertechnik unter OpenGL nutzen

```
typedef struct dVektorTAG //C-Struktur für Vektornutzung
{
    GLdouble x;    // x-Komponente des Vektors
    GLdouble y;    // y-Komponente des Vektors
    GLdouble z;    // z-Komponente des Vektors
} dVektor;
```

Damit ist der Zeiger für den glVertex3dv-Befehl korrekt gesetzt worden. Der Befehl *weiß* aufgrund *seiner* Deklaration, dass es sich bei den auszulesenden Parametern um einen Wert vom OpenGL-Datentyp GLdouble handelt. Entsprechend *liest* der Befehl die Vektorkomponenten nacheinander aus den aufeinander folgenden Speicherstellen aus.

5.5.3 Punkt-/Pfeil-Operator

Bei der Erstellung der CalcNormale-Funktion nach Listing 5.5, aber auch schon bei den Codeeingaben im Visual C++-Programmierteil, ist Ihnen eventuell die Nutzung des Operators -> aufgefallen.

> Vergleichbar mit dem Zugriff auf die Strukturelemente einer C-Struktur bzw. auf die Methoden oder Attribute einer C-Klassen via *Punkt-Operator* . können Sie über den *Pfeil-Operator* -> auf die Strukturelemente zugreifen, wenn die C-Strukturen bzw. C-Klassen in Zeigertechnik angesprochen werden.

Die Verwendung beider Operatoren soll anhand eines Codeauszugs aus der CalcNormale-Funktion nach Listing 5.5 erklärt werden.

```
BOOL COpenGL::CalcNormale(dVektor *V1, dVektor *V2, dVektor *V3)
{
   dVektor V1V2, V1V3, KREUZ;  // Lokale Temp-Vektoren
...
   // Vorbereitung
   V1V2.x = V2->x - V1->x;   // Vektoren für Kreuzprodukt-
   V1V2.y = V2->y - V1->y;   // berechnung ermitteln:
   V1V2.z = V2->z - V1->z;
...
```

Das Codebeispiel zeigt die Anwendung der beiden Operatorvarianten. Die Vektoren V1V2, V1 und V3 liegen als *lokale Variablen* innerhalb der CalcNormale-Funktion vor. Alle Vektoren sind vom selbst erzeugten C-Strukturdatentyp dVektor. Allerdings sind nur die Vektoren V1 und V3 in Zeigertechnik realisiert worden, werden also über Zeigervariablen angesprochen. Die Speicherstellen dieser Vektoren befinden sich an globalen Adressbereichen der Anwendung, also quasi *außerhalb* der Funktion. Während Sie die Strukturelemente x, y und z über die lokale V1V2-Strukturvariable direkt über den

169

Punkt-Operator ansprechen, greifen Sie indirekt über die Zeigervariablen V1 und V3 über den Pfeil-Operator auf die Strukturelemente zu.

Die wichtige Nutzung von Zeigern in C++ und im Zusammenhang mit den OpenGL-Befehlen ist nun ausführlich behandelt worden und soll in Zukunft konsequenter in Ihrer COpenGL-Klasse eingesetzt werden. Somit kommen Sie dann auch in den Genuss, die Operatoren *, & und -> anzuwenden und den zugehörigen Zeigercode zu schreiben. Dies wird den Programmcode der HelloOpenGL-Methode lesbarer und effektiver machen. Lesbarer, weil der Zeigercode kürzer und übersichtlicher wird. Effektiver, weil das Speichermanagement von Windows durch die Zeigertechnik geschont wird. Darüber hinaus existieren noch weitere Vorteile, die vor allem die Ablaufgeschwindigkeit des Programms erhöhen. Dies ist gerade bei der *echtzeitkritischen Animationsdarstellung* von großer Bedeutung.

KAPITEL 6

Szenenmanipulationen

jetzt lerne ich

Zugegeben, die vorangegangenen Abschnitte waren noch ein klein wenig C/C++-lastig. Dabei wurden nun aber auch wirklich die letzten fehlenden und für OpenGL wichtigen C-Themen abgearbeitet. Ab sofort kümmern wir uns nur noch um OpenGL!

6.1 Befehlsübersicht

Folgende GL-Befehle werden in diesem Kapitel angewendet:

OpenGL-Befehl	Anwendungszweck
`glColor_(`*Farbe*`)`	Farbdefinition von Grafikelementen
`glBlendFunc(`*Transparenz*`)`	Transparenzeigenschaft spezifizieren
`glClearColor(`*Farbe*`)`	Hintergrundfarbe definieren
`glClear(`*Puffer*`)`	Pufferspeicher löschen
`glPolygonMode(`*Darst.-Art*`)`	Darstellungsart von 2D-Primitive

Tabelle 6.1: Befehlsübersicht zu Farbgebung und Darstellungsmodi

Als VC++-Datenbasis für dieses Kapitel verwenden Sie Ihren bis hierher erzeugten OpenGL-Code oder laden den Code von der Buch-CD aus folgendem Ordner:

`\Buchdaten\Kapitel06\ProjektDSWs\START\`

6.2 Jetzt kommt Farbe ins Spiel

Eines gleich vorweg: Schöne neue Welt!

Sie nutzen unter OpenGL nur noch *RGB-Farben* und den *True Color/Echtfarben-Modus* (24/32 Bit) der Grafikkarte bei größtmöglicher Monitorauflösung. Sie wenden ein: »Das kostet zu viel Speicher, das kostet Grafikkartenperformance.« Alles Schnee von gestern!

Sie leben in einer unglaublich progressiven Zeit des technischen Fortschritts. Noch gestern hätten hier seitenfüllende Abhandlungen zur effektiven Nutzung des Grafikkartenspeichers und den aktuellen Tricks zur Geschwindigkeitssteigerung der Grafikdarstellung gestanden. Wie gesagt, alles Schnee von gestern.

Sie bekommen heute Grafikpower pur – inklusive Grafikspeicher satt. Und das alles für ein paar lumpige Euro. Heute partizipieren Sie (endlich) an der gesamten Hardware-Entwicklung der vergangenen Jahrzehnte. Sie legen ungehemmt einfach den Powerschalter um. Also, aktivieren Sie alles, was Ihre Grafikkarte an Grafikauflösung und Farbtiefe hergibt. Wie gesagt, *Schöne neue Welt ...*

6.2.1 glColor_ – Wenn der Anstreicher kommt

Wie einleitend bereits angedeutet, sollten Sie für OpenGL den maximalen Komfort, der Ihnen von Ihrer Grafikkarte zur Verfügung gestellt wird, nutzen und am besten danach nicht weiter darüber nachdenken. Außer dass diese Geisteshaltung natürlich bequem ist, gibt es hierfür aber auch einen programmiertechnischen Grund bei der Verwendung von OpenGL:

> OpenGL bietet Ihnen zwei Farbmodi an: den *Color-Index*- und den *RGB-Echtfarbenmodus*.
>
> OpenGL entfaltet seine Möglichkeiten erst bei Verwendung höherer Farbtiefen wie dem Echtfarbenmodus (24/32 Bit) unter Verwendung der *RGB-Farbgebungsmethode*. Nur so verfügen Sie über den gesamten Befehlsumfang und die maximale Leistung (Performance) von OpenGL!

Es wird demnach nicht weiter auf die alternative Möglichkeit des Color-Index-Farbmodus eingegangen. Und dies auch nicht in prinzipieller Hinsicht. Bei der Definition von Farben wird ausschließlich auf die hier favorisierten RGB-Farbgebungsmethode eingegangen.

Wie physikalisch betrachtet aus den Farbanteilen Rot, Grün und Blau Farben gebildet bzw. gemischt werden, wurde bereits in Kapitel 2 im Abschnitt *Far-*

benlehre ausführlich beschrieben und sollte ggf. nochmals von Ihnen überflogen werden.

Die Definition eines Farbwertes unter OpenGL haben Sie bereits kurz kennen gelernt und ohne nähere Erläuterungen auch schon angewendet. Allgemein lautet der Farb-Befehl `glColor_`:

   `glColor_(Farbe);`   `//Farbe definieren`

Etwas konkreter:

   `glColor3_(R,G,B);`   `//RGB-Farbe definieren`

Und praktisch angewendet:

   `glColor3f(0.0F,0.0F,1.0F);`   `//RGB-Farbe: sattes BLAU`

Über die Befehlsparameter `R`, `G` und `B` definieren Sie die drei Farbanteile. Die dargestellten Beispielwerte bedeuten: kein Rot-, kein Grün-, aber voller Blau-Anteil, womit voll gesättigtes Blau definiert wäre. Der Fließkommawert `1.0F` steht für einen *vollen* und der Wert `0.0F` für *keinen Farbanteil* (zu den `F`-Fließkommaangaben siehe eventuell noch einmal den Abschnitt *OpenGL-Datentypen und -Konstanten* in Kapitel 4). Aus allen denkbaren Zwischenwerten dieser beiden Extreme und den möglichen Kombinationen der drei RGB-Farbanteile können (fast) alle Farben erzeugt werden.

Von welchem OpenGL-Datentyp die RGB-Parameter eines `glColor_`-Befehls sind, wird durch das Befehlssuffix bestimmt. Im obigen Beispiel wurde das Suffix `3f` verwendet, womit RGB-Parameter vom Datentyp `GLfloat` der Befehlsvariante `glColor3f()` übergeben werden. Die allgemeinen Regeln zu den Befehlsvarianten wurden bereits in Kapitel 5 im Abschnitt *Befehlssuffixe* im Detail besprochen.

> Verwenden Sie unter OpenGL stets *Farbwerte*, die vom Datentyp `GLfloat` sind, da viele Licht- und Materialdefinitionen auf diesen Datentyp zugreifen. Danach verwenden Sie unter OpenGL bevorzugt die `glColor_f`- bzw. die `glColor_fv`-Befehlsvariante!

6.2.2 Transparente Farben und andere Probleme

Prinzipiell würde die Angabe der drei RGB-Farbanteile zur Definition einer Farbe ausreichen. Damit kämen die `glColor3_`-Befehlsvarianten zum Einsatz. Die Suffix-Ziffer `3` verrät allgemein, dass hier nur drei Parameter in der Parameterliste angegeben werden müssen – hier die RGB-Anteile. Bei den anderen verfügbaren `glColor4_`-Befehlsvarianten steht Ihnen zusätzlich noch ein vierter Parameter `A` zur Verfügung. Der Buchstabe A steht für das griechische Alpha und definiert die *Transparenzeigenschaft* von *RGBA*-eingefärbten Grafik-Primitiven.

173

> Die Transparenzeigenschaften sind nur im RGBA-Echtfarbmodus möglich und somit eines der vielen Beispiele dafür, dass dieser Modus unter OpenGL immer genutzt werden sollte.

Was sich hinter dem Begriff Transparenz physikalisch verbirgt bzw. was unter diesem Begriff allgemein zu verstehen ist, wurde bereits in Kapitel 2 im Abschnitt *Optik – Die Physik des Lichts* beschrieben. Zusammenfassend sei an dieser Stelle noch einmal kurz erwähnt, dass es sich bei der Transparenz um die *Durchsichtigkeit* von Grafikelementen handelt, die somit eine glasscheibenähnliche Eigenschaft aufweisen und damit dem Szenenbetrachter ermöglichen, die dahinter liegenden Objekte zu erkennen – wenn auch meist etwas verschwommen. Wie stark sich dieser Effekt auswirken kann und vor allem, wie dieser unter OpenGL programmiert wird, wird nun demonstriert.

Ob Sie den *Transparenzeffekt* nutzen wollen, sollte immer vor der Definition einer OpenGL-Szene von Ihnen entschieden werden, da hiermit die Entscheidung über die zur Anwendung kommenden glColor_-Befehlsvarianten fällt. Verwenden Sie *nur* die glColor3_-Varianten, so legen Sie implizit einen konstanten Alpha-Wert von A=1.0F fest. Dies bedeutet, dass *kein* Transparenzeffekt gewünscht wird. Ein beispielhaft analoger glColor4_-Befehl lautet:

`glColor4f(0.0F,0.0F,1.0F,1.0F);   //transparenzloses BLAU`

Die dabei verwendeten Alpha-Werte liegen zwischen 0.0F und 1.0F. Damit zeigt sich hier ein identisches Wertebereichsverhalten zu den RGB-Werten. 0.0F bedeutet demnach die Wahl *voller* Transparenz und lässt damit ein Grafikelement vollkommen durchsichtig erscheinen. Jeder Zwischenwert lässt das Grafikelement mehr oder weniger durchsichtig (verschwommen) erscheinen. Die vorangegangenen Erläuterungen gelten natürlich nur für die Fälle, dass Sie ausschließlich von den Fließkommabefehlsvarianten (d,f) Gebrauch machen, was hiermit auch gleich empfohlen sei.

Zur Demonstration des Transparenzeffekts wird wieder einmal das Hello-OpenGL-Programm ein wenig modifiziert. Dieses enthält in weiser Voraussicht bereits die nötigen glColor4_-Befehlsvarianten mit Beispieltransparenzwerten. Einzig die Aktivierung des zugehörigen Effekts ist noch nicht erfolgt. Dies geschieht über das Einschalten des GL_BLEND-OpenGL-Status über den Statusbefehl glEnable.

`glEnable(GL_BLEND);` //Tranzparenzeigenschaften aktivieren

Das englische Wort blend bedeutet so viel wie vermischen. Dass der *Blend-Effekt* explizit eingeschaltet werden muss, hängt einmal mehr mit den bekannten OpenGL-Voreinstellungen zusammen. Die Deaktivierung geschieht bekanntermaßen über glDisable(GL_BLEND).

Die folgende Übung entspricht in leicht abgeänderter Form der Übung 4 aus Kapitel 5, Abschnitt *Vorder- und Rückseiten ausblenden*. Daher finden Sie jetzt auch nur reduzierte Anweisungen vor.

Implementieren Sie den *globalen Transparenzeffekt* für die OpenGL-Szene programmiertechnisch in das `HelloOpenGL`-Programm.

Übung 1

- Erweitern Sie die C-Struktur `OpenGLStatus` unter dem Codepunkt //3. Globale Szeneneinstellungen um das Strukturelement `bBlend`, das vom Datentyp `GLboolean` ist. Initialisieren Sie dieses Element im Konstruktor der `COpenGL`-Klasse mit dem Wert `GL_FALSE`.

- Erzeugen Sie eine Schaltfläche Transparenz unterhalb der vorhandenen Schaltfläche Ausblenden im Steuerzentrale-Dialog mit der ID-Bezeichnung `IDC_BUTTON_BLEND`.

- Erzeugen Sie die zur Schaltfläche zugehörige Member-Funktion. Realisieren Sie den Wechsel des `bBlend`-Wertes analog zum Member-Funktionscode `OnButtonCullFrontFaces`.

- Implementieren Sie eine `if-else`-Anweisung, die den Transparenzeffekt über die entsprechenden OpenGL-Befehle ein- und ausschaltet, je nach aktuellem `bBlend`-Wert. Platzieren Sie diesen Code an der globalen Codestelle `IVa.)` des `HelloOpenGL`-Programms.

Ich denke, dass Ihnen diese Standardübung leicht von der Hand geht. Aber für den Fall der Fälle gibt's ja Anhang A, in dem Sie die Lösung nachschlagen können.

Kompilieren Sie Ihren Lösungsansatz und starten Sie das Programm, um die neue Schaltfläche Transparenz auszuprobieren ...

... Sie sagen, Ihre OpenGL-Szene erscheint unverändert! Stimmt, ein einmal schon kurz erwähnter wichtiger OpenGL-Zusammenhang wurde hier zur Verdeutlichung nicht berücksichtigt.

> Häufig ist mit der *Aktivierung* eines *OpenGL-Effekts* bzw. einer *OpenGL-Operation* über den `glEnable`-Befehl die Angabe weiterer, den Effekt bzw. die Operation betreffender OpenGL-Befehle nötig!

Dass an dieser Stelle der Merksatz aus Kapitel 4, Abschnitt *OpenGL, die State-Machine* wiederholt wird, soll Sie noch einmal und nachdrücklich dafür sensibilisieren, dass die alleinige Aktivierung eines Effekts nur selten auch das Ende der Effektprogrammierung bedeutet.

Die Art und Weise, wie sich der Blend-Effekt in Ihrer OpenGL-Szene tatsächlich auswirkt, wird abschließend erst durch den *Effektdefinitionsbefehl* `glB-`

6 *Szenenmanipulationen*

lendFunc festgelegt. Erweitern Sie den entsprechenden HelloOpenGL-Code an der im Folgenden dargestellten Codestelle.

Listing 6.1: Transparenzeffekt über glBlendFunc-Befehl definieren

```
...
// IVa.) DARSTELLUNGS-/STEUERUNGSARTEN
// Definition des OpenGL-Status
   glEnable(GL_NORMALIZE);      //Einheitsvektorbildung EIN
...
// Sonstiges
   glBlendFunc(                 //Transparenzeffekt def.
      GL_SRC_ALPHA,             // Quellpixelbehandlung
      GL_ONE_MINUS_SRC_ALPHA);  // Zielpixelbehandlung
...
```

Kompilieren und starten Sie das Programm erneut.

Abb. 6.1: Hausszene mit Transparenzeffekt

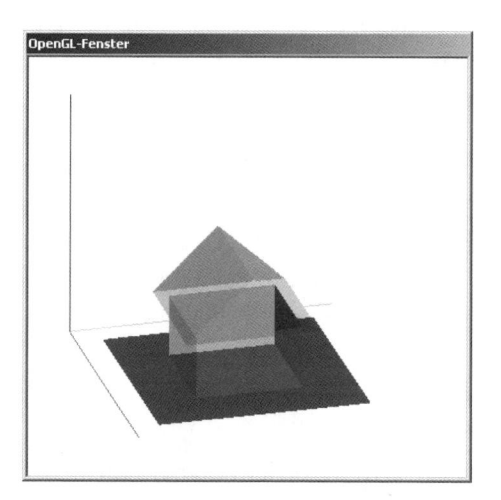

Dank des nachträglich implementierten glBlendFunc-Befehls »scheint« jetzt alles wie gewünscht zu funktionieren. Die Hausszene weist nun einen sichtbaren Transparenzeffekt auf. Für die Dach- und die Erdgeschoss-Seitenflächen wurden im HelloOpenGL-Programm glColor4f-Befehle mit Alpha-Transparenzwerten von 0.2F definiert. Die Szenenobjekte Grundstück und Koordinatensystem weisen hingegen einen Alpha-Transparenzwert von 1.0F auf und stellen sich daher nicht transparent dar. Sie schauen jetzt quasi in eine Art Glashaus hinein. Es sei für die folgenden Erläuterungen daher einmal unterstellt, dass Ihr Programmierziel die Darstellung eines Glashauses ist.

Auffällig ist in Abbildung 6.1, dass mit dem Glaseffekt nun auch Rückseiten des Hauses (back faces) sichtbar sind, aber nicht durchsichtig erscheinen, was Sie daran erkennen, dass die y-Achse des globalen Koordinatensystems nicht durchschimmert! Dies widerspricht der gesteckten Zielsetzung, ein Glashaus darstellen zu wollen. Daraus ergibt sich erneut ein *Darstellungsproblem*, das aber allgemein verdeutlicht, dass die Problembekämpfung den Regelfall bei der OpenGL-Szenendefinition darstellt, also symptomatisch für die gesamte Arbeit unter OpenGL ist. Ein durchaus positiver Umstand!

> Zur Lösung von Darstellungsproblemen müssen Sie stets die Situation analysieren, die zu der aktuellen Darstellung geführt hat, um danach mithilfe geeigneter OpenGL-Befehle entsprechende Gegenmaßnahmen ergreifen zu können. Mit jeder Problemlösung steigt bzw. konsolidiert sich Ihr OpenGL-Wissen, bis Sie ein Experte sind ...

Gut, also ran an den Problemspeck. Anstatt sich eine Möglichkeit zu überlegen, wie neben den Vorder- auch die Rückseiten transparent gestaltet werden können, erinnern Sie sich vielleicht an die im vorangegangenen Kapitel beschriebene Möglichkeit, Vorder- oder Rückseiten ausblenden zu können. Wo keine Rückseiten sind, da ist ohnehin *alles* durchsichtig! Das Ausblenden der Vorderseiten ist bereits global realisiert worden. Über einen Klick auf die AUSBLENDEN-Schaltfläche verschwinden *nur* die Vorderseiten der Hausszene, womit die Rückseiten sichtbar werden. Wissenskonsolidierend gehen Sie daher folgende Übung an:

Ändern Sie den aktuellen `HelloOpenGL`-Code durch eine einfache Codezeilenmodifikation so um, dass nach Anklicken der AUSBLENDEN-Schaltfläche die Rückseiten der Hausszene nicht mehr zu sehen sind.

Übung 2

Informationen zur Lösung dieser Übung finden Sie in Anhang A.

Die Modifikation sollte zu der in Abbildung 6.2 gezeigten Szenendarstellung führen.

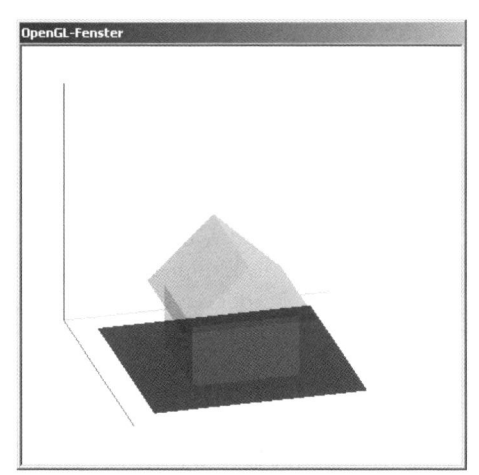

Abb. 6.2: Transparente Hausszene mit ausgeblendeten Rückseiten

6 Szenenmanipulationen

Die Rückseiten sind jetzt tatsächlich nicht mehr sichtbar! Aber so durchsichtig, dass auch die *Flächenkonturlinien* der rückseitigen Erdgeschossflächen nicht mehr zu sehen sind, womit auch die Erklärung nachgeliefert werden kann, warum das Wort *alles* im obigen Text hervorgehoben wurde.

Mit dem anvisierten Glashaus hat das vorliegende Darstellungsergebnis demnach nicht viel zu tun. Man kommt demnach nicht umhin, die Rückseitenflächen explizit über entsprechende OpenGL-Befehle mit der transparenten Farbeigenschaft zu versehen. Das nötige OpenGL-Wissen dazu wird aber erst in den nachfolgenden Kapiteln vermittelt. Dennoch modifizieren Sie an dieser Stelle folgende Codezeile des `HelloOpenGL`-Codes:

Listing 6.2: Beidseitige Einfärbung und beidseitige Transparenzdefinition

```
// IVb.) LICHTEFFEKTE definieren
// 1.) benötigte Variablendeklarationen...
...
// 3.) Globale Beleuchtungsdefinitionen
...
glColorMaterial(            //Farbgebungsmethode
    GL_FRONT_AND_BACK,      // Vorder-Rückseiten färben
    GL_AMBIENT_AND_DIFFUSE);// Ambientes u. diff. Licht
...
```

Kompilieren und starten Sie das Programm erneut. Nun scheint alles in bester Ordnung zu sein. Alle Flächen erscheinen transparent und die Konturlinien sind auch zu erkennen. Aber schauen Sie doch noch einmal genauer hin. Fällt Ihnen noch etwas auf, was gegen den »totalen Durchblick« spricht?

Richtig, trotz transparenter Vorder- und Rückseitenflächen schimmert die y-Achse des globalen Koordinatensystems nicht durch das Haus durch. Womit wieder ein Problem vorliegt, das es zu lösen gilt. Folgender Merksatz stellt den Ansatz zur Problemlösung dar und erweitert Ihr OpenGL-Wissen.

> Bei der Nutzung des Transparenzeffekts *müssen* die Hintergrundbereiche zur transparenten Fläche bereits vollständig gezeichnet worden sein, da die Blend-Operationen nur die bereits gezeichneten Bereiche berücksichtigen.

Auf unseren Fall bezogen bedeutet das, dass die Koordinatensystemachsen im `HelloOpenGL`-Code *zu spät gezeichnet* worden sind. Und richtig, wenn Sie den vorliegenden OpenGL-Code analysieren, dann fällt auf, dass das Koordinatensystem erst an fünfter und demnach letzter Stelle des OpenGL-Codes gezeichnet wird. Markieren Sie also den gesamten `glBegin`/`glEnd`-Bereich der Koordinatensystemdefinition. Schneiden Sie diesen über die Tastenkombination [Strg]+[X] aus und fügen Sie ihn dann über [Strg]+[V] direkt nach dem Grundstücksdefinitionsbereich wieder ein. Sollten Sie dabei den `glDisable(GL_LIGHTING)`-Befehl mitkopiert haben, kommentieren Sie diese Codezeile aus! Im Ergebnis haben Sie die *OpenGL-Befehlsreihenfolge* geändert, womit das Koordinatensystem nach dem Grundstück, aber noch vor den Hausflächen gezeichnet wird.

Kompilieren und starten Sie das Programm erneut. Aktivieren Sie den Transparenzeffekt!

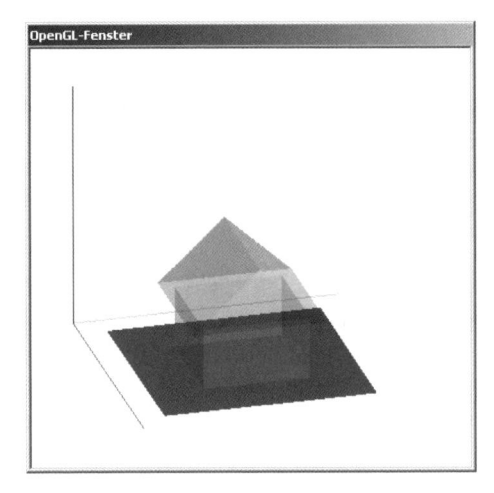

Abb. 6.3:
Korrekte transparente Darstellung der Hausszene

Sie bemerken an dieser Stelle, dass mit allen möglichen Tricks gearbeitet werden muss, um (fast) alle Darstellungsprobleme in den Griff zu bekommen. Aber vielleicht ist eines jetzt ganz deutlich geworden:

> Ein einzelner Standardeffekt unter OpenGL führt meist zu *unnatürlichen* bzw. unerwünschten Ergebnissen. Erst durch geschicktes Kombinieren verschiedener Effekte und dem Denken in der OpenGL-Arbeitsweise werden *natürliche* Darstellungsergebnisse erzielt.

Zurzeit kennen Sie aber nur wenige Effekte von OpenGL und zudem beschäftigt sich dieser Abschnitt auch primär nur mit den `glColor_`-Möglichkeiten. So viel also erst einmal dazu.

Experimentieren Sie jetzt zum besseren Verständnis ein wenig mit den Alpha-Werten der `glColor4f`-Befehle, mit denen die Hausflächenfarben definiert werden. Betrachten Sie die sich jeweils ergebende Szenendarstellung. Was fällt Ihnen vor allem bei der Verwendung der beiden Extremwerte `0.0F` und `1.0F` auf?

Bei der Verwendung eines Alpha-Wertes von `1.0F` haben Sie den Eindruck, als würde gar kein Blend-Effekt vorliegen. Hingegen verschwindet das Haus bei der Verwendung eines Alpha-Wertes von `0.0F`. Sie könnten jetzt geneigt sein, zu behaupten, dass man dann doch alleine über den Alpha-Wert den

179

Transparenzeffekt ein- bzw. ausschalten könnte! Dem ist aber nicht so, und das liegt hauptsächlich an den beiden verwendeten OpenGL-Konstanten, die dem glBlendFunc-Befehl als Parameter übergeben wurden.

glBlendFunc(**GL_SRC_ALPHA, GL_ONE_MINUS_SRC_ALPHA**)

Beim Verwenden der obigen Konstanten wirkt sich der Transparenzeffekt weitestgehend *neutral* auf die Darstellung aus. Jede andere mögliche Konstantenkombination hätte eine deutliche Änderung der zuvor gezeigten transparenten Szenendarstellung zur Folge. Darum soll hier grundlegend auf den glBlendFunc-Befehl eingegangen werden. In einem späteren Kapitel werden wir darauf etwas konkreter zu sprechen kommen – wenn auch im Zusammenhang mit der Texturprogrammierung. Zwei wichtige Konstanten erwartet die Befehlsparameterliste des glBlendFunc-Befehls:

void glBlendFunc(GLenum **sfactor**, Glenum **dfactor**)

Der Buchstabe s des ersten Parameters sfactor steht für das englische Wort source und bedeutet Quelle. Analog bedeutet das d des zweiten Parameters dfactor destination (Ziel). Die Art und Weise, wie Quelle und Ziel verknüpft werden, bestimmen diese zwei Befehlsparameter. Für den Quellparameter existieren neun und für den Zielparameter acht mögliche Verknüpfungskonstanten (siehe Tabelle 6.2). Als Standardkombination werden die o.g. Parameter dringend empfohlen, die *nicht* den Standardwerten unter OpenGL entsprechen. Was dies für den OpenGL-Neuling bedeutet, können Sie sehr leicht nachvollziehen, wenn Sie den glBlendFunc-Befehl in Ihrem aktuellen Programm auskommentieren und das Programm neu starten. Aktivieren Sie nach erfolgreicher Initialisierung den Transparenzeffekt über die TRANSPARENZ-Schaltfläche!

Tabelle 6.2: Quell-/Zielverknüpfungskonstanten des glBlendFunc-Befehls

Quellkonstante sfactor	**Zielkonstante** dfactor
GL_ZERO	GL_ZERO
GL_ONE	GL_ONE
GL_DST_COLOR	GL_SRC_COLOR
GL_ONE_MINUS_DST_COLOR	GL_ONE_MINUS_SRC_COLOR
GL_SRC_ALPHA	GL_SRC_ALPHA
GL_ONE_MINUS_SRC_ALPHA	**GL_ONE_MINUS_SRC_ALPHA**
GL_DST_ALPHA	GL_DST_ALPHA
GL_ONE_MINUS_DST_ALPHA	GL_ONE_MINUS_DST_ALPHA
GL_SRC_ALPHA_SATURATE	

Nichts passiert! Keine Spur von Transparenz, trotz der korrekten Definition der Alpha-Werte in den glColor4_-Befehlen und trotz der Aktivierung des Transparenzeffekts über glEnable(GL_BLEND)! Und das alles nur, weil die Standardwerte von OpenGL nicht den in Tabelle 6.2 fett gedruckten Werten entsprechen.

Die Verwendung der Konstanten aus Tabelle 6.2 wird in Kapitel 14 im Abschnitt *Texturtransparenz – Maskerade pur* noch näher unter die Lupe genommen, wobei auch gleichzeitig noch andere damit verbundene Möglichkeiten aufgezeigt werden. Im Vorgriff auf das nächste Kapitel sei abschließend folgender Hinweis angebracht:

> Die Transparenzeffekte (Blend-Funktionen) arbeiten unabhängig von der Lichtdarstellungsaktivierung, werden von dieser aber in ihrem Erscheinungsbild beeinflusst.

6.2.3 Standard-RGB-Farben organisieren

Nach diesem Ausflug in die Welt der Transparenz sei nun die eigentliche Funktion des `glColor_`-Befehls abschließend erläutert: die *Farbdefinition*.

Wie war das noch gleich? Gelb war doch eine Mischung aus Grün und Blau, oder? Oder war es doch eher eine Mischung aus Rot und Grün? Und Braun war …?

Genau hiermit beginnt die »Farbquälerei«. Man kann sich die Farbmischungsverhältnisse für die gängigen Farben des Alltags nur schlecht merken. Eines der Ziele bei der Entwicklung der COpenGL-Klasse war es aber, dass so viel wie möglich von dem erworbenen Wissen abrufbar vorliegen soll. Deshalb werden an dieser Stelle auch einige *Standardfarben* fest in die COpenGL-Klasse implementiert, auf die in Zukunft komfortabel über deutsche *Farbbezeichnungen* zugegriffen werden kann. Dazu organisieren Sie die Farbkomponenten in einer C-Struktur, die innerhalb der COpenGL-Klasse an bekannter Stelle deklariert wird.

```
// OpenGL.h : Header-Datei
//
// * C-Strukturdefinitionen für COpenGL-Klasse *
typedef struct fRGBAColorTAG
{
    GLfloat Red;    // Rot-         Komponente
    GLfloat Green;  // Grün-        Komp.
    GLfloat Blue;   // Blau-        Komp.
    GLfloat Alpha;  // Transparenz-Komp.
} fRGBAColor;
```

Listing 6.3: C-Struktur zum Organisieren von RGBA-Komponenten

Damit verfügen Sie nun über einen selbst definierten komplexen Datentyp `fRGBAColor`, dessen Strukturelemente selbst vom einfachen Datentyp `GLfloat` sind und die RGBA-Farbinformationen enthalten.

Dass C-Strukturen neben den einfachen auch komplexe Datentypen speichern können, zeigt die folgende C-Strukturdefinition, die die Standardfarben über geeignete Farbbezeichnungen organisiert und von Ihnen *nach* dem fRGBAColor-Definitionscode eingegeben wird.

Listing 6.4: C-Struktur zum Organisieren von Farbwerten
```
typedef struct fFarbenTAG
{
    fRGBAColor WEISS;       //voll Weiß
    fRGBAColor SCHWARZ;     //voll Schwarz
    fRGBAColor ROT;         //voll Rot
    fRGBAColor GRUEN;       //voll Grün
    fRGBAColor BLAU;        //voll Blau
    //hier weitere Farbdefinitionen
} fFarben;
```

Somit haben Sie quasi eine *Struktur in einer Struktur* erzeugt. Die damit verbundene Organisation der Farbwerte verwaltet die Farben logisch gruppiert. Darüber hinaus benötigen Sie zur Farbverwaltung nur *eine* Member-Variable, die Sie in die COpenGL-Klasse implementieren. Diesmal bedienen Sie sich aber nicht des Klassen-Assistenten, sondern deklarieren sie manuell innerhalb der Definitionsdatei *COpenGL.h* an gezeigter Codestelle:

Listing 6.5: Manuelle Deklaration einer Member-Variablen (Farbverwaltung)
```
...
// Attribute
public:
    fFarben m_fStdFarben;   //Std-Farbwerte global verwalten
...
```

Über die globale Klassen-Variable m_fStdFarben können Sie nun von jeder Programmstelle der COpenGL-Klasse auf die Standardfarben zugreifen. Fehlt nur noch die Initialisierung bzw. Farbdefinition der Farbelemente. Diese realisieren Sie im Konstruktor der COpenGL-Klasse.

Listing 6.6: Initialisierung der Farbstruktur fFarben
```
COpenGL::COpenGL()
{
//Klasseninitialisierungen
...
//Standard-Farbdefinitionen
    //RGBA lokal definieren (Alpha=1.0F)
    fRGBAColor Weiss        ={1.00F,1.00F,1.00F,1.00F};
    fRGBAColor Schwarz      ={0.00F,0.00F,0.00F,1.00F};
    fRGBAColor Rot          ={1.00F,0.00F,0.00F,1.00F};
    fRGBAColor Gruen        ={0.00F,1.00F,0.00F,1.00F};
    fRGBAColor Blau         ={0.00F,0.00F,1.00F,1.00F};
    //Global abspeichern
    m_fStdFarben.WEISS      =Weiss;
    m_fStdFarben.SCHWARZ    =Schwarz;
    m_fStdFarben.ROT        =Rot;
    m_fStdFarben.GRUEN      =Gruen;
    m_fStdFarben.BLAU       =Blau;
}
```

Jetzt kommt Farbe ins Spiel

Die hier implementierten Farben weisen RGB-Farbkomponenten *voller* Intensität auf, womit die *Grundfarben* bereits in den Farbstrukturen vorliegen.

Erweitern Sie die Farbstruktur fFarben um die Farbwerte nach Abbildung 2.8 und Tabelle 2.1 (Kapitel 2, Abschnitt *Farbenlehre*). Initialisieren Sie auch diese wie gezeigt im Konstruktor der COpenGL-Klasse.

Übung 3

Informationen zur Lösung dieser Aufgabe finden Sie in Anhang A.

Ersetzen Sie die aktuell im HelloOpenGL-Code vorhandenen glColor_-Befehle durch die analogen vektoriellen Befehlsvarianten. Übergeben Sie den vorhandenen Szenenelementen folgende Farbwerte:

Übung 4

Koordinatensystem	**ROT, BLAU, GRUEN**
Grundstück	**DUNKELGRUEN**
Erdgeschossseiten	**WEISS**
Dach	**BACKSTEINROT**

Hinweis:

- Über den Und-Operator (&) werden die vektoriellen Farbwerte übergeben. Mit den Punkt-Operatoren (.) »hangeln« Sie sich über die Member-Variablen m_fStdFarben durch den komplexen Farbdatentyp fFarben!

Können die hier definierten RGBA-Standardfarben ohne weiteres einem glColor3fv-Befehl übergeben werden?

Durch die *direkte* Übergabe der Standardfarbwerte werden die Alpha-Transparenzwerte der Erdgeschoss- und Dachflächen durch den Wert 1.0F überschrieben. Durch welche *indirekten* und vorbereitenden Codezeilen können Sie über Anlegen einer lokalen Variablen vom Datentyp fRGBAColor dennoch die Standard-RGB-Farbwerte nutzen?

Informationen zur Lösung dieser Übung und die Antworten auf die Fragen können Sie in Anhang A nachlesen.

Die so organisierten RGBA-Farben benötigen Sie im Verlauf des OpenGL-Projekts immer wieder.

> Eine Grundfarbe sollte jedem Grafikelement zugeordnet werden, auch wenn Sie *nur* beabsichtigen, Texturen auf diese Flächen zu projizieren. Damit ist eine spätere Verwechselung von Vorder- und Rückseite bei einem fehlerhaften Programmverhalten erkennbar und analysierbar.

6.3 Hintergründiges zu OpenGL

Berlin, 12 Uhr, der Straßenasphalt glänzend schwarz, der Himmel strahlend blau[1]. Zur gleichen Zeit: ISS-Raumstation zwischen Sonne und Berlin, die Erde blau, der Weltraum schwarz.

Ja, so ist das mit den unterschiedlichen Hintergründen, je nachdem wo sich der Beobachter gerade aufhält. In einem Fall ist die richtige Wahl des Szenenhintergrunds die Farbe Schwarz und im anderen Fall die Farbe Blau und in einem weiteren Fall irgendeine andere Hintergrundfarbe. Der Hintergrund umgibt den gesamten OpenGL-Raum. Dieser herrscht überall dort vor, wo sich keine Szenenobjekte befinden.

6.3.1 glClearColor – Hintergrundfarbe festlegen

Dem beschriebenen Umstand trägt OpenGL Rechnung und stellt Ihnen entsprechende Befehle zur *Hintergrundfarbdefinition* zur Verfügung. Auch diese haben Sie bereits im `HelloOpenGL`-Programm eingegeben.

```
//Hintergrundfarbe definieren
glClearColor(1.0F, 1.0F, 1.0F, 1.0F);  // Farbe Weiß
glClear(GL_COLOR_BUFFER_BIT |          // Puffer löschen
        GL_DEPTH_BUFFER_BIT);
```

`glClearColor` kommt dabei die Aufgabe zu, die Hintergrundfarbe im `RGBA`-Format festzulegen. Für unsere Projektszene wurde beispielhaft die Farbe Weiß ohne Transparenz gewählt. Diese eignet sich gerade für die vorliegenden Screenshots.

Die Farbparameter innerhalb der `glClearColor`-Parameterliste werden im OpenGL-Datentyp `GLclampf` übergeben. Dieser Datentyp wird innerhalb von OpenGL des Öfteren für Übergabewerte im Fließkommaformat mit einfacher Genauigkeit verwendet und entspricht per Definition dem C-`float` und damit dem `GLfloat`-Datentyp. Daher wurden die Gleitkommawerte auch explizit mit dem Großbuchstaben F versehen, womit der Compiler diese Werte formatkonform übersetzt. Bei Nichtbeachtung dieses kleinen, aber feinen Unterschieds, erhalten Sie eine entsprechende Fehlermeldung vom Compiler. Probieren Sie es aus!

6.3.2 glClear – Der Pufferlöscher

Erst über die Angabe des `glClear`-Befehls wird die aktuelle Hintergrundfarbe der OpenGL-Szene gesetzt. Genauer gesagt wird Farbpufferspeicher ge-

---

1. »Der Wind und die Frisur« sind uns an dieser Stelle vollkommen schnuppe. Sollten Sie die hier pointierte Werbesequenz nicht kennen, so lächeln Sie dennoch – kann ja nie schaden. ;-)

löscht. Da der `glClear`-Befehl aber nicht nur für das Löschen des *Farbpuffers* zuständig ist, muss dem Befehl die Bitmaskenkonstante `GL_COLOR_BUFFER_BIT` übergeben werden. OpenGL kennt aber noch andere Puffer, die ebenfalls über eine Bitmaske gekennzeichnet sind. Durch ODER-Verknüpfung (|) können alle existierenden Puffertypen in Form eines Parameters, der vom OpenGL-Datentyp `GLbitfield` ist, dem `glClear`-Befehl übergeben werden. Folgende Bitmasken korrespondieren mit folgenden OpenGL-Befehlen:

Bitmaske	gl-Befehl	Puffertyp
GL_COLOR_BUFFER_BIT	glClearColor	Farbpuffer
GL_DEPTH_BUFFER_BIT	glClearDepth	Tiefenpuffer
GL_ACCUM_BUFFER_BIT	glClearAccum	Akkumulationspuffer
GL_STENCIL_BUFFER_BIT	glClearStencil	Schablonenspeicher

Tabelle 6.3: glClear – Puffer-Bitmasken und korrespondierende Befehle

Erwähnenswert ist hier die Bitmaske `GL_DEPTH_BUFFER_BIT`, die den *Tiefenpuffer* zur Verdeckungsrechnung löscht. OpenGL benötigt diesen, um bewerten zu können, welche grafischen Szenenobjekte weiter vorne bzw. weiter hinten liegen. Sie weisen OpenGL an, die Verdeckungsrechnung durchzuführen, indem Sie den entsprechenden Status über `glEnable(GL_DEPTH_TEST)` aktivieren, was im `HelloOpenGL`-Programm auch geschehen ist. Der korrespondierende Befehl zur `GL_DEPTH_BUFFER_BIT`-Bitmaske ist `glClearDepth`.

Die Puffertypen `GL_ACCUM_BUFFER_BIT` und `GL_STENCIL_BUFFER_BIT` seien hier der Vollständigkeit halber in Tabelle 6.3 aufgeführt.

6.4 Flächen-, Gitter- und Punktdarstellung

Eine interessante und vor allem einfache Methode, um eine bestehende OpenGL-Szene in einen andersartigen Darstellungsmodus zu überführen, stellt der `glPolygonMode`-Befehl dar. Der Definitionsrumpf für diesen Befehl lautet:

void **glPolygonMode(GLenum** *face*, **GLenum** *mode*);

Der Parameterdatentyp `GLenum` signalisiert, dass hier wieder OpenGL-Konstanten zum Einsatz kommen. Der *face*-Parameter (engl. face für Bildseite) bestimmt, ob die Vorder- (`GL_FRONT`) oder die Rückseite (`GL_BACK`) oder gar beide Seiten (`GL_FRONT_AND_BACK`) eines 2D-Primitivs (Polygon) von der Darstellungsänderung betroffen sind.

Der *mode*-Parameter bestimmt, in welchem Darstellungsmodus die Primitive dargestellt werden sollen. Drei Darstellungsmodi können definiert werden:

6 Szenenmanipulationen

GL_FILL, GL_LINE und GL_POINT. Theoretisch ausgedrückt kann damit eine Fläche (GL_FILL) auf eine andere Raumdimension *reduziert* werden. Auf Basis der Eckpunkte (Vertices) eines 2D-Flächen-Primitivs werden hierbei verwandte 1D-Linien-Primitive (GL_LINE) gebildet, wobei die Fläche verschwindet. In einem weiteren *Reduktionsschritt* werden die 1D-Linien-Primitiven in verwandte 0D-Punkte-Primitive (GL_POINT) umgewandelt, wobei die Linien verschwinden. Verwandt bedeutet hier, dass die Linien Grund- bzw. Konturlinien der Fläche und die Punkte wiederum Eckpunkte der Konturlinien sind.

Die praktische Umsetzung des glPolygonMode-Befehls soll die dargestellten Zusammenhänge verdeutlichen. Fügen Sie den folgenden Programmcode nach der HelloOpenGL-Methode an der im Folgenden gezeigten Kommentarstelle in Ihre COpenGL-Klasse ein:

Listing 6.7:
Flächendarstellungsmodus bestimmen

```
...
// IVa.) DARSTELLUNGS-/ STEUERUNGSARTEN
   // Definition des OpenGL-Status
...
   // Korrespondierende Status-Befehle
   glPolygonMode(            //Darstellungsmodus
      GL_FRONT,              // der Vorderseiten
      GL_LINE);              // in Gitterliniendarst
...
```

Kompilieren und starten Sie das Programm.

Abb. 6.4:
Hausszene in Gitterdarstellung mit flächigen Rückseiten

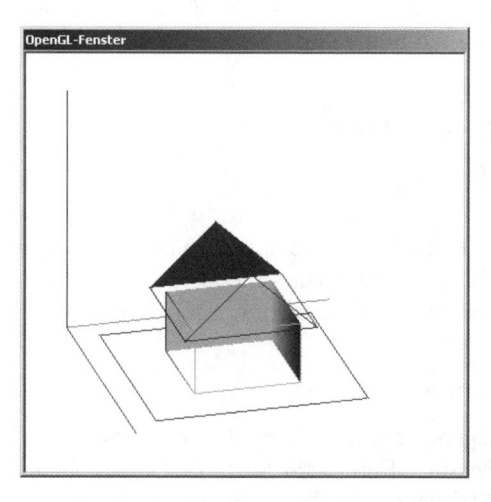

Mit Ausnahme der Rückseitenflächen des Hauses haben sich nun alle Flächen in Linien verwandelt bzw. die ehemals geschlossenen Farbflächen erscheinen jetzt konturiert. Auch das Grundstück erscheint nur noch in seinen Grundrisslinien. Häufig spricht man bei einer solchen Darstellungsart auch von einer *Gitterdarstellung*.

Um die *reine* Gitterdarstellung zu erhalten, ist die Änderung des *face*-Parameters in `GL_FRONT_AND_BACK` nötig. Hiermit würden neben den Vorder- auch die Rückseiten der Hausszenenflächen in der Liniendimension angezeigt. Kompilieren und starten Sie Ihr Programm nun mit dem `GL_FRONT_AND_BACK`-*face*-Parameter. Fällt Ihnen etwas dabei auf?

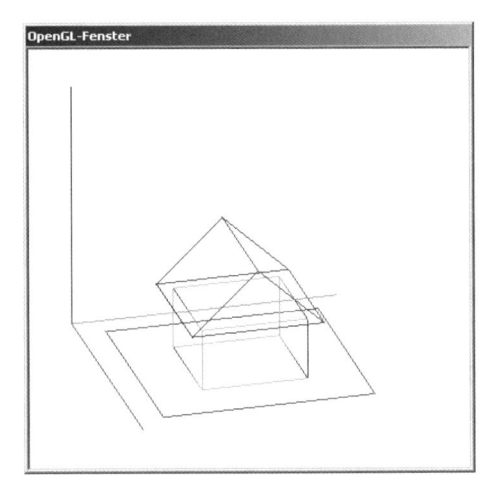

Abb. 6.5:
Reine Gitterdarstellung der Vorder- und Rückseiten

Außer der Tatsache, dass jetzt ausnahmslos alle Flächen in Linienform dargestellt werden, sollte Ihnen aufgefallen sein, dass die immer noch eingeschaltete Lichtdarstellung dazu führt, dass alle Konturlinien der Hausszene schattiert erscheinen – also genau in den *Schattierungsfarben*, die auch bei der Flächendarstellung vorlagen. Besonders deutlich können Sie dies an den Linienfarben der Rückseiten beobachten, die grau (beleuchtete Rückseite) und schwarz (unbeleuchtete Rückseite = Schattenseite) leuchten. Klicken Sie zur Verdeutlichung auf die AUSBLENDEN-Schaltfläche.

Schalten Sie jetzt den zweiten möglichen Polygonmodus `GL_POINT` ein. Kompilieren und starten Sie Ihr Programm.

In der nun erscheinenden Szene hat es den Anschein, als sei die gesamte Hausszene verschwunden. Aber bei genauerer Betrachtung sieht man alle Flächeneckpunkte der Hausszene. Damit haben Sie alle flächenbildenden Eckpunkte (Vertices) in Form von Bildpunkten zur Darstellung gebracht, ganz so, als hätten Sie diese alleine mithilfe von `GL_POINTS`-Primitiven erzeugt. Somit verfügen Sie zu jeder getroffenen Flächendefinition auch über eine analoge Linien- und Punktedarstellung, quasi gratis, als Bonus. Ihnen, dem Pro-

187

grammierer, eine solche Option zur Verfügung zu stellen, ist doch wirklich sehr aufmerksam von OpenGL, oder nicht?

Dass die verschiedenen Polygonmodi keine Auswirkung auf nicht flächige Objekte haben, konnten Sie bei der Aktivierung des `GL_POINT`-Modus auch gleich erfahren, denn auf die das Koordinatensystem bildenden Linien-Primitive haben die Einstellungen keine Auswirkung.

> Der `glPolygonMode`-Befehl wirkt sich nur auf die in einer Szene dargestellten Flächen-Primitive (Polygone) aus.
>
> Die flächenreduzierte Linien- und Punktdarstellung wird in den lichtberechneten Farben der Flächen-Primitive dargestellt.

Eine Übersicht der möglichen *mode*- und *face*-Konstanten zum `glPolygonMode`-Befehl zeigt Tabelle 6.4.

Tabelle 6.4: `glPolygonMode`-Befehlsparameter in der Übersicht

face-Konstante	mode-Konstante
GL_FRONT	GL_FILL
GL_BACK	GL_LINE
GL_FRONT_AND_BACK	GL_POINT

Die drei aufgeführten *face*-Konstanten wurden im Gegensatz zu den *mode*-Konstanten, wovon erst `GL_LINE` und `GL_POINT` behandelt wurden, bereits angesprochen. Was ist zu `GL_FILL` zu sagen?

Nun, dieser Modus ist bekanntermaßen unbekannt. Denn wieder einmal haben die OpenGL-Standardwerte (*Defaults*) ganze Arbeit geleistet. Ohne, dass Sie dazu den `glPolygonMode`-Befehl in Ihrem OpenGL-Programm explizit angeben müssen, liegt dieser Modus vor. Dies führt zu der bisher bekannten flächenfüllenden Darstellung der Hausszene.

Übung 5 Implementieren Sie analog zu Übung 4 in Kapitel 5, Abschnitt *Vorder- und Rückseiten ausblenden* eine Schaltfläche GITTERMODUS im Steuerzentrale-Dialog. Der damit verbundene Wechselmechanismus soll das Umschalten zwischen der Flächen- und der Gitterdarstellung realisieren. Verwenden Sie folgende Definitionsdaten:

Schaltflächen-ID	`IDC_BUTTON_WIRE_DISPLAY`
Schaltflächentitel	`Gittermodus`
OGLStatus-Element	`bWireDisplay`

Informationen zur Lösung dieser Aufgabe finden Sie in Anhang A.

KAPITEL 7

Es werde Licht!

Bisher haben Sie die Hausszene hauptsächlich bei eingeschaltetem Licht mit den daraus resultierenden Effekten betrachtet und dies, obwohl das Vorhandensein von *Lichteffekten* unter OpenGL standardmäßig ausgeschaltet ist. Diese Voreinstellung ist auch verständlich, denn die Definition der Lichteffekte bedarf einiger Vorbereitung und einigen Aufwandes. Aufgrund der Gesamtkomplexität der Behandlung von *Lichtquellen* wurde bisher nur andeutungsweise darauf eingegangen. Und das hat auch seinen Sinn, denn erst mit dem in den vorangegangenen Kapiteln erworbenen Wissen kann dieses Thema umfassend behandelt werden. Auf Fachbegriffe wie z.B. Normalenvektor, Emission und Reflexion wird demnach nicht mehr im Detail eingegangen. Es bietet sich an dieser Stelle eventuell an, nochmals den Abschnitt *Physik* in Kapitel 2 zu lesen, um mit dem maximalen Grundverständnis einzusteigen.

Da im vorangegangenen Kapitel viele Änderungen am Code vorgenommen wurden, sollten Sie an dieser Stelle bevorzugt mit einer »sauberen« Grundlage starten. Diesen Basiscode finden Sie auf der Buch-CD in folgendem Ordner:

\Buchdaten\Kapitel07\ProjektDSWs\START\

Kopieren Sie das VC++-Projekt von der CD in einen temporären Ordner auf Ihrer Festplatte und starten Sie dann die Visual C++-Entwicklungsumgebung durch einen Doppelklick auf die Datei *OGLProjekt.dsw*. Folgende Änderungen, die Sie auch selbst hätten durchführen können, habe ich für Sie am bisherigen HelloOpenGL-Programm vorgenommen:

- Alle glVertex_-Befehle liegen nun in vektorieller Befehlsform vor, womit auch die skalaren Vertex-Definitionsdaten aus dem Code entfernt worden sind.

- Es wurde eine Schaltfläche LICHTEFFEKT mit funktionalem Code in den Steuerzentrale-Dialog implementiert, der die Lichteffekte global im Wechsel ein- und ausschaltet.

7.1 Am Anfang war kein Licht

Wat is *Licht*? Da stellen wir uns erst mal janz dumm! Für das allgemeine Verständnis zum Begriff Licht unter OpenGL ist es interessanterweise von Vorteil, wenn zunächst einmal ein Rückschritt gemacht wird, also die bisher global eingeschalteten *Lichteffekte* in Ihrem HelloOpenGL-Programm nun ausgeschaltet sind. Der Lichteffekt wird global über die OpenGL-Konstante GL_LIGHTING ein- bzw. ausgeschaltet.

```
glEnable(GL_LIGHTING);    //Lichteffekte einschalten
glDisable(GL_LIGHTING);   //Lichteffekte ausschalten
```

Standardmäßig sind die Lichteffekte unter OpenGL ausgeschaltet. Haben Sie den Basiscode wie empfohlen von der Buch-CD geladen, so ist auch hier der Lichteffekt zunächst ausgeschaltet. Kompilieren und starten Sie das Programm.

Abb. 7.1: Hausszene ohne Lichteffekte

Betrachten Sie die lichtlose Hausszene. Die einzelnen Szenenbestandteile, wie die Dachvorderseite oder die linke und rechte Dachhälfte, sind nur noch mit viel Fantasie vorstellbar. Das gesamte Dach und die Erdgeschossseiten erscheinen in einem weitestgehend konturlosen Farbeinerlei (uniforme Farbflächen). Die bisher gewohnte Lichtdarstellung der Hausszene war da doch wesentlich anschaulicher.

Die Ursache für die scheinbare *Konturlosigkeit* findet sich in der *unschattierten Darstellung* der Szene, da zum gegenwärtigen Zeitpunkt keine Lichteffekte berechnet werden. Lichteffekte sind für die konturgebende Körperdarstellung aber notwendig – in der Natur genauso wie unter OpenGL. Eine OpenGL-Szene von Grund auf mit einer *definierten Schattenwirkung* zu versehen, ist Ziel dieses und der folgenden zwei Kapitel.

7.2 Licht und Material – Echte Partner!

Alleine schon, um Sie nicht mit der unbeleuchteten Darstellungsvariante der Hausszene zu verschrecken, wurde anfangs das `HelloOpenGL`-Programm mit allen grundlegenden Lichtbefehlen bestückt. Die betreffenden Codeteile wurden dabei durch entsprechende Kommentarüberschriften kenntlich gemacht. Diese werden, ohne den zugehörigen OpenGL-Code dabei mit darzustellen, im Folgenden nochmals aufgeführt:

```
...
// LICHTEFFEKTE definieren
// 1.) benötigte Variablendeklarationen...
   //...zum LICHT
        // Def. 1. Lichtquelle
        // Def. 2. Lichtquelle

        // Def. n. Lichtquelle
   //...zum MATERIAL

// 2.) benötigte OpenGL-Befehle...
   //...zum LICHT
        // Def. 1. Lichtquelle
        // Def. 2. Lichtquelle

        // Def. n. Lichtquelle
   //...zum MATERIAL

// 3.) Globale Lichtdefinitionen
...
```

Listing 7.1: OpenGL-Codestrukturierung zur Licht- und Materialdefinition

Es fällt auf, dass zu den Überpunkten `Variablendeklarationen` und `OpenGL-Befehle` jeweils eine weitere Codeuntergliederung in einen `LICHT`- und einen `MATERIAL`-Unterpunkt vorliegt. Ein bemerkenswerter Sachverhalt führte zu diesem Strukturierungsansatz.

> Zum Erzielen von Lichteffekten unter OpenGL, müssen die Lichtquellen *und* die zu beleuchtenden Objekte (Materialien) in ihren jeweiligen Eigenschaften definiert werden.

Der Merksatz soll verdeutlichen, dass die Partner *Licht* und *Material* die Lichtdarstellung weitestgehend bestimmen und damit über entsprechende OpenGL-Befehle programmiert werden müssen. Es stellt eben einen sichtbaren Unterschied dar, ob ein Halogen-Spot direkt auf eine glatt polierte Stahlkugel strahlt oder ob eine diffus leuchtende »Wald und Wiesen«-Glühbirne teilweise auf eine Holzkugel scheint. Unterschiedliche Lichtquellen haben unterschiedliche *Leuchtstärken*, *-farben*, *-kegel* und *-richtungen* und wirken damit auch unterschiedlich auf die Objekte (Materialien) einer OpenGL-Szene. Szenenobjekte weisen unterschiedliche Materialeigenschaften wie *Reflexions-*, *Spiegelungs-*, *Emissions-* und *Transparenzeigenschaften* auf. Das Ergebnis der Licht/Material-Berechnungen mündet (meist) in eine schattierte Darstellung der einzelnen Szenenobjekte.

Listing 7.1 macht aber noch auf etwas anderes aufmerksam: Während es *mehrere Lichtquellendefinitionen* in Ihrem OpenGL-Code geben kann, ist immer nur *ein Materialdefinitionsteil* vorhanden. Es leuchtet sicherlich ein, dass es zwar mehrere Lichtquellen, aber immer nur ein zu bestrahlendes Objekt (Material) geben kann. Vorgreifend auf den Abschnitt zur Materialdefinition sei an dieser Stelle schon darauf hingewiesen, dass eine übersichtliche Gliederung der Materialbefehle nicht immer möglich ist.

Darüber hinaus wird durch die letzte Kommentarzeile `3.) Globale Lichtdefinitionen` in Listing 7.1 vorab darauf aufmerksam gemacht, dass Ihnen weitere übergeordnete Lichtbefehle unter OpenGL zur Verfügung stehen, die die *reinen* Licht- und Materialdefinitionen dominieren bzw. überlagern. Diese beeinflussen das Darstellungsergebnis global. Ein Ihnen bereits bekannter globaler Lichtbefehl ist die Aktivierung der Lichteffekte.

7.3 Befehlsübersicht

OpenGL stellt Ihnen zur Lichtquellen-, Material- und globalen Lichtdefinition folgende Befehle zur Verfügung:

Tabelle 7.1: Befehlsübersicht rund um die Lichtdarstellung in OpenGL

OpenGL-Befehl	Anwendungszweck
`glLight_`	Definition der Lichtquellen
`glMaterial_`	Definition der Materialeigenschaften
`glNormal_`	Beeinflusst die Lichtberechnung
`glColorMaterial`	Definition der Materialfarbe
`glLightModel_`	Legt das global anzuwendende Lichtmodell fest
`glShadeModel`	Legt das globale Schattierungsmodell fest
`glEnable/glDisable`	Aktiviert/deaktiviert Lichteffekte, Materialien und Lichtquellen

Nur die ersten zwei Befehle werden für die *reine* Lichtquellen- und Materialdefinition benötigt. Dazu gesellen sich die übrigen Befehle, die die Lichtdarstellung global und übergeordnet beeinflussen. Die Befehle `glColorMaterial` und `glLightModel_` sind zwar globaler Natur, werden teilweise aber auch innerhalb der Lichtquellen- und Materialdefinition benötigt. Dennoch werden diese der Vollständigkeit halber in Kapitel 9 nochmals aufgeführt – dazu später aber mehr. Zunächst sollen die *reinen* Licht- und Materialdefinitionsmodi erläutert werden.

Der wichtige und elementare Befehlsumfang zur Lichtquellen- und Materialdefinition scheint mit nur zwei Befehlen recht dürftig vertreten zu sein. Dies ist aber nur auf den ersten Blick richtig, denn auf den zweiten Blick haben es diese Befehle in sich. Ähnlich den `glEnable/glDisable`-Befehlen werden sie in vielfältiger Wirkhinsicht zur Beleuchtungsdefinition verwendet.

7.4 Lichtquellendefinition

Wie in der Realität wirken auch in einer 3D-Grafikszene meist mehrere *Lichtquellen*. Diesem Umstand trägt OpenGL Rechnung und bietet Ihnen die Definition mehrerer Lichtquellen an.

7.4.1 Lichtquellenanzahl

Eine Lichtquelle wird allgemein über den OpenGL-Statusbefehl `glEnable(GL_LIGHTi)` eingeschaltet, der damit zur Lichtberechnung einer OpenGL-Szene beiträgt. Unter Anwendung der OpenGL-Konstante `GL_LIGHTi` spezifizieren Sie die gerade genutzte oder gerade zu definierende Lichtquelle. Dabei kann der Indexbuchstabe i Zahlenwerte von 0 bis n annehmen. Somit lautet die *wahre* Konstante für die erste Lichtquelle unter OpenGL ausformuliert `GL_LIGHT0`. Die Nutzung von bis zu n = 7, also acht *Lichtquellen* wird Ihnen bei der Verwendung von OpenGL zugesichert, und zwar plattformunabhängig auf jedem OpenGL-fähigen Rechner dieses Erdballs. Wie viele es tatsächlich sind, können Sie unter OpenGL mithilfe der `glGet_`-Befehle abfragen (Visual C++-Hilfe!).

Sie können die Lichtquellenkonstante `GL_LIGHTi` auch rechnerisch in Ihrem Programm behandeln. Dies liegt in dem Umstand begründet, dass alle konstanten *Lichtquellennummern* aufsteigend, vom `GL_LIGHT0`-Wert an beginnend, vorliegen. Diese unterscheiden sich inkrementell (äquidistant aufsteigend) um den Wert 1. So schalten z.B. alle folgenden Befehle dieselbe Lichtquelle 4 programmiertechnisch ein.

Listing 7.2:
Berechnung der Lichtquellennummerkonstanten

```
...
GLenum n=3;
glEnable(GL_LIGHT4);
glEnable(GL_LIGHT7-3);
glEnable(GL_LIGHT1+n);
...
```

Auch wenn einige OpenGL-Gurus von der hier aufgezeigten Ansprechweise der Lichtkonstanten abraten, so ist die damit verbundene flexible Handhabbarkeit – gerade für die Spiele- bzw. Animationsprogrammierung – als höherwertig anzusehen als die damit verbundenen Gefahren. Ausprobieren sollten Sie diese Möglichkeit auf jeden Fall. Den *konservativen* Weg der *konstanten Lichtquellenangabe* über eine *feste* GL_LIGHTi-Konstante können Sie bei unerwartet auftretenden Problemen immer noch beschreiten.

Auch wenn die Befehlsreihenfolge innerhalb des OpenGL-Codes bei der *globalen Lichtquellendefinition* unerheblich für deren korrekte Funktion ist, bietet sich dennoch die Codestrukturierung nach Listing 7.1 an. Somit behält man innerhalb des OpenGL-Quellcodes den Überblick über die einzelnen Lichtquellendefinitionen. *Lokale* Änderungen der Lichtquellendefinitionen sollten daher auch an lokaler Codestelle erfolgen.

> Die Verwendung von mehreren Lichtquellen ist unter Performance-Gesichtspunkten als *kritisch* anzusehen. Der Rechenaufwand wächst mit jeder weiteren genutzten Lichtquelle erheblich an.

Für die folgenden Erläuterungen bietet sich die Verwendung der Lichtquelle 0 (GL_LIGHT0) an, da nur diese Lichtquelle bestimmte voreingestellte Eigenschaften mitbringt. Die Gründe dafür werden an späterer Stelle noch genannt.

Neben den vielen Lichtquellen existiert unter OpenGL immer noch eine weitere und ganz besondere Lichtquelle: der Ambientstrahler. Dieser wirkt global auf die gesamte OpenGL-Szene. Auch dazu später mehr.

7.4.2 Lichtquellentypen

OpenGL-Lichtquellen sind sehr abstrakte, aber damit auch sehr fundamental und wirkungsvoll einsetzbare aktive Leuchtkörper. Abbildung 7.2 zeigt die vier Lichtquellentypen *Parallel-*, *Spot-*, *Punkt-* und *Ambientstrahler*.

Lichtquellendefinition

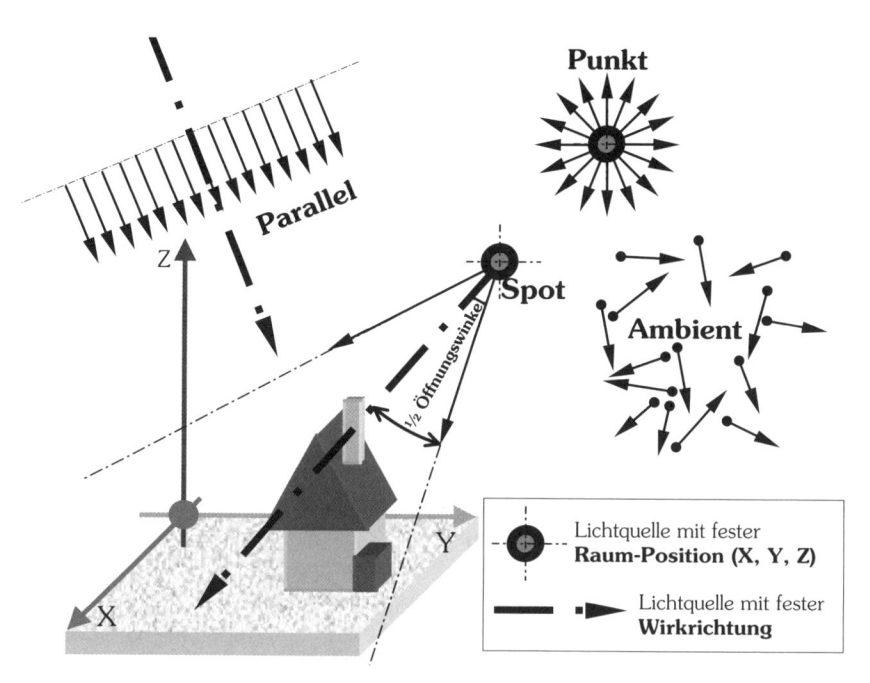

Abb. 7.2:
OpenGL-Lichtquellentypen in der Übersicht

Diese Lichtquellentypen bilden die Grundlage für den je nach Anwendungsfall gewünschten Leuchteffekt. Gepaart mit einigen anderen Eigenschaften bilden diese eine *komplexe* Leuchtquelle, die Sie vollständig definiert in Ihrer OpenGL-Szene einsetzen können. Was die einzelnen Lichtquellentypen unterscheidet und was diese gemeinsam haben und wie diese schlussendlich programmiert werden, zeigen ausführlich die nächsten Abschnitte.

7.4.3 Lichtquelleneigenschaften

Bei der Definition von OpenGL-Lichtquellen bedient man sich so genannter *Lichtmodelle*. Diese sind recht abstrakt und daher manchmal nicht ganz leicht zu verstehen, was vor allem in dem Umstand begründet liegt, dass eine *natürliche Lichtquelle* aufgrund ihrer komplexen Eigenschaften nie wirklich darstellbar (simulierbar) ist. Alternativ bestückt man einzelne *Lichtquellentypen* mit einigen wenigen Eigenschaften, die physikalisch oder aufgrund der Wahrnehmungserfahrung gut verstanden sind bzw. sich für die Erzielung einzelner bevorzugter Effekte besonders gut eignen.

Die folgenden *Lichtquelleneigenschaften* können prinzipiell zugeordnet werden und bilden damit das charakteristische Modell einer Lichtquelle:

7 Es werde Licht!

Tabelle 7.2: Lichtquelleneigenschaften mit beschreibenden Konstanten

Lichtquellen-eigenschaft	OpenGL-Konstante Wertebereich	Beschreibung
Ambienter Anteil	`GL_AMBIENT` 0.0 bis 1.0 für RGBA	Grundhelligkeit
Diffuser Anteil	`GL_DIFFUSE` 0.0 bis 1.0 für RGBA	Streuung
Spiegelnder Anteil	`GL_SPECULAR` 0.0 bis 1.0 für RGBA	Spiegelung
Leuchtposition	`GL_AMBIENT_AND_DIFFUSE` 0.0 bis 1.0 für RGBA	Position
Leuchtrichtung	`GL_SPOT_DIRECTION` -1.0 bis $+1.0$ für (x,y,z)	Wirkrichtung
Leuchtkegel	`GL_SPOT_CUTOFF` 0.0 bis $+90.0$ [Ausnahme: 180.0]	halber Öffnungswinkel
Leuchtintensität	`GL_SPOT_EXPONENT` 0.0 bis $+128.0$	Leuchtdichtenexponent zum Lichtkegel

Leuchtkraft-abschwächung	`GL_CONSTANT_ATTANUATION`
	 `GL_LINEAE_ATTANUATION`
	 `GL_QUADRATIC_ATTANUATION`
	 -10.0^{300} bis $+10.0^{300}$
		Änderung der Leuchtintensität mit der Entfernung

Zu jeder definierbaren Eigenschaft existiert eine charakteristische OpenGL-Konstante. Wie Sie Tabelle 7.2 entnehmen können, existieren zehn definierbare Eigenschaften zur Definition einer Lichtquelle. Der Lichtquelleneigenschaftsbefehl `glLight_` (siehe Tabelle 7.1) macht von diesen Konstanten Gebrauch.

7.4.4 Lichtquellen-Standardwerte

Mithilfe der in Tabelle 7.2 vorgestellten, aber noch nicht näher erläuterten *Lichtquelleneigenschaften* können die in Abbildung 7.2 dargestellten Lichtquellentypen realisiert werden. Bevor die konkrete Programmierung der einzelnen Lichtquellentypen vorgestellt wird, soll zweckmäßigerweise zunächst der *vollständige* Definitionscode einer Lichtquelle aufgezeigt werden. Vollständig bedeutet hier, dass potenziell alle Lichtquelleneigenschaften in dieser Codeform dargestellt sind.

Listing 7.3: OpenGL-Standardwerte zur `glLight_`-Lichtquellendefinition

```
...
// 1.) benötigte Variablen-Deklarationen...
// zum LICHT (L)
// Def. 1. Lichtquelle
GLfloat LAmbient[4]   ={0.0F,0.0F,0.0F,1.0F}; //Ambient
GLfloat LDiffuse[4]   ={1.0F,1.0F,1.0F,1.0F}; //Diffuse
```

Lichtquellendefinition

```
GLfloat LSpecular[4] ={1.0F,1.0F,1.0F,1.0F}; //Specular
GLfloat LPosition[4] ={0.0F,0.0F,1.0F,0.0F}; //Position
GLfloat LSpotDirec[3]={0.0F,0.0F,-1.0F};     //Richtung
GLfloat LSpotCutOff = 180.0F; //Spot Lichtkegeloeffnung
GLfloat LSpotExponent= 0.0F;  //Spot RGBA-Exponent
GLfloat LAttenuationConst =1.0F; //konstante Abschwaech.
GLfloat LAttenuationLinear =0.0F; //lineare Abschwaechung
GLfloat LAttenuationQuadrat=0.0F; //quadratische Abschw.
// zum MATERIAL (M)
...
// 2.) benötigte OpenGL-Befehle
// zum LICHT (L)
// Def. 1. Lichtquelle
glLightfv(GL_LIGHT0,GL_AMBIENT       ,&LAmbient[0]);
glLightfv(GL_LIGHT0,GL_DIFFUSE       ,&LDiffuse[0]);
glLightfv(GL_LIGHT0,GL_SPECULAR      ,&LSpecular[0]);
glLightfv(GL_LIGHT0,GL_POSITION      ,&LPosition[0]);
glLightfv(GL_LIGHT0,GL_SPOT_DIRECTION ,&LSpotDirec[0]);
glLightf (GL_LIGHT0,GL_SPOT_CUTOFF   ,LSpotCutOff);
glLightf (GL_LIGHT0,GL_SPOT_EXPONENT ,LSpotExponent);
glLightf (GL_LIGHT0,GL_CONSTANT_ATTENUATION
        ,LAttenuationConst);
glLightf (GL_LIGHT0,GL_LINEAR_ATTENUATION
        ,LAttenuationLinear);
glLightf (GL_LIGHT0,GL_QUADRATIC_ATTENUATION
        ,LAttenuationQuadrat);
// zum MATERIAL (M)
...
```

Ergänzen bzw. modifizieren Sie den vorhandenen OpenGL-Quellcode um den in Listing 7.3 gezeigten. Sie werden im weiteren Verlauf der Erläuterungen an dem einen oder anderen Wert »drehen«, um den dahinter verborgenen Sinn auf interaktive Art und Weise kennen zu lernen.

Ihnen ist bei der Eingabe des Codes aus Listing 7.3 sicherlich aufgefallen, dass hier ausschließlich von der Lichtquelle 0 Gebrauch gemacht wird. Dafür wird dem glLight_-Befehl in seinem ersten Parameter die *Lichtquellenkonstante* GL_LIGHT0 übergeben. Die zugehörigen Lichtquelleneigenschaften werden über den zweiten Parameter in Form der zuvor erläuterten charakteristischen Konstanten übergeben. Mit dem dritten und letzten Parameter wird die Lichtquelleneigenschaft quantitativ beschrieben, also abstrakt mathematisch über Zahlenwerte. Der dabei verwendbare Zahlenbereich ist von der jeweiligen Eigenschaft abhängig und wurde in Tabelle 7.2 angegeben.

> Im engen Zusammenhang mit den Farbdefinitionen werden auch bei den Lichtdefinitionen Definitionswerte vom Datentyp GLfloat verwendet.

7 Es werde Licht!

Listing 7.3 weist die Besonderheit auf, dass die in Codepunkt 1.) deklarierten Variablen genau den OpenGL-*Initialisierungswerten* entsprechen – hier die für die Lichtquelle 0. Warum hier explizit die Lichtquelle 0 angesprochen wird und nicht etwa eine der anderen möglichen Lichtquellen (1 bis n) zeigt u.a. folgender Merksatz:

> OpenGL unterscheidet zwischen den *Initialisierungswerten* der Lichtquelle 0 und denen aller anderen zur Verfügung stehenden Lichtquellen 1 bis n.

Allerdings sind davon nur die beiden Lichtquelleneigenschaften betroffen, die die *diffusen* und *spiegelnden Anteile* des Lichts definieren. Alle anderen Initialisierungs- bzw. Standardwerte sind für alle Lichtquellen identisch. Dies bedeutet, dass bei Aktivierung der Lichtquelle GL_LIGHT0 ohne Angabe eines einzigen glLight_-Befehls bereits eine einsetzbare Lichtquelle vorläge. Die einfache Programmierung dieses Standardstrahlers wird später im gleichnamigen Abschnitt vorgestellt.

Tabelle 7.3: Standardwerte der Lichtquelle 0 gegenüber den Lichtquellen 1 bis n

Lichtquellen-eigenschaft	RGBA-Initialisierungswert GL_LIGHT0	RGBA-Initialisierungswert GL_LIGHT1-GL_LIGHTn
GL_DIFFUSE	1.0,1.0,1.0, 1.0	0.0,0.0,0.0, 1.0
GL_SPECULAR	1.0,1.0,1.0, 1.0	0.0,0.0,0.0, 1.0

Der Grund dafür, dass die gezeigte Standardverwendbarkeit nur für die Lichtquelle GL_LIGHT0, nicht aber für die Lichtquellen GL_LIGHT1-n gilt, liegt in den in Tabelle 7.3 aufgezeigten Unterschieden zwischen den Standardwerten. Der alleinige Einsatz letztgenannter Lichtquellen unter Standardbedingungen hätte eine düstere Lichtszene zur Folge – und dies aus gutem Grund. Bei standardmäßiger Aktivierung der Lichtszene sollen keine zusätzlich vorhandenen Lichtquellen das Ergebnis beeinflussen. Erst bei Änderung der Standardwerte würden diese sich einflussnehmend in die Szene einblenden.

Prinzipiell kann der gesamte in Listing 7.3 dargestellte Code zur Definition aller Leuchtquellentypen verwendet werden. In diesem Falle ist allerdings Folgendes zu beachten:

> Werden zur Definition eines Lichtquellentyps eine oder mehrere der Lichtquelleneigenschaften Position, Wirkrichtung, Exponent, Lichtkegel und Abschwächungsfaktoren nicht benötigt, aber dennoch im Programm definiert, so müssen sie mit den OpenGL-*Standardwerten* initialisiert werden.

Die Variablenwerte zu den Lichtquelleneigenschaften werden – wie in Listing 7.3 geschehen – meist in Form von Vektoren bzw. Feldern (engl. arrays) abgelegt. Damit kommt häufig die Verwendung der entsprechenden vektoriellen Befehlsvarianten (`_fv`, `_dv` oder `_iv`) des `glLight_`-Befehls zum Einsatz.

7.4.5 Abstrahlbare Lichtquellenanteile

Die ersten drei Lichtquelleneigenschaften aus Tabelle 7.2 beschreiben in Kombination die Art und Weise der *Strahlung*. Die drei Strahlungsanteile sind der ambiente Anteil, der diffuse Anteil und der spiegelnde Anteil. Diese definieren das ausgestrahlte Licht in seiner *Reflexionscharakteristik*, also in seiner Grundhelligkeits- (`GL_AMBIENT`), Zerstreuungs- (`GL_DIFFUSE`) und Spiegelungseigenschaft (`GL_SPECULAR`). Interessanterweise definiert sich jeder Lichtquellenanteil neben den RGB-Farbkomponenten auch über den Alpha-Transparenzwert.

Ambienter Anteil

Der *ambiente* Anteil einer Lichtquelle stellt wohl den augenscheinlichsten Lichtquellenanteil dar, da hierüber die Grundhelligkeit der Szenenobjekte definiert wird. Englisch ambient heißt auf Deutsch so viel wie Umgebung. Ambiente Lichtstrahlen *leuchten* die OpenGL-Grafikobjekte *gleichmäßig aus*.

Der ambiente Anteil wird über die *Lichtquellenkonstante* `GL_AMBIENT` entsprechend der zugehörigen RGBA-Komponenten farbig definiert. Standardmäßig (siehe Listing 7.3) weist keine der verfügbaren Lichtquellen einen Ambientanteil auf, womit RGB-Komponentenwerte von 0.0F vorliegen. Der Grund dafür ist in der standardmäßigen Nutzung des *globalen Ambientstrahlers* zu suchen, der für die globale Grundhelligkeit der OpenGL-Szenenobjekte sorgt und zusätzlich zu den *normalen* Lichtquellen unter OpenGL eingesetzt werden kann und in der Regel auch eingesetzt werden sollte.

Diffuser Anteil

Der *diffuse* Anteil der Lichtquellenstrahlen entspricht dem *Streuanteil* des von einer rauen Oberfläche reflektierten Lichts. Der sichtbare diffuse Anteil ist abhängig vom Einfallswinkel der Lichtstrahlen auf die Materialoberfläche und wirkt global auf die Fläche.

Der diffuse Lichtquellenanteil (Streulicht) wird über die Lichtquellenkonstante `GL_DIFFUSE` und über die entsprechenden RGBA-Konventionen definiert. Standardmäßig (siehe Tabelle 7.3) weisen die verfügbaren Lichtquellen keinen diffusen Anteil auf, mit Ausnahme der Lichtquelle 0 (`GL_LIGHT0`). Diese weist Standardwerte von 1.0F für die drei RGB-Lichtkomponenten auf und strahlt damit weißes Licht aus.

Spiegelnder Anteil

Wird der Streuanteil der reflektierenden Lichtstrahlen immer geringer, weil z.B. die Materialoberfläche blank poliert ist, so haben Sie es in der Hauptsache mit einem *spiegelnden* Anteil zu tun. In der Natur existieren keine rein spiegelnden und auch keine rein diffusen Oberflächen. Unter OpenGL müssen Sie demnach streng zwischen diesen beiden Lichtquellenanteilen differenzieren. Der sichtbare spiegelnde Anteil ist stark abhängig vom Einfallswinkel der Lichtstrahlen auf die Materialoberfläche und wirkt lokal auf die Fläche.

Der spiegelnde Anteil wird über die *Lichtquellenkonstante* GL_SPECULAR und über die entsprechende RGBA-Farbgebung definiert. Standardmäßig (siehe Tabelle 7.3) weisen die verfügbaren Lichtquellen keinen spiegelnden Anteil auf, mit Ausnahme der Lichtquelle 0 (GL_LIGHT0). Diese weist wie beim diffusen Lichtquellenanteil Standardwerte von 1.0F für die drei RGB-Farbkomponenten auf und strahlt damit weißes Licht aus.

7.4.6 Lichtquellenposition und -wirkrichtung

Was nutzen einem die allerschönsten Eigenschaften einer Lichtquelle, wie Helligkeit, Streuung, Spiegelung und Leuchtfarbe, wenn dessen *Leuchtrichtung* und *-position* nicht festgelegt wurden? Rein gar nichts! Derart unvollständig definiertes Licht erreicht selten die vorgesehenen Oberflächen eines Ihrer Szenenobjekte, sondern verliert sich vielmehr in den unendlichen Weiten des 3D-Raumes. Dies gilt mit Ausnahme des Ambientstrahlers für alle Lichtquellentypen. Der Ambientstrahler besitzt weder eine Positions- noch eine Richtungseigenschaft und strahlt daher im gesamten 3D-Raum gleichmäßig. Welcher Lichtquellentyp eine Richtung *und/oder* Position oder keins von beiden aufweist, wurde bereits in Abbildung 7.2 skizziert. Für die Definition dieser speziellen Lichtquelleneigenschaften nutzen Sie wiederum und analog zu den Lichtquellenanteilen den glLight_-Befehl. Nur verwenden Sie jetzt die charakteristischen Konstanten GL_POSITION und GL_SPOT_DIRECTION, die in Tabelle 7.2 vorgestellt wurden.

Eingruppierung der Lichtquellentypen

Tabelle 7.4 gruppiert die Lichtquellen nach deren *Richtungseigenschaften* in Typen mit gerichtetem und Typen mit ungerichtetem Strahlenverlauf.

Tabelle 7.4: Richtungseigenschaften der Lichtquellen

Gerichtete Leuchtquelle	Ungerichtete Leuchtquelle
Parallel (ohne feste Position)	**Ambient** (ohne feste Position)
Spot (mit fester Position)	**Punkt** (mit fester Position)

Lichtquellendefinition

Gleichzeitig ist eine andere Gruppierung der Lichtquellentypen möglich, die bereits durch die Angaben in Klammern in Tabelle 7.4 angedeutet wurde: die Gruppierung nach den *Positionseigenschaften*.

Leuchtquelle mit fester Position	Leuchtquelle ohne feste Position
Spot (gerichtete Leuchtstrahlen)	**Parallel** (gerichtete Leuchtstrahlen)
Punkt (ungerichtete Leuchtstrahlen)	**Ambient** (ungerichtete Leuchtstrahlen)

Tabelle 7.5: Positionseigenschaften der Lichtquellen

Es wird zwischen den Leuchtquellen unterschieden, die fest im Raum positioniert sind und denen, die keine feste Raumpositionierung aufweisen.

Position und Wirkrichtung festlegen

Auf Basis der unbeleuchteten Hausszene aus Abbildung 7.1 wird in Abbildung 7.3 eine (mögliche) Positions- und Richtungseigenschaft einer Lichtquelle aufgezeigt. Die entsprechenden Grundeigenschaften werden später auf die noch zu programmierenden Lichtquellentypen übertragen.

Durch den dargestellten Würfel (gestrichelte Linien) wird der zunächst betrachtete 3D-Raum begrenzt. Dieser beinhaltet alle Szenenobjekte und Vektoren, die von Bedeutung sein werden. Die Zahlenwerte liegen dabei im Bereich von 0.0 bis 1.0. An der vorderen rechten oberen Ecke sollen die positionsbehafteten Lichtquellen »befestigt« werden. Diese Position wird vektoriell über den Ortsvektor P beschrieben, der als Pfeil mit Strich-Punkt-Linie in Abbildung 7.3 zu erkennen ist. Dieser spezielle Vektortyp *zeigt* immer vom Koordinatenursprung mit den Koordinatenwerten x=0.0, y=0.0 und z=0.0 in Richtung der gewünschten *Lichtquellenposition* und endet auch an dieser. Dieser ausgewiesene Raumpunkt P weist die Koordinatenwerte x=1.0, y=1.0 und z=1.0 auf, die zugleich die Komponenten des Ortsvektors P darstellen.

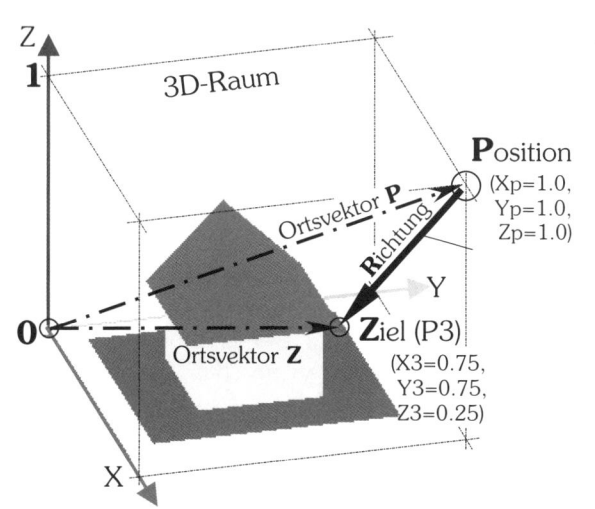

Abb. 7.3: Position und Leuchtrichtung einer Lichtquelle

Der entsprechende Programmcode zur Definition der Lichtquellenposition mit dem zugehörigen vektoriellen glLight_-Befehl lautet demnach:

Listing 7.4: Positionsdefinition einer Lichtquelle

```
...
GLfloat LPosition[4] ={1.0F,1.0F,1.0F, 1.0F};// Position
...
glLightfv(GL_LIGHT0,GL_POSITION,&LPosition[0]);
...
```

Wie bereits erwähnt entsprechen die ersten drei Parameter den Raumkoordinaten x, y und z der Lichtquellenposition, die den Komponenten des erwähnten Ortsvektors P entsprechen. Zum letzten, also vierten Parameter der Positionseigenschaftsdefinition soll folgender Hinweis die Erklärung bringen:

> Eine *Positionslichtquelle* unter OpenGL wird über die Angabe des Wertes 1.0 im *vierten Parameter* des glLight_-Befehls für die GL_POSITION-Lichtquelleneigenschaft definiert. Positionslichtquellen können gerichtetes *und* ungerichtetes Licht aussenden.
>
> Weist der vierte Parameter hingegen den Wert 0.0 auf, so wird damit eine *reine Richtungslichtquelle* beschrieben, die ausschließlich eine Richtungseigenschaft aufweist. Eine so definierte Richtungslichtquelle kann unter OpenGL keine Positionseigenschaft aufweisen.

Damit wäre der wichtige Schalter zur grundsätzlichen Vorauswahl des Lichtquellentyps aufgezeigt worden. Der Lichtquellentyp einer *Positionslichtquelle ohne gerichtetes Licht* (*Punktstrahler*) könnte damit jetzt programmiert werden. Hier sollen aber zunächst alle Aspekte zur Positions- und Richtungsdefinition im Zusammenhang dargestellt werden.

Positionslichtquelle mit gerichtetem Licht

Im Falle der *Positionslichtquelle mit gerichtetem Licht* (*Spotstrahler*) muss allerdings noch der *Richtungsvektor* zur *Leuchtrichtung* ermittelt werden, und zwar zum Glück hier noch im mathematisch korrekten Sinne. Damit kann in Anlehnung an Abbildung 7.3 folgende einfache Überlegung zugrunde gelegt werden, die beispielhaft für die Bildung aller anderen Richtungsvektoren angewendet werden kann:

> Sie definieren die Leuchtrichtung einer Leuchtquelle, indem Sie den zugehörigen *Richtungsvektor* über die Ortsvektoren des *Positionspunktes* und des *Zielpunktes* bilden. Der Richtungsvektor *zeigt* dabei vom Positionspunkt in Richtung des gewünschten Zielpunktes und berührt diesen mit seiner Pfeilspitze.

Richtungsvektoren werden auch als *freie Vektoren* bezeichnet, da diese im Gegensatz zu den Ortsvektoren meist *frei* im Raum liegen. In Abbildung 7.3 wurde für das Leuchtrichtungsbeispiel ein solcher freier Vektor durch die dicke durchgezogene Pfeillinie dargestellt. Dieser zeigt von dem mehrfach beschriebenen Positionspunkt auf den bekannten Dacheckpunkt P3 bzw. Vertex-*Punkt* V3 der Hausszene (siehe Abbildung 5.5 in Kapitel 5), also den Zielpunkt Z des Leuchtrichtungsvektors R.

Da auch der Zielpunkt über einen Ortvektor Z beschrieben wird, gestaltet sich die Berechnung des Leuchtrichtungsvektors R denkbar einfach. Die Rechnung kann wie folgt ausgedrückt werden: Richtungsvektor R = Ortsvektor Z − Ortsvektor P

Nach den mathematischen Vorschriften der Vektorrechnung lautet die entsprechende mathematische Formulierung wie folgt (siehe Kapitel 2, Abschnitt *Richtungsvektor*):

$$\vec{R} = \vec{Z} - \vec{P} = \begin{pmatrix} x_Z \\ y_Z \\ z_Z \end{pmatrix} - \begin{pmatrix} x_P \\ y_P \\ z_P \end{pmatrix} = \begin{pmatrix} x_Z - x_P \\ y_Z - y_P \\ z_Z - z_P \end{pmatrix} = \begin{pmatrix} 0.75 - 1.0 \\ 0.75 - 1.0 \\ 0.25 - 1.0 \end{pmatrix} = \begin{pmatrix} -0.25 \\ -0.25 \\ -0.75 \end{pmatrix}$$

Demnach wird jede Vektorkomponente des Zielpunktes Z einfach von dem Positionspunkt P subtrahiert und bildet damit beispielhaft den gesuchten Leuchtrichtungsvektor R mit den Komponenten x=-0.25, y=-0.25 und z=-0.75.

> Der mathematisch versierte Programmierer unter Ihnen formuliert immer vorzugsweise den *Einsvektor* des Richtungsvektors. Aktivieren Sie den GL_NORMALIZE-Status, wenn Sie die Einsvektoren nicht manuell angeben.

Der so ermittelte Richtungsvektor wird mittels der Lichtquelleneigenschaft GL_SPOT_DIRECTION zum glLight_-Befehl über folgenden Code der Lichtquelle 0 (GL_LIGHT0) übergeben:

```
...
  GLfloat LSpotDirec[3]={-0.25F,-0.25F,-0.75F}; //Richtung
...
  glLightfv(GL_LIGHT0,GL_SPOT_DIRECTION,&LSpotDirec[0]);
...
```

Listing 7.5: Definition des Richtungsvektors zu einer Positionslichtquelle

Sie sehen, zur Definition der Richtungseigenschaft benötigen Sie diesmal nur drei Parameter: x, y und z. Der bei der Positionseigenschaft noch anzugebende vierte Parameter entfällt hier ausnahmsweise.

Richtungslichtquelle ohne feste Position

Betrachten wir abschließend den Lichtquellendefinitionsfall einer *Richtungslichtquelle ohne feste Position* am Beispiel des *Parallelstrahlers*. Wie bereits erwähnt muss zu dessen Definition der vierte Parameter der Positionseigenschaft mit dem Wert 0.0 belegt werden.

```
...
GLfloat LPosition[4] ={1.0F,1.0F,1.0F, 0.0F};// Position
...
```

Die Richtungsangabe der hier durch den *unendlichen* 3D-Raum wirkenden Lichtquelle ist leider etwas verwirrend und daher vielleicht etwas schwieriger zu verstehen.

Zum einen erfolgt die Richtungsdefinition nicht über die zuvor dargestellte und namentlich verständliche GL_SPOT_DIRECTION- Lichtquelleneigenschaft, sondern ausschließlich über die GL_POSITION-Lichtquelleneigenschaft des glLightfv-Befehls. Dabei die Begriffe Position und Richtung in Einklang zu bringen, fällt dem einen oder anderen eventuell nicht leicht.

Zum anderen verwendet OpenGL bei der Angabe des Richtungsvektors R dieser Lichtquelle so genannte *Eye-Koordinaten* (engl. eye für Auge), die man auch als *Blickpunktkoordinaten* bezeichnet. Damit entfernt sich OpenGL von der mathematischen Definitionsweise. Das alles wäre aber nicht weiter tragisch, wenn OpenGL sich auf eine der beiden Definitionsweisen geeinigt hätte. Leider ist dem aber nicht so, und Sie müssen zwischen den Eye-Koordinaten und den zuvor vorgestellten mathematischen Richtungskoordinaten (Berechnung eines *freien* Vektors) unterscheiden. Blickkoordinaten werden unter OpenGL auch noch in anderen Zusammenhängen benötigt, wie dies in Kapitel 10 noch bemerkt wird.

Abb. 7.4: Definition der Lichtquellenrichtung über Eye-Koordinaten

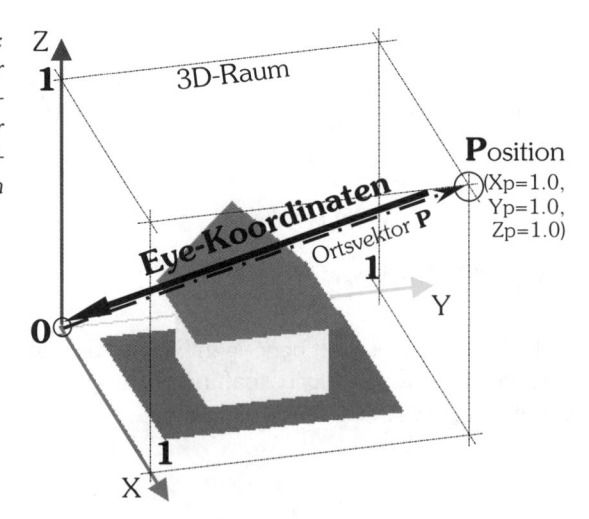

Am Beispiel von Abbildung 7.4 soll nun auch die *Richtungsangabe in Eye-Koordinaten* erläutert werden. Sie werden feststellen, dass Sie gegenüber den bisherigen Richtungserläuterungen umdenken bzw. umgekehrt gucken müssen.

Der Ihnen bekannte Ortsvektor P zeigt wie gehabt auf den Raumpunkt P (x=1.0, y=1.0 und z=1.0). Dieser Vektortyp weist, wie bereits mehrfach erwähnt, die Besonderheit auf, dass er immer vom Ursprung weg zu einem Raumpunkt hinzeigt.

> Richtungsangaben in *Eye-Koordinaten* werden entsprechend der Ortsvektordefinition getroffen. Allerdings kehrt sich hierbei die Vektorrichtung für die tatsächlich verwendete Lichtquellenrichtung um. Gedanklich schauen Sie also immer vom Blickpunkt auf den Koordinatenursprung 0 des globalen Koordinatensystems, um die Richtung der Lichtquelle zu bestimmen.

Definieren Sie den Ortsvektor für die Richtungsdefinition in Eye-Koordinaten zunächst wie gewohnt ...

```
...
GLfloat LPosition[4] ={1.0F,1.0F,1.0F, 0.0F};// Position
...
```

... und *denken* Sie sich danach die resultierende Leuchtquellenrichtung in entgegengesetzter Ortsvektorrichtung. Lassen Sie die Zusammenhänge noch einmal Revue passieren und betrachten Sie dabei immer mal wieder Abbildung 7.4.

7.4.7 Und es ward Licht!

Die vorangegangenen Erläuterungen entsprachen dem (minimalen) theoretischen Pflichtprogramm. Es folgt nun die Kür in Form der konkreten Programmierung der einzelnen Lichtquellen. Allgemein gelten für alle hier programmierten Lichtquellen folgende Voraussetzungen:

- Die Lichtquellen werden stets auf Basis des Standardcodes von Listing 7.3 erzeugt.

- Die Lichtquellentypen unterscheiden sich gegenüber den Standardcodes nur in den `glLight_`-Eigenschaften, die die Position und die Richtung bestimmen.

- Die Positions- bzw. Richtungswerte sind für alle Lichtquellentypen gleich und wurden oben im Abschnitt *Lichtquellenposition und -wirkrichtung* festgelegt.

Insgesamt wird mit den aufgezählten Voraussetzungen das Ziel verfolgt, die einzelnen Lichtquellentypen in ihrer Wirkung untereinander vergleichbar darzustellen. Darüber hinaus können Sie den Sinn der verschiedenen Codeeingriffe auf Basis des Standardcodes besser nachvollziehen.

Punktstrahler

Der *Punktstrahler* ist nach den Erläuterungen im Abschnitt *Lichtquellentypen* ein *Positionsstrahler mit ungerichtetem Strahlenverlauf*. Ungerichtet deshalb, weil dessen Strahlen von einem Punkt ausgehend gleichmäßig nach allen Richtungen ausgesendet werden. Ein Grund für die schnelle Realisierbarkeit dieses Lichtquellentyps liegt in den eingangs erwähnten Standardwerten von OpenGL begründet. Die für den Punktstrahler benötigte und noch nicht näher erläuterte *Lichtkegeleigenschaft* `GL_SPOT_CUTOFF` wird standardmäßig mit dem Wert 180.0F initialisiert. Dieser Wert wird im Zusammenhang mit der im Anschluss erläuterten Spotlichtquelle auch als *halber Öffnungswinkel* bezeichnet. Der daraus resultierende *volle Öffnungswinkel* von 360.0° für eine Punktlichtquelle entspricht der oben getroffenen Definition dieses Lichtquellentyps. Somit stellt der Punktstrahler einen *Spezialfall des* noch zu erläuternden *Spotstrahlers* dar. Abbildung 7.2 stellt u.a. diesen Lichtquellentyp schematisch dar.

Folgender charakteristischer Code bewirkt die Definition des Punktstrahlers. Modifizieren Sie die Werte der Feldvariablen `LPosition[4]`.

Listing 7.6: Signifikanter Definitionscode zur Punktlichtquelle

```
...
GLfloat LPosition[4] ={1.0F,1.0F,1.0F, 1.0F}; // Position
GLfloat LSpotCutOff   = 180.0F; //Spot Lichtkegeloeffnung
...
glLightfv(GL_LIGHT0,GL_POSITION,&LPosition[0]);
glLightf (GL_LIGHT0,GL_SPOT_CUTOFF, LSpotCutOff);
```

...

Bezüglich des vierten Parameterwertes 1.0F der `GL_POSITION`-Eigenschaft sei nochmals darauf aufmerksam gemacht, dass dieser zur Realisierung von positionsbehafteten Lichtquellen nötig ist. Damit stellen die ersten drei Parameter die Raumposition x=1.0, y=1.0 und z=1.0 der Lichtquelle dar.

Kompilieren und starten Sie Ihr Programm. Aktivieren Sie die Lichtdarstellung über die LICHTEFFEKT-Schaltfläche. Das linke Bild aus Abbildung 7.5 zeigt das Ausleuchtergebnis der Punktlichtquelle. Man kann sich dabei vorstellen, dass Punktstrahler von der spezifizierten Raumposition den gesamten OpenGL-3D-Raum nach allen Seiten gleichmäßig ausleuchtet.

Lichtquellendefinition

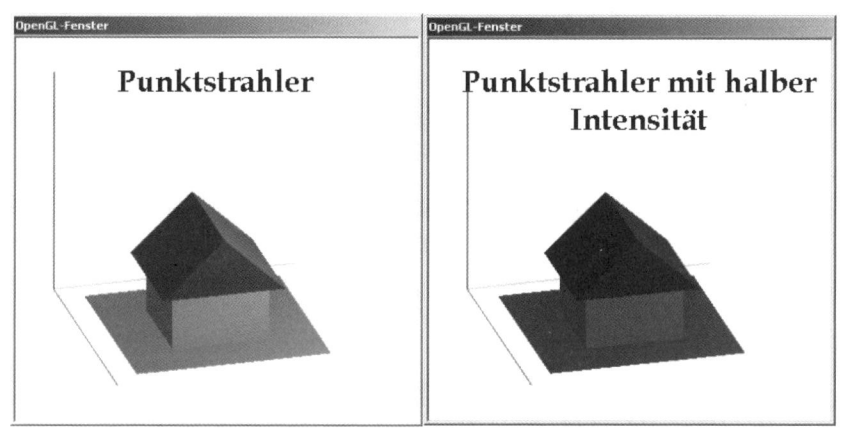

Abb. 7.5:
Beleuchtungs-
ergebnisse
einer Punkt-
lichtquelle

> Jeder ausgesendete Lichtstrahl einer Punktlichtquelle trifft in einem anderen Winkeln auf die Szenenobjekte auf.

Damit ist die Hauptcharakteristik eines Punktstrahlers beschrieben. Warum die Lichtstrahlen in jeweils unterschiedlichen Winkeln auf die Szenenobjekte auftreffen, wird u.a. auch durch die im Folgenden beschriebene Lichtquelleneigenschaft deutlich.

Abschwächungsfaktoren

Anhand der soeben beschriebenen Punktlichtquelle soll gleich noch die Lichtquelleneigenschaft *Abschwächung* vorgestellt werden, die mithilfe der drei Konstanten `GL_CONSTANT_ATTENUATION`, `GL_LINEAR_ATTENUATION` und `GL_QUADRATIC_ATTENUATION` definiert wird. Diese Eigenschaft hätte zwar auch im Zusammenhang mit der Spotlichtquelle erläutert werden können, wäre aber für diesen Abschnitt umfangmäßig des Guten zu viel gewesen.

Englisch attenuation bedeutet zu Deutsch Abschwächung. Unter OpenGL kann sich die *Intensität* I_0 des ausgestrahlten Lichts mit zunehmendem *Abstand r von der Lichtquelle* abschwächen oder auch verstärken. Physikalisch macht eine *Verstärkung* der Lichtintensität I_0 mit einem sich vergrößernden Abstand r von der Lichtquelle zwar keinen Sinn, ist aber mathematisch und damit unter OpenGL durchaus möglich.

> Die Nutzung der *Abschwächungseigenschaft* ist nur bei Verwendung der *Punkt-* und *Spotlichtquellen* sinnvoll, da deren bekannte Positionen eine Entfernungsmessung zum Szenenobjekt möglich machen.

Aber was heißt letztlich schon sinnvoll oder natürlich oder gar physikalisch? Schließlich befinden wir uns hier in der abstrakten (virtuellen) 3D-Welt von OpenGL. Was sinnvoll ist oder nicht, entscheiden Sie. Denn Sie nutzen diese Möglichkeiten wann, wie und warum Sie es wollen. Vielleicht finden Sie auch eine *sinnvolle* Anwendung für die beschriebenen Unmöglichkeiten. Ich für meinen Teil habe eine Anwendungsmöglichkeit der konstanten Abschwächungseigenschaft unabhängig von messbaren Entfernungen *entdeckt*, die ich Ihnen im nächsten Hinweisfeld vorstellen werde.

Folgendes Listing zeigt den Standarddefinitionscode zu der Abschwächungseigenschaft einer Lichtquelle:

```
...
GLfloat LAttenuationConst  =1.0F; //konstante Abschwaech.
GLfloat LAttenuationLinear =0.0F; //lineare Abschwaechung
GLfloat LAttenuationQuadrat=0.0F; //quadratische Abschw.
...
glLightf(
 GL_LIGHT0,GL_CONSTANT_ATTENUATION,LAttenuationConst);
glLightf(
 GL_LIGHT0,GL_LINEAR_ATTENUATION,LAttenuationLinear);
glLightf(
 GL_LIGHT0,GL_QUADRATIC_ATTENUATION,LAttenuationQuadrat);
...
```

Die drei _ATTENUATION-Konstanten definieren die Abschwächungseigenschaft über die *Abschwächungsfaktoren* des *konstanten* (C), *linearen* (L) und *quadratischen Anteils* (Q). Was unter den einzelnen Anteilen zu verstehen ist und wie man mathematisch mit den Abschwächungsanteilen umgeht, wurde bereits in Kapitel 2 im Abschnitt *Licht-Abstandsgesetze* erläutert.

Standardmäßig ist der Abschwächungsfaktor C des konstanten Anteils mit einem Wert von 1.0F und die Abschwächungsfaktoren L und Q des linearen und des quadratischen Anteils mit einem Wert von jeweils 0.0F vorbelegt. Damit errechnet sich der folgende abgeschwächte *Lichtquellenintensitätswert* wie folgt:

$$I(r) = I_0 \cdot \frac{1}{C + L \cdot r + Q \cdot r^2} = I_0 \cdot \frac{1}{1 + 0 \cdot r + 0 \cdot r^2} = I_0 \cdot \frac{1}{1} = I_0$$

Praktisch bedeutet dies, dass alle im Abstand r zur Lichtquelle liegenden Objekte mit ein und derselben Intensität I_0 beleuchtet werden. Damit ist auch verständlich, warum o.g. Standardwerte für die einzelnen Abschwächungsanteile eingesetzt werden. OpenGL kennt Ihre Szene ja nicht und möchte diese standardmäßig nicht beeinflussen. Welche Auswirkung hätte nun eine Änderung des Wertes für den konstanten Anteil auf das Darstellungsergebnis?

Lichtquellendefinition

> Durch die alleinige Änderung des Wertes für den konstanten Abschwächungsanteil GL_CONSTANT_ATTENUATION kann eine Lichtquelle als *Dimmer* eingesetzt werden.

Dieser *entdeckte* Effekt entspricht der gleichzeitigen und gleichmäßigen Änderung der drei Lichtquellenanteile GL_AMBIENT, GL_DIFFUSE und GL_SPECULAR. Anstatt die daraus resultierende *Lichtquellenintensität* I_0 aufwändig und kompliziert über die einzelnen Eigenschaften zu manipulieren, ändern Sie einfach nur den Wert zur GL_CONSTANT_ATTENUATION-Eigenschaft. Zudem bietet Ihnen diese Vorgehensweise den Vorteil, dass die Lichtanteile immer in ihrer ursprünglichen Definitionsform erhalten bleiben.

Halbieren Sie zur Demonstration des *Dimmereffekts* die Intensität I_0, indem Sie anstelle des Wertes 1.0F den Wert 2.0F für den konstanten Anteil C verwenden. Kompilieren und starten Sie Ihr Programm dann erneut.

Abbildung 7.5 zeigt im direkten Vergleich zur Standarddarstellung, dass sich die Hausszene bei Halbierung der Intensität I_0 deutlich verdunkelt. Spielen Sie nun etwas mit den Werten. Durch Einsetzen von kleineren Werten als 1.0 verstärken Sie die Intensität!

Abschließend sei noch die Anwendung des linearen bzw. quadratischen Abschwächungsanteils erwähnt. Bisher hat der Abstand r zwischen Lichtquelle und Szenenobjekten bei unseren Überlegungen keine Rolle gespielt, da die Abschwächung konstant für alle möglichen Abstände verändert wurde. Dies soll sich nun ändern.

> Die *Abstandsberechnung* findet für jeden Eckpunkt (Vertex) jedes Szenen-Primitivs statt. Mit den *Abschwächungsfaktoren* (C, L und Q) berechnet OpenGL für jeden Eckpunktabstand r die daraus resultierende *Eckpunktintensität*.

Mithilfe der Abschwächungsfaktoren (math.: Koeffizienten einer Potenzfunktion – hier einer quadratischen) L und Q können Sie nun die Art und Weise der *Intensitätsänderung* bestimmen – und zwar in Abhängigkeit der Abstände r_i zwischen der Lichtquelle und den Eckpunkten V_i der Szenen-Primitive. Ändern Sie nun Ihren Code wie folgt:

```
...
GLfloat LAttenuationConst = 0.0F; //konstante Abschwaech.
GLfloat LAttenuationLinear =0.0F; //lineare Abschwaechung
GLfloat LAttenuationQuadrat=1.0F; //quadratische Abschw.
...
```

7 Es werde Licht!

Damit entfällt der konstante Abschwächungsanteil. Stattdessen wirkt jetzt nur der quadratische Anteil. Das Licht wird nun nach dem quadratischen Abstandsgesetz abgeschwächt. Dieses *natürliche Gesetz* besagt, dass das einmal ausgesendete Licht sich mit dem Quadrat des Abstandes zur Lichtquelle abschwächt. Die eben noch behandelte konstante Lichtquelle wies dagegen ein konstantes Licht für alle möglichen Abstände zur Lichtquelle auf. Dass der lineare Anteil hier unberücksichtigt bleibt, hängt damit zusammen, dass die reine *quadratische Abschwächung* die Zusammenhänge besser verdeutlicht.

Abb. 7.6: Intensitätsberechnung als Funktion des Abstands

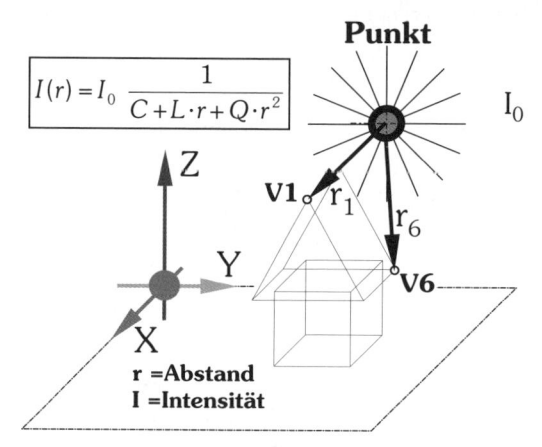

$$I(r) = I_0 \frac{1}{C + L \cdot r + Q \cdot r^2}$$

r = Abstand
I = Intensität

Nach Kompilierung und Neustart erhalten Sie eine abgeschwächte Darstellung der Hausszene. Anhand von Abbildung 7.6 kann verdeutlicht werden, dass das Dach in dem Flächenbereich, der der Punktlichtquelle am nächsten liegt (Vertex-*Punkt* V1), heller leuchtet als an allen anderen Flächeneckpunkten (z.B. Vertex-*Punkt* V6). Durch *gedankliches* Verfolgen der punktuell ausgesendeten Lichtstrahlen auf die einzelnen Flächenpunkte kann man sich das Abstandsverhalten gut vorstellen. Wie immer aber geht Probieren über Studieren, weshalb Sie sich an folgender Übung probieren sollten.

Übung 1 Variieren Sie die *Lichtquellenposition* und die drei Abschwächungsfaktoren C, L und Q, um ein Gespür für die Zusammenhänge zu bekommen.

Warum ist die Position einer Punkt- bzw. Spotlichtquelle innerhalb einer Szene für das Lichtdarstellungsergebnis von entscheidender Bedeutung? Die damit einhergehenden Abstands- und damit Intensitätsänderungen könnten doch durch entsprechend angepasste Abschwächungsfaktoren kompensiert werden, oder?

Die Antworten auf diese Fragen können Sie in Anhang A nachlesen.

In guter Absicht wurde bisher verschwiegen, dass das Lichtdarstellungsergebnis aus Abbildung 7.6 an den Eckpunkten nicht direkt der dabei empfangenen

Lichtintensität I entspricht. Die reflektierten Lichtquellenanteile hängen auch vom *Lichteinfallswinkel* ab, der beim Punkt- und beim Spotstrahler an den gezeigten Dacheckpunkten stets unterschiedlich ist. Darüber hinaus wird das sichtbare Ergebnis der Lichtszene noch durch andere Faktoren beeinflusst. Dazu aber später mehr.

> Die *abstandsabhängige Positionslichtquellenberechnung* (Punkt- und Spotstrahler) belastet den Grafikprozessor außerordentlich. Solche Lichtquellen sollten daher nur ganz gezielt und effektiv eingesetzt und auf so wenige Lichtquellen wie möglich begrenzt werden.

Setzen Sie für den folgenden Abschnitt die Abschwächungsfaktoren wieder auf die Werte C=1.0F, L=0.0F und Q=0.0F.

Spotstrahler

Der *Spotstrahler* ist wie der Punktstrahler ein *Positionsstrahler*, allerdings *mit gerichtetem Strahlenverlauf*. Das Hauptmerkmal des Spotstrahlers ist sein ausgerichteter *Lichtkegel*, der von einer definierten Position aus in eine bestimmte Richtung strahlt. Abbildung 7.2 stellte u.a. diesen Lichtquellentyp schematisch dar.

Die beispielhaft für diesen Lichtquellentyp zum Einsatz kommende Position und Leuchtrichtung wurde weiter oben im Abschnitt *Lichtquellenposition und -wirkrichtung* festgelegt. Das nachfolgende Listing zeigt den relevanten Code zur Spotstrahlerdefinition. Modifizieren Sie Ihren HelloOpenGL-Code entsprechend.

```
...
GLfloat LPosition[4] ={1.0F,1.0F,1.0F, 1.0F}; //Position
GLfloat LSpotDirec[3]={-0.25F,-0.25F,-0.75F}; //Richtung
GLfloat LSpotCutOff  = 30.0F;     // Lichtkegeloeffnung
GLfloat LSpotExponent= 0.0F;      // RGBA-Exponent
...
glLightfv(GL_LIGHT0,GL_POSITION, &LPosition[0]);
glLightfv(GL_LIGHT0,GL_SPOT_DIRECTION,&LSpotDirec[0]);
glLightf (GL_LIGHT0,GL_SPOT_CUTOFF, LSpotCutOff);
glLightf (GL_LIGHT0,GL_SPOT_EXPONENT, LSpotExponent);
...
```

Listing 7.7: Definitionscode zur Spotlichtquelle

Es ist ersichtlich, dass der Spotstrahler u.a. über sämtlich vorhandene GL_SPOT_-Eigenschaften definiert wird. Die zugehörigen Erläuterungen geschehen in Anlehnung an Abbildung 7.7. Über die GL_SPOT_DIRECTION-Lichtquelleneigenschaft wird die Leuchtrichtung definiert. Der für dieses Beispiel verwendete Richtungsvektor wurde in Abbildung 7.3 dargestellt; er zeigt von der Lichtquellenposition auf den Dacheckpunkt P3 (bzw. Vertex V3) und definiert damit die *Hauptstrahlrichtung* des Spotlichtkegels.

Über die `GL_SPOT_CUTOFF`-Lichtquelleneigenschaft bestimmen Sie den zu verwendenden *Leuchtkegelwinkel*. Dieser wurde auch beim Punktstrahler definiert, hier allerdings mit dem für eine Punktlichtquelle speziellen Wert von `180.0F`. Der Spotstrahler arbeitet hingegen in einem zulässigen Wertebereich von `0.0F` bis `90.0F` Grad. Ein solcher Winkel wird als *halber Öffnungswinkel* bezeichnet, da er sich zwischen Hauptstrahlrichtung und Kegelrand erstreckt. Abbildung 7.7 soll die erläuterten Zusammenhänge verbildlichen.

Abb. 7.7: Lichtkegelzusammenhänge der Spotlichtquelle

Mithilfe des `GL_SPOT_EXPONENT` wird, ähnlich der zuvor beschriebenen Abschwächungseigenschaft, die *Leuchtdichteverteilung* innerhalb des Lichtkegels definiert. Ausgehend von der Hauptstrahlrichtung hat dieser Wert eine Auswirkung auf den gesamten Kegelquerschnitt des Lichtkegels – und zwar zum Kegelrand hin. Ein Wert von `0.0F` bedeutet hier eine *konstante Leuchtdichte* über den gesamten Kegelquerschnitt. Werte größer `0.0F` bis einschließlich `128.0F` konzentrieren den Lichtstrahl mehr zur Kegelmitte (Hauptstrahlrichtung) bei gleichzeitiger Konzentrationsabnahme zum Kegelrand. Darum wird der Wert auch als *Konzentrationsexponent* bezeichnet. Damit ist auch klar, dass die Konzentrationsabnahme einer exponentiellen Funktion folgt, welche mathematisch ...

> Leider sind die *wahren* Zusammenhänge zur korrekten Lichtberechnung derart mathematisiert, dass in der Regel nur ein Studium der Naturwissenschaft oder Technik dafür die Basis liefert. Wenn Sie sich angesprochen fühlen, dann sei Ihnen an dieser Stelle die OpenGL-Referenz auf der Buch-CD empfohlen. Ansonsten gilt wie immer: Probieren geht über Studieren ...

Lichtquellendefinition

Also, ran ans Ausprobieren. Modifizieren Sie Ihren Code nach Listing 7.7 und kompilieren und starten Sie das Programm neu. Vergleichen Sie das Ergebnis gleich im Anschluss mit dem Ergebnis nachstehender Modifikation.

```
GLfloat LSpotExponent= 128.0F;     // RGBA-Exponent
```

halber Öffnungswinkel = **30.0 Winkel Grad**

Spot-Exponent = 0.0   **Spot-Exponent = 128.0**

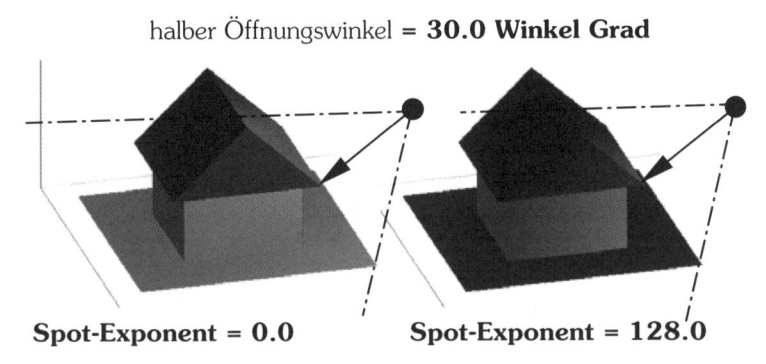

Abb. 7.8: Hausszene im Lichtkegeleinfluss des Spotstrahlers

In beiden in Abbildung 7.8 gegenübergestellten Fällen haben Sie einen Lichtkegel mit einem *vollen Öffnungswinkel* von 60.0F Grad verwendet. Auch die Position und die Hauptstrahlrichtung sind identisch. Der einzige Unterschied zwischen den beiden Ausleuchtungsfällen liegt alleine in den verwendeten Werten für den Konzentrationsexponenten – hier die beiden Extremwerte 0.0F und 128.0F. Für 0.0F wird die volle kegelförmige Ausleuchtung beobachtet (Strich-Punkt-Linie). Hingegen fokussiert sich bei Verwendung des Wertes 128.0F der Lichtkegel im Bereich des Dacheckpunktes V3. Außerhalb dieses *engen* Lichtkegels versinkt die Darstellung im Dunkel, da nur noch eine geringe Restleuchtdichte am Lichtkegelrand vorhanden ist.

Parallelstrahler

Glauben Sie mir, die Realisierung der letzten beiden noch nicht erläuterten Lichtquellentypen, also der Parallel- und der Ambientstrahler, stellen im Vergleich zum Punkt- und Spotstrahler eine *wahre Entspannungsübung* dar.

Der *Parallelstrahler* ist ein *reiner Richtungsstrahler ohne feste Position* und verwendet demnach den Wert 0.0F im vierten Parameter des glLight_-Befehls bei Definition der Positionseigenschaft über die OpenGL-Konstante GL_POSITION. Als weitere Besonderheit wird die Leuchtrichtung jetzt über die so genannten *Eye-Koordinaten* definiert, die oben im Abschnitt *Richtungslichtquelle ohne feste Position* erläutert wurden. Modifizieren Sie die Positionswerte auf Basis des Standardcodes aus Listing 7.3 wie folgt:

213

Listing 7.8:
Charakteristischer Programmcode zum Parallelstrahler

```
...
GLfloat LPosition[4] ={1.0F,1.0F,1.0F, 0.0F}; //Position
...
  glLightfv(GL_LIGHT0,GL_POSITION, &LPosition[0]);
...
```

Das war's! Einfacher geht's nicht! Kompilieren und starten Sie Ihr Programm erneut.

Ist es Ihnen direkt aufgefallen? Die beleuchtete Hausszene stellt sich Ihnen genauso dar wie damals, als Sie das HelloOpenGL-Programm das allererste Mal gestartet haben (siehe Abbildung 4.2 in Kapitel 4). Der Parallelstrahler stellte und stellt somit die Standardlichtquelle zu den lichtlosen Themen in diesem Buch dar. Daran soll sich auch in Zukunft nichts ändern. Die Hauptcharakteristik des Parallelstrahlers kann wie folgt definiert werden:

> Die einzelnen Lichtstrahlen eines Parallelstrahlers treffen stets im *gleichen Winkel* auf ebene Primitiv-Flächen auf.

Auch wenn der Unterschied zwischen diesem Darstellungsergebnis und dem des vergleichbaren Punktstrahlers nicht auf den ersten Blick ersichtlich ist, so doch zumindest auf den zweiten. Aufgrund der unterschiedlichen Einfallswinkel der zwei Lichtquellentypen ist auch das Reflexionsverhalten und damit das Darstellungsergebnis verschieden.

Ambientstrahler

Dem *Ambientstrahler* (siehe auch dazu nochmals Abbildung 7.2) kommt innerhalb der Lichtquellentypen eine globale Außenseiterrolle zu. Zum einen ist dieser Strahler *ohne jede Positions- und Richtungseigenschaft*. Er strahlt aus jeder Richtung und aus jeder Position. Zum anderen besitzt er nur einen abstrahlbaren ambienten Lichtanteil. Des Weiteren existiert dieser Strahler unabhängig von den *normal* verfügbaren Lichtquellen (GL_LIGHT0-n). Unabhängig heißt dabei, dass er seinen *eigenen Befehlssatz* mitbringt. Eigentlich ist dieser Lichtquellentyp den Ausführungen in Kapitel 9 zuzuordnen, da dieser global auf alle Szenenobjekte der Lichtszene wirkt. Konkret programmiert wird diese Lichtquelle über folgende Codezeilen, die Sie eingeben:

Listing 7.9:
Standardcode des globalen Ambientstrahlers

```
...
// 3.) Globale Beleuchtungsdefinitionen
// Variablen deklarieren
GLfloat LModelAmbient[4]    //Umgebungslicht Modell
  ={0.2F,0.2F,0.2F,1.0F}; //  Umgebungslicht Def.
// GL-Befehle zur Beleuchtungsrechnung
glLightModelfv(             //Lichtmodell definieren
  GL_LIGHT_MODEL_AMBIENT,   // Umgebungslicht-Modell
  &LModelAmbient[0]);       // Umgebungslichtwerte
...
```

Lichtquellendefinition

Über den `glLightModel_`-Befehl definiert man das globale Lichtmodell unter OpenGL. Neben der für den globalen Ambientstrahler wichtigen `GL_LIGHT_MODEL_AMBIENT`-Eigenschaftskonstante existieren noch weitere Eigenschaften, die die Szenendarstellung global beeinflussen. Dazu aber mehr in Kapitel 9.

Der Hauptgrund dafür, dass ein *globaler Ambientstrahler* unter OpenGL verwendet wird, obwohl doch jede der handelsüblichen Lichtquellen ambientes Licht aussenden kann, liegt in dessen *Vollausleuchtungsfähigkeit*. Würde man versuchen, mit entsprechend vielen und *geschickt* angeordneten Lichtquellen eine gesamte Szene mit ambientem Licht auszuleuchten, so wäre der dafür erforderliche Aufwand enorm. Die latent vorhandene Ambienteigenschaft der Szenenobjekte wird hingegen effektiv und performanceschonend berechnet.

Wie im Standardcode in Listing 7.3 gezeigt wurde, weisen alle normalen Lichtquellen (`GL_LIGHT0-n`) standardmäßig kein ambientes Licht auf. Und dies aus gutem Grund, denn der globale Ambientstrahler ist standardmäßig aktiv und übernimmt damit diesen Job. Und zwar mit den in Listing 7.9 gezeigten Standard-Ambientwerten, die damit die *Standardgrundhelligkeit* der Szenenobjekte bestimmen. Somit wird dieser Code zum globalen Ambientstrahler implizit verwendet, sofern Sie diesen im OpenGL-Code nicht explizit angeben. Zur Demonstration der Wirkung des globalen Ambientstrahlers ändern Sie aber den RGBA-Ambientwert wie folgt ab:

```
GLfloat LModelAmbient[4] = {0.0F,0.0F,0.0F, 1.0F};
```

Behalten Sie dabei die Einstellungen aus dem vorangegangenen Abschnitt bei, da der Parallelstrahler, wie angekündigt, ab sofort wieder standardmäßig eingesetzt werden soll. Der globale Ambientstrahler wird demnach nicht alleine, sondern zusätzlich zum Parallelstrahler eingesetzt.

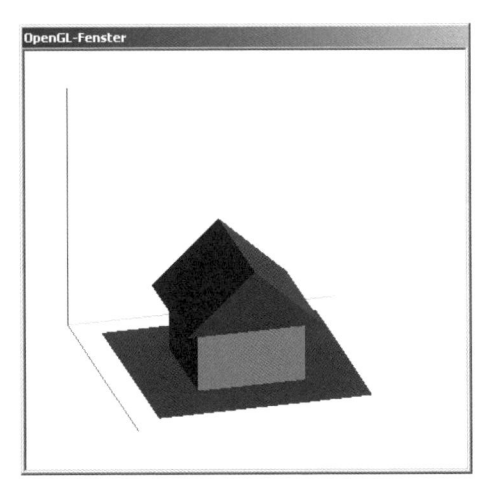

Abb. 7.9: Hausszene ohne globales ambientes Licht

Kompilieren und starten Sie das Programm erneut.

Die aktuell verwendeten RGBA-Ambientwerte kommen einer Deaktivierung der globalen ambienten Lichtquelle gleich. Durch den expliziten Verlust der globalen Grundhelligkeit, erscheinen alle diejenigen Szenenflächen pechschwarz, die nicht direkt von der Parallel-Lichtquelle beleuchtet werden. Hätten Sie den Parallelstrahler mit einem ambienten Lichtquellenanteil `GL_AMBIENT` von `0.2F` ausgestattet, so wären zwar die angestrahlten Flächen etwas aufgehellt worden, die Schattenseiten würden jedoch weiterhin schwarz bleiben.

Übung 2 Deaktivieren Sie programmiertechnisch *nur* den Parallelstrahler und verwenden Sie folgenden RGBA-Wert für den globalen Ambientstrahler:

```
GLfloat LModelAmbient[4]={1.0F,1.0F,1.0F,1.0F}
```

Welche bekannte Darstellung der Hausszene stellt sich Ihnen dar?

Die Lösung zu dieser Übung können Sie in Anhang A nachschlagen.

Definieren Sie abschließend wieder die Standardwerte nach Listing 7.9 für die globale ambiente Lichtquelle und aktivieren Sie den Parallelstrahler.

Standardstrahler, die Referenz

Diesen *Strahlertyp* finden Sie in der Literatur nirgendwo. Ich führe hier den *Standardstrahler* dennoch an, da er sich wunderbar als *Referenzstrahler* eignet. Hierüber können Sie alle vorher aufgeführten und die von Ihnen später programmierten Strahler vergleichen.

Im Abschnitt *Lichtquellen-Standardwerte* weiter oben in diesem Kapitel wurden die Standardwerte zur Lichtquellendefinition vorgestellt. Aufgrund des Statusverhaltens von OpenGL würden Sie die Lichtquelle 0 (`GL_LIGHT0`) mit den vorgestellten Standardwerten zum Beleuchten Ihrer Szene verwenden, wenn in Ihrem OpenGL-Code kein einziger *Lichtquellendefinitionsbefehl* vorkommt. Damit sind aber nicht die Statusbefehle wie z.B. `glEnable(GL_LIGHTING)` oder `glEnable(GL_LIGHT0)` gemeint!

Probieren Sie dies gleich aus, indem Sie die vorhandenen Licht- und Materialdefinitionen durch *Einklammerung* über die C-Kommentarsequenzen `/* <Codezeilen> */` auskommentieren.

```
/*
// 1.) benötigte Variablen-Deklarationen...
   // zum LICHT(L)
...
*/
// IVc.) Szeneobjekte zeichnen
...
```

Starten Sie Ihr Programm erneut und aktivieren Sie den Lichteffekt.

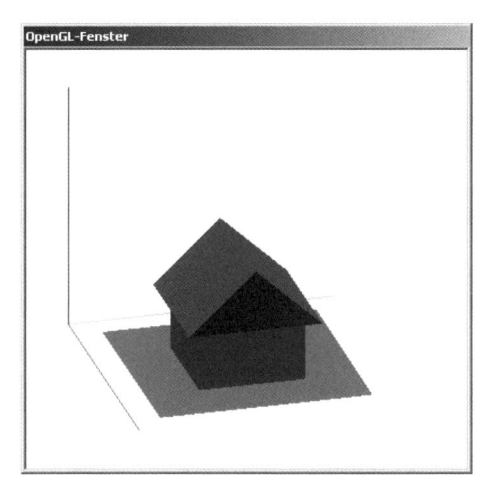

Abb. 7.10:
Hausszenen-
ansicht bei
Verwendung
der Standard-
lichtquelle

Ein Blick auf die Lichtquellenstandardwerte aus Listing 7.3 zeigt, dass der Standardstrahler ein positionsloser Parallelstrahler ist. Die Leuchtrichtung wird in den Eye-Koordinaten x=0.0, y=0.0 und z=1.0 angegeben, die abschnittsvorgreifend auch der Standardblickrichtung auf eine OpenGL-Szene entsprechen. Für die Lichtquelle bedeutet dies, dass die Lichtstrahlen in negativer z-Achsenrichtung frontal auf das Hausdach leuchten, womit auch erklärt ist, warum jetzt alle Erdgeschosseiten weitestgehend dunkel erscheinen.

Zum Abschluss sei noch darauf aufmerksam gemacht, dass zur Realisierung des Standardstrahlers folgender OpenGL-Statusbefehl auszuführen ist:

```
glEnable(GL_COLOR_MATERIAL); //Art der Materialdef.
```

Wird dieser Status nicht aktiviert, würden die Materialfarbdefinitionen über die glColor_-Befehle aus dem glBegin/glEnd-Primitiv-Definitionsbereich keine Wirkung zeigen und die Hausszenenflächen im farblosen Grau erscheinen. Aber dazu mehr in Kapitel 8. Machen Sie an dieser Stelle die Auskommentierungen wieder rückgängig und definieren Sie wieder den Lichtquellentyp so wie im Abschnitt *Parallelstrahler* weiter oben in diesem Kapitel. Überprüfen Sie, ob sich die HelloOpenGL-Szene wie gewohnt zeigt.

7.4.8 Lichtquellenfarbe

Den *Lichtquellen* unter OpenGL weisen Sie in der Regel eine weiße *Leuchtfarbe* zu. Sie können aber auch jede andere Farbe für eine Lichtquelle vergeben. Und zwar einzeln für jeden der zuvor beschriebenen Lichtquellenanteile, also für den ambienten (GL_AMBIENT), den diffusen (GL_DIFFUSE) und den spiegelnden (GL_SPECULAR) Anteil. Die Lichtquellenanteile werden entsprechend der RGBA-Konvention farblich definiert, womit interessanterweise hier auch die Angabe des Alpha-Wertes möglich wäre.

7 Es werde Licht!

In Kapitel 2 wurde im Abschnitt *Optik – Die Physik des Lichts* erläutert, warum aus spektraltheoretischen Gründen eine ausschließlich grün leuchtende Lichtquelle niemals eine rote Fläche dazu »bewegen« könnte, rot zu leuchten. Da Sie nun über das nötige Grundlagenwissen zur Lichtquellendefinition verfügen, überprüfen Sie doch gleich diese Behauptung, indem Sie Ihr aktuelles HelloOpenGL-Programm in den im Folgenden gezeigten Codezeilen im Bereich der Lichtquellendefinitionen abändern.

Listing 7.10: Lichtquellenleuchtfarben zu Grün definieren

```
...
// 1.) benötigte Variablen-Deklarationen...
     // zum LICHT(L)
GLfloat LDiffuse[4]  ={0.0F,1.0F,0.0F,1.0F};   //Diffuse
GLfloat LSpecular[4] ={0.0F,1.0F,0.0F,1.0F};   //Specular
...
// 3.) Globale Lichtdefinitionen
  // Variablen
  GLfloat LModelAmbient[4] = {0.0F,0.2F,0.0F,1.0F};
...
```

Damit setzen Sie die Rot- und Blau-Anteile der Lichtquelle auf den Wert 0.0F zurück und reduzieren so die Leuchtfarbe von Weiß auf die *reine* Farbkomponente Grün – und zwar für die bisher wirkenden diffusen und spiegelnden Lichtquellenanteile der Lichtquelle 0 und den ambient wirkenden Anteil des globalen Ambientstrahlers. Die Intensitätswerte bleiben unverändert. Bestrahlen Sie nun die OpenGL-Szene mit diesem farbigen Lichtangebot, indem Sie das so modifizierte Programm neu kompilieren und wie gewohnt ausführen. Aktivieren Sie den *Lichteffekt*!

Abb. 7.11: Wirkung einer farbigen Lichtquelle auf Farbgebung

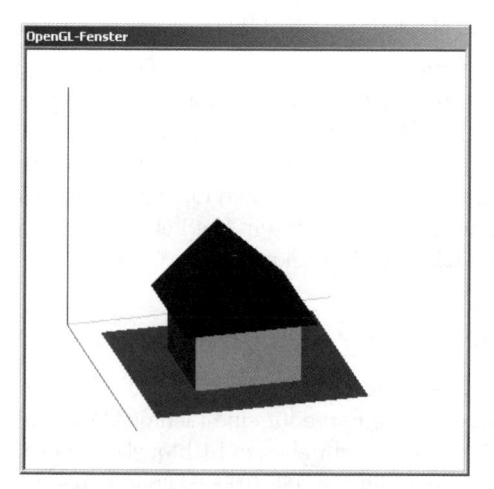

Auch wenn die Darstellung in Abbildung 7.11 in diesem Buch nicht farbig erfolgt, so findet sich hier dennoch der vorhergesehene Zusammenhang bestätigt – und zwar in erster Linie durch das jetzt vollkommen schwarz erscheinende Dach, das weiterhin über den `glColor_`-Befehl mit der Farbe Rot definiert ist. Die Dachoberfläche (das Material) kann nur dann rot *leuchten* (reflektieren), wenn auch rotes Licht von den bestrahlenden Lichtquellen angeboten wird! Bestätigt wird der Dacheffekt indirekt dadurch, dass das grüne Grundstück unverändert in der Farbe Grün erscheint, da das entsprechende grüne Lichtquellenangebot vorliegt.

Warum werden die Erdgeschossseiten der `HelloOpenGL`-Hausszene immer in der Farbe der Lichtquelle leuchten?   *Übung 3*

Die Antwort zu dieser Frage können Sie in Anhang A nachlesen.

Mit dem Wissen um die aufgezeigten Farbeffekte und ein wenig Fantasie ist vorstellbar, welche weiteren Effekte durch die geschickte Nutzung der *Lichtquellenfarbe* noch möglich sind! Das aber bleibt ganz Ihrer Kreativität überlassen. Andy Warhol und Marilyn Monroe lassen grüßen!

KAPITEL 8

Materialien

Aufbauend auf das vorangegangene Kapitel zur *Lichtquellendefinition* werden hier die damit zusammenhängenden Materialdefinitionen näher beschrieben. Das für dieses Kapitel nötige theoretische Fundament wurde in Kapitel 2 im Abschnitt *Optik – Die Physik des Lichts* dargelegt. Zudem helfen Ihnen die zuvor erarbeiteten Zusammenhänge. Es wird demnach direkt zur Sache gehen.

Den Basiscode zu diesem Kapitel finden Sie auf der Buch-CD in folgendem Ordner:

`\Buchdaten\Kapitel08\ProjektDSWs\Start\`

Kopieren Sie den Ordner `Start` von der CD in einen temporären Ordner auf Ihrer Festplatte und starten Sie dann die darin enthaltene VC++-Projektdatei *OGLProjekt.dsw*.

8.1 Materialeigenschaften

Dass eine Lichtquelle alleine noch kein *Licht* macht, sondern erst im Zusammenspiel mit seinem Partner *Material* der Lichtszene sein Erscheinungsbild gibt, wurde zu Beginn von Kapitel 7 bereits angedeutet. In der Regel ist eine Definition der *Lichteffekte* unter OpenGL immer erforderlich. Hingegen ist die explizite Materialdefinition – mit Ausnahme der Farbeigenschaft vielleicht – nicht unbedingt erforderlich.

8 Materialien

> **ACHTUNG**
>
> Die Grafikelemente (Primitive) unter OpenGL *können* mit speziellen und komplexen *Materialeigenschaften* versehen werden, die unter OpenGL nur bei *aktivierten Lichteffekten* und *aktivierten Materialeffekten* zur Geltung kommen.

Die *Materialeigenschaften* eines beleuchteten Körpers (Materials) bestimmen das Erscheinungsbild einer OpenGL-Szene entscheidend mit. Und zwar aufgrund

- seiner *Farbeigenschaft*,
- seiner *Reflexionseigenschaft* (ambiente, diffuse, spiegelnde) und
- seiner *Emissionseigenschaft*.

Physikalisch betrachtet, werden alle aufgeführten Eigenschaften durch die *Oberflächenbeschaffenheit* eines Körpers bestimmt. Hauptsächlich werden im Folgenden die farbreflektierenden Eigenschaften von Primitiv-Flächen betrachtet, die über den `glMaterial_`-Befehl definiert werden.

8.1.1 Materialkonstanten

Grundsätzlich ähnelt die Behandlung des `glMaterial_`-Befehls der des im vorigen Kapitel besprochenen `glLight_`-Befehls. Demnach existieren auch hierfür entsprechende Suffixvarianten und eigenschaftsdefinierende *Materialkonstanten*.

Vergleichbar und teilweise identisch zu Tabelle 7.2 im Abschnitt *Lichtquelleneigenschaften* in Kapitel 7 existieren zum `glMaterial_`-Befehl folgende materialdefinierende OpenGL-Konstanten:

Tabelle 8.1: Materialeigenschaftskonstanten

Materialeigenschaft	Eigenschaftskonstante *Wertebereich*	Beschreibung
Ambienter Anteil	`GL_AMBIENT` *0.0 bis 1.0 für RGBA*	Grundhelligkeit
Diffuser Anteil	`GL_DIFFUSE` *0.0 bis 1.0 für RGBA*	Lichtbrechung
Spiegelnder Anteil	`GL_SPECULAR` *0.0 bis 1.0 für RGBA*	Spiegelfähigkeit
Ambienter und diffuser Anteil	`GL_AMBIENT_AND_DIFFUSE` *0.0 bis 1.0 für RGBA*	Kombinationseigenschaft
Materialemission	`GL_EMISSION` *0.0 bis 1.0 für RGBA*	passive Strahlereigenschaft
Materialexponent	`GL_SHININESS` *0.0 bis +128.0*	Spiegelexponent

GL_AMBIENT_AND_DIFFUSE stellt eine Kombination aus GL_AMBIENT und GL_DIFFUSE dar und soll daher im weiteren Verlauf nicht näher erläutert werden. Eine weitere Konstante lautet GL_COLOR_INDEXES und wurde in die Tabelle erst gar nicht mit aufgenommen, da in diesem Buch ausschließlich vom RGBA-Echtfarbenmodus Gebrauch gemacht wird.

8.2 GL_COLOR_MATERIAL – Kapitelende?

Die in diesem Kapitel beschriebenen *Materialeffekte* sind nur nutzbar, wenn der OpenGL-Status GL_COLOR_MATERIAL deaktiviert ist. Über diese OpenGL-Konstante wird der OpenGL-*Materialdefinitionsmodus* bestimmt. Das HelloOpenGL-Programm aktivierte bisher den glColor-Materialdefinitionsmodus. Damit waren jedoch die komplexen Materialeffekte nicht nutzbar.

```
...
// IVa.) DARSTELLUNGS-/ STEUERUNGSARTEN
...
  glEnable(GL_COLOR_MATERIAL);   //glColor-Materialdef.
...
```

Wie in Kapitel 5 im Abschnitt *Primitive – Elementare Geometrien* bereits erläutert, haben Sie die Materialfarbe bisher über den glColor_-Befehls definiert. Dies geschah im HelloOpenGL-Programm für jedes Primitiv gesondert innerhalb des glBegin/glEnd-Definitionsbereichs.

```
  glBegin(GL_QUADS); // Vierecks-Flächen Primitive def.
    glColor4f(1.0, 1.0, 1.0, 0.2); //Farbe WEIß
    glNormal3d(-1.0, 0.0, 0.0);    //Normalenvektor(h.S.)
    glVertex3d(X14, Y14, Z14);     //V14 nach
...
  glEnd; // Def. der Vierecks-Flächen abgeschlossen
```

Dazu war die Aktivierung des glColor-Materialdefinitionsmodus nötig; standardmäßig ist dieser deaktiviert. Wichtig ist, dass die Aktivierung *außerhalb* der glBegin/glEnd-Definitionsbereiche erfolgt. Der zum aktivierten glColor-Materialdefinitionsmodus korrespondierende OpenGL-Befehl lautet glColorMaterial und bestimmt hauptsächlich, welche der Primitiv-Flächenseiten über den glColor_-Befehl »bemalt« werden soll. Da es sich bei dem glColorMaterial-Befehl um einen globalen Befehl handelt, wird dieser noch im Kontext von Kapitel 9 erläutert.

Lange Rede kurzer Sinn, wenn Sie in Zukunft immer nur diesen einfachen glColorMaterial-Materialdefinitionsmodus verwenden wollten, dann könnten Sie das Kapitel an dieser Stelle beenden. Aber das können Sie ja nur dann entscheiden, wenn Sie wissen, was man mit den Materialeffekten so alles anstellen kann ...

8.3 glMaterial – Physikalische Farbdefinition

Gegenüber dem zuvor genannten *einfachen* glColor-Materialdefinitionsmodus verfügen Sie mit dem *komplexen* glMaterial-Materialdefinitionsmodus über eine wesentlich differenziertere Farbgebungsmethode und darüber hinaus noch über andere Materialdefinitionsmöglichkeiten. Dafür ist zunächst der bisher aktive glColor-Materialdefinitionsmodus über den folgenden Statusbefehl zu deaktivieren bzw. erst gar nicht im Programmcode anzugeben, da standardmäßig dieser Status deaktiviert ist.

```
glDisable(GL_COLOR_MATERIAL);//glMaterial-Materialdef.
```

Sie bedienen sich nun des glMaterial-Materialdefinitionsmodus. Damit verlieren alle glColor_ Befehle innerhalb des glBegin/glEnd-Primitiv-Definitionsbereichs ihre Wirkung, solange die Lichteffekte über glEnable(GL_LIGHTING) aktiviert sind.

8.3.1 Standardmaterialeigenschaften

Analog zu den Lichteigenschaften können auch zu den Materialeigenschaften über diverse glMaterial_-Befehle bestimmte Standardwerte eingesetzt werden. Diese werden im Folgenden explizit dargestellt.

Listing 8.1: OpenGL-Standardwerte zur glMaterial_-Materialdefinition

```
...
// IVb.) LICHTEFFEKTE definieren
  // 1.) benötigte Variablendeklarationen...
...
  //...zum MATERIAL (M)
  GLfloat MAmbient[4]  ={0.2F, 0.2F, 0.2F, 1.0F};
  GLfloat MDiffuse[4]  ={0.8F, 0.8F, 0.8F, 1.0F};
  GLfloat MSpecular[4] ={0.0F, 0.0F, 0.0F, 1.0F};
  GLfloat MEmission[4] ={0.0F, 0.0F, 0.0F, 1.0F};
  GLfloat MShininess   = 0.0F;
...
  // 2.) benötigte OpenGL-Befehle...
...
  //...zum MATERIAL (M)
  glMaterialfv(GL_FRONT_AND_BACK,GL_AMBIENT,&MAmbient[0]);
  glMaterialfv(GL_FRONT_AND_BACK,GL_DIFFUSE,&MDiffuse[0]);
  glMaterialfv(
    GL_FRONT_AND_BACK,GL_SPECULAR,&MSpecular[0]);
  glMaterialfv(
    GL_FRONT_AND_BACK,GL_EMISSION,&MEmission[0]);
  glMaterialf (GL_FRONT_AND_BACK,GL_SHININESS,MShininess);
```

```
// 3.) Globale Lichtdefinitionen
...
```

Diese Standard-Materialeigenschaften wurden von Ihnen bisher noch nicht verwendet. Ergänzen bzw. modifizieren Sie den `HelloOpenGL`-Code nach Listing 8.1. Schalten Sie darüber hinaus den `glMaterial`-Materialdefinitionsmodus ein. Kompilieren und starten Sie das Programm erneut. Aktivieren Sie die Lichteffekte über die LICHTEFFEKT-Schaltfläche. Die in Abbildung 8.1 zu sehende Hausszenendarstellung stellt sich somit ein.

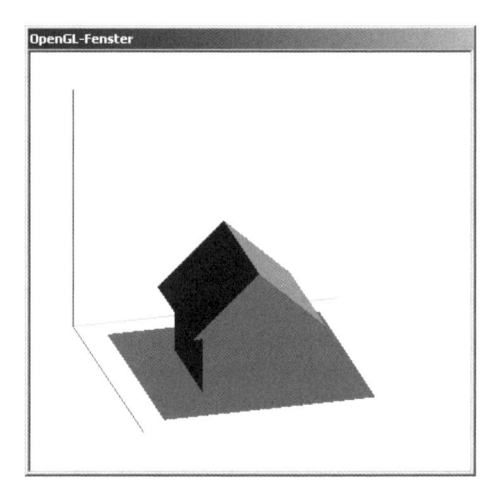

Abb. 8.1: Hausszene bei Standard-glMaterial-Definitionswerten

Da nun die Standardwerte der `glMaterial_`-Eigenschaften auf alle Flächen-Primitive der Hausszene wirken, werden alle Hausflächen einfarbig schattiert dargestellt. Dazu gleich mehr.

Folgen Sie den nachstehenden Anweisungen: *Übung 1*

- Klicken Sie bei der Hausszenendarstellung nach Abbildung 8.1 auf die TRANSPARENT-Schaltfläche. Was passiert?
- Klicken Sie anschließend auf die LICHTEFFEKT-Schaltfläche. Was passiert?

Auf welchen bekannten Zusammenhang möchte die Übung aufmerksam machen?

Die Antworten auf diese Fragen können Sie in Anhang A nachlesen.

8.3.2 Material – Vorder- und Rückseitendefinition

Die Materialfarbdefinition steht im engen Zusammenhang mit den Seitendefinitionen der Flächen-Primitiven. Grundsätzlich wird empfohlen, folgenden Hinweis zu beachten:

> Die Vorder- und die Rückseiten sollten möglichst mit unterschiedlichen Farben/Materialien versehen werden. Damit ist die Seitendefinition einer OpenGL-Szene *sichtbar* und analysierbar.

Die Materialeigenschaften werden explizit für die Vorder- *und/oder* Rückseite eines Primitivs definiert. Dem `glMaterial_`-Befehl wird dazu über den ersten Parameter eine seitendefinierende Konstante übergeben. Tabelle 8.2 stellt die möglichen OpenGL-Konstanten in der Übersicht dar.

*Tabelle 8.2: OpenGL-Konstanten zur Seitendefinition zu glMaterial_*

Definitionsseite(n)	Beschreibende OpenGL-Konstante
Vorderseite	`GL_FRONT`
Rückseite	`GL_BACK`
Vorder- und Rückseite (*Standard*)	`GL_FRONT_AND_BACK`

Der in der Tabelle aufgeführte Standardwert lautet `GL_FRONT_AND_BACK`.

`glMaterialfv(`**`GL_FRONT_AND_BACK`**`,GL_AMBIENT,&MAmbient[0]);`

Sie erinnern sich vielleicht, dass auch der `glColorMaterial`-Befehl und der `glPolygonMode`-Befehl (siehe Abschnitt *Flächen-, Gitter- und Punktdarstellung* in Kapitel 6) diese Konstanten verwenden.

8.3.3 Materialfarbdefinition Schritt für Schritt

In jedem der folgenden praktischen Schritte werden Sie zunächst mit einer Aufgabenstellung zur Materialdefinition konfrontiert. Gehen Sie diese Aufgaben wie eine Übung an und überlegen Sie eine eigene Lösung, bevor Sie die im direkten Anschluss vorgestellte Musterlösung nachlesen und ausprobieren. Dazu manipulieren Sie die Material- und Lichtquelleneigenschaften wie bisher an den bekannten globalen Codestellen des `HelloOpenGL`-Programms.

Dass alle Hausszenenflächen zunächst in einer Einheitsfarbe (hier Gelb) dargestellt werden, geschieht aus Gründen des besseren Verständnisses. Nur das stets farbige Koordinatensystem stellt hierbei eine Ausnahme dar, denn dieses *entzieht* sich durch seinen vorgelagerten `glDisable(GL_LIGHTING)`-Befehl der `glMaterial_`-Definition und *holt* sich seine Farbe über den `glColor_`-Befehl! Los geht's.

Reine Reflexionen

1. Reine farbige Reflexion ambienten Lichts an einer Materialoberfläche

   Ausschließlich atmosphärisches weißes Umgebungslicht soll mit einer Intensität von 30% die außen liegenden gelben Szenenflächen bestrahlen, die das eintreffende Licht zu 99% reflektieren. 1% des Umgebungslichts wird somit von den Objekten absorbiert.

Zunächst wird die globale Ambientlichtquelle (siehe Abschnitt *Ambientstrahler* in Kapitel 7) mit weißem Licht und einer 0.3F-Strahlungsintensität in der Szene eingesetzt. Modifizieren Sie die entsprechende Codestelle mit:

```
...
GLfloat LModelAmbient[4]={0.3F,0.3F,0.3F,1.0F};   //WEIß
...
```

Das 99%ige ambiente Reflexionsvermögen der gelben außen liegenden Erdgeschossseiten wird über folgende *Material*-Codezeilen realisiert, die Sie so modifizieren:

```
...
  GLfloat MAmbient[4]  ={0.99F,0.99F,0.0F, 1.0F};
  GLfloat MDiffuse[4]  ={0.0F, 0.0F, 0.0F, 1.0F};
...
  glMaterialfv(GL_FRONT,GL_AMBIENT,&MAmbient[0]);
  glMaterialfv(GL_FRONT,GL_DIFFUSE,&MDiffuse[0]);
  glMaterialfv(GL_FRONT,GL_SPECULAR,&MSpecular[0]);
...
```

Gelbes Licht wird im additiven Farbmischverfahren über gleich große Rot- und Grün-Anteile ohne Blau-Anteil gebildet. Eine *Materialoberfläche* kann nur gelb erscheinen, wenn das Oberflächenmaterial auch die Rot- und Grün-Anteile reflektiert. Gleichzeitig muss dabei der Blau-Anteil vollständig vom Material absorbiert werden. Da das *ambiente Reflexionsvermögen* (GL_AMBIENT) der Oberfläche 99% beträgt, werden die Gelb-Anteile Rot- und Grün mit den Fließkommawerten 0.99F definiert. Der Blau-Anteil weist hingegen einen Wert von 0.0F auf, nachdem diese Farbkomponente in der Farbe Gelb nicht vorhanden ist!

Da in diesem ersten Schritt nur das ambiente Reflexionslicht der Hausszene definiert werden soll, werden die diffusen (GL_DIFFUSE) und spiegelnden (GL_SPECULAR) Materialreflexionseigenschaften deaktiviert. Da die spiegelnde Reflexionseigenschaft standardmäßig bereits deaktiviert ist, braucht nur noch die diffuse Materialeigenschaft über die 0.0F-RGB-Werte definiert zu werden.

Mit der GL_FRONT-Konstante in den glMaterial_-Befehlen weisen nur die Vorderseiten (außen liegende Flächen) der Hausszene die definierten Reflexionseigenschaften auf. Kompilieren und starten Sie Ihr Programm.

Abb. 8.2:
Reines
ambientes
Reflexionslicht
der Hausszene

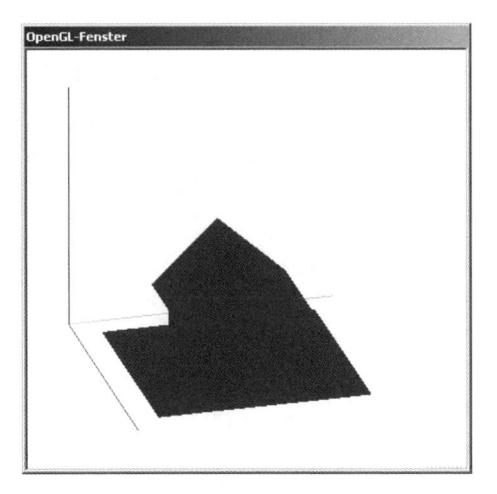

Abbildung 8.2 zeigt das Ergebnis der *ambienten Lichtreflexion*. Auffällig ist dabei, dass *alle* Szenenflächen in einem homogenen Farbton (hier in sehr *dunklem* Gelb) erscheinen und somit nur deren Silhouette (Umrissfläche) zu sehen ist.

2. Reine farbige Reflexion diffusen Lichts an einer Materialoberfläche

   Von einem Parallelstrahler (Eye-Koordinatenrichtung: x=1.0, y=1.0 und z=1.0) trifft konstantes weißes Licht mit einer Intensität von 100% auf die gelben Szenenflächen einer ansonsten unbeleuchteten Szene auf. Das Licht wird dabei diffus von den Materialoberflächen zu 50% reflektiert.

Zunächst wird der beschriebene Parallelstrahler in die OpenGL-Szene eingesetzt. Mit den Angaben zur Leuchtquellenrichtung wird hier die Lichtquelle 0 verwendet. Modifizieren Sie den OpenGL-Code wie folgt:

```
GLfloat LPosition[4] ={1.0F,1.0F,1.0F, 0.0F}; //Position
...
 glLightfv(GL_LIGHT0,GL_POSITION,&LPosition[0]);
```

Ohne nochmals näher darauf einzugehen: Sie würden alleine über die zwei angegebenen Codezeilen *automatisch* die gewünschten 100% an diffusem Licht definieren – einen Parallelstrahler mit konstantem (Abschwächungsfaktoren!) Strahlverhalten –, wenn Sie *ausschließlich* den obigen Lichtquellendefinitionscode zur Definition der Strahlungsrichtung des Parallelstrahlers (über Lichtquelle 0!) in Ihr OpenGL-Programm eingeben würden. Dies ist aber nicht der Fall. Daher sollten Sie explizit noch die Codezeile zur 100%igen Aktivierung des diffusen Lichtquellenanteils modifizieren.

```
GLfloat LDiffuse[4] = {1.0F,1.0F,1.0F,1.0F}; //Diffuse
```

Da die Szene ausschließlich mit diffusem Licht des Parallelstrahlers angeleuchtet werden soll, müssten Sie die aktuell aktive globale Ambientlichtquelle wieder deaktivieren, was aber nicht unbedingt nötig ist, da Sie einfach die *ambiente Materialreflexion* unterbinden können, um damit *indirekt* die globale ambiente Lichtquelle zu *deaktivieren*. Modifizieren Sie dazu folgende Materialcodezeile:

```
GLfloat MAmbient[4]   ={0.0F, 0.0F, 0.0F, 1.0F};
```

Hingegen lassen Sie jetzt die *gelbe* Materialfarbenreflexion des diffusen Anteils zu 50% über folgende Codemodifikation zu:

```
GLfloat MDiffuse[4]   ={0.5F, 0.5F, 0.0F, 1.0F};
```

Kompilieren und starten Sie Ihr so modifiziertes Programm erneut.

Abb. 8.3: Reines diffuses Reflexionslicht der Hausszene

Im Vergleich zur reinen ambienten Reflexion aus Abbildung 8.2 ist für die reine *diffuse Reflexion* festzustellen, dass diffuses Licht nur im direkten Anstrahlbereich des Parallelstrahlers zu beobachten ist. Die linke Dach- sowie die linke und die hintere Erdgeschossseitenflächen weisen dabei keinerlei diffuses Reflexionslicht auf. Als weiterer wichtiger Unterschied ist eine inhomogene Lichtverteilung der einzelnen Hausflächen zu beobachten. Im Zusammenspiel mit den unbeleuchteten Flächen führt dies gegenüber der reinen ambienten Beleuchtung dazu, dass neben der Szenensilhouette nun teilweise auch einige Flächenkonturen zu erkennen sind.

3. Reine farbige Reflexion spiegelnden Lichts an einer Materialoberfläche

   Von dem bekannten Parallelstrahler trifft weißes Licht mit einer Intensität von 100% auf die gelben Szenenflächen einer ansonsten unbeleuchteten Szene auf. Das Licht wird dabei ausschließlich spiegelnd von den Materialoberflächen zu 50% reflektiert.

Aufbauend auf den vorhergehenden Schritt wird ausschließlich die 50%ige *spiegelnde Reflexion* definiert. Modifizieren Sie den bestehenden Code wie folgt:

```
GLfloat LSpecular[4] ={1.0F,1.0F,1.0F,1.0F}; //Specular
...
//...zum MATERIAL (M)
GLfloat MAmbient[4]  ={0.0F, 0.0F, 0.0F, 1.0F};
GLfloat MDiffuse[4]  ={0.0F, 0.0F, 0.0F, 1.0F};
GLfloat MSpecular[4] ={0.5F, 0.5F, 0.0F, 1.0F};
```

Kompilieren und starten Sie das Programm neu und studieren Sie das Spiegeldarstellungsergebnis.

Abb. 8.4: Reines spiegelndes Reflexionslicht der Szene (LocView=1)

Bei der Bewertung des Spiegelergebnisses soll auf den in Kapitel 2 im Abschnitt *Spiegelung* beschriebenen physikalischen Sachverhalt hingewiesen werden, dass das Ergebnis der *Spiegelberechnung* von der *Beobachterposition* und der *Strahlenrichtung der Lichtquelle abhängig* ist. Über den globalen glLightModel_-Befehl wird das im HelloOpenGL-Code aktuell angewendete *globale Lichtmodell* in Bezug auf die Beobachterabhängigkeit explizit wie folgt definiert:

glLightModeli(GL_LIGHT_MODEL_LOCAL_VIEWER,1);

Mit dem Wert 1 (kein Standardwert!) für die globale Lichtmodelleigenschaft GL_LIGHT_MODEL_LOCAL_VIEWER ist das Ergebnis abhängig vom Szenenbetrachtungswinkel, also von dem Winkel, unter dem Sie die Szene gerade betrachten. Dieser wurde durch *Blick-Transformationen* bestimmt. Eine genaue Erklärung dazu erfolgt in Kapitel 9 im Abschnitt *glLightModel – Das globale Lichtmodell*, da sie den chronologischen Ablauf an dieser Stelle stören würde.

Abbildung 8.4 zeigt beispielhaft für die *spiegelnde Reflexion* die charakteristische lokale Wirkung für diese Reflexionsart. In unserem Fall bewirken die schräg auf das rechte Dachflächen-Primitiv auftreffenden Lichtquellenstrahlen des Parallelstrahlers eine lokal signifikante Spiegelung.

Zusammengesetzte Reflexionen

4. Zusammengesetzte Materialeigenschaften

   Schließlich soll die Szene mit den zuvor einzeln realisierten Materialeigenschaften ambient, Streuung und Spiegelung gemeinsam zur Darstellung gebracht werden.

Modifizieren Sie dazu einzig folgende Materialeigenschaftswerte an den entsprechenden Codestellen:

```
//...zum MATERIAL (M)
GLfloat MAmbient[4]  ={0.99F, 0.99F, 0.0F, 1.0F};
GLfloat MDiffuse[4]  ={0.50F, 0.50F, 0.0F, 1.0F};
GLfloat MSpecular[4] ={0.50F, 0.50F, 0.0F, 1.0F};
```

Fertig! Kompilieren und starten Sie das Programm erneut.

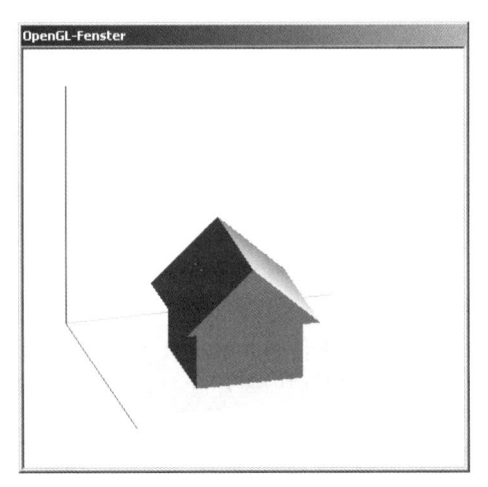

Abb. 8.5: Zusammengesetzte ambiente, diffuse und spiegelnde Reflexion

Abbildung 8.5 zeigt das Ergebnis bei der Überlagerung der einzelnen Reflexionsbestandteile der Szenenmaterialien, womit die vorangegangenen Betrachtungen nochmals *bildlich* zusammengefasst wurden. Abbildung 8.6 zeigt im Überblick u.a. noch einmal die in den vier Schritten generierten Reflexionsergebnisse.

Abb. 8.6:
Überblick zu
den Reflexions-
eigenschaften

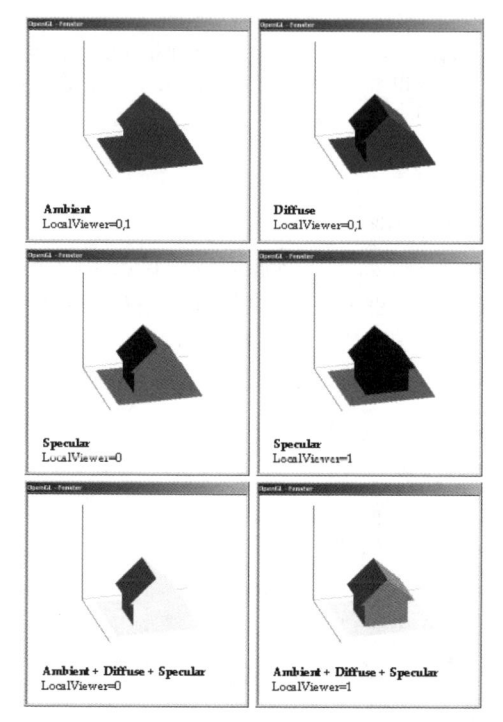

Ambient
LocalViewer=0,1

Diffuse
LocalViewer=0,1

Specular
LocalViewer=0

Specular
LocalViewer=1

Ambient + Diffuse + Specular
LocalViewer=0

Ambient + Diffuse + Specular
LocalViewer=1

Bunt zusammengesetzte Reflexionseigenschaften

5. Zusammengesetzte farbliche Materialeigenschaften

Die Szene soll mit den zusammengesetzten Materialeigenschaften Ambient, Streuung und Spiegelung farblich differenziert für jede Szenenfläche zur Darstellung gebracht werden.

Die Materialdefinitionen der gelblich gezeichneten Hausszenenflächen aus Abbildung 8.5 erfolgten von *globaler* Codestelle aus und ließen daher eine gezielte *lokale* Materialfarbgebung einzelner Flächen-Primitive nicht zu. Man strebt aber an, den erläuterten Materialdefinitionscode ähnlich des *einfachen* glColor_-Befehls lokal einsetzen zu können. Dies ist auch möglich, indem man den dazu nötigen glMaterial_-Code, samt zugehörigem Wertedefinitionscode, vor den jeweiligen Primitiv-Definitionsbereich kopiert. Mit diesem Lösungsansatz würde man aber den bisherigen OpenGL-Code bis zur Unleserlichkeit aufblähen. Viel geschickter ist es, den OpenGL-Code zur Materialdefinition in eine Member-Funktion der COpenGL-Klasse zu implementieren und damit aus der HelloOpenGL-Funktion auszulagern. Diese Funktion rufen Sie stets vor der Primitiv-Definition auf. Damit wirken die so aufgerufenen Materialdefinitionsbefehle so, als hätten Sie diese an der Aufrufstelle manuell eingegeben.

SetColMat-Funktion erzeugen

Erzeugen Sie wie üblich eine Member-Funktion SetMatCol der COpenGL-Klasse vom Typ BOOL mit dem Zugriffsrecht public. Die in dem Erstellungsdialog anzugebenden Funktionsparameter entnehmen Sie den ersten beiden Codezeilen des im Folgenden aufgeführten Listings. Implementieren Sie danach den Funktionscode.

```
BOOL COpenGL::SetMatCol(fRGBAColor *pCurMatColor, GLenum MatFace, GL-
float Ca, GLfloat Cd, GLfloat Cs)
{
// Farbgebende Reflexionsberechnung mit glMaterial_
// *Aufruf erfolgt i.d.R. innerhalb von glBegin/glEnd
//Lokale Variablen deklarieren
fRGBAColor SetColAmbient, SetColDiffuse,SetColSpecular;
//Reflexionsintensität berechnen für...
   //...ambientes Licht
   SetColAmbient.Red  =pCurMatColor->Red   * Ca;
   SetColAmbient.Green=pCurMatColor->Green * Ca;
   SetColAmbient.Blue =pCurMatColor->Blue  * Ca;
   SetColAmbient.Alpha=pCurMatColor->Alpha;
   //...diffuses Licht
   SetColDiffuse.Red  =pCurMatColor->Red   * Cd;
   SetColDiffuse.Green=pCurMatColor->Green * Cd;
   SetColDiffuse.Blue =pCurMatColor->Blue  * Cd;
   SetColDiffuse.Alpha=pCurMatColor->Alpha;
   //...spiegelndes Licht
   SetColSpecular.Red  =pCurMatColor->Red   * Cs;
   SetColSpecular.Green=pCurMatColor->Green* Cs;
   SetColSpecular.Blue =pCurMatColor->Blue * Cs;
   SetColSpecular.Alpha=pCurMatColor->Alpha;
//Materialfarben für gewünschte Flächenseite(n)
//            für das aktuelle Primitiv
//über OpenGL-Befehle setzen.
 glMaterialfv(MatFace,GL_AMBIENT, &SetColAmbient.Red);
 glMaterialfv(MatFace,GL_DIFFUSE, &SetColDiffuse.Red);
 glMaterialfv(MatFace,GL_SPECULAR,&SetColSpecular.Red);

return TRUE;
}
```

Listing 8.2: SetMatCol-Methode zur glMaterial-Farbdefinition

Die deklarierten Variablen SetColAmbient, SetColDiffuse und SetColSpecular sind vom komplexen C-Datentyp fRGBAColor, den Sie in Kapitel 6 zur vektoriellen Verwendung von RGBA-Farben definiert haben. Diese lokalen Variablen werden zunächst mit den RGBA-Komponenten für die ambiente, diffuse und spiegelnde Reflexionsfarbe initialisiert. Die dazu nötige Farbvektorinformation wird dem Funktionscode SetMatCol in Form des Funktionsparameters pCurMatColor übergeben und zwar in der bekannten Zeigertechnik. Cur steht hier für das englische Wort current und bedeutet so viel wie im Augenblick, aktuell. Die drei *Überparameter* Ca, Cd und Cs stellen die *Reflexionsanteile* für jede Farbkomponente dar. Für den ambienten Reflexionsanteil der Rot-Komponente mit einem *Skalierungsfaktor* Ca gilt beispielhaft folgende Berechnung:

```
SetColAmbient.Red = pCurMatColor->Red * Ca;
```

Ein Skalierungsfaktor Ca von beispielsweise 0.50F bedeutet damit, dass 50% der ambienten Intensität der empfangenen Lichtstrahlkomponente Rot wieder reflektiert werden soll. Dieser Berechnungsgang geschieht für jede Farbkomponente und für jede Materialreflexionseigenschaft.

Abschließend werden die glMaterial_-Befehle mit den so berechneten Reflexionswerten ausgeführt, wodurch ein möglicherweise nachfolgend definiertes Primitiv mit diesen Reflexionseigenschaften versehen wird. Natürlich nur dann, wenn OpenGL dabei im glMaterial-Materialdefinitionsmodus ausgeführt wird und die *Lichteffekte* aktiviert wurden!

Der Funktionsparameter MatFace definiert in Form einer OpenGL-Konstante den ersten Parameterwert des glMaterial_-Befehls nach Tabelle 8.2, womit die einzufärbende Vorder- und/oder Rückseite bestimmt wird.

Ein beispielhafter Aufruf der SetMatCol-Funktion könnte in Anlehnung an den vorgestellten Beispielfall wie folgt aussehen:

```
glBegin(GL_Primitiv);        //Primitiv
  glNormal3d(0.0, 0.0, 1.0); //Normalenvektor
  SetMatCol(&m_fStdFarben.ROT,GL_FRONT,0.30F,0.50F,0.50F);
  glColor4fv(                //Farbe Dunkelgrün
    &m_fStdFarben.DUNKELGRUEN.Red);
  glVertex3d(0.1, 0.1, 0.0); //erster Primitiv-Eckpunkt
...
```

Die bevorzugte, weil nachgeordnete, Position des glColor_-Befehls innerhalb des OpenGL-Codes soll dessen Wirkungslosigkeit gegenüber der glMaterial_-Befehle der SetMatCol-Funktion bei Anwendung des glMaterial-Materialdefinitionsmodus noch einmal unterstreichen.

Die Reflexionsparameter Ca, Cd und Cs in Form von konstanten Zahlenangaben der SetMatCol-Funktion zu übergeben, stellt zwar immer eine praktikable Möglichkeit dar, soll aber darüber hinaus durch eine global modifizierbare Angabemöglichkeit ergänzt werden. Implementieren Sie dazu die Reflexionsparameter für die SetMatCol-Methode wie folgt:

Listing 8.3: Globale Angabe der Reflexionseigenschaften

```
//...zum MATERIAL (M)
  GLfloat MAmbient[4]  ={0.99F, 0.99F, 0.0F, 1.0F};
...
//Global definierte Materialreflexionsparameter
GLfloat Ca = 0.99F;  // ambiente      Ca-Konstante
```

glMaterial – Physikalische Farbdefinition

```
GLfloat Cd = 0.50F;   // diffuse    Cd-Konstante
GLfloat Cs = 0.50F;   // spiegelnde Cs-Konstante
...
```

Somit haben Sie jetzt die Möglichkeit, die `SetMatCol`-Funktion nachstehend zur Codestelle aus Listing 8.3 wie folgt aufzurufen:

`SetMatCol(&m_fStdFarben.ROT,GL_FRONT,Ca,Cd,Cs);`

Der Hauptgrund für diese Befehlsangabeart ist, dass Sie höchstwahrscheinlich Standardreflexionswerte auf die Szenenflächen anwenden wollen. Nur in Einzelfällen geben Sie diese Werte *manuell* an.

SetColMat-Funktion anwenden

Womit abschließend die Aufgabenstellung aus dem fünften Schritt umgesetzt werden kann. Fassen wir also nochmals kurz zusammen.

Mithilfe der `SetColMat`-Funktion verfügen Sie über eine einfache und übersichtliche Möglichkeit, den Materialien die komplexen Eigenschaften `GL_AMBIENT`, `GL_DIFFUSE` und `GL_SPECULAR` zuzuordnen. Vergleichbar mit den `glColor_`-Befehlen werden auch die komplexeren `glMaterial_`-Befehle innerhalb der Primitiv-Definition (`glBegin`/`glEnd`-Bereich) angegeben. Einzig fehlen demnach zur Kolorierung unserer Hausszene noch die entsprechenden `SetColMat`-Anweisungen.

Noch einmal zurück zur Aufgabenstellung oder sollte ich besser Übung sagen …

Die Szene soll mit den zusammengesetzten Materialeigenschaften Ambient, Streuung und Spiegelung *farblich differenziert* für jede Szenenfläche zur Darstellung gebracht werden.

Übung 2

Hinweise:

- Verwenden Sie die global definierten Reflexionswerte `Ca=0.99F`, `Cd=0.5F` und `Cs=0.5F` in den `SetMatCol`-Befehlen.

- Platzieren Sie die `SetMatCol`-Befehle vor den `glColor_`-Codestellen.

Welchen Übergabeparameter des `SetMatCol`-Befehls können Sie mit bereits vorhandenen lokalen Variablen des aktuellen `HelloOpenGL`-Codes versorgen? Welchen großen Vorteil weist bei Verwendung dieser Variablen Ihre Material-Szene damit gegenüber allen bisher vorgestellten Material-Szenen auf?

Informationen zur Lösung dieser Übung können Sie in Anhang A nachlesen.

Kompilieren und starten Sie Ihre Lösung, um die Szene in alter/neuer Farbenpracht betrachten zu können.

*Abb. 8.7:
Hausszene
glColor- vs.
glMaterial-
Materialmodus*

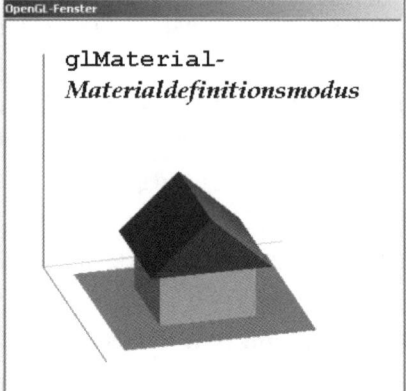

glColor-
Materialdefinitionsmodus

glMaterial-
Materialdefinitionsmodus

Hauptsächlich fällt auf, dass die Hausszene nun wesentlich besser ausgeleuchtet ist. Dies bemerkt man daran, dass die Schattenflächen nicht mehr so kontrastreich sind, wie dies noch im `glColor`-Materialdefinitionsmodus der Fall war. Darüber hinaus verfügt die Szene nun auch über – wenn auch geringe – Spiegeleffekte.

Nach einigem Ausprobieren haben mir persönlich folgende `Ca`, `Cd` und `Cs` Werte für die farbige Szenendarstellung am besten gefallen.

```
GLfloat Ca = 0.99F;   // ambiente    Ca-Konstante
GLfloat Cd = 0.70F;   // diffuse     Cd-Konstante
GLfloat Cs = 0.80F;   // spiegelnde  Cs-Konstante
```

Welche Wertkombinationen Sie für die Szenendarstellung bevorzugen, sollten Sie ganz individuell für sich herausfinden. Darüber hinaus könnten Sie als weitere Verfeinerung auf die Idee kommen, für jedes Primitiv andere `Ca`, `Cd` und `Cs` Werte zu benutzen ... Wer hindert Sie daran?

8.4 Material-Emission

Unter OpenGL existieren interessanterweise auch *selbstleuchtende Materialien*. Diese benötigen keine Lichtquelle, um eine vordefinierte Lichtfarbe zu emittieren bzw. abzustrahlen. Darum stellen diese Leuchten auch keine Leuchten im Sinne des Lichtquellenstrahlers dar, sodass das dabei emittierte Licht nicht in die Lichtberechnung der anliegenden Objekte eingeht. Schade, aber nicht zu ändern. Dennoch finden sich für solche Materialien denkbare Einsatzmöglichkeiten:

- in *Nachtszenen*: Scheinwerferlichter, beleuchtete Fenster, Sterne
- in *Gebäuden*: Kerzenschein, Kaminglut
- u.v.m.

Meistens werden diese Materialien im *inaktiven* Zustand über die Materialeigenschaften GL_AMBIENT, GL_DIFFUSE und GL_SPECULAR andersfarbig bzw. transparent definiert, um sie bei Gelegenheit über die GL_EMISSION-Materialeigenschaft zu aktivieren. Siehe dazu nochmals Tabelle 8.1.

> Die *Emissionseigenschaft* eines Materials entspricht im Ergebnis einer *additiven* farbigen Aufhellung der Materialoberfläche, die sich mit der lichtquellenberechneten Materialfarbe überlagert.

Zur Demonstration ergänzen Sie die Emissionswertedeklaration wie folgt:

```
GLfloat MEmission[4]   ={0.00F, 0.00F, 0.00F, 1.0F};
GLfloat MEmissionON[4] ={0.70F, 0.70F, 0.70F, 1.0F};
```

Implementieren Sie die entsprechenden glMaterial_-Befehle beispielhaft im Codebereich der Dachdefinition.

```
// 4.) Rechte und linke Dachseite zeichnen
  glBegin(GL_QUADS);   //Vierecks-Fläche
    SetMatCol(&Dachfarbe,        //glColor-Farbe nutzen!
...
    glMaterialfv(GL_FRONT,GL_EMISSION,&MEmissionON[0]);
    glNormal3d(0.0,-1.0,1.0); //Normalenvektor
    glVertex3dv(&V1.x);          //V1 nach
    glVertex3dv(&V4.x);          //V4 nach
    glVertex3dv(&V5.x);          //V5 nach
    glVertex3dv(&V2.x);          //V2; Ende Def.
    glMaterialfv(GL_FRONT,GL_EMISSION,&MEmission[0]);
  glEnd();  //Ende Def. der Vierecks-Flächen
```

Listing 8.4: Emissions-Beispielcode

Nach dem Programmstart des HelloOpenGL-Codes wird die linke Dachhälfte in einem hellen Weiß-Rot erstrahlen, da sich der Weiß-Emissionsfarbwert mit dem Rot-Materialfarbwert überlagert. Probieren Sie es aus!

8.5 Material – Shininess

Auf die mathematisch verklausulierte GL_SHININESS-Eigenschaft soll an dieser Stelle nicht näher eingegangen werden. Ein paar kurze Randbemerkungen dazu sollen hier ausreichend sein.

Über diese Eigenschaft kann mit Werten im Bereich von 0.0F bis 128.0F die spiegelnde Lichtdarstellung beeinflusst werden. Dabei ist zu bemerken, dass die Spiegelung auf Basis folgender Faktoren berechnet wird:

- der angebotenen spiegelnden Lichquellenintensität
- des spiegelnden Materialreflexionsverhaltens

237

- des Blickpunktvektors (Beobachterposition zum Berechnungspunkt)
- des *Lichtquellenrichtungsvektors* in Bezug auf den Berechnungspunkt

Mathematisch findet eine Punkt-Multiplikation letztgenannter Vektoren statt, die im Ergebnis mit den Licht- und Materialeigenschaften verknüpft wird und somit die Spiegelfarbe am Vertex bestimmen.

Da mal wieder Probieren über Studieren geht, wird vorgeschlagen, dass Sie die GL_SHININESS-Werte schrittweise (0.0F, 1.0F, 10.0F und 100.0F) ausprobieren und die Auswirkungen studieren. Der *neutrale* GL_SHININESS-Standardwert 0.0F wird im dritten glLightf-Befehlsparameter definiert.

KAPITEL 9

Globales zur Lichtdarstellung

Neben den wichtigen und zuvor bereits erläuterten *Lichtquellen-* und *Materialmodellen*, bestimmt darüber hinaus das *globale Beleuchtungsmodell* (Lichtmodell) das Ergebnis der Lichtdarstellung einer OpenGL-Szene.

Einige der in diesem Kapitel angesprochenen globalen Befehle wurden bereits im Licht- und Materialkapitel behandelt bzw. angesprochen. Daher stellt dieses Kapitel eine Art Zusammenfassung dar. Somit werden Sie hier auch keine Übungsaufgaben finden. Globale Details, die für das Lichtverständnis wissenskonsolidierend sind, können hier einmal außerhalb des chronologischen Lernablaufs angesprochen werden.

Den Basiscode zu diesem Kapitel finden Sie auf der Buch-CD in folgendem Ordner:

`\Buchdaten\Kapitel09\ProjektDSWs\START\`

Kopieren Sie den Ordner START von der CD in einen temporären Ordner auf Ihrer Festplatte und starten Sie dann die darin enthaltene VC++-Projektdatei *OGLProjekt.dsw*.

9.1 Standardwerte

Konsequenterweise sollen auch in diesem Kapitel die Standardwerte zum Beleuchtungsmodell in Form eines Codelistings dargestellt werden.

Listing 9.1:
Defaults zum
Beleuchtungs-
modell

```
// OpenGL Status (ENABLE/DISABLE)
glDisable(GL_COLOR_MATERIAL);//glMaterial-Materialmodus
glDisable(GL_LIGHT0);           //Lichtquelle 0 AUS
...
  glDisable(GL_LIGHTING);       // Licht...AUSschalten
...
// 3.) Globales Beleuchtungsmodell
// Variablen deklarieren
GLfloat LModelAmbient[4]        //Umgebungslicht Modell
  ={0.2F,0.2F,0.2F,1.0F};       // Default Def.
// globale GL-Befehle zur Beleuchtungsrechnung
glLightModelfv(                 //Lichtmodell definieren
  GL_LIGHT_MODEL_AMBIENT,       // Umgebungslicht-Modell
  &LModelAmbient[0]);           // Umgebungslichtwerte
glLightModeli(                  //Beidseil.Lichtberech.
  GL_LIGHT_MODEL_TWO_SIDE,0);   // 0:AUSschalten
glLightModeli(                  //Blickpunktmodus
  GL_LIGHT_MODEL_LOCAL_VIEWER,0);
glColorMaterial(                //glColor-Farbgebung
  GL_FRONT_AND_BACK,            // Seiten einfärben mit
  GL_AMBIENT_AND_DIFFUSE);      // ambientem u. diffusem
glShadeModel(GL_SMOOTH);        //Schattierungsmodell
...
```

Der Basiscode dieses Kapitels weist zu Beginn die Standardwerte aus Listing 9.1 auf. In den folgenden Abschnitten werden die damit verbundenen Möglichkeiten näher »beleuchtet«. Aufgrund Ihrer inzwischen fundierten Kenntnisse kann in diesem Kapitel Klartext gesprochen werden.

9.2 Lichteffekte einschalten

Die *globalste vorstellbare Beleuchtungseinstellung* ist natürlich die Aktivierung bzw. Deaktivierung der *Lichteffekte*. Standardmäßig ist der GL_LIGHTING-Status deaktiviert. Die Aktivierung erfolgt codetechnisch bekanntermaßen über

```
glEnable(GL_LIGHTING);  // OpenGL-Lichteffekte EIN
```

Kompilieren und starten Sie den Basiscode zu diesem Kapitel und aktivieren Sie im Steuerzentrale-Dialog die Lichteffekte über die LICHTEFFEKT-Schaltfläche.

Auch wenn jetzt die OpenGL-Szene aufgrund des Standardstatus aus Listing 9.1 recht dunkel und konturlos erscheint, so wirken dennoch *ab sofort* alle OpenGL-Befehle, die die Lichtdarstellung beeinflussen – also die von Ihnen definierten *Lichtquelleneigenschaften* und die *Materialeigenschaften*, aber

Lichteffekte einschalten

auch die in diesem Kapitel angesprochenen globalen Befehle zum Beleuchtungsmodell. Basierend auf diesem Status berechnet OpenGL die resultierende und sichtbare Schattenbildung für alle anschließend auftretenden Szenenobjekte.

In welcher Reihenfolge Sie die Statusbefehle und die häufig zum OpenGL-Status korrespondierenden Befehle angeben, ist irrelevant. Erst wenn das OpenGL-Grafikelement tatsächlich gezeichnet wird, muss der aktuelle Status festgelegt sein. Ein Beispiel dazu:

```
...
glEnable(GL_LIGHT0);         //Lichtquelle 0 EIN
glEnable(GL_LIGHTING);       // ...EINschalten
glEnable(GL_COLOR_MATERIAL); //glColor-Materialmodus
glColorMaterial(...)         //glColor-Farbgebung
...
//Primitiv-Definitionen
...
```

Sie können aber z.B. auch folgende wirkidentische Reihenfolge wählen:

```
...
glColorMaterial(...)         //glColor-Farbgebung
glEnable(GL_LIGHTING);       // ...EINschalten
glEnable(GL_COLOR_MATERIAL); //glColor-Materialmodus
glEnable(GL_LIGHT0);         //Lichtquelle 0 EIN
...
//Primitiv-Definitionen
...
```

Ob Sie also die Lichtquelle `GL_LIGHT0` vor oder nach der Aktivierung der Lichteffekte einschalten oder den `glColor`-Materialdefinitionsmodus erst aktivieren und dann über `glColorMaterial` definieren oder anders herum, spielt keine Rolle. Wichtig ist aber, dass Sie den so gesetzten *OpenGL-Status vor* einer *Primitiv-Definition* festgelegt haben.

So viel dazu. Nun aber zurück zum aktuellen Programmstatus des HelloOpenGL-Codes. Dass die aktuelle Hausszene zurzeit unschattiert ist, hängt mit der standardmäßigen Deaktivierung aller OpenGL-Lichtquellen zusammen. Aktivieren Sie daher nun die Lichtquelle 0.

glEnable(GL_LIGHT0);   //Lichtquelle 0 **EIN;**

Damit verfügen Sie wieder über eine schattierte Szene, deren Flächenelemente im `glMaterial`-*Materialdefinitionsmodus* lichtberechnet werden, da dieser standardmäßig aktiviert wurde.

glDisable(GL_COLOR_MATERIAL);//glMaterial-Materialmodus

241

Damit wirken nun nicht mehr die `glColor_`-Befehle zur Materialdefinition, sondern die `glMaterial_`-Befehle, die ab sofort das Erscheinungsbild der Szenenflächen bestimmen.

Damit verliert auch der im OpenGL-Code vorhandene `glColorMaterial`-Befehl an Bedeutung, da er die Materialdefinitionsweise der jetzt inaktiven `glColor_`-Befehle beschreibt.

Damit wiederum ...

An dieser Stelle sollen die Erläuterungen abgebrochen werden. Es ist (hoffentlich) deutlich geworden, wie sehr man in OpenGL-Status*kategorien denken* muss, um die den aktuell vorliegenden Status betreffenden Befehle erkennen und damit auch sinnvoll definieren zu können.

Da das *Ineinandergreifen* aller möglichen OpenGL-Statuszustände nicht aufgeführt werden kann, sollen zumindest die zu dem globalen Beleuchtungsmodell gehörigen OpenGL-Befehle in den folgenden Abschnitten beschrieben werden.

9.3 glLightModel – Das globale Lichtmodell

Wie es der Befehlsname aus der Überschrift schon verrät, werden damit (wichtige Teile) des Lichtmodells definiert. Der globale Charakter des `glLightModel_`-Befehls wird schon allein dadurch deutlich, dass dieser Befehl *niemals innerhalb* des `glBegin`/`glEnd`-Definitionsbereichs verwendet werden darf. Dieser Befehl definiert drei globale Lichteigenschaften, die in den folgenden Unterabschnitten näher erläutert werden:

- GL_LIGHT_MODEL_AMBIENT
- GL_LIGHT_MODEL_LOCAL_VIEWER
- GL_LIGHT_MODEL_TWO_SIDE

9.3.1 GL_LIGHT_MODEL_AMBIENT

Die Anwendung des `glLightModel_`-Befehls mit dem Eigenschaftsparameter `GL_LIGHT_MODEL_AMBIENT` wurde bereits in Kapitel 7 im Abschnitt *Ambientstrahler* demonstriert. Hierüber wird, neben den *normal* existierenden Lichtquellen (`LIGHT0-n`), eine weitere *globale Lichtquelle* definiert, die ambientes Licht mit den in Listing 9.1 gezeigten Standardwerten (20%iges weißes Licht) auf die lichtaktivierte Szene wirft. Der besondere Vorteil des *globalen Ambientstrahlers* gegenüber den anderen Lichtquellen ist, dass alle Szenenobjekte gleichmäßig aus allen Richtungen mit ambientem Licht versorgt werden, woraus eine Art *Grundhelligkeit* der Szenenobjekte resultiert. Natürlich macht die Verwendung des globalen Ambientstrahlers nur dann Sinn, wenn die Szenenmaterialien auch ambientes Licht reflektieren können.

9.3.2 GL_LIGHT_MODEL_LOCAL_VIEWER

Auch die zweite mögliche Eigenschaftskonstante GL_LIGHT_MODEL_LOCAL_VIEWER des glLightModel_-Befehls wurde schon im HelloOpenGL-Programm verwendet – wenn auch abschließend nicht ausreichend behandelt. Hierüber definieren Sie ganz allgemein, ob Sie die Spiegeleffekte aus der Sicht eines *lokalen* (engl. local) oder aus der Sicht eines *nicht-lokalen Beobachters* (engl. viewer) erzeugen wollen.

Bereits in Kapitel 8 wurde im dritten Schritt im Abschnitt *Materialfarbdefinition Schritt für Schritt* gesagt, dass es bei der Spiegelberechnung auf die Position des Beobachters zu dem Spiegelobjekt und die Wirkrichtung der Lichtquelle ankommt. Diese *Beobachter-Objekt-Lichtquelle*-Beziehung ist für das Darstellungsergebnis maßgebend und soll nun nachgeliefert werden. Zum besseren Verständnis sollen hier die *Lichtquellenposition* und der *Blickpunkt (Beobachterposition)* einmal variiert werden.

Was bedeutet in diesem Zusammenhang nun *lokaler* und *nicht-lokaler* Beobachter? Nun, standardmäßig (Listing 9.1) nehmen Sie die Position eines von *außen* die Szene betrachtenden Beobachters ein.

```
glLightModeli(                        //Blickpunktmodus
   GL_LIGHT_MODEL_LOCAL_VIEWER,0);    //Außen-Beobachter
```

Dies entspricht der Position eines *nicht-lokalen* Beobachters und bedeutet, dass Sie als Bildschirmbeobachter in Relation zu der perspektivisch dargestellten Szenen die Spiegellichtstrahlen der Hausszene *empfangen*, also so, als ob Sie tatsächlich in der Szene stehen und diese aus der dargestellten Perspektive beobachten. Um den beschriebenen Zusammenhang erfahrbar zu machen, ändern Sie nun die genannte Beobachter-Objekt-Lichtquellen-Beziehung, indem Sie die Position der Lichtquelle verändern:

```
GLfloat LPosition[4] ={1.0F,1.0F,-1.0F,0.0F}; //Position
```

Ändern Sie darüber hinaus auch die *globalen Reflexionskonstanten* so ab, dass nur noch der *spiegelnde Reflexionsanteil* zum Tragen kommt:

```
GLfloat Ca = 0.00F;   // ambiente    Ca-Konstante
GLfloat Cd = 0.00F;   // diffuse     Cd-Konstante
GLfloat Cs = 0.50F;   // spiegelnde  Cs-Konstante
```

Kompilieren und starten Sie das Programm erneut.

Damit scheint der Parallelstrahler nun nicht mehr von *schräg rechts oben* (1,1,1 in Eye-Koordinaten), sondern von *schräg rechts unten* (1,1,-1) auf die Hausszene. Entsprechend der linken Darstellung aus Abbildung 9.1 wird das

Grundstück nun nicht mehr beleuchtet. Dies ist daran zu erkennen, dass darauf keinerlei Spiegeleffekte mehr zu sehen sind.

Abb. 9.1: Anspiegelung der Hausszene

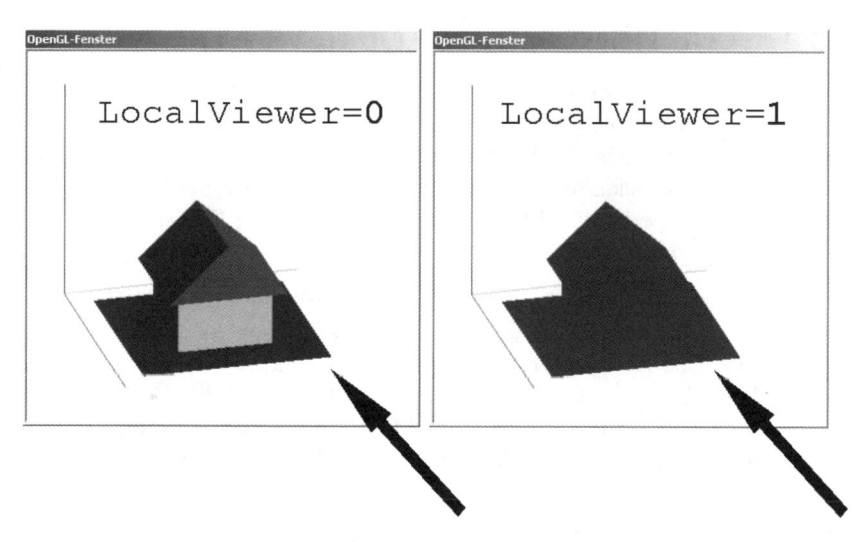

Hingegen beobachten Sie als *nicht-lokaler* Beobachter (GL_LIGHT_MODEL_LOCAL_VIEWER,0) eine wie auch immer geartete Spiegelwirkung der vorderen Hausflächen und der rechten Dachfläche. Was Sie hier nicht sehen können ist, dass auch die rechte Erdgeschossseite eine Spiegelwirkung aufweist. Je exakter die Lichtquelle nach dem *Reflexionsgesetz* (Einfallswinkel = Ausfallswinkel) in Bezug zu dem Beobachter (also Ihnen) steht, umso stärker (heller) fällt auch die Spiegelwirkung aus.

Bliebe noch das rechte Bild aus Abbildung 9.1 zu erklären. Hier ist auffällig, dass alle sichtbaren Szenenflächen ohne jeden sichtbaren Spiegeleffekt sind und dies trotz unveränderter Lichtquellenrichtung. Der Grund dafür liegt in der Verwendung des *lokalen* Beobachters für die GL_LIGHT_MODEL_LOCAL_VIEWER-Eigenschaft, die über folgende Codemodifikation aktiviert wird:

```
glLightModeli(                          //Blickpunktmodus
    GL_LIGHT_MODEL_LOCAL_VIEWER,1);    //lokaler-Beobachter
```

Kompilieren und starten Sie das Programm so erneut, um sich ein eigenes Bild von der Situation machen zu können.

OpenGL *kennt* im Prinzip nur eine *Blickrichtung* auf eine Szene. Diese verläuft in negativer z-Richtung des globalen Koordinatensystems. Dies bedeutet, dass hierbei frontal auf das Hausdach *geschaut* wird. Ausgehend von dieser Blickrichtung berechnet OpenGL über die so genannten *Blickpunktkoordinaten* jede OpenGL-Szene und damit u.a. auch die Lichteffekte, wie z.B. die Spiegelwirkung. Erst über geeignete *Transformationen*, die noch angesprochen werden, wird die gewohnte Darstellung der Hausszene realisiert. Für den *Spiegeleffekt* bedeutet dies, dass die OpenGL-Szene nun so berechnet wird, wie sich die Spiegelung dem lokalen Beobachter darstellt. Da Sie aber im Regelfall die Szene nicht aus Richtung der negativen z-Achsen betrachten, stellt sich Ihnen ein *falsches* Spiegelergebnis dar.

Dass die sich einstellenden Spiegeleffekte ausschließlich von der Beobachterposition und der Lichtquelle abhängen, wurde in Kapitel 2 ausführlich erklärt. Weiterführende Informationen zum Blickpunkt-Begriff finden Sie im Abschnitt *Sichtweisen* in Kapitel 10. Es wird allgemein empfohlen, die *lokale Spiegelberechnung* nur in Ausnahmefällen einzusetzen. Definieren Sie in Ihrem HelloOpenGL-Code daher die GL_LIGHT_MODEL_LOCAL_VIEWER-Eigenschaft mit dem Wert GL_FALSE.

Für die Werte 0 und 1 zur GL_LIGHT_MODEL_LOCAL_VIEWER-Eigenschaft kann alternativ folgende Schreibweise im Programmcode verwendet werden:

```
glLightModeli(GL_LIGHT_MODEL_LOCAL_VIEWER,GL_FALSE);
```

Durch die Verwendung der OpenGL-Konstante GL_FALSE vom Datentyp GLboolean fällt z.B. die Interpretation und Definition des glLightModel_-Befehls leichter. Ausformuliert könnte der obige Programmcode wie folgt gelesen werden: »Die Anwendung einer lokalen Betrachtungsweise ist unerwünscht.« Die gegenteilige Aussage, »... ist erwünscht«, würden Sie über die Verwendung von GL_TRUE erreichen. GL_FALSE oder auch der boolsche C-Ausdruck FALSE wird innerhalb der Programmiersprache C per Definition durch eine Integergröße 0 ausgedrückt. Der Gegenspieler TRUE entspricht hingegen der Integergröße 1.

9.3.3   GL_LIGHT_MODEL_TWO_SIDE

Die dritte und letzte definierbare Eigenschaft des glLightModel_-Befehls wird über die OpenGL-Konstante GL_LIGHT_MODEL_TWO_SIDE definiert. Diese globale Einstellung bestimmt die Lichtberechnung bezüglich der Flächenseiten der Primitive. Auch hier kann für die Integer-Befehlsvariante glLightModeli die zuvor erwähnte Schreibweise verwendet werden.

Für den Fall der *beidseitigen Lichtberechnung* der Flächen gilt Folgendes:

```
glLightModeli(GL_LIGHT_MODEL_TWO_SIDE,GL_TRUE);
```

Damit wird entsprechend der getrennt erfolgten Materialdefinitionen zur Vorder- und Rückseite (GL_FRONT und GL_BACK) die entsprechende Schattierungsberechnung durchgeführt.

Wird hingegen die *einseitige Lichtberechnung* (GL_FALSE) gewählt, so wird nur die Vorderseite einer Schattierungsberechnung zugeführt. Wichtig ist in diesem Fall festzustellen, dass damit die Rückseite einer Szenenfläche das gleiche Darstellungsergebnis aufweist wie deren Vorderseite.

Es bietet sich an dieser Stelle ggf. an, nochmals den Abschnitt *Bestimmung der Vorder- und Rückseiten* in Kapitel 5 nachzuschlagen, denn erst mit den Darstellungen zur Licht- und Materialdefinition kann der Verständniskreis endlich zusammenhängend geschlossen werden.

9.4   glColorModel

Der erste Parameter des `glColorModel`-Befehls (siehe Listing 9.1) bestimmt im `glColor`-Materialdefinitionsmodus, auf welche Primitiv-Seite(n) die aktuelle, zuvor über den `glColor_`-Befehl definierte, Farbe aufgetragen werden soll. In Ihrem `HelloOpenGL`-Programm haben Sie bevorzugt nur die Vorderseiten durch Verwendung der `GL_FRONT`-Konstante eingefärbt. Würden Sie die standardmäßige beidseitige Variante `GL_FRONT_AND_BACK` wählen, so bekämen die Vorder- und Rückseiten Ihrer Hausszene die gleiche Farbe. Somit würden sich bei Ausblendung der sichtbaren Vorderseiten über `glCullFace` die verbleibenden Rückseiten nicht farblich von den zuvor entfernten Vorderseiten unterscheiden. Zur Differenzierung von Vorder- und Rückseiten empfiehlt es sich daher, diese in unterschiedlichen Farben einzufärben. In einem Fall war es aber bereits von Nutzen, die beidseitige Farbgebung zu aktivieren: Im Abschnitt *Transparente Farben und andere Probleme* in Kapitel 6 konnte der Transparenzeffekt für die Hausszene nur durch die beidseitige Verwendung der Farb- und deren Alpha-Werte erzielt werden.

Der zweite Parameter des `glColorMaterial`-Befehls kann mit Ausnahme von `GL_SHININESS` alle in Tabelle 8.1 in Kapitel 8 aufgezeigten Konstanten verwenden. `GL_AMBIENT_AND_DIFFUSE` ist der von OpenGL verwendete Standardwert, der hier auch stets zur Anwendung kam. Damit wird von der Materialoberfläche ambientes und diffuses Licht in der über `glColor_` angegebenen Farbe reflektiert.

9.5   glShadeModel

Mit dem `glShadeModel`-Befehl (siehe Listing 9.1) bestimmen Sie das so genannte *Schattierungsmodell*. Standardmäßig legt OpenGL den Befehlsparameter mit `GL_SMOOTH` fest. Der andere mögliche Parameter wäre `GL_FLAT`. Die sichtbaren Auswirkungen bei der Anwendung beider Parameter haben Sie bereits in einem anderen Zusammenhang in Kapitel 5 im Abschnitt *GL_QUAD_STRIP* kennen gelernt. Allerdings war dort noch keine detaillierte Erklärung für dieses Phänomen möglich, da Ihnen zu diesem Zeitpunkt die Lichtzusammenhänge noch nicht bekannt waren. Kurz zusammengefasst wurde festgestellt: Wenn man im Schattierungsmodus `GL_SMOOTH` (engl. smooth sinngemäß verschmieren) arbeitet, kann unter gewissen Umständen ein *inhomogener Farbverlauf* innerhalb einer Polygonfläche festgestellt werden. Dies war auch bei der verwendeten Spotlichtquelle in Abbildung 7.8 zu sehen. Ein wenig Aufklärung soll folgender Abschnitt bringen.

9.5.1 Eckpunktbewertung von grafischen Primitiven

> OpenGL berechnet die Schattierung innerhalb eines Primitivs auf der Grundlage aller *resultierenden* Eckpunktfarben des Primitivs.

Die Farbwerte der Eckpunkte (Vertices) eines Primitivs resultieren bei den Lichteffekten aus den vorherrschenden Lichtverhältnissen der OpenGL-Szene. Im Zusammenspiel mit den Materialeigenschaften, wie z.B. die Reflexionseigenschaften, wird die Farbe jedes einzelnen Eckpunktes bestimmt. Im Anschluss wird aus den berechneten Eckpunktfarben des Primitivs der *Schattierungsfarbverlauf* berechnet – und zwar je nach gewähltem Schattierungsmodell.

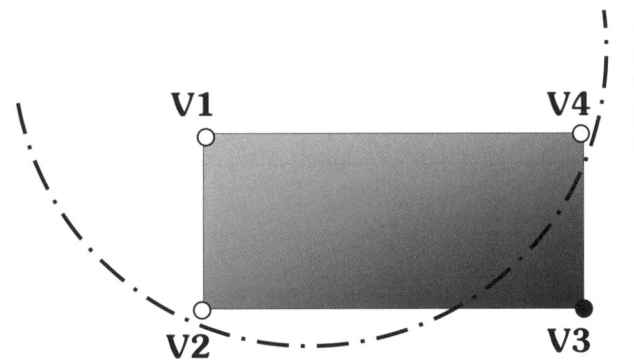

Abb. 9.2: Lichtberechnung an Eckpunkten von Primitiven

Betrachten Sie dazu beispielhaft Abbildung 9.2. Der wirkende Lichtkegel einer Spotlichtquelle wird hier durch einen Strich-Punkt-Kreis angedeutet, der teilweise auf die dargestellte Vierecksfläche scheint. Damit liegen die Vertices V1, V2 und V4 des GL_QUAD-Primitivs innerhalb des *Lichtkegelwirkungskreises*. Einzig der Eckpunkt V3 liegt außerhalb. Für die Lichtberechnung bedeutet dies, dass OpenGL den Eckpunkt V3 gegenüber den Primitiv-Eckpunkten V1, V2 und V4 *relativ dunkel* darstellt. Man muss wirklich *relativ* sagen, denn wie komplex die Lichtberechnung für jeden Vertex-Punkt sein kann, lassen allein schon die verschiedenen verwendbaren Lichtquellentypen und die vielen Materialeigenschaften vermuten.

> Unter OpenGL werden für jeden Vertex-*Punkt* eines Primitivs eigene *Materialeigenschaften* vergeben. Die *Lichtquellen* wirken auf diese Eckpunkte und werden auch nur an diesen ausgewiesenen Szenenpunkten ausgewertet.
>
> Unter Berücksichtigung der *Richtung*, aus der das Licht auf den Eckpunkt einwirkt, des *Normalenvektors* zum Eckpunkt und u.U. auch der *Blickrichtung* des Beobachters zum Eckpunkt wird die *resultierende Eckpunktfarbe* berechnet.
>
> Der glShadeModel-Befehl legt nachträglich fest, auf welche Weise die resultierenden Eckpunktfarben zur *Flächenfarbbildung* beitragen.

Im Falle von GL_SMOOTH *interpoliert* OpenGL den Farbverlauf zwischen den einzelnen Eckpunkten. Die intern durchgeführte *mathematische Interpolation* kann man sich dabei wie folgt vorstellen. Denken Sie sich für jeden Eckpunkt aus Abbildung 9.2 ein Wasserfarbentöpfchen. Die Töpfchen V1, V2 und V4 enthalten dabei die Farbe Weiß. Nur Töpfchen V3 enthält die Farbe Schwarz. Nun *verstreichen* Sie mit einem Pinsel die Farbe von Ausgangstöpfchen V3 in Richtung der verbleibenden V1-, V2- und V4-Zieltöpfchen, und zwar jeweils mit einem einzigen Pinselstrich. Auf die gleiche Weise verfahren Sie nun mit den drei anderen Töpfchen. Es ist nachvollziehbar, dass dabei insgesamt mehr weiße als schwarze Farbe verstrichen wird. Nach Abschluss Ihrer *künstlerischen Tätigkeit* stellt sich im Ergebnis der Farbverlauf (Verschmierung) aus Abbildung 9.2 ein.

Damit kann im Nachhinein auch die Erklärung für die »Verschmierung« der Erdgeschossseiten der Hausszene bei Verwendung des GL_QUAD_STRIP Primitivs in Abbildung 5.12 (Abschnitt *GL_QUAD_STRIP* in Kapitel 5) geliefert werden. Bei diesem Primitivtyp liegt die Besonderheit vor, dass je zwei Erdgeschossseiten jeweils zwei gemeinsame Vertex-*Punkte* besitzen, da die jeweils nachfolgende Seitenfläche auf die vorhergehenden zwei Vertices *aufbaut*. Aufgrund der unterschiedlichen Lage der Erdgeschossseiten werden diese auch unterschiedlich beleuchtet, und das Ergebnis der Lichtberechnung an den Hauseckpunkten fällt unterschiedlich aus. Bei aktiviertem GL_SMOOTH-Schattierungsmodell verschmieren sich damit die Flächenfarben von einer Hausecke zur anderen.

Bliebe nur noch die Frage der Verwendung des alternativ angebotenen GL_FLAT-Modus zum glShadeModel-Befehl zu klären. Auch hier wird auf Basis der verschiedenfarbigen Eckpunkte die Flächenfarbe bestimmt. Allerdings ist diese einfarbig, also unschattiert, ausgefüllt. Folgende Regel gilt bei der Besetzung der Flächenfarbe:

glShadeModel

> Die Unifarbe eines jeden Primitivs wird im `GL_FLAT`-Modus des `glShadeModel`-Befehls durch die resultierende Eckpunktfarbe des *letzten Vertex-Definitionspunktes* des Polygons bestimmt!

Es existieren bei der Szenengestaltung zahlreiche Situationen, in denen diese vereinfachte Farbbildung dem Verschmieren vorzuziehen ist – z.B. um die modellierte geometrische Form eines Objekts *sauber* hervorzuheben.

Dass die bis hierher ausgeführten Erläuterungen zum `glShadeModel`-Befehl immer unter Lichteinfluss stattfanden, sollte dem Kapitel 7 zum Thema Licht und dem möglichen komplexen Berechnungshergang zur Bildung der resultierenden Vertex-*Punkte* Rechnung tragen. Wenn Sie aber von der Lichtberechnung keinen Gebrauch machen sollten, dann können die dargestellten Schattierungseffekte auch manuell außerhalb der Lichtdarstellung erzeugt werden.

> Die mit dem `glShadeModel`-Befehl erzielbaren Schattierungsverläufe können unabhängig von der Lichtberechnung realisiert werden, wenn die Eckpunktefarben *manuell* gesetzt werden!

Dieser Merksatz soll kurz demonstriert werden. Modifizieren Sie dazu folgende Codestelle im aktuellen OpenGL-Code:

```
....
  // 4.) Rechte und linke Dachseite zeichnen
  glBegin(GL_QUADS);     //Vierecks-Fläche
    ...
    glNormal3d(0.0, -1.0, 1.0);   //Normalenvektor
    glVertex3dv(&V1.x);          //V1 nach
    glVertex3dv(&V4.x);          //V4 nach
    glVertex3dv(&V5.x);          //V5 nach
    glColor4d(1.0, 1.0, 0.0, 0.2); // Farbe GELB
    glVertex3dv(&V2.x);          //V2; Ende Def.
    //glMaterialfv(GL_FRONT,GL_EMISSION,&MEmission[0]);
  glEnd();  //Ende Def. der Vierecks-Flächen
...
```

Listing 9.2: Manuelle Verschmierung außerhalb der Lichtberechnung

Kompilieren und starten Sie das `HelloOpenGL`-Programm erneut, wobei Sie diesmal jedoch *nicht* die Lichteffekte aktivieren!

Wie Abbildung 9.3 zeigt, ist der Verschmierungseffekt auch außerhalb der Lichtdarstellung realisierbar – hier am Beispiel des *letzten* Vertex-*Punktes* V2 der linken Dachhälfte.

Abb. 9.3:
Verschmierte Szenenfläche außerhalb der Lichtdarstellung

Um abschließend gleich noch die Aussagen zum `GL_FLAT`-Modus zu überprüfen, ändern Sie einfach folgende Befehlszeile:

```
glShadeModel(GL_FLAT);      //Schattierungsmodell
```

Kompilieren und starten Sie das Programm erneut. Die gesamte Hausfläche erstrahlt in der Farbe des letzten Vertex – hier Gelb.

Ich denke, damit sind die Zusammenhänge abschließend und ausführlich dargestellt worden. Sie werden jetzt vielleicht verstehen, warum der Verschmierungseffekt im Abschnitt *GL_QUAD_STRIP* in Kapitel 5 nur andeutungsweise beschrieben werden konnte.

9.6 Szenen – Diskretisierungsgrenzen

In der Technik und auch unter OpenGL bedient man sich so genannter *diskreter Systeme*, um Näherungslösungen für bestimmte technische bzw. physikalische Probleme zu finden bzw. Szenenobjekte dreidimensional darstellen zu können.

Unter einem diskreten System kann man sich einen komplexen Körper, z.B. eine Kartoffel, vorstellen, der durch bekannte geometrisch abstrakte und vor

Szenen – Diskretisierungsgrenzen

allem berechenbare Objekte, wie z.B. Dreiecke, in seiner Oberflächenerscheinung näherungsweise *nachgebildet* wird.

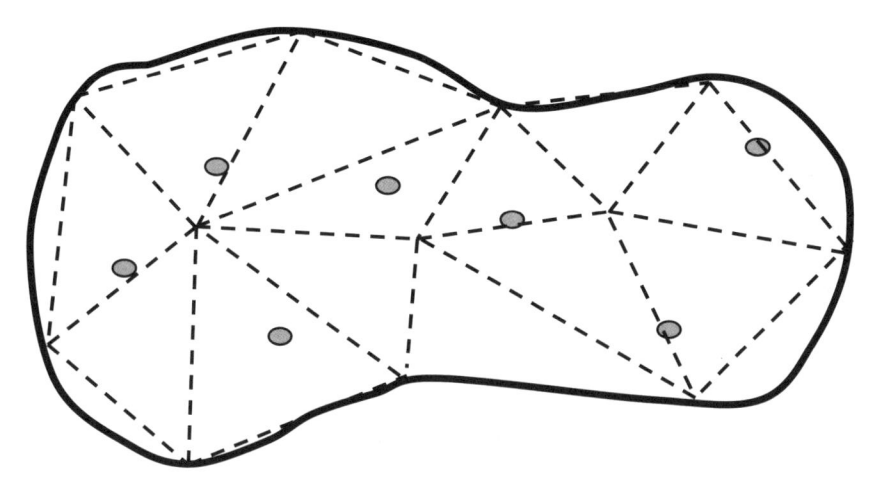

Abb. 9.4:
Diskrete Systeme – Kartoffelbeispiel

Um bei diesem Beispiel zu bleiben, würde man für die Volumennachbildung der Kartoffel das 3D-Pendant zum 2D-Dreieck, also den Tetraeder, verwenden. Die Betrachtungen sollen aber auf Flächenstücke, also auf die bekannten 2D-Oberflächen, beschränkt werden.

Lange Rede, kurzer Sinn: Eine Kartoffeloberfläche, die, wie in Abbildung 9.4 gezeigt, mithilfe von *nur* 13 Dreiecken in ihrer Oberflächenerscheinung nachgebildet wurde, wirkt sehr eckig und unnatürlich. Man spricht hier von einem geringen *Diskretisierungsgrad*. Sie kennen dies sicher von einigen Computerspielen, in denen insbesondere Rundobjekte wie Säulen und Kugeln meist sehr kantig wirken.

Zurück zur Kartoffel: Eine höhere *Geometrietreue*, sprich einen höheren Diskretisierungsgrad, erreicht man hingegen schon bei beispielsweise 100 Dreiecken. Hiermit ließen sich dann auch die in Abbildung 9.4 angedeuteten Kartoffelkeime an der Oberfläche abbilden. Auf die Spitze getrieben würden Sie bei z.B. 1 Milliarde eingesetzten Dreiecken keinen Unterschied mehr zwischen realer und *nachgebauter* Kartoffel erkennen.

Womit wir auch schon wieder bei unserer Hausszene wären. Das augenblickliche Ergebnis der Hausszene kann insofern nicht befriedigen, als dass für jede Hausfläche nur ein einziges Primitiv verwendet wurde. Wie Sie schon mehrfach beobachten konnten, liefert die Verschmierungsberechnung zwar einen näherungsweisen korrekten Schattierungs*verlauf*, dieser kann aber letztlich bei genauerer Betrachtung nicht überzeugen. Der Diskretisierungsgrad der Hausflächen ist einfach zu gering. Würde man aber für jede Hausfläche 10,

251

9 Globales zur Lichtdarstellung

100 oder gar 1000 Flächenstücke verwenden, so würde sich z.B. der Lichtkegelkreis der Spotlichtquelle aus Abbildung 7.8 in Kapitel 7 schon sehr genau auf dem Hausdach und allen anderen Hausflächen abzeichnen. Der Rendering-Prozess läuft unter OpenGL sehr schnell ab. Wie Sie jedoch aus den vorangegangenen Abschnitten wissen, müssen hier statt vier Vertex-*Eckpunkten* auf einmal zigtausend Vertex-*Eckpunkte* einer Lichtberechnung zugeführt werden. Daher hat auch dieser Diskretisierungsansatz seine Grenzen.

> Auch wenn das Beleuchtungsergebnis unter OpenGL durch eine höhere Anzahl von Primitiven verbessert werden kann, so sollte man nach einem ausgewogenen Kompromiss zwischen dem Darstellungsergebnis und dem Performancebedarf suchen.

Sofern Sie einen moderat gewählten Diskretisierungsgrad mit den Ihnen zur Verfügung stehenden OpenGL-Effekten, wie z.B. dem *Smoothing* (Verschmierung), paaren, können Sie gute bis sehr gute Darstellungsergebnisse erzielen und trotzdem noch von einer ausreichenden Grafik-Performance in der Darstellung ausgehen. Mit Grafik-Performance ist hier natürlich in erster Linie die *Animationsfähigkeit* einer solch ausgewogenen Szene gemeint.

9.7   Einfluss der Flächennormalen

Die Angabe der *Flächennormale* zu einem Flächen-Primitiv ist für die Lichtresultate von entscheidender Bedeutung. Wie mehrfach schon erwähnt wurde, sollte diese eine der Normalendefinition entsprechende orthogonale Ausrichtung in Bezug auf die Fläche aufweisen. Die Flächennormale wird über den Normalenvektorbefehl `glNormal_` beschrieben, der den Vektor senkrecht auf die Fläche *stellt*. Jede andere Richtung würde die Lichtberechnung verfälschen. Hierbei ist es von äußerster Wichtigkeit zu wissen, dass OpenGL die Normalenrichtung zu einer Fläche *nicht* automatisch ermittelt, obwohl die Angabe der Vertex-*Punkte* zu einer Fläche, diese eigentlich in ihrer Raumlage vollständig beschreibt.

> Das *Schattierungsergebnis* einer lichtberechneten Primitiv-Fläche hängt entscheidend von deren explizit angegebenem *Normalenvektor* ab!

Welche Auswirkungen es hat, wenn Sie die Flächennormalen *falsch* angeben, konnten Sie bereits im Abschnitt *Flächennormale berechnen* in Kapitel 5 beobachten. Andererseits können Sie als Programmierer aber auch durch *gezielte Manipulationen an den Flächennormalen* einige interessante Licht- bzw. Schattierungseffekte erzeugen. Wie wäre es z.B. mit einer auf-

Einfluss der Flächennormalen

wändig erzeugten Discokugel? Hier reicht die geschickte Manipulation an den Flächennormalen der vielen kleinen Spiegelflächen bereits aus, um der Kugel Leben einzuhauchen. Überlagert man diesen Effekt noch mit einer Rotation (`glRotate_`) der Kugel, dann ist diese Simulation schon recht perfekt – wenn man die entsprechenden Befehle kennt. Also, entdecke die Möglichkeiten ...

KAPITEL 10

jetzt lerne ich

Betrachtungsweisen

Bislang wurden gewisse wichtige Voraussetzungen, die zu der Ihnen bekannten Betrachtungsweise der Hausszene führten, einfach als »gottgegeben« hingenommen. Hier sei vor allem der bis zu dieser Stelle konstant gewählte Betrachtungswinkel der HelloOpenGL-Szene zu nennen. Bisher kümmerten Sie sich mehr um Szenendetails wie Primitiv-Erzeugung, Lichtpositionierung oder Definition des Beleuchtungsmodells. In diesem Kapitel sollen nun die Zusammenhänge behandelt werden, die dafür verantwortlich sind, wie sich eine Szene dem Beobachter letztlich präsentiert.

Lesen Sie zu diesem Kapitel eventuell noch einmal die Grundlagen zum Begriff des 3D-Raumes im Abschnitt *Mathematik* in Kapitel 2 nach.

Den Basiscode zu diesem Kapitel finden Sie auf der Buch-CD in folgendem Ordner:

`\Buchdaten\Kapitel10\ProjektDSWs\Start\`

Kopieren Sie den Ordner Start von der CD in einen temporären Ordner auf Ihrer Festplatte und starten Sie dann die darin enthaltene VC++-Projektdatei *OGLProjekt.dsw*.

10.1 Einführung

Über die glVertex_-Befehle definieren Sie die Eckpunkte (Vertices) und damit das geometrische Erscheinungsbild der Grafikelemente (Primitive). Der Definitionsprozess einer Szene stellt sich im Allgemeinen wie folgt dar: Sie stellen sich die Definitionsphase der 3D-Szene gedanklich vor, formulieren diese abstrakt in Form von geeigneten Primitiven und ordnen diesen dann die *Eckpunktkoordinaten* zu. Da die Eckpunkte absoluten Raumkoordinaten (Ortsvektoren) des globalen Koordinatensystems entsprechen, wird damit zugleich die Raumlage und -position der Primitive festgelegt. Erst hiernach legen Sie fest, aus welchem *Blickwinkel* Sie die fertig definierte 3D-Szene auf Ihrem 2D-Bildschirm zu betrachten gedenken.

Das beschriebene globale Koordinatensystem wurde in den bisherigen Hausdarstellungen aus gutem Grunde stets mit eingezeichnet. Hiermit konnten Sie die Szene in Bezug (Relation) zum OpenGL-Koordinatensystem betrachten. Die x-Achse wurde dabei in der Farbe Rot, die y-Achse in der Farbe Grün und die z-Achse in der Farbe Blau dargestellt. Die Längen der Achsen weisen alle den gleichen Längenbetrag von 1.0 auf und zeigen stets vom Ursprung in positive Achsenrichtung. Diese *Referenz*-Raumlänge 1.0 ist für die folgenden Betrachtungen ein wichtiger Anhaltspunkt, um die nachfolgenden theoretischen Zusammenhänge visuell nachvollziehen zu können.

10.2 Matrizenrechnung

In der ersten Konzeptionsphase waren ursprünglich an dieser Stelle seitenlange mathematische Matrizenoperationen vorgesehen. Diese führen zwar zu dem gleichen Ergebnis wie die im Folgenden dargestellten vereinfachten *Erfahrungsansätze*, wären aber so langatmig und seitenfüllend geworden, dass mir – und wahrscheinlich auch Ihnen – schlichtweg die Luft weggeblieben wäre. Als Konsequenz wurde dieses Kapitel daher mehr in praktischer Hinsicht ausgelegt. Allerdings hat dieser praktische Ansatz auch einen Nachteil, der eigentlich vermieden werden sollte: Es wird ausnahmsweise einmal auf einen GLU-Bibliotheksbefehl zurückgegriffen. Sie erinnern sich eventuell dem Wortlaut nach an die Textstelle: »Zunächst wird ausschließlich von dem GL-Befehlssatz Gebrauch gemacht, denn nur dieser eignet sich ...«. Nun, Gnade und Asche auf mein Haupt! Ein Autor ist eben auch nur ein Mensch. Alles hat seine Grenzen, und dies vor allem bei den Transformationsdarstellungen mithilfe von GL-Matrizen und GL-Matrizenbefehlen. Dennoch kommt man auch hier nicht ganz ohne die *Matrizenrechnung* aus bzw. nicht um die Matrizenbegriffe herum. Folgende elementare Matrizen spricht OpenGL in Form von entsprechenden OpenGL-Konstanten an:

GL_MODELVIEW	für Szenen-Grafikelemente (Primitive)
GL_PROJECTION	für die Perspektiven-/Blickwinkelansicht
GL_TEXTURE	für Texturbehandlung

10.3 Sichtweisen

Betrachten Sie zunächst den `HelloOpenGL`-Code zur Definition der Sichtweise der zur Darstellung kommenden OpenGL-Szene:

```
// I.) HelloOpenGL-Variablendeklaration
  //Lokale Programmvariablen
  ...
  GLdouble ClipSize = 1.0;     //Das Clipping-Maß
...
// III.) Projektionsmatrix (Szenen-Sichtweise definieren)
  glMatrixMode(GL_PROJECTION);  //aktuelle Matrix setzen
  glLoadIdentity();     //und mit Einheitsmatrix initial.
  //Clipebenen Blickfeld def.
  glOrtho(  // Vorzeichen sind Standardwerte!!!
    -ClipSize,              //Linke Clipplane
    +ClipSize,              //Rechte Clipplane
    -ClipSize,              //Untere Clipplane
    +ClipSize,              //Obere Clipplane
    -ClipSize*100.0,        //Vordere Clipplane
    +ClipSize*100.0);       //Hintere Clipplane
  //Blickwinkel in Projektionsmatrix einarbeiten
  glRotated(-65.0,1.0,0.0,0.0); //Szene um X drehen
  glRotated(-75.0,0.0,0.0,1.0); //Szene um Z drehen
  glTranslated(-2.5,0.0,-1.4);  //Szn. in X,Y verschieben
  //2D-Darstellungsbereich im OpenGL-Fenster definieren
  glViewport(   // Viewport-Darstellungsbereich definieren
    (GLint) 0,              //X-Fenster-Koor. (U.L)
    (GLint) 0,              //Y-Fenster-Koor. (U.L)
    (GLint) width,          //Darstellungsbreite
    (GLint) heigth);        //Darstellungshöhe
...
```

Mithilfe dieser OpenGL-Codezeilen definierten Sie bisher die *perspektivische Ansicht*, den *Betrachtungsblickwinkel* und den *Bildausschnitt* der OpenGL-Szene, die Sie im OpenGL-Fenster betrachten konnten.

10.3.1 2D-Projektion – Die Entstehungsgeschichte

Über den `glMatrixMode(GL_PROJECTION)`-Befehl wird zu Beginn die *Perspektivmatrix* zur aktuellen Bearbeitung *freigegeben*. Diese *homogene 4x4-Matrix* speichert u.a. den im Folgenden definierten *Blickwinkel*, aus dem Sie als Betrachter auf die Szene schauen. Genauer gesagt werden in dieser Matrix alle Informationen zur *Projektionstransformation* abgelegt, die im Ergebnis zu der Sichtweise der Szene führen.

10 Betrachtungsweisen

> **HINWEIS**
> Alle Szenendefinitionen zur globalen Szenendarstellung, wie deren *Betrachtungswinkel*, deren *Perspektive* und deren *Bildausschnitt*, sollten innerhalb der `GL_PROJECTION`-Matrix erfolgen.

Dieser Hinweis ist insofern von Bedeutung, als dass man klar zwischen der *Projektionstransformation* (`GL_PROJECTION`) und der *Modelltransformation* (`GL_MODELVIEW`) unterscheiden sollte. *Denken* Sie in diesen beiden Teiltransformationen, wenn Sie eine Szene definieren und darstellen wollen. Dieses Denken ist vor allem deshalb angebracht, weil der gesamte Entstehungsprozess einer OpenGL-*Szene* über diese und noch weitere Transformationsschritte beschrieben wird. Um diese gedanklich besser einordnen zu können, soll über Abbildung 10.1 die gesamte Entstehungsgeschichte der in Codeform abstrakt definierten 3D-Szene bis hin zu der sichtbaren 2D-projizierten Pixelszene aufgezeigt werden.

Abb. 10.1: Objektkoordinaten in Fensterkoordinaten transformieren

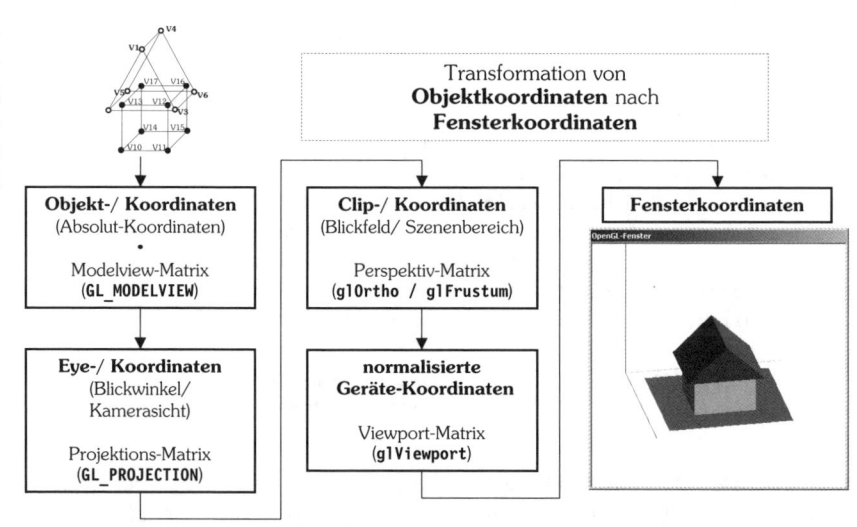

Transformation von **Objektkoordinaten** nach **Fensterkoordinaten**

Objekt-/ Koordinaten (Absolut-Koordinaten)
↓
Modelview-Matrix (`GL_MODELVIEW`)
↓
Eye-/ Koordinaten (Blickwinkel/ Kamerasicht)
↓
Projektions-Matrix (`GL_PROJECTION`)
↓
Clip-/ Koordinaten (Blickfeld/ Szenenbereich)
↓
Perspektiv-Matrix (`glOrtho / glFrustum`)
↓
normalisierte Geräte-Koordinaten
↓
Viewport-Matrix (`glViewport`)
↓
Fensterkoordinaten

Die Objektkoordinaten, die Sie selbst durch die Primitiv-Definition festgelegt haben, werden zunächst mit der *Modelview-Matrix* (`GL_MODELVIEW`) multipliziert. Die mathematische *Matrixmultiplikation* • (math.: Punkt•-Multiplikation) erfolgt vektorweise mit den Ihnen bekannten Ortsvektoren der Primitiv-Eckpunkte. Der Begriff des Ortsvektors gibt auch gleich das nächste Stichwort an.

Es handelt sich bei den Objektkoordinaten nämlich um die einführend angedeuteten *absoluten Koordinaten*, die absolut zum Ursprung des globalen Koordinatensystems definiert wurden und damit der Definition der bekannten

Ortsvektoren folgen. Die beschriebene Matrixmultiplikation der Modelview-Matrix mit den Objektkoordinaten führt im Ergebnis zu den so genannten *Eye-Koordinaten*. Daher kann man sich diese *Sichttransformation* auch in Form einer virtuellen Kamera vorstellen, die irgendwo im Raum auf die Szene *schaut*.

OpenGL fährt in der Entstehungskette fort, indem es mithilfe der so genannten *Projektionsmatrix* (GL_PROJECTION) nur einen bestimmten Bereich der Szene für die tatsächliche Darstellung *auswählt*. Mithilfe dieser Matrix wird quasi ein Volumenstück des unendlichen 3D-Raumes *herausgeschnitten*. Damit stehen nach erfolgter Multiplikation der Projektionsmatrix mit den zuvor erzeugten Eye-Koordinaten die so genannten *Clip-Koordinaten* zur Verfügung. Englisch clip steht sinngemäß für beschneiden. Demnach stehen im Anschluss an diesen Prozess unter Umständen nicht mehr alle Eye-Koordinatenwerte der Szene zur Verfügung.

Im nachfolgenden Entstehungsschritt folgt die so genannte *Perspektivdivision*. Ein *Transformationsschritt*, der die räumlichen Größenordnungen von Szenenelementen in Abhängigkeit zu der Entfernung des Betrachters bestimmt. Das Ergebnis dieser Berechnung mündet in die so genannten *normalisierten Gerätekoordinaten*. Damit ist die Szenendarstellung eigentlich fix und fertig definiert – jedenfalls fast.

Denn abschließend müssen die normalisierten Gerätekoordinaten noch einer *Viewport-Transformation* unterzogen werden. Der *Viewport* stellt nichts anderes als den zur OpenGL-Darstellung definierten Rechteckbereich innerhalb des nutzbaren 2D-Zeichenbereichs des Windows-Fensters (*Client-Bereich*) dar. In diesem abschließenden Transformationsschritt werden die normalisierten Gerätekoordinaten auf die Abmaße des Viewports skaliert (angepasst), was zu den *Fensterkoordinaten* führt. Dass überhaupt normalisierte Bilddaten in den Viewport übertragen werden können, haben Sie dadurch erreicht, dass Sie eine *Verbindung* zwischen dem OpenGL Rendering Context (RC) und dem Windows Device Context (DC) hergestellt haben (siehe hierzu eventuell nochmals den Abschnitt *Den OpenGL Rendering Context definieren* in Kapitel 3).

10.3.2 Sichtmatrix-Initialisierung

Betrachten Sie nochmals das Listing am Anfang vom Abschnitt *Sichtweisen*. Nach der *Bearbeitungsfreigabe* der Projektionsmatrix über glMatrix-Mode(GL_PROJECTION) folgt der elementarste OpenGL-Befehl zu den Matrizenoperationen, der jede Matrix grundlegend beeinflusst: glLoadIdentity initialisiert die aktuell gesetzte OpenGL-Matrix mit der *Einheitsmatrix* E, hier die Projektionsmatrix (GL_PROJECTION).

$$E = \begin{pmatrix} 1 & 0 & 0 & 0 \\ 0 & 1 & 0 & 0 \\ 0 & 0 & 1 & 0 \\ 0 & 0 & 0 & 1 \end{pmatrix}$$

Ohne Sie groß mit mathematischen Zusammenhängen und Fachbegriffen zu langweilen, sei hier allgemein verständlich ausgedrückt, dass mit dem *Setzen* dieser besonderen Matrix alle eventuell zuvor getroffenen Projektionsdefinitionen *gelöscht* bzw. initialisiert werden. Den glLoadIdentity()-Befehl werden Sie künftig auf alle unter OpenGL vorhandenen Matrizen anwenden.

10.3.3 Initialsichtweise auf eine OpenGL-Szene

Wo waren wir noch gleich stehen geblieben? Ach ja, wir wollten den Betrachtungsblickwinkel, die perspektivische Ansicht und den Bildausschnitt einer Szene definieren. Zum wiederholten Male stellen wir uns dazu erst einmal ganz dumm! Ähnlich den Standardwerten zur Licht- und Materialdefinition darf auch in Bezug auf die Szenenbetrachtungsweise von einer Art *Standard-Szenensichtweise* gesprochen werden. Auch wenn dieser Vergleich bei tiefer gehender Betrachtung ein wenig hinkt, so ist die analoge Betrachtung hilfreich und nützlich für die Szenendarstellungserläuterungen. Dennoch wird in Zukunft hierbei auch von einer *Initialsichtweise* bzw. -betrachtung gesprochen.

Bisher haben Sie alle Szenendarstellungen nur aus einem einzigen *Blickwinkel* heraus betrachtet. Diese gewohnte Blickwinkelbetrachtung soll nun einer *Initialbetrachtung* weichen.

Kommentieren Sie dazu folgende HelloOpenGL-Codezeilen aus:

Listing 10.1: Codemodifikation zur Default-Szenensichtweise

```
...
//Blickwinkel in Projektionsmatrix einarbeiten
/* glRotated(-65.0,1.0,0.0,0.0); //Szene um X drehen
   glRotated(-75.0,0.0,0.0,1.0); //Szene um Z drehen
   glTranslated(-2.5,0.0,-1.4); //Szn. in X,Y verschieben
*/...
```

Durch die Auskommentierung weist die Blickwinkelprojektionsmatrix *nur* den Inhalt der *Einheitsmatrix* auf, da diese von Ihnen nicht explizit verändert wurde. Kompilieren und starten Sie das so modifizierte Programm erneut.

Sichtweisen

| | | Abb. 10.2: Initial-Szenensichtweise der HelloOpenGL-Szene |

Ohne Lichteffekt   **Mit** Lichteffekt

Sie betrachten die Szene nun erstmalig seit Projektbeginn aus einem ungewohnten Blickwinkel. Wie in den Darstellungen in Abbildung 10.2 weiterhin zu sehen ist, befinden sich die sichtbaren Szenenelemente der bekannten Hausszene nicht mehr zentral in der Mitte des Viewports (OpenGL-Zeichenbereich), sondern im oberen rechten Viertel (Quadranten) des Darstellungsbereichs. Bei dieser ungewohnten Sichtweise erkennt man eventuell nicht auf Anhieb die neue Blickrichtung auf die Szenenelemente. Aber zum Glück sehen Sie – dank der deaktivierten Lichtdarstellung – den Verschmierungseffekt der linken Dachhälfte, der im vorangegangenen Kapitel über die Farbmanipulation des Vertex-*Punktes* V2 manuell eingebracht wurde. Nichtsdestotrotz sollten Sie alternativ über die LICHTEFFEKT-Schaltfläche die Lichtdarstellung wieder einschalten, womit Sie über eine weitere Orientierungsmöglichkeit verfügen. Sie könnten sich darüber hinaus aber auch an den Koordinatenachsen x und y orientieren, die man leicht an der roten bzw. grünen Farbe ausmachen kann – zumindest auf dem Computermonitor. Auffällig ist, dass die blaue z-Achse anscheinend verschwunden ist. Des Rätsels Lösung ist, dass Sie direkt von *oben* auf die Hausszene schauen. Darum ist der damit projizierte blaue z-Achsenpunkt auch nur schwerlich auszumachen. Die »gewagte« Aussage, man schaue von *oben*, ist unter OpenGL (wie immer) reine Definitionssache.

Die auf *die Blickrichtung bezogene* untransformierte *Initialsicht* von OpenGL entspricht dem Blick in Richtung der *negativen z-Achse*.

OpenGL benutzt diesen typischen *Initialblickrichtungswinkel*, der auch auf andere Initial- bzw. Standardzusammenhänge übertragbar ist, wenn Sie selbst keine andere Blickrichtung vorgeben. So weist z.B. der Standardnormalenvektor unter OpenGL die Vektorkomponenten x=0.0, y=0.0 und z=1.0 auf. In *Eye-Koordinatenrichtung* entspricht dies wiederum der negativen z-Richtung, ganz so wie Sie dies im Lichtquellenabschnitt »beigebogen« bekommen haben. In diesem Zusammenhang kann nachtragend die Standardlichtquellenrichtung aller gerichteten Lichtquellen genannt werden, die je nach Typ von der genannten Position aus in diese *Vorzugsrichtung* leuchten, und zwar entsprechend dem Typ in Eye-Koordinatenrichtung oder in mathematisch korrekter Richtungsvektorrichtung. Darüber hinaus hing damit auch die Spiegelberechnung aus Sicht eines lokalen Beobachters zusammen. Erinnern Sie sich?

Ausgehend von der Initialsicht aus Abbildung 10.2 sollen nun die einzelnen Zusammenhänge, die zu der gewohnten Szenendarstellung führen, erörtert werden.

10.3.4 Blickfelddefinition

Im Gegensatz zum Blickwinkel wird über das *Blickfeld* der Teil (Ausschnitt) der Szene bestimmt, den Sie darstellen wollen. Bisher hatten Sie die gesamte Hausszene immer im Blickfeld. Dies muss aber nicht immer der Fall sein. Es ist z.B. denkbar, dass Sie nur das Dach fensterfüllend darstellen, sprich *ranzoomen* wollen – womit wir uns terminologisch so langsam in Richtung der Spiele- bzw. -Animationsprogrammierung bewegen.

Wie bereits weiter oben im Abschnitt *2D-Projektion – Die Entstehungsgeschichte* angesprochen wurde, wird über die *Projektionsmatrix* GL_PROJECTION der Szenenbereich definiert, der zur Darstellung tatsächlich nur gebraucht wird.

Abbildung 10.3 zeigt die *3D-Ausschnittsbereiche* (Volumina), die Sie definieren können. Da wäre zum einen der *orthogonale* und zum anderen der *perspektivische* Ausschnittsbereich. Die nun folgenden Erläuterungen beziehen sich zunächst nur auf die orthogonale Variante, wobei Sie die dabei verwendeten undefinierten Begriffe wie etwa *oben*, *unten* oder *groß* und *klein* erst einmal hinnehmen bzw. sich entsprechend Ihres Erfahrungsbereichs irgendwie vorstellen sollten. Aus gutem Grund kann die Definition zu diesen Begriffen erst später erfolgen.

Sichtweisen

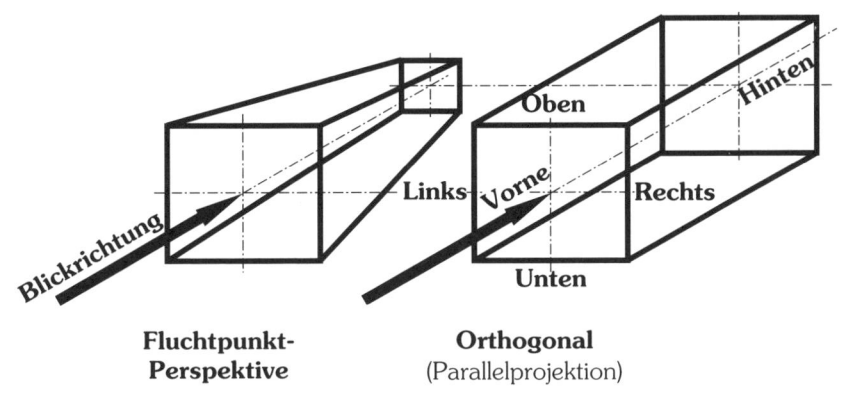

Abb. 10.3:
Orthogonale und perspektivische Projektion

Fluchtpunkt-Perspektive   **Orthogonal** (Parallelprojektion)

Stellen Sie sich in Anlehnung an die orthogonale Darstellung aus Abbildung 10.3 einen länglichen rechteckigen Pappkarton vor, der nur die Mantelflächen *Oben*, *Unten*, *Rechts* und *Links* besitzt. Die Vorder- und Rückseiten (Deckel und Boden) des Kartons seien zunächst nicht vorhanden, womit Sie durch den Karton hindurchschauen können. Von dieser Art Karton besitzen Sie drei verschiedene Größen: einen kleinen, einen mittleren und einen ganz großen. Zunächst nehmen Sie den kleinen Karton in die Hände. Dabei greifen Sie mit der linken Hand die linke und mit der rechten Hand die rechte Mantelseite und richten diesen Karton so aus, dass Sie, aufrecht und gerade stehend, geradewegs durch die (noch) nicht vorhandenen Vorder- und Rückseiten schauen, so als würden Sie durch ein Fernrohr den Horizont betrachten. Ihre *Blickrichtung* erfolgt demnach immer in Richtung des Kartontunnels. Stellen Sie sich jetzt vor, Sie stünden so auf dem Grundstück der bekannten Hausszene und wollten diese mit Ihrem Karton erkunden. Eines ist dabei jetzt schon ganz gewiss: Sie sehen durch den Karton immer nur einen Ausschnitt der gesamten virtuellen Welt, die durch die obere, untere, rechte und linke Kartonmantelfläche begrenzt wird. Ihr *Blickfeld* ist demnach eingeschränkt.

Unter anderem diese Mantelflächen stellen die so genannten *Schnittebenen* (engl. clipplanes) dar, die Sie unter OpenGL definieren müssen, um den darzustellenden Ausschnitt der Szene zu bestimmen. Sie hatten es zunächst mit einer oberen, unteren, rechten und linken *Clipplane* zu tun. OpenGL kennt aber *mindestens sechs* Clipplanes. Die zwei fehlenden entsprechen den zurzeit (noch) nicht vorhandenen bzw. unsichtbaren Vorder- und Rückseiten Ihres Kartons. Mithilfe des OpenGL-Befehls `glOrtho` definieren Sie alle sechs Clipplanes, wobei zunächst nur die ersten vier angesprochen werden.

10 Betrachtungsweisen

```
//Clipebenen def.
glOrtho(   // Vorzeichen sind Standardwerte!!!
        -ClipSize,        //Linke   Clipplane
        +ClipSize,        //Rechte  Clipplane
        -ClipSize,        //Untere  Clipplane
        +ClipSize,        //Obere   Clipplane
        -ClipSize*100.0   //Vordere Clipplane
        +ClipSize*100.0); //Hintere Clipplane
```

Ortho steht hierbei für die *orthogonale Geometrie*, die nichts anderes besagt, als dass die Mantelflächen senkrecht zueinander stehen, ganz so wie es das orthogonale Projektionsbild aus Abbildung 10.3 zeigt. Somit existieren auch immer zwei Flächenpaare, die parallel zueinander stehen: *Oben-Unten*, *Rechts-Links* und *Vorne-Hinten*.

Was es mit dem ClipSize-Parametern im glOrtho-Befehl für eine Bewandtnis hat, sei hier zunächst von untergeordneter Bedeutung. Stellen Sie sich dafür einfach die Zahl 0.25 vor, was auch immer Sie sich dabei für *eine Längenmaßeinheit* (z.B. Meter) vorstellen. Von übergeordneter Bedeutung sind hingegen die zu den Parameterangaben gehörenden Vorzeichen – und +. Denn wie in Abbildung 10.4 skizziert wurde, liegen die Clipplanes, vom Zentrum des Blickfeldes (dem *Blickpunkt*) aus betrachtet, *positiv* (+) nach *oben* bzw. *rechts* verschoben und *negativ* (–) nach *unten* bzw. *links* verschoben – hier zunächst um den erwähnten Betrag von 0.25.

Abb. 10.4:
Blickpunkt
und Blickfeld

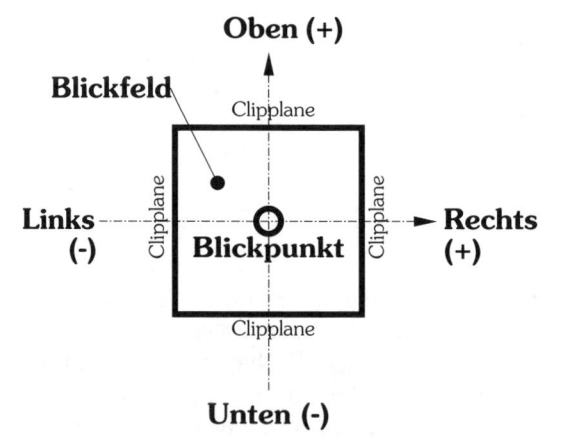

Die so angeordneten Clipplanes grenzen – in Anlehnung an das Kartonbeispiel – demnach seitlich zum Blickpunkt alle Szenenobjekte ab, die außerhalb des Blickfeldes liegen. Womit Bezug zum vorangegangenen Abschnitt genommen werden kann.

Sichtweisen

Hier wurden die Hausszenen in Abbildung 10.2 in Initialblickrichtung (negativer z-Richtung) gezeigt, also ein Blick auf das Hausdach der OpenGL-Szene. Das Besondere dabei ist, dass sich die Szenenobjekte allesamt in einem Teilbereich des Viewports befinden und zwar im oberen rechten Quadranten des Blickfeldes. Dies bedeutet, dass alle Szenenobjekte innerhalb des Blickfeldes liegen und es sich damit eigentlich nicht um eine Ausschnittsdarstellung handelt. Handelt es sich aber doch, denn die 3D-Welt von OpenGL ist theoretisch unendlich groß. Nur weil sich in der Unendlichkeit keine definierten Szenenobjekte mehr befinden, bedeutet dies nicht, dass es sich bei einer Szenendarstellung nicht um eine Ausschnittsdarstellung handelt.

Ein Sachverhalt konnte im Abschnitt zur Initialsichtweise noch nicht angesprochen werden: der jetzt bekannte Blickpunkt, der sich auf der in negativer z-Achsenrichtung verlaufenden Initialblickrichtung befindet. Genau genommen befindet sich der Blickpunkt im Ursprungspunkt des globalen Koordinatensystems, also beim z-Achsen-Koordinatenwert z=0.0. Damit liegt der Ursprung genau in der Mitte des Viewports.

> Der *Initialblickpunkt* liegt unter OpenGL im Ursprung des globalen Koordinatensystems und kennzeichnet den Mittelpunkt des OpenGL-Darstellungsbereichs (*Viewport*). Die *Initialblickrichtung* zeigt dabei von dem Initialblickpunkt weg in Richtung der negativen z-Achse. Der *Blickpunkt* liegt immer auf dem Blickrichtungsvektor.

Zurück zum Kartonbeispiel. Zurzeit stehen Sie noch mit festen Füßen auf dem virtuellen Grundstück der Hausszene. Um das Grundstück aus der soeben definierten Initialsichtweise zu betrachten, sollten Sie nun das *Fliegen* lernen. Bekanntlich kann das zwar nur *Karlson vom Dach*, aber Sie befinden sich hier schließlich in der virtuellen Realität, also können Sie das auch – und zwar ohne Flugstunden nehmen oder gar *Karlson* heißen zu müssen. Sie heben also virtuell ab und halten dabei Ihren Karton in zuvor beschriebener Weise mit der linken und der rechten Hand fest. Orientierungsprobleme? Ja stimmt, das Blickfeld des Kartons ist ein wenig klein und es fällt Ihnen daher schwer, eine günstige Aufstiegsflugbahn zu bestimmen, da Ihnen die *globalen Orientierungspunkte* der Szene fehlen. Also landen Sie kurzerhand wieder und nehmen sich den mittelgroßen Karton. In Anlehnung an Abbildung 10.4 und den `glOrtho`-Befehl denken wir uns für diese Kartongröße einen größeren `ClipSize`-Wert von z.B. `0.5`. Mit dieser *Blickfelderweiterung* haben Sie nun das ganze Haus im Visier und steuern damit leicht eine Position über dem Hausdach an. Aufgrund Ihrer Kenntnisse über den Initialblickpunkt bringen Sie sich schwebend in Position und zwar bäuchlings genau über dem Ursprungspunkt, sodass dieser mit dem Blickpunkt fluchtet. Aber Vorsicht, unbedingt die Höhe halten, es könnte sein, dass Sie sich sonst an der positiven z-Achse des globalen Koordinatensystems ein Auge auspieksen! ;-)

265

10 Betrachtungsweisen

Zwei Probleme können nun in dieser *Fluglage* auftreten. Das eine Ihnen bekannte wäre, dass Ihr Blickfeld – trotz des größeren Kartons vor Augen – es nicht vermag, alle Szenenelemente *einzufangen*. Also gewinnen Sie schnell an Höhe, denn mit steigender Entfernung kommen ja immer mehr Szenenobjekte in Ihr Blickfeld. Wenn alle zu sehen sind, stoppen Sie Ihren Höhenflug. Problem gelöst?

Nun, nicht ganz, denn bei der orthogonalen Projektion unter OpenGL ist es vollkommen unerheblich, welchen Abstand Sie zu der Szene einnehmen. Und dies ist dank des Kartonbeispiels auch ganz leicht zu erklären. Verlängern Sie gedanklich die Kartonmantelflächen in die aktuelle Blickrichtung und zwar von der erreichten Höhe aus gesehen bis auf die Hausgrundstücksfläche, ganz so wie es Abbildung 10.5 zu zeigen versucht.

Abb. 10.5:
Blickfeldausrichtung über Up-Vektor

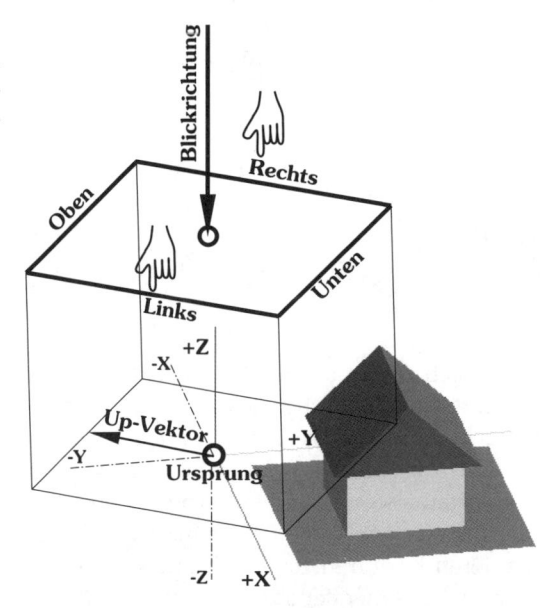

Das so entstandene Kartonvolumen wird ganz sicher nicht die gesamte Szene einschließen, denn sonst hätten Sie ja nicht zuvor das Bedürfnis verspürt, an Höhe gewinnen zu müssen. Also nehmen Sie den letzten Ihnen zur Verfügung stehenden Karton – den größten, den Sie haben. Programmiertechnisch erhöhen Sie gedanklich den Wert des Parameterausdrucks `ClipSize` auf z.B. `1.0`. Damit »wandern« alle Clipplanes aus Abbildung 10.4 noch weiter nach außen und vervierfachen Ihre Blickfeldfläche. Das Kartonkantenabmaß beträgt nun `2.0`. »Zufällig« entspricht dies nun exakt den Blickfeldabmaßen des Viewports der Initialsichtweise der Hausszene aus Abbildung 10.2. Demnach ist doch jetzt alles in bester Ordnung, oder? Mitnichten, verehrte(r) Leser(in), mitnichten! Denn sogleich tritt das zweite mögliche Problem zutage.

10.3.5 Blickrichtungs- und Blickausrichtungsdefinition

Betrachten Sie nochmals Abbildung 10.5. Der Karton liegt schräg in der Szene und zwar um die z-Achse verdreht und stellt damit den allgemeinen Lagefall des Kartons dar. Sie haben zwar den Blickpunkt mit dem Ursprung genau in Übereinstimmung (Flucht) gebracht und auch die potenziell richtige Kartongröße gewählt, um das gesamte Szenenvolumen »einfangen« zu können, aber dabei die Kartondrehlage noch nicht festgelegt. Die eingezeichneten Hände und der *Up-Vektor* aus Abbildung 10.5 sollen Ihre augenblickliche Fluglage – bäuchlings – kennzeichnen. Demnach zeigt Ihr Kopf in Richtung *oben* (engl. up) und Ihre Füße nach *unten*. Um die in Abbildung 10.2 dargestellte Initialsichtweise zu erzielen, stellt die Drehung um die Höhenachse z das jetzt einzig noch zulässige Flugmanöver dar. Dieses Flugmanöver beherrschen bekanntermaßen nur Hubschrauber und eben *Karlson vom Dach*! Spaß beiseite, Sie drehen sich also schwebend um die z-Achse, bis sich der *Up-Vektor* Ihres Kartons mit der *positiven y-Achse* der Hausszene bzw. des globalen Koordinatensystems ausrichtet. Fertig! Jetzt entspricht Ihre Sichtweise tatsächlich der Initialsichtweise aus Abbildung 10.2 und die Wörter *Oben*, *Unten*, *Rechts* und *Links* haben nun eine Bedeutung.

> Das Blickfeld unter OpenGL wird standardmäßig bzw. initialmäßig nach der *positiven y-Achse* ausgerichtet. Dies entspricht der Höhenlinie (Vertikalen) des *Viewports*, die positiv vom *unteren* Viewport-Rand nach dem *oberen* Viewport-Rand ausgerichtet ist.
>
> Den Gesetzen der rechtshändigen Geometrie und der Definition des *kartesischen* 3D-Raumes folgend, liegt die *positive x-Achse* senkrecht zur y-Achse (Horizontale), die in Richtung vom *linken* zum *rechten* Darstellungsrand des *Viewports* zeigt.
>
> Ebenfalls den Gesetzen der rechtshändigen Geometrie und der Definition des kartesischen 3D-Raumes folgend, liegt die *positive z-Achse* senkrecht zur x- und zur y-Achse und zeigt genau auf den Betrachter, weist also von *hinten* nach *vorne*. In Initialsichtweise entspricht die z-Achse einem Pixelpunkt, der nicht immer dargestellt werden kann.
>
> Das ausgerichtete Blickfeld wird als *Kamerasicht* bezeichnet, denn die Kamera kennt neben der Blickrichtung auch ein Oben, Unten, Rechts und Links und fängt die Bilder – auch in *Schräglage* – nach dieser Definition ein.

Demnach legt OpenGL zunächst jede 3D-Szenensicht initial nach Abbildung 10.2 fest und stellt diese auch so dar, wenn keine weiteren Projektionstransformationen seitens des Anwenders (Ihnen) erfolgen. Die aktuell in Listing 10.1 auskommentierten konventionellen Transformationsbefehle (`glTrans-`

`late`, `glRotate`) bewirkten – ausgehend von dieser Initialansicht – die Ihnen bekannte schräge Darstellung der OpenGL-Szene. Aus verschiedenen Gründen soll diese Art der Sichtdefinition aber nicht mehr weiterverfolgt werden. Die folgenden Abschnitte zeigen hier einen dazu alternativen Weg auf.

10.4 Kamerasichtdefinition

Nach so viel Theorie soll nun unter Zuhilfenahme des GLU-Befehls `gluLookAt` eine gegenüber der Initialsichtweise veränderte Kamerasicht definiert werden. Dieser `gluLookAt`-Befehl stellt den zu Anfang dieses Kapitels im Abschnitt *Matrizenrechnung* erwähnten »Ausrutscher« in der sonst so »wichtigen« ausschließlichen Nutzung der GL-Bibliotheksfunktionen des Projektkapitels dar. Hier die Begründung dafür:

Über den `gluLookAt`-Befehl werden komplexe Matrizentransformationen durchgeführt, deren detaillierte Darstellung ich Ihnen erspare. Es reicht vollkommen aus zu wissen, dass dieser Befehl für Sie eine Menge Projektionstransformationsarbeit erledigt, die zu der gewünschten Blickfeldausrichtung einer OpenGL-Szene führt. Dies bedeutet im Umkehrschluss nun aber nicht, dass Sie nie Matrizentransformationen durchführen werden. Vielmehr werden Sie diese Transformationen in einem thematisch anderen Zusammenhang in Kapitel 11 durchführen. Also, alles ist gut, so wie es ist ...

10.4.1 Blickfeldausrichtung mit gluLookAt

Die Auskommentierung der *alten* und manuellen Sichttransformationsanweisungen führte zu der Initialsichtweise aus Abbildung 10.2. Der `gluLookAt`-Befehl steht in komfortabler Art und Weise stellvertretend für eine Vielzahl solcher Transformationsbefehle, die man sich gedanklich an dieser Codestelle vorstellen kann. Fügen Sie demnach direkt nach den auskommentierten Transformationsbefehlen aus Listing 10.1 folgende `gluLookAt`-Befehl hinzu:

Listing 10.2: Blickpunkt und -richtungsdefinition über gluLookAt-Befehl

```
gluLookAt(  //Perspektive definieren
    1.00,     //X_Blickpunkt Eye
    0.40,     //Y_Blickpunkt Eye
    0.50,     //Z_Blickpunkt Eye

    0.50,     //X_Szenenmittelpunkt(Center)
    0.50,     //Y_Szenenmittelpunkt(Center)
    0.25,     //Z_Szenenmittelpunkt(Center)

    0.00,     //X_Ausrichtung Up-Vektor
    0.00,     //Y_Ausrichtung Up-Vektor
    1.00);    //Z_Ausrichtung Up-Vektor
```

Starten Sie das so modifizierte Programm. Sie erhalten die gewohnte *schräge* Sichtweise auf die `HelloOpenGL`-Szene. Um die Befehlsanwendung verstehen zu lernen, studieren Sie zunächst die beispielhaften Parameterwerte zu dem `gluLookAt`-Befehl, die alle vom Datentyp `GLdouble` sind.

Die Kommentare in Listing 10.2 verraten es. Durch die Angabe eines Eye- bzw. Blickpunktes, die in Richtung eines Zentrums (*Center*) zeigt, wird direkt der Blickpunkt und indirekt die Blickrichtung festgelegt. Mit der Angabe des *Up-Vektors* richtet man das Blickfeld gegenüber dem globalen Koordinatensystem der OpenGL-Szene aus. Im Zusammenhang mit der Blickfelddefinition (Szenenausschnitt) über den `glOrtho`-Befehl ist die *Kamerasicht* abschließend definiert.

Abbildung 10.6 stellt die resultierende Kamerasicht bildlich in Bezug auf die `HelloOpenGL`-Szene dar. Die perspektivischen Unzulänglichkeiten der Abbildung übersehen Sie einfach. Hauptsache, man kann es sich vorstellen.

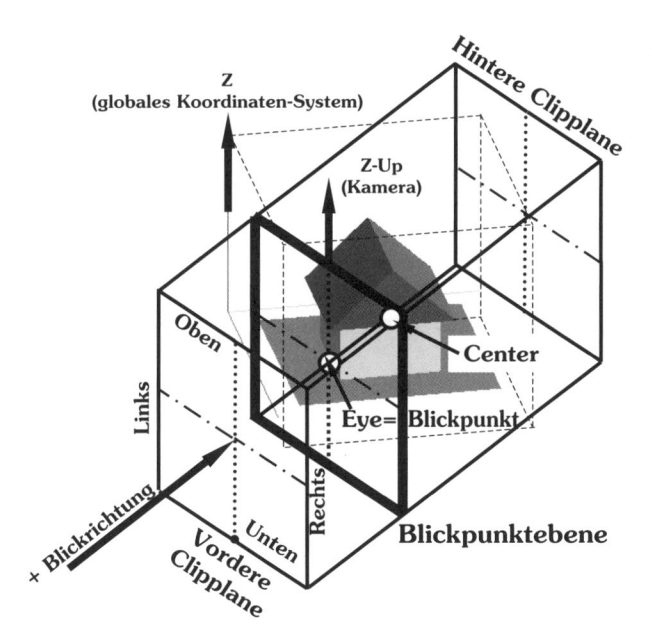

Abb. 10.6: Kamerasicht definieren

Blickpunkt und Szenenmittelpunkt (Center) werden über die ersten zwei Parameter des `gluLookAt`-Befehls in Form von Ortsvektoren definiert. Aus der *vektoriellen Differenz* (Szenenmittelpunkt-Blickpunkt) resultiert indirekt der Richtungsvektor (Blickrichtung). Der Szenenmittelpunkt darf nicht zwingend als Mittelpunkt der Szene verstanden werden. Vielmehr stellt dieser den Mittelpunkt des Viewports (OpenGL-Zeichenbereich) dar. Dies allerdings auch nur, wenn die das Blickfeld definierenden Clipplanes alle den gleichen Abstand zum Blickpunkt aufweisen, wie sich noch herausstellen wird.

269

Aus Listing 10.2 geht hervor, dass der Up-Vektor des Blickfeldes sich an der z-Achse des globalen Koordinatensystems orientieren soll.

```
...
  0.00,   //X_Ausrichtung.d.Origin-Koord.-Sys.
  0.00,   //Y_Ausrichtung.d.Origin-Koord.-Sys.
  1.00    //Z_Ausrichtung.d.Origin-Koord.-Sys.
...
```

Dies bedeutet, dass die z-Achse parallel zum linken bzw. rechten Viewport-Rand liegt, wobei die positive z-Achse in Richtung vom unteren zum oberen Viewport-Rand zeigt. Damit liegt nun ein ausgerichtetes *Z-Up-Blickfeld* vor.

10.4.2 Blickfelddefinition über glOrtho

Der definierte Eye-Punkt entspricht dem bekannten Blickpunkt des Blickfeldes, das in Abbildung 10.6 als 3D-projizierte Blickfeldebene zu sehen ist und nicht als 2D-Projektion (Frontalsicht) wie in Abbildung 10.4. Dem Blickfeld schließen sich die senkrecht (orthogonal) zueinander stehende obere, untere, rechte und linke Clipplane an, die entlang der Blickrichtungslinie unendlich lang sein können, wenn Sie anstelle des glOrtho-Befehls den alternativen gluOrtho2D anwenden. Denn dieser »verbannt« die mantelflächenbegrenzende vordere und hintere Clipplane in unendliche weite Abstände vom Blickpunkt.

Über Abbildung 10.6 kann jetzt auch die Verwendung der *vorderen* und *hinteren Clipplane* erklärt werden, die weiter oben im Abschnitt *Blickfelddefinition* zunächst zugunsten der elementareren Blickfelderläuterungen übergangen wurden.

```
glOrtho( // Vorzeichen sind Standardwerte!!!
  -ClipSize,          //Linke Clipplane
  +ClipSize,          //Rechte Clipplane
  -ClipSize,          //Untere Clipplane
  +ClipSize,          //Obere Clipplane
  -ClipSize*100.0,    //Vordere Clipplane (near)
  +ClipSize*100.0);   //Hintere Clipplane (far)
```

Auch bei der vorderen und hinteren Clipplane sind analog zu den vier *Mantel-Clipplanes* die Vorzeichen von Bedeutung. Aber, wie sollte es auch anders sein, deren Anwendung muss natürlich auch erst definiert werden.

> Die *vordere* und die *hintere Clipplane* werden – von der Blickpunktebene aus gesehen – positiv in Richtung der Blickrichtung verschoben.

In Anlehnung an Abbildung 10.6 kann damit gesagt werden, dass durch eine negative (-) Verschiebung der vorderen Clipplane diese dem Betrachter näher (engl. near) kommt. Dagegen bewirkt eine positive (+) Verschiebung der hinteren Clipplane, dass sich diese weiter vom Betrachter entfernt (engl. far). Somit haben Sie nun abschließend das gesamte Szenenvolumen definiert, das zur Darstellung gebracht werden kann.

Dass hier die `ClipSize`-Abstände für die hintere und die vordere Clipplane mit dem Faktor `100.0` multipliziert werden, bewirkt, dass die hinter und vor der Blickfeldebene liegenden Szenenelemente garantiert zur Darstellung gebracht und nicht etwa abgeschnitten werden – aber dazu mehr weiter unten im Abschnitt *Clipping*.

10.4.3 Zoomen

Zur Demonstration des *Zoom-Effekts* modifizieren Sie die folgende Deklarationszeile des `HelloOpenGL`-Codes:

```
...
// I.) HelloOpenGL-Variablendeklaration
  //Lokale Programmvariablen
  ...
  GLdouble ClipSize = 0.25;      //Das Clipping-Maß
...
```

Der in allen Parametern des `glOrtho`-Befehls vorkommende `ClipSize`-Wert bzw. -Faktor definiert den Abstand aller Clipplanes zum Blickpunkt und wird zurzeit noch an globaler Codestelle deklariert und initialisiert.

Kompilieren und starten Sie das modifizierte Programm mit aktivierten Lichteffekten.

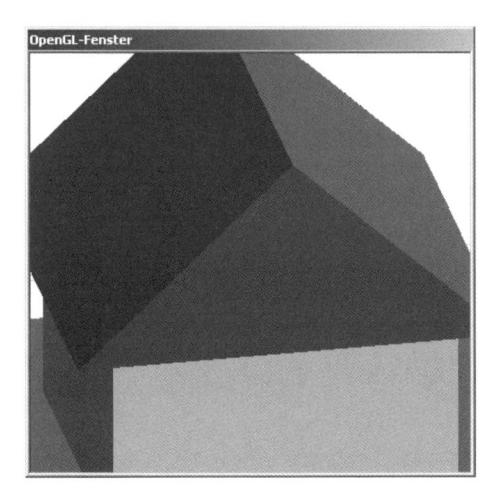

Abb. 10.7: Zoom-Effekt am Beispiel der HelloOpenGL-Szene

10 Betrachtungsweisen

Durch die Verengung des Blickfeldes werden hier erstmalig Darstellungselemente der bekannten HelloOpenGL-Szene abgeschnitten.

> **HINWEIS**
> Eine Größenänderung des Blickfeldes entspricht dem bekannten *Zoomen*, wobei eine Vergrößerung des Blickfeldes dem *Raus-Zoomen* und eine Verkleinerung dem *Rein-Zoomen* entspricht.

In diesem Zusammenhang ist es noch wichtig zu erwähnen, dass der Blickpunkt (Eye) genau in der Darstellungsmitte liegt und damit natürlich auch der Szenenmittelpunkt (Center), der bekanntlich in Blickrichtung liegt. Damit liegt der wichtige *Zoom-Mittelpunkt* fest.

Übung 1 Realisieren Sie programmiertechnisch über entsprechende Schaltflächen des Steuerzentrale-Dialogs ein 10%iges Rein- bzw. Raus-Zoomen. Folgen Sie dazu den nachstehenden Anweisungen:

- Implementieren Sie zwei neue Zoom-Schaltflächen in den Steuerzentrale-Dialog mithilfe der Informationen aus Tabelle 10.1.

Tabelle 10.1: Programmierinformationen für die Zoom-Schaltflächen

Steuerelement-ID	Steuerelementbezeichnung	Titel
IDC_BUTTON_ZOOM_IN	Schaltfläche / Button	IN
IDC_BUTTON_ZOOM_OUT	Schaltfläche / Button	OUT

Abb. 10.8: Zoom-Schaltflächen IN und OUT im Steuerzentrale-Dialog

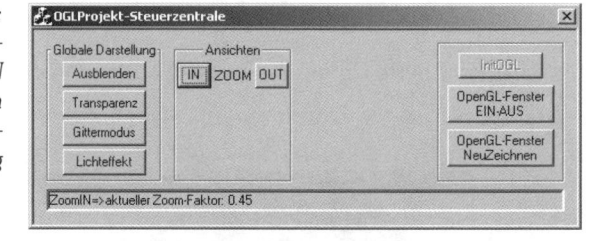

- Erzeugen Sie die zwei zugehörigen Schaltflächenfunktionen ([Strg]-Taste bei gleichzeitigem Doppelklick auf die jeweilige Schaltfläche).

- Implementieren Sie in die OpenGL-Statusstruktur OpenGLStatus der COpenGL-Klasse folgendes Strukturelement:

```
...
//2. Fensterinformationen
GLdouble    dZoomFaktor;     //Zoom-Faktor
...
```

Kamerasichtdefinition

- Initialisieren Sie das Steuerelement dZoomFaktor wie üblich im Konstruktor der COpenGL-Klasse mit dem Wert 1.0.

- Weisen Sie der ClipSize-Variablen an folgender Codestelle im HelloOpenGL-Code den Zoom-Faktor zu:

    ```
    // III.) Projektionsmatrix (Szenen-Sichtweise definieren)
    ...
      //Clipebenen Blickfeld def.
      ClipSize=m_structOGLStatus.dZoomFaktor;
    ...
    ```

- Ändern Sie den Zoom-Faktor programmiertechnisch als Reaktion auf die Anwahl (Mausklick) der erzeugten Schaltflächen IN und OUT ab. Geben Sie jeweils den aktuell benutzten Zoom-Faktorwert in der Informationszeile des Steuerzentrale-Dialogs aus. Folgende Codezeilen ändern den Zoom-Faktor um 10%:

    ```
    m_pOpenGL->m_structOGLStatus.dZoomFaktor*=0.9;//REIN-Zoom
    m_pOpenGL->m_structOGLStatus.dZoomFaktor*=1.1;//RAUS-Zoom
    ```

Durch die globale Änderung der ClipSize-Werte in den Parametern des glOrtho-Befehls verändern *alle Clipplanes* ihren Abstand zum Blickpunkt. Welches Problem könnte bei welcher der beiden *Zoom-Arten* auftreten?

Sollten Sie diese durchaus schwierige Frage nicht beantworten können, so lesen Sie zunächst folgenden Abschnitt! Außerdem finden Sie natürlich wie gewohnt Informationen zur Lösung der Übung in Anhang A.

10.4.4 Clipping

Bisher haben Sie nur die Blickfeldebene über die Abstandsänderung der linken, rechten, oberen und unteren Clipplane in Bezug auf den Blickpunkt verändert. Weiterführend soll nun das *Blickfeldvolumen* verengt werden, das sich durch die Berücksichtigung der vorderen und der hinteren Clipplane ergibt. Verschieben Sie die vordere Clipplane durch folgende Codemodifikation:

```
+ClipSize*1.0,     // Vordere Clipplane
```

Die damit vollzogene Verschiebung kommt einer Spiegelung der vorderen Clipplane gleich – und zwar um den Blickpunkt bzw. die Blickpunktebene (siehe dazu nochmals Abbildung 10.6). Die vordere Clipplane liegt damit in Blickpunktrichtung vor der Blickpunktebene und geht nun mitten durch die HelloOpenGL-Szene, da auch der alte Abstandsfaktor 100.0 durch den Wert 1.0 ersetzt wurde. Die Spiegelung wurde durch die einfache Umkehrung (Negierung) des Vorzeichens des ClipSize-Parameters erreicht, der standardmäßig negativ (-) ist und die vordere Clipplane nun *entgegen der Blickrichtung* verschiebt.

Ändern Sie den `ClipSize`-Wert für die folgenden Erläuterungen auf 0.5. Sollten Sie die vorangegangene Übungsaufgabe bereits gelöst haben, klicken Sie so lange auf die IN-Schaltfläche, bis dieser Wert in etwa erreicht ist. Andernfalls ändern Sie die entsprechende Codezeile wie folgt ab:

```
GLdouble ClipSize = 0.5;    //Das Clipping-Maß
```

Kompilieren und starten Sie das so modifizierte Programm.

Abbildung 10.9 zeigt den *Clipping-Effekt*. Durch die Verschiebung der vorderen Clipplane in die `HelloOpenGL`-Szene hinein werden nur die Szenenelemente dargestellt, die sich innerhalb des definierten Darstellungsvolumens befinden. In Abbildung 10.9 ist festzustellen, dass OpenGL alle *Schnittkantenverläufe* korrekt berechnet hat und somit auch korrekt darstellt – und zwar entsprechend der über den `gluLookAt`-Befehl definierten Schräglage der Blickfeldebene in Relation zur Hausszene.

Abb. 10.9: Clipping-Effekt in der `Hello-OpenGL`-Szene

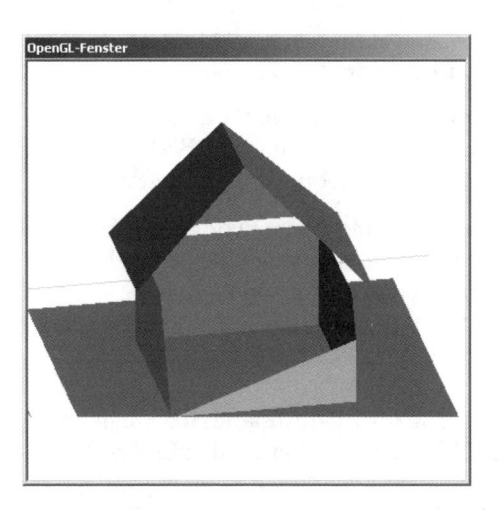

Anmerkend zu Abbildung 10.9 kann an dieser Stelle kapitel- und themenübergreifend nochmals betont werden, dass Sie hier *nur* aufgrund der aktivierten zweiseitigen Beleuchtung über `glLightModeli` (`GL_LIGHT_MODEL_TWO_SIDE,GL_TRUE`) eine sich schattierend abhebende Sichtweise der freigeschnittenen Innenseiten genießen können, da die Erdgeschossaußenseiten mit Weiß definiert wurden *und* die Innenseiten standardmäßig mit der gleichen Farbe versehen worden sind! Doch zurück zum Clipping.

Ein Problem tritt häufig beim Clipping der vorderen und hinteren Clipplane auf. Durch die Blickwinkeländerungen über den `gluLookAt`-Befehl kommt es vor, dass ungewollt Szenenelemente abgeschnitten werden, da dass anfänglich definierte Darstellungsvolumen für bestimmte Betrachtungswinkel nicht ausreichend dimensioniert wurde. Meist fallen einem diese nicht beabsichtigten Schnitte nur bei der Animationsdarstellung auf, nachdem der Schnitt meist unbemerkt am Rande der Szene erfolgt. Darum:

> Meist wird die explizite Definition der Lage der vorderen und hinteren Clipplane nicht benötigt, weil Sie in den allermeisten Fällen alle Objekte im Sichtfeld betrachten wollen und nur selten tatsächlich Schnitte durch die Szene legen wollen. Dann bietet sich die Verwendung des `gluOrtho2D`-Befehls an, der eine unendlich entfernte hintere und unendlich nahe vordere Clipplane zur Basis hat.

Ändern Sie die nachstehenden Codezeilen der `HelloOpenGL`-Funktion für die Erläuterungen der folgenden Abschnitte wieder ab:

```
GLdouble ClipSize = 0.8;    //Das Clipping-Maß
...
-ClipSize*100.0,            //Vordere Clipplane
```

Sollten Sie die Zoom-Funktion in den Steuerzentrale-Dialog aus der vorangegangenen Übung implementiert haben, initialisieren Sie im `COpenGL`-Konstruktor den Zoom-Faktor `m_structOGLStatus.dZoomFaktor` mit dem Wert 0.8.

10.5 glViewport – Ein kleiner Schritt für ...

Als behauptet wurde, dass mit `glOrtho` und `gluLookAt` die *Sichtweise* der Szene vollständig definiert wurde, war dies nicht falsch, aber auch nicht ganz richtig. Denn die tatsächlich *sichtbare* Darstellungsweise wird über die weiter oben im Abschnitt *2D-Projektion – Die Entstehungsgeschichte* erläuterte Transformation der *normalisierten Gerätekoordinaten* in *Fensterkoordinaten* realisiert.

Normalisierte Gerätekoordinaten beinhalten bereits die fertig projizierte Szene – allerdings in einer *normalisierten* OpenGL-internen Darstellung. Diese Darstellungsform ist abstrakt und *perfekt* zugleich. Perfekt bedeutet, dass hier jede noch so kleine Farbnuance und jedes noch so kleine Erscheinungsdetail bereit zur Darstellung im *Viewport* (OpenGL-Zeichenbereich) vorliegt. Und genau hier liegt das Problem: Bei der Transformation der *perfekten* internen OpenGL-Szene in den sichtbaren Viewport gehen Darstellungsinformationen verloren, d.h., die Szene kann nie in wirklich perfektem Zustand betrachtet werden. Woran liegt das? Nun, jedes noch so bekannte *Darstellungsmedium* – hier Ihr Computermonitor – weist *physikalische Grenzen* auf. Zum einen hat die begrenzte Anzahl der Pixel eines Bildschirms zur Folge, dass sich damit unter Umständen nicht alle Details einer komplexen Szene darstellen lassen. Des Weiteren resultiert z.B. aus einer OpenGL-intern perfekten Linie die bekannte Pixeltreppe. Dies bedeutet, dass eine Linie nie in seiner idealen

Schärfe dargestellt werden kann. Ein damit einhergehendes Problem ist die Darstellung der idealen Linienstärke, die meistens über oder unter der physikalischen Pixelgröße des Darstellungsmediums liegt.

Wie dem auch sei, mit dem `glViewport`-Befehl bilden Sie die perfekte Szene mehr oder minder immer *fehlerhaft* im Viewport ab. Der Viewport füllt im Allgemeinen den gesamten OpenGL-Darstellungsbereich des Fensterzeichenbereichs (*Client*) aus. Egal wie groß oder wie klein auch immer der Viewport gewählt wird, `glViewport` *versucht*, so viele Details wie irgend möglich in dem aktuell zur Verfügung stehenden Viewport darzustellen. Und dies auch aus anderen als den oben genannten Gründen nicht immer zur Freude des Betrachters, wie sich noch herausstellen wird.

Der `glViewport`-Befehl erwartet folgende Parameterangaben:

Listing 10.3: Parameter des glViewport-Befehls

```
glViewport(         //Viewport-Darstellungsbereich def.
  (GLint) 0,        // X-Windows-Koordinate (u.l)
  (GLint) 0,        // Y-Windows-Koordinate (u.l)
  (GLint) width,    // Viewport - Breite
  (GLint) heigth);  // Viewport - Höhe
```

Die vier Parameter sind allesamt Ganzzahlgrößen vom OpenGL-Datentyp `GLint`. Die ersten beiden Parameter stellen dabei die Koordinatenwerte der *unteren linken Ecke* des Client-Bereichs dar. In *Windows-Koordinaten* entspricht dies den Windows-Ursprungskoordinaten x=0 und y=0, wobei x die Breiten- und y die Höhenkoordinate darstellt. Der Begriff des Client-Bereichs wird überhaupt nur verwendet, weil der Viewport den gesamten zur Verfügung stehenden Client-Bereich nicht unbedingt ausfüllen muss. Über die beiden letzten Parameter `width` und `heigth` geben Sie die *Viewport-Breite* und *Viewport-Höhe* an.

> **HINWEIS** Innerhalb des *Client*-Bereichs eines Windows-Fensters kann ein zur OpenGL-Darstellung frei definierbarer Rechteckbereich (*Viewport*) festgelegt werden.

Bisher nutzten Sie zur OpenGL-Szenendarstellung den gesamten Client-Bereich des OpenGL-Fensters. Diesen haben Sie über folgenden MFC/C++-Code ermittelt:

Listing 10.4: Windows-Client-Informationen ermitteln/verarbeiten

```
...
// I.) HelloOpenGL-Variablendeklaration
  //Lokale Programmvariablen
  CRect clientRect;                //MFC- Rechteckdef.
  GetClientRect(&clientRect);      //Fensterinfo holen
  GLsizei width =                  //Pixel-Breite des
    (GLint) clientRect.right;     //Fenster-Zeichenbereichs
```

```
GLsizei heigth =              //Pixel-Höhe des
  (GLint) clientRect.bottom;//Fenster-Zeichenbereichs
GLdouble ClientRatio =        //Breite zu Höhe Verhältnis
  (GLdouble) width/heigth;  //des Pixel-Client-Bereichs
...
```

`GetClientRect` ist eine geerbte MFC-Methode Ihrer `COpenGL`-Klasse und ermittelt auf einfachste Weise die Client-Breite und -Höhe Ihres OpenGL-Fensters. Der `glViewport`-Befehl *wäre* mit dieser Information eigentlich einfach anzuwenden.

> Über `glViewport` bestimmen Sie den Viewport-Rechteckbereich innerhalb des zur Verfügung stehenden Client-Bereichs, der die OpenGL-Szene darstellt.
>
> Die höchste Darstellungsqualität einer OpenGL-Szene *würden* Sie bei Ausnutzung des gesamten Client-Bereichs erzielen.

Und genau im letzten Absatz des Merksatzes liegt ein Problem verborgen, das noch verdeutlicht werden muss. Das Ausnutzen des gesamten zur Verfügung stehenden Client-Bereichs gestaltet sich nämlich schwieriger, als man zunächst glauben mag.

Zunächst sei der Umstand benannt, dass die bisher verwendeten Viewport-Breiten- und Höhenabmaße ein günstiges *Seitenverhältnis* `ClientRatio` von etwa `1.0` aufweist. Um dieses günstige Seitenverhältnis zu einem ungünstigeren Wert als bisher zu verändern, bietet sich eine Änderung der Fensterabmaße des OpenGL-Fensters an, was indirekt eine Client-Seitenänderung und damit wiederum eine Viewport-Seitenänderung zur Folge hat, da `GetClientRect` die so veränderten Client-Abmaße über die `width`- und `heigth`-Werte einfach an den `glViewport`-Befehl aus Listing 10.3 weiterreicht.

Die Fensterabmaße werden, wie Sie sich vielleicht noch erinnern, in der `InitiOpenGL`-Funktion der `COpenGL`-Klasse definiert:

```
BOOL COpenGL::InitOpenGL()
{
...
        "OpenGL-Fenster",    // Fenstername
        WS_CLIPCHILDREN      // Fensterstil
        | WS_CLIPSIBLINGS,
        CRect(0,0,400,200),// Fensterposition&Größe
...
```

Listing 10.5: Änderung der OpenGL-Fensterabmaße

Damit halbieren Sie die Fensterhöhe des OpenGL-Fensters und verändern damit auch die Client- und zurzeit auch noch die Viewport-Höhe.

> Über die `Create`-Methode der `CFrameWnd`-Klasse definieren Sie die Abmaße der Windows-Fensterränder. Der zum Fenster zugehörige Client-Bereich weist in der Regel (aufgrund diverser Fensterelemente wie z.B. Windows-Rahmen oder -Titelleiste) kleinere Seitenabmaße und ein anderes Seitenverhältnis gegenüber dem Windows-Fenster auf!

Kompilieren und starten Sie das so modifizierte Programm.

Abb. 10.10: Verzerrte Darstellung nach Seitenverhältnisänderung

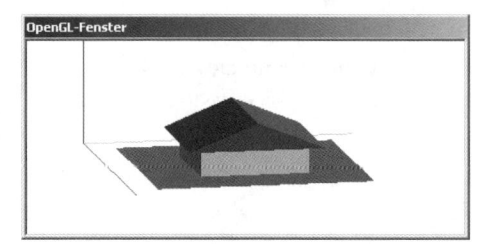

Die Darstellung der `HelloOpenGL`-Szene mündet in eine Verzerrung. Folgende Tatsache ist dafür verantwortlich:

> Das Breiten/Höhen-Verhältnis des Blickfeldes *muss* dem sichtbaren Breiten/Höhen-Verhältnis des Viewports entsprechen!

Jede Missachtung dieser Regel führt zu mehr oder weniger sichtbaren Verzerrungen der OpenGL-Darstellung auf den entsprechenden Visualisierungseinheiten. Durch die bisherigen `HelloOpenGL`-Fensterabmaße (400x400 Pixel) wurde dafür gesorgt, dass die OpenGL-Darstellung auf unterschiedlichsten Rechnern in Bezug auf die Größenverhältnisse *einigermaßen* richtig erscheint, wenn auch nicht perfekt.

Damit wird deutlich, dass eine programmiertechnische *Anpassung der Seitenverhältnisse* erfolgen muss. Allerdings mündet diese Anpassungsarbeit in einen *Zielkonflikt*, der nur im absoluten Ausnahmefall lösbar ist! Möchte man nämlich den Viewport an das Blickfeld anpassen, so verliert man potenziellen Zeichenbereich (Client-Bereich). Passt man hingegen das Blickfeld an den Client angepassten Viewport an, so verliert man potenziellen Viewport-Bereich. Wie man es dreht und wendet: Nur für den Fall, dass das Viewport-Seitenverhältnis dem Blickfeldseitenverhältnis entspricht, existiert (fast) kein Konflikt.

Da man sich aber für eine Vorgehensweise entscheiden muss, verfolgen Sie hier die *Anpassung des Viewports an das Blickfeld*, womit ein Teil des Client-Bereichs ungenutzt bleibt. Dazu wird der bisherige Definitionscode des glViewport-Befehls abgeändert. Auf Basis des `ClientRatio`-Ausdrucks aus Listing 10.3, der das aktuell zur Verfügung stehende Seitenverhältnis des Client-Bereichs charakterisiert, wird zwischen zwei Fällen unterschieden (Fallunterscheidung), die während des Programmablaufs auftreten können:

Fall 1: Die *Breite* des Client-Bereichs ist *kleiner als* seine *Höhe*.

Fall 2: Die *Höhe* des Client-Bereichs ist *kleiner als* seine *Breite*.

Für jeden dieser Fälle wird über eine `if-else`-Anweisung der entsprechende Code angesteuert. Ersetzen Sie den alten `glViewport`-Code durch nachstehenden:

```
if (ClientRatio <= 1.0)  // Höhe anpassen?
{ // Breite ist kleiner gleich der Höhe
  glViewport(   // Viewport-Darstellungsbereich
    (GLint) 0,                         // X-Windows-Koordinate (U.L)
    (GLint) (heigth*(1.0-ClientRatio))/2.0),  // Y-WK (U.L)
    (GLint) width,                     // Breite
    (GLint) (heigth*ClientRatio));     // Höhe
}
else //also Breite anpassen!
{ // Breite ist größer der Höhe
  glViewport(   // Viewport-Darstellungsbereich
    (GLint) (width*(1.0-(1.0/ClientRatio))/2.0),  //X-WK
    (GLint) 0,                         // Y-WK (U.L)
    (GLint) (width/ClientRatio),       // Breite
    (GLint) heigth);                   // Höhe
};
```

Listing 10.6: Korrekturcode des Breiten/ Höhen-Verhältnis für glViewport

Auch hier sei Ihnen eine Herleitung der in Listing 10.6 enthaltenen mathematischen Ausdrücke erspart. Lediglich auf den programmiertechnischen Sinn der Klammern um die mathematischen Ausdrücke soll hingewiesen werden. Da die Berechnungen in der Regel in Fließkommawerte münden, wird hier für jeden Befehlsparameter die Ihnen bekannte *explizite Typenumwandlung* über (`GLint`) durchgeführt. Würden die Berechnungsausdrücke wie z.B. `width*(1.0-(1.0/ClientRatio))/2.0` hinter (`GLint`) nicht eingeklammert werden, erhielten Sie die Compiler-Warnung, dass ein möglicher Datenverlust bei der Typenumwandlung zu erwarten ist. Der Grund: Visual C++ *denkt*, dass die explizite Typenumwandlungsanweisung (`GLint`) sich bei ungeklammerter Ausdrucksangabe nur auf die erste vorkommende Variable des Gesamtausdrucks bezieht – hier `width`. Durch die Einklammerung wird der Gesamtausdruck berücksichtigt. So viel dazu. Viel wichtiger als diese VC++-Interna sind aber die Erläuterungen zu der Funktionsweise der vorgestellten `glViewport`-Anpassung aus Listing 10.6.

In beiden oben aufgeführten Fällen wird der Viewport nach dem kleineren Abmaß hin zentriert angepasst. Angepasst bedeutet hierbei, dass bei *voller*

279

Ausnutzung des kleineren Seitenmaßes des Client-Bereichs das größere Maß angepasst wird. Das Blickfeldseitenverhältnis muss einen Wert von 1.0 aufweisen. Um die Sache nicht unnötig zu verkomplizieren, soll das *Kamerablickfeld* auch weiterhin *quadratische Abmaße* aufweisen.

Die über Listing 10.6 realisierte *Zentrierung* des Viewports innerhalb des Client-Bereichs dient primär der Optik. Damit gewinnt der Betrachter den Eindruck, als ob der Viewport immer die gesamte Client-Fläche nutzt. Also, im Falle kleinerer Breite wird der Viewport *höhenzentriert* und im Fall kleinerer Höhe wird *breitenzentriert*, womit der im `gluLookAt`-Befehl definierte Szenenmittelpunkt weiterhin in der Client-Mitte des OpenGL-Fensters verharrt. Der sich mathematisch einstellende *Zentrierungsfehler* im Bereich von +/-1 Pixel sei an dieser Stelle nur am Rande erwähnt, da es dafür vielfältige Gründe geben kann.

Starten Sie nun das Programm, um die Korrekturwirkung zu überprüfen.

Abb. 10.11:
Korrektur der verzerrten `HelloOpenGL`-Szene

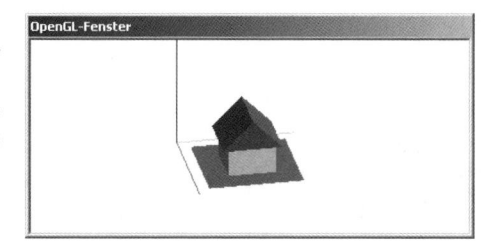

Die Verzerrung der Szene aus Abbildung 10.10 ist nun korrigiert. Gegenüber der gewohnten Szenendarstellung (400x400 Pixel) hat sich die korrigierte Szenendarstellung aus Abbildung 10.11 insofern geändert, als dass diese jetzt über wesentlich weniger Viewport-Pixel gezeichnet wurde. Überprüfen Sie nun, ob der Korrekturcode auch auf die *breitengequetschte* Darstellung wirkt, indem Sie den Breiten- mit dem Höhenwert über `CRect(0,0,200,400)` vertauschen.

Die hier vorgestellte Korrekturmaßnahme hat lediglich dafür gesorgt, dass die Szene kaum noch verzerrt dargestellt wird. Allerdings zeigt es sich bei der alltäglichen praktischen Arbeit unter OpenGL, dass es besser ist, das Blickfeld auf die Fensterabmaße anzupassen. Also, was hindert Sie daran, dies gleich zu programmieren? Über das nötige Grundwissen dazu verfügen Sie nun.

Um noch einmal auf die Verzerrungsproblematik zurückzukommen: Wenn Sie jetzt meinen, dass damit alle Verzerrungsprobleme gelöst sind, dann muss ich Sie leider enttäuschen. Beispielhaft sei abschließend noch ein weiterer Korrekturfall angerissen. Das physikalisch sichtbare Seitenverhältnis Ihrer Desktop-Darstellung trägt zur Verzerrung bei und müsste eigentlich auch korrigiert werden.

> Entspricht das Pixel-Auflösungsverhältnis des Windows-Desktops (Grafik-Resolution) nicht dem sichtbaren Darstellungsseitenverhältnis des Monitors, muss dieser korrigiert werden.

Messen Sie dazu die gesamten sichtbaren Windows-Desktop-Abmaße Ihrer Monitordarstellung in cm und berechnen Sie daraus das Breiten-/Höhen-Verhältnis. Ist dieses ungleich dem Auflösungsverhältnis Ihres Desktops? Wenn ja, dann muss auch das noch korrigiert werden. Wie? Zwei Möglichkeiten: Entweder berücksichtigen Sie dies in Ihrem Programm oder Sie verändern die Breiten/Höhengeometrie über die Monitoreinstellungen und stellen ein riesiges Schild auf Ihren Computerarbeitsplatz mit dem Text: »Wer hier rumfummelt, wird auf Dauer in das virtuelle 3D-Jenseits befördert!«

Womit wir abschließend bei den Pünktchen (...) der Überschrift zu diesem Abschnitt sind. Ausgeschrieben heißt die Überschrift: »glViewport – Ein kleiner Schritt für OpenGL, ein GROSSER Programmierschritt für Sie!«

Definieren Sie die OpenGL-Fensterabmaße in der `InitOpenGL`-Funktion für den folgenden Abschnitt mit 400x420 Bildpunkten.

10.6 Perspektivische Projektion

Bisher haben Sie die orthogonale Projektionsdarstellung realisiert. Bei dieser Parallelprojektion wird in Blickrichtung ein rechteckig definierter Volumenbereich (Quader) der 3D-OpenGL-Welt zur Darstellung gebracht. Der Vollständigkeit halber werden Sie jetzt zum Abschluss dieses Kapitels eine alternative *perspektivische Projektion* nach Abbildung 10.3 realisieren, die einen Volumenbereich in Form eines *Pyramidenstumpfes* definiert. Modifizieren Sie dazu Ihren Code an folgenden Stellen:

```
gluLookAt(  //Perspektive definieren
   1.50,    //X_Blickpunkt Eye
   0.00,    //Y_Blickpunkt Eye
   0.70,    //Z_Blickpunkt Eye
...
```

Durch die angegebene Codeänderung bringen Sie die Szene für die perspektivische Projektion in eine günstige Position. Kommentieren Sie im nächsten Schritt den `glOrtho`-Befehl zur orthogonalen Projektion aus und platzieren Sie nachfolgend den `glFrustum`-Befehl zur Erzeugung einer perspektivischen Projektion.

Listing 10.7:
Perspekti-
vische Projek-
tion mithilfe
des glFrustum-
Befehls

```
glFrustum(   // Vorzeichen sind Standardwerte!!!
    -ClipSize,      // Linke    perspektiv. Clipplane
    +ClipSize,      // Rechte   perspektiv. Clipplane
    -ClipSize,      // Untere   perspektiv. Clipplane
    +ClipSize,      // Obere    perspektiv. Clipplane
    +ClipSize*0.9,  // Vordere  perspektiv. Clipplane
    +ClipSize*5.0); // Hintere  perspektiv. Clipplane
```

Auffällig im Vergleich zum glOrtho-Befehl ist, dass die Vorzeichen der vorderen und hinteren Clipplane gleich sind. Diese müssen positiv (+) sein. Damit wird an dieser Stelle schon deutlich:

> **ACHTUNG**
>
> Die perspektivische Projektionsdarstellung eignet sich *kaum* für Zoom-Operationen bzw. ihre Realisierung bedeutet einen erheblichen Programmieraufwand.

Nur die vordere Clipplane *near* (nahe), die dem Szenenbetrachter am nächsten ist, ermöglicht bei der perspektivischen Projektion ein *Rein-Zoomen*. Die Zoom-Grenze läge in *vorsichtiger* Anlehnung an Abbildung 10.6 bei dem über den gluLookAt definierten Blickpunkt. Dies entspräche aber einem Abstandswert von ClipSize=0.0. Das ist nicht sinnvoll und zudem mathematisch nicht zulässig, denn der *perspektivische Quotient* zur Perspektivprojektion lautet:

$$q = \frac{far}{near} = \frac{5.0}{0.9} = 5.\overline{5}$$

Dieser Quotient liegt dem glFrustum-Befehl zugrunde und bestimmt die perspektivische Projektion maßgeblich. Ein *near*-ClipSize-Wert von 0.0 entspräche einer mathematischen Regelverletzung (Division durch 0) und ist daher zu vermeiden. Die hintere *far*-Clipplane könnte demnach zwar einen Wert von 0.0 aufweisen, das wäre aber nicht sinnvoll, denn damit lägen keine Szenenelemente mehr im Blickvolumen.

In unserem Beispiel entspricht ein *Pyramidenstumpfverhältnis* von 5.5 einem *perspektivischen Winkel* von rund 30.0 Grad, der aus der Angabe der *near*- und der *far*-Clipplane-Abstandswerte ClipSize*0.9 und ClipSize*5.0 resultiert. Diese Werte wurden dem glFrustum-Befehl aus Listing 10.7 in seinem fünften und sechsten Parameter übergeben. Daraus resultiert einer Stauchung der Querschnittsflächen über die Länge (in Blickrichtung), wobei die vordere Fläche größer als die hintere ist.

Kompilieren und starten Sie das so modifizierte Programm.

Perspektivische Projektion

Abb. 10.12: Perspektivische Projektion der HelloOpenGL-Szene

Abbildung 10.12 zeigt, wie sich die Szene nach hinten verjüngt. Dies entspricht mehr oder weniger der bekannten *Fluchtpunktperspektive*. Die vordere Clipplane entspricht jetzt genau dem Sichtfenster, hingegen liegt die hintere Clipplane verkleinert hinter der Szene.

Alternativ könnte die perspektivische Projektion über den komfortableren gluPerspektive-Befehl realisiert werden, aber noch mal (gluLookAt) soll die hochgepriesene GL-Bibliotheks-Direktive nicht verletzt werden.

Es bleibt in diesem Buch bei dieser *groben* Demonstration der perspektivischen Projektion, denn auch hierzu müssten etliche Buchseiten veranschlagt werden, wollte man die damit verbundenen Zusammenhänge detailliert und in verständlicherer Weise darstellen.

Stellen Sie abschließend den *alten* Programmstatus wieder her:

```
gluLookAt(  //GLU-Befehl zur Matrizendef. nutzen
        1.0,   //X_Position des Blickpunktes
        0.4,   //Y_Position des Blickpunktes
        0.5,   //Z_Position des Blickpunktes
```

Selbstverständlich sollten Sie den glFrustum-Befehl nicht aus dem HelloOpenGL-Code löschen, sondern lediglich auskommentiert im Code belassen. Zum einen erinnert Sie diese Auskommentierung dann stets an die perspektivische Möglichkeit und zum anderen können Sie diese Projektionsart so jederzeit wieder aktivieren. *Setzen* Sie die orthogonale Projektionsdarstellung über glOrtho wieder *in Kraft*!

KAPITEL 11

Listentechnik/Transformation

Durch die Verwendung von so genannten *Darstellungslisten* (engl. display lists) wird der HelloOpenGL-Code insgesamt lesbarer, übersichtlicher und verständlicher. Über Listen organisieren bzw. strukturieren Sie den bisher bekannten OpenGL-Code auf effektive Weise. Einfach ausgedrückt, fassen Sie viele OpenGL-Befehle in Listen zusammen. Insgesamt spielt man mit der Nutzung der *Listentechnik* besonders der späteren Animationsprogrammierung zu. Mit der in diesem Kapitel dargestellten Listentechnik können, wie so oft zuvor, kontextbezogen weitere begleitende OpenGL-Themen aufgezeigt werden – hier die *Transformationsbefehle* und die damit zusammenhängende *Matrizenbehandlung*.

Den Basiscode zu diesem Kapitel finden Sie auf der Buch-CD in folgendem Ordner:

`\Buchdaten\Kapitel11\ProjektDSWs\Start\`

Kopieren Sie den Ordner Start von der CD in einen temporären Ordner auf Ihrer Festplatte und starten Sie dann die darin enthaltene VC++-Projektdatei *OGLProjekt.dsw*.

11.1 Wieso, weshalb, warum

Weshalb soll man aber überhaupt Szeneninformationen in diese Listen bzw. eine Liste packen, wenn der darin enthaltene OpenGL-Code doch auf die bisherige konventionelle Art definiert werden könnte? Nur damit dieser dann *Liste* heißt? Nein, natürlich nicht, neben dem Strukturierungsaspekt existieren weitere effiziente und praktische Gründe.

Ihre OpenGL-Hardware verwaltet und hält *listengenierte Szenenelemente* nach einmaligem Einlesen fest im Grafikspeicher und verarbeit diese intern mit der internen Grafikgeschwindigkeit. Ein einfacher *Listenaufruf* reicht dazu aus. Hierüber realisieren Sie die schnellstmögliche *Darstellungsgeschwindigkeit* der OpenGL-Szenenelemente. Gleiches gilt auch für die Texturnutzung. *Texturen* werden geschickterweise ebenfalls in Form einer Liste in den *Grafikspeicher* übertragen und dort von der Grafikhardware verarbeitet.

Ein weiterer Vorteil bei der Nutzung der Listentechnik ist die gedankliche Auseinandersetzung bei der Listendefinition, was zu einer *strukturierten Szenendefinition* führt. Darüber hinaus können Szenenobjekte, die einmal in eine Liste hineindefiniert wurden, auf einfachste Weise mehrfach in einer OpenGL-Szene eingesetzt werden. So generieren Sie über einfachste Positionstransformationsbefehle z.B. aus einer einmal definierten Zeppelin-*Darstellungsliste* hunderte von Zeppelinen in den OpenGL-Himmel. Weitere Transformationsbefehle erzeugen weitere von dem ersten Zeppelin *abgeleitete* lange, breite, dicke oder dünne Luftschiffe. Darüber hinaus kann man auf solche Listenobjekte unterschiedliche Lichteffekte oder Darstellungsarten (z.B. die Gitterdarstellung) wirken lassen.

Für die Programmierung unter Visual C++ bietet die Listentechnik den Vorteil, dass eine einmal definierte Liste von jeder Codestelle der OpenGL-Klasse aus aufgerufen werden kann, ohne dass dafür C-Zeigervariablen oder gar globale Member-Variablen benötigt bzw. verwaltet werden müssen. Aber was soll ich sagen, schauen Sie sich die Sache mit den Listen doch einfach einmal an.

11.2 Befehlsübersicht

Folgende *Listenbefehle* stehen Ihnen zur Listentechnik zur Verfügung:

Tabelle 11.1: Listenbefehle in der Übersicht

Befehl	Kurzbeschreibung
glNewList	Erzeugt bzw. überschreibt eine Darstellungsliste
glCallList **glCallLists**	Ruft eine bzw. mehrere Darstellungslisten auf
GlEndList	Beendet die Darstellungslistendefinition
glGenLists	Vergibt freie Listenplätzenamen
glIsList	Erfragt die Existenz einer Darstellungsliste

Sie bemerken an dem Fettdruck in der Tabellendarstellung, dass Sie zur Listentechnik zunächst *nur* drei Befehle benötigen: glNewList, glCallList und glEndList. Im Gegensatz zu den Licht- und Materialbefehlen verstecken sich hier hinter aber keine komplexen Programmiermöglichkeiten. Dennoch ist auch die Listentechnik nicht ganz ohne Aufwand zu haben, denn flankierende Stapeloperationsbefehle und die listenvorbereitende Organisation können die Sache recht aufwändig gestalten.

11.3 Listig, listig!

Die Sache mit den Listen unter OpenGL ist schon eine recht »listige« Sache. Über die kurz erwähnten Darstellungslisten können Sie die Grafikelemente Ihrer OpenGL-Szene strukturiert organisieren bzw. ablegen. Ähnlich der hierarchisch aufgebauten Vektorgrafiken können Sie auch Ihre Szenenelemente und Elementeigenschaften organisieren. Aber damit noch nicht genug. Durch die Anwendung der Listen speichern Sie Ihre Szenenobjekte hardwarenah, d.h. effektiv abrufbar, ab. Je nach OpenGL-Software und Hardwarebasis können die so organisierten Objekte durch einen einfachen *Listenaufruf* extrem schnell zur Anzeige gebracht werden. Dies ist natürlich genau etwas für den Animations- bzw. Spieleprogrammierer. Die Begründung liefert folgender Zusammenhang:

Nach dem *Client-Server-Prinzip* ist OpenGL prinzipiell darauf eingestellt, dass Sie eine Szenendefinition Befehl für Befehl über das Datenkabel von Ihrer Arbeitsstation (Client) zum möglicherweise weit entfernten OpenGL-Server schicken. Und dies müssten Sie bei jeder Szenenänderung immer wieder tun. Aber eben nur *müssten*, denn die Objekte, die sich nicht geändert haben, können Sie in Form von Darstellungslisten an den Server schicken. Dieser speichert sie dann intern zwischen und hält sie für Sie fest. Durch einen einzigen Befehl führt der Server diese in der Regel komplexe *Display-List* (Darstellungsliste) aus.

> Szenenobjekte, die in *Darstellungslisten* (*Display-List*) organisiert sind, werden von OpenGL auf effektivste Weise zur Darstellung gebracht. Animations- und Spieleprogrammierer kommen daher an der Verwendung bzw. Anwendung der Listentechnik nicht vorbei.

11.3.1 Generierung/Implizite Ausführung

Eine neue Darstellungsliste wird einleitend über den OpenGL-Befehl `glNewList` erzeugt bzw. es wird damit eine bereits bestehende überschrieben. Der `glEndList`-Befehl schließt die Listendefinition nach Aufruf der *listenfüllenden* OpenGL-Befehle ab. Innerhalb des *Listendefinitionsbereichs* erfolgen die OpenGL-Befehlsangaben.

```
glNewList(GLint Listenname, GLenum Listenmode);
   //glBefehle
   ...
glEndList();
```

Darstellungslisten werden über *Listennamen* angesprochen. Auch der `glNewList`-Befehl erwartet in seinem ersten Parameter *Listenname* diesen *Namen*. Dieser ist vom OpenGL-Datentyp `GLint` und macht deutlich, dass Listennamen in Form von Ganzzahlen kodiert werden. Es ist dabei darauf zu achten, dass gültige Listennamen über Ganzzahlen größer als 0 definiert werden.

Der Listenmodus-Parameter *Listenmode* erwartet eine OpenGL-Konstante (Datentyp `GLenum`) und bestimmt den Listengenerierungsmodus. Zwei Modi sind dabei möglich:

- `GL_COMPILE`
- `GL_COMPILE_AND_EXECUTE`

Im Falle von `GL_COMPILE` wird die Liste vorkompiliert generiert, d.h., dass alle darin enthaltenen OpenGL-Befehle nicht direkt zur Darstellung bzw. Ausführung gebracht werden. Solche Listen liegen vielmehr temporär, d.h. ausführbereit auf dem Server vor. Damit ist auch der Sinn der alternativen Moduswahl `GL_COMPILE_AND_EXECUTE` leicht erklärbar. In diesem Modus wird die Liste nicht nur generiert (kompiliert), sondern auch sofort ausgeführt (engl. execute), so als hätten Sie nie eine Liste erzeugt, sondern die OpenGL-Befehle direkt ausgeführt. Damit werden die Befehle quasi *implizit ausgeführt*, ganz im Gegensatz zum folgenden Abschnitt.

11.3.2 Explizite Ausführung

Wie zuvor angedeutet, werden die kompilierten Listen in der Regel über die Angabe des Listennamens explizit ausgeführt. Dies trifft vor allem für die mit `GL_COMPILE` vorkompilierten Listen zu. Aber natürlich können Sie auch die Listen, die über `GL_COMPILE_AND_EXECUTE` kompiliert und damit schon einmal ausgeführt wurden, erneut ausführen. Dafür stellt Ihnen OpenGL einen denkbar einfachen Befehl zur Verfügung:

```
glCallList (GLint Listenname);   // Liste ausführen
```

Dass die Ausführung einer Liste nicht immer mit der Darstellung der Szenenelemente einhergehen muss, macht folgender Abschnitt deutlich.

11.3.3 Verschachtelung

Eng mit der Generierung von Listen hängt deren *Verschachtelungsfähigkeit* zusammen. Eine Verschachtelung liegt bereits vor, wenn Sie innerhalb des Listendefinitionsbereichs einen `glCallList`-Befehl angeben. Somit können Listen quasi selbst Listen enthalten, also ineinander verschachtelt sein.

```
glNewList( (GLint) 3, Listenmode);  //Liste 3 erzeugen
  glCallList( (GLint) 2); //mit Liste 2 Befehle füttern
  glCallList( (GLint) 1); //mit Liste 1 Befehle füttern
glEndList();
```

Obiges Verschachtelungsbeispiel zeigt die Erzeugung einer neuen Darstellungsliste 3, die über die bereits vorhandenen Listen 2 und 1 definiert wird. So können komplexe Szenenobjekte aus bereits existierenden einfachen Objekten aufgebaut werden. Das mit der Verschachtelung hat natürlich auch seine Grenzen. Einige Regeln sind bei der Nutzung von Darstellungslisten schon zu beachten, wie noch gezeigt wird.

11.4 Hausszene in Listentechnik realisieren

Grau ist alle Theorie, darum folgt nun die praktische Anwendung – die Hausszene wird in Listentechnik realisiert.

11.4.1 Listennamen vergeben

Um Listen ansprechen zu können, bedient man sich des bereits erwähnten *Listennamens*. Unter OpenGL ist dies, ganz unspektakulär, eine Ganzzahl vom Datentyp GLint. Die Besonderheit ist dabei, dass jede Liste durch eine unverwechselbare Zahl von anderen unterschieden wird. Auf Wunsch stellt Ihnen OpenGL für die Verwaltung der Namenszahlen den Befehl glGenList bzw. glGenLists zur Verfügung, denn bei komplexen und vor allem automatisch generierten Szenen kann man schon mal den Überblick über die aktuell verwendeten Listenzahlen verlieren. Diese Möglichkeit sei an dieser Stelle aber nur angemerkt. In unserem Fall werden die Listenzahlen von Hand vergeben. Allerdings werden sie nur einmal definiert und dann einem Namen zugeordnet. Sie möchten wissen, wie dies im Zusammenhang mit den Listen funktioniert?

Die Antwort findet sich in der Fähigkeit des *Präprozessors* des VC++-Compilers. *Außerhalb* des Programmiercodes kann dieser eine Zahl einer Zeichenkette zuweisen, die *innerhalb* des Programmiercodes verwendet werden kann. Diese zugewiesene Zahl sollte beim Gebrauch explizit in einen GLint-Datentyp umgewandelt werden. Fügen Sie, wie nachfolgend dargestellt, die Listennamendefinition für die Hausszenenelemente am Anfang der OpenGL.h-Definitionsdatei ein.

```
...
#include <cmath>    // mathematische Funktionen nutzen

///////////////////////////////////////////////////
//Listendefinitionen
//0-9   Haupt-Listen   (Main-Lists)
#define SZENE            1    //Gesamte Szene
//
```

```
//10-999 Unter-Listen (Sub-Lists)
#define KOORDINATENSYSTEM   10    //Koordinatensystem
#define GRUNDSTUECK         20    //Grundstück
#define HAUS                30    //Hausobjekte
    #define DACH            310   //   DACH
        #define DACHGIEBEL  311   //      Giebelseiten
        #define DACHSEITEN  312   //      Ziegelflächen
    #define ERDGESCHOSS     320   //   Erdgeschoss
///////////////////////////////////////////////////
...
```

Listing 11.1: Listennamen über Präprozessor-Befehl #define definieren

Bereits bei der Definition der *Listennamenstruktur* beginnt der wichtige Strukturierungsprozess zur späteren Verwendung der Listen. Durch die Aufteilung in Haupt- und Unterlisten legen Sie im Prinzip schon die *Generierungsreihenfolge* der Darstellungslisten fest.

> **HINWEIS**
> Empfohlen wird die Namensdefinition der Listen über den Präprozessor-Befehl #define NAME 1. Damit ist die Listenstrukturierung außerhalb des Programmcodes möglich, die innerhalb des Programmcodes verwendet werden kann.

Wie wichtig die gezeigte Strukturierung der Hausszene ist, wird noch deutlicher, wenn der Szene später weitere Objekte hinzugefügt werden sollen. Aber auch wenn man der Meinung ist, dass die Szene endgültig fertig strukturiert ist, so sollte man die Struktur dennoch *offen* gestalten, um für alle Eventualitäten in der Zukunft gerüstet zu sein. Wie wäre es z.B. noch mit einem Hügel auf dem Grundstück? Betrachten Sie dazu nochmals Listing 11.1. Sie werden sehen, dass der Hügel integrierbar wäre, ohne die Definitionsstruktur verändern zu müssen.

```
#define GRUNDSTUECK          20    //Grundstück
    #define GRUNDFLAECHE     210   //   Grundläche
    #define HUEGEL           220   //   Huegel
```

11.4.2 Listen generieren

Im Folgenden soll das bekannte `HelloOpenGL`-Programm, bzw. die darin enthaltenen Szenenelemente, in Listentechnik ausgelegt werden. Betrachten Sie folgende Listendefinition für die Dachgiebel und implementieren Sie die Codefragmente, die dafür nötig sind, in den vorhandenen Code.

Listing 11.2: Generierung einer Darstellungsliste
```
// 3.) Dachvorder- und -hinterseite
glNewList(  //Darstellungsliste DACHGIEBEL generieren
        (GLuint) DACHGIEBEL, // Listenname
        GL_COMPILE);                  // Nur kompilieren
    glBegin(GL_TRIANGLES);  // Dreiecks-Fläche
```

Hausszene in Listentechnik realisieren

```
   ...
   glVertex3dv(&V5.x);        // V5 Dachhinterseite
   glEnd();
glEndList();   //Ende der Listendefinition DACHGIEBEL
```

Damit haben Sie die ursprünglichen OpenGL-Befehle zur Dachgiebel-Primitiv-Definition quasi über die `glNewList/glEnd`-Befehle eingeklammert und so die Darstellungsliste `DACHGIEBEL` eingearbeitet. Kompilieren und starten Sie das Programm.

Sie bemerken, dass die Hausszene ohne Dachgiebel dargestellt wird! Durch den `GL_COMPILE`-Modus bei der Listengenerierung über `glNewList` wurde dieser nur vorkompiliert, nicht aber ausgeführt und somit auch nicht dargestellt. Die Primitiv-Definitionen zu den Dachgiebeln liegen dennoch zur Ausführung bereit in der `DACHGIEBEL`-Liste vor, ganz so, wie es weiter oben im Abschnitt *Generierung/Implizite Ausführung* beschrieben wurde.

Durch welche einfache Codemodifikation in Listing 11.2 hätten Sie dennoch die Dachgiebel in der Hausszene sehen können?   *Übung 1*

Die Lösung zu dieser Übung können Sie in Anhang A nachlesen.

Wie oben im Abschnitt *Explizite Ausführung* zu erfahren war, sollten Sie die Darstellungsliste `DACHGIEBEL` explizit über `glCallList` aufrufen, womit die darin *gespeicherten* OpenGL-Befehle ausgeführt werden. Sinnvollerweise geschieht dieser Aufruf nach den Primitiv-Definitionen, also kurz vor dem Ende des `HelloOpenGL`-Codes.

```
   ...
   glCallList( (GLint) DACHGIEBEL);   // Dachgiebelliste

   // V.) OGL-Szene berechnen und zur Darstellung bringen
   ...
```

Kompilieren und starten Sie das so modifizierte Programm. Nun sehen Sie die `HelloOpenGL`-Szene wieder mit Dachgiebeln.

Verfahren Sie analog zu dem Dachgiebel-Beispiel aus Listing 11.2 unter Verwendung der Listennamen aus Listing 11.1, indem Sie mithilfe der entsprechenden vorhandenen `HelloOpenGL`-Codezeilen die verbleibenden Listeneinklammerungen durchführen.   *Übung 2*

Hinweise:

- Nicht alle Listennamen werden zur Listengenerierung benötigt!
- Versäumen Sie nicht, die jeweiligen `glCallList`-Befehle am Ende des `HelloOpenGL`-Codes anzugeben. Wählen Sie die Reihenfolge der `glCallList`-Befehle analog zu der Reihenfolge der Primitiv-Definitionen im `HelloOpenGL`-Code!

291

Für die folgenden Erläuterungen sollte die Übung gelöst worden sein. Bei Problemen schauen Sie doch im Anhang A bei den Lösungen nach!

Kompilieren und starten Sie das so modifizierte Programm, um zu überprüfen, ob alle Szenenelemente wie gewohnt dargestellt werden.

11.4.3 Listen verschachteln

Bisher haben Sie die vorhandenen Primitiv-Definitionsbefehle in separaten Listen definiert und explizit ausgeführt. Jetzt gehen Sie einen Schritt weiter und verschachteln die Listen entsprechend der Listenstrukturierung aus Listing 11.1. Folgende Listennamen stehen dazu zur Verfügung:

```
//0-9    Haupt-Listen  (Main-Lists)
#define SZENE              1    //Gesamte Szene
...
#define HAUS               30   //Hausobjekte
    #define DACH           310  // DACH
...
```

Übung 3 Verschachteln Sie diese Listennamen hierarchisch nach Abbildung 11.1 und stellen Sie die Hausszene nur über einen Aufruf der SZENE-Liste dar!

Hinweise:

- Lesen Sie eventuell noch einmal den Abschnitt *Verschachtelung* weiter oben in diesem Kapitel nach.

- Halten Sie auch bei den Listenverschachtelungen die Reihenfolge der Primitiv-Definitionen innerhalb des HelloOpenGL-Codes ein!

Abb. 11.1: Hierarchische Listenstruktur zur Hausszenendefinition

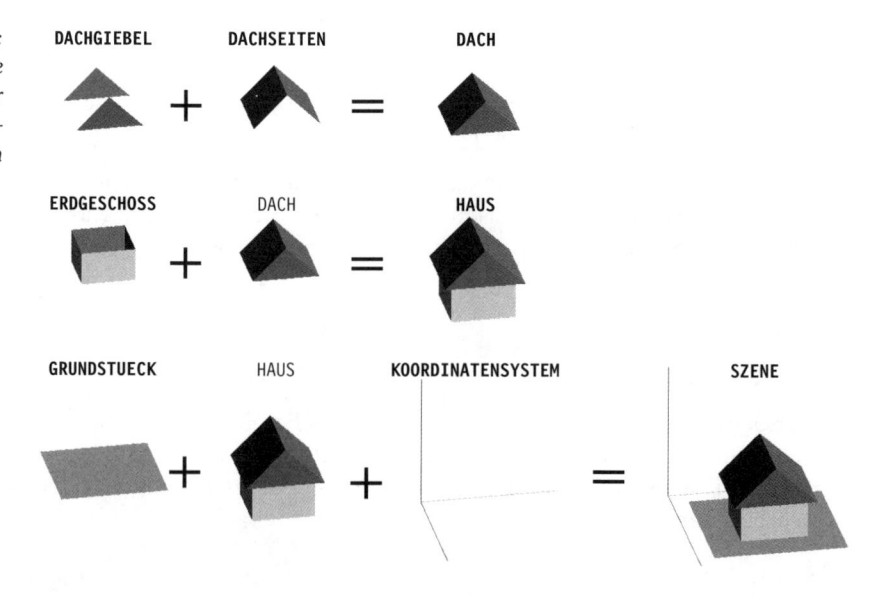

Die nicht ganz einfache Übung soll ausnahmsweise schon an dieser Stelle gelöst werden – auch wenn mittlerweile die Ausnahmen die Regel bestätigen!

```
...
  glNewList( (GLint) DACH, GL_COMPILE);
    glCallList( (GLint) DACHGIEBEL);
    glCallList( (GLint) DACHSEITEN);
  glEndList();   //Ende der Listendefinition

  glNewList( (GLint) HAUS, GL_COMPILE);
    glCallList( (GLint) ERDGESCHOSS);
    glCallList( (GLint) DACH);
  glEndList();   //Ende der Listendefinition

  glNewList( (GLint) SZENE, GL_COMPILE);
    glCallList( (GLint) GRUNDSTUECK);
    glCallList( (GLint) HAUS);
    glCallList( (GLint) KOORDINATENSYSTEM);
  glEndList();   //Ende der Listendefinition

  glCallList( (GLint) SZENE);//gesamte Szene darstellen

  // V.) OGL-Szene berechnen und zur Darstellung bringen
...
```

Listing 11.3: Verschachtelungscode zur Generierung der Hausszenenlisten

`glCallList( (GLint) SZENE)` aus Listing 11.3 führt abschließend zur Darstellung der Szene, da die Liste SZENE alle anderen Listen in verschachtelter Form enthält. Somit ist in Zukunft nur noch der Aufruf dieser Liste nötig, um die gesamte Szene darzustellen und zwar unabhängig von der Codestelle in der COpenGL-Klasse. Ein Anwendungsbeispiel für die komfortable Nutzung dieses Aufrufs wäre z.B. das *Neuzeichnen* der Szene, nachdem das OpenGL-Fenster in seiner Größe verändert wurde oder von einem anderen Fenster überdeckt wurde und damit der Fensterinhalt zerstört ist.

Ähnlich der Gruppierungshierarchie einer strukturiert organisierten Vektorgrafik ist auch unter OpenGL eine *hierarchische Strukturierung der Szenenelemente* in Form von Darstellungslisten möglich und vor allem dann sinnvoll, wenn komplexe Szenen zu definieren sind.

11.5 Mit den Listen spielen

Thematisch anknüpfend an die vorangegangenen Abschnitte kann nun die flexible und spielerische Handhabung der Darstellungslisten demonstriert werden. Dabei werden u.a. die in Kapitel 10 angekündigten *Transformationsbefehle* und damit die *OpenGL-Matrizenbehandlung* vorgestellt.

11.5.1 glScale_ – Vergrößerung und Verkleinerung

Der außergewöhnliche Wertebereich der Vertex-Definitionen (Objekt-/Ortskoordinaten der Hausszene) hat Sie vielleicht schon immer ein wenig verwundert. Aus Raumkoordinatenangaben wie z.B. 0.25, 0.50 oder 0.75 haben Sie die Hausszene bisher in seiner Erscheinung (Form), Lage und Position im 3D-Raum bestimmt. Daraus resultieren Objektmaße (Breite/Höhe oder Tiefe) des Hauses von 0.5x0.5x0.5. und für die gesamte OpenGL-Szene Raummaße von näherungsweise 1.0x1.0x1.0.

Die Szenenobjekte sind damit innerhalb eines *normierten Einheitswertebereichs* von 0.0 bis 1.0 definiert worden. Die Größenverhältnisse (Proportionen) der Szenenobjekte wurden innerhalb dieser Einheitswerte korrekt gewählt. Damit ist die Hausszene *skalierungsfähig*, also proportional vergrößer- oder verkleinerbar. Ganz sicher sind Sie im Alltag schon mit Vergleichsausdrücken wie z.B. 1 zu 4 (1:4) konfrontiert worden oder haben diese gar schon selbst verwendet. Man sagt z.B., dass das Haus zweimal so tief wie breit ist (2:1) oder die Garagenlänge der halben Hauswandlänge entspricht (1:2). Dass es letztlich nicht nur im Alltagsleben, sondern auch in der virtuellen Welt alleine auf die *Größenverhältnisse von Objekten* ankommt, soll im Folgenden anschaulich demonstriert werden. Der Rest (die Größe) ist wie immer reine Definitionssache ...

In Anlehnung an Listing 11.3 fügen Sie den OpenGL-Skalierungsbefehl glScale_ *vor* dem HAUS-Listenaufruf innerhalb der Listendefinition SZENE ein. Fügen Sie darüber hinaus *hinter* dem HAUS-Listenaufruf den glLoadIdentity-Befehl ein.

Listing 11.4: Skalierung von Szenenobjekten mit dem glScale_-Befehl

```
...
   glNewList( (GLint) SZENE, GL_COMPILE);
     glCallList( (GLint) GRUNDSTUECK);
     glScaled(1.0,1.0,3.0);          //Haus skalieren
     glCallList( (GLint) HAUS);      //Hausprimitive ausführen
     glLoadIdentity();               //Matrix zurücksetzen.
     glCallList( (GLint) KOORDINATENSYSTEM);
   glEndList();    //Ende der Listendefinition
...
```

Mit dem glScale_-Befehl werden die *Größendimensionen* x, y und z der definierten Szenenelemente skaliert. Ein *Skalierungsfaktor* von 1.0 bedeutet, dass die Größe des Objekts in dieser *Dimensionsrichtung* unverändert bleibt. Werden alle *Skalierungsparameter* des glScale_-Befehls mit 1.0 angegeben, so wird das Szenenelement 1:1 dargestellt, d.h., seine Größe und seine Größenverhältnisse bleiben unverändert.

Mit den Listen spielen

Bei der Anwendung des `glScale_`-Befehls sind *nur positive* Werte größer 0.0 sinnvoll. Ein Wert größer 1.0 entspricht einer *Vergrößerung* und ein Wert kleiner 1.0 einer *Verkleinerung* der skalierten Szenenelementedimension(en).

Der `glScale_`-Befehl ist ein *Transformationsbefehl* und verändert damit die aktuell aktive OpenGL-Matrix (hier `GL_MODELVIEW`). Alle nachfolgend gezeichneten Szenenelemente werden somit einer Skalierungstransformation unterzogen – hier die in der `HAUS`-Liste definierten Hauselemente, deren Objektkoordinaten über entsprechende `glVertex_`-Befehle erzeugt werden.

Der ebenfalls in Listing 11.4 nach dem `HAUS`-Listenaufruf angegebene `glLoadIdentity()`-Befehl *neutralisiert* die bis hierhin wirkende Skalierungstransformation `glScaled(1.0,1.0,3.0)` für alle *nachfolgend* gezeichneten Szenenelemente und zeichnet diese damit unskaliert (1:1). Demnach werden ausschließlich die Objektkoordinaten skaliert, die innerhalb der `HAUS`-Liste enthalten sind.

Kompilieren und starten Sie das (skalierte) `HelloOpenGL`-Programm.

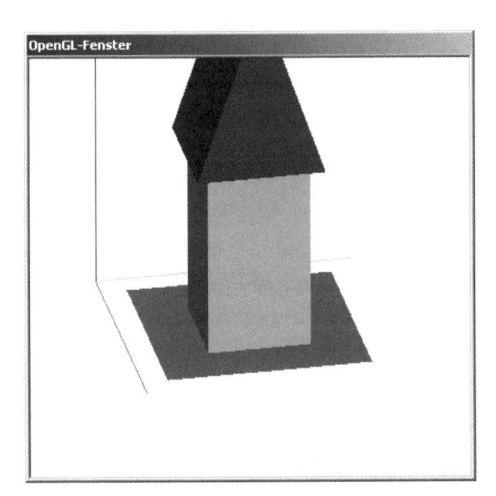

Abb. 11.2: Skalierung der Hausobjektkoordinaten über `glScale_`

Vergleichbar dem *Turm zu Babel* ist nun das Haus um das Dreifache in die Höhe gewachsen, was durch einen Skalierungsfaktor von 3.0 im z-Parameter des `glScale_`-Befehls aus Listing 11.4 erreicht wurde. Alle anderen Größendimensionen (x und y) sind über die Angabe eines Skalierungsfaktors von 1.0 unverändert geblieben.

11 *Listentechnik/Transformation*

Abbildung 11.2 macht aber noch etwas deutlich: Sie können durch Umskalierungen aus Standardobjekten bestimmte *Objektvariationen* erzeugen. Im vorangegangenen Beispiel wäre doch z.B. ein Kirchturm gut vorstellbar, der durch die *nicht-proportionale Skalierung* in z-Richtung entstanden ist.

Probieren Sie an dieser Stelle nun andere Parameterwerte zum glScale_-Befehl aus, insbesondere auch kleinere Werte als 1.0, und beobachten Sie *besonders aufmerksam* die Auswirkungen auf die Szenendarstellung. Was passiert z.B., wenn Sie *alle* HAUS-Dimensionen gleichermaßen um beispielsweise 0.5 (*proportionale Skalierung*) verkleinern? Versuchen Sie es ...

Abb. 11.3:
Proportionale
Skalierung mit
Verschiebungs-
effekt

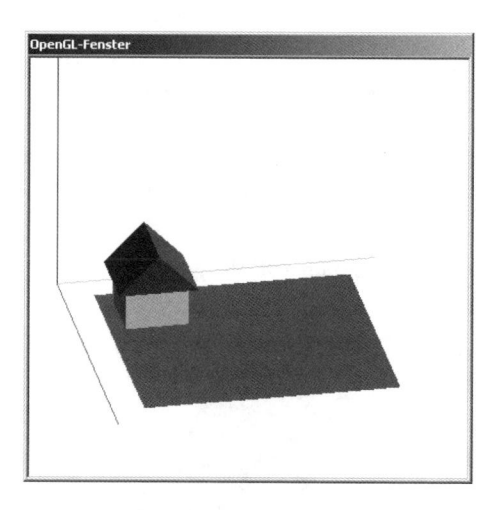

Genau, neben der erwünschten proportionalen Verkleinerung des Hauses liegt eine *unerwünschter Positionsverschiebung* des Hauses innerhalb der Szene vor, hier an den Rand des Grundstücks. Das Haus sollte aber weiterhin in der Mitte des Grundstücks stehen.

> Die Skalierung von absoluten Objektkoordinaten erfolgt in Relation zum globalen Koordinatensystem und hat *in der Regel* eine Positionsänderung der Szenenobjekte zur Folge!

Eine Konsequenz aus dem vorangegangenen Hinweis ist demnach, dass Sie ein *Objekt skalierungsfähig definieren* sollten. Dies bedeutet, dass Sie einem Objekt bei der Definition über glVertex_-Befehle immer solche Objektkoordinaten zuweisen sollten, die Sie auch *positionsneutral* skalieren können. Mehr dazu gleich!

11.5.2 glTranslate_ – Verschiebung

In diesem Abschnitt soll primär der `glTranslate_`-Befehl erläutert werden. In Anlehnung an die in Kapitel 2 dargestellten theoretischen Grundlagen sei hier nochmals zusammenfassend gesagt, dass die mathematisch vektorielle Verschiebung (engl. translate) mithilfe einer *Transformationsmatrix* (homogene 4x4-Matrix, hier `GL_MODELVIEW`) erfolgt und die betreffenden absoluten Objektkoordinaten über den im `glTranslate_`-Befehl beschriebenen *Verschiebungsvektor* innerhalb des absoluten 3D-Raumes verschiebt. Unter einem Verschiebungsvektor ist ein *freier* Richtungsvektor mit definierter Länge zu verstehen. Bei der *Translation* wird demnach jeder Primitiv-Punkt um einen festen Betrag (Länge) in eine bestimmte Richtung verschoben.

Gut, so viel dazu. Welche Möglichkeiten sind nun in diesem Zusammenhang vorstellbar, damit das Haus im Sinne der Ausführungen des vorherigen Abschnitts so skaliert werden kann, dass dabei die ursprüngliche Position (siehe Abbildung 11.3) des Hauses in Bezug auf das Grundstück *nicht* verändert wird?

> *Transformationsneutral* bedeutet, dass eine auf ein Szenenobjekt wirkende Transformation (Skalierung und Rotation) keine Positionsveränderung in Bezug auf einen neutralen Transformationspunkt zur Folge hat. Der Transformationspunkt ist für jedes komplexe Objekt durch Überlegungen/Betrachtungen zu ermitteln.
>
> Es ist sinnvoll, stets die Erscheinungsform eines Szenenobjekts transformationsneutral in Bezug auf den Ursprungspunkt des globalen Koordinatensystems zu definieren. Erst danach sollte die Lage und die Position des Objekts über entsprechende Transformationsbefehle festgelegt werden.

Auch wenn aufgrund des obigen Hinweises jetzt eine Neudefinition der Haus-Primitive sinnvoll wäre, so scheuen wir an dieser Stelle den damit verbundenen Arbeitsaufwand. Es soll ein alternativer Weg beschritten werden, der die ursprüngliche Fragestellung berücksichtigt. Wie ist es möglich, das Haus zu skalieren, ohne dass dabei die über die Eckpunktdefinition (Objektkoordinaten) festgelegte Hausposition verändert werden muss?

11 *Listentechnik/Transformation*

Abb. 11.4:
Transforma-
tionsneutrale
Hausposition

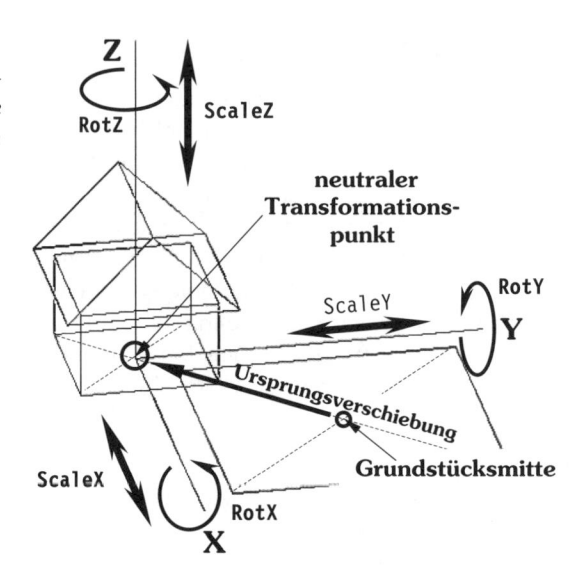

Nach Abbildung 11.4 wird das Haus in Bezug auf den selbst bestimmten Transformationspunkt zunächst in den Ursprungspunkt verschoben, dort transformationsneutral skaliert (hier verkleinert um x, y und z), um abschließend wieder in die Grundstücksmitte zurückverschoben zu werden. Folgender Transformationscode zeigt die dazu nötigen Schritte:

Listing 11.5:
Skalierung und
Translation;
eine komplexe
Transforma-
tion

```
glNewList( (GLint) SZENE, GL_COMPILE);
    glCallList( (GLint) GRUNDSTUECK);
    glTranslated(0.5,0.5,0.0);    //3. Haus verschieben
    glScaled(0.5,0.5,0.5);        //2. Haus skalieren
    glTranslated(-0.5,-0.5,0.0);  //1. Haus verschieben
    glCallList( (GLint) HAUS);
    ...
...
```

Modifizieren Sie den aktuellen Listendefinitionscode nach Listing 11.5. Kompilieren und starten Sie dann das Programm.

Mit der ersten `glTranslate_`-Transformation (`//1. Haus verschieben`) wird das Haus in Bezug auf den Transformationspunkt in den Ursprungspunkt verschoben. Damit kann die verschiebungsneutrale Skalierungstransformation (`//2. Haus skalieren`) über `glScale_` erfolgen. Abschließend wird das so proportional verkleinerte Haus wieder an die ursprüngliche Position zurückverschoben (`//3. Haus verschieben`).

Wahrscheinlich haben Sie die vertauschte Befehlsreihenfolge der gedanklich formulierten, aber jetzt entgegengesetzt angegebenen *Transformationsschritte* 1., 2. und 3. innerhalb des Codes in Listing 11.5 bemerkt.

Mit den Listen spielen

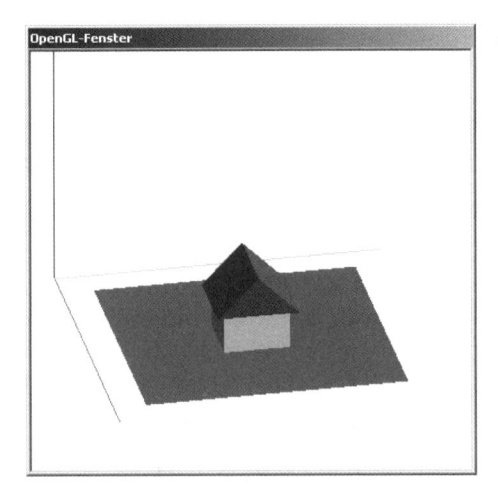

Abb. 11.5:
Transformationsneutrale Skalierung der Hausszene

Bei komplex durchgeführten Transformationen muss die *Reihenfolge der Transformationsschritte* beachtet werden, denn die angegebenen Transformationsangaben wirken sich in *umgekehrter Angabereihenfolge auf die nachfolgend definierten Objektkoordinaten* aus, beginnend bei der zuletzt angegebenen.

Dazu kann man sich einen leeren (Papier-)*Stapel* vorstellen, auf dem die einzelnen Transformationsbefehle (Papier-)Schicht für (Papier-)Schicht abgelegt werden. Der Stapel erhöht sich demnach mit jedem weiteren Transformationsbefehl. Nach Angabe des letzten Transformationsbefehls wird der Stapel Schicht für Schicht abgebaut, wobei die einzelnen Objektkoordinaten-Transformationen ausgeführt werden. Die Gesamttransformation ist dann abschließend ausgeführt, wenn der Stapel verschwunden ist. Allerdings nur bis zur nächsten vorkommenden Objektkoordinate, dann beginnt der gesamte Vorgang wieder von vorne ...

... womit wir beim `glLoadIdentity()`-Befehl aus Listing 11.4 und Listing 11.5 angelangt wären, dessen Bedeutung innerhalb der Transformationsbetrachtungen nur angerissen wurde. An dieser Stelle reicht es (noch) aus, zu erwähnen, dass der Befehl dafür sorgt, dass die aktuelle Matrix (hier `GL_MODELVIEW`) mit der *Einheitsmatrix* initialisiert wird. In der Wirkung bedeutet dies, dass alle zuvor definierten Transformationsschritte *gelöscht* werden.

11.5.3 glRotate_ – Verdrehung

Gegenüber der Translation (Verschiebung) stellt die *Rotation* (Drehung; engl. rotate) lediglich eine andere Transformationsart dar, die in Kapitel 2 theoretisch angesprochen wurde.

299

11 Listentechnik/Transformation

Betrachten Sie dazu noch einmal Abbildung 11.4. Ähnlich wie bei der Translation befindet sich das zu drehende Objekt mit seinem Transformationspunkt in einer neutralen Drehposition. Damit liegt der *Drehpunkt* des Objekts im Ursprung des globalen Koordinatensystems. Über folgenden OpenGL-Befehl wird die *Rotationstransformation* definiert:

```
glTranslate_(Grad, RotX, RotY, RotZ); //Rotationstransf.
```

Über `RotX`, `RotY`, `RotZ` geben Sie an, um welche Koordinatenachse sich das Haus (seine Objektkoordinaten) drehen soll. Der erste Parameter `Grad` bestimmt dabei den auszuführenden Drehwinkel in Grad. Positive `Grad`-Werte führen im Sinne der *rechtshändigen Geometrie* (Korkenzieherregel) eine positive und negative `Grad`-Werte eine negative Drehung aus.

```
glTranslated (15.0, 1.0, 0.0, 0.0); //Rotationstransf.
```

Im obigen Beispielbefehl wird eine positive Rotation um die x-Achse mit einem Drehwinkel von 15.0 Grad definiert. Positive Rotationsrichtungen sind in Abbildung 11.4 durch entsprechende Rotationspfeile dargestellt.

Als Zusammenfassung zur Transformation führen Sie abschließend folgende Übung zum `glRotate_`-Befehl aus:

Übung 4 Drehen Sie das Haus unskaliert um 30 Grad positiv um die z-Achse. Stellen Sie dabei sicher, dass das Haus sich danach immer noch in der Mitte des Grundstücks befindet!

Das folgende Darstellungsergebnis ist der Lohn für Ihre Mühen – und wie gewohnt finden Sie Informationen zur Lösung der Aufgabe in Anhang A.

Abb. 11.6: Rotationstransformation des Hauses

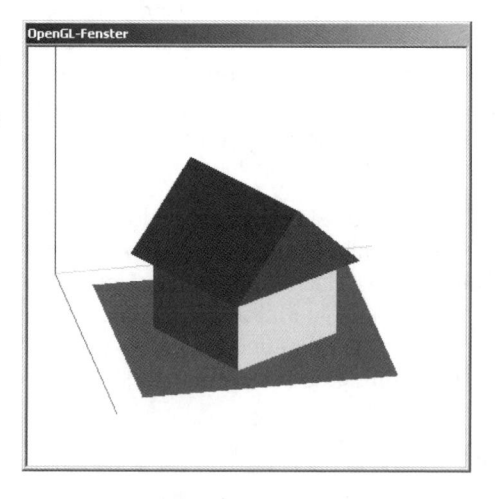

Beim Betrachten der dargestellten Szene hat es den Anschein, als hätte sich das Haus an *Ort und Stelle* gedreht. Die Begründung dafür, dass diese Drehung nicht direkt, sondern nur indirekt erfolgen kann, kennen Sie jetzt.

11.5.4 Nachträge zur Transformation

Folgender Hinweis ist an dieser Stelle angebracht, da der Eindruck entstanden sein könnte, dass sich die Transformationen *nur* auf die Objektkoordinaten der Primitive auswirken. Um diesen Eindruck abschließend auszuräumen, bot sich diese Textstelle besonders an.

> Die Transformationsbefehle wirken sich neben den Objektkoordinaten (glVertex_) auch auf die *Normalendefinitionen* (glNormal_) aus.

Darüber hinaus verstehen Sie auch erst jetzt die Bedeutung der Transformationsbefehle zur Szenenblickwinkeldefinition, die ursprünglich im Hello-OpenGL-Code vorlagen und jetzt durch den wesentlich komfortableren gluLookAt-Befehl ersetzt wurden:

```
...
// III.) Projektionsmatrix (Szenen-Sichtweise definieren)
  glMatrixMode(GL_PROJECTION);   //aktuelle Matrix setzen
  ...
  //Blickwinkel in Projektionsmatrix einarbeiten
  glRotated(-65.0,1.0,0.0,0.0); //Szene um X drehen
  glRotated(-75.0,0.0,0.0,1.0); //Szene um Z drehen
  glTranslated(-2.5,0.0,-1.4);  //Szn. in X,Y verschieben
  ...
```

11.6 glPush/glPop – Die Hoch- und Tiefstapler

Mit den Kenntnissen zur Listentechnik und zu den Transformationsbefehlen holen wir nun abschließend zum »finalen Wissensschlag« aus. Der in diesem Abschnitt vorzustellende *Stapelmechanismus* ist von elementarer Bedeutung für die OpenGL-Programmierung und sollte unbedingt verstanden werden. Die hier anzuwendenden OpenGL-Befehle glPush_ und glPop_ stellen beispielhafte Stapelbefehle dar. Diese Befehle rechtfertigen einen eigenen Abschnitt, auch wenn dieser vom Umfang her relativ klein gehalten wird. Die Wichtigkeit dieser Befehle versteht man in der Regel erst bei der praktischen Auseinandersetzung damit. Daher sind auch die theoretischen Anteile dieses Abschnitts verschwindend gering.

Englisch push bedeutet im Stapelzusammenhang so viel wie draufschieben und pop so viel wie zerplatzen. Somit *gewinnt* man im *push*-Fall etwas und im *pop*-Fall *verliert* man etwas. Genauer gesagt gewinnt oder verliert ein Stapel an *Stapelhöhe*. Auch hier wird der Begriff des Stapels angewendet, da man sich z.B. einen realen Papierstapel sehr gut vorstellen kann. Unter OpenGL wird der Stapel nur durch abstraktere (nicht fassbare) *Gegenstände* gebildet. Abbildung 11.7 soll einen solchen Stapel bildlich darstellen und darüber hinaus weitere Stapelzusammenhänge verdeutlichen, auf die im Folgenden auch noch näher eingegangen wird.

Abb. 11.7: Matrizen-Stapelverarbeitung

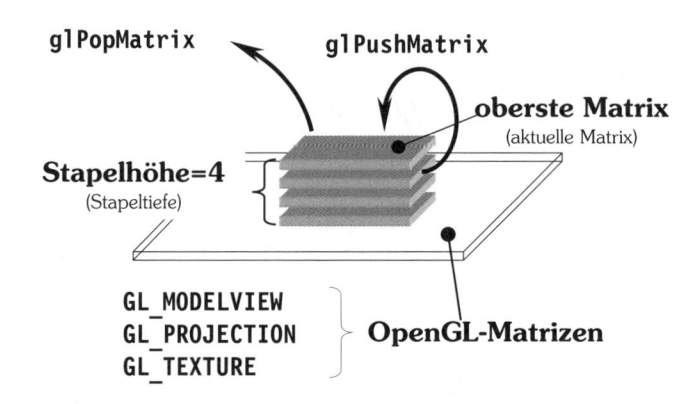

Die *Stapelhöhe* ist zu Beginn immer 1 hoch. Beispielhaft wurde in Abbildung 11.7 eine Stapelhöhe von 4 dargestellt. Die maximale Stapelhöhe variiert entsprechend des gerade verwendeten OpenGL-*Stapeltyps*.

11.6.1 Befehlsübersicht

Die hier behandelten Stapeltypen sind vor allem der *Matrizen-* und der *Attributstapel*. Die zugehörigen Stapelbefehle sind:

Tabelle 11.2: Stapelbefehle in der Übersicht

Befehl	Beschreibung
glPushMatrix	Matrixstapel durch Kopie erhöhen
glPopMatrix	Matrixstapel verringern
glLoadIdentity	Aktuelle Matrix mit Einheitsmatrix löschen
glMatrixMode	Aktuellen Matrixtyp laden
glPushAttrib	Attributstapel durch Kopie erhöhen
glPopAttrib	Attributstapel verringern
glPushName	Namenstapel mit *Name* erhöhen
glPopName	Namenstapel verringern

Die Tabellenübersicht und -aufteilung soll gleich mehrere Dinge auf einmal verdeutlichen. Zum einen, dass `glPush_` und `glPop_` vergleichbar betrachtet und angewendet werden können. Zum anderen, dass man grundsätzlich drei verschiedene Gruppen »push-en« bzw. »pop-en« kann: *Matrizen*, *Attribute* und *Namen*. Des Weiteren existieren neben den `glPush_`- und `glPop_`-Befehlen *Begleitbefehle*, die mit den Stapelbefehlen direkt in Zusammenhang stehen. Hier sei vor allem der bereits verwendete `glLoadIdentity`-Befehl erwähnt, der zwar nicht den Stapel beeinflussen, aber immerhin die stapelbildenden Matrizen in einen *Initialzustand* überführen kann.

Und schlussendlich verdeutlicht die Stellung der in Tabelle 11.2 am Ende stehenden Befehle `glPushName` und `glPopName`, dass diese von untergeordneter Bedeutung sind – zumindest für dieses Buch. Somit konzentrieren sich die Ausführungen auf die Matrizen- und Attributstapel.

11.6.2 Matrizenstapel

Die oberste Matrix eines *Matrizenstapels* ist immer die gerade *aktive Matrix*. Alle darunter liegenden Matrizen können durch den `glPopMatrix`-Befehl zur aktiven Matrix erhoben werden. Allerdings verliert man dabei die Informationen der darüber liegenden Matrizen. Wenn nur eine Stapelmatrix vorhanden ist, dann ist diese unterste und oberste Matrix zugleich und damit auch die aktuelle bzw. aktive Matrix. Folgende *Matrizenstapeltypen* werden unter OpenGL gemäß dem `glMatrixMode`-Befehl verwaltet:

GL_PROJECTION	Projektionsmatrix	Stapelhöhe: min. 2
GL_MODELVIEW	Modellierungsmatrix	Stapelhöhe: min. 32
GL_TEXTURE	Textur-Matrix	Stapelhöhe: min. 2

`GL_PROJECTION` und `GL_MODELVIEW` haben Sie bereits angewendet. Die Projektionsmatrix wurde für die globale Sichtweise (Betrachtungsweise) der OpenGL-Szene eingesetzt und die Modellierungsmatrix für die Szenenelemente (Objektkoordinaten). Die minimale Stapelhöhe variiert zwischen den einzelnen Matrizentypen. Während die Modellierungsmatrix über eine minimale *Stapelhöhe* von 32 Matrizen verfügt, können die beiden anderen nur minimal auf 2 zurückgreifen. Dass der minimale Wert 2 ist, liegt am `glPush_`-Befehl, der nur Sinn macht, wenn mindestens eine Stapelhöhe von 2 vorliegt.

In den vorangegangenen Kapiteln haben Sie immer nur mit einer Matrix (Stapelhöhe = 1 = oberste Matrix = aktuelle Matrix) gearbeitet, also z.B. diverse Transformationen (Skalierung, Verschiebung und Rotation) durchgeführt.

> Mithilfe des *Matrizenstapels* können vor allem komplex definierte Transformationen gespeichert, also auf den Stapel ablegt werden; sie sind damit jederzeit abrufbar.

11 *Listentechnik/Transformation*

Im Ergebnis ist es unerheblich, ob man über die erneute Angabe der einzelnen Transformationsschritte die Matrix immer wieder aufs Neue komplex *aufbaut* oder eben eine komplex aufgebaute Transformation in eine Matrix des Matrizenstapels *zwischenspeichert*.

In zwei Punkten ist dies allerdings nicht ganz richtig. Einerseits sind mit den Matrizenstapeln wesentlich *effektivere* (also schnellere) Matrizenoperationen durchführbar und anderseits erspart Ihnen das Stapelprinzip viel Verwaltungs- und Zwischenspeicherungsarbeit. Dies gilt besonders bei der Verwendung von verschachtelt ausgeführten Darstellungslisten, die die Ausführung *benachbarter* Listen nicht *stören* dürfen. Mit den glPush_- und glPop_-Befehlen verfügen Sie über den Mechanismus, um Listen unabhängig voneinander programmieren zu können. Damit müssen Sie nicht darauf achten, ob eine vorherige Transformationsanweisung Auswirkungen auf eine nachfolgende Listendefinition hat oder ob eventuelle Transformationen innerhalb einer Liste Auswirkungen auf folgende Szenenelemente haben.

Zur Verdeutlichung der Zusammenhänge ist eine praktische Demonstration der glPushMatrix- und glPopMatrix-Befehle wieder einmal lehrreicher als alles theoretische Gerede (was aber manchmal eben auch sein muss). Folgende Beispielsituation ist im harten Programmieralltag denkbar:

Ihnen fällt plötzlich auf, dass das Dach der Hausszene viel zu klein geraten ist? Dieses müsste beispielsweise 25% größer sein? Natürlich haben Sie zu diesem Zeitpunkt bereits alle Dachkoordinatenwerte mühsam eingegeben. Aufgrund Ihrer Transformationskenntnisse sind Sie jetzt geneigt, folgende Transformationsschritte in die DACH-Liste einzuarbeiten:

Listing 11.6: Nachskalierung der Dachgröße innerhalb komplexer Listen

```
...
//Primitiv-Listen generieren, gruppieren und ausführen
glNewList( (GLint) DACH, GL_COMPILE);
  glTranslated(0.5,0.5,0.25);      //3. Dach auf alte Pos.
  glScaled(1.25,1.25,1.25);        //2. Dach 25% größer
  glTranslated(-0.5,-0.5,-0.25);   //1. Dach in Skalierpkt
  glCallList( (GLint) DACHGIEBEL);
  glCallList( (GLint) DACHSEITEN);
  glLoadIdentity();                //Skaliertransf. löschen
glEndList();   //Ende der Listendefinition

glNewList( (GLint) HAUS, GL_COMPILE);
  glCallList( (GLint) DACH);
  glCallList( (GLint) ERDGESCHOSS);
glEndList();   //Ende der Listendefinition

glNewList( (GLint) SZENE, GL_COMPILE);
  glCallList( (GLint) GRUNDSTUECK);
  glTranslated(0.5,0.5,0.0);       //3. Haus verschieben
  glRotated(30.0, 0.0, 0.0, 1.0);  //2. Haus drehen
```

```
    glTranslated(-0.5,-0.5,-0.0);   //1. Haus verschieben
    glCallList( (GLint) HAUS);
    glLoadIdentity();                //Matrix zurücksetzen.
    glCallList( (GLint) KOORDINATENSYSTEM);
  glEndList(); //Ende der Listendefinition
...
```

Nehmen Sie die Codemodifikationen entsprechend Listing 11.6 vor. Zu Demonstrationszwecken wurde hier in der HAUS-Liste ein Wechsel der Listenaufrufreihenfolge zwischen DACH- und ERDGESCHOSS vorgenommen. Da es bei den folgenden Ausführungen ganz entscheidend auf die *Aufrufreihenfolgen* der Listen ankommt, vergleichen Sie darüber hinaus Ihren aktuellen Code mit dem in Listing 11.6.

Listing 11.6 zeigt primär die entsprechenden Skalierungstransformationen zur Dachvergrößerung innerhalb des DACH-Listendefinitionsteils – ganz so, wie Sie es zuvor gelernt haben. Demnach müsste das Dach vergrößert dargestellt werden. Gehen Sie dennoch gedanklich die Listenaufrufe inklusive der darin enthaltenen Befehle Schritt für Schritt durch – beginnend bei der SZENE-Liste. Kompilieren und starten Sie das so modifizierte Programm.

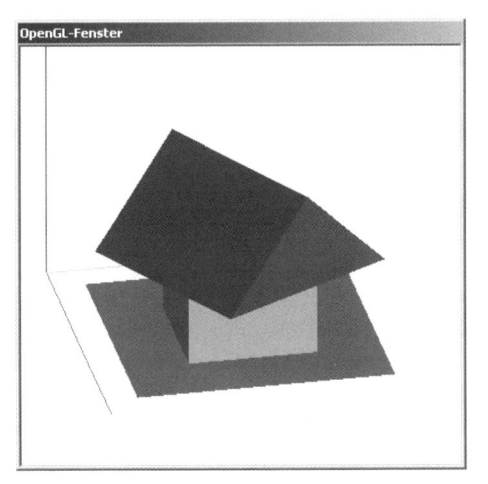

Abb. 11.8: Probleme bei komplexen Transformationen

Abbildung 11.8 zeigt zwar, dass das Dach jetzt tatsächlich 25% größer dargestellt wird, aber auch, dass das Erdgeschoss nun *nicht* mehr *mitgedreht* wird. Wie passt das zusammen?

Die HAUS-Liste wird innerhalb der SZENE-Liste wie gehabt nach den in der SZENE-Liste angegebenen Haustransformationsbefehlen aufgerufen. Da mit der HAUS-Liste auch die DACH-Liste aufgerufen wird, kommen zudem die Dachtransformationsbefehle zum Einsatz. Durch den darin enthaltenen glLoadIdentity()-Befehl wird verhindert, dass die nach der DACH-Liste aufgerufenen

ERDGESCHOSS-Listenelemente ebenfalls um 25% vergrößert werden. Aber leider wird damit auch verhindert, dass das ERDGESCHOSS mit verdreht wird, da der glLoadIdentity()-Befehl die gesamte Modellierungsmatrix zurücksetzt, also auch den Anteil der Haustransformationsbefehle, der eigentlich das gesamte HAUS, also auch das Erdgeschoss, drehen sollte.

Genau hier setzen nun die glPushMatrix- und glPopMatrix-Stapelbefehle an. Die Lösung für das Nachskalierungsproblem lautet:

Listing 11.7: glPushMatrix und glPop-Matrix im Einsatz

```
glNewList( (GLint) DACH, GL_COMPILE);
  glPushMatrix();       //Stapel mit ALT-Kopie erhöhen
  glTranslated(0.5,0.5,0.25);   //3. in Skalierpkt. versch.
  glScaled(1.25,1.25,1.25);     //2. Dach skalieren
  glTranslated(-0.5,-0.5,-0.25);//1. zurück auf alte Pos.
  glCallList( (GLint) DACHSEITEN);  //Dachseiten zeichnen
  glCallList( (GLint) DACHGIEBEL);  //Dachgiebel zeichnen
  glPopMatrix();        //ALTE Matrix wiederherstellen
glEndList();            //Ende der Listendefinition Dach
```

Gegenüber Listing 11.6 fällt zunächst auf, dass der bisher so *wertvolle* glLoadIdentity()-Befehl in Listing 11.7 komplett entfällt. Die neu hinzugekommenen glPushMatrix- und glPopMatrix-Befehle klammern den übrig gebliebenen Listencode komplett ein. Das war's! Kompilieren und starten Sie das Programm mit den Änderungen nach Listing 11.7. Das verdrehte Haus ist danach wie gewünscht mit einem um 25% vergrößerten Dach zu sehen. Bleibt nur noch die Frage nach dem Warum zu klären!

Die HAUS-Liste wird innerhalb der SZENE-Liste wie gehabt nach den Haustransformationsbefehlen aufgerufen und damit auch wieder die DACH-Liste mit den Dachtransformationsbefehlen. Bis zu dieser Stelle ist der Ablauf identisch mit dem unkorrigierten Ablauf aus Listing 11.6. Nun folgt der feine, aber entscheidende Unterschied: Durch den den Dachtransformationsbefehlen vorangestellten glPushMatrix()-Stapelbefehl wird gleich zu Beginn der DACH-Liste die noch aktuell vorliegende komplexe Haustransformationsmatrix *als Kopie auf den Matrizenstapel* (siehe Abbildung 11.7) gelegt. Basierend auf der kopierten Matrix, die jetzt *oben* auf dem Stapel liegt, werden die Dachtransformationen zur Dachvergrößerung zusätzlich in die Matrix eingearbeitet. Damit wirkt diese komplexe Transformationsmatrix auf die nachfolgenden beiden Listenobjekte DACHSEITE und DACHGIEBEL.

Bis zu diesem Ablaufzeitpunkt hätte sich die komplexe Transformationsmatrix auch ohne glPushMatrix-Befehl eingestellt. Allerdings benötigen Sie jetzt genau die durch den glPushMatrix-Befehl in den Stapel *gespeicherte* Transformationsmatrix, die *nur* die Haustransformationsbefehle beinhaltet. Diese soll sich nach der Abarbeitung der DACH-Liste auf die darauf folgende ERDGESCHOSS-Liste auswirken. Und genau diese Transformationsmatrix wird über den glPopMatrix()-Befehl *vom Stapel geholt und wieder als aktuelle Matrix ge-*

setzt (siehe Abbildung 11.7). Dazu löscht der `glPopMatrix()`-Befehl die oberste Stapelmatrix, wodurch die darunter liegende Matrix wieder zur aktuellen Modellierungsmatrix (`GL_MODELVIEW`) wird und sich transformierend auf alle folgenden Objektkoordinaten auswirkt – hier das ERDGESCHOSS.

> Bei mehreren, aufeinander folgenden `glPushMatrix`-Befehlen läuft man leicht Gefahr, dass der Stapel *überläuft*, wenn ein zum `glPushMatrix`-Befehl zugehöriger `glPopMatrix`-Befehl vergessen wird!

> Der `glLoadIdentity()`-Befehl wird in der Regel nur zur Initialisierung der OpenGL-Matrizen eingesetzt. Innerhalb von Primitiv-Listendefinitionen ist der Einsatz des `glLoadIdentity()`-Befehls *meist* nur nach einem vorausgegangenen `glPushMatrix`-Befehl sinnvoll.

Statten Sie alle Listendefinitionsbereiche aus Listing 11.6 mit den Stapelbefehlen `glPushMatrix` und `glPopMatrix` nach Listing 11.7 aus. Integrieren Sie diese Stapelbefehle auch innerhalb des KOORDINATENSYSTEM-Listendefinitionsbereichs. Setzen Sie hier gleich nach dem `glPushMatrix`-Befehl den `glLoadIdentity`-Befehl, den Sie aus dem SZENE- Listendefinitionsbereich löschen!

Übung 5

Warum kann trotz des Hinweises aus dem zuletzt aufgeführten Merksatz gerade hier der `glLoadIdentity`-Befehl für die Listendefinition zum globalen Koordinatensystem eingesetzt werden?

Welche Gefahr besteht bei der Ausstattung der Listen mit den Stapelbefehlen in Bezug auf die Verschachtelungsfähigkeit von Listen?

Informationen zur Lösung dieser Übung finden Sie in Anhang A.

Durch die nun vollzogene Stapelbefehlsausstattung der Listendefinitionen können Sie ab sofort den *Listenaufrufzeitpunkt* innerhalb der Listen beliebig ändern, ohne dass Transformationsprobleme auftreten! Verlagern Sie beispielhaft den KOORDINATENSYSTEM-Listenaufruf innerhalb der SZENE-Liste wie folgt:

```
glNewList( (GLint) SZENE, GL_COMPILE);
   glPushMatrix();  //Stapel mit ALT-Kopie erhöhen
   glCallList( (GLint) GRUNDSTUECK);
   glTranslated(0.5,0.5,0.0);     //3. Haus verschieben
   glCallList( (GLint) KOORDINATENSYSTEM);
   glRotated(30.0, 0.0, 0.0, 1.0);//2. Haus drehen
   glTranslated(-0.5,-0.5,-0.0); //1. Haus verschieben
   glCallList( (GLint) HAUS);
   glPopMatrix();  //ALTE Matrix wieder aktivieren
glEndList();    //Ende der Listendefinition
```

Listing 11.8: Freie Wahl des Listenaufrufzeitpunktes dank der Stapelbefehle

Obwohl innerhalb der KOORDINATENSYSTEM-Liste der `glLoadIdentity`-Befehl ausgeführt wird, beeinflusst dieser – dank der Stapelbefehlsintegration – nicht die korrekte Ausführung der Haustransformationsanweisungen. Überprüfen Sie diese Aussage und modifizieren Sie das `HelloOpenGL`-Programm nach Listing 11.8. Kompilieren und starten Sie das Programm. Schalten Sie die Lichteffekte über die LICHTEFFEKT-Schaltfläche ein.

Die Hausszenenelemente werden zwar wie behauptet richtig transformiert dargestellt, aber die Lichteffekte der Hausflächen sind verschwunden bzw. lassen sich nicht mehr über die LICHTEFFEKT-Schaltfläche aktivieren. Die Ursache dafür ist in der veränderten Codeplatzierung des KOORDINATENSYSTEM-Listenaufrufs zu suchen. Betrachten Sie den zugehörigen Listendefinitionscode, so erkennen Sie, dass für die Koordinatendarstellung die Lichteffekte über `glDisable (GL_LIGHTING)` gewollt ausgeschaltet werden. Damit werden alle nachfolgenden Primitive auch ohne Lichteffekte dargestellt.

Vorgreifend auf den nächsten Abschnitt beheben Sie diesen Fehler, indem Sie den KOORDINATENSYSTEM-Listendefinitionscode wie folgt abändern:

Listing 11.9: Lichteffekt-Status über Attribut-Stapelbefehle retten

```
glNewList(//Darstellungsliste KOORDINATENSYSTEM gen.
    (GLuint) KOORDINATENSYSTEM,  // Listenname
    GL_COMPILE);                  // Nur kompilieren
    glPushAttrib(GL_LIGHTING_BIT);
    glPushMatrix();   //Attributstapel mit ALT-Kopie erhöhen
    glLoadIdentity();            // Einheitsmatrix setzen
    ...
    glPopMatrix();   //ALTE Matrix wieder aktivieren
    glPopAttrib();   //ALTEN Attributstapel aktivieren
glEndList();   //Ende der Listendef. KOORDINATENSYSTEM
```

An dieser Stelle erkennen Sie wahrscheinlich schon die Ähnlichkeit dieses Aufrufproblems mit den Aufrufproblemen bei den Transformationen. Insgesamt kann in diesem Zusammenhang bemerkt werden, dass es verstärkt auf das *Codereihenfolgendenken* bei der OpenGL-Programmierung ankommt.

11.6.3 Attributstapel

Was der vorangegangene Abschnitt vor allem geleistet hat, war die Beschreibung der Methodik der Stapelbefehle `glPush_` und `glPop_`. Die gewonnenen Erkenntnisse sind grundsätzlich auch auf die Befehle `glPushAttrib` und `glPopAttrib` übertragbar. Die Erläuterungen können damit kurz gehalten werden.

Unter *Attributen* versteht man unter OpenGL das Ihnen bekannte schaltbare OpenGL-Statusverhalten, wie z.B. die aktuelle Nutzung der Lichteffekte oder die aktuell verwendete Farbe. Wie Sie bereits erfahren haben, wirken sich die aktuell eingestellten Zustände global auf das Erscheinungsbild der zur Darstellung kommenden Szenenelemente aus. Und genau in der *Sicherung* des aufwändig definierten *Attribut-Status* liegt das Anwendungsgebiet der Stapel-

glPush/glPop – Die Hoch- und Tiefstapler

befehle `glPushAttrib` und `glPopAttrib`. Meist wollen Sie, aufbauend auf einen komplex definierten OpenGL-Status, nur einzelne Attribute für die Darstellung einzelner Szenenelemente ändern, um gleich nach der Darstellung den alten Attribut-Status für die Standardelemente Ihrer Szene zu nutzen. Dabei helfen, analog zum Matrizenstapel, die Attribut-Stapelbefehle `glPushAttrib` und `glPopAttrib`.

Der Hauptunterschied zwischen der Anwendung des `glPushAttrib`- und des `glPushMatrix`-Befehls liegt in den unterschiedlichen Parameterwerten der Befehle und in den nutzbaren Stapelhöhen. `glPushAttrib` verlangt einen *Masken-Parameter mask*, der vom OpenGL-Datentyp `GLbitfield` ist. Der Attributstapel ist für den `glPushAttrib`-Befehl 16 hoch. Dieser Minimalwert wird Ihnen auf allen OpenGL-Plattformen zugesichert und stellt damit eine komfortable Stapelhöhe dar.

`glPushAttrib(GLbitfield` *mask*`);` `// Attributgruppe mask`

Die Attribut-Maskenparameter *mask* des `glPushAttrib`-Befehls sichern bestimmte aktuelle (engl. current) Zustände. Die wichtigsten sind in der folgenden Liste zusammengestellt:

mask	Attributebeschreibungen (auszugsweise!)
GL_CURRENT_BIT	aktuelle RGBA-Farbe aktueller Normalvektor aktuelle Texturkoordinaten
GL_ENABLE_BIT	Enable-Status GL_FOG GL_FOG_MODE GL_BLEND GL_COLOR_MATERIAL GL_CULL_FACE GL_LIGHTING GL_LIGHTi GL_NORMALIZE
GL_LIGHTING_BIT	Sämtliche globale Lichteinstellungen inklusive Material- und Lichtquelleneinstellungen wie GL_LIGHTING oder GL_SHADE_MODEL
GL_POLYGON_BIT	GL_CULL_FACE GL_CULL_FACE_MODE GL_FRONT_FACE GL_POLYGON_MODE GL_POLYGON_SMOOTH GL_POLYGON_STIPPLE
GL_TRANSFORM_BIT	Entfernungen der Clipplanes vom Blickpunkt GL_MATRIX_MODE GL_NORMALIZE
GL_VIEWPORT_BIT	Viewport-Ursprung und -Ausdehnung
GL_ALL_ATTRIB_BITS	Berücksichtigt alle Attribute

Tabelle 11.3: Übersicht (Auszug) zu den Attributgruppen

Auffällig bei den Konstantenbezeichnungen zum Parameter *mask* ist die jeweils angehängte Zeichenfolge _BIT. Hieran erkennen Sie die *Attributgruppen*. Weiter ist erkennbar, dass Überschneidungen in den einzelnen Attributgruppen existieren. So wird z.B. die Lichtquellennutzung von der GL_LIGHTING_BIT- und der GL_ENABLE_BIT-Attributgruppe angesprochen bzw. bei den Stapeloperationen berücksichtigt.

> Die _BIT-*Attribut-Maskenkonstanten* können logisch-ODER-verknüpft (|) werden und somit dem glPushAttrib-Befehlsparameter in Kombination übergeben werden.

Zur Attribut-Stapelanwendung führen Sie bitte folgende Übung aus:

Übung 6 Die Hausszene soll alleine durch Modifikationen innerhalb der Listendefinitionen nach Listing 11.6 so zur Darstellung gebracht werden, dass

- die *Lichteffekte* immer aktiviert sind.
- das Erdgeschoss immer in *transparenter* Darstellung erscheint.
- alleine die Vorderseiten des Dachgiebels *ausgeblendet* werden.

Hinweise:

- Verwenden Sie die entsprechenden Attribut-Masken aus Tabelle 11.3.

> Die Attribut-Maske GL_ALL_ATTRIB_BITS sollte nur in Ausnahmefällen verwendet werden, da der dahinter liegende Verwaltungsaufwand performancehemmend ist.

- Die Lichtdarstellung wird über GL_LIGHTING ein-/ausgeschaltet.
- Die Transparenz wird über GL_BLEND ein-/ausgeschaltet.
- Die Vorderseitenausblendung wird über GL_CULL_FACE ein-/ausgeschaltet.

Informationen zur Lösung dieser Aufgabe können Sie in Anhang A nachlesen.

Kompilieren und starten Sie das Programm erneut.

> Auch bei der Verwendung der Attribut-Stapelbefehle in verschachtelten Listen kann es zu einem *Überlauf* des beschränkten Attributstapels kommen!

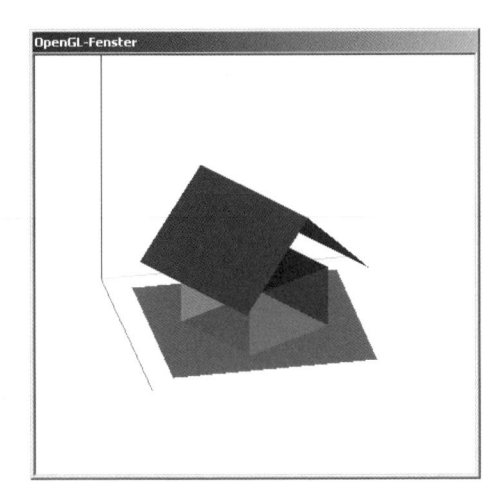

Abb. 11.9:
Verwendung von glPush-Attrib und glPopAttrib

Gerade bei verschachtelten Listenaufrufen, kann die nutzbare Stapelhöhe von 16 schnell einmal überschritten werden.

Wie groß die tatsächlich verwendbaren Stapelhöhen für Ihre OpenGL-Plattform sind, können Sie mithilfe der glGet_-Befehle unter OpenGL ermitteln. Allerdings entfernen Sie sich von der viel zitierten Plattformunabhängigkeit, wenn Sie plattformabhängig einen Stapel in Ihre Programmierüberlegungen einbeziehen, der höher als die jeweils zugesicherte Mindesthöhe ist.

KAPITEL 12

jetzt lerne ich

Szenenanimation

Sie können sich die im Folgenden beschriebenen Verfahren, Techniken und Kenntnisse des gesamten Animationskapitels durchaus an einem Tag erarbeiten. Von einem hektischen Überfliegen dieser Thematik wird aber unbedingt abgeraten! Der Hauptgrund für diesen gut gemeinten Rat liegt in dem Umstand begründet, dass Sie ab jetzt Programmabläufe in zeitlicher Hinsicht durchdenken und gestalten müssen. Damit betreten Sie meiner Auffassung nach einen Bereich innerhalb der Informatik, der fernab der *Alltagsprogrammierung* à la Datenbank, HTML oder anderer *zeitloser* Programme liegt. Die bei der Animationsprogrammierung auftretenden spezifischen Probleme werden meist erst während der Programmierung deutlich – meist mit dem Ergebnis, dass man dann noch mal ganz von vorne beginnen muss.

Mit diesem Kapitel wird die COpenGL-Klasse nun endgültig »erwachsen«. Der zurückliegende *Reifeprozess* war dazu zwingend erforderlich, denn die *Animationsprogrammierung* greift auf bekannte OpenGL-Eigenschaften wie z.B. die *Listentechnik* zurück und bedient sich indirekt der Status-Philosophie von OpenGL, die im Detail hier nicht mehr erklärt wird. Darüber hinaus wird auch wieder mehr auf die MFC/C++-Programmierung zurückgegriffen.

Der zu implementierende *Animationsmodus* wird die COpenGL-Klasse in einem etwas anderen Licht erscheinen lassen, nämlich in einem dynamischen. Bisher hatten Sie es mehr oder minder mit einer statischen Klasse zu tun. Diese *Dynamisierung* stellt demnach einen Quantensprung für das *Laufzeitverhalten* der COpenGL-Klasse dar.

Viel Spaß und Erfolg mit diesem spannenden Thema!

12.1 COpenGL-Animationsvariante laden

Sie sollten sich durch die Überschrift nicht zu sehr verunsichern lassen, denn Sie laden mehr oder minder und in großen Teilen den Programmierstand nach Beendigung des letzten Kapitels. Den Basisanimationscode zu diesem Kapitel finden Sie auf der Buch-CD in folgendem Ordner:

\Buchdaten\Kapitel12\ProjektDSWs\Start\

Kopieren Sie den Ordner Start von der CD in einen temporären Ordner auf Ihrer Festplatte und starten Sie dann die darin enthaltene VC++-Projektdatei *OGLProjekt.dsw*.

Direkt vorweg die Codeänderungen innerhalb der COGLProjektDlg-Klasse. Hier wurden nach Abbildung 12.1 drei neue, zu Beginn deaktivierte Schaltflächen START, PAUSE und ENDE zur *Animationssteuerung* in den Steuerzentrale-Dialog integriert.

Abb. 12.1: Beispielhafte Animationsschaltflächenanordnung

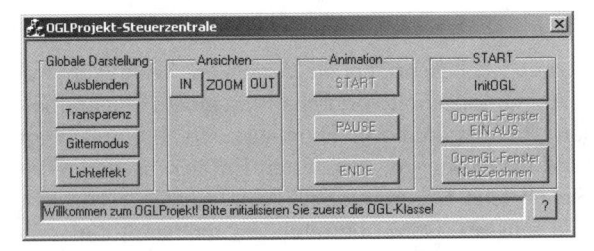

Die *Schaltflächen* wurden zur gezielten Manipulation jeweils mit der CButton-Klasse verbunden, die über entsprechende Member-Variablen der COGLProjektDlg-Klasse angesprochen werden können. Zudem wurden die entsprechenden Schaltflächenfunktionen implementiert, die bereits mit einem Code zur *Ablauflogik* versehen sind, wenn auch noch inaktiviert. Wie Schaltflächen programmiert werden, wurde bereits ausführlich in Kapitel 3 im Abschnitt *Eine OpenGL-Steuerzentrale entwerfen* erläutert.

Tabelle 12.1: Zuordnungsdaten zu den Animationsschaltflächenelementen

Member-Funktion ID-Bezeichnung	Member-Variable Eigenschaft	Titel
OnButtonAnimStart	m_cbAnimStart	START
IDC_BUTTON_ANIM_START	DEAKTIVIERT	
OnButtonAnimPause	m_cbAnimPause	PAUSE
IDC_BUTTON_ANIM_PAUSE	DEAKTIVIERT	
OnButtonAnimEnde	m_cbAnimEnde	ENDE
IDC_BUTTON_ANIM_ENDE	DEAKTIVIERT	

Betrachten Sie aber hauptsächlich den etwas erweiterten und modifizierten Code der COpenGL-Klasse (*OpenGL.cpp* und *OpenGL.h*). Hierin finden sich neben den bereits bekannten Codeteilen auch einige neue Member-Funktionen, Strukturen und andere Einstellungen, die für die Animationsdarstellung benötigt werden. Natürlich werden die Codeänderungen im Detail aufgezeigt und in ihrer Funktionsweise erläutert. Folgende *Member-Funktionen* wurden der COpenGL-Klasse neu hinzugefügt bzw. wurden modifiziert:

- HelloOpenGL   *modifiziert*
- **Install-/EraseAnimMode**   *neu*
- **Install-/EraseTimer**   *neu*
- **SetCurModel**   *neu*
- **SetCurPerspektive**   *neu*

Folgende *Member-Variablen* mit den zugehörigen C-Strukturen wurden der COpenGL-Klasse neu hinzugefügt bzw. wurden modifiziert:

- m_structOpenGLStatus   *modifiziert* (OpenGLStatus)
- **m_structOGLAnim**   *neu*   (OpenGLAnim)
- **m_structOGLStory**   *neu*   (OpenGLStoryBoard)

Und schlussendlich wurde noch folgende *Darstellungsliste* neben den bereits bekannten Darstellungslisten in die COpenGL-Klasse aufgenommen:

- **ATTRIBS**   *neu*

Auch wenn Sie sich die zugehörige Tipparbeit der aufgeführten Codeteile erspart haben, so sollten Sie die entsprechenden Codestellen in Ihrer COpenGL-Klasse zunächst einmal kennen lernen. Denn für die *Animationsdarstellung* wird der OpenGL-Programmcode nun auf verschiedene Funktionen der COpenGL-Klasse verteilt. Das sich damit formende funktionsübergreifende *Denken* innerhalb der COpenGL-Klasse ist nicht nur für die hier beschriebene Animationsrealisierung von Bedeutung, sondern auch für zukünftige und individuelle OpenGL-Implementierungen, die Sie ganz sicher vollziehen werden, da Sie es ja auch bis hierhin geschafft haben! Haben Sie fertig? ;-) Gut, dann weiter im Text ...

12.2 Animationsarten

Was liegt näher, als eine mit OpenGL generierte 3D-Szene animiert zur Darstellung zu bringen. Schon alleine deshalb, weil Sie mit einer *3D-Grafik* per se über alle vorstellbaren Ansichten einer Szene verfügen – quasi *automatisch*. Wie Sie in Kapitel 10 erfahren haben, können Sie jede Ansicht auf eine OpenGL-Szene auf einfachste Weise definieren und zur Darstellung bringen. Somit ist die *Szenenanimation*, z.B. ein *Überflug* über die Szene, ohne Eingriff in die Szenendefinition sofort möglich, da hierzu nur die ansichtsdefinierende Projektionsmatrix GL_PROJECTION verändert bzw. transformiert wird.

Hingegen muss für die *animierte Bewegung* einzelner Szenenobjekte, z.B. das Flugzeug, in die Szenendefinition eingegriffen werden, was einer Änderung der Objektkoordinaten entspricht. Die Szene ist dann dynamisch.

Eine *komplexe Animation* entspricht demnach einer Überlagerung aus einer *Objektanimation* und einer *Szenenanimation*. In diesem Kapitel soll jedoch *nur* die Szenenanimation auf Basis der bekannten Hausszene realisiert werden. Das Wörtchen *nur* macht an dieser Stelle darauf aufmerksam, dass die Szenenanimation einfacher als die Objektanimation zu realisieren ist. Dennoch enthält bereits die Szenenanimation alle wichtigen *Animationsmechanismen*, die auch für die Objektanimation nötig sind.

12.3 Animationsproblematik

Würden Sie eine 3D-Szene zu einem unbestimmten Zeitpunkt darstellen, also z.B. als eine *direkte* Reaktion auf eine Benutzeranforderung über Tastatur, Maus oder Joystick, so kann mit ziemlicher Sicherheit davon ausgegangen werden, dass die so dargestellte Animation nie und nimmer *flüssig* animiert dargestellt werden würde. Woran liegt das?

Nun, die *unsynchronisierte Szenendarstellung* ist kaum geeignet, einen Eindruck einer *flüssigen Bewegung* zu vermitteln, da der Anwender seine Eingaben in der Regel zu unregelmäßig und/oder zum falschen Zeitpunkt macht. Dies zieht hässliche *Flacker-* bzw. *Ruckeleffekte* nach sich. Wieso eigentlich?

Nun, zum einen überfordert der Benutzer in der Regel mit seinen Eingabeaufforderungen die stets begrenzte *Echtzeitfähigkeit* seines Rechners, indem er mehr Darstellungen pro Sekunden anfordert, als der Rechner in der Lage ist wiederzugeben. Die Tastaturwiederholrate kann z.B. leicht um die 50 Mal pro Sekunde betragen. Der Rechner hingegen kann nur selten entsprechend viele Bilder in der gleichen Zeit darstellen. Durch die Pufferung der Tastaturbefehle ist dann häufig das bekannte *Nachlaufen* der Darstellungen zu beobachten.

Aber selbst wenn Sie sich zum anderen auf Echtzeitfähigkeit Ihres Rechners einstellen (also Ihre Eingabeaufforderungen reduzieren), treten weitere Probleme auf, die Sie auf *manuelle* Weise nicht lösen können. Denn jede animierte Darstellung muss *synchronisiert* zur Ansicht gebracht werden, um den Eindruck einer gleichmäßig ablaufenden (*flüssigen*) Bewegung zu vermitteln – und zwar unabhängig von den vielen anderen im Hintergrund ablaufenden Prozessen.

12.4 Echtzeit/Ablaufsynchronisation

Den Begriff der *Echtzeit* in seiner *wahren* Bedeutung hier vorzustellen, würde den thematischen Rahmen an dieser Stelle sprengen. Dieses buchfüllende – und auch sehr interessante – Thema sei darum in einer lexikalischen Kurzfassungsform vorgestellt:

> Unter *Echtzeitbetrieb* (Realzeitbetrieb) versteht man das Betriebsverfahren einer elektronischen Datenverarbeitungsanlage, bei dem alle Aufgaben sofort vom Computer verarbeitet werden müssen, da er in die Abwicklung des Prozesses direkt eingebunden ist. [*aus Lexirom 4.0 © Microsoft*]

Typische Echtzeitaufgaben erfüllen z.B. Messwerterfassungssysteme, die z.B. einen Stellmotor einer Windkraftanlage in Abhängigkeit der sich permanent ändernden Windrichtung ansteuern.

Im Zusammenhang mit der OpenGL-Thematik soll die *Animationssequenz* in Echtzeit berechnet und dargestellt werden. Wie von dem Rollenfilm (Zelluloid) her bekannt ist, ist der *Gleichlauf* der einzelnen *Szenenbilder* (Darstellung der einzelnen Szenenansichten) ein wichtiges Kriterium, um den Eindruck einer *flüssigen* Bewegung zu vermitteln. Die *Ablaufgeschwindigkeit* der Animationssequenz ist dabei als weiteres Kriterium ebenfalls wichtig, da in der Regel weder der Zeitlupen- noch der Zeitraffereffekt erwünscht ist.

Die beiden Kriterien werden allgemein über die geforderte *Bildanzahl pro Zeiteinheit* definiert bzw. angegeben. In der Projektionsdarstellung (Kino) werden ca. 25 Bilder pro Sekunde wiedergegeben. Damit kann das menschliche Auge den Wechsel der einzelnen Bilder nicht mehr erkennen. Das alleine wäre aber ohne die *Synchronisation* auch nichts wert, denn was hilft es, 24 Bilder bereits in der ersten Zehntelsekunde abzuspulen, um dann 0,9 Sekunden lang zu warten, bis das letzte, also das 25. Bild dargestellt wird. Eine solche abgehackte Wiedergabe von Fotosequenzen ist nur dann sinnvoll, wenn sie gleichmäßig über die eine Sekunde verteilt dargestellt werden. Nur mit einem solchen Gleichlauf wird die Sache *flüssig*. Also werden wir hier programmiertechnisch eine Art Filmprojektor realisieren, der die genannten Kriterien erfüllt. Der Vergleich der Filmwiedergabe mit der Computeranimation hinkt aber insofern, als dass die einzelnen Fotosequenzen bereits fix und fertig auf dem Filmmaterial vorliegen. In unserem Fall müssen diese *Fotos* (Szenenansichten) erst noch berechnet bzw. erzeugt werden, so ganz nebenbei, in Echtzeit: Ein kleiner, aber wichtiger Unterschied!

Die programmtechnisch nötigen Mechanismen zur Realisierung der *Echtzeitanimation* werden in den folgenden Abschnitten aufgezeigt. Auch wenn bekanntlich viele Wege nach Rom führen, so wird hier ausschließlich auf eine sehr einfach zu realisierende Möglichkeit zurückgegriffen, was keineswegs bedeutet, dass dieser Weg nur mäßig zur Animationsdarstellung geeignet wäre. Ich persönlich wende den im Folgenden beschriebenen Steuerungsansatz zur Animation von Gravitationsbewegungen (Planeten, Kometen und komplexe Massensysteme wie Raketen) an. Letztlich spielt es aber natürlich keine Rolle, zu welchem Zweck man animieren möchte. Das Animationsprinzip ist schließlich immer das gleiche.

12.5 Storyboard

Bevor eine Animation programmiertechnisch umgesetzt wird, sollte zunächst der zugehörige Animationsablauf festgelegt werden. Man möchte ja schließlich wissen, was und wie zu animieren ist. Alle im Folgenden dargestellten Programmierschritte lehnen sich an diesen Ablauf an.

In der Filmindustrie bedient man sich beim Drehen einer Filmszene eines so genannten *Storyboards*. Dieses skizziert die einzelnen Vorgänge in einer Filmszene – auch in zeitlicher Hinsicht. Auf vergleichbare Weise soll auch bei der Computeranimationsszene verfahren werden.

Abb. 12.2: Storyboard für Animationssequenz »Kameraflug«

Kamerablickpunkt auf Szenenmittelpunkt
Kameraweg von Start- zum Endpunkt
Flugzeit 20 Sekunden
Szenenaktionen -keine-

Endpunkt (-5.0,1.0,1.0)
Wendepunkt
Startpunkt (5.0,1.0,1.0)
Blickpunkt
Blickrichtung
Kameraflugrichtung
Storyboard

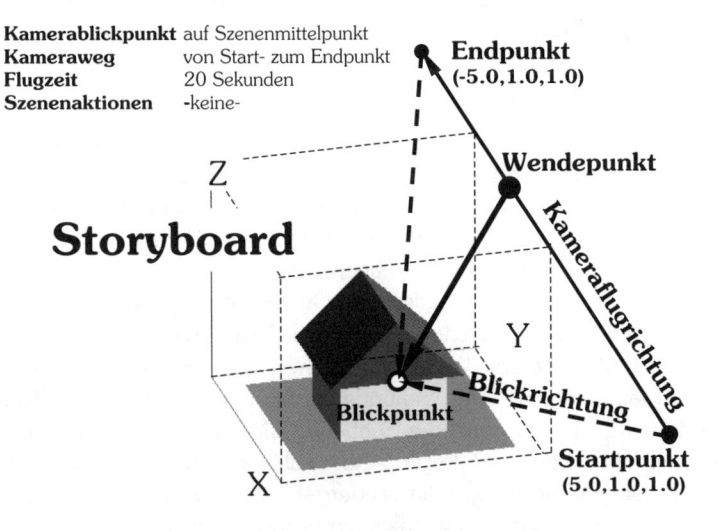

Abbildung 12.2 zeigt die anschließend zu realisierende Animationssequenz in Form einer *Ablaufskizze*. Hierin wird ein *Kameraflug* über die Ihnen bekannte Hausszene beschrieben bzw. skizziert. Die Kamera soll sich während der Animation auf einer Geraden bewegen. Die eingezeichnete Linie stellt dabei den *Kameraweg* dar und wird durch seinen Start- und seinen Endpunkt festgelegt. Die Kamera ist während des Fluges stets auf den *Szenenmittelpunkt* gerichtet, der damit den *Blickpunkt* und die *Blickrichtung* der Kame-

ra festlegt. Der gesamte Weg soll in einer *Flugzeit* von 20 Sekunden zurückgelegt werden.

Versuchen Sie, sich die so beschriebene Animation gedanklich vorzustellen. So viel sei schon mal verraten: Der *Bewegungseffekt* dieses Kameraflugs ist beeindruckender, als man dies vielleicht *auf den ersten Blick* vermutet. Dazu aber später mehr.

12.6 Animationsprogrammierung

Selbstverständlich existieren die verschiedensten Programmieransätze zur Realisierung von *Computeranimationen*. Der hier dargestellte Weg ist daher einer von vielen Möglichkeiten, wenngleich ein sehr praktikabler und relativ schnell zu realisierender Ansatz. Wie auch immer, es funktioniert auf jeden Fall ganz wunderbar und lässt sich zu einem späteren Zeitpunkt leicht auf weitere denkbare Animationen übertragen.

Das bisher bekannte HelloOpenGL-Programm beinhaltet alle Bestandteile, die zur erfolgreichen Darstellung einer *statischen* OpenGL-Szene nötig sind. Tabelle 4.1 im Abschnitt *OpenGL-Realisierungsschritte* in Kapitel 4 zeigt die einzelnen OpenGL-Programmteile, die auch im HelloOpenGL-Programm durch entsprechende römische Zahlen I. bis V. gekennzeichnet wurden, in der Übersicht.

Wie bereits kurz erwähnt wurde, werden das HelloOpenGL-Programm und die COpenGL-Klasse nun auf seine *dynamische* Verwendung hin ausgelegt. Was bedeutet dies genau? Nun, zunächst sollte man ganz allgemein einen *dynamischen Prozess* als einen Vorgang auffassen, der in Abhängigkeit der Zeit geschieht. In unserem Fall findet demnach die Berechnung und Darstellung der Animationssequenz zeitgesteuert statt. Programmiertechnisch folgt daraus, dass sich die COpenGL-Klasse im *Animationsmodus* quasi *selbstständig* macht. Das heißt, sie führt zur Laufzeit bestimmte autonome Aktionen aus, ohne dass Sie diese von *außen* aus steuern müssten. Entgegen dem neuen dynamischen Ansatz diente die bisherige statische Nutzung lediglich dem »profanen« Ziel, eine wie auch immer programmierte OpenGL-Szene einmalig zur Darstellung zu bringen. Wie viel Zeit dabei für die Ausführung der entsprechenden C++- und OpenGL-Befehle benötigt wurde und vor allem zu welchem Zeitpunkt die Szene dargestellt wurde, war bisher vollkommen unerheblich. Dieser Zustand ändert sich nun ganz erheblich!

12.6.1 Animationssteuerung/-kontrolle

Abbildung 12.3 zeigt das Ablaufschema zur Animationssteuerung, die für die zeitlich synchronisierte Wiedergabe von Szenenbildern verantwortlich ist. Bevor die zugehörigen einzelnen Programmierschritte in den folgenden Unter-

12 Szenenanimation

abschnitten im Detail angegangen werden, soll zunächst der *Programmablauf* allgemein beschrieben werden. Da Sie die in diesem Abschnitt vorgestellten Ablaufzusammenhänge vielleicht nicht direkt nachvollziehen können, sollten Sie diesen Abschnitt während der Umsetzungsphase immer mal wieder *quer* lesen. Damit festigt sich das Verständnis nachhaltig.

Genau genommen zeigt Abbildung 12.3 zwei Ablaufschemata: ein statisches und ein dynamisches. Der *statische Programmteil* der COpenGL-Klasse entspricht dem bisher verwendeten Ansatz zur Darstellung einer OpenGL-Szene und liegt *außerhalb* des durch eine gepunktete Linie gekennzeichneten Darstellungsbereichs. Statisch bedeutet dabei vor allem, dass keines der außerhalb liegenden Ablaufkästchen zeitgesteuert aufgerufen wird. Diese werden vielmehr *anwendergesteuert* (AS) zu einem beliebigen Zeitpunkt ausgeführt, wie z.B. der Aufruf der OpenGL-Initialisierungsroutine InitOpenGL als direkte Folge des Anklickens der Schaltfläche INITOGL.

Abb. 12.3: Schema (statisches/dynamisches) zur Animationssteuerung

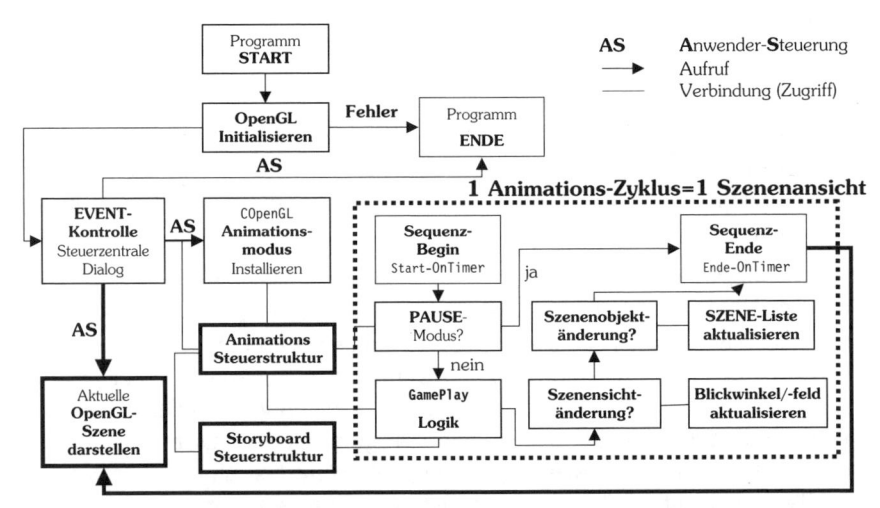

Hingegen befindet sich der *dynamische* Programmteil *innerhalb* des durch die gepunktete Linie gekennzeichneten Darstellungsbereichs. Dynamisch bedeutet hier vor allem, dass eben keines der innen liegenden Ablaufkästchen anwendergesteuert (AS) aufgerufen wird. Diese werden vielmehr *zeitgesteuert* zu einem festgelegten Zeitpunkt ausgeführt. Dafür sorgt ein softwaretechnisch realisierter Taktgeber, ein so genannten *Timer*.

Abbildung 12.3 zeigt aber auch, dass es gewisse *Verbindungen* zwischen dem statischen und dem dynamischen Programmteil gibt. Diese Verbindungen bestehen aber nicht in Form eines Funktions*aufrufs* (engl. calls), sondern vielmehr im gemeinsamen *Zugriff* auf die Strukturelemente der zwei C-Strukturen (*Animation-* und *Storyboard-Steuerstruktur*).

12.6.2 Vorhandenen OpenGL-Code auslagern

Es ist bereits an dieser Stelle einfach nachzuvollziehen, dass bei der animierten Ausgabe der sich lediglich in den Ansichten unterscheidenden OpenGL-Szenen nicht alle OpenGL-Programmteile I. bis V. aus Tabelle 4.1 benötigt werden. Dies ist allenfalls einmalig aus Initialisierungsgründen für das erste Animationsbild zweckmäßig. Einige der Codeteile I. bis V. aus dem HelloOpenGL-Programm wurden im Sinne der Animationsrealisierung in gesonderte Funktionen ausgelagert bzw. in *Listentechnik* umgesetzt. Die HelloOpenGL-Funktion bleibt dabei natürlich voll funktionsfähig.

Kopierend ausgelagert wurde z.B. der OpenGL-Code, der die Sichtweise der 3D-Szene definiert. Bezeichnenderweise verfügen Sie ab sofort über eine SetCurPerspektive-Funktion innerhalb der COpenGL-Klasse, die den OpenGL-Code zur *Kamerasicht* bereithält. Für die *Animationsprogrammierung* wurden die Codeteile I. und III. aus dem HelloOpenGL-Code übernommen und wie folgt abgeändert:

```
BOOL COpenGL::SetCurPerspektive()
{
// I.) HelloOpenGL-Variablendeklaration (BS-abhängig)
//->1:1 übernommen aus HelloOpenGL:

// III.) Projektionsmatrix (Szenen-Sichtweise definieren)
  glMatrixMode(GL_PROJECTION);  //aktuelle Matrix setzen
  glLoadIdentity();  //und mit Einheitsmatrix initial.
  ...
//Blickwinkel in Projektionsmatrix einarbeiten
gluLookAt( //GLU-Befehl zur Matrizendef. nutzen
    m_structOGLStory.vCurKameraPos.x,    //Blickpunkt X
    m_structOGLStory.vCurKameraPos.y,    //Blickpunkt Y
    m_structOGLStory.vCurKameraPos.z,    //Blickpunkt Z

    m_structOGLStory.vKameraViewPoint.x, //Center X
    m_structOGLStory.vKameraViewPoint.y, //Center Y
    m_structOGLStory.vKameraViewPoint.z, //Center Z

    0.00,    //X_Ausrichtung Up-Vektor
    0.00,    //Y_Ausrichtung Up-Vektor
    1.00);   //Z_Ausrichtung Up-Vektor  );

//2D-Darstellungsbereich im OpenGL-Fenster def
//->1:1 übernommen aus HelloOpenGL:
...
```

Listing 12.1: SetCurPerspektive-Code zur Animationsdarstellung

Der SetCurPerspektive-Funktion kommt innerhalb der Szenenanimation eine zentrale Bedeutung zu, da hierüber die jeweils aktuelle *Kamerasicht* auf die Szene definiert wird. Dieser Variabilität wird nun erstmals Rechnung getragen, indem der *Blickpunkt* und die *Blickrichtung* (implizit über Center) über die variablen Strukturelemente vCurKameraPos und vKameraViewPoint, die vom Datentyp dVektor sind, definiert wurden. Im HelloOpenGL-Programm liegen hingegen die bekannten Zahlenwerte vor.

Alle weiteren Änderungen bzw. Auslagerungen innerhalb der COpenGL-Klasse werden jeweils im thematischen Zusammenhang in den folgenden Abschnitten kurz erläutert.

12.6.3 Listentechnik für Animationstechnik nutzen

Gerade für die *Animationstechnik* bietet sich die intensive Nutzung der OpenGL-Listentechnik an. Der größte Vorteil liegt darin, dass Sie innerhalb der Animationsberechnung nur die Listen neu aufbauen, die sich gegenüber dem vorherigen Szenenbild geändert haben. Die anderen Listen bleiben unberührt und werden vom OpenGL-Server sehr effektiv in der Grafikhardware verwaltet. Damit können diese vorkompiliert sehr schnell ausgeführt werden, so wie die SZENE-Liste, die in Verschachtelungstechnik weitere Objektlisten enthält. Damit können die Szenenobjekte jederzeit durch einen einfachen Aufruf über glCallList(SZENE) erzeugt werden.

In unserem Szenenanimationsfall muss die *Kamerasicht* für jedes Szenenbild erneut berechnet und zum Server übertragen werden. Die dazu nötigen OpenGL-Befehle werden daher nicht in einer Liste abgespeichert. Dazu aber später mehr. Folgende Listen stehen Ihnen zur *Animationsdarstellung* zur Verfügung:

```
//Listendefinitionen
//0-9    Haupt-Listen (Main-Lists)
#define SZENE              1    //Gesamte Szene
#define ATTRIBS            2    //Attrib-Liste

//10-999 Unter-Listen (Sub-Lists)
#define KOORDINATENSYSTEM 10    //Koordinatensystem
#define GRUNDSTUECK       20    //Grundstück
#define HAUS              30    //Hausobjekte
   #define DACH          310    // DACH
      #define DACHGIEBEL 311    //    Giebelseiten
      #define DACHSEITEN 312    //    Ziegelflächen
   #define ERDGESCHOSS   320    // Erdgeschoss
```

Mit Ausnahme der Liste ATTRIBS sind die übrigen Listen vom alten HelloOpenGL-Code her bekannt. Die Liste ATTRIBS enthält die *Attribute* (Statuszustand) der OpenGL-Szene, die animiert dargestellt werden soll, also z.B. den Status zur globalen Lichtnutzung, der *Lichtquellendefinitionen* oder die mögliche Aktivierung der *Transparenzdarstellung*. Die OpenGL-Befehle der ATTRIBS-Liste entsprechen dem bekannten Codeabschnitt IV. aus Tabelle 4.1, der mithilfe der Listenbefehle `glNewList` und `glEndList` zu der neuen Liste `ATTRIBS` *eingeklammert* wurde und somit alle Attribute-Definitionen schnell ausführbar im Server bereithält. Ein weiterer Vorteil der Organisation der OpenGL-Attribute in einer Liste liegt darin, dass Sie auf der Grundlage der `ATTRIBS`-Liste in Kombination mit den `glPushAttrib`/ `glPopAttrib`-Stapelbefehlen einzelne signifikante Änderungen, wie z.B. das Ausschalten der Lichtnutzung, schnell realisieren können, ohne dabei alle Attribut-Befehle noch einmal an den Server übertragen zu müssen.

Da die `ATTRIBS`-Liste, die zur endgültigen Szenendefinition immer zuerst über `glCallList` innerhalb der übergeordneten Liste `SZENE` aufgerufen wird, den Objektdefinitionsteil einleitet, bietet es sich an, hier auch gleich den zugehörigen Objekt-Matrixmode `glMatrixMode(GL_MODELVIEW)` mit *einzuklammern*.

```
...
  // IV.) Modellierungsmatrix (Szene definieren)
  glNewList((GLint)ATTRIBS,    //Attrib-Liste generieren
            GL_COMPILE_AND_EXECUTE); //Komp.+Ausführen
   glMatrixMode(GL_MODELVIEW); //aktuelle Matrix setzen
   glLoadIdentity();           //als Einheitsmatrix initial.
...
  glEndList(); // Ende der Attribute-Listendefinition
  // IVc.) Szenenobjekte zeichnen
...
```

Entgegen der bisherigen Gewohnheit, alle Listen ausschließlich im `HelloOpenGL`-Code zu definieren, wird die Darstellungsliste `SZENE` für die Animationsdarstellung in die separat vorhandene `COpenGL`-Methode `SetCurModel()` ausgelagert, womit jetzt im `HelloOpenGL`-Code der stellvertretende Funktionsaufruf enthalten ist.

```
    ...
    //Primitiv-Listen generieren, gruppieren und ausführen
    SetCurModel();     // Listendefinition AUSGELAGERT!
    ...
```

Die `HelloOpenGL`-Funktion hat demnach für die *Animationsdarstellung* die initialisierende Aufgabe, die Primitiv-Definitionslisten (`glBegin`/`glEnd`), wie etwa `DACHGIEBEL` oder `ERDGESCHOSS`, vorzukompilieren. Die `SetCurModel`-Funktion generiert die eigentliche `SZENE`-Liste aus entsprechend verschachtelten Primitiv-Definitionslisten unter Berücksichtigung der neuen `ATTRIB`-Liste.

```
BOOL COpenGL::SetCurModel()
{
 glNewList((GLint) DACH, GL_COMPILE);//Dachliste generi.
   glCallList((GLint) DACHGIEBEL);   //Giebelliste ausfü.
   glCallList((GLint) DACHSEITEN);   //Seitenliste ausfü.
 glEndList();
```

```
glNewList((GLint) HAUS, GL_COMPILE);//
   glCallList((GLint) ERDGESCHOSS);
   glCallList((GLint) DACH);
glEndList();
glNewList((GLint) SZENE, GL_COMPILE);//Szenenliste gen.
   glCallList((GLint) ATTRIBS);        //Attribute setzen
   glCallList((GLint) HAUS);           //Haus zeichnen
   glCallList((GLint) GRUNDSTUECK);    //Grundstueck zeic.
   glCallList((GLint) KOORDINATENSYSTEM);//KoorSys zeich.
glEndList();

// 3D-Model an Server übertragen
glCallList((GLint) SZENE);           //Szene ausführen

return GL_TRUE;
}
```

Der obligatorische Aufruf der übergeordneten SZENE-Liste führt die untergeordneten (verschachtelten) Darstellungslisten dann schließlich aus.

> Eine einmal in der COpenGL-Klasse über glNewList definierte Liste kann prinzipiell von jeder beliebigen Codestelle der COpenGL-Klasse über glCallList aufgerufen und damit ausgeführt werden.

12.6.4 C-Strukturen zur Animationssteuerung

Um jederzeit zu *wissen*, in welchem Zustand bzw. in welcher Phase sich die aktuelle Animation gerade befindet, kann man sich der C-Strukturen bedienen, die alle globalen und aktuellen Informationen zum aktuellen *Animationszustand* speichern. Damit verfügt man über eine Entscheidungsgrundlage bei der *Animationsprogrammierung*.

Überblick

Zur Steuerung des *getakteten Animationsmodus* benötigen Sie die drei folgenden C-Strukturen, die innerhalb der COpenGL-Klasse über drei Member-Variablen angesprochen werden.

C-Struktur	Member-Variable	Beschreibung
OpenGLStatus	m_structOGLStatus	globale Animationssteuerung: *Timer-Installation, Ein- und Ausschalten des Animationsmodus*
OpenGLAnim	m_structOGLAnim	direkte Animationssteuerung: *Pause-Modus, Aufruf der Animationssequenzen*
OpenGLStory	m_structOGLStory	Definition des Animationsablaufs: *Kameraflug animationsabhängig berechnen*

Tabelle 12.2: Übersicht der benötigten C-Strukturen zur Animationsprogrammierung

Animationsprogrammierung

Für die direkte *Animationsablaufsteuerung* ist alleine die OpenGLAnim-Struktur verantwortlich. Über deren *Strukturelemente* werden die wichtigen *Animationsabläufe* gesteuert. Die beiden anderen Strukturen flankieren die Animationssteuerung lediglich.

Die Statusstruktur und Animation

Zunächst sei hier auf die bereits vorhandene OpenGLStatus-Struktur eingegangen, deren nachträglich implementierte Animationsstrukturelemente den *Animationsmodus* überhaupt erst aktivieren und globale Informationen dazu speichern.

```
typedef struct OpenGLStatusTAG
{ //Globale Information zur COpenGL-Klasse
 //1. Globaler COpenGL-Status
 GLboolean  bInitOGL;      //OpenGL initialisiert?
 GLboolean  bAnimation;    //Anim.-Modus aktiviert?
 //2. Fensterinformationen
 GLdouble   dZoomFaktor;   //Zoom-Faktor
 //3. Globale Darstellung
 ...
 //4. Globaler Animationsstatus
 UINT       hSecondHandle;   //Timer-Handle:Sekunde
 UINT       hAnimSeqHandle;  //Timer-Handle:Anim.-Sequenz
 GLint      iCallSecond;     //Sek.-Aufrufe seit START
 GLint      iCallAnimSeq;    //Anim.-Aufrufe seit START
 //5. Globaler Fehlerstatus
 ...
```

Der Grund, den *Aktivierungsstatus* des Animationsmodus in die OpenGLStatus-Struktur abzuspeichern, liegt in der übergeordneten Bedeutung dieser Struktur für den statischen Programmzustand der COpenGL-Klasse. Bei bAnimation=GL_FALSE befinden Sie sich im statischen, also animationslosen Ablaufmodus der COpenGL-Klasse. Diesen sollten Sie immer dann nutzen, wenn Sie die *Szenengenerierungsbefehle* gerade austesten, also wie Sie das im Prinzip in den vorangegangenen OpenGL-Kapiteln bei der Erforschung und Anwendung der OpenGL-Befehle gemacht haben. Bei der Initialisierung der COpenGL-Klasse muss zuerst der statische Modus vorliegen. Deshalb wird das Strukturelement bAnimation auch im *Konstruktor* der COpenGL-Klasse initialisiert, die aufgerufen wird, wenn Sie die Instanz dieser Klasse bilden.

```
COpenGL::COpenGL()
{
//Klasseninitialisierungen
//OpenGLStatus-Struktur initialisieren
m_structOGLStatus.          //InitOpenGL-Routine wurde
  bInitOGL=GL_FALSE;        //  noch NICHT aufgerufen!
m_structOGLStatus.          //Animmodus
  bAnimation=GL_FALSE;      //  inaktiv
...
```

Die Animationssteuerstruktur

In Anlehnung an das Animationsablaufschema aus Abbildung 12.3 benötigen Sie eine *Animationssteuerstruktur*. Diese bildet die Grundlage für den *autonomen Animationsablauf* bzw. stellt den Entscheidungsträger für die *synchronisierte Animationswiedergabe* dar. Die Berechnung eines neuen Animationsbildes wird erst dann begonnen, wenn der nächste festgelegte Zeitpunkt zur Darstellung der nächsten Animationssequenz gekommen ist. Dass dieses Vorhaben nicht immer gelingt, zeigt sich besonders bei Rechnern mit schlechter Performance, die zum Erzeugen der Szenenbilder einfach zu lange benötigen und damit der festgelegte Zeitpunkt bereits überschritten wurde.

```
typedef struct OpenGLAnimaTAG
{
//Animationssteuerelemente
  GLboolean bPause;                //Ist Animation angehalten?
//Animationsinformationen
  GLint     iSequencesPerSec;      //angef. Sequenzen pro Sek.
  GLint     iSequenceCount;        //Anim.-Takte seit START
  GLdouble  dT;                    //Zeitintervall pro Sequenz
  GLdouble  dSeqTimeTotal;         //Anim.-Zeit seit START

} OpenGLAnim;
```

Auch die *Animationsstruktur* `OpenGLAnim` wird in Form der Member-Variablen `m_structOGLAnim` zur Laufzeit der `COpenGL`-Klasse gehalten. Im Gegensatz zur *Statusstruktur*, wird die Animationsstruktur aber nicht in der `InitOpenGL`-Klassenfunktion vorinitialisiert. Dies erfolgt geschickterweise in der separat erzeugten Klassenfunktion `InstallAnimMode`, die bereits in Ihren Programmcode implementiert worden ist.

```
BOOL COpenGL::InstallAnimMode(GLint FramesPerSecond)
{
  if (FramesPerSecond <= 0) //angef. Anim.-Sequenzen > 0?
    return FALSE;           //Nein->KEIN Animationsmodus!

//Animationssteuerstruktur initialisieren
  m_structOGLAnim.bPause=GL_FALSE;      //PAUSE-Modus AUS!
  m_structOGLAnim.iSequencesPerSec=     //geford. Bilder
    FramesPerSecond;                    //..pro Sekunde
  m_structOGLAnim.iSequenceCount=0;     //bisher kein Bild.
  m_structOGLAnim.dT=                   //max.Zeitintervall
    1.0/(GLdouble) FramesPerSecond;     //..berechnen/Freq.
  m_structOGLAnim.dSeqTimeTotal=0.0;    //keine Anim-Zeit
  ...
```

Über `bPause` pausiert die *Animation* innerhalb des Animationsmodus. `iSequencesPerSec` speichert den Wert für die angeforderte *Bildwiederholrate* in

Bildern pro Sekunde, der der `InstallAnimMode`-Funktion als Parameter übergeben wurde. Hieraus errechnet sich das *Zeitintervall*, das zwischen zwei darzustellenden Bildern vergeht bzw. vergehen soll. `iSequenceCount` zählt die von der *Animationssteuerung* bisher dargestellten Bilder und `dSeqTimeTotal` speichert die bisher *verstrichene Animationszeit* zwischen. Die Zeit im `bPause`-Modus innerhalb des aktivierten Animationsmodus stellt natürlich keine Animationszeit dar.

Die Storyboard-Struktur

In der Storyboard-Struktur `OpenGLStoryBoard` werden alle Informationen zum eigentlichen Animationsablauf festgehalten und verwaltet. Diese beschreiben ausschließlich den auszuführenden Bewegungsablauf einer Animation – hier den durch das Storyboard beschriebenen *Kameraflug* über die Hausszene (siehe Abbildung 12.2). Genau wie die Animationsstruktur wird auch die Storyboard-Struktur über eine Member-Variable, hier `m_structOGLStory`, innerhalb der `COpenGL`-Klasse *gehalten*, über die die folgenden Strukturelemente angesprochen werden können.

```
typedef struct OpenGLStoryBoardTAG
{
//Animationsbeschreibungselemente
CString    sStoryTitle;        //Bezeichnung der Story
GLdouble   dKameraSpeed;       //Kamera Geschwindigkeit
dVektor    vKameraStartPos;    //Kamera Startposition
dVektor    vKameraEndPos;      //Kamera Endposition
dVektor    vKameraViewPoint;   //Kamera Blickpunkt
dVektor    vCurKameraPos;      //akt. Kameraposition
GLdouble   dMotionTime;        //Bewegungszeit

} OpenGLStoryBoard;
```

Da ein Film, ein Spiel oder eine *komplexe Animation* meist mehrere Storyboards aufweist, wird jedem *Storyboard* ein *Name* zugewiesen – hier `sStoryTitle="Kameraflug"`. Über `dKameraSpeed` wird die *Kamerageschwindigkeit* in *3D-Raumlängeneinheiten* pro Sekunde angegeben. `vKameraStartPos` speichert nach Abbildung 12.2 die *Kamera-Startposition* vor Flugbeginn und `vKameraEndtPos` die *Kamera-Endposition* nach Flugende, womit gleichzeitig auch das – hier sicherlich einfache – Storyboard *abgearbeitet* wäre. Über `vKameraViewPoint` wird der Punkt in der Szene beschrieben, worauf die Kamera schaut. Aus der aktuellen Kameraposition `vCurKameraPos` und diesem Szenenpunkt resultiert die *Kamerablickrichtung*. `dMotionTime` gibt die Vorgabezeit an, in der die gesamte Kamerabewegung abgeschlossen sein muss.

Wie bei der zuvor besprochenen Animationsstruktur wird auch diese Struktur in der bereits erwähnten `InstallAnimMode`-Funktion initialisiert.

```
BOOL COpenGL::InstallAnimMode(GLint FramesPerSecond)
{
 //Animationssteuerstruktur initialisieren
 ...
 //Storyboard-Struktur initialisieren
 m_structOGLStory.sStoryTitle="Kameraflug";//Story Bez.
 m_structOGLStory.dMotionTime=20.0;        //BewegZeit
 m_structOGLStory.vKameraStartPos.x =+5.0; //Start-Pos.X
 m_structOGLStory.vKameraStartPos.y =+1.0; //Start-Pos.Y
 m_structOGLStory.vKameraStartPos.z =+1.0; //Start-Pos.Z
 m_structOGLStory.vKameraEndPos.x   =-5.0; //End-Pos.X
 m_structOGLStory.vKameraEndPos.y   =+1.0; //End-Pos.Y
 m_structOGLStory.vKameraEndPos.z   =-1.0; //End-Pos.Z
 m_structOGLStory.vKameraViewPoint.x=0.5;  //Blickpunkt X
 m_structOGLStory.vKameraViewPoint.y=0.5;  //Blickpunkt Y
 m_structOGLStory.vKameraViewPoint.z=0.25; //Blickpunkt Z
 m_structOGLStory.VCurKameraPos=           //Kamera Pos
   m_structOGLStory.vKameraStartPos;       //Startpunkt
 m_structOGLStory.dKameraSpeed=1.0;        //Geschwind.
 ...
```

12.6.5 Einen Animations-Taktgeber einpflanzen

Nach den vorangegangenen Erläuterungen ist nun wieder verstärkt Handarbeit gefragt und dies aus gutem Grund. Sie können dadurch die folgenden Programmierschritte wesentlich besser nachvollziehen und verstehen, als wenn diese nur beschrieben würden.

Neben den bekannten Anwender-Ereignissen (engl. events), z.B. Mausklick auf eine Schaltfläche, kennt Windows noch weitere, davon verschiedene *Ereignistypen*. Allen in einer Anwendung auftretenden *Events* ist gemeinsam, dass sie vom Programmierer abgefangen werden können. Genau genommen fangen Sie nicht die Events, sondern so genannte Windows Messages (WM) ab, die an bestimmte Anwendungen gesendet werden – hier an die MFC-Klasse CFrameWnd, die durch die COpenGL-Klasse gekapselt ist. Solche Nachrichten (engl. messages) haben Sie bereits im Visual C++-Programmierteil abgefangen. Zum Beispiel stellt die von Ihnen erzeugte OnButtonInit-Klassenfunktion des Steuerzentrale-Dialogs COGLProjektDlg einen solchen »Abfänger« dar. Der dazu nötige *Abfang*-Code wurde automatisch mithilfe des MFC-Klassen-Assistenten in Ihre Steuerzentrale-Klasse eingefügt und zwar in eine so genannte *Nachrichtenzuordnungsschleife* (AFX_MSG-Loop).

Erstmals soll nun auch unsere COpenGL-Klasse Nachrichten empfangen und auswerten, hier allerdings keine Schaltflächen-Nachrichten, sondern vielmehr eine zeitgetaktete (engl. time message) Windows Message (WM_TIMER), die in gleichmäßigen (äquidistanten) Zeitintervallen auftritt, genau so, wie wir es für

Animationsprogrammierung

das Abspulen von Szenenbildern (Szenenansichten) benötigen. Eine solche getaktete Zeitnachricht verbirgt sich hinter der WM_TIMER-Nachricht, die einer MFC-Klasse zugeordnet werden kann, hier unserer COpenGL-Klasse. Starten Sie den Klassen-Assistenten über den Menüpunkt ANSICHT/KLASSEN-ASSISTENT.

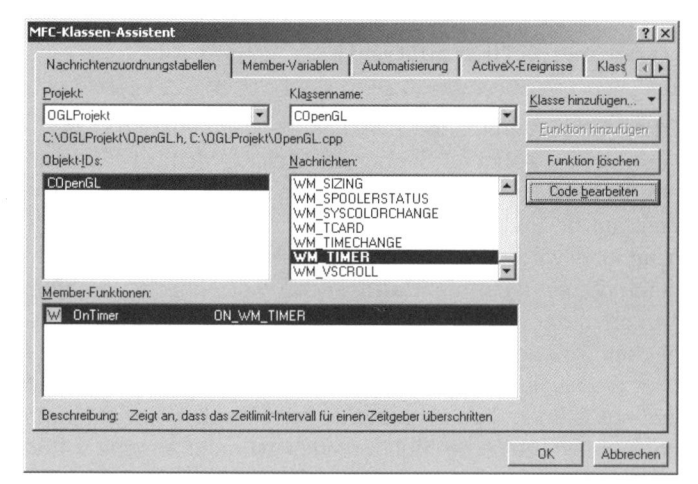

Abb. 12.4: WM_TIMER-Nachrichtenschleife und -funktion erzeugen

Abbildung 12.4 zeigt das daraufhin erscheinende Dialogfeld. Stellen Sie sicher, dass der Klassenname auf COpenGL eingestellt ist. Wählen Sie dann aus der Liste NACHRICHTEN die WM_TIMER-Nachricht aus. Durch einen Doppelklick auf diese Nachricht und Betätigung von OK wird automatisch die geschützte (protected) *Abfang*-Funktion OnTimer(UINT nIDEvent) in die COpenGL-Klasse implementiert und darüber hinaus der entsprechende Nachrichtencode erzeugt.

Dieser AFX_MSG-Code stellt sich innerhalb der COpenGL-Header-Datei (*OpenGL.h*) wie folgt dar:

```
// Generierte Nachrichtenzuordnungsfunktionen
//{{AFX_MSG(COpenGL)
    afx_msg void OnTimer(UINT nIDEvent);
//}}AFX_MSG
DECLARE_MESSAGE_MAP()
```

Und innerhalb der COpenGL-Implementierungsdatei (*OpenGL.cpp*) wie folgt:

```
BEGIN_MESSAGE_MAP(COpenGL, CFrameWnd)
    //{{AFX_MSG_MAP(COpenGL)
    ON_WM_TIMER()
    //}}AFX_MSG_MAP
END_MESSAGE_MAP()
```

329

Der `OnTimer`-Funktionsrumpf weist direkt nach dessen Erzeugung folgendes Erscheinungsbild auf:

Listing 12.2:
OnTimer-Funktionsrumpf direkt nach der Erzeugung

```
void COpenGL::OnTimer(UINT nIDEvent)
{
    // TODO: Code für die Behandlungsroutine für Nachrichten
    // hier einfügen und/oder Standard aufrufen

    CFrameWnd::OnTimer(nIDEvent);
}
```

Damit ist die Verbindung zwischen WM-Nachricht und COpenGL-Programmcode hergestellt – wobei für Sie nur die COpenGL-Member-Funktion OnTimer von Interesse ist, da diese immer dann aufgerufen wird, wenn eine WM_TIMER-Nachricht auftritt und zwar unabhängig davon, welcher COpenGL-Code gerade abgearbeitet wird. Diese Quasi-Parallelverarbeitung Ihres Klassen-Codes wird durch das so genannte *Multithreading* ermöglicht, das eine bestechende Eigenschaft des ereignisorientierten Betriebssystems Windows darstellt. In Verbindung mit dem objektorientierten Programmieransatz (C++) verfügen Sie über die ideale *Entwicklungsplattform*, gerade für Echtzeitprogramme. Allerdings ist man damit von der *wahren* Parallelverarbeitung à la *Multitasking* noch einiges entfernt. Multithreading ist mehr als eine softwaremäßige Multitasking-*Simulation* zu verstehen. Dies aber nur am Rande. Wichtig ist hier, dass Sie ab sofort parallel, also in der vierten Zeitdimension programmieren und vor allem denken.

Prinzipiell ist die COpenGL-Klasse nun in der Lage, eine zeitgesteuerte Nachricht zu empfangen, die über die Member-Funktion OnTimer abgefangen wird. Es fehlt an dieser Stelle nur noch der Initiator bzw. Auslöser der Zeitnachricht, dessen *Zeitintervalle* (Zeitabschnitte, Zeitscheiben oder auch Zyklen) nicht willkürlich auftreten sollen, sondern definiert. Sie wollen ja u.a. festlegen, wie viele Animationsbilder pro Sekunde berechnet und dargestellt werden sollen.

Der gesuchte *Auslöser* findet sich in Form der MFC-CWnd-Methode SetTimer. Und dreimal dürfen Sie raten: Die COpenGL-Klasse *besitzt* eine MFC-Klasse namens CFrameWnd, die wiederum über die Methoden der MFC-CWnd-Klasse verfügt und damit auch die SetTimer-Methode für unsere Zwecke gekapselt zur Verfügung stellt. Damit gestaltet sich der Aufruf innerhalb der COpenGL-Klasse denkbar einfach. Der Deklarationsrumpf der SetTimer-Funktion stellt sich allgemein wie folgt dar:

SetTimer(UINT nIDEvent, UINT nTime_ms, NULL**);** //Auslöser!

Der *nIDEvent*-Parameter stellt die *Timer-ID* dar; ihm muss eine Ganzzahl größer als 0 zugeordnet werden, die Sie ganz nach Ihren Vorstellungen frei bestimmen können. Über diese Timer-ID unterscheiden Sie im Folgenden die einzelnen Timer-Events, da Sie mehrere dieser Timer installieren können und auch werden. Über den *nTime_ms*-Parameter geben Sie das *Zeitintervall* zum Auftreten der Zeit-Ereignisse (engl. events) in Millisekunden (ms) an.

Das Auslösen von Timer-Nachrichten soll innerhalb der bereits vorliegenden Member-Funktion InstallTimer erfolgen. Diese wurde mit dem Zugriffsrecht protected in die COpenGL-Klasse implementiert. Dieser Schutzzugriff ist nötig, da der Klassennutzer (hier COGLProjektDlg) das *Ablaufverhalten* der COpenGL-Klasse in der Regel nicht durchschaut und somit verhindert wird, dass die COpenGL-Klasse in einen undefinierten Programmzustand gerät. Fügen Sie in die noch leere InstallTimer-Funktion den folgenden Funktionscode ein:

```
BOOL COpenGL::InstallTimer()
{
 // Lokale Variablen deklarieren
 UINT Second_ms=1000;//1000 Millisekunden(ms) = 1 Sek
 UINT AnimSeq_ms=     //Zeitscheiben für Animationsbilder
   (UINT) (m_structOGLAnim.dT*1000.0); // in ms berechnen
 //Timer installieren
 //1. Sekunden Takt immer installieren
 m_structOGLStatus.hSecondHandle= //Handle Sekunden Takt
   SetTimer(1,Second_ms,NULL);    //DIESER CWnd-Klasse
 //2. Frame-Takt installieren
 m_structOGLStatus.hAnimSeqHandle= //Handle ermitteln
   SetTimer(2,AnimSeq_ms,NULL);   //NULL-diese CWnd-Klasse

 if (   m_structOGLStatus.hSecondHandle ==NULL
     || m_structOGLStatus.hAnimSeqHandle==NULL)
  return GL_FALSE;//ERROR!Timer NICHT installiert!

 return GL_TRUE;   //=> Die Taktgeber sind jetzt aktiv!
}
```

Listing 12.3: Timer-Installationscode in InstallTimer()-Funktion

Über den Aufruf der SetTimer-Funktionen erhalten Sie im Ergebnis zwei *Timer-Handle* zurück: einen für ein sekündliches *Zeitereignis* hSecondHandle und einen für das *Szenendarstellungsereignis* hAnimSeqHandle, das mehrmals pro Sekunde stattfinden muss, wenn man eine *flüssige* Animation realisieren möchte. Diese Handle werden in der Statusstruktur abgelegt (siehe weiter oben den Abschnitt *Die Statusstruktur und Animation*). Damit haben alle Funktionen der COpenGL-Klasse Zugriff auf diese Timer-Handle. So wie man die Timer-Nachrichten-*Flut* auslösen kann, so kann man diese auch wieder stoppen. Hierfür setzt man den KillTimer-Befehl ein, also den Gegenspieler zum SetTimer-Befehl.

KillTimer(UINT nIDEvent); //WM_TIMER Nachrichten stoppen!

Die zu InstallTimer korrespondierende Member-Funktion innerhalb der COpenGL-Klasse wurde mit EraseTimer bezeichnet. Auch diese Funktion ist mit dem Zugriffsrecht protected versehen, da nur die Methoden der COpenGL-

Klasse den *Timer-Mechanismus* entfernen dürfen. Fügen Sie auch diesen Code ein.

Listing 12.4: Die WM_TIMER-Events löschen

```
BOOL COpenGL::EraseTimer()
{
  //Nachrichten-Flut WM_TIMER STOPPEN!
  KillTimer(m_structOGLStatus.hSecondHandle);
  KillTimer(m_structOGLStatus.hAnimSeqHandle);

  return TRUE;
}
```

Abschließend seien die einzelnen Schritte zum Erzeugen und zum Abfangen von *Timer-Nachrichten* noch einmal kurz zusammengefasst:

Sie haben über die Implementierung in eine `AFX_MSG`-Nachrichtenschleife Ihrer `COpenGL`-Klasse eine Nachrichtenverbindung zu der Klassenfunktion `OnTimer` realisiert. Tritt ein `WM_TIMER`-Event auf, so wird der in der `OnTimer`-Funktion implementierte Programmcode abgearbeitet. Dass überhaupt ein Timer-Event auftritt und in welchem Zeitintervall dieses auftreten soll, haben Sie mittels der `CWnd`-Methode `SetTimer` bestimmt.

12.6.6 Animationsmodus installieren und entfernen

Zur *Aktivierung des Animationsmodus* der `COpenGL`-Klasse ist eine eigene *Installationsroutine* nötig, da das rufende Programm (hier der Steuerzentrale-Dialog) die Steuerungsmechanismen innerhalb der `COpenGL`-Klasse im Sinne des Klassenentwurfskonzepts nicht versteht bzw. auch gar nicht zu verstehen braucht. Die `COpenGL`-Klasse soll danach autonom den Animationsablauf steuern. Lediglich die Absicht zur Installation bzw. Nutzung des Animationsmodus teilt das rufende Programm der `COpenGL`-Klasse über die `InstallAnimMode`-Funktion mit (siehe u.a. dazu den Abschnitt *Die Animationssteuerstruktur* weiter oben in diesem Kapitel).

Der darin bereits enthaltene Funktionscode richtet die entsprechenden Mechanismen zur Animationsdarstellung ein und initialisiert diese, wenn der aktuelle Programmzustand dies zulässt. Die `COpenGL`-Klasse *merkt* nämlich sofort, wenn wichtige Informationen fehlen oder andere Zustände gegen den Animationsmodus sprechen (autonome Entscheidungslogik).

```
BOOL COpenGL::InstallAnimMode(GLint FramesPerSecond)
{
 if (FramesPerSecond <= 0) //angef. Anim.-Sequenzen > 0?
     return FALSE;          //Nein->KEIN Animationsmodus!

 //Animationssteuerstruktur initialisieren
 ...
```

```
//Storyboard-Struktur initialisieren
...
//akt.KameraPos
m_structOGLStory.vKameraStartPos;      // =Startpunkt
m_structOGLStory.dKameraSpeed=1.0;     //Geschwindigk.

//Szeneninitialisierung (Listen generieren)
if (!HelloOpenGL())
    return FALSE;   // Szene initialisieren!

//Animationsmodus in OpenGL-Statusstruktur einschalten
m_structOGLStatus.bAnimation=GL_TRUE;  //Anim-Modus EIN
InstallTimer();  //Timer-Nachrichtenschleife(n) starten

return GL_TRUE;
}
```

Wie Sie sehen, wird die HelloOpenGL-Funktion bei der Installation des Animationsmodus aufgerufen, quasi als ein initialisierender Schritt. Damit ist auch klar, dass die HelloOpenGL-Szene zu Beginn jeder Animation einmal dargestellt wird.

Der *Animationsmodus* sollte als *kritischer Ausnahmemodus* betrachtet werden, da in diesem Modus aus bereits genannten und noch zu benennenden Gründen *Laufzeitprobleme* auftreten können. Um die volle Kontrolle über das COpenGL-Objekt zurückzubekommen, müssen Sie den Animationsmodus zuvor entfernen. Damit kehren Sie zum *jederzeit* kontrollierbaren statischen Modus der COpenGL-Klasse zurück. Dazu existiert die Member-Funktion EraseAnimMode vom Datentyp BOOL in der COpenGL-Klasse mit dem Zugriffsrecht public, die folgenden Funktionscode aufweist. Implementieren Sie diesen Code.

```
BOOL COpenGL::EraseAnimMode()
{
 m_structOGLAnim.bPause=GL_TRUE;         //Erst mal Pause!
 m_structOGLStatus.bAnimation=GL_FALSE;  //Animation AUS
 EraseTimer();   //Timer-Nachrichtenschleife entfernen!

return TRUE; //Animationsmodus erfolgreich entfernt!
}
```

Listing 12.5: Timer-Entfernungscode der EraseAnimMode-Methode

Mit diesem Abschnitt werden die Erläuterungen zum vorliegenden Animationscode der COpenGL-Klasse beendet. Ab sofort können Sie den Animationsmodus nutzen bzw. einschalten. Wie dies geschieht, zeigen die folgenden Abschnitte in diesem Kapitel.

12.6.7 Animationsmodus aus Fremdklasse aufrufen

Die Einrichtung der *Animationsfähigkeit* der COpenGL-Klasse aus einem rufenden Programm heraus stellt eine immer wiederkehrende Programmieraufgabe dar, die stets vom Nutzer der Klasse selbstständig vollzogen werden muss – hier also von dem Steuerzentrale-Dialog.

Betrachten Sie dazu den Programmcode zu den drei Animationsschaltflächenfunktionen OnButtonAnimStart, OnButtonAnimPause und OnButtonAnimEnde der COGLProjektDlg-Klasse, die die entsprechenden Aufrufe zur *Animationsaktivierung* der COpenGL-Klasse beinhaltet und entsprechend dem aktuellen Animationsstatus (z.B. Pause) die Schaltflächen logisch richtig untereinander *schaltet*.

```
void COGLProjektDlg::OnButtonAnimStart()
{
    // TODO: Code für die Behandlungsroutine der ...
 if (m_pOpenGL->InstallAnimMode(15)) //Hat's geklappt?
    {                                  //Ja, na dann...
    //Schaltflächenlogik programmieren
    m_cbAnimStart.EnableWindow(FALSE);//START-deaktivieren
    m_cbAnimPause.EnableWindow(TRUE); //PAUSE-aktivieren
    m_cbAnimPause.SetWindowText("PAUSE");//Init Beschrift.
    m_cbAnimEnde.EnableWindow(TRUE); //ENDE -aktivieren
    m_cbRedraw.EnableWindow(FALSE);  // Darst.deaktivie.
    //Informationstext ausgeben
    m_csInfoText =
      CString("Der Animationsmodus ist aktiviert!");
    UpdateData(FALSE);       //Dialogvariablen updaten!
    }
    else   //Nein, dann eben nicht!
    {
    // FEHLER BEI INITIALISIERUNG!
    m_csInfoText =
      CString("Der Animationsmodus konnte NICHT aktiviert werden!");
    UpdateData(FALSE);  //Dialogvariablen updaten!
    };
}

void COGLProjektDlg::OnButtonAnimPause()
{
// TODO: Code für die Behandlungsroutine der...
 if(m_pOpenGL->m_structOGLAnim.bPause)
    {
    //Animation beim nächsten Zyklus fortsetzen
    m_pOpenGL->m_structOGLAnim.bPause = GL_FALSE;
    //Schaltflächentext ändern
    m_cbAnimPause.SetWindowText("PAUSE");
```

```
  m_csInfoText=CString("Die Animation wird fortgesetzt!");
}
else
{
  m_pOpenGL->m_structOGLAnim.bPause = GL_TRUE;
  m_cbAnimPause.SetWindowText("WEITER");
m_csInfoText=CString("Die Animation wurde angehalten!");
};

UpdateData(FALSE); //Dialogvariablen updaten!
}

void COGLProjektDlg::OnButtonAnimEnde()
{
// TODO: Code für die Behandlungsroutine der ....
//Funktionaler Code
m_pOpenGL->EraseAnimMode(); //OpenGL-AnimMode ENDE
//Schaltflächenlogik
m_cbAnimStart.EnableWindow(TRUE);   //START-deaktivieren
m_cbAnimPause.EnableWindow(FALSE);  //PAUSE-aktivieren
m_cbAnimEnde.EnableWindow(FALSE);   //ENDE -aktivieren
m_cbRedraw.EnableWindow(TRUE); //Man.Neuzeichn.deaktiv.
//Anwenderinformation ausgeben
m_csInfoText=
   CString("Der Animationsmodus wurde deaktiviert!");

UpdateData(FALSE);          //Dialogvariablen updaten!
}
```

Das Anklicken der aktiven START-Schaltfläche (`OnButtonAnimStart`) bewirkt zunächst, dass die Schaltflächen START und OPENGL-FENSTER NEUZEICHNEN deaktiviert werden. Das ist nötig, weil die damit verbundenen Funktionen den augenblicklich einsetzenden Animationsablauf stören würden. Außerdem haben sie ihren funktionalen Sinn verloren, jedenfalls innerhalb des Animationsmodus. Hingegen sind die *Animationsschaltflächen* PAUSE und ENDE jetzt aktiv.

Wird die PAUSE-Schaltfläche (`OnButtonAnimPause`) bei *laufender* Animation angeklickt, wechselt der laufende Animationsmodus in einen vorläufig gestoppten Modus – den Pause-Modus. Deshalb wird der Schaltflächentext über `cbAnimPause.SetWindowText("WEITER")` auch von PAUSE in WEITER geändert, da dem Anwender die Möglichkeit gegeben werden sollte, die Animation von der gestoppten Stelle an wieder fortzusetzen. Alternativ können Sie in der *Animationspause* die Animation über die ebenfalls aktive ENDE-Schaltfläche (`OnButtonAnimEnde`) ganz beenden. Damit wird wieder in den statischen Modus der `COpenGL`-Klasse gewechselt.

12 Szenenanimation

Neben dem Schaltflächenzustandscode liegen noch weitere funktionale Codes vor. So wird z.B. für jede der drei Schaltflächenfunktionen eine entsprechende Aktionsinformation in Form einer Textnachricht über die Infotextzeile des Steuerzentrale-Dialogs ausgegeben. Außerdem wird innerhalb der OnButtonAnimStart-Funktion der Animationsmodus über die InitAnimMode-Funktion der COpenGL-Klasse initialisiert. Diese u.a. nicht sichtbaren Kernfunktionen zur Steuerung des Animationsmodus der COpenGL-Klasse soll der folgende Abschnitt beschreiben.

Die ganze Sache hat allerdings einen kleinen Haken: Die START-Schaltfläche, die den Ausgangspunkt der obigen Erläuterungen darstellte, ist zurzeit noch gar nicht aktiv, womit sich die beschriebene Funktionalität auch nicht einstellt. Eines ist klar, frühestens nach erfolgreicher Initialisierung der COpenGL-Klasse soll der Klassennutzer die Möglichkeit bekommen, den Animationsmodus der COpenGL-Klasse zu starten. Die dazu notwendige Aktivierung der START-Schaltfläche geschieht demnach in der OnButtonInitOGL-Funktion. Fügen Sie folgenden Aktivierungscode ein:

Listing 12.6: START-Schaltfläche im rufenden Programm aktivieren

```
void COGLProjektDlg::OnButtonInitOGL()
{
  m_pOpenGL = new COpenGL(); //Ich denke, also bin ich!
  if (m_pOpenGL != NULL) // OpenGL-Klasse initialisiert?
  {//Die OpenGL-Klasse wurde ordnungsgemäß instanziert
    if (m_pOpenGL->InitOpenGL()) //OGL-Fenster konfig.
    {
      m_cbInitOGL.EnableWindow(FALSE);    //DEAKTIVIEREN!
      m_cbOnOff.EnableWindow(TRUE);       //AKTIVIEREN
      m_cbAnimStart.EnableWindow(TRUE);   //AKTIVIEREN!
      ...
```

Kompilieren und starten Sie das Programm an dieser Stelle. Klicken Sie sich durch die *Animationsschaltflächen* und vergleichen Sie das zu sehende Schaltflächenverhalten mit dem zugehörigen abstrakten Programmcode.

12.6.8 Ablauftransparenz – Die vierte Dimension

Das dynamische Programmlaufzeitverhalten der indirekt über die START-Schaltfläche aktivierten Timer soll in diesem Abschnitt transparent, also *sichtbar*, gemacht werden. Werfen Sie für die folgenden Erläuterungen immer wieder mal einen Blick auf die schematische Darstellung der Ablaufsteuerung in Abbildung 12.3 weiter oben in diesem Kapitel.

Direkt nach Anklicken der START-Schaltfläche werden die beiden Timer über die InitAnimMode-Funktion aktiviert. Dies bedeutet, dass Timer 1 jede Sekunde ein Ereignis auslöst, das anschließend die OnTimer-Funktion der COpenGL-Klasse aufruft. Darüber hinaus findet in jeder dieser ablaufenden Sekunden 15 (InstallAnimMode(15)) Mal das Timer-Ereignis 2 statt, das später für die zeitsynchrone Ausgabe der Animationssequenzen verantwortlich sein wird. Implementieren Sie folgenden Code in den *Animations-Taktgeber* `OnTimer`:

```
void COpenGL::OnTimer(UINT nIDEvent)
{
  if (nIDEvent==1)   //Sekunden-Ereignis?
  { //JA...
    m_structOGLStatus.iCallSecond+=1;    //Aufrufzähler + 1
  };

  if (nIDEvent==2)   //Animationsereignis?
  { //JA...
    m_structOGLStatus.iCallAnimSeq+=1;   //Aufrufzähler + 1
    if(!m_structOGLAnim.bPause)          // PAUSE-Modus?
    { //NEIN, dann...
      m_structOGLAnim.iSequenceCount+=1;//AnimZyklus + 1
      m_structOGLAnim.dSeqTimeTotal =    //Anim.Zeit bisher
        (GLdouble) m_structOGLAnim.iSequenceCount
                *m_structOGLAnim.dT; //Zeitinterval
      //-----------------Animationskern------------------
      //...
      //-------------------------------------------------
    };
  };

  CFrameWnd::OnTimer(nIDEvent);
}
```

Listing 12.7: OnTimer-Ablaufereignisse Timer1 und Timer2 behandeln

Anhang von Listing 12.7 wird deutlich, wie die beiden parallel installierten Timer im Ereignisfall unterschieden werden können. Die Ereignisse *Sekunde* und *Animationszyklus* lösen zwar dieselbe `OnTimer`-Funktion aus, werden aber erst über folgende `if`-Anweisung dem wahren Ereignis zugeordnet:

`if (nIDEvent==1)`   //Sekunden-Ereignis?

bzw.

`if (nIDEvent==2)`   //Animationsereignis?

Über die dem Ereignis zugehörigen Timer-IDs 1 oder 2, die bei der Timer-Installierung vom Benutzer definiert wurden, wird das tatsächlich aufgetretene Ereignis abgefragt.

Beim Auftreten des *Sekunde*-Ereignisses wird der `iCallSecond`-Wert um 1 erhöht. Das Gleiche geschieht im Animationszyklus-Ereignis, hier wird aber der `iAnimSeq`-Wert 15-mal pro Sekunde um 1 erhöht. Während der `iCallSecond`-Wert zur gesamten Laufzeit des Animationsmodus fortlaufend um 1 erhöht wird, geschieht dies beim Animationszyklus-Ereignis nur dann, wenn der Pause-Modus nicht über das `bPause`-Strukturelement angezeigt wird. Da ich Ihnen

12 Szenenanimation

ja viel erzählen kann – und auch tue –, sollen die beschriebenen Zusammenhänge nun sichtbar gemacht werden. Implementieren Sie folgenden Testcode an gezeigter Position in die `OnButtonAnimPause`-Funktion:

Listing 12.8: Animationsablaufinformationen in Textform ausgeben

```
void COGLProjektDlg::OnButtonAnimPause()
{
...
else
{
  m_pOpenGL->m_structOGLAnim.bPause = GL_TRUE;
  m_cbAnimPause.SetWindowText("WEITER");
  m_csInfoText=
    CString("Die Animation wurde angehalten!");
  m_csInfoText.Format
    ("CallAnimSeq=%d / SequenceCount=%d / CallSecond=%d",
    m_pOpenGL->m_structOGLStatus.iCallAnimSeq,//Anim
    m_pOpenGL->m_structOGLAnim.iSequenceCount,//A-Calls
    m_pOpenGL->m_structOGLStatus.iCallSecond);//Sekunde
...
```

Kompilieren und starten Sie das Programm erneut. Klicken Sie auf die START-Schaltfläche und nach ungefähr vier Sekunden auf die PAUSE-Schaltfläche.

Abb. 12.5: Ablauftransparenz von Timer-Ereignissen über Infotextzeile

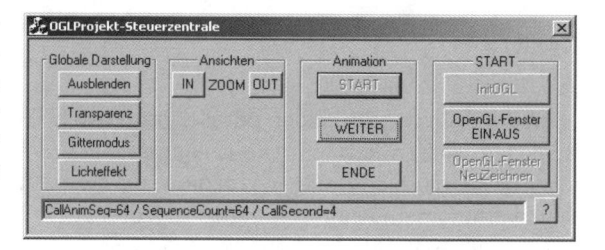

Abbildung 12.5 zeigt über die Informationszeile des Steuerzentrale-Dialogs eine beispielhafte Ablaufinformation nach *erstmaligem* Anklicken der PAUSE-Schaltfläche. Hiernach erfolgte die Pause-Anforderung, nachdem das *Sekunde*-Ereignis (`iCallSecond`) bereits viermal ausgelöst wurde. Gleichzeitig wurde in diesen vier Sekunden das Animationszyklus-Ereignis (`iSequenceCount`) bereits 64-mal ausgelöst *und* auch 64-mal aufgerufen (`iCallAnimSeq`). Die geforderten 15 Animationszyklen/-bilder pro Sekunde wurden demnach erreicht, denn 4 x 15 = 60. So viele Animationszyklen hätten rein rechnerisch bis zum Pausezeitpunkt mindestens dargestellt werden müssen, was ja auch geschah. Dass dies keinesfalls selbstverständlich ist, wird zu einem späteren Zeitpunkt noch deutlich gemacht.

Anders sieht das Ergebnis aber aus, wenn die Animation mit der WEITER-Schaltfläche fortgesetzt und nach einiger Zeit wiederholt angehalten wird.

Nun ist der *Animationszyklenwert* `iSequenceCount` von dem rechnerischen `iCallAnimSeq`-Wert verschieden, da die Animationszyklus-Ereignisse für die Dauer der Pause über die `if`-Abfrage aus Listing 12.7 einfach ignoriert werden.

Mit den vorangegangenen Erläuterungen sollte hauptsächlich demonstriert werden, dass die installierten *zeitgesteuerten Prozesse* tatsächlich wie programmiert im Hintergrund ablaufen. Testen Sie die Testfunktion noch weiter aus und versuchen Sie die Zusammenhänge zu verstehen. Kommentieren Sie danach den Testcode über /* ... */ aus.

12.7 Animieren

Die noch nicht angesprochenen, sondern nur angedeuteten Codezeilen innerhalb der `OnTimer`-Funktion in Listing 12.7 stellen den *Animationskern* innerhalb des *Animationsgerüsts* der `COpenGL`-Klasse dar, das durch die zuvor dargestellten Member-Funktionen, C-Strukturen und Darstellungslisten gebildet wurde. Implementieren Sie folgenden Code in den Animationskern:

```
//-------------------Animationskern-------------------
  //Gameplay();            //akt. Szenenbild bestimmen
  SetCurPerspektive();//evtl.akt.Sichtweise setzen
  SetCurModel();         //evtl.akt.3D-Modelldaten setzen

  glFlush();     // Bearbeitung der gl-Befehle beginnen
  glFinish();    // Wartet bis Befehle ausgeführt sind
  SwapBuffers(wglGetCurrentDC()); //Szene darstellen
//----------------------------------------------------
```

Listing 12.9: Der Animationskern zur `OnTimer`-Funktion

Der in dieses Animationsgerüst integrierte Animationskern ruft zuerst die `Gameplay`-Funktion auf, die das anstehende Szenenbild in seinem zeitlich abhängigen (dynamischen) Erscheinungsbild berechnet – hier über die aktuelle Kamerasicht auf die Hausszene. Danach wird die `SetCurPerspektive`-Funktion aufgerufen, die die nötigen OpenGL-Befehle ausführt, um die Hausszene in der berechneten Kamerasicht darzustellen. Darauf folgt die `SetCurModel`-Funktion, die die Darstellungslisten zur Definition der Szenenobjekte (Primitive) ausführt. Die szenenabschließenden OpenGL-Befehle `glFlush` und `glFinish` sowie der WIN32-Befehl `SwapBuffer` sind Ihnen vom `HelloOpenGL`-Programm her vertraut und sorgen dafür, dass die fertig definierte Szene endgültig im OpenGL-Fenster zur Darstellung gebracht wird (siehe Tabelle 4.1 im Abschnitt *OpenGL-Realisierungsschritte* in Kapitel 4). All dies geschieht zunächst innerhalb eines Zeitintervalls einer 15tel-Sekunde, da zunächst 15 Animationssequenzen pro Sekunde von der Animationssteuerung verlangt werden.

12.7.1 Animation starten

Kompilieren und starten Sie das Programm mit dem jetzt fast vollständig implementierten *Animationskern*. Starten Sie nach erfolgreicher Initialisierung den *Animationsmodus* der `COpenGL`-Klasse über die START-Schaltfläche.

Sie sehen die Hausszene aus dem Start-Blickpunkt mit Start-Blickrichtung auf die Szenenmitte. Also ganz genau so, wie dies das Storyboard in Abbildung 12.2 vorgeschrieben hat, ganz im Gegensatz zum ebenfalls angekündigten Kameraflug. Im Augenblick rührt sich noch gar nichts. Die Szene scheint stillzustehen und unterscheidet sich damit nur in dem etwas anderen *Blickwinkel* von der gewohnten `HelloOpenGL`-Szenenansicht.

Dass die Animation aber tatsächlich *abläuft*, soll sofort bewiesen werden. Beenden Sie dazu den Animationsmodus über die ENDE-Schaltfläche. »Streichen« Sie anschließend mit dem Steuerzentrale-Dialogfenster über die 3D-Darstellung im OpenGL-Fenster, indem Sie mit gedrückter linker Maustaste auf dessen Titelleiste klicken und die Maus dann bewegen. Die Szenendarstellung wird an den »überstrichenen« Bereichen *ausradiert*. Quasi auf einen Schlag können Sie alternativ dazu die gesamte 3D-Darstellung dadurch löschen, dass Sie zweimal die Schaltfläche OPENGL-FENSTER EIN-AUS anklicken. Durch das Verschwinden des gesamten Fensters verschwindet auch die Zeicheninformation im Client-Bereich des OpenGL-Fensters.

Wiederholen Sie diese möglichen Löschvorgänge, jetzt allerdings bei aktiviertem Animationsmodus. Klicken Sie dazu erneut auf die START-Schaltfläche. Danach können Sie so viel über das OpenGL-Fenster streichen bzw. das Fenster so oft verschwinden lassen, wie Sie wollen – die Hausszene bleibt immer erhalten. Und dies dank des Animationsmodus, der die Szene zurzeit 15 Mal pro Sekunde zur Darstellung bringt. Dieser *Refresh* (zu Deutsch Auffrischung) sorgt dafür, dass sich die 3D-Darstellung immer wieder erneuert, und zwar im Takt des installierten *Animations-Timers*.

12.7.2 Bildzerstörung und Bildrestaurierung

In der Regel wird bei einer Fensterüberdeckung eine Windows Message `WM_PAINT` ausgelöst. Hierauf kann der Programmierer über die zur Nachricht gehörende Abfangroutine `OnPaint` reagieren. Der darin enthaltene Code sorgt in der Regel für die *Restaurierung des zerstörten Bildes*. Diese Standardprogrammieraufgabe unter Windows ersparen Sie sich glücklicherweise während der Ausführung der `COpenGL`-Klasse im Animationsmodus. Allerdings sollten Sie – und dies ist bisher noch mit keiner Silbe erwähnt worden – auch im statischen Modus der `COpenGL`-Klasse über die `OnPaint`-Abfangroutine auf die *Zerstörung* der 3D-Darstellung reagieren, denn es existieren im harten Anwenderalltag weitere Ursachen, die eine `WM_PAINT`-Nachricht auslösen. So führt z.B. die Änderung der Fenstergröße zu einer solchen Windows Message.

Es wird also höchste Zeit, auf dieses Fehlverhalten der `COpenGL`-Klasse entsprechend zu antworten.

Erzeugen Sie die `OnPaint`-Funktion auf genau die gleichen Weise wie die kurz zuvor erzeugte `OnTimer`-Funktion (siehe weiter oben den Abschnitt *Einen Animations-Taktgeber einpflanzen*), nur dass Sie in diesem Fall nicht auf die `WM_TIMER`-Nachricht, sondern auf die `WM_PAINT`-Nachricht reagieren. Implementieren Sie anschließend folgenden Funktionscode in die so erzeugte `OnPaint`-Methode:

```
void COpenGL::OnPaint()
{
CPaintDC dc(this); // Gerätekontext für Zeichnen

//TODO:Code für die Behandlungsroutine für Nachrichten...
 if (!m_structOGLStatus.bAnimation) //Animationsmodus?
  {                                 //NEIN, dann...
    HelloOpenGL();//...statische OpenGL-Szene neu zeichnen
    return;      //eff. vorzeitiger Abbruch der Funktion!
  }
 else
  {                               //JA, dann...
    if (m_structOGLAnim.bPause)   //...Animationspause?
     {                            //ja, dann...
       SetCurPerspektive();//...akt.Sichtweise setzen!
       SetCurModel();      //...akt.3D-Modeldaten setzen!

       glFlush(); //...Bearbeitung der gl-Befehle beginnen
       glFinish();//...Wartet bis Befehle ausgeführt sind
       SwapBuffers(wglGetCurrentDC());//...Szene darstellen
     };
  };
//Kein Aufruf von CFrameWnd::OnPaint() für Zeichnungs...
}
```

Listing 12.10: OnPaint-Programmcode der COpenGL-Animationsklasse

Über die aufgeführte `OnPaint`-Funktion realisieren Sie zwei Dinge auf einmal. Zum einen wird ab sofort jede mögliche Darstellungszerstörung durch einen jederzeit möglichen Überdeckungsvorgang automatisch restauriert – und dies innerhalb und außerhalb des Animationsmodus und darüber hinaus auch noch für den Fall, dass die Animation gerade pausiert! Zum anderen wird die `HelloOpenGL`-Funktion, die die statische OpenGL-Szene repräsentiert, ab sofort ganz automatisch dargestellt – und dies bereits beim ersten Erscheinen des OpenGL-Fensters. Dies liegt in dem Umstand begründet, dass Windows bei jeder ersten *Sichtbarmachung* eines Fensters eine `WM_PAINT`-Nachricht auslöst, in dessen Folge obiger `OnPaint`-Code die `HelloOpenGL`-Funktion aufruft. Damit ist die Steuerzentrale-Schaltfläche OPENGL-FENSTER NEUZEICHNEN samt zugehörigem Schaltflächencode überflüssig geworden und könnte somit aus der aktuellen Anwendung entfernt werden.

Insgesamt wurde damit ein wichtiger Automatismus in die `COpenGL`-Klasse implementiert, der ab sofort seinen Dienst verrichtet – mit Aufsehen!

12.7.3 Gameplay in Animationsablauf einbauen

Wenn eine *flüssige* Wiedergabe einer sich nicht verändernden Animationsszene möglich ist, dann kann prinzipiell auch die Wiedergabe von sich permanent ändernden Animationssequenzen realisiert werden. Über den dazu nötigen und nun programmiertechnisch umgesetzten Wiedergabemechanismus verfügen Sie ja jetzt. Einzig den Programmteil zur zeitlich definierten Änderung der einzelnen Szenenbilder haben Sie bisher noch nicht erzeugt. Dieser wird im Folgenden als *Gameplay* (zu Deutsch Spielablauf) bezeichnet und tritt in Form einer weiteren Methode innerhalb der `COpenGL`-Klasse auf. Der darin implementierte Code berechnet bzw. bestimmt das Erscheinungsbild jedes einzelnen Animationsbildes zum dazugehörigen Zeitpunkt.

Gemäß dem *Storyboard* in Abbildung 12.2 soll ein Bewegungsablauf in Form eines *Kameraflugs* berechnet werden, wobei sich die Kameraposition und auch die Kamerablickrichtung permanent ändern und damit auch die einzelnen Animationssequenzen.

> Der Programmcode zur *Animationswiedergabe* und der Code zur Berechnung einer *Animationssequenz*, muss *bequem* innerhalb der Zeitspanne ausführbar sein, die durch die angeforderte *Bildwiederholrate* bestimmt wird.

Obiger Merksatz soll bereits an dieser Stelle darauf aufmerksam machen, dass der Animations- und Gameplay-Code nur so umfangreich sein darf, dass der Rechner noch in der Lage ist, den Programmcode zwischen der Darstellung zweier Animationsbilder zu verarbeiten. Jeder Versuch, mehr als diesen Code zu verarbeiten, führt zu dem mehrfach beschriebenen *zeitkritischen Ablaufverhalten*, das u.a. zu der unerwünschten *Ruckeldarstellung* führen kann. Im Allgemeinen kann dieser zeitkritische Effekt sporadisch bei jeder Computeranimation immer einmal auftreten. Kommt es hingegen regelmäßig zu diesem Effekt, so liegt eindeutig ein Fehler in der *Animationsprogrammierung* vor. Diesen gilt es zu vermeiden. Betrachten Sie dazu nochmals die schematische Darstellung zur Animationssteuerung in Abbildung 12.3 und achten Sie dabei besonders auf die Stellung der `Gameplay`-Funktion innerhalb der gesamten Ablaufsteuerung.

Erzeugen Sie dazu in bekannter Weise die bereits mehrfach angesprochene `Gameplay`-Funktion innerhalb der `COpenGL`-Klasse mit dem Zugriffsrecht `public` und einem Rückgabewert vom Datentyp `BOOL`. Implementieren Sie folgenden Code in diese neu erzeugte Klassenmethode:

Animieren

```
BOOL COpenGL::Gameplay()
{
// Berechnungsalgorithmus zur aktuellen Animationssequenz
// auf Basis der Storyboard-Struktur-Informationen
 if (m_structOGLStory.vCurKameraPos.x > -5.0) //ENDE?
 { // NEIN, der Kameraflug ist noch nicht beendet, also..
   m_structOGLStory.vCurKameraPos.x -= 0.1;//.X-Pos -0.1
 };

return TRUE;
}
```

Listing 12.11: Code der Gameplay-Klassenmethode

Der Code fragt permanent die aktuelle x-Position vCurKameraPos der Kamera ab und verringert diese um den Betrag 0.1, soweit die aktuelle x-Kameraposition einen Wert größer als −5.0 aufweist.

Kompilieren und starten Sie das Programm erneut. Nach erfolgreicher Initialisierung der COpenGL-Klasse starten Sie wieder die Animation über die START-Schaltfläche – diesmal aber mit aktiviertem Gameplay.

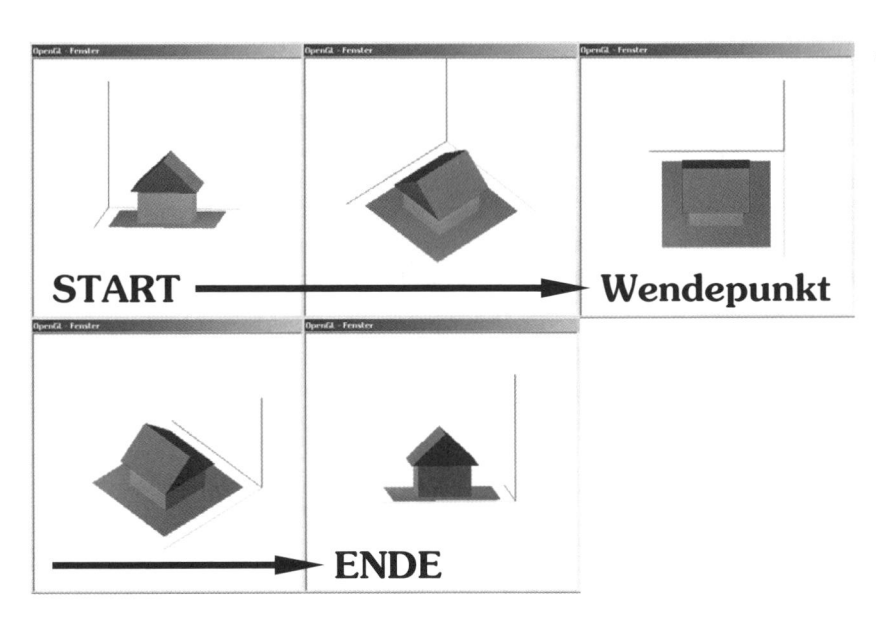

Abb. 12.6: Bewegungsablauf des Kameraflugs in der Übersicht

Abbildung 12.6 zeigt in chronologischer Reihenfolge der Animationsbewegung einige charakteristische Szenenbilder – ganz ähnlich dem bekannten *Daumenkino*. Die Bewegung beginnt bei dem im *Storyboard* in Abbildung 12.2 beschriebenen x-Startpunkt +5.0 und verläuft entlang einer Geraden in negativer x-Richtung, also geradewegs auf das sichtbare Haus zu und schließlich auch an diesem vorbei. Die Kamera ist während des gesamten Kameraflugs auf den Szenenmittelpunkt gerichtet. Der *Kameraflug* endet am x-Endpunkt -5.0, was aber nicht bedeutet, dass die Animation damit beendet ist, sondern nur sein Bewegungsablauf. Damit liegt wieder die animierte Wiedergabe einer sich nicht verändernden Animationsdarstellung vor, ganz so wie dies im vorhergegangenen Abschnitt auch schon der Fall war.

Was die Darstellung der Animation in Abbildung 12.6 nicht vermitteln kann ist, dass bei Erreichen des *Wendepunktes* die Kamera *rasend* schnell umschwenkt und zwar *ohne jedes Flackern oder Ruckeln!* An diesem Extrempunkt der gesamten Animation entsteht der Eindruck des schnellsten Bewegungsablaufs, da sich hier in kürzester Zeit die Blickrichtung der Kamera grundlegend ändert und zwar von der Vorderseite des Hauses zur Rückseite. Ein beeindruckender Effekt, bedenkt man, dass das Storyboard zunächst keine größere *Action* vermuten lies.

12.7.4 Animationssynchronisation – Echte Zeit

Zugegeben, der `Gameplay`-Code aus Listing 12.11 ist an Primitivität kaum zu unterbieten! Auch wenn Einfachheit aufgrund der latent vorhandenen *Performanceprobleme* bei der *Animationsprogrammierung* immer erstrebenswert ist, so wird der bisherige Code dem angestrebten und geforderten *Echtzeitverhalten* aber nicht gerecht. Die schwierig formulierbare Begründung dazu soll anhand von kleineren Programmexperimenten erfolgen. Reduzieren Sie dazu zunächst die Bildwiederholrate von ursprünglich 15 Bildern auf nunmehr magere 5 Bilder pro Sekunde. Wie Sie sich erinnern, wird die *Bildwiederholrate* im Animationsmodus über den Parameter `FramesPerSecond` der `InstallAnimMode`-Funktion bestimmt, dessen Aufruf innerhalb der `OnButtonAnimStart`-Methode der `COGLProjektDlg`-Klasse geschieht. Starten Sie die Animation.

Der sich daraufhin einstellende langsamere Ablauf der Animationsdarstellung genügt zufälligerweise der Storyboard-Beschreibung, die dem Kameraflug vom Start- bis zum Endpunkt genau 20 Sekunden einräumt. Der sich bei dieser niedrigen *Bildwiederholrate* einstellende ruckelnde Bildaufbau ist aber nicht besonders ansprechend, auch wenn dieser im strengen Sinne der synchronisierten Animationsdarstellung immer noch *flüssig* vonstatten geht!

> Die *Animationsablaufberechnung* (Gameplay) muss *unabhängig* von der *Animationsdarstellung* erfolgen!

Die beschriebene Abhängigkeit der Bewegungszeit von der Bildwiederholrate entspricht nicht einer *Echtzeitdarstellung*. Dieser Zusammenhang kann verdeutlicht werden, indem Sie einen weitaus größeren Wert als 15 Bilder pro Sekunde verwenden. Versuchen Sie an dieser Stelle die Animation mit einer Bildwiederholrate von beispielsweise 25 Bildern pro Sekunde zu starten.

Animieren

Sie haben es sicher bemerkt, jetzt wird die gesamte Animation zwar mit angenehmen 25 Bildern pro Sekunde dargestellt, aber die sich damit einstellende geringere Kameraflugzeit von nunmehr 5 Sekunden entspricht nicht der geforderten Flugzeit von 20 Sekunden. Die Lösung ist daher, dass die Darstellungssequenz alleine auf Basis der tatsächlich verstrichenen Animationszeit berechnet werden muss!

Folgender abgeänderter Gameplay-Code sorgt dafür, dass die Kamerabewegung nun *ablaufzeitsynchron* und eben nicht *darstellungssynchron* erfolgt. Damit wird die Bewegungsberechnung aus der bisherigen Abhängigkeit des Animationsdarstellungsablaufs herausgelöst.

```
BOOL COpenGL::Gameplay()
{
// Berechnungsalgorithmus zur aktuellen Animationssequenz
// auf Basis der Storyboard-Struktur-Informationen
if (m_structOGLStory.vCurKameraPos.x > -5.0)   //Ende Pos?
{ //Aktuelle X-Position der Kamera als f(Zeit) berechnen
   m_structOGLStory.dKameraSpeed =       //Kamer.Geschw.
     (m_structOGLStory.vKameraEndPos.x-  //=Weg=(EndPos-
      m_structOGLStory.vKameraStartPos.x)/ // StartPos) /
      m_structOGLStory.dMotionTime;      // Beweg.Zeit
   m_structOGLStory.vCurKameraPos.x =    //akt. X-Pos=
     m_structOGLStory.vKameraStartPos.x+ //StartXPos -
     (m_structOGLStory.dKameraSpeed *    //(Kam.Geschw.
      m_structOGLAnim.dSeqTimeTotal);    // *Anim.Zeit)
};

return TRUE;
}
```

Listing 12.12: Modifizierter Gameplay-Code zur Echtzeitdarstellung

Die in Listing 12.12 realisierte Verschiebung der x-Kameraposition geschieht nun über die Berechnung entsprechender physikalischer Bewegungsgleichungen (kinematische Weg/Zeit-Zusammenhänge), worauf im Detail nicht weiter eingegangen werden soll. Wichtig ist festzustellen, dass die Animationsberechnung jetzt in Abhängigkeit der geforderten Gesamtbewegungszeit dMotionTime geschieht. Diese wurde in der InstallAnimMode-Funktion mit 20.0 Sekunden initialisiert. Starten Sie die Animation mit dem so modifizierten Gameplay-Code.

Wunderbar, Sie sehen eine absolut flüssige Animationsdarstellung des Kameraflugs mit einer Bildwiederholrate von 25 Bildern pro Sekunde und mit der geforderten Gesamtflugzeit von 20 Sekunden. Wiederholen Sie die Animation mit den bekannten Bildwiederholraten von 15 und 5 Bildern pro Sekunde. Sie werden bemerken, dass die Gesamtflugzeit von 20 Sekunden immer bestehen bleibt! Die Bildwiederholrate hat ab sofort *keinen* Einfluss mehr auf den Bewegungsablauf Ihrer Animation!

12 Szenenanimation

Aber Sie können noch mehr variieren. Verringern Sie in der `InstallAnimMode`-Funktion jetzt die gesamte Bewegungszeit des Kameraflugs `dMotionTime` auf nur noch 5 Sekunden. Starten Sie die Animation erneut. Ergebnis: Sie können ab sofort jeden Bewegungsablauf bei jeder Bildwiederholrate *flüssig* darstellen!

Ich hoffe, dass die vorangegangenen Experimente Ihnen die wichtigen zeitlichen Abläufe und Zusammenhänge verdeutlicht haben.

> *Bewegungsablauf* und *Bildwiederholrate* sollten zeitlich synchronisiert, aber niemals in Abhängigkeit voneinander realisiert werden.
>
> Die Wahl einer *hohen Bildwiederholrate* kann die *Echtzeitfähigkeit* Ihres Spiels oder Ihrer Simulation in Frage stellen, da die zur Verfügung stehende Rechenzeit zur Gameplay-Berechnung eventuell nicht mehr ausreicht.
>
> Ein *schneller Bewegungsablauf* (Rennspiele) benötigt eine hohe Bildwiederholrate, damit die Bewegung *flüssig* erscheint.

KAPITEL 13

GLU – Primitiver geht's nimmer

jetzt lerne ich

Wie bereits zu Anfang des Buches im einführenden Kapitel im Abschnitt *GLU* kurz erwähnt wurde, stellt der *GLU-Befehlssatz* die konsequente Erweiterung zum GL-Befehlssatz dar.

> *GLU-Befehle* können als komplex programmierte GL-Befehle betrachtet werden.

Vergleichbar mit den GL-Befehlen wird jedem *GLU-Befehlsnamen* innerhalb der Visual C++-Programmiersprache das Präfix glu vorangestellt. Zur Verwendung der GLU-Befehle muss die *GLU-Bibliothek GLU32.LIB* in die Visual C++-Entwicklungsumgebung eingebunden werden. Darüber hinaus muss außerdem die *GLU-Definitionsdatei glu.h* in den Programmiercode eingebunden werden. Dies geschieht vorzugsweise in der Header-Definitionsdatei *OpenGL.h* der COpenGL-Klasse, und zwar wie folgt:

```
#include "GL/glu.h"    // GLU-Bibliothek einbinden
```

Diesen Präprozessor-Befehl haben Sie bereits in Kapitel 3 im Abschnitt *Visual C++ konfigurieren* programmiert.

Für die *GLU-Befehle* werden neben den bekannten GL-Konstanten auch spezielle *GLU-Konstanten* verwendet, die mit dem Präfix GLU beginnen. Da hier – aufbauend auf den Programmcode aus Kapitel 12 – die Möglichkeiten der *GLU-Programmierung* aufgezeigt werden, haben Sie ab sofort auch die Möglichkeit, die neu erlernten Grafikobjekte in animierter Form zu betrachten, also aus der Sicht der *fliegenden* Kamera. Einzig der betrachtete *Sze-*

nenmittelpunkt (Center) der Kamera wird hierzu in den Ursprung gelegt, da die GLU-Objekte zunächst bezüglich des Ursprungs definiert und betrachtet werden.

Den Basiscode zu diesem Kapitel finden Sie auf der Buch-CD in folgendem Ordner:

`\Buchdaten\Kapitel13\ProjektDSWs\Start\`

Kopieren Sie den Ordner Start von der CD in einen temporären Ordner auf Ihrer Festplatte und starten Sie dann die darin enthaltene VC++-Projektdatei *OGLProjekt.dsw*.

Modifizieren Sie gleich folgende Codestelle:

Listing 13.1: Szenenmittelpunkt (Center) im Animationscode ändern

```
BOOL COpenGL::InstallAnimMode(GLint FramesPerSecond)
{
...
m_structOGLStory.vKameraViewPoint.x=+0.0; //Center X
m_structOGLStory.vKameraViewPoint.y=+0.0; // Center Y
m_structOGLStory.vKameraViewPoint.z=+0.0; // Center Z
...
```

Der größte Vorteil bei der *animierten Betrachtung* der GLU-Objekte ist, dass Sie diese *erfahren* – oder besser *erfliegen* – können. Mit der sich ständig ändernden Perspektive zum Objekt stellt sich ein neues *Raumgefühl* ein – ein großer Vorteil gegenüber dem Lernkapitel, in dem Sie sich stets mit einer Ansicht (2D-Projektionsdarstellung) begnügen und sich somit alleine auf Ihr räumliches Vorstellungsvermögen verlassen mussten.

13.1 Quadrics, die komplexen GL-Primitive

Während Sie über die GL-Primitive bisher *nur* 0D-, 1D- und 2D- Grafikelemente erzeugen konnten, geben die GLU-Befehle Ihnen die Möglichkeit, diese zu *3D-Körper-* bzw. *3D-Flächen* aufzubauen, die im Gegensatz zu Punkten, Linien bzw. Flächen-Objekten eine weitere dritte Raumdimension aufweisen. In der OpenGL-Fachterminologie werden diese Primitiv-Pendants als *Quadrics* (zu Deutsch Quader) bezeichnet. In diesem Zusammenhang sollten Sie eventuell noch einmal den Abschnitt *3D-Modellierungsarten* in Kapitel 1 lesen.

Gemeinsam sind den GL-Primitiven und den GLU-Quadrics aber ihre elementaren Objektgeometrien. Elementar bedeutet hierbei, dass es sich bei beiden Grafikobjekttypen um *mathematisch exakt* definierte Geometrien handelt, wie die Kugel, der Quader, der Zylinder, der Torus usw. So kann z.B. das Volumen und die Oberfläche dieser räumlichen Grafikobjekte exakt berechnet werden. Womit auch gleich geklärt wäre, warum auch die GLU-Bibliothek Ihnen nie ein Objekt wie die in Kapitel 9 erwähnte undefinierte Kartoffel *anbieten* wird. Diese ist mit keiner bisher bekannten Methode mathematisch exakt berechenbar und dies schon alleine deshalb, weil sie realer und nicht abstrakter (geometrischer) *Natur* ist.

13.1.1 Befehlsübersicht

Mithilfe folgender GLU-Befehle können Sie *räumliche Körper* erzeugen, die eine *räumliche Oberflächenausdehnung* besitzen:

GLU-Befehl	Körpergeometrie
gluSphere	Kugel
gluCylinder	Zylinder
gluDisk	Scheibe/Lochscheibe
gluPartialDisk	Ringausschnitt

Tabelle 13.1: Übersicht der GLU-Befehle zur Generierung von Quadrics

Wie einige der in Tabelle 13.1 aufgezeigten Befehle angewendet werden, zeigen die folgenden Abschnitte im Detail. Die Definitionen der GLU-Körper erfolgen analog zu den GL-Objekten innerhalb der `HelloOpenGL`-Methode und werden ebenfalls in Listen organisiert.

Neben den GLU-Befehlen zum Erzeugen von Körpern existieren noch indirekte Befehle, die die Quadrics näher beschreiben bzw. definieren.

GLU-Befehl	Anwendungszweck
gluNewQuadric	Neuen GLU-Körper bereitstellen
gluDeleteQuadric	GLU-Körper entfernen
gluQuadricTexture	Texturnutzung für Körper festlegen
gluQuadricDrawStyle	Darstellungsart des GLU-Körpers
gluQuadricNormals	Normalendefinition des GLU-Körpers
gluQuadricOrientation	Normalenausrichtung

Tabelle 13.2: Quadric-Befehle zur Beschreibung der GLU-Objekte

Während die Befehle `gluNewQuadric` und `gluDeleteQuadric` der Bereitstellung und Verwaltung von Quadrics dienen, beschreiben die restlichen Befehle aus Tabelle 13.2 das Erscheinungsbild eines Quadrics.

13.1.2 Kugel

Neben der programmiertechnischen Realisierung des *Kugelobjekts* werden in diesem Abschnitt vor allem die grundlegenden Aspekte bei der Behandlung von Quadrics angesprochen. Der Kugelkörper eignet sich in diesem Zusammenhang als Beispielobjekt ganz besonders gut. Deshalb gestaltet sich der Abschnitt zu diesem Objekt auch wesentlich umfangreicher als die nachfolgenden.

Quadric in Listentechnik realisieren

Weisen Sie dem Kugelkörper zunächst an bekannter Stelle in der Header-Datei *OpenGL.h* einen strukturierten Listennamen zu.

Listing 13.2: Listennamen für GLU-Objekte vergeben

```
/////////////////////////////////////////////////////////
//Listendefinitionen
...
//10-999 Unter-Listen (Sub-Lists)
...
#define ERDGESCHOSS        320 // Erdgeschoss
#define GLU_OBJEKTE         40 // GLU-Körper
   #define KUGEL            410 // Eine Kugel
   //hier später weitere GLU-Körper eintragen
/////////////////////////////////////////////////////////
```

Damit wird deutlich, dass auch die GLU-Befehle in *Darstellungslisten* eingearbeitet werden können, was weiterhin über die GL-Listenbefehle geschieht. Wie bei der Animationsdarstellung auch schon wird die `KUGEL`-Liste außerhalb der objektdefinierenden `HelloOpenGL`-Methode aufgerufen. Implementieren und modifizieren Sie den Code in die `SetCurModel`-Funktion.

Listing 13.3: Einbinden der KUGEL-Liste in die SZENE-Liste

```
BOOL COpenGL::SetCurModel()
{
...
glNewList((GLint) SZENE, GL_COMPILE); //Szenenliste gen.
   glCallList((GLint) ATTRIBS);       //Attribute setzen
   //glCallList((GLint) HAUS);        //Haus zeichnen
   //glCallList((GLint) GRUNDSTUECK); //Grundstueck zeic.
   glCallList((GLint) KUGEL);         //Kugel zeichnen
   glCallList((GLint) KOORDINATENSYSTEM);//KoorSys zeich.
glEndList(); //Ende der Listendefinition
...
```

Durch die Auskommentierung // der `HAUS`- und der `GRUNDSTUECK`-Liste wird die Darstellung der Hausszenenelemente verhindert, die ansonsten die darzustellende Kugel verdecken würden. Implementieren Sie den Quadric-Definitionscode für das Kugelobjekt direkt im Anschluss an die in der `HelloOpenGL`-Methode bereits enthaltenen GL-Objekte.

Quadrics, die komplexen GL-Primitive

```
BOOL COpenGL::HelloOpenGL()
{
...
// 10.) GLU-Objekte definieren
// a) Kugel
m_pKugel=gluNewQuadric();    //GLU-Körper anfordern
if (m_pKugel > 0)            //Probleme bei Anforderung?
{  //Nein, dann...
   glNewList((GLint) KUGEL, GL_COMPILE);//Kugelliste gen.
   //Körpergrunddefinitionen
   gluQuadricTexture(m_pKugel,     //auf Texturnutzung
       GL_FALSE);                  //nicht vorbereiten!
   gluQuadricOrientation(m_pKugel, //Normalenausrichtung
       GLU_OUTSIDE),               //nach Außen
   gluQuadricDrawStyle(m_pKugel,   //Darstellungsart
       GLU_FILL);                  //ausgefüllt darst.
   gluQuadricNormals(m_pKugel,     //Normalen für jede
       GLU_FLAT);                  //FLäche berechnen
   gluQuadricCallback(m_pKugel,    //Rückrufe
       GLU_ERROR,                  //standardmäßig
       NULL);                      //ablöschen
   //GL-Befehle zum Objekt
   glLoadIdentity();               //bzgl. Ursprung def.
   glPolygonMode(GL_FRONT,GL_FILL);//Vorderflächendarst.
   glShadeModel(GL_FLAT);          //Schattierungsmodus
   glColor4fv(                     //Kugelfarbe def.
      &m_fStdFarben.GRUEN.Red);    // GRÜN
   gluSphere(m_pKugel,             //Kugelbefehlsaufruf
      (GLdouble) 0.5,              //Radius zuweisen
      (GLint)    18,               //18 Längenaufteilung
      (GLint)     9);              // 9 Breiteaufteil.
   glEndList();
};

SetCurModel();// Akt. Szenelisten aufbauen und setzen
...
```

Listing 13.4: Definitionscode zur Erzeugung einer Quadric-Kugel

Listing 13.4 zeigt ganz allgemein den nötigen Definitionscode eines Quadrics. Zunächst wird das nötige *Quadric-Objektgerüst* über den gluNewQuadric-Befehl erzeugt. Als Ergebnis erhalten Sie einen Zeiger vom Datentyp GLUquadricObj auf das Objekt zurück. Der Rückgabewert muss einem Wert ungleich 0 entsprechen, da ansonsten in den meisten Fällen Speicheranforderungsprobleme auftreten. Dieser Definitionsschritt ist unabhängig vom Quadric-Typ für jeden GLU-Körper auszuführen.

> Im Gegensatz zu den Primitiven muss jedes einzelne Quadric über den `gluNewQuadric`-Befehl erzeugt werden. Dieser Befehl beansprucht zusätzlichen Speicher, der nach Beendigung des Programms über `gluDeleteQuadric`-Befehl wieder freigegeben werden sollte.

Über die in Listing 13.4 verwendete Member-Variable m_pKugel halten Sie während der gesamten Laufzeit der COpenGL-Klasse den eben erwähnten Zeiger auf das Quadric-Kugelobjekt in den Händen. Dies ist nötig, da Sie in der Regel von jeder Codestelle der Klasse aus auf das Kugelobjekt zugreifen wollen und nicht nur lokal innerhalb der HelloOpenGL-Methode. Erzeugen Sie eine Zeiger-Member-Variable *m_pKugel vom Datentyp GLUquadricObj mit der Zugriffsart protected. Klicken Sie dazu in der Klassenübersicht mit der rechten Maustaste auf die COpenGL-Klasse und wählen Sie dann den Menüpunkt MEMBER-VARIABLE HINZUFÜGEN.

Die fünf gluQuadric_-Befehle innerhalb des KUGEL-Listendefinitionsbereichs beschreiben die *Quadric-Eigenschaften*. Bei den Primitiven wurden hierfür die entsprechenden Attribute gesetzt. Einem Quadric werden demnach *körperspezifische Attribute* zugewiesen, die eben nur Quadrics aufweisen. Die meisten der bekannten GL-Attribute *wirken* aber weiterhin auf die Quadrics, wie u.a. die Verwendung des glShadeModel- oder des glColor_-Befehls im Quadric-Definitionscode zur Kugel zeigt.

Dass darüber hinaus noch weitere GL-Befehle wie etwa glLoadIdentitiy oder glNewList bei der Quadric-Definition Verwendung finden, verdeutlicht, dass die *GLU-Bibliothek* auf die *GL-Bibliothek* aufsetzt und sogar auf deren Funktionalität angewiesen ist.

Quadric – Geometrische Erscheinung

Das Kugel*objekt* wird über den GLU-Befehl gluSphere definiert.

Listing 13.5: Befehlsparameter zum gluSphere-Befehl

```
gluSphere(GLUquadricObj *obj,    //Zeiger auf Objektgerüst
         GLdouble radius,         //Radius zuweisen
         GLint slices,            //Längenaufteilung
         GLint stacks);           //Breitenaufteilung
```

Allen Quadric-Befehlen ist gemein, dass sie im ersten Parameter den zuvor erwähnten Zeiger vom Datentyp GLUquadricObj auf ein Quadric-Objektgerüst erwarten. Da Sie die verbleibenden drei Parameter *radius*, *slices* (zu Deutsch Scheibe) und *stacks* (zu Deutsch Stapel) über Listing 13.4 bereits definiert haben, sollten Sie für die entsprechenden Erläuterungen die Animation zunächst unter Nutzung der Lichteffekte starten, um das Kugelobjekt plastisch aus verschiedenen Blickwinkeln betrachten zu können.

Über die drei Parameter *radius*, *slices* und *stacks* haben Sie die Erscheinungsform der Kugel beschrieben. Die Kugel weist gemäß Listing 13.4 einen Radius von 0.5 auf, was den halben Längen der aus der Kugel herausragenden Koordinatenachsen x, y und z entspricht. Durch die *Aufteilungs*parameterwerte 18 und 9 haben Sie die Kugel in endlich viele Längen- und Breitenstücke (in Anlehnung an die übliche Aufteilung der Erdkugel) aufgeteilt und damit auch die Anzahl der kugelbildenden *ebenen Flächenstücke* bestimmt. Allgemein gilt:

> Quadrics werden aus *ebenen Flächenstücken* (Primitive) aufgebaut, was in der Regel zu einer kantigen Darstellung von *runden* GLU-Objekten führt.

Damit wäre ein weiterer wichtiger Sachverhalt erwähnt, der prinzipiell auf alle Quadrics zutrifft. Wie Bild 1 aus Abbildung 13.1 zeigt, wird die Kugel hauptsächlich über viereckige und an den Polen über dreieckige *Oberflächenstücke* gebildet, die *eben* bzw. *flach* sind. Auch wenn gleich noch gezeigt wird, dass die damit einhergehende *Kantenbildung* in einem gewissen Maße unterdrückt werden kann, so wird dennoch an dieser Stelle deutlich, dass Sie mit den GLU-Objekten nicht wirklich runde Körper erzeugen können.

Quadric – Lage und Position

Der *Kugelmittelpunkt* liegt per Definition immer im Ursprung des *globalen Koordinatensystems*. Über geeignete GL-Transformationsanweisungen können Sie die *Raumposition* und *-lage* der Kugel jedoch beliebig ändern. Die Transformationszusammenhänge wurden bereits im Abschnitt *Mit den Listen spielen* in Kapitel 11 erläutert. Allgemein gilt:

> Quadrics werden in *Bezug auf den Ursprung* des globalen Koordinatensystems definiert, da die GLU-Objekteckpunkte (Vertices) im Gegensatz zu den GL-Objektpunkten nicht explizit angegeben werden.
>
> Quadrics werden alternativ über entsprechende *Transformationsanweisungen im Raum* positioniert und in ihrer relativen Lage bestimmt.

In unserem Beispiel wurde durch den `glLoadIdentity`-Befehl die Transformationsmatrix durch die Einheitsmatrix *gelöscht*. Damit liegt der Kugelmittelpunkt genau im Ursprungspunkt des globalen Koordinatensystems der OpenGL-Szene. Wie Sie die Lage und die Position ändern können, wird am Ende des Buches gezeigt, quasi in einem finalen Darstellungsakt.

Abb. 13.1:
Darstellungsarten eines GLU-Objekts

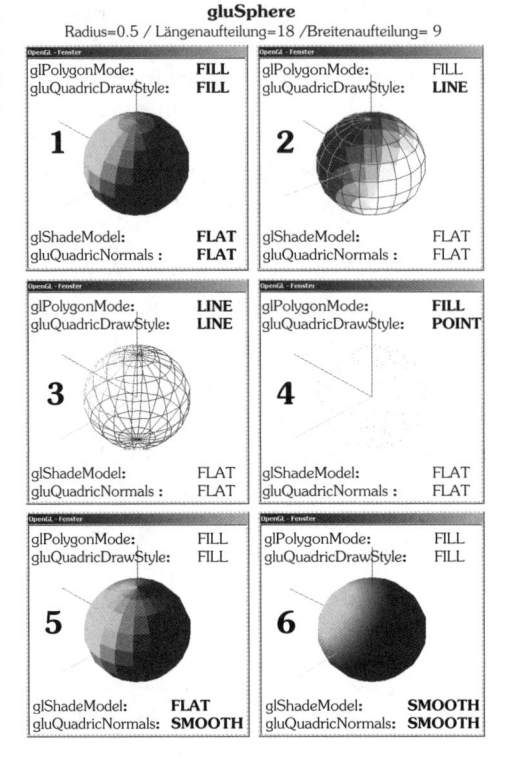

[Abbildung: gluSphere mit Radius=0.5 / Längenaufteilung=18 / Breitenaufteilung=9, sechs Darstellungen mit verschiedenen Einstellungen]

1: glPolygonMode: FILL, gluQuadricDrawStyle: FILL, glShadeModel: FLAT, gluQuadricNormals: FLAT
2: glPolygonMode: FILL, gluQuadricDrawStyle: LINE, glShadeModel: FLAT, gluQuadricNormals: FLAT
3: glPolygonMode: LINE, gluQuadricDrawStyle: LINE, glShadeModel: FLAT, gluQuadricNormals: FLAT
4: glPolygonMode: FILL, gluQuadricDrawStyle: POINT, glShadeModel: FLAT, gluQuadricNormals: FLAT
5: glPolygonMode: FILL, gluQuadricDrawStyle: FILL, glShadeModel: FLAT, gluQuadricNormals: SMOOTH
6: glPolygonMode: FILL, gluQuadricDrawStyle: FILL, glShadeModel: SMOOTH, gluQuadricNormals: SMOOTH

Quadric – Erscheinungsformen

Dass die Quadrics bei eingeschaltetem Licht dargestellt werden, bringt den großen Vorteil mit sich, dass die Auswirkungen der gluQuadric_-Eigenschaftsbefehle aus Tabelle 13.2 auch *sichtbar* sind. Folgende GLU-Konstanten bestimmen die Darstellung der Quadrics:

Tabelle 13.3: Übersicht der GLU-Konstanten des gluQuadric_-Befehls

GLU-Konstante	gluQuadric_-Eigenschaftsbefehl
GLU_FILL	_DrawStyle: GL-Flächen ausgefüllt
GLU_LINE	_DrawStyle: GL-Flächen liniert (Gitter)
GLU_POINT	_DrawStyle: GL-Flächen gepunktet
GLU_SILHOUETTE	_DrawStyle: GLU-Körperkanten (Umrisslinien)
GLU_OUTSIDE	_Orientation: Normalenrichtung außen
GLU_INSIDE	_Orientation: Normalenrichtung innen
GLU_SMOOTH	_Normals: 1 Normale pro Eckpunkt
GLU_FLAT	_Normals: 1 Normale pro Fläche
GLU_NONE	_Normals: keine Normalen

Bei der Anwendung der `gluQuadricDrawStyle`-Parameter `GLU_FILL`, `GLU_LINE`, `GLU_POINT` und `GLU_SILHOUTTE` könnten Sie irrtümlicherweise davon ausgehen, dass diese alleine die Erscheinungsform der GLU-Körper bestimmen. Dem ist aber nicht so. Der für die GL-Primitive zuständige Darstellungsbefehl `glPolygonMode`, der über die vergleichbaren GL-Konstanten `GL_FILL`, `GL_LINE` und `GL_POINT` die Flächen-, Gitter und Punktdarstellung von GL-Primitiven bestimmt, wirkt sich auch auf die Quadric-Darstellung aus. Wie Sie vielleicht noch aus Kapitel 6 wissen, liegt zunächst immer ein Standardstatuszustand des `glPolygonMode`-Befehls vor, sodass Sie diesen beachten bzw. bei Bedarf explizit definieren müssen.

> Da GLU-Quadrics aus GL-Primitiven gebildet werden, bestimmen weiterhin die GL-Befehle das Erscheinungsbild der GLU-Objekte mit!

Die Bilder 1 bis 4 in Abbildung 13.1 wurden mit jeweils unterschiedlichen GLU-/GL-Konstanten erzeugt. Hierbei bestimmt der *kleinste gemeinsame Nenner* bzw. die kleinste angegebene Raumdimension (Punkt->Linie->Fläche) die *resultierende Darstellungsart* (DrawStyle).

Quadric – Flächennormale

Wie Sie bereits in den Kapiteln zur *reinen GL-Programmierung* erfahren haben, benötigen Sie für die Lichtdarstellung flächiger Primitive entsprechend definierte (`glNormal_`) Normalenvektoren. Im Gegensatz zu dieser expliziten *Normalendefinition* definieren Sie die Normalen bei den Quadrics implizit global auf einen Schlag.

So dient `gluQuadricOrientation` beispielsweise dazu, alle Normalen aller Flächen eines Quadrics nach einer Körperseite hin einheitlicher auszurichten. Zwei Möglichkeiten haben Sie in diesem Zusammenhang. Einerseits können Sie über `GLU_OUTSIDE` bestimmen, ob alle Normalenvektoren von der Körperoberfläche nach außen wegzeigen sollen. Andererseits können Sie über `GLU_INSIDE` festlegen, ob alle Normalenvektoren in das Körperinnere hineinzeigen sollen. Da Sie in der Regel die GLU-Körper von außen betrachten, ist die `GLU_OUTSIDE`-Konstante die bevorzugte Einstellung. Damit definieren Sie im Ergebnis analog zu Kapitel 5, Abschnitt *Bestimmung der Vorder- und Rückseiten* die nach außen gewandten Flächenstücke als Vorderseiten.

Da Sie weiterhin über `glPolygonMode` die Vorder- und Rückseiten getrennt *ansprechen*, sind *kombinierte Darstellungseffekte* mit `gluQuadricDrawStyle` möglich. Bild 4 aus Abbildung 13.1 zeigt einen solchen Effekt. Da explizit über `glPolygonMode(GL_FRONT,GL_LINE)` nur die Vorderseiten (*frontfaces*) der GL-Flächen des GLU-Körpers in *Gitterlinien* dargestellt werden, sind die Rückseiten (*backfaces*) weiterhin in Flächendarstellung zu sehen.

Für den Fall, dass Sie sich für die flächige Darstellung der Quadrics entscheiden, also GL_FILL und GLU_FILL einsetzen, sollten Sie den Befehlen gluQuadricsNormals und glShadeModel besondere Beachtung schenken. Auch hier bestimmen im Zusammenspiel ein GLU- und ein GL-Befehl das Darstellungsergebnis – jetzt aber in Bezug auf das Lichtdarstellungsergebnis. Auch hier geben Sie gleich lautende Befehlsparameter an, nämlich GLU_SMOOTH und GL_SMOOTH bzw. GLU_FLAT und GL_FLAT.

Ausgehend von den Parametereinstellungen in Bild 1, Abbildung 13.1 verändern Sie nun die GLU_FLAT-Konstante des gluQuadricsNormals-Befehls zum Kugelobjekt in GLU_SMOOTH ab. Starten Sie die Animation erneut. Ist Ihnen der Unterschied aufgefallen?

Zugegeben, man muss schon genau hinsehen, um den Unterschied zu erkennen. Bild 5 zeigt das zugehörige Darstellungsergebnis. Im Vergleich zu Bild 1 ist nur eine leicht veränderte Lichtdarstellung des Kugelobjekts zu sehen. Wenn Sie sich nochmals die Beschreibungen zu den beiden GLU-Konstanten GLU_FLAT und GLU_SMOOTH in Tabelle 13.3 anschauen, so findet sich der Erklärungsansatz für den Unterschied.

Im GLU_FLAT-Fall wird jedem Flächenstück der Kugel genau ein Normalenvektor zugeordnet. Wie Sie bereits aus dem Abschnitt *Einfluss der Flächennormale* in Kapitel 9 wissen, wird im Normalfall bei der Berechnung der Lichtverhältnisse dieser eine flächenrepräsentierende Normalenvektor auf alle flächenbildenden *Farbeckpunkte* (Vertex) angesetzt. Anders verhält es sich bei Verwendung von GLU_SMOOTH. Hier wird jedem Vertex ein eigener Normalenvektor zugeordnet, der sich an den realen geometrischen Verhältnissen der Kugel in diesem Punkt orientiert. Mathematisch ausgedrückt weisen bei GLU_SMOOTH alle Eckpunkte die *wahren* Flächennormalen der Kugeloberflächen in diesen Punkten auf, was bei GLU_FLAT nie der Fall ist.

> Die Verwendung der GLU_SMOOTH-Konstante im gluQuadricsNormals-Befehl führt zu einer *realistischeren Lichtdarstellung*, da hiermit die geometrischen Verhältnisse des Quadrics an jedem Eckpunkt genau abgebildet werden. Allerdings verursacht die damit einhergehende Erhöhung der Normalenvektoren pro Quadric einen *höheren Berechnungsaufwand*, was bei komplexen Szenen zu Performanceproblemen führen kann.

Umgehen bzw. reduzieren können Sie dieses Problem, indem Sie weiterhin die GLU_FLAT-Konstante benutzen, dafür aber mehr *Flächenstücke* verwenden. Damit *nähern* Sie sich den *wahren* Normalenvektoren quasi indirekt an. Bei dem Kugelobjekt würden Sie also z.B. die *slices*- und *stack*-Werte erhöhen. Ob Sie diesen alternativen Schritt wählen oder eben doch GL_SMOOTH einsetzen, müssen Sie im Einzelfall selbst entscheiden.

Quadric – Kanten abrunden

Im direkten Zusammenhang zum vorangegangenen Abschnitt steht die hier zu erläuternde Möglichkeit, kantige Objekte abzurunden. Dies trifft hauptsächlich auf runde Quadrics zu, also auch auf die hier betrachtete Kugel. Die einfachste – aber zugleich auch performancekillende – Abrundungsmöglichkeit besteht darin, die Aufteilung der Kugel dramatisch zu erhöhen. Vervierfachen Sie dazu gleich einmal im `gluSphere`-Befehl den *slices*-Wert auf 72 und den *stacks*-Wert auf 36 (Listing 13.4). Starten Sie die Animation erneut.

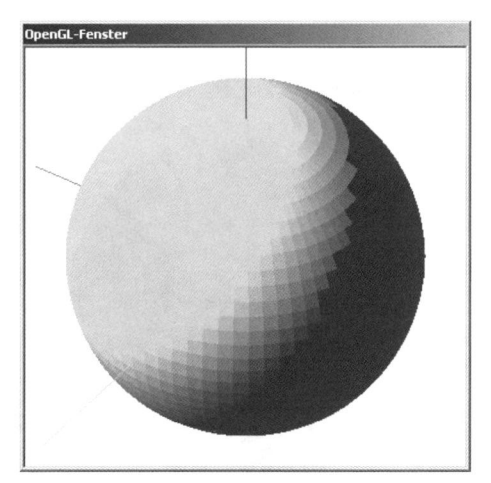

Abb. 13.2: Abrundung der Kugeldarstellung durch Flächenerhöhung

Auch wenn Abbildung 13.2 im Ergebnis eine deutlich rundere Kugel zeigt, so sind trotzdem immer noch die kugelbildenden Flächenstücke erkennbar. Zudem träte der Kanteneffekt wieder verstärkt auf, sobald Sie die Kugel ranzoomen, sodass man sagen kann, dass diese Art der Kantenglättung nicht zum Ziel führt. Die einzige vertretbare Lösung für all diese Probleme beschreibt folgender Merksatz.

> Bei *gleichzeitiger Verwendung* der `GL_SMOOTH`-Konstante im `glShadeModel`-Befehl und der `GLU_SMOOTH`-Konstante im `gluQuadricNormals`-Befehl entsteht selbst bei Wahl weniger Flächen zur Bildung eines Quadrics der Eindruck eines runden GLU-Körpers.

Der *runde Eindruck* wird hauptsächlich durch den *Farbverschmierungseffekt* innerhalb der einzelnen Flächenstücke erzielt und dies selbst bei geringer Flächenanzahl, wie Bild 6 in Abbildung 13.1 deutlich zeigt. Einzelheiten zum Farbverschmierungseffekt innerhalb von GL-Flächen entnehmen Sie dem Abschnitt *glShadeModel* in Kapitel 9.

Quadric – Topologisches

Wiederum in direkter Anlehnung an den vorangegangenen Abschnitt sei auf einen besonderen Sachverhalt aufmerksam gemacht, der von elementarer Bedeutung ist.

Verwenden Sie auf Basis von Listing 13.4 (*slices* = 18 und *stack* = 9) für gluQuadricsNormals den Parameter GLU_FLAT und für glShadeModel den Parameter GL_SMOOTH. Damit invertieren Sie die in Bild 5, Abbildung 13.1 verwendeten Parameter. Starten Sie die Animation unter Verwendung dieser Parameter.

Abb. 13.3:
Topologie des
Kugel-Quadrics

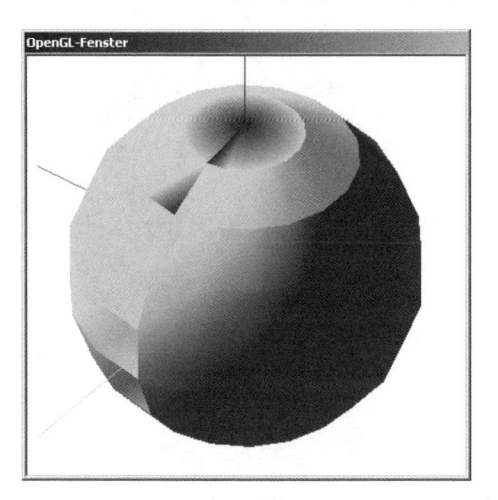

Deutlich ist eine Art *Grenzlinie* auf der Kugeloberfläche zu beobachten, die sich vom *Nordpol* zum *Südpol* erstreckt. Wie kann dies geschehen? Und vor allem: Warum war dieser Effekt in Bild 5 nicht festzustellen? Nun, ein zugegebenermaßen nicht ganz einfach zu erklärender Zusammenhang zeichnet sich dafür verantwortlich.

Die kugelbildenden Flächenstücke treffen an der dargestellten Grenzlinie zusammen. Damit fehlen den *Grenzflächen* die direkten *Anschlusspunktinformationen*. Flächen mit Anschlusspunkten weisen Anschlussflächen auf. Genau solche Flächentypen haben Sie bereits im Abschnitt *GL_QUAD_STRIP* in Kapitel 5 einmal kurz kennen gelernt, als eine geschlossene Vierecksfläche (GL_QUAD_STRIP) beleuchtet wurde. Aus genau solchen Anschlussflächen (GL_QUAD_STRIP und GL_TRIANGLE_STRIP) wird die Kugeloberfläche gebildet. Damit weisen alle Flächenstücke der Kugel *gemeinsame Eckpunkte* (Vertices) auf, *mit Ausnahme der Vertices der Grenzflächenstücke*! Damit wird bei der Berechnung der Grenzpunktfarben jeweils ein eigener Punkt angesetzt und eben nicht ein gemeinsamer. Dadurch weisen die Eckpunkte verschiedene Lichtfarben auf, da hier *unterschiedliche Normalenvektoren* (GLU_FLAT!)

auf ortsgleichen Eckpunkten stehen und sich so ein unterschiedliches Beleuchtungsergebnis der beiden Grenzflächen einstellt. Im Fall von `GLU_SMOOTH` ist dieser Effekt nicht zu beobachten, da hier gleiche Normalenvektoren auf ortsgleiche Eckpunkte wirken und somit die Beleuchtungsberechnung für beide Grenzflächen zu dem gleichen Farbergebnis kommt!

Den beschriebenen *topologischen* Zusammenhang weisen alle in sich geschlossen gekrümmten (sphärischen) Flächen auf, so z.B. Kugel- oder auch Zylinderoberflächen. Im Bereich der CAD-Konstruktion muss die *Topologie* einer geometrisch gekrümmten Fläche bekannt bzw. definiert sein, da darüber u.a. deren Lage und Position im 3D-Raum definiert wird.

13.1.3 Zylinder

Bezüglich der Darstellungseinstellungen gelten für den *Zylinder* bzw. den *Kegel* die gleichen Zusammenhänge wie für die Kugel. Darum bietet sich an dieser Stelle folgende Übung auch gut als Wiederholung an:

Erzeugen Sie das GLU-Objekt *Zylinder*. Gehen Sie dabei wie folgt vor: *Übung 1*

- Erzeugen Sie analog zu Listing 13.2 einen Listennamen `ZYLINDER` mit der Nummer 420 und binden Sie dieses Listenobjekt in die `SZENE`-Liste nach Listing 13.3 ein.

- Kommentieren Sie den Aufruf der `KUGEL`-Liste in der `SetCurModel`-Funktion aus und implementieren Sie hier den `glCallList`-Aufruf für den Zylinder.

- Die Zeiger-Member-Variable der `COpenGL`-Klasse zum `gluQuadric_`-Objekt `ZYLINDER` soll entsprechend dem Kugelabschnitt `*m_pZylinder` lauten.

- Die Farbe des Zylinders sei `BRAUN`. Programmieren Sie das entsprechend dem Kugelabschnitt.

- Kopieren Sie den `KUGEL`-Code aus Listing 13.4 an nachfolgende Stelle (// / b) Zylinder) und passen Sie ihn entsprechend an. Die Befehlsdeklaration für den Zylinder lautet:

```
void gluCylinder(
   GLUquadricObj * qobj,   // Objektzeiger
   GLdouble baseRadius,    // Bodenradius
   GLdouble topRadius,     // Kopfradius
   GLdouble height,        // Höhe
   GLint slices,           // Umfangsaufteilung
   GLint stacks);          // Höhenaufteilung
```

Listing 13.6: Befehlsrumpf des gluCylinder-Befehls

OpenGL definiert die Zylinderhöhe `height` ausgehend vom Ursprungspunkt in Richtung der positiven z-Achse des globalen Koordinatensystems.

- Weisen Sie *height* einen Wert von 0.5 – also halbe z-Achsenhöhe – zu.

13 GLU – Primitiver geht's nimmer

Damit ist die Lage des Zylinderbodens (base Z=0) und des Zylinderkopfes (top Z=height) bekannt. Nur wenn die Boden- und Kopfradien `baseRadius` und `topRadius` den gleichen Radiuswert aufweisen, definieren Sie einen Zylinder.

- Weisen Sie den Radien jeweils einen Wert von 0.4 zu.

Da die Radienmittelpunkte des Zylinders per Definition immer auf der z-Achse liegen, stimmt die z-Achse mit der Zylinderachse überein.

- Ordnen Sie den Zylinderaufteilungsparametern *slices* und *stacks* sinnvolle Werte zu, die mit der daraus resultierenden Flächenanzahl zusammenhängen. Bedenken Sie dabei (entsprechend den Erläuterungen im Abschnitt zur Kugel) die Performance- und Rundungsproblematiken.

Informationen zur Lösung dieser Übung können Sie in Anhang A nachlesen.

Kompilieren und starten Sie den von Ihnen gewählten Lösungscode und vergleichen Sie Ihre OpenGL-Darstellung mit Bild 2 in Abbildung 13.4.

Abb. 13.4: Quadrics-Objekte in der Übersicht

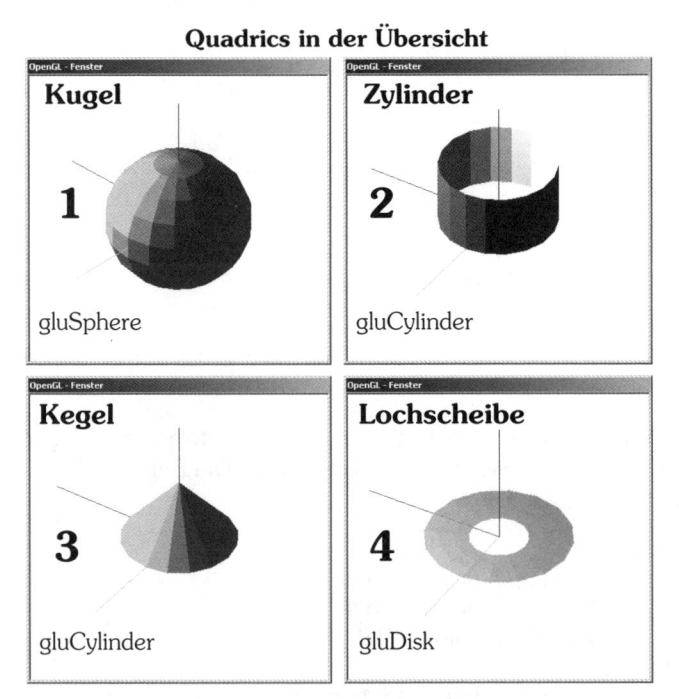

Quadrics in der Übersicht

Kugel — 1 — gluSphere
Zylinder — 2 — gluCylinder
Kegel — 3 — gluCylinder
Lochscheibe — 4 — gluDisk

13.1.4 Kegel

Mit dem bisher erworbenen Wissen kann das GLU-*Kegelobjekt* schnell erzeugt werden, da dieses nur einen Spezialfall des Zylinders darstellt. Der einzige Unterschied zur Zylinderdefinition ist, dass Sie innerhalb des `gluCylin-`

der-Befehls einem der beiden Radien `baseRadius` oder `topRadius` den Radienwert 0.0 zuweisen. Erzeugen Sie den gleichen Code wie im Zylinderabschnitt über geeignete Kopieroperationen. Vergeben Sie einen Listennamen `KEGEL` mit der Nummer 430 und erzeugen Sie eine GLU-Objektzeiger-Member-Variable `*m_pKegel` (Zugriff: `protected`). Realisieren Sie den Listenaufruf dieses Objekts. Färben Sie den Kegel grün ein.

Starten Sie die Kegel-Animation. Bild 3 in Abbildung 13.4 zeigt das resultierende Kegelobjekt. Das Kegelobjekt wurde in den Projektcode der dem Buch beiliegenden CD integriert.

13.1.5 Kreis-/Lochscheibe

Auch beim GLU-Objekt der *Lochscheibe* verfahren Sie analog zu den vorangegangenen Abschnitten. Vergeben Sie einen Listennamen `LOCHSCHEIBE` mit der Nummer 440 und erzeugen Sie einen *GLU-Objektzeiger* namens `*m_pLochScheibe`. Der Funktionsrumpf für die Lochscheibe sieht wie folgt aus:

```
void gluDisk(
    GLUquadricObj * qobj,     //Zeiger auf Obj.
    GLdouble innerRadius,     //Lochkreisradius
    GLdouble outerRadius,     //Umfangsradius
    GLint slices,             //Umfangsaufteilung
    GLint loops);             //Radialaufteilung
```

Listing 13.7: Befehlsrumpf des gluDisk-Befehls

Über `innerRadius` geben Sie den *Lochkreisradius* der Scheibe an und über `outerRadius` den *Umfangsradius* der Scheibe. Auch hier liegt der Scheibenmittelpunkt im Ursprung, während die Scheibe *flach* auf der xy-Ebene liegt. Der `slices`-Parameter gibt die Umfangsaufteilung und der `loops`-Parameter die Aufteilung in radialer Scheibenrichtung an. Legen Sie für die Parameter sinnvolle Werte fest. Die Lochscheibe stellt dabei den allgemeinen Darstellungsfall dar. Für den Spezialfall, dass Sie `innerRadius` mit dem Wert 0 belegen, resultiert eine geschlossene Kreisscheibe.

Erwähnenswert ist an dieser Stelle noch, dass hier der `GLU_SILHOUETTE`-Parameter aus Tabelle 13.3 für den `gluQuadricDrawStyle`-Befehl angewendet werden kann. Dieser bewirkt, dass nur die Silhouette (Umrisslinien) der Lochscheibe zu sehen ist.

13.2 NURBS – Freiformflächen

Zunächst einmal möchte ich mich im Voraus für diesen Abschnitt – oder besser gesagt Ausschnitt – entschuldigen. Denn was zu diesem Thema gesagt bzw. geschrieben werden müsste, bedarf eigentlich eines eigenen Buches, gefüllt mit Mathematik, Mathematik und nochmals Mathematik! Ach, Sie sind Mathematiker? Ja dann ... Aber wer ist schon Mathematiker ... Also, mehr als *eine* Möglichkeit, die NURBS-Erzeugung darzustellen, kann dieser Abschnitt nicht leisten, was aber auch schon eine Menge ist, wie Sie noch bemerken werden.

13.2.1 NURBS-Befehlsübersicht

Tabelle 13.4 zeigt alle GLU-Befehle im Zusammenhang mit der NURBS-Kurven-/Flächenerzeugung (engl. curve/surface) in der Übersicht.

Tabelle 13.4: Übersicht zu den GLU-NURBS-Befehlen

NURBS-Befehl	Anwendungszweck
gluNewNurbsRenderer	Neues NURBS-Objekt anlegen
gluDeleteNurbsRenderer	NURBS-Objekt löschen
gluBeginCurve	Definitionsbeginn NURBS-Kurve
gluEndCurve	Definitionsende NURBS-Kurve
gluBeginSurface	Definitionsbeginn NURBS-Fläche
gluEndSurface	Definitionsbeginn NURBS-Fläche
gluNurbsProperty	Eigenschaftsdefinition eines NURBS
gluGetNurbsProperty	Eigenschaftsabfrage eines NURBS
gluNurbsCallback	NURBS-Rückruffunktion

Im Zusammenhang mit NURBS könnten zwar noch weitere Befehle in die Befehlsliste aufgenommen werden, was aber unterbleibt, da diese nicht Inhalt der folgenden Erläuterungen sind.

13.2.2 NURBS, wat is denn dat?

Da stellen wir uns eben mal *nicht* gerade ganz dumm, denn dieser cineastische »Kunstgriff« hilft hier ausnahmsweise mal nicht weiter. Und das auch nicht, wenn ich Ihnen sage, dass NURBS Non-Uniform Rational Basis Spline bedeutet. Um ins Detail zu gehen, müsste leider tatsächlich derart weit ausgeholt werden. Deshalb ist an dieser Stelle das einzig Hilfreiche, dass Sie sich einfach einmal anschauen, wie und was da geht – mit den NURBS! Dazu *drehen* Sie später einfach an der einen oder anderen Code-Schraube, denn auch hier gilt der alte Empiriker-Spruch: Probieren geht über Studieren!

> Mit NURBS können Sie komplex *gekrümmte* Kurven und Flächen erzeugen, die mathematisch differenzierbar, also stetig sind. Damit sind deren Kurven- oder Schnittlinien, Oberflächen und Volumina exakt berechenbar.
>
> *NURBS-Flächen* weisen in der Regel definierte *Ausbeulungen* gegenüber einer gedachten Ebene auf, die in ihrem Erscheinungsbild meist einer Berg- oder Tallandschaft gleichen. Darum können sie auch als *3D-Objekte* betrachtet werden.

Mit NURBS können Sie demnach Kurvenlinien oder *unflache* Flächen erzeugen. Da das primäre Ziel der folgenden Betrachtungen den Flächen gilt, wird *nur* die *NURBS-Flächenerzeugung* behandelt und die *Kurvenerzeugung* außen vor gelassen.

NURBS stellen einen speziellen Typ von *Freiformflächen* dar, die unter OpenGL erzeugt werden können. Auf die darüber hinaus erzeugbaren und den NURBS-Flächen zugrunde liegenden *Bézier-Kurven/Flächen* mit deren GL-Befehlen kann hier nicht eingegangen werden. Dies ist aber auch nicht unbedingt nötig, denn die Fachwelt ist sich in Folgendem weitestgehend einig:

> Die NURBS-Flächen stellen das Nonplusultra innerhalb der Freiformflächenerzeugung dar und sollten bevorzugt verwendet werden.

So wie die einzelne Bézier-Fläche auch lässt sich die komplexe NURBS-Fläche mithilfe von mathematischen *Approximationen* berechnen. Approximationsflächen stellen *platt* ausgedrückt *Näherungsflächen* dar, die sich den flächenbeschreibenden *Kontrollpunkten* zwar annähern, diese aber nur seltenst berühren, was bei der *Interpolationsberechnung* immer der Fall wäre. Für die Modellierung von 3D-Flächen ist demnach der Interpolationsansatz nur selten geeignet.

Der entscheidende Vorteil der komplexen NURBS-Fläche gegenüber der einzelnen Bézier-Fläche ist, dass diese lokal beeinflusst werden kann. Dass heißt, dass sich die NURBS-Fläche in gewissen Flächenbereichen stärker oder schwächer einem *nahen* Kontrollpunkt annähert. Die Bézier-Fläche wird hingegen immer global, also von allen vorhandenen Kontrollpunkten über die gesamte Fläche beeinflusst.

13.2.3 NURBS-Kontrollfeld definieren

Zur beispielhaften Erzeugung einer NURBS-Fläche betrachten Sie zunächst Abbildung 13.5, da über die im Folgenden beschriebenen Zusammenhänge NURBS-Flächen definiert werden.

Die Kontrollpunkte P(u,v) (dargestellt durch geschlossene Kreisringe) stellen beispielhaft das Flächenkontrollfeld dar, das die grundsätzliche Form der NURBS-Fläche bestimmt. Dieses der NURBS-Fläche zugrunde liegende Feld ist in diesem Beispiel viereckig (quadratisch) und wird durch 16 *Feldpunkte* (geöffnete Kreisringe) gekennzeichnet, die allesamt auf der *Feldebene* (xy-Ebene) liegen. Da hier die 12 Randpunkte des Feldes zugleich Kontrollpunkte sind, werden diese Feldpunkte durch die Kontrollpunkte überdeckt – ganz im Gegensatz zu den vier innerhalb des Feldes liegenden Feldpunkten. Deren zugehörige vier Kontrollpunkte liegen in positiver z-Richtung verschoben und ragen daher aus der Feldebene heraus.

13 GLU – Primitiver geht's nimmer

*Abb. 13.5:
Beispielhaftes
NURBS-
Flächen-
kontrollfeld*

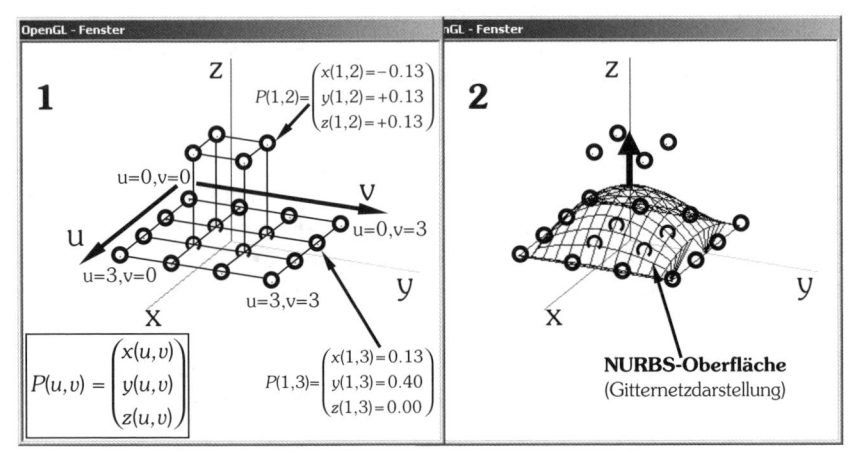

$$1 \quad P(1,2) = \begin{pmatrix} x(1,2) = -0.13 \\ y(1,2) = +0.13 \\ z(1,2) = +0.13 \end{pmatrix} \quad 2$$

$$P(u,v) = \begin{pmatrix} x(u,v) \\ y(u,v) \\ z(u,v) \end{pmatrix} \qquad P(1,3) = \begin{pmatrix} x(1,3) = 0.13 \\ y(1,3) = 0.40 \\ z(1,3) = 0.00 \end{pmatrix}$$

NURBS-Oberfläche
(Gitternetzdarstellung)

Wie bereits erwähnt nähert sich die NURBS-Fläche den beschriebenen Kontrollpunkten an. Bild 2 in Abbildung 13.5 zeigt dies am Beispiel einer Gitternetzfläche besonders deutlich. Die Flächenbeule weist zwar in Richtung (siehe Pfeil) der vier inneren Kontrollpunkte, berührt bzw. erreicht diese aber nicht. Da der Flächenrandbereich im wahrsten Sinne des Wortes einen Grenzfall darstellt, liegen hier die NURBS-Flächenpunkte auch ausnahmsweise auf den Kontrollpunkten und auf den Feldpunkten (z = 0).

Bevor mit den Ausführungen fortgefahren wird, soll der nötige Code zur Erzeugung der obigen Beispielfläche vorgestellt werden. Erzeugen Sie dazu zunächst eine neue OpenGL-Liste namens NURBS mit der Listennummer 490. Den Initialisierungscode können Sie sich aus der Datei *NURBS_Kontrollfeld.txt*, die sich auf der Buch-CD im Ordner \Buchdaten\Kapitel13\CCode_TXT\ befindet, herauskopieren. Fügen Sie den Code innerhalb der HelloOpenGL-Methode direkt im Anschluss an die zuvor behandelten GLU-Objekte ein.

*Listing 13.8:
Universalcode
zur NURBS-
Kontrollfeld-
definition*

```
...
// 11.) NURBS-Objekte definieren
// a) Initialisierungen / NURBS-Felddefinition
const GLint countPu=4;       //Anz. der Kontrollpkt. in u
const GLint countPv=4;       //Anz. der Kontrollpkt. in v
const GLfloat lu=0.8F;       //Länge des Viereckfelds x(u)
const GLfloat lv=0.8F;       //Länge des Viereckfelds y(v)
GLint u,v,un,uv;             //Feldparameter
GLfloat uknots[countPu*2];   //Normierungsknoten u
GLfloat vknots[countPv*2];   //Normierungsknoten v
GLfloat ctrlP[countPu][countPv][3]; //Kontrollpunktfeld
// b) Vorberechnungen
  un=countPu-1;              //Indexende un
  uv=countPv-1;              //Indexende vn
```

```
    for (u=0; u<countPu; u++)
    {uknots[u]=0.0F;           //u Normierungsknoten
     uknots[u+countPu]=1.0F;   //  von 0 bis 1
     for (v=0; v<countPv; v++)
     {if(u==0)                 //nur beim ersten Durchlauf
        {vknots[v]=0.0F;       //v Normierungsknoten
         vknots[v+countPv]=1.0F;} // auf 0 und 1 setzen
         ctrlP[u][v][0]=1u*(((GLfloat)u/(GLfloat)un)-0.5F);
         ctrlP[u][v][1]=1v*(((GLfloat)v/(GLfloat)uv)-0.5F);
      if ((u==1 || u==2) && (v==1 || v==2))
         if (u=1) ctrlP[u][v][2]=0.5F; //Höhenpkt. u=1
         else ctrlP[u][v][2]=0.5F;     //Höhenpkt. u=2
      else
         ctrlP[u][v][2] = 0.0F;        //Randhöhenpkt.
     };
    };
// c) NURBS-Flächen- und Listenerzeugung
...
```

Listing 13.8 zeigt den Teil des NURBS-Codes, der das Kontrollfeld nach Abbildung 13.5 programmiertechnisch definiert. Über countPu und countPv bestimmen Sie die Anzahl der Kontrollpunkte für das *Parameterfeld (u,v)*. Über diese zwei Parameter wird das zweidimensionale Kontrollfeld mathematisch beschrieben. Die zugehörigen Kontrollpunkte werden über die bekannten x-, y- und z-Komponenten festgelegt, die in Abhängigkeit zu den Parametern u, v stehen.

$$P(u,v) = \begin{pmatrix} X(u,v) \\ Y(u,v) \\ Z(u,v) \end{pmatrix}$$

Wichtig ist hierbei festzustellen, dass die Parameter immer aufsteigende Ganzzahlenwerte aufweisen müssen. Also üblicherweise u=0, 1, 2, 3 ... Dies gleicht sehr der bekannten ein- und mehrdimensionalen Datenfelddefinition bei der Programmierung, deren Indizes immer von einem ganzzahligen Datentyp sind, was u.a. folgende Deklarationszeile verdeutlicht:

`GLfloat ctrlP[countPu][countPv][3];` //Kontrollpunktfeld

countPu und countPv sind vom ganzzahligen OpenGL-Datentyp GLint und weisen zunächst den Wert 4 auf. Damit kann das Datenfeld ctrlP[0..un][0..uv][0..2] die Kontrollpunktwerte der Beispielfläche speichern. Der Index [0..2] speichert die Koordinatenwerte 0→X, 1→Y und 2→Z des Parameterfeldes P(u,v).

> **ACHTUNG**
>
> Mehr als u x v = 8 x 8 = 64 Kontrollpunkte können zur Definition einer NURBS-Fläche zurzeit nicht verwendet werden. Höhere Indexwerte als 8 für u und v führen zu einem `GL_INVALID_VALUE`-OpenGL-Fehler.

Nicht ganz ohne Stolz darf ich Sie darauf hinweisen, dass Sie mit dem hier dargestellten Code aus Listing 13.8 über die universelle Möglichkeit verfügen, jedes beliebige (u,v)-Feld einer NURBS-Fläche definieren zu können, sofern Sie bei den Parameterangaben `countPu` und `countPv` den Wert 8 nicht überschreiten.

13.2.4 NURBS-Oberfläche erzeugen

Implementieren Sie nun den zweiten Teil zur NURBS-Realisierung, die den eigentlichen NURBS-Definitionscode darstellt. Das dafür notwendig Kontrollfeld `ctrlP` wurde zuvor erzeugt.

Listing 13.9: Beispielcode zur NURBS-Flächenerzeugung

```
...
// c) NURBS-Flächen- und Listenerzeugung
glNewList((GLint) NURBS,GL_COMPILE);//NURBS-Liste anlegen
m_pNurbs=gluNewNurbsRenderer();      // NURBS-anfordern
if (m_pLochScheibe > 0) //Probleme bei Anforderung?
{ //Nein, dann NURBS definieren...
    // HIER SPÄTER DIE gluNurbsProperty-Befehle einfügen

    glPushAttrib(GL_ALL_ATTRIB_BITS); //GL-Status sichern
      SetMatCol(                      //glMaterial-Def.
        &m_fStdFarben.DUNKELGRUEN,    // Dunkelgrün
        GL_FRONT,Ca, Cd, Cs);         // Reflexionspara.
      glColor4fv(                     //NURBS-Farbe
        &m_fStdFarben.DUNKELGRUEN.Red);// Dunkelgrün
      glEnable(GL_AUTO_NORMAL);       //weil NURBS=MAPs sind!
      glPushMatrix();                 //Matrix auf den Stapel
        gluBeginSurface(m_pNurbs);    //NURBS-Def.Beginn
          gluNurbsSurface(m_pNurbs,   //das NURBS-Objekt
            countPu*2,&uknots[0],     //Normierungsknoten u
            countPv*2,&vknots[0],     //Normierungsknoten v
            (GLint) (3*countPv),      //Array Offset u
            (GLint) 3,                //Array Offset v
            &ctrlP[0][0][0],          //Kontrollpunktefeld
            countPu,                  //Anz.Kontrollpunkte u
            countPv,                  //Anz.Kontrollpunkte v
            GL_MAP2_VERTEX_3);        //Erzeugungsmodus
        gluEndSurface(m_pNurbs);      //NURBS-Def. Ende
      glPopMatrix();                  //alte Matrix aktiv.
    glPopAttrib();                    //alte Attribute aktiv.
glEndList();                          //Listendef. Ende
```

```
gluDeleteNurbsRenderer(m_pNurbs); //NURBS-Speicher freig.
};
...
```

Zunächst wird über `glNewList` und `glEndList` der in Listing 13.9 dargestellte NURBS-Definitionscode eingeklammert, also in die Liste NURBS abgespeichert. Über den ersten GLU-Listenbefehl `gluNewNurbsRenderer` wird ein neues NURBS-Objekt angefordert. Der Befehl generiert einen Zeiger auf ein neues NURBS-Objekt, der in Form eines Rückgabewertes in die Member-Variable *m_pNurbs abgespeichert wird. Die Zeigervariable ist vom GLU-Datentyp `GLUnurbsObj` und zurzeit noch nicht vorhanden. Implementieren Sie daher wie gewohnt diese Zeiger-Member-Variable mit dem Zugriffsrecht protected innerhalb Ihrer COpenGL-Klasse.

War die Anforderung erfolgreich, so wird ein Zeigerwert ungleich 0 auf das neue NURBS-Objekt zurückgegeben. Ansonsten liegen in den meisten Fällen Speicherprobleme vor. Der erfolgreich belegte Speicher wird nach Abschluss der NURBS-Definition über `gluDeleteNurbsRenderer` (m_pNurbs) wieder freigegeben.

Die eigentliche NURBS-Definition geschieht über den `gluNurbsSurface`-Befehl (engl. surface für Oberfläche), der durch die `gluBeginSurface`- und `gluEndSurface`-Befehle *eingeklammert* werden muss. Innerhalb dieser Klammer ist es möglich, gleich mehrere *NURBS-Flächentypen* zu erzeugen. Die Parameterangaben zum `gluNurbsSurface`-Befehl folgen den vorangegangenen Kontrollfelderläuterungen und werden hier nicht weiter beschrieben. Einzig die Angabe des NURBS-*Erzeugungsmodus*, der über eine GL-Konstante definiert wird, soll kurz beschrieben werden. Hier kommen nur `GL_MAP2_`-Konstanten in Frage. MAP2 (engl. map für Karte) steht hierbei für die 2D, also Oberflächenerzeugung einer NURBS. Folgende Konstanten werden üblicherweise dem `gluNurbsSurface`-Befehlsparameter zugeordnet:

GL_MAP2_x	NURBS-Erzeugungsmodus
GL_MAP2_COLOR_4	NURBS-2D-Farbfelddefinition
GL_MAP2_NORMAL	NURBS-2D-Normalenfelddefinition
GL_MAP2_TEXTURE_COORD_2	NURBS-2D-Texturfelddefinition
GL_MAP2_VERTEX_3	NURBS-2D-Eckpunktfelddefinition

Tabelle 13.5: NURBS-Erzeugungskonstanten GL_MAP_2_ (2D)

Über den `GL_MAP2_VERTEX_3`-Erzeugungsmodus wird angezeigt, dass eine Oberfläche mithilfe von 3D-Eckpunkten (Vertices) gebildet werden soll, womit auf Basis der Kontrollfeldinformationen das NURBS-*Eckpunktefeld* berechnet (approximiert) wird. Die Eckpunkte werden mit geeigneten Primitiven (Dreiecks- und Vierecksflächen) *aufgefüllt* und bilden damit die sichtbare NURBS-Fläche.

Tabelle 13.5 zeigt, dass neben dem Eckpunktefeld noch *Farb-*, *Normalenvektor-* und *Texturfelder* erzeugt werden können. Diese der NURBS-Fläche zusätzlich zuzuordnenden *Oberflächen* werden ebenfalls approximiert und bestimmen das Erscheinungsbild der Fläche maßgeblich mit. Hier soll zunächst nur das Eckpunktefeld erzeugt werden.

Implementieren Sie den Listenaufruf der NURBS wie gewohnt innerhalb der SetCurModel-Funktion und kommentieren Sie mit Ausnahme der ATTRIBS- und KOORDINATENSYSTEM-Liste alle Listenaufrufe innerhalb der SZENE-Liste aus.

```
...
  glNewList( (GLint) SZENE, GL_COMPILE);   //Szenenliste
    glCallList( (GLint) ATTRIBS);          //Attribute.
    glCallList( (GLint) NURBS);            //NURBS zeichn
    //glCallList( (GLint) HAUS);           //Haus zeichnen
...
```

Kompilieren und starten Sie das Programm. Betrachten Sie die NURBS-Fläche im Animationsmodus bei aktivierten Lichteffekten. Studieren Sie diesen ungewöhnlichen Flächentyp aus den verschiedensten Blickwinkeln. Vergleichen Sie die tatsächlich erzeugte NURBS-Fläche mit den Erläuterungen aus dem Abschnitt *NURBS-Kontrollfeld*. Vollziehen Sie die Entstehung der NURBS-Fläche von der Kontrollfelddefinition über den NURBS-Definitionscode bis hin zum Darstellungsergebnis (siehe Bild 1 in Abbildung 13.6) noch einmal nach.

13.2.5 NURBS-Eigenschaften

> Da eine NURBS-Fläche *in der Regel* aus vielen Oberflächenstücken (Beziér-Patches) besteht, zeichnen sich hier die *Spiegellichteffekte* besonders eindrucksvoll ab.

Abb. 13.6: Darstellungsarten einer NURBS-Fläche

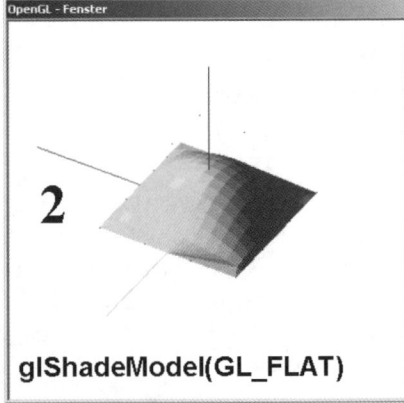

Der Merksatz macht indirekt darauf aufmerksam, dass das Normalenvektorfeld einer NURBS an jedem Vertex-*Punkt* der runden Fläche eine andere Normalenvektorrichtung aufweist. Wie Sie im Lichtkapitel bereits erfahren haben, ist die Lage des Normalenvektors für das Ergebnis der Lichtberechnung und damit für die Spiegeleffekte von grundlegender Bedeutung. Da die NURBS im Sinne von OpenGL eine *MAP* darstellt, kann das Normalenvektorfeld automatisch erzeugt werden – ganz im Gegensatz zu den GL-Primitiven. Hier müssen die Normalenvektoren manuell definiert werden. Unser NURBS-Code aus Listing 13.9 macht von dieser automatischen Normalenerzeugung Gebrauch:

```
glEnable(GL_AUTO_NORMAL);   //MAP-Auto-Normalenerzeugung
```

Wie im vorhergehenden Abschnitt angedeutet, könnten Sie dem Eckpunktefeld alternativ ein zugehöriges Normalenvektorfeld explizit zuordnen. Hierzu müssten Sie ein Normalenkontrollfeld definieren, das im NURBS-Erzeugungsmodus `GL_MAP2_NORMAL` das Normalenvektorfeld approximiert. Auf vergleichbare Weise wird auch bei der NURBS-*Oberflächenfarbgebung* verfahren. Grundsätzlich wird der Fläche wie bei den GL-Primitiven die global eingeschaltete Statusfarbe zugeordnet. Auch hier könnten Sie dem approximierten Eckpunktefeld alternativ ein approximiertes Farbfeld explizit zuordnen, womit interessante Farbverläufe (Verschmierung) innerhalb der NURBS-Fläche möglich sind.

Neben diesen OpenGL-Grundeigenschaften können Sie einer NURBS über den Multifunktionsbefehl `gluNurbsProperty` (engl. property für Eigenschaft) weitere Eigenschaften zuordnen. Der entsprechende Codebereich innerhalb des NURBS-Definitionscodes aus Listing 13.9 wurde durch einen Platzhalterkommentar bereits angedeutet. Fügen Sie dafür folgenden Standard-Eigenschaftscode ein.

Listing 13.10: Explizite Verwendung der gluNurbsProperty-Befehle

```
//NURBS-Eigenschaften
  gluNurbsProperty(m_pNurbs,      // Darstellungsart
    GLU_DISPLAY_MODE,             //   der NURBS-Fläche
    GLU_FILL );                   //   =flächig(Default)
  gluNurbsProperty(m_pNurbs,      // Zeiger auf NURBS
    GLU_SAMPLING_METHOD,          // Erzeugungsmethode:
    GLU_DOMAIN_DISTANCE);         // über u und v Def.!
  gluNurbsProperty(m_pNurbs,      // Zeiger auf NURBS
    GLU_U_STEP,                   // Approximation in u
    10.0F);                       // Default=100.0F
  gluNurbsProperty(m_pNurbs,      // Zeiger auf NURBS
    GLU_V_STEP,                   // Approximation in v
    10.0F);                       // Default=100.0F
...
```

Verwenden Sie die GLU-Konstante GLU_DISPLAY_MODE als Eigenschaftsparameter zum gluNurbsProperty-Befehl, um die grundsätzliche Darstellungsart der NURBS-Fläche zu bestimmen.

Mit GLU_FILL als zweitem, die Eigenschaft näher beschreibenden Befehlsparameter definieren Sie eine geschlossene Oberflächendarstellung der NURBS, so wie Bild 1 und 2 in Abbildung 13.6 zeigen. Alternativ können Sie über GLU_OUTLINE_POLYGON eine Umrissdarstellung der zahlreichen approximierten Flächenstücke (engl. patches) der NURBS erzwingen. Damit zeigt sich die NURBS-Fläche in der bekannten Gitternetzdarstellung. GLU_OUTLINE_PATCH stellt als letzte der drei Möglichkeiten das NURBS in seinen Grundflächenumrisslinien dar. Bedenken Sie, dass dies nicht immer bzw. nur selten einer Viereckumrandung entspricht. Diese wurde nur der Einfachheit halber in unserem Beispiel verwendet. Wenn Sie in Zukunft komplexe NURBS-Flächen bilden, so streben Sie häufig kurvige Umrisslinien an. Hier liegen die Feldpunktkoordinaten eben nicht auf einer Linie, sondern auf einer Kurve, was Sie durch entsprechende Änderung des Eckpunktefeldes erreichen.

Kompilieren und starten Sie die Animation mit der GLU_DISPLAY_MODE-Eigenschaft unter Verwendung von GLU_OUTLINE_POLYGON. Die entsprechende Gitterdarstellung können Sie Bild 2 in Abbildung 13.7 entnehmen.

Abb. 13.7:
Verschieden
definierte
Netzdichten

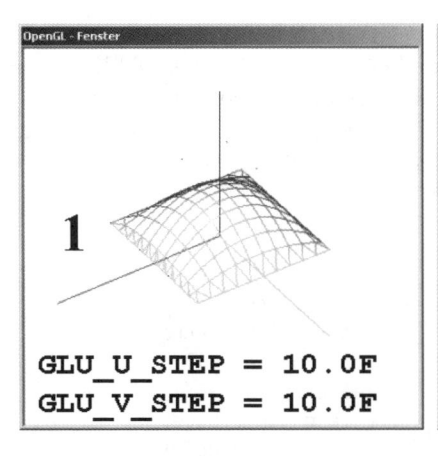

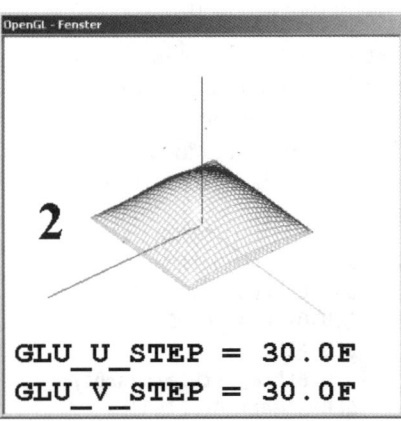

Über die GLU_SAMPLING_METHOD-Eigenschaft in Verbindung mit der nicht standardmäßigen GLU_DOMAIN_DISTANCE-Konstante haben Sie die Möglichkeit, die zu approximierende Netz- bzw. Flächenaufteilung der NURBS in u- und v-Parameterrichtung (2D) zu beeinflussen. Diese Netzaufteilung und damit auch *Netzdichte* (Anzahl der *Netzmaschen* pro Flächeneinheit) wurde in Listing 13.10 über die Fließkommawerte 10.0F für beide Parameterrichtungen festgelegt. Dies geschieht über die GLU_U_STEP- und GLU_V_STEP-Eigenschaftsdefinitionen. Die Standardwerte für beide Eigenschaften sind bei nicht expliziter

Angabe 100.0F. Ändern Sie zum Vergleich diese Aufteilungswerte auf moderate 25.0F, um den Unterschied zu den bisher verwendeten 10.0F zu erfahren. Kompilieren und starten Sie die Animation erneut. Die entsprechende Gegenüberstellung der daraus resultierenden Gitternetzdarstellungen können Sie Abbildung 13.7 entnehmen. Probieren Sie in diesem Zusammenhang andere Wertepaare aus, um weitere mögliche Netzdichten betrachten und bewerten zu können.

> Unter Performance-Gesichtspunkten sollte eine *niedrige Netzdichte* angestrebt werden, da sich damit die Anzahl der Polygone (Netzmaschen) reduziert, die die NURBS bilden.

Die insgesamt möglichen und beeinflussbaren NURBS-Eigenschaften werden über die Verwendung der folgenden möglichen GLU-Konstanten im ersten Parameter des gluNurbsProperty-Befehls definiert. Der zweite eigenschaftsbeschreibende Parameter ist dabei mit seinem standardmäßigen Wert angegeben.

gluNurbsProperty-Eigenschaftsparameter	NURBS-Eigenschaft (Standardwert)
GLU_DISPLAY_MODE	Flächendarstellung (GLU_FILL)
GLU_SAMPLING_METHOD	Flächenerzeugungsart (GLU_PATH_LENGTH)
GLU_SAMPLING_TOLERANCE	maximale Pixellänge, wenn GLU_SAMPLING_METHOD auf Standardwert gesetzt ist (50.0F)
GLU_PARAMETRIC_TOLERANCE	maximale Pixelentfernung, wenn GLU_SAMPLING_METHOD auf GLU_PARAMETIC_ERROR gesetzt ist (0.5F)
GLU_U_STEP	Approximationstiefe in u (100.0F)
GLU_V_STEP	Approximationstiefe in v (100.0F)
GLU_CULLING	View (GL_FALSE)
GLU_AUTO_LOAD_MATRIX	automatische Matrizenbehandlung (GL_TRUE)

Tabelle 13.6: Definierbare GLU-Eigenschaften über gluNurbsProperty

Beachten Sie bei der Verwendung von gluNurbsProperty-Befehlen die Hinweise des folgenden Merksatzes.

> Wie bereits von den komplexen GLU-Objekten her bekannt, werden auch die NURBS mit ihren gluNurbsProperty-Eigenschaften von den GL-Befehlen überlagert bzw. dominiert, womit wieder der enge Zusammenhang zwischen dem GLU- und dem GL-Befehlssatz erkennbar ist.
>
> Der aktuelle *OpenGL-Status* (z.B. glShadeModel oder glPolygonMode) bestimmt das Erscheinungsbild der NURBS *entscheidend* mit!

371

Letztgenannter Hinweis soll nun demonstriert werden. Implementieren Sie dazu den GL-Befehl `glShadeModel` in den Code aus Listing 13.9.

```
...
  glEnable(GL_AUTO_NORMAL);    //MAP-Auto-Normalenerzeugung
  glShadeModel(GL_FLAT);       //Schattierungsmodus
  glPushMatrix();
...
```

Versehen Sie an dieser Stelle die `GLU_DISPLAY_MODE`-Eigenschaft mit der `GLU_FILL`-Konstante, um wieder die Flächendarstellung der NURBS zu aktivieren. Nach erneuter Kompilierung und dem Programmneustart sehen Sie die NURBS-Fläche in der von den Primitiven und GLU-Objekten bekannten `GL_FLAT`-Darstellungsweise. Den Unterschied zu der bisher verwendeten `GL_SMOOTH`-Darstellung (Standardwert) zeigt Abbildung 13.6.

Übung 2 Fügen Sie nach dem `glShadeModel`-Befehl den folgenden GL-Befehl ein:

```
  glPolygonMode(GL_FRONT,GL_LINE);   //Vorderflächendarst.
```

Betrachten Sie die OpenGL-Szene in der Animationsdarstellung.

Worauf soll mit dieser Übung aufmerksam gemacht werden?

Die Antwort auf diese Frage können Sie in Anhang A nachlesen.

13.2.6 NURBS-Transformationen

> Die Transformationsbefehle wirken sich auf die NURBS-Objekte in gleicher Weise aus, wie sie sich auf die Primitive auswirken!

Auf die in diesem Zusammenhang implementierten `glPushMatrix`/`glPopMatrix`-Befehle des NURBS-Definitionscodes aus Listing 13.9 wurde bisher noch nicht eingegangen. Die Bedeutung dieser Befehle wurde hingegen schon in Kapitel 11 im Abschnitt *glPush/glPop – Die Hoch- und Tiefstapler* ausführlich behandelt.

An dieser fortgeschrittenen Stelle bietet sich eine wissenskonsolidierende Übung zur Transformation, zur Definition des NURBS-Kontrollfeldes und zu anderen bekannten Themen an.

Übung 3 Bisher haben Sie eine symmetrische Freiformfläche (Hügelspitze in der Mitte der NURBS-Fläche) erzeugt. Ändern Sie durch einen modifizierenden Eingriff in die Kontrollfelddefinition diesen Spitzhügel in einen *Schräghügel*, ganz ähnlich der Form eines Deichs am Meer. Schalten Sie zu dieser NURBS-Fläche die altbekannte Hausszene wieder hinzu. Versetzen Sie mittels eines geeigneten Transformationsbefehls an geeigneter Codestelle innerhalb des

NURBS-Definitionscodes den Schräghügel so, dass die NURBS-Fläche direkt hinter dem Hausgrundstück anschließt.

Tipps:

- Geeignete *unterschiedliche* Höhenpunktwerte zur Deichhügelformbildung sind: u = 1: 1.0F und v = 2: 0.0F
- Der Transformationsbefehl lautet: glTranslated (-0.3,0.5,0.0)
- Verlegen Sie den Szenenmittelpunkt (Center) der Kamerasicht wieder in den Raumpunkt: X=0.0, Y=0.5 und Z=0.25.
- Aktivieren Sie die Hausszenenobjektlisten wieder.

Informationen zur Lösung dieser Übung finden Sie in Anhang A.

Folgende Szenendarstellung der HelloOpenGL-Szene (mit Blickrichtung auf die Rückseite des Hauses) sollte mit dem Resultat Ihrer Bemühungen übereinstimmen.

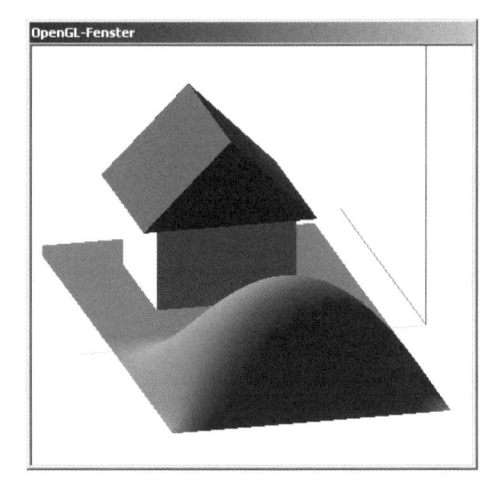

Abb. 13.8: Darstellung des NURBS-Hügels und der Hausszene

13.2.7 NURBS-Topologie

Genauso wie Kugeln oder Zylinder haben auch NURBS-Flächen topologische Eigenschaften und Eigenarten. Im Zusammenhang mit der NURBS-Fläche ist hierzu anzumerken, dass die über die Grenzlinien definierten Trennflächen vor allem in Bezug auf die *Texturierung* von Bedeutung sind. Wird eine NURBS-Fläche mit einer Textur versehen, so wird diese nur in eine der Trennflächen projiziert. Außerhalb der Texturierung bemerken Sie die topologischen Eigenschaften der NURBS selten. Siehe dazu eventuell auch noch einmal die Erläuterungen im Abschnitt *Quadric – Topologisches* weiter oben in diesem Kapitel.

13.2.8 Getrimmte NURBS, Tesselationsobjekte usw.

Sie vermissen in diesem Buch die Darstellung der *NURBS*-Trim-*Befehle* (`gluTrimBegin`, `gluTrimEnd` etc.), der *Tesselationsobjekte* (`gluNewTess`, `gluTessEndContour` etc.) und vieles andere mehr in diesem Zusammenhang? Stimmt, aber an dieser Stelle muss einfach kapituliert werden. Zu komplex und aufwändig ist die dezidierte Darstellung der NURBS und der damit einhergehenden Randthemen. Darum mein Tipp an Sie: Variieren Sie alle möglichen Werte des hier vorgestellten NURBS-Codes. Informieren Sie sich im Internet (über entsprechende Suchmaschinenbegriffe) oder in der kontextsensitiven Visual C++-Hilfe über die weiterführenden Möglichkeiten zu diesem Thema.

KAPITEL 14

jetzt lerne ich

Texturen

So schön und vorteilhaft die 3D-Modellierung unter OpenGL auch sein mag, alles hat seine Grenzen! Wenn Sie beispielsweise die Grashalme des Rasengrundstücks der Hausszene mit den herkömmlichen Methoden abbilden wollen, müssten Sie jeden Grashalm durch ein 3D-Polygon-Modell darstellen. Das wäre zwar durchaus denkbar, aber dann könnten Sie getrost jeden Echtzeitanimationsversuch vergessen – zumindest beim aktuellen Technologiestand, denn der Rechenaufwand gestaltet sich dafür einfach noch zu hoch. Was Ihnen aber als Möglichkeit verbleibt, ist der Griff in die Trickkiste. Sie bedienen sich einer Methode, die man eingedeutscht als *Texturierung* bezeichnen kann. Hierbei wird ein bestehendes *2D-Bitmuster* bzw. eine *2D-Pixelgrafik* auf die Oberfläche eines Primitivs oder einer NURBS projiziert bzw. abgebildet. Damit entsteht beim Beobachter mehr oder minder der Eindruck, als ob das 3D-Objekt eine natürliche Oberflächenstruktur aufweist – hier z.B. eine Rasenflächenstruktur für das Hausgrundstück oder eine Dachflächenstruktur für das Hausdach usw.

> Texturen können unter OpenGL *nur* im RGB-Echtfarbenmodus (24 Bit) genutzt werden!

Wiederholt möchte der obige Merksatz darauf hinweisen, dass Sie OpenGL immer im *RGB-Echtfarbenmodus* ausführen sollten, da Sie nur so über die gesamte Funktionsvielfalt von OpenGL verfügen.

14 Texturen

Den Basiscode zu diesem Kapitel finden Sie auf der Buch-CD in folgendem Ordner:

`\Buchdaten\Kapitel14\ProjektDSWs\Start\`

Kopieren Sie den Ordner `Start` von der CD in einen temporären Ordner auf Ihrer Festplatte und starten Sie dann die darin enthaltene VC++-Projektdatei *OGLProjekt.dsw*.

14.1 Befehlsübersicht

Die in der unten stehenden Tabelle aufgeführten GL- und GLU-Befehle werden zur Texturbehandlung benötigt; sie werden im Folgenden angewendet.

Tabelle 14.1: Wichtige GL-/GLU-Texturbefehle in der Übersicht

Textur-Befehl	Beschreibung
`glGenTextures`	Texturnamen generieren
`glBindTexture`	Texturverbindungsziel definieren
`glPixelStore_`	Pixel-Ablage-Modi definieren
`glTexParameter_`	Texturparameter definieren
`glTexCoord2d`	Textur-Polygonzuordnung
`glTexImage2D`	2D-MIPMAP erzeugen
`glTexEnv_`	Textur-Umgebungseinstellung
`gluBuild2DMipmaps`	Erzeugt eine 2D-MIPMAP (Alternative zu glTexImage2D)

14.2 Was versteht man unter einer Textur?

Eine *Textur* (engl. texture für Gewebe, Beschaffenheit) stellt im Sinne von OpenGL eine 2D-MAP dar. Terminologisch entspricht dies unter Windows einer DIB-Bitmap, die z.B. das Hintergrundbild Ihres Desktops oder das Erscheinungsbild eines Fensterelements beinhaltet. Texturen sind im Gegensatz zu 3D-OpenGL-Objekten oder 2D-Vektorobjekten (TrueType-Schriftarten) nicht skalierungsfähig, da solche Pixelgrafiken aus vordefinierten Bildpunkten bestehen und daher in ihrer Größe nicht verändert (rasterisiert) werden können – zumindest nicht so, wie Sie es natürlicherweise von der Lupenvergrößerung her gewohnt sind.

Ein Farbpunkt einer Textur wird *Texel* genannt. Dieses Wort setzt sich aus den zwei englischen Begriffen texture und element zusammen.

14.3 Textur-Mapping

Bevor die erste konkrete Texturierung an einer *primitiven* Polygonfläche demonstriert wird, sei in diesem Abschnitt auf die grundsätzlichen Probleme bei der Texturprojektion hingewiesen.

Das Verbinden von 2D-Texturen mit einer Oberfläche eines Grafikobjekts bezeichnet man als *mapping*. Hierbei treten in der Regel einige unangenehme Effekte auf. Eine Textur erscheint nur in einem bestimmten Betrachtungsabstand als ein natürliches Abbild eines in der Realität mit dem Sinne erfahrbaren Gegenstands. Nähert sich der Betrachter einer solchen *Texelgrafik* bzw. vergrößert man diese über die Maße, so wird deren Aufbau in Form von Punkten wahrnehmbar. Die *Auflösungsgrenze* der Textur ist in diesem Fall erreicht.

> Im Zusammenhang mit den Texturen haben Sie prinzipiell die Schwierigkeit, das *Größenverhältnis einer Textur* an das Größenverhältnis des Texturierungsobjekts anzupassen.

Abbildung 14.1 verdeutlicht die obigen Erläuterungen am Beispiel der *Texturzahl* 1.

Textur → mapping → **Texturobjekt** = **Verzerrung**

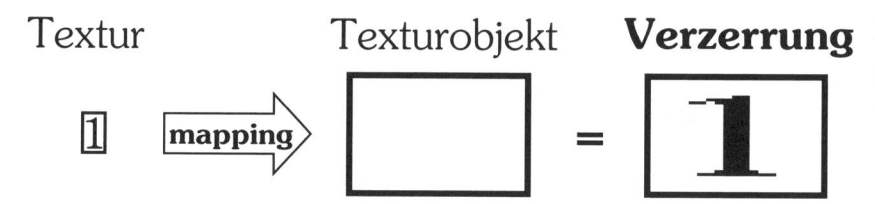

Abb. 14.1: Verzerrung beim Textur-Mapping

Unschwer ist zu erkennen, dass neben der Verzerrung der Pixelzahl 1 in die Breite auch der Pixelaufbau der Textur transparent wird. Da Sie diese Effekte vermeiden wollen, werden Sie bei der Texturierung in Zukunft bestrebt sein, die Textur passend zum Texturobjekt auszuwählen bzw. zu erstellen. Dass dies nicht immer gelingt, zeigt sich spätestens bei der Texturierung von NURBS-Flächen, da diese gegenüber den flachen Texturierungsobjekten auch noch gekrümmt (sphärisch) sind.

14.4 Textur laden

Bevor Sie eine Textur benutzen können, muss die entsprechende Texturinformation aus einer Datei in den Speicher Ihres Computers geladen werden – und zwar zunächst in ein Windows-internes Bitmap-Format. Danach müssen diese Ausgangsdaten mithilfe von OpenGL-Befehlen zu OpenGL-konformen Texturdaten konvertiert werden.

Um die beschriebenen Aktionen programmieren zu können, erzeugen Sie zunächst die folgende COpenGL-Klassenfunktion LoadPrepareCurTexture(CString Filename, GLuint *pTexName) mit einem Rückgabewert (Funktionstyp) BOOL und dem Zugriffsrecht public. Implementieren Sie danach folgenden Code in die neue Funktion:

Listing 14.1: Bitmap laden und auf OpenGL-Verwendung vorbereiten

```
BOOL COpenGL::LoadPrepareCurTexture(CString Filename, GLuint *pTexName)
{
// Lädt und setzt aktuelle Textur aus einer *.bmp Datei
HBITMAP hBmp = (HBITMAP) ::LoadImage   // Bitmap laden
    ( NULL,                            //
      (LPCTSTR) Filename,              // Dateiname
      IMAGE_BITMAP,                    // Formathinweis
      0, 0,                            // Gesamte Bitmap
      LR_LOADFROMFILE                  // Ladeformat
      | LR_CREATEDIBSECTION);          //

if (hBmp == NULL) return FALSE;        // Ladeprobleme!

BITMAP BM;                             // Get bitmap info.
::GetObject (hBmp,sizeof (BM),&BM);    // WIN32-API Funktion
if (BM.bmBitsPixel != 24)              // 24Bit-Bitmap?
  return FALSE;                        // UNBRAUCHBAR

if (!*pTexName)                        //Textur schon vorhanden?
  glGenTextures(1, pTexName);          //Nein, dann Namen gen.
else return FALSE;                     //Ja, keine Doppeldefs;

glBindTexture(GL_TEXTURE_2D,*pTexName);//Textur speich.
glPixelStorei(GL_UNPACK_ALIGNMENT,4);  //Pixelablageart
glPixelStorei(GL_UNPACK_ROW_LENGTH, 0);//0-gesamte Textur
glPixelStorei(GL_UNPACK_SKIP_ROWS,  0);//0-gesamte Textur
glPixelStorei(GL_UNPACK_SKIP_PIXELS,0);//0-gesamte Textur
glTexParameteri(GL_TEXTURE_2D,         //Textur Parameter
    GL_TEXTURE_MAG_FILTER, GL_LINEAR); //alt.GL_NEAREST);
glTexParameteri(GL_TEXTURE_2D,
    GL_TEXTURE_MIN_FILTER, GL_LINEAR); //alt.GL_NEAREST);
glTexParameteri(GL_TEXTURE_2D,
    GL_TEXTURE_WRAP_S, GL_REPEAT);     //alt. GL_CLAMP
```

```
glTexParameteri(GL_TEXTURE_2D,
  GL_TEXTURE_WRAP_T, GL_REPEAT);        //alt. GL_CLAMP
//Textur Umgebung def.
glTexEnvf(GL_TEXTURE_ENV,
  GL_TEXTURE_ENV_MODE, GL_REPLACE);     //Ersetzmodus
//Textur MIPMAP bilden
gluBuild2DMipmaps( // Anstelle von glTexImage2D!
  GL_TEXTURE_2D,              //Textur MIPMAP
  3,                          //Anzahl Farbkomponenten
  BM.bmWidth, BM.bmHeight,    //Breite / Höhe Bitmap
  GL_BGR_EXT,                 //Hinweis auf BGR Format
  GL_UNSIGNED_BYTE,           //Datenformat
  BM.bmBits                   //Zeiger auf Bitmap
);
  glBindTexture(GL_TEXTURE_2D, 0);//Texturablage beendet

return TRUE;
}
```

Über den Funktionsparameter Filename geben Sie die einzulesende Texturdatei an, die vom Typ BITMAP(BMP) sein muss. Beachten Sie dabei, dass das Texturbild eine *24-Bit-Farbtiefe* (Echtfarben) aufweisen muss. Des Weiteren sollte die *Texturbreite* und -höhe Werten entsprechen, die durch Zweierpotenzen ausgedrückt werden können. Also z.B. 256 x 128 = 2^8 x 2^7. Dass dies hier nicht unbedingt der Fall sein muss, ist dem GLU-Befehl gluBuild2DMipmaps zu verdanken, der alternativ zum GL-Befehl glTexImage2D dafür sorgt, dass jedes *Pixelseitenverhältnis* auf eine Zweierpotenz skaliert wird und somit der o.g. Anforderung entspricht. Abschließend ist noch darauf zu achten, dass die Textur nicht die maximal zulässige Texturgröße (Höhe/Breite) übersteigt. Die entsprechende hardwareabhängige Information können Sie über die glGet_-Befehle ermitteln. Die maximale Texturgröße meines Rechners beträgt beispielsweise 2048x2048 Texel – ein enormer Wert, bedenkt man, dass OpenGL standardmäßig nur 64x64 große Texturen unterstützt, was aber als veraltet angesehen werden darf.

Kommen wir zum zweiten Funktionsparameter *pTexName. Dieser *Zeiger* ist vom Datentyp GLuint und spezifiziert den Texturnamen zu jeder geladenen Textur in Form einer Ganzzahl – ganz ähnlich den Darstellungslistennamen. Initialisiert wird vom *rufenden Programm* zunächst der Wert 0 übergeben, was der Funktion signalisiert, dass eine neue Textur in den OpenGL-Texturspeicher geladen werden soll. Im Gegensatz zur manuellen Listennamensvergabe (glGenLists) soll hier die automatische Texturnamensgenerierung von OpenGL genutzt werden. glGenTextures ordnet der in Listing 14.1 zuvor geladenen Textur auf Nachfrage einen freien *Texturnamen* zu. Ein Aufruf der LoadPrepareCurTexture-Funktion könnte allgemein wie folgt aussehen:

Listing 14.2:
Beispielaufruf der Texturladeroutine

```
...
GLuint TexturName=0;    //Texturnamen initialisieren
LoadPrepareCurTexture("Textur.bmp",&TexturName);
...
```

War der Funktionsaufruf erfolgreich, weist die Variable `TexturName` einen Wert ungleich 0 auf. Da Sie in der Regel – und auch in den folgenden Projektbeispielen – mehrere dieser Texturnamen benötigen, bietet sich eine Gruppierung dieser Namen in Gestalt einer C-Struktur an. Implementieren Sie diese an gewohnter Stelle innerhalb der *COpenGL.h*-Definitionsdatei.

Listing 14.3:
C-Struktur zur Texturnamengruppierung

```
// * C-Strukturdefinitionen für COpenGL-Klasse *
typedef struct iTexNamenTAG
{
    GLuint Erde;         // Erde Textur
    GLuint Wiese;        // Wiesen Textur
    GLuint Dach;         // Dach Textur
    GLuint Portal;       // Portal Textur
    GLuint Portalmaske;  // Portalmaske
    GLuint Portalbild;   // Portalbild
    GLuint Wand;         // Wand Textur
} iTexNamen;
```

Erzeugen Sie eine Member-Variable `m_TexturNamen`, die vom Variablentyp `iTexNamen` ist und mit dem Zugriffsstatus `protected` definiert wurde (mit der rechten Maustaste auf `COpenGL`-Klasse in der Klassenübersicht von Visual C++ klicken). Damit kann ab sofort von jeder Stelle der `COpenGL`-Klasse aus auf die Texturnamen zugriffen werden. Initialisieren Sie die existierenden Texturnamen innerhalb der `InitOpenGL`-Methode.

Listing 14.4:
Texturnamen initialisieren

```
...
// 5.) Texturnamen initialisieren
m_TexturNamen.Erde        =0; // Erde Textur
m_TexturNamen.Wiese       =0; // Wiesen Textur
m_TexturNamen.Dach        =0; // Dach Textur
m_TexturNamen.Portal      =0; // Portal Textur
m_TexturNamen.Portalmaske =0; // Portalmaske Textur
m_TexturNamen.Portalbild  =0; // Portalbild  Textur
m_TexturNamen.Wand        =0; // Wand Textur
...
```

Auf die Bedeutung der in Listing 14.1 aufgeführten `glTexParameter`- und `glTexEnv`-Befehle wird im Verlauf dieses Kapitels noch näher eingegangen.

Ach ja, Sie sind sicher schon gespannt, welche Texturen in diesem Kapitel zur Anwendung kommen.

Polygone texturieren

Dach.bmp
(128x128)

Wand.bmp
(128x128)

Wiese.bmp
(128x128)

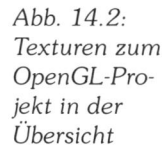

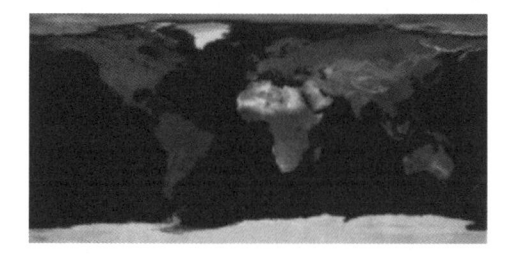

*Abb. 14.2:
Texturen zum
OpenGL-Projekt in der
Übersicht*

Erde.bmp
(256x128)

Portal.bmp
(256x256)

> Jede OpenGL-Umgebung unterstützt Texturen von mindestens 64 x 64 Texel!

Sollte Ihre OpenGL-Umgebung tatsächlich nur 64 x 64 große Texturen verarbeiten können, so finden Sie die entsprechenden Texturderivate aus Abbildung 14.2 auf der Buch-CD – jedenfalls die für das Dach, die Wand und die Wiese. An dieser Stelle bietet sich die Gelegenheit, gleich alle Texturdateien von der Buch-CD aus dem Ordner \Buchdaten\Kapitel14\Texturen*.bmp in den aktuellen Ordner Ihres VC++-Projektordners \OGLProjekt\ zu kopieren.

14.5 Polygone texturieren

Es versteht sich fast von selbst, dass zunächst die Primitiv-Flächen (Polygone) der Hausszene texturiert werden sollen. Wenn Sie den Basiscode zu diesem Kapitel geladen haben oder den Projektcode des letzten Kapitels gerade vorliegen haben, dann sind die HAUS-, GRUNDSTUECK- und NURBS-Listenobjekte jetzt in der OpenGL-Szene zu sehen, also auch das Dach. Überprüfen Sie dies doch gleich einmal.

Insgesamt eignet sich die Polygontexturierung besonders gut dazu, die allgemeinen Texturierungszusammenhänge darzustellen, die unabhängig vom Texturierungsobjekt gelten.

14.5.1 Textur mit einem GL-Primitiven verbinden

Zunächst soll das Hausdach mit einer Textur belegt werden.

> **HINWEIS:** Das Verbinden einer Textur mit einem OpenGL-Grafikelement startet immer mit `glEnable(GL_TEXTURE_2D)` und endet stets mit `glDisable(GL_TEXTURE_2D)`. Der `glBindTexture`-Befehl definiert dabei für alle folgenden Texturobjekte die aktuelle Verbindungstextur.

In OpenGL-Programmzeilen sieht obiger Merksatz wie folgt aus:

Listing 14.5: Rahmencode zur Texturverbindung

```
...
glEnable(GL_TEXTURE_2D);              //Texturierung EIN
glBindTexture(GL_TEXTURE_2D,          //Verbindungstextur def.
              Texturname);            //Textur bestimmen
...
// Texturverbindungsanweisungen wie z.B. glTexCoord2d
...
glDisable(GL_TEXTURE_2D);             //Texturierung AUS
...
```

Der erste Parameter `GL_TEXTURE_2D` des `glBindTexture`-Befehls entspricht einer OpenGL-Konstante und teilt OpenGL mit, dass Sie eine zweidimensionale Textur mit einem OpenGL-Grafikelement verbinden wollen. Für eindimensionale Texturen (z.B. farbiges Linienmuster) würden Sie hier `GL_TEXTURE_1D` angeben. Auf diese Möglichkeit wird in diesem Buch aber nicht eingegangen. Der zweite Parameter *Texturname* enthält den Texturnamencode. Im Falle der Dachtextur wird dieser *Name* über die Member-Variable `m_TexturNamen.Dach` übergeben. Alle im Folgenden auftretenden und noch zu beschreibenden *Texturverbindungsbefehle* versuchen diese *anliegende* Textur mit den Texturobjekten zu verbinden.

Kommen wir zu der konkreten Verbindung der 2D-Dachtextur mit einem 2D-`GL_QUADS`-Primitiv – hier zunächst für die rechte Dachhälfte der Hausszene. Abbildung 14.3 zeigt, wie die *normierten Texturkoordinaten* `0,0` (unten links), `0,1` (oben links), `1,1` (oben rechts) und `1,0` (unten rechts) der Dachtextur den Eckpunkten (Vertices) V3, V1, V4 und V6 des Dach-Polygons (`GL_QUADS`) zugeordnet werden müssen, damit die ursprüngliche *Texturausrichtung* erhalten bleibt. Die Texturkoordinaten werden den Objektkoordinaten des Primitivs über `glTexCoord2d`-Befehle zugeordnet, die den entsprechenden `glVertex_`-Befehlen innerhalb des `glBegin`/`glEnd`-Definitionsbereichs vorangestellt werden. Ergänzen Sie den Definitionscode der rechten Dachseite aus der `HelloOpenGL`-Methode mit dem entsprechenden Verbindungscode.

Polygone texturieren

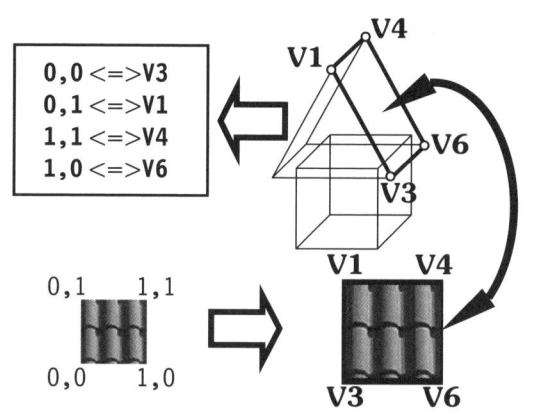

```
0,0 <=> V3
0,1 <=> V1
1,1 <=> V4
1,0 <=> V6
```

Abb. 14.3:
Texturausrichtungsvorschrift

Beispiel: `glTexCoord2d(1,1);`
`glVertex3dv(&V4);`

```
...
// 4.) Rechte und linke Dachseite zeichnen
LoadPrepareCurTexture        //Textur laden und vorbereiten
(   "128x128_Dach.bmp",      //128x128_Dach.bmp auswählen
    &m_TexturNamen.Dach);    //Texturnamen bestimmen
glNewList((GLint) DACHSEITEN, GL_COMPILE);
  glEnable(GL_TEXTURE_2D);  //Texturierung EIN
  glBindTexture(GL_TEXTURE_2D,m_TexturNamen.Dach);
  glBegin(GL_QUADS);                  // rechte Dachhälfte
    SetMatCol(&Dachfarbe,             //glColor-Farbe
      GL_FRONT,Ca, Cd, Cs);           //Vorderseite/Reflex.
    glColor4fv(&Dachfarbe.Red);       //Farbe Backsteinrot
    glNormal3d(0.0, 1.0, 1.0);        // Normalenvektor
    glTexCoord2d(0.0, 1.0);           // links oben
    glVertex3dv(&V1.x);               // V1 nach
    glTexCoord2d(0.0, 0.0);           // links unten
    glVertex3dv(&V3.x);               // V3 nach
    glTexCoord2d(1.0, 0.0);           // rechts unten
    glVertex3dv(V6.x);                // V6 nach
    glTexCoord2d(1.0, 1.0);           // rechts oben
    glVertex3dv(&V4.x);               // V4; Ende Def.
  glEnd();
  glDisable(GL_TEXTURE_2D);           //Texturierung AUS

  glBegin(GL_QUADS);                  // linke Dachhälfte
    glColor4f(1.0, 0.0, 0.0, 1.0);    // Farbe ROT
    ...
```

Listing 14.6:
Texturverbindungscode
Dachtextur/
Dachpolygon

14 Texturen

Bemerkenswert an Listing 14.6 ist das Einfügen eines zusätzlichen `glBegin`- und `glEnd`-Befehls. Normalerweise benötigt man für mehrere `GL_QUADS`-Polygone nur einen `glBegin`/`glEnd`-Definitionsbereich. Doch auch hier gilt, entweder wollen Sie alle `GL_QUADS` eines Definitionsbereichs mit Texturen belegen oder eben nicht. In unserem Fall soll zunächst nur die rechte Dachseite mit einer Textur versehen werden. Daher wird hierfür ein eigener `glBegin`/`glEnd`-Definitionsbereich installiert, was zur Folge hat, dass nun auch die linke Dachseite über einen solchen verfügen muss.

Kompilieren und starten Sie das Programm erneut. *Überfliegen* Sie die rechte Dachhälfte. Ihr Darstellungsergebnis sollte dem in Abbildung 14.4 gleichen.

Abb. 14.4:
Dachtextur mit Dachpolygon GL_QUADS verbunden

Folgende Übungsfragen bieten sich an dieser Stelle an:

Übung 1 Warum wurde die Dachtextur über die `LoadPrepareCurTexture`-Methode genau an der in Listing 14.6 gezeigten Codestelle implementiert?

Übung 2 Wie müssten die Verbindungsbefehle (`glTexCoord2d`) in den Code von Listing 14.6 eingearbeitet werden, damit die Dachtextur um 90° nach rechts verdreht erscheint?

Informationen zu den Lösungen dieser Übungen finden Sie in Anhang A.

> Bei der Texturausrichtungsdefinition sollten Sie die entsprechenden `glTexCoord2_`-Befehle den entsprechenden `glVertex_`-Befehlen zuordnen und *niemals andersherum!*

14.5.2 Texturwiederholungen

Die Dachtextur aus Abbildung 14.4 kann nicht wirklich zufrieden stellen. Die Ursache liegt darin, dass die sechs Dachziegel der Textur das gesamte Dach bedecken und damit dem realen Größenverhältnis von Dachziegelfläche zu Dachfläche nicht entsprechen. Zwei Lösungen sind für das Problem denkbar:

Zum einen könnten Sie eine sehr große Textur mit realistisch vielen Dachziegeln erzeugen und durch die bisherige ersetzen. Zum anderen könnten Sie die bisherige Textur in verkleinerter Form so häufig wiederholen lassen, bis die gesamte Dachfläche bedeckt ist. Letztgenannte Möglichkeit ist aus nachstehenden Gründen unbedingt vorzuziehen.

> Wann immer es möglich erscheint, sollten Sie *von der Texturwiederholfähigkeit* von OpenGL *Gebrauch machen*. Schneller, flexibler, speicherschonender und effektiver können Sie Texturen unter OpenGL kaum einsetzen, da diese innerhalb der Grafikhardware berechnet werden.

Sie kennen die Wiederholung von Bildern wahrscheinlich von der Hintergrundbilddarstellung des Windows-Desktops. Windows bietet Ihnen die Möglichkeit, jedes beliebige Hintergrundbild desktopfüllend wiederholen zu lassen – ganz ähnlich dem Muster einer Tapete. Ein vergleichbarer Mechanismus steht Ihnen auch unter OpenGL zur Verfügung.

Den wichtigsten Schritt zur automatischen Wiederholung einer Textur auf einer Grafikfläche haben Sie bereits beim Laden der Textur vollzogen. Wie zu Listing 14.1 erläutert wurde, sorgt der Texturbefehl `glTexParameter_` dafür, dass die Textur ggf. in S- und/oder T- (horizontaler und vertikaler) Richtung wiederholt (engl. repeat) wird, wenn bestimmte Umstände dafür vorliegen.

```
glTexParameteri(GL_TEXTURE_2D,
        GL_TEXTURE_WRAP_S oder GL_TEXTURE_WRAP_T,
        GL_REPEAT);
```

Eine denkbar einfache Größe zeichnet sich dafür verantwortlich – und zwar die *Normierungsgröße* 1.0 in den Parameterangaben des `glTexCoord2d`-Verbindungsbefehls.

```
    glTexCoord2d(1.0, 0.0);        // rechts unten
```

Jeder andere Wert führt im `GL_REPEAT`-Texturmodus zu einer Wiederholung oder einer Ausschnittsdarstellung der Textur auf dem Texturierungsobjekt.

> Werte *kleiner* als die *Normierungsgröße 1.0* führen zu einer *Texturausschnittsdarstellung* auf dem Texturierungsobjekt.
>
> Werte *größer* als die *Normierungsgröße 1.0* führen zu einer *Texturwiederholung* auf dem Texturierungsobjekt.

Setzen Sie für die Parameterwerte 1.0 der Verbindungsbefehle `glTexCoord2d` jeweils einen Wert von 2.0 an, so bedeutet dies, dass die aktuell vorliegende Textur in vertikaler und horizontaler Richtung zweimal abgebildet wird (vier Dachtexturen auf der Dachfläche). Für das Dachbeispiel würden die Dachziegel damit aber immer noch zu groß erscheinen. Ersetzen Sie demnach alle 1.0 Werte der `glTexCoord2d`-Befehle aus Listing 14.6 durch den Wert 5.0. Damit wird die Dachziegeltextur fünfmal so klein, aber auch 5 x 5 = 25 Mal, anstatt nur ein einziges Mal dargestellt. Damit verfügt das Dach nun über 25 x 6 = 150 Dachziegel. Starten Sie die Animation!

Folgende Abbildung zeigt ein wesentlich realistischer wirkendes Ziegeldach.

Abb. 14.5: Dachziegeltexturbelegung im Wiederholmodus

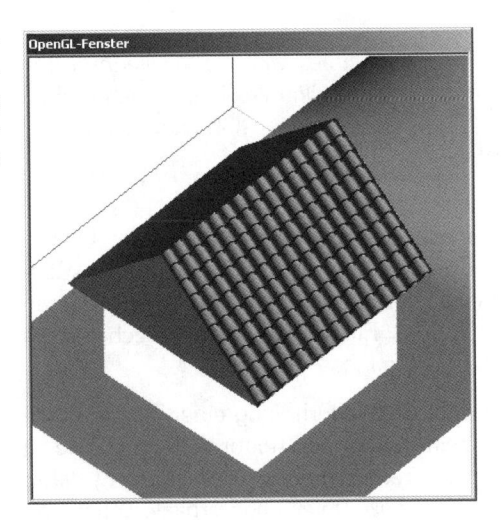

An dieser Stelle bieten sich dazu zwei weitere Übungen an:

Übung 3 Modifizieren Sie den Dachdefinitionscode so, dass auch die linke Dachhälfte eine sich wiederholende Dachtextur aufweist.

Hinweis:

- Überdenken Sie die zu diesem Zeitpunkt nachträglich eingesetzten `glBegin`/`glEnd`-Definitionsbereiche für die linke und die rechte Dachhälfte! Die Zuordnung der Texturkoordinaten in Bezug auf die Objektkoordinaten der linken Dachhälfte erfolgt nach Abbildung 5.5.

Informationen zur Lösung dieser Übung können Sie in Anhang A nachlesen.

Übung 4 Programmieren Sie den Texturcode für die linke, die hintere und die rechte Hauswand!

Hinweise:

- Verwenden Sie die Textur *128x128_Wand.bmp* und wählen Sie eine realistisch anmutende Wiederholgröße von 3.0.

- Unterbrechen Sie den `glBegin/glEnd`-Definitionsbereich der vier Hauswandseiten *nicht*. Glücklicherweise ist die vordere Wandseite das letzte `GL_QUADS`-Polygon in diesem Definitionsbereich!

Auch zu dieser Aufgabe finden Sie die Lösung in Anhang A.

Als abschließendes *Bonbon* versehen Sie noch die Hausvorderseite mit der Portaltextur aus Abbildung 14.2.

```
// 2.) Erdgeschossseitenflächen zeichnen
LoadPrepareCurTexture        //Texturladeroutine aufrufen
(   "256x256_Portal.bmp",
    &m_TexturNamen.Portal);
...
    glVertex3dv(&V12.x);    // V12; Ende Def.3
  glEnd();

  glBindTexture(GL_TEXTURE_2D,m_TexturNamen.Portal);
  glBegin(GL_QUADS); // Vierecks-Flächen Primitive
    glNormal3d(+1.0, 0.0, 0.0);   // Normalenvektor(v.S.)
    glNormal3d(+1.0, 0.0, 0.0);  //Normalenvektor(v.S.)
    glTexCoord2d(0.0, 0.0);
    glVertex3dv(&V10.x);          //V10 nach
    glTexCoord2d(1.0, 0.0);
    glVertex3dv(&V11.x);          //V11 nach
    glTexCoord2d(1.0, 1.0);
    glVertex3dv(&V12.x);          //V12 nach
    glTexCoord2d(0.0, 1.0);
    glVertex3dv(&V13.x);          //V13; Ende Def.4
  glEnd(); //Ende Def. der Vierecks-Flächen
glEndList(); //Ende der Listendefinition ERDGESCHOSS  ...
```

Listing 14.7: Portalbereich mit entsprechender Wandtextur belegen

Während Sie den `glBegin/glEnd`-Definitionsbereich für die Seitenwände und die Rückseite noch nicht unterbrechen mussten, ist dies für die neue Portaltextur jedoch notwendig, wie Listing 14.7 u.a. deutlich macht. Über den `glBindTexture`-Befehl wird eine neue aktuelle Verbindungstextur gesetzt – hier die Portaltextur. Damit verbinden die kommenden `glTexCoord2d_`-Befehle diese Textur – hier mit der Hausvorderseite. Implementieren Sie auch diesen Code und starten Sie Ihr Programm dann erneut. Ihre OpenGL-Szene sollte jetzt ein Erscheinungsbild wie in Abbildung 14.6 aufweisen.

Abb. 14.6:
Texturierte
Hausszene
(Dach, Wände,
Portal)

14.5.3 Texturtransparenz – Maskerade pur

Am Beispiel des zuletzt erzeugten Texturelements (Portal) soll nun ein wichtiger *Textureffekt* demonstriert werden. Es handelt sich dabei um die *lokale Transparenzfähigkeit einer Textur*. Auf die Betonung *lokal* kommt es dabei besonders an, da die globale Transparenzfähigkeit einer Polygonfläche bzw. Textur im Sinne des in diesem Buch bereits behandelten Blend-Effekts (GL_BLEND) lediglich dazu führen würde, dass die gesamte Textur mehr oder weniger transparent erscheint. Hier soll aber die Textur ausschließlich in bestimmten Texelbereichen transparent *gestaltet* werden. Nur so können Sie beispielsweise Bäume in einer OpenGL-Szene darstellen. Dabei werden nur die relevanten Baumteile (Stamm, Äste, Blätter) dargestellt, während die Hintergrundbereiche der Texturfläche unsichtbar bleiben.

Wie sich ein solch elementarer Textureffekt unter OpenGL realisieren lässt, finden Sie weder im Internet noch in der gängigen Literatur, zumindest nicht in nachvollziehbarer Form und schon gar nicht unter Verwendung der elementaren GL-Bibliotheksfunktionen – aus welchem Grund auch immer ...

Implementieren Sie zunächst folgende Codezeilen, die die *Verdeckungsrechnung* unter OpenGL einrichten, in das HelloOpenGL-Programm:

Listing 14.8:
Verdeckungsrechnung/
Tiefenpuffer
konfigurieren

```
// IVa.) DARSTELLUNGS-/ STEUERUNGSARTEN
   // Definition des OpenGL-Status
   glDepthFunc(GL_LEQUAL);   //Tiefenpuffervergleich
   glDepthRange(0,1);        //Tiefenrichtung
   glEnable(GL_DEPTH_TEST);//Verdeckungsrechnung(Z-Buffer)
   glEnable(GL_NORMALIZE); //Einheitsvektorbildung EIN
   ...
```

Die Bedeutung der Verdeckungsberechnung für die Transparenzberechnung wird zu einem späteren Zeitpunkt noch angesprochen.

Portal_Open.bmp (256x256) **Portal_Maske.bmp (256x256)**

Abb. 14.7: Modifizierte Portaltextur mit zugehöriger Maskentextur

Vergleichen Sie die modifizierte linke Portaltextur aus Abbildung 14.7 mit der ursprünglichen aus Abbildung 14.2. Es fällt auf, dass in obiger Textur die Fenster- und Türglasstrukturen fehlen bzw. durch eine homogene schwarze Fläche ersetzt wurden. Genau an diesen Stellen soll später der Szenenhintergrund – hier also das Hausinnere – durchscheinen.

Laden Sie die beiden Texturen aus Abbildung 14.7 zur Transparenzrealisierung über folgende Codezeilen innerhalb des HelloOpenGL-Programms:

```
// 2.) Erdgeschossseitenflächen zeichnen
LoadPrepareCurTexture(           //Texturladeroutine
  "256x256_Portal_Maske.bmp",    //Portal Maske
  &m_TexturNamen.Portalmaske);
LoadPrepareCurTexture(           //Texturladeroutine
  "256x256_Portal_Open.bmp",     //Portal Bild
  &m_TexturNamen.Portalbild);
...
```

Ersetzen Sie die alte Portaltextur *Portal* aus Listing 14.7 durch die *Portal_Open*-Textur aus Abbildung 14.7 über folgende Codemanipulation:

```
glBindTexture(GL_TEXTURE_2D,m_TexturNamen.Portalbild);
```

Nach erneutem Start des Programms sehen Sie eine der Abbildung 14.6 vergleichbar texturierte Hausszene, jetzt aber mit der Portaltextur *Portal_Open* aus Abbildung 14.7, die die schwarzen Fenster- und Türflächen aufweist. Ziel ist es, diese Flächen verschwinden zu lassen bzw. die dahinter verborgenen Grafikinformationen zum Vorschein zu bringen. Der Schlüssel zum Erfolg liegt hier in der Verwendung der bereits erläuterten *Blend-Effekte*. Allerdings gelingt dies nicht auf ganz so einfache Weise, wie es zuvor noch bei den Polygonflächen möglich war. Implementieren Sie zunächst folgende Codezeilen in den aktuellen Portaltexturcode:

*Listing 14.9:
Anwendung
der Blend-Effekte auf die
Portaltextur*

```
...
glBlendFunc                           //Blend-Effekt definieren
  (GL_SRC_ALPHA,                      //Blend-Faktor Quelle
   GL_ONE_MINUS_SRC_ALPHA);           //Blend-Faktor Ziel
glEnable(GL_BLEND);                   //Blend-Effekte EIN
glBindTexture(GL_TEXTURE_2D,m_TexturNamen.Portalbild);
glBegin(GL_QUADS);                    //Primitiv Def. Rechteck
  glNormal3d(+1.0, 0.0, 0.0);         //Normalenvektor (v.S.)
  glTexCoord2d(0.0, 0.0);             //Texturverbindungspunkt
  ...
glEnd();
glDisable(GL_BLEND);                  //Blend-Effeke AUS
glDisable(GL_TEXTURE_2D);             //Texturierung AUS
glEndList();                          //Wandlistendef. ENDE
...
```

Über den `glBlendFunc`-Befehl wird bekanntermaßen die Art und Weise des Blend- bzw. *Transparenzeffekts* definiert. Wie bei den Polygonflächen gezeigt wurde, erzielt man in der Regel mit den Blend-Faktoren (GL_SRC_ALPHA, GL_ONE_MINUS_SRC_ALPHA) gute Ergebnisse. Eine Übersicht aller Blend-Faktoren finden Sie in Kapitel 6 in Tabelle 6.2. Starten Sie Ihr Programm erneut.

Für unsere Zwecke ist das nun erzielte Ergebnis unzureichend, da die Textur alle Texel durchlässig erscheinen lässt und diese Darstellungsform damit mehr einem Blick durch eine bemalte Glasscheibe gleicht.

Ziel der Betrachtungen ist es aber, durch die Tür und das Fenster in das Hausinnere schauen zu können, während die verbleibenden Texturbereiche keine Transparenzeigenschaft aufweisen. An dieser Stelle sei gleich verraten, dass man hier mit einer einzigen Blending-Operation und ohne zusätzliche Maßnahmen nicht weiterkommt.

Überschreiben Sie dazu und zum besseren Verständnis zunächst die *Blend-Faktoren* (auch Gewichtungsfaktoren genannt) aus Listing 14.9 mit (GL_ONE, GL_ONE). Starten Sie Ihr Programm erneut und betrachten Sie die Hausszene in der Animationsdarstellung.

*Abb. 14.8:
Blend-Effekte
des Texturbildes und der
Texturmaske*

Texturbild
(GL_ONE, GL_ONE)

Texturmaske
(GL_DST_COLOR, GL_ZERO)

Sie sehen dabei eine mehr oder weniger weiße Portalfläche, was daran liegt, dass die RGB-Anteile des Quellpixels s und des Zielpixels d 1:1 oder anders ausgedrückt (1.0*s,1.0*s,1.0*s) zu (1.0*d,1.0*d,1.0*d) ohne weitere Modifikation in die so bezeichnete *additive Blending-Berechnung* eingehen (s steht hier für das englische Wort source (Quelle) und d für destination (Ziel)). Womit auch deutlich wird, warum die schwarze Türfläche und die schwarze Fensterfläche plötzlich *verschwunden* sind. Jedes Hintergrundpixel weist höhere RGB-Werte als das vordergründige Schwarz RGB=(0.0,0.0,0.0) auf. Somit zeigen diese Flächen die dahinter liegenden Bildinformationen, also hauptsächlich die Texturstruktur der Rückwand.

Damit wäre zwar das Teilziel, die Tür- und Fensterfläche vollständig transparent zu gestalten, erreicht, aber die restlichen Texturbereiche wurden bei diesem Summierungsvorgang »verweißlicht«. In einem Zug bzw. mit einer Blending-Operation ist das Problem also nicht zu lösen. Vielmehr findet sich die Lösung des Problems in einer *vorangehenden Maskierung der Textur*, womit eine weitere Blending- und Texturoperation nötig wird. Abbildung 14.9 zeigt eine allgemein gültige und chronologische Vorgehensweise zur Maskierung schematisch auf.

```
glEnable(GL_BLEND);
glBlendFunc(GL_DST_COLOR, GL_ZERO);
glBindTexture(..., Maske);
```

Texturmaske

```
glBlendFunc(GL_ONE, GL_ONE);
glBindTexture(..., Bild);
```

Texturbild

Abb. 14.9: Maskierungsschema zur Bildung transparenter Texturen

Bei aktiviertem Blending (glEnable(GL_BLEND)) verbinden Sie zunächst eine zuvor geladene Texturmaske mit dem Zielobjekt, hier einem GL_QUADS-Polygon. Dazu kopieren Sie einfach den entsprechenden glBegin/glEnd-Definitionsbereichscode des bereits existierenden Texturbildes *vor* dessen Texturbildcode. Damit fügen Sie der OpenGL-Szene ein Primitiv-Definitionsduplikat des Texturpolygons hinzu, also der vorderen Hauswand. Da der glTexCoord_-

glVertex_-Zuordnungscode von Texturmaske und -bild identisch ist, kann die Texturmaske durch einen vorangestellten glBindTexture-Befehl auf einfache Weise in die Szene eingebunden werden. Für die Texturmaske verwenden Sie allerdings andere Blend-Faktoren (GL_DST_COLOR, GL_ZERO), womit die charakteristische Erscheinung der Maske erläutert werden kann.

Sicher ist Ihnen schon aufgefallen, dass die Texturmaske genau dort weiße Flächen aufweist, wo das Texturbild schwarze Flächen aufweist, also an der Türfläche und an der Fensterfläche. Der Rest der Texturmaskenfläche ist mit der Hintergrundfarbe Schwarz belegt.

> Die *Texturmaske* stellt quasi eine *invertierte Darstellung des Texturbildes* dar, dessen transparente Bereiche die Farbe Weiß aufweisen, während die nicht transparenten Bereiche die Farbe Schwarz aufweisen.
>
> Die transparenten Texel des Texturbildes sind schwarz und die nicht transparenten Texel sind farbig (auch Schwarz und Weiß!).

So wie auch der Blend-Effekt für das Texturbild in seiner Wirkung dargestellt wurde, soll nun auch der sich einstellende Blend-Effekt für die *Texturmaske* aus Abbildung 14.8 erläutert werden.

Die Blend-Faktorenkombination (GL_DST_COLOR, GL_ZERO) bewirkt eine so genannte *multiplikative Blending-Berechnung*. Einfach ausgedrückt wird die Hintergrundfarbe der Szene mit der korrespondierenden Farbe der Texturmaske multipliziert. Da die Farbe Schwarz 0.0 als Multiplikationsfaktor immer zu einem Wert 0.0 führt, bleibt der schwarze Texturmaskenbereich erhalten. Hingegen führt der Multiplikationsfaktor für die Farbe Weiß 1.0 mathematisch immer auf die Zahl des anliegenden Produktfaktors. Zum Beispiel ergibt 1.0*0.5=0.5. Somit wird der weiße Texturmaskenbereich durch die dahinter liegende Farbe ersetzt.

Das Darstellungsergebnis der Blending-Operationen für das Texturbild und die Texturmaske wurden in Abbildung 14.8 gegenübergestellt. Überlagert man nun beide g*eblendeten* Texturen, was hier durch die identische geometrische Lage und Position im 3D-Raum der Fall ist, so resultiert daraus die gewünschte lokal transparente Portaltexturdarstellung. Bei der Überlagerung der Texturen ist aber Folgendes zu beachten:

> Bei der *Überlagerung zweier geometrisch identischer Texturen* liegt die zuletzt definierte Textur über der zuvor definierten Textur!

Dieser Hinweis ist insofern von Bedeutung, als die *Tiefenpufferanalyse (Z-Buffer-Test)* von OpenGL keinen geometrischen Unterschied zwischen beiden gleichlagigen Texturen *feststellen* kann und somit die oben erwähnte alternative Regel *ziehen* muss. Für unseren Fall bedeutet dies, dass die Blending-Operation des Texturbildes auf das Darstellungsergebnis der Blending-Operation der Texturmaske aufbaut. In dieser Reihenfolge!

Entsprechend den vorangegangenen Erläuterungen und dem Maskierungsschema aus Abbildung 14.9 lautet der Realisierungscode zur lokal transparenten Texturdarstellung des Hausportals damit wie folgt:

```
...
  glEnable(GL_BLEND);                //Blend-Effekte EIN
  glBlendFunc(GL_DST_COLOR, GL_ZERO);//TEXTURMASKE
  glBindTexture(GL_TEXTURE_2D,m_TexturNamen.Portalmaske);
  glBegin(GL_QUADS); // Vierecks-Flächen Primitive
    glNormal3d(+1.0, 0.0, 0.0);   //Normalenvektor(v.S.)
    glTexCoord2d(0.0, 0.0);       //Textur einbinden
    glVertex3dv(&V10.x);          //V10 nach
    ...
  glEnd();  //Ende Def. der Vierecks-Flächen
  glBlendFunc(GL_ONE, GL_ONE);    //TEXTURBILD
  glBindTexture(GL_TEXTURE_2D,m_TexturNamen.Portalbild);
  glBegin(GL_QUADS); // Vierecks-Flächen Primitive
    glNormal3d(+1.0, 0.0, 0.0);   //Normalenvektor(v.S.)
    glTexCoord2d(0.0, 0.0);       //Textur einbinden
    glVertex3dv(&V10.x);          //V10 nach
    ...
  glEnd();  //Ende Def. der Vierecks-Flächen
  glDisable(GL_BLEND);            //Blend-Effeke AUS
  glDisable(GL_TEXTURE_2D);
glEndList();  //Ende der Listendefinition ERDGESCHOSS
...
```

Listing 14.10: Realisierungscode zur lokal transparenten Texturdarstellung

Programmieren Sie das Programm entsprechend Listing 14.10 um. Kompilieren und starten Sie dann die Szenenanimation.

Abb. 14.10: Lokal transparente Darstellung der Portaltextur

Voilà, das war's ...

... oder fast zumindest, denn durch die jetzt transparente Haustür und durch das transparente Fenster ist eine Art Bodenfläche im Inneren des Hauses erkennbar, die in unerklärlich weißer Farbe erscheint. Erwartet wurde hingegen die grüne Farbe des Grundstücks! Hat der Transparenzcode doch nicht funktioniert? Nein, denn:

> Bei der Nutzung transparenter Texturen *müssen* die Hintergrundbereiche zur transparenten Textur bereits vollständig gezeichnet worden sein, da die transparenzbildenden Blend-Operationen nur diese berücksichtigen können.

Das bedeutet, dass zum Zeitpunkt der Berechnung der transparenten Portaltextur die Grundstücksfläche bereits gezeichnet worden sein muss. Ein Blick auf den Aufrufzeitpunkt in der `SetCurModel`-Funktion verdeutlicht das Problem.

```
glNewList((GLint) SZENE, GL_COMPILE);   //Szenenliste gen.
   glCallList((GLint) ATTRIBS);         //Attribute setzen
   glCallList((GLint) NURBS);           //Liste ausführen
   glCallList((GLint) HAUS);            //Haus zeichnen
   ...
   glCallList((GLint) GRUNDSTUECK);     //Grundstueck ausf.
   glCallList((GLint) KOORDINATENSYSTEM);//KoorSys zeich.
glEndList();
```

Der Aufruf bzw. das Zeichnen der GRUNDSTUECK-Liste erfolgt nach dem Aufruf der HAUS-Liste, die u.a. die Zeichnungsanweisungen für die Hauswände beinhaltet. Damit rendert OpenGL diese, ohne die Grundstücksfläche zu berücksichtigen, die zu diesem Zeitpunkt noch nicht *bekannt* ist. Verlegen Sie daher die Liste GRUNDSTUECK *vor* die Liste HAUS.

Voilà, das war's nun wirklich!

Und auch wenn dieser spezielle Blend-*Fehler* ungewollt war, so zeigt sich doch ganz allgemein ...

> Augenscheinliche Blend-*Fehler* stellen in Wahrheit interessante Möglichkeiten zur Erzielung besonderer Szenen-Effekte dar!

... und ganz speziell, dass eine weiße Bodenfläche in einem Haus doch gar nicht mal so unrealistisch ist, vor allem wenn man dafür keine weitere Primitiv-Definition mit entsprechender Farbdefinition benötigt, oder? ;-)

14.6 NURBS-Objekt texturieren

Sie wundern sich wahrscheinlich, dass die Grundstücksfläche bisher noch mit keiner Textur verbunden wurde. Der Grund dafür liegt darin, dass das Grundstück aus einer ebenen Polygonfläche (GL_QUADS) und einer gewölbten Fläche (NURBS) zusammengesetzt wurde. Beide Flächentypen sollen mit ein und derselben Wiesentextur aus Abbildung 14.2 belegt werden. Die Sache mit der Polygonflächentexturierung geht Ihnen ja mittlerweile leicht von der Hand. Also, auf geht's:

Texturieren Sie mit Ihrem im Abschnitt *Textur mit einem GL-Primitiven verbinden* erworbenen Wissen das GRUNDSTUECK-Polygon mit der Wiesentextur *128x128_Wiese.bmp*.

Übung 5

Informationen zur Lösung dieser Aufgabe können Sie in Anhang A nachlesen.

Die Texturierung einer NURBS-Fläche wurde hingegen noch nicht vorgestellt. Also, weiter geht's: Fügen Sie folgenden Code in den bereits vorhandenen NURBS-Code aus dem Abschnitt *NURBS – Freiformflächen* in Kapitel 13 ein.

```
// 11.) NURBS-Objekte definieren
...
  glPolygonMode(GL_FRONT,GL_FILL);//Vorderflächendarst.
  glPushMatrix();                 //Matrix auf den Stapel
    glEnable(GL_TEXTURE_2D);      //Texturen EIN
    glBindTexture(GL_TEXTURE_2D,  //Textur einbinden
      m_TexturNamen.Wiese);       //die Wiesentextur
    glTranslated(-0.3,0.5,0.0);   //NURBS-Translation
    gluBeginSurface(m_pNurbs);    //NURBS-Def.Beginn
      gluNurbsSurface(m_pNurbs,   //das NURBS-Objekt
          countPu*2,&uknots[0],   //Normierungsknoten u
          countPv*2,&vknots[0],   //Normierungsknoten v
          (GLint) (3*countPv),    //Array Offset u
          (GLint) 3,              //Array Offset v
          &ctrlP[0][0][0],        //Kontrollpunktefeld
          countPu,                //Anz.Kontrollpunkte u
          countPv,                //Anz.Kontrollpunkte v
          GL_MAP2_VERTEX_3);      //Erzeugungsmodus
      gluNurbsSurface(m_pNurbs,   //noch ne NURBS
          countPu*2,&uknots[0],   // Normierung u
          countPv*2,&vknots[0],   // Normierung v
          (GLint) (3*countPv),    // Array-Offset u
          (GLint) 3,              // Array-Offset v
          &ctrlP[0][0][0],        // Kontrollpunktfeld
          countPu,                // u-Ordnung
          countPv,                // v-Ordnung
          GL_MAP2_TEXTURE_COORD_2);// Flächentyp
```

Listing 14.11: Texturierungscode einer NURBS-Fläche

```
    gluEndSurface(m_pNurbs);        //NURBS-Def. Ende
    glPopMatrix();                  //alte Matrix aktiv.
    glDisable(GL_TEXTURE_2D);       //Texturen AUS
    glPopAttrib();                  //alte Attribute aktiv.
    glEndList();                    //Listendef. Ende
    ...
```

Da die Wiesentextur für das Hausgrundstück bereits über `glLoadPrepareCurTextur` an einer vorhergehenden Codestelle geladen wurde, erscheint dieser Codeteil auch nicht in Listing 14.11. Vor der NURBS-Objektdefinition `gluBeginSurface` wird die Texturierung wie gehabt mit `glEnable(GL_TEXTURE_2D)` eingeschaltet und der Textureinbindungsprozess über `glBindTexture` eingeleitet.

Abb. 14.11:
Vollständig
texturierte
Hausszene!

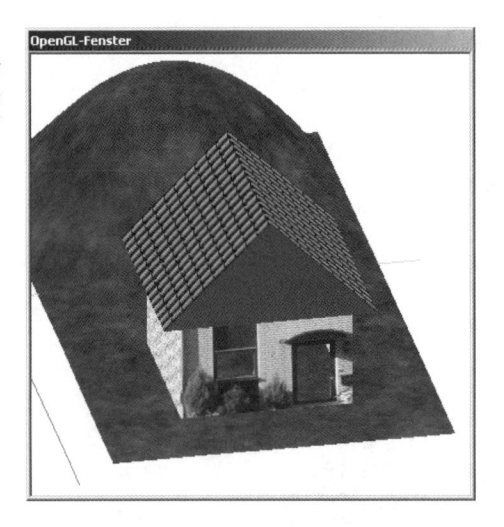

Neben der NURBS-*Objektkoordinatendefinition* (Eckpunktefeld) über `GL_MAP2_VERTEX_3` benötigen Sie zusätzlich noch die NURBS-*Texturkoordinatendefinition* (Texturfeld) über `GL_MAP2_TEXTURE_COORD_2`, die durch eine modifizierte Kopie des vorhandenen `gluNurbsSurface`-Befehls schnell erzeugt werden kann. Der einzige Unterschied besteht demnach lediglich in der Angabe der GL-Konstanten im letzten Befehlsparameter. Wie gehabt wird die Texturnutzung abschließend über `glEnable(GL_TEXTURE_2D)` ausgeschaltet. Somit stellt die Texturierung einer NURBS eine vergleichsweise einfache Übung dar.

Kompilieren und starten Sie die Animation. Sie sehen das erste Mal die *vollständig texturierte Hausszene*, so wie in Abbildung 14.11 dargestellt. Ob damit das Texturthema *durch* ist? Mitnichten, mitnichten ... denn da geht noch was!

14.7 GLU-Objekt texturieren

GLU-Objekte (Quadrics) können ebenfalls mit Texturen belegt werden und dies besonders einfach. Hier soll beispielhaft das Ihnen bekannte Kugelobjekt (engl. sphere) mit der physikalischen Erdoberfläche texturiert werden, die in den Texelabmaßen (Auflösung) 145x72, 256x128, 512x256, 768x384 und 1024x512 vorliegt. Diese Texturen haben Sie (hoffentlich) von der Buch-CD in Ihren VC++-Projektordner geladen, sodass sie bereits vorliegen. Das Erscheinungsbild der Erdoberflächentextur können Sie Abbildung 14.2 entnehmen. Das zu den Texturen erforderliche GLU-Grafikobjekt wurde von Ihnen bereits im entsprechenden Abschnitt in Kapitel 13 erzeugt.

Kommentieren Sie zunächst die Szenenelemente HAUS, GRUNDSTUECK und NURBS in der SetCurModel-Methode aus. Aktivieren Sie die KUGEL-Liste wieder. Definieren Sie den Szenenmittelpunkt (Center) in der SetCurPerspektive-Funktion mit den Ursprungskoordinaten x=y=z=0.0. Als Zoom-Faktor empfehle ich die Wahl eines Wertes um 0.5. Damit dreht sich die animierte Kugel bildfüllend. Ergänzen und modifizieren Sie den vorhandenen GLU-Code zur Kugel wie folgt:

```
// 10.) GLU-Objekte definieren
// a) Kugel
LoadPrepareCurTexture      //Texturladeroutine aufrufen
(    "256x128_Erde.bmp",   //Dateiname zur Erdoberfläche
   &m_TexturNamen.Erde);   //Texturbezeichnung/name
m_pKugel=gluNewQuadric();  //GLU-Körper anfordern
if (m_pKugel > 0)          //Probleme bei Anforderung?
{ //Nein, dann...
  glNewList((GLint) KUGEL, GL_COMPILE);//Kugelliste gen.
  //GLU-Körperdefinitionen / GLU-Befehle
  gluQuadricTexture
    (m_pKugel,GL_TRUE);    //auf Texturnutzung
                           //vorbereiten!
  ...
  //GL-Befehle zum Objekt
  glEnable(GL_TEXTURE_2D); //Texturierung EIN
  glBindTexture            //Diese Textur verbinden
    (GL_TEXTURE_2D, m_TexturNamen.Erde);
  ...
  gluSphere                //GLU-Kugelfunktion
    (m_pKugel,             //Objektzeiger
    (GLdouble) 0.5,        //Radius zuweisen
    (GLint)    36,         //36er-Längenaufteilung
    (GLint)    18);        //18er-Breiteaufteil.
  glDisable(GL_TEXTURE_2D);
glEndList();
};
```

Listing 14.12: Texturierungscode eines GLU-Objekts – hier einer Kugel

Neben der obligatorischen Texturladeroutine stellt der modifizierte Befehl gluQuadricTexture(m_pKugel,GL_TRUE) die entscheidende Texturanweisung dar. Standardmäßig steht dieser auf GL_FALSE. gluQuadricTexture erzeugt die zum GLU-Objekt nötigen Texturkoordinaten und zwar vollkommen automatisch. Damit entfällt auch hier die normierte Zuordnungsanweisung à la glTexCoord2d. Ansonsten bleibt alles beim Alten: Vor dem GLU-Objektaufruf mit gluSphere wird wie gewohnt die Texturierung mit glEnable(GL_TEXTURE_2D) aktiviert und der Textureinbindungsprozess über glBindTexture eingeleitet. Auch hier schließt der glDisable(GL_TEXTURE_2D) die Texturierung ab. Diese Übung stellt also keine unüberwindbare Hürde dar. Kompilieren und starten Sie die Animation.

Abbildung 14.12 zeigt das erscheinende Kugelobjekt, das von einer Erdtextur *vollkommen umschlossen* ist. Eine rechteckige ebene Textur auf eine Kugeloberfläche zu projizieren, ist schon eine recht beeindruckende Sache. Die scharfkantig dargestellten Kontinentkonturen in Abbildung 14.12 können Sie zurzeit aber noch nicht bestaunen. Das dargestellte Bild ist nämlich auf Basis einer 1024x512 Erdtextur entstanden. Bevor auch Sie in den Genuss dieser hochauflösenden Textur kommen, laden Sie aber zuvor über die Codemodifikation eine noch niedrigere Auflösungsvariante der Texturdatei als die aktuelle, die zudem Texturabmaße ungleich einer Zweierpotenz (2, 4, 8, ..., 64, 128, 256 ...) aufweist.

```
LoadPrepareCurTexture
   ("145x72_Erde.bmp",&m_TexturNamen.Erde);
```

Kompilieren Sie Ihr Programm erneut. Betrachten Sie die verschwommenen Kontinente unserer Erde.

Abb. 14.12:
Texturiertes
GLU-Objekt
(Kugel)

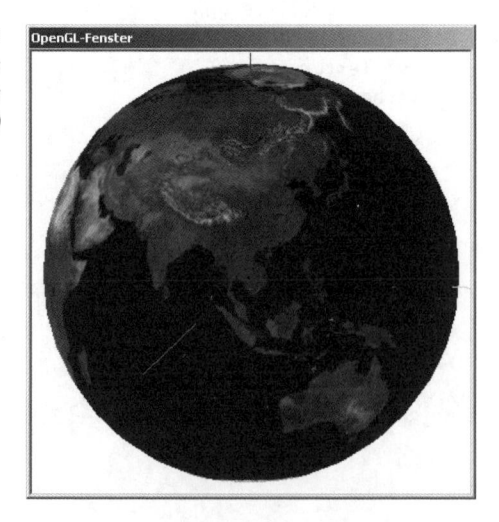

Womit an dieser Stelle der nachträgliche Beweis erbracht worden wäre, dass Sie mit der in diesem Buch verwendeten Texturladeroutine LoadPrepareCurTexture jede beliebige Textur laden können. So viel dazu. Laden Sie nun die höchstmögliche Texturauflösung der Erdoberfläche. Wie bereits schon einmal angedeutet wurde, ist die maximal verwendbare Texturgröße für Ihre OpenGL-Umgebung mithilfe der glGet_-Befehle ermittelbar. Die für dieses Projekt maximal ladbare Texturgröße weist die Datei *1024x512_Erde.bmp* auf; sie kann von allen heute handelsüblichen PCs verarbeitet werden. Starten Sie die Animation mit der Ihnen größtmöglichen Texturdatei und erfliegen Sie die *schöne neue Welt*. Wiederholen Sie die Flüge. Was fällt Ihnen dabei auf?

Zum einen sehen Sie immer nur eine Hälfte der Erdkugel. Die Rückseite der Erde bleibt Ihnen verborgen. Die Kamerafahrt beginnt über dem asiatischen Kontinent und endet über dem amerikanischen Kontinent. Sie wollen aber auch die andere Seite, also Europa, sehen. Modifizieren Sie daher den Code aus Listing 14.12 wie folgt:

```
...
  glPushMatrix();            //alten Stapel retten
    glRotated(180.0,0.0,0.0,1.0);  //180° Drehung um Z
    gluSphere(m_pKugel,      //GLU-Objektzeiger
      (GLdouble) 0.5,        //Radius zuweisen
      (GLint)    36,         //36 Längenaufteilung
      (GLint)    18);        //18 Breitenaufteil.
  glPopMatrix();             //alten Stapel wiederherstellen
...
```

Listing 14.13: Transformation eines texturierten GLU-Objekt

Nach dem Neustart führt Ihr Kameraflug Sie nun vom amerikanischen Kontinent zum asiatischen Kontinent, wobei Sie auch *good old Germany* überfliegen. Über den Transformationsbefehl glRotated haben Sie das GLU-Objekt und die zugehörige Textur um 180.0 Grad um die z-Achse gedreht. Womit u.a. der Reigen der transformierbaren OpenGL-Objekte nun endgültig voll wäre.

> GL-Transformationsoperationen wirken sich gleichermaßen auf Texturen, Primitive, GLU-Objekte (NURBS, Quadrics) und Normalenvektoren aus.

Bei der aktuellen Erdsicht können Sie eine Besonderheit bei der Texturprojektion aber nicht beobachten. Diese steht im engen Zusammenhang mit der bei den GLU-Objekten erwähnten *topologischen Eigenschaft* des hier verwendeten Kugelobjekts. Wie bereits erläutert besitzen alle 3D-Körper solche Charakteristiken. Ändern Sie dazu den Wert 180.0 des Rotationstransformationsbefehls glRotated in den Wert 0.0. Damit schauen Sie jetzt wieder auf die ursprüngliche Erdseite. Während der Animationsdarstellung können Sie eine Grenzlinie der Erdtextur erkennen. Schauen Sie gut hin. Sie liegt genau in der zy-Ebene, wie das weiterhin eingeschaltete Koordinatensystem beweist. Beginnend an dieser topologischen Kante projiziert OpenGL die Erdtextur auf die Kugel und zwar in östliche Richtung.

Die Ihnen vorliegende Erdtextur stellt ein sehr schönes Beispiel für eine perfekt *projektionskompensierte Textur* dar. Im Zusammenhang mit den NURBS-Objekten fällt auf, dass eine unkompensierte Textur zu *verzerrten Texturstrukturen* führt, wenn sie auf gekrümmte Oberflächen projiziert wird. Betrachten Sie dazu die Nordpolregion der projizierten (Szenendarstellung) und der unprojizierten Textur aus Abbildung 14.2. Man erkennt hier, dass die Textur extra für die Kugelprojektion entworfen wurde.

14.8 Texturschattierungen

So viele Vorteile die Texturen auch mit sich bringen, ein Nachteil wurde bisher verschwiegen: die Lichtschatteneffekte der zugehörigen Grafikelemente sind bei den Texturbelegungen verloren gegangen. Man könnte jetzt denken, dass daran auch nichts zu ändern ist, denn Texturbilder sind nun einmal fest definierte Texelflächen. Auch wenn OpenGL keine »eierlegende Wollmichsau« ist, in gewissen Grenzen kann die vorhandene Lichtberechnung auch in die Texturberechnung mit einfließen.

Für unser Kugelbeispiel kann das bekannte Lichtberechnungsergebnis mit der Textur verknüpft werden. Zwei kleine Modifikationen am vorliegenden Code sind dazu notwendig. In der LoadPrepareCurTexture-Methode ändern Sie zunächst den darin befindlichen glTexEnvi-Befehl wie folgt ab:

```
...
glTexEnvi  //Texturmodus festlegen
   (GL_TEXTURE_ENV, GL_TEXTURE_ENV_MODE, GL_MODULATE)
...
```

Abb. 14.13: Texturprojektion mit Schattenwirkung (GL_MODULATE)

Standardmäßig wird hier der Parameter GL_REPLACE verwendet. Damit ersetzen die Texturfarben die zugrunde liegende schattierte, einfarbige Kugeloberfläche. Weitere mögliche Parameter sind hier GL_DECAL und GL_BLEND. GL_MODULATE moduliert das Render-Ergebnis der Kugeloberfläche mit der darauf projizierten Textur. Wollen Sie nur den Schatteneffekt in die Textur einarbeiten, so muss die *Grundfarbe* des OpenGL-Grafikelements (Primitiv, GLU-Körper, NURBS etc.) der Farbe WEISS entsprechen. Ändern Sie daher den Farbwert des GLU-Kugelobjekts wie folgt ab:

```
...
    glColor4fv(                    //Kugelfarbe def.
      &m_fStdFarben.WEISS.Red);   // Weiß
...
```

Kompilieren Sie das Programm erneut und *aktivieren Sie die Lichteffekte*! Bewundern Sie die schattierte Erde, die nun eine Tag- und eine Nachtseite aufweist – fast so, wie man es von vielen Satellitenaufnahmen her kennt.

In Kombination mit den diversen glBlendFunc-Parameterkombinationen können hier interessante Blend-Effekte realisiert werden. So ist es in Anlehnung an den Abschnitt *Texturtransparenz – Maskerade pur* beispielsweise denkbar, die Meere zu maskieren und damit aus der Globusdarstellung zu *verbannen*. Die Kontinente lägen dann auf einer gläsernen Kugeloberfläche.

Programmieren Sie die Hausszene so um, dass die Schattierungswirkung der Polygon-Flächen in die Texturdarstellung einfließt.   *Übung 6*

Welchen *Fehler* zeigt dann die Szenendarstellung? Durch welche Maßnahmen kann das Problem behoben werden?

Informationen zur Lösung dieser Übung können Sie in Anhang A nachlesen.

Abbildung 14.14 zeigt die voll texturierte Hausszene mit schattierten Texturflächen, die durch die OpenGL-Lichtquellen verursacht werden.

14 Texturen

Abb. 14.14:
Vollkommen
texturierte und
schattierte
Hausszene

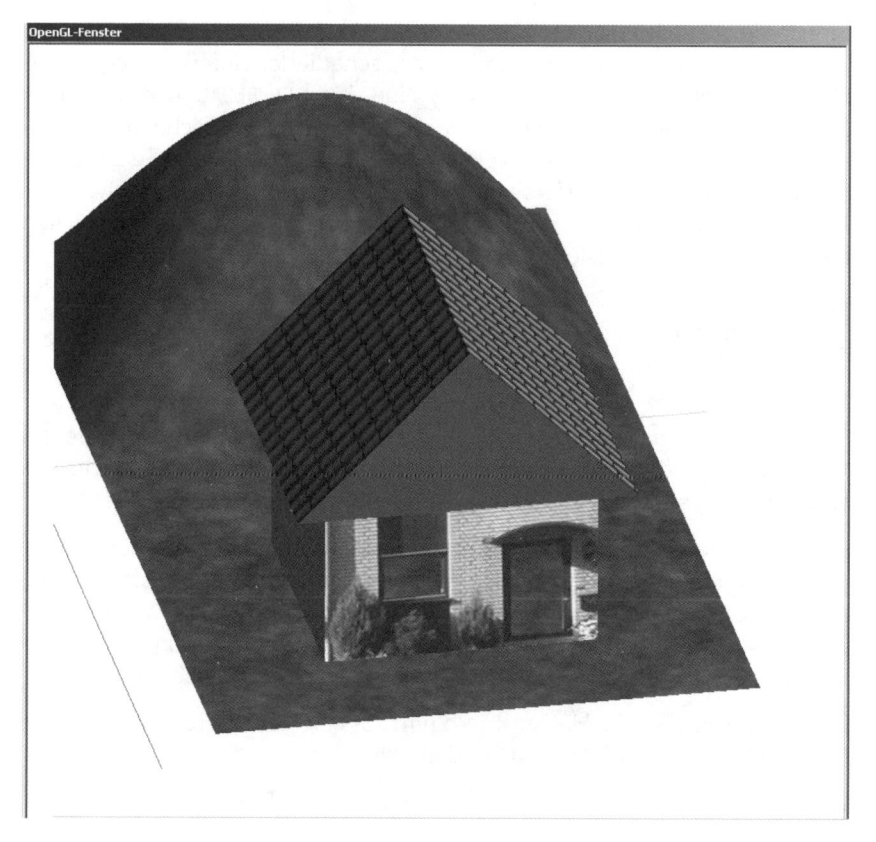

FINE!

Schlusswort

Dieses Buch hat Ihnen das Basiswissen zur OpenGL-Programmierung vermittelt. Und dies auf eine praktisch nachvollziehbare Weise. Sie vermissen dennoch so wichtige OpenGL-Themen wie

- Informationsabfragemöglichkeiten der aktuellen OpenGL-Umgebung
- Fehlerabfragemöglichkeiten
- Nebelberechnung
- Anti-Aliasing
- animierte Szenenobjekte (z.B. fliegender Schmetterling)
- 2D-Textdarstellungen
- Matrizenberechnungsbefehle
- u.v.a.m.

Angedacht waren diese und noch viele andere OpenGL-Themen in der Ursprungskonzeption zu diesem Buch. Darüber hinaus ließen sich aber sicher noch weitere interessante Aspekte zur OpenGL-Programmierung finden, die hier aus äußeren Zwängen heraus jedoch nicht behandelt werden konnten. Dieses Werk stellt meiner Überzeugung nach aber genau den Initialeinstieg zu OpenGL dar, der Sie nun befähigt, die o.g. und weitere OpenGL-Programmiermöglichkeiten selbstständig anzugehen. Nutzen Sie dazu die Visual C++-Hilfe, das Internet und die zusätzlichen Informationen (z.B. OpenGL-Referenz-Dokumente) auf der Buch-CD. Sie *verstehen* jetzt OpenGL und verfügen nun darüber hinaus über ein von Ihnen entwickeltes Testprogramm

(HelloOpenGL), um die zusätzlich erarbeiteten OpenGL-Befehle anschließend gleich einmal auszuprobieren.

Viel Spaß beim Erforschen und Erweitern Ihrer OpenGL-Kenntnisse und vielen Dank für Ihr Interesse!

Lorenz Burggraf

ANHANG A

Lösungen zu den Übungen

Die einzelnen Kapitel enthalten eine Reihe von Übungsaufgaben und -fragen, deren Lösungen Sie in diesem Anhang finden.

Lösungen zu Kapitel 2

1. Insgesamt müssen Sie sieben unterschiedliche Normalenvektoren definieren: zwei für die Vorder- und Rückseite von Schornstein, Dachgiebel und Hauswand; zwei für die linke und rechte Haus- und Schornsteinseite; zwei für die rechte und linke Dachhälfte; einen für die Grundstücksfläche.

2. Drei Punktreihenfolgen führen im Sinne von Abbildung 2.4 zu einer Flächennormale im Sinne der rechtshändigen Geometrie: (P1→P2→P3) oder (P2→P3→P1) oder (P3→P1→P2).

Lösungen zu Kapitel 3

Den Lösungs- bzw. Mustercode für die Übungen in diesem Kapitel finden Sie in der VC++-Projektdatei *OGLProjekt.dsw* auf der Buch-CD in folgendem Ordner:

`\Buchdaten\Kapitel03\ProjektDSWs\Steuerzentrale_Entwurf\`

Allgemeine Hinweise zum Laden des Projektcodes finden Sie in Anhang E.

1. Laden Sie die o.g. VC++-Projektdatei *OGLProjekt.dsw* und überprüfen Sie Ihre Lösung anhand des Mustercodes.

A *Lösungen zu den Übungen*

2. Laden Sie die o.g. VC++-Projektdatei *OGLProjekt.dsw* und vergleichen Sie Ihre Lösung mit dem Mustercode.

   In der Header-Datei der Dialogklasse müssen weitere Nachrichtenfunktionen implementiert worden sein:

   ```
   ...
   // Generierte Message-Map-Funktionen
   //{{AFX_MSG(COGLProjektDlg)
   ...
   afx_msg void OnButtonInitOGL();
   afx_msg void OnButtonOnOff();
   afx_msg void OnButtonRedraw();
   //}}AFX_MSG
   DECLARE_MESSAGE_MAP()
   ...
   ```

   Bei der automatischen Member-Funktion-Namensbildung wird die ID-Bezeichnung des Steuerelements übernommen. Jeder Buchstabe aus der ID-Bezeichnung, dem ein Unterstrich _ vorausgeht, wird als Großbuchstabe dargestellt.

3. Laden Sie zur Kontrolle die o.g. VC++-Projektdatei *OGLProjekt.dsw*.

   Folgende Listenelemente zeigt der Klassen-Assistent nach erfolgreicher Implementierung der `CButton`-Klassen:

   Abb. A.1: Alle mit Member-Variablen verbundenen Steuerelemente

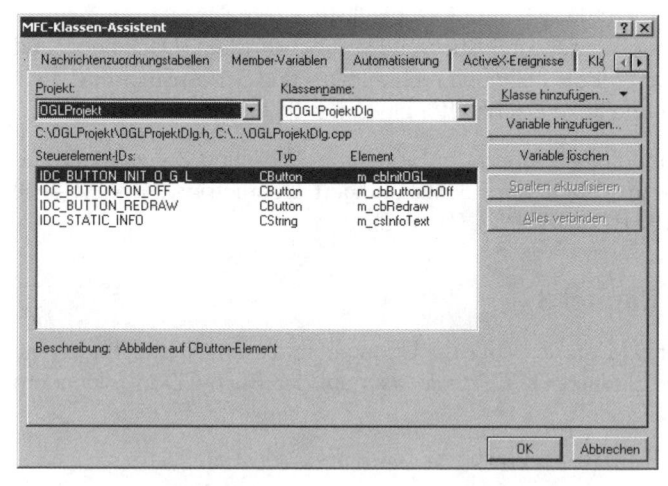

4. Zum Deaktivieren der INITOGL-Schaltfläche fügen Sie anstelle der Kommentarzeile `//Hier gleich die InitOGL-Schaltfläche deaktivieren!` folgenden Code ein:

```
    ...
    if (TRUE) //Hier später OpenGL-Klasse initialisieren!
    {//Die OpenGL-Klasse wurde ordnungsgemäß initialisiert
      m_cbInitOGL.EnableWindow(FALSE);      //DEAKTIVIEREN!
      m_cbButtonOnOff.EnableWindow(TRUE);   //AKTIVIEREN
    }
    else
    ...
```

5. Folgender Code stellt eine Lösung für diese Übung dar:

    ```
    void COGLProjektDlg::OnButtonOnOff()
    {
      // TODO: Code für die Behandlungsroutine der Steuer..
      m_csInfoText = CString(            //Textfeldvariable
        "Das OpenGL-Fenster ist nun sichtbar!"); //abändern
      m_cbRedraw.EnableWindow(TRUE);     //Button AKTIVIEREN
      m_cbOnOff.SetWindowText(           //Schaltflächentext..
        "Testtitel :-)");                //..abändern

      UpdateData(FALSE); //Dialogvariablen updaten!
    }
    ```

6. Die COpenGL-Klasse erbt die Methoden und Attribute der CFrameWnd-Klasse, da diese als Basisklasse der COpenGL-Klasse deklariert wurde!

Lösungen zu Kapitel 5

Den Lösungs- bzw. Mustercode für dieses Kapitel finden Sie in Form der VC++-Projektdatei *OGLProjekt.dsw* auf der Buch-CD in folgendem Ordner:

`\Buchdaten\Kapitel05\ProjektDSWs\Primitiverzeugung\`

Allgemeine Hinweise zum Laden des Projektcodes finden Sie in Anhang E.

1. Die in den glVertex3d-Befehlen verwendeten Parametervariablen (X1, X2, ...) im HelloOpenGL-Programm sind vom Datentyp GLdouble. In dieser Übung wurde *nicht* nach den Parameterdefinitionen des Befehls gefragt. Diese hätten z.B. vom Datentyp GLfloat sein können. Dann würden aber Befehlsnamen wie glVertex3f im Programmcode erscheinen, was wiederum zu Compiler-Warnings führen würde, da dann eine implizite Datentypenumwandlung der eingesetzten Parametervariablen (GLdouble) nach (GLfloat) erfolgen würde!

2. Sie hätten die Originalhausszene nach Abbildung 4.2 zur Darstellung gebracht. Durch Verwendung der GL_BACK-Konstante als Parameter des gl-CullFace-Befehls hätten Sie den Ausblendeffekt in Form einer Szenenänderung nicht feststellen können, da die ausgeblendeten Rückseiten nicht im sichtbaren Bereich der Darstellung liegen. Logisch, oder?

A Lösungen zu den Übungen

3. Laden Sie die o.g. VC++-Projektdatei *OGLProjekt.dsw* und überprüfen Sie Ihre Lösung anhand des Mustercodes.

4. Folgende Vertex-Angaben führen zu exakt dem gleichen Normalenvektor:

```
CalcNormale(&V1,&V3,&V6);   // 1.) UND DAMIT AUCH...
CalcNormale(&V3,&V6,&V1);   // 2.) ODER...
CalcNormale(&V6,&V1,&V3);   // 3.)
//ODER
CalcNormale(&V1,&V6,&V4);   // 4.) UND DAMIT AUCH...
CalcNormale(&V6,&V4,&V1);   // 5.) ODER...
CalcNormale(&V4,&V1,&V6);   // 6.)
//ODER
CalcNormale(&V3,&V6,&V4);   // 7.) UND DAMIT AUCH...
CalcNormale(&V6,&V4,&V3);   // 8.) ODER...
CalcNormale(&V4,&V3,&V6);   // 9.)
//ODER
CalcNormale(&V3,&V4,&V1);   //10.) UND DAMIT AUCH...
CalcNormale(&V4,&V1,&V3);   //11.) ODER...
CalcNormale(&V1,&V3,&V4);   //12.) ENDE!
```

Sind Sie erstaunt über die vielen Antwortmöglichkeiten? Mit dem Wissen, dass zur Flächennormalenbildung nur drei Vertex-Punkte benötigt werden, vier aber vorhanden sind, ergeben sich 12 gültige Ansatzpunkte (Codezeilen in **Fettdruck**) zur Bildung der zugehörigen positiven Flächennormale. Sie sehen, viele Wege führen hier nach Rom. Die anderen 12 noch möglichen Vertex-Reihenfolgen ergäben den unerwünschten negativen Normalvektor. Es handelt sich hier um ein typisches Fakultäts-Problem aus der Kombinatorik. Insgesamt existieren 4-Fakultät = 4! = 1*2*3*4 = 24 Fälle.

5. Analog zu Übung 4 wird auch diese Übung beantwortet. Der einzig relevante Unterschied zu Übung 4 ist daher, dass für die Vertex-Definitionen zur Vorderseitendefinition des GL_QUADS-Primitivs immer vier Vertices in Kombination und damit in Drehsinnrichtung gebracht werden müssen. Der Übersichtlichkeit halber werden im Folgenden nur die jeweiligen vier Eckpunktedefinitionen angegeben. Die zugehörigen glVertex3dv-Befehle denken Sie sich. Hier handelt es sich um ein typisches $2^{n-1}=2^3=8$-Kombinationsproblem, berücksichtigt man auch die vier möglichen *negativen* Vorderseiten(Rückseiten).

```
V1; V2; V3; V4;    // Primitiv 1 UND DAMIT AUCH...
V2; V3; V4; V1;    // Primitiv 2 ODER...
V3; V4; V1; V2;    // Primitiv 3 ODER...
V4; V1; V2; V3;    // Primitiv 4 ENDE!
```

Lösungen zu Kapitel 6

Den Lösungs- bzw. Mustercode für dieses Kapitel finden Sie in Form der VC++-Projektdatei *OGLProjekt.dsw* auf der Buch-CD in folgendem Ordner:

\Buchdaten\Kapitel06\ProjektDSWs\FarbTransparenz\

Allgemeine Hinweise zum Laden des Projektcodes finden Sie in Anhang E.

1. Diese Visual C++-Standardübung sollte Ihnen keine Probleme mehr bereitet haben. Hier hatten Sie mehrmals die Möglichkeit, den bereits vorhandenen analogen Code der Schaltfläche AUSBLENDEN durch entsprechende Kopieraktionen für den Schaltflächencode TRANSPARENZ zu nutzen. Die Schaltflächenerzeugung und -programmierung wird im Verlauf des Projekts noch einige Male durchzuführen sein. Bei Problemen oder Unsicherheiten zu dieser Übung laden Sie die o.g. Projektdatei *OGLProjekt.dsw*.

2. Die theoretischen Zusammenhänge zur Lösung dieser Übung haben Sie in Kapitel 5 im Abschnitt *Vorder- und Rückseiten ausblenden* kennen gelernt. Zum Ausblenden der Rückseiten modifizieren Sie den HelloOpenGL-Code wie folgt:

```
...
// IVa.) DARSTELLUNGS-/STEUERUNGSARTEN
  // Definition des OpenGL-Status
...
  // Sonstiges
...
  glFrontFace(GL_CCW);      //Positive Drehsinndef.!
  glCullFace(GL_BACK);      //Rückseiten ausblenden
...
```

3. Diese Übung dürfte Ihnen keine Probleme bereitet haben. Laden Sie zur Kontrolle die o.g. Projektdatei *OGLProjekt.dsw*.

4. Natürlich war es beabsichtigt, dass Sie über diese Übung auch Ihr Wissen zur C-Zeigertechnik konsolidieren. Beispielhaft sei die folgende vektorielle Farbdefinition dargestellt:

```
...
// 1.) Grundstück zeichnen
  glBegin(GL_QUADS);  //Vierecks-Fläche
    glNormal3d(0.0, 0.0, 1.0);  //Normalenvektor
    glColor4fv(                 //Farbe Dunkelgrün
      &m_fStdFarben.DUNKELGRUEN.Red);
...
```

409

A   *Lösungen zu den Übungen*

Die Antwort auf die erste Frage lautet: Ja, der überflüssige Alpha-Wert befindet sich an letzter Stelle aller Strukturelemente und damit auch an letzter Speicherstelle. Der `glColor3fv`-Befehl liest über den Adresszeiger (Und-Operator &) nur die ersten drei Speicherstellen (RGB) des Farbvektors aus!

Zu Frage 2: Folgende zwei vorbereitende Codezeilen ermöglichen auf Basis der RGB-Komponenten der Standardfarben eine Änderung des Transparenzwertes:

```
glBegin(GL_QUAD_STRIP);   //Viereck-STRIP-Primitiv
  fRGBAColor Erdgeschossfarbe=//lokale Variable
    m_fStdFarben.WEISS;      // anlegen
  Erdgeschossfarbe.Alpha=0.2F;//Alpha-modifizieren
  glColor4fv(&Erdgeschossfarbe.Red);//Farbe Weiß
```

5. Laden Sie die o.g. VC++-Projektdatei *OGLProjekt.dsw* und überprüfen Sie Ihre Lösung anhand des Mustercodes.

Lösungen zu Kapitel 7

Den Lösungs- bzw. Mustercode für dieses Kapitel finden Sie in Form der VC++-Projektdatei *OGLProjekt.dsw* auf der Buch-CD in folgendem Ordner:

\Buchdaten\Kapitel07\ProjektDSWs\UndEsWardLicht\

Allgemeine Hinweise zum Laden des Projektcodes finden Sie in Anhang E.

1. Bei einer Positionsänderung einer Punkt- oder Spotlichtquelle ändert sich auch immer der Lichteinfallswinkel in Bezug auf die Eckpunkte, wodurch das Lichtdarstellungsergebnis auch stets ein anderes ist!

2. Sie deaktivieren den Parallelstrahler (Lichtquelle 0) über den OpenGL-Statusbefehl `glDisable(GL_LIGHT0)`.

   Die so beleuchtete Hausszene entspricht exakt der lichtlosen Hausszene aus Abbildung 7.1, die Sie am Anfang des Kapitels kennen gelernt haben. Sie können dies überprüfen, indem Sie den Lichteffekt über gleichnamige Schaltfläche ein- und ausschalten.

3. Die weißen Erdgeschossseiten werden jede angebotene Lichtquellenfarbe reflektieren, da die Erdgeschossfarbe Weiß den gesamten spektralen Wellenbereich des sichtbaren Lichts abdeckt. Stellt man sich z.B. vor, dass man nachts eine weiße Hauswand mit einer rot leuchtenden Taschenlampe bestrahlt, so erstrahlt diese Wand auch nachts in der Farbe Rot. OpenGL arbeitet demnach physikalisch richtig und *natürlich* nachvollziehbar.

Lösungen zu Kapitel 8

Den Lösungs- bzw. Mustercode für dieses Kapitel finden Sie in Form der VC++-Projektdatei *OGLProjekt.dsw* auf der Buch-CD in folgendem Ordner:

\Buchdaten\Kapitel08\ProjektDSWs\Material\

Allgemeine Hinweise zum Laden des Projektcodes finden Sie in Anhang E.

1. Sie haben beobachtet, dass bei aktiviertem Lichteffekt keine transparente Darstellung der Hausszene möglich ist. Hingegen konnten Sie bei deaktiviertem Licht eine transparente Darstellung beobachten. Die Begründung hierfür ergibt sich aus der Beantwortung der anschließenden Frage:

   Es zeigt sich, dass der glMaterial-Materialdefinitionsmodus nur bei aktiviertem Lichteffekt auf die Lichtszene wirkt. Außerhalb der Lichteffekte wirkt ausschließlich der glColor-Materialdefinitionsmodus mit seinen glColor_-Befehlen.

2. Folgende Code-Implementation des SetMatCol-Befehls stellt den zu den glColor-Befehlen analogen Einsatz der glMaterial-Befehle dar:

```
// 1.) Grundstück zeichnen
  glBegin(GL_QUADS);    //Vierecks-Fläche
    glNormal3d(0.0, 0.0, 1.0);  //Normalenvektor
    SetMatCol(                  //glMaterial-Def.
      &m_fStdFarben.DUNKELGRUEN,//Farbe Dunkelgrün
      GL_FRONT,Ca, Cd, Cs);     //globale Reflexionspara.
    glColor4fv(                 //Farbe Dunkelgrün
      &m_fStdFarben.DUNKELGRUEN.Red);
  ...
  // 2.) Erdgeschossseitenflächen zeichnen
  glBegin(GL_QUADS);    //Vierecks-Flächen Primitive
    fRGBAColor Erdgeschossfarbe=//lokale Variable
      m_fStdFarben.WEISS;       //  anlegen
    Erdgeschossfarbe.Alpha=0.2F;//Alpha-modifizieren
    SetMatCol(&Erdgeschossfarbe,//glColor-Farbe nutzen!
      GL_FRONT,Ca, Cd, Cs);     //Vorderseite/Refl.-Def.
    glColor4fv(&Erdgeschossfarbe.Red);//Farbe Weiß
  ...
  // 3.) Dachvorder- und -hinterseite (Dachgiebel)
  glBegin(GL_TRIANGLES);  // Dreiecks-Fläche
    fRGBAColor Dachfarbe=       //lokale Variable
      m_fStdFarben.BACKSTEINROT;//  anlegen
    Dachfarbe.Alpha=0.2F;       //Alpha-modifizieren
    SetMatCol(&Dachfarbe,       //glColor-Farbe nutzen!
      GL_FRONT,Ca, Cd, Cs);     //Vorderseite/Refl.-Def.
    glColor4fv(&Dachfarbe.Red); //Farbe Backsteinrot
  ...
```

Listing A.1: Farbdefinition der Primitive über SetMatCol-Funktion

```
// 4.) Rechte und linke Dachseite zeichnen
glBegin(GL_QUADS);        //Vierecks-Fläche
  SetMatCol(&Dachfarbe,             //glColor-Farbe nutzen!
    GL_FRONT,Ca, Cd, Cs);           //Vorderseite/Refl.-Def.
  glColor4fv(&Dachfarbe.Red);       //Farbe Backsteinrot
...
```

Zur Frage: Einen großen Vorteil bietet sich Ihnen, wenn Sie die vorhandenen alpha-modifizierten `fRGBAColor`-Variablen, die ursprünglich für den `glColor_`-Befehl definiert wurden, auch für den `SetMatCol`-Befehl verwenden. Neben der einfachen Übernahme der Primitiv-Farbwerte können Sie jetzt erstmals auch eine `glMaterial`-definierte OpenGL-Szene in transparentem Darstellungsmodus (TRANSPARENZ-Schaltfläche) betrachten!

Lösungen zu Kapitel 10

Den Lösungs- bzw. Mustercode für dieses Kapitel finden Sie in Form der VC++-Projektdatei *OGLProjekt.dsw* auf der Buch-CD in folgendem Ordner:

`\Buchdaten\Kapitel10\ProjektDSWs\Ansichtssachen\`

Allgemeine Hinweise zum Laden des Projektcodes finden Sie in Anhang E.

1. Mit dieser Übung wurde Ihnen nochmals alles an VC++-Programmierwissen abverlangt, das Sie sich in den Kapiteln zuvor erarbeitet haben. Primär sollte die Ansteuerung der `COpenGL`-Instanz `m_pOpenGL` aus der `COGLProjektDlg`-Klasse heraus nochmals geübt werden – hier die Änderung der `COpenGL`-Member-Variablen `m_structOGLStatus`, die das Strukturelement `dZoomFaktor` hält. Laden Sie die o.g. VC++-Projektdatei *OGLProjekt.dsw* und überprüfen Sie Ihre Lösung anhand des Mustercodes.

Zur Frage: Da sich beim Rein-Zoomen über entsprechend kleine `ClipSize`-Werte alle Clipplanes dem außerhalb der Szenenelemente befindlichen Blickpunkt nähern, können die vordere und die hintere Clipplane, die sich der Blickpunktebene nähern (siehe Abbildung 10.6), die Szenenelemente schneiden, womit die Szene nicht mehr vollständig dargestellt wird. Damit dieses Problem in der `HelloOpenGL`-Szene nicht auftritt, wurden die `ClipSize`-Werte für die vordere und die hintere Clipplane im `glOrtho`-Befehl mit dem Faktor `100.0` versehen. Der Clipping-Effekt wurde in dem auf die Übung folgenden Abschnitt *Clipping* erläutert.

Lösungen zu Kapitel 11

Den Lösungs- bzw. Mustercode für dieses Kapitel finden Sie in Form der VC++-Projektdatei *OGLProjekt.dsw* auf der Buch-CD in folgendem Ordner:

`\Buchdaten\Kapitel11\ProjektDSWs\Listentechnik\`

Lösungen zu den Übungen

Allgemeine Hinweise zum Laden des Projektcodes finden Sie in Anhang E.

1. Durch die Verwendung des `Listenmode`-Parameters `GL_COMPILE_AND_EXECUTE` im `glNewList`-Befehl hätten Sie die Dachgiebel dennoch sehen können!

2. Laden Sie die o.g. VC++-Projektdatei *OGLProjekt.dsw* und vergleichen Sie Ihre Lösung mit dem Mustercode. Der Listenaufruf der über `glNewList/glEndList` eingeklammerten OpenGL-Befehle geschieht nach der Reihenfolge der Primitiv-Definitionen wie folgt:

   ```
   //Primitiv-Listen ausführen
   glCallList( (GLint) GRUNDSTUECK);
   glCallList( (GLint) ERDGESCHOSS);
   glCallList( (GLint) DACHGIEBEL);
   glCallList( (GLint) DACHSEITEN);
   glCallList( (GLint) KOORDINATENSYSTEM);
   ```

3. Oops, Sie haben sich verlaufen ;-) – die Lösung wurde gleich im Anschluss an die Übung in Listing 11.3 vorgestellt und erläutert.

4. Sicher haben Sie analog zum Translationsabschnitt die Transformationsreihenfolge beachtet und auf Basis von Listing 11.5 einfach den `glScale_`-Befehl durch folgenden Rotationsbefehl ersetzt:

   ```
   glRotated(30.0, 0.0, 0.0, 1.0);   //2. Haus drehen
   ```

   Denn auch hier musste – wie schon bei der Skalierung – das Haus erst in den Ursprung verschoben werden, um *neutral* um seine z-Rotationsachse gedreht werden zu können. Hätten Sie dies nicht getan, so hätten Sie das Haus in einem großen Radius exzentrisch um die z-Achse gedreht und damit unerwünschterweise eine Positionsänderung innerhalb der Szene bewirkt. Natürlich existieren auch Fälle, in denen eine exzentrische Rotation erwünscht ist. Demnach wissen Sie jetzt, wie man dreht ...

5. Laden Sie die o.g. VC++-Projektdatei *OGLProjekt.dsw* und überprüfen Sie Ihre Lösung anhand des Mustercodes.

   Zu Frage 1: Die Achsendarstellung in Form der `KOORDINATENSYSTEM`-Liste stellt die absolute Lage des globalen Koordinatensystems innerhalb des OpenGL-3D-Raumes dar. Die Achsen (Linien-Primitive) dürfen niemals einer Transformation unterzogen werden. Durch die Verwendung des `glLoadIdentity`-Befehls wird sichergestellt, dass die wahre Lage des globalen Koordinatensystems in der OpenGL-Szene immer richtig dargestellt wird. *Nur so* können transformierte Szenenobjekte sicher bewertet werden.

   Zu Frage 2: Übersteigt die Verschachtelungstiefe der mit `glPushMatrix` ausgestatteten Listen die maximale Stapelhöhe, so kann dies zu einem Stapelüberlauf führen.

A Lösungen zu den Übungen

6. Mit dieser Übung konnte demonstriert werden, dass der global vorliegende OpenGL-Status durch die Attribut-Stapelbefehle innerhalb der Listendefinition für einzelne Primitive zweckentfremdet übergangen werden kann!

Der Lösungscode:

```
//Primitiv-Listen generieren, gruppieren und ausführen
glNewList( (GLint) DACH, GL_COMPILE);
  glPushMatrix();   //Stapel mit ALT-Kopie erhöhen
    glTranslated(0.5,0.5,0.25);      //3. Dach auf alte Pos.
    glScaled(1.25,1.25,1.25);        //2. Dach 25% größer
    glTranslated(-0.5,-0.5,-0.25);//1. Dach in Skalierpkt
    glPushAttrib(GL_POLYGON_BIT);    //Attrib-Stapel erhöhen
      glEnable(GL_CULL_FACE);        //IMMER ausblenden
      glCallList( (GLint) DACHGIEBEL);
    glPopAttrib();
    glCallList( (GLint) DACHSEITEN);
  glPopMatrix();    //ALTE Matrix wieder aktivieren
glEndList();   //Ende der Listendefinition

glNewList( (GLint) HAUS, GL_COMPILE);
  glPushMatrix();   //Stapel mit ALT-Kopie erhöhen
    glCallList( (GLint) DACH);
    glPushAttrib(GL_ENABLE_BIT);     //Attrib-Stapel erhöh.
      glEnable(GL_BLEND);            //IMMER transparent
      glCallList( (GLint) ERDGESCHOSS);
    glPopAttrib();
  glPopMatrix();    //ALTE Matrix wieder aktivieren
glEndList();   //Ende der Listendefinition

glNewList( (GLint) SZENE, GL_COMPILE);
  glPushAttrib(GL_LIGHTING_BIT);     //Attrib-Stapel
  glEnable(GL_LIGHTING);             //IMMER Licht
    glPushMatrix();   //Stapel mit ALT-Kopie erhöhen
      glCallList( (GLint) GRUNDSTUECK);
      glTranslated(0.5,0.5,0.0);     //3. Haus verschieben
      glCallList( (GLint) KOORDINATENSYSTEM);
      glRotated(30.0,0.0,0.0,1.0);   //2. Haus drehen
      glTranslated(-0.5,-0.5,-0.0);  //1. Haus verschieben
      glCallList( (GLint) HAUS);
    glPopMatrix();    //ALTE Matrix wieder aktivieren
  glPopAttrib();
glEndList();   //Ende der Listendefinition
```

Lösungen zu den Übungen

Lösungen zu Kapitel 13

Den Lösungs- bzw. Mustercode zu den Abschnitten dieses Kapitels finden Sie in Form der VC++-Projektdatei *OGLProjekt.dsw* auf der Buch-CD in folgenden Ordnern:

\Buchdaten\Kapitel13\ProjektDSWs\GLU_Quadrics\ (Übung 1)

\Buchdaten\Kapitel13\ProjektDSWs\GLU_NURBS\ (Übungen 2 und 3)

Allgemeine Hinweise zum Laden des Projektcodes finden Sie in Anhang E.

1. Sie hätten der Versuchung unterliegen können, für die Zylinderhöhe nur einen Aufteilungswert von 1 zu wählen. Dieser Extremwert sollte aber nur in Ausnahmefällen verwendet werden. Um einen Kreisumfang und damit die Zylinderform näherungsweise abzubilden, sollten Sie einen Umfangsaufteilungswert von mindestens 8 wählen.

   Laden Sie die o.g. VC++-Projektdatei *OGLProjekt.dsw* und überprüfen Sie Ihre Lösung anhand des Mustercodes.

2. Nur unter Einbeziehung des glPolygonMode-Eigenschaftsbefehls ist die NURBS-Vorderseite in Gitternetzdarstellung und die Rückseite in Flächendarstellung realisierbar.

3. Der Code der Kontrollfelddefinition (siehe Listing 13.8) zur Bildung der Deichform wird wie folgt modifiziert:

   ```
   ...
      if ((u==1 || u==2) && (v==1 || v==2))
         if (u=1) ctrlP[u][v][2]=1.0F; //Höhenpkt. u=1
         else ctrlP[u][v][2]=0.0F;     //Höhenpkt. u=2
   ...
   ```

   Die Hausszenenobjekte werden durch Reaktivierung der Listenaufrufe HAUS und GRUNDSTUECK in der SetCurModel-Funktion wieder in der OpenGL-Darstellung sichtbar gemacht.

   Die NURBS-Fläche wird über folgenden Codeeingriff in den NURBS-Definitionscode (siehe Listing 13.9) hinter das Hausgrundstück verschoben:

   ```
   ...
      glPushMatrix();                  //Matrix auf den Stapel
         glTranslated(-0.3,0.5,0.0);   //NURBS-Translation
         gluBeginSurface(m_pNurbs);    //NURBS-Def.Beginn
   ...
   ```

   Damit die Kamera auf den Szenenmittelpunkt (Center) der durch die Hügelfläche vergrößerten Szene zeigt, wird der Code der InstallAnimMode-Funktion wie folgt modifiziert:

415

```
...
m_structOGLStory.vKameraViewPoint.x=0.0;   //Center X
m_structOGLStory.vKameraViewPoint.y=0.5;   //Center Y
m_structOGLStory.vKameraViewPoint.z=0.25;  //Center Z
...
```

Laden Sie die o.g. VC++-Projektdatei *OGLProjekt.dsw* und vergleichen Sie Ihre Lösung mit dem Mustercode.

Lösungen zu Kapitel 14

Den Lösungs- bzw. Mustercode für dieses Kapitel finden Sie in Form der VC++-Projektdatei *OGLProjekt.dsw* auf der Buch-CD in folgendem Ordner:

\Buchdaten\Kapitel14\ProjektDSWs\Texturen\

Allgemeine Hinweise zum Laden des Projektcodes finden Sie in Anhang E.

1. Da die Textur durch die `LoadPrepareCurTexture` Methode nur ein einziges Mal geladen und definiert werden muss, sollte der Aufruf *vor* dem Listendefinitionsbereich `glNewList` erfolgen, da ansonsten die in der Funktion `LoadPrepareCurTexture` enthaltenen GL-/GLU-Befehle wie z.B. `glTexEnv_` bei jedem Listenaufruf erneut ausgeführt werden würden.

2. Die Zuordnung der Texturkoordinaten erfolgt *immer* nach der Zuordnungsvorschrift aus Abbildung 14.3.

```
...
    glTexCoord2d(0.0, 0.0);     // links oben
    glVertex3d(X1, Y1, Z1);     // V1 nach
    glTexCoord2d(1.0, 0.0);     // links unten
    glVertex3d(X3, Y3, Z3);     // V3 nach
    glTexCoord2d(1.0, 1.0);     // rechts unten
    glVertex3d(X6, Y6, Z6);     // V6 nach
    glTexCoord2d(0.0, 1.0);     // rechts oben
    glVertex3d(X4, Y4, Z4);     // V4; Ende Def.
...
```

3. Da hier die gleiche Dachtextur auf die linke *und* rechte Dachseite angewendet wird, können Sie wieder den `glBegin`/`glEnd` Bereich für beide Dachhälften ohne Unterbrechung nutzen. Im Ergebnis definieren Sie folgenden Verbindungscode, nachdem Sie die zuvor eingefügten GL-Befehle `glEnd` und `glBegin(GL_QUADS)` wieder aus dem Code herausgelöscht haben und den Befehl `glDisable(GL_TEXTURE_2D)` hinter das neue `glEnd`-Definitionsende verlegt haben:

```
    ...
        glNormal3d(0.0, -1.0, 1.0);      // Normalenvektor
        glTexCoord2d(5.0, 5.0);          // links oben
        glVertex3d(X1, Y1, Z1);          // V1 nach
        glTexCoord2d(0.0, 5.0);          // links oben
        glVertex3d(X4, Y4, Z4);          // V2 nach
        glTexCoord2d(0.0, 0.0);          // links oben
        glVertex3d(X5, Y5, Z5);          // V5 nach
        glTexCoord2d(5.0, 0.0);          // links oben
        glVertex3d(X2, Y2, Z2);          // V4; Ende Def.
    glEnd();
    glDisable(GL_TEXTURE_2D);
glEndList();
    ...
```

4. Laden Sie die o.g. VC++-Projektdatei *OGLProjekt.dsw* und überprüfen Sie Ihre Lösung anhand des Mustercodes.

5. Laden Sie die o.g. VC++-Projektdatei *OGLProjekt.dsw* und überprüfen Sie Ihre Lösung anhand des Mustercodes.

6. Alle Grundflächen der Hausszene (mit Ausnahme des Dachgiebels) müssen mit der Farbe Weiß definiert werden.

In der Texturladeroutine `LoadPrepareCurTexture` ist der folgende Texturbefehl anzuwenden: `glTexEnvi(GL_TEXTURE_ENV, GL_TEXTURE_ENV_MODE, GL_MODULATE)`

Laden Sie die o.g. VC++-Projektdatei *OGLProjekt.dsw* und überprüfen Sie Ihre Lösung anhand des Mustercodes.

Zu den Fragen: Der Fehler zeigt sich im Schattenwurf des Eingangsportals aus Abbildung 14.14. Der durch die Lichtquelle und -position verursachte Schattenwurf steht im Widerspruch zum texturierten Schatten des Portals. Daher bleiben Ihnen jetzt zwei Lösungsmöglichkeiten: Sie könnten die Lichtquelle entsprechend dem Schattenwurf der Textur im 3D-Raum positionieren oder Sie könnten die maskierten Portaltexturen mithilfe eines Grafikprogramms auf die linke Seite spiegeln. Dann wäre aber die Haustür auf der linken Seite. Lange Rede kurzer Sinn: Entweder passen Sie die Textur an die bestehenden Lichtverhältnisse an oder Sie passen die Lichtverhältnisse an die bestehende Textur an.

ANHANG B

Kleines 3D-Glossar

3D-Koordinatensystem
Über das 3D-Koordinatensysteme wird der 3D-Raum über drei Koordinatenachsen (x, y und z) beschrieben. Das gebräuchlichste Koordinatensystem zur Beschreibung von Räumen ist das kartesische Koordinatensystem.

Alpha Blending
Neben dem RGB-Farbwert kann auch ein Alpha-Wert definiert werden. Somit können transparente Flächen wie Glas oder unbewegtes Wasser dargestellt (berechnet) werden. Der Alpha-Wert bestimmt dabei, wie transparent ein Objekt erscheinen soll.

Ambientes Licht
Umgebungslicht, das eine 3D-Szene gleichmäßig ausleuchtet.

Animation
Gesteuerte Ausgabe von aufeinander folgenden Grafikbildern, die bei ausreichend schneller Darstellung den Eindruck von Bewegung vermitteln (Daumenkino).

Ansiotropisches Filtering
Ein Weichzeichnungsfilter, der beispielsweise Schriften und Details auf schrägen projizierten Pixelflächen besser erkennen lässt.

Anti-Aliasing

Unterdrückung der typischen Pixeltreppen bei der Darstellung von schrägen Linien. Dazu werden die Grenzfarbwerte von Vorder- und Hintergrund leicht vermischt, was im Ergebnis eine Kantenglättung von Objektkonturen bewirkt.

API

Application Programming Interface. Die Schnittstelle, die dafür sorgt, dass jede Grafikkarte mit jeder für dieselbe API geschriebenen Anwendung kompatibel ist (z.B. OpenGL).

Artefakte

Fehler, die beim Rendern (Berechnen) eines Bildes auftreten, wie z.B. verzerrte Objektkanten oder falschfarbige Pixel.

Bilineares Filtering

Unterdrückt die Texturenklötzchenbildung. Bei der Darstellung der *gepixelten* Textur berücksichtigt die 3D-Grafikkarte hierbei die Farbwerte der vier nächstgelegenen Texel. Aus diesen vier Farbwerten wird ein neuer Farbwert errechnet. Dadurch wird die Textur *weichgezeichnet*.

Bitmap

Eine Bitmap ist ein rechteckiger Pixelbereich. Jedem Pixel kann eine andere Farbe zugewiesen werden, die durch einen oder mehrere Bits repräsentiert wird. Die Anzahl der Bits ist von der Farbtiefe der Bitmap abhängig. Eine Bitmap mit einer Farbtiefe von 8 Bit kann z.B. 256 Farben darstellen. Eine Echtfarben-Bitmap entsteht ab einer Farbtiefe von 24 Bit (16.777.216 Farbwerte).

Buffer (Puffer)

Puffer erhöhen allgemein die Effektivität der 3D-Berechnung. Das Double-Buffering sorgt beispielsweise für einen flackerfreien Bildaufbau. Tiefenpuffer (Z-Buffer) ermöglichen beispielsweise die Bewertung tiefer oder höher liegender Grafikobjekte innerhalb einer 3D-Grafik.

Bump Mapping

3D-Oberflächensimulation, bei der durch simulierte lichtabhängige Schatteneffekte Höheneindrücke in die Szenentexturen einberechnet werden.

Clipping

Vor der Darstellung der einzelnen Pixel eines Bildes wird festgelegt, welcher Teil einer darzustellenden 3D-Grafik in dem rechteckigen Darstellungsbereich zu sehen sein wird. Der nicht relevante Bereich wird abgeschnitten (clipping).

Darstellungsliste

Eine Gruppe grafischer Befehle, die zu einer Einheit (Liste) zusammengefasst werden. Solche Listen können in der Grafikhardware effizienter bearbeitet werden als Einzelbefehle.

Dithering

Simuliert Mischfarben durch das Nebeneinandersetzen zweier verschiedenfarbiger Pixel. Ein Relikt aus farbschwachen Grafikkartenzeiten. Wird aufgrund des etablieren True Color-Modus (24/32 Bit) nicht mehr benötigt.

Fogging

Erzeugt den Eindruck von Nebel in einer 3D-Szenendarstellung.

Frame Buffer

Teil des Grafikkartenspeichers, der für den effektiven Aufbau des aktuellen Bildes benötigt wird.

Frames per second (fps)

Bildwiederholrate, die entscheidend für den Eindruck einer *flüssigen* Bewegung ist. Bei weniger als 15 fps ruckelt ein Spiel. 25 bis 30 fps sollten angestrebt werden.

Maskierung

Muster, das zum Ausblenden bestimmter Teile eines Bildes oder eines Grafikobjekts verwendet wird.

Mip Mapping

Speicherorganisation von Texturen in mehreren Detailstufen (Einsatz von entfernungsangepassten Texturen).

NURBS

Freiformflächen, die eine komplex gekrümmte (sphärische) Oberfläche aufweisen können und damit als 3D-Fläche bezeichnet werden können.

OpenGL

Eine offene 3D-Schnittstelle von Silicon Graphics, die eine plattformunabhängige und universelle Methode darstellt, oberflächenmodellierte 3D-Grafiken zu erzeugen. OpenGL ist ein Renderer, der das Erscheinungsbild der 3D-Objekte auf Basis von Eckpunkten berechnet.

Pixel

Kleinste (farbige) auf dem Monitor darstellbare Einheit.

Polygon

Eine Fläche, die aus beliebig vielen Eckpunkten gebildet wird.

Prozedurale Texturen

Texturen, die auf Basis eines spezifischen Algorithmus immer wieder neu berechnet werden. Die Vorteile liegen in der Speicherschonung und in der realistischeren Erscheinung.

Rasterisierung

Die Rasterisierung beschreibt den Vorgang, wie eine abstrakte 3D-Grafik (z.B. mittels OpenGL-Befehlen) in ein zweidimensionales Bild umgewandelt wird. Jeder Punkt dieses Bildes enthält Informationen wie Farbe, Tiefe und Texturdaten und wird auch Fragment bezeichnet.

Raytracing/Rendering

Zwei unterschiedliche Ansätze zur Lichtberechnung von 3D-Szenen. Das Raytracing-Verfahren berechnet realistischere Lichtszenen als dies das Rendering-Verfahren (OpenGL) vermag. Allerdings sind die Raytracing-Berechnungsalgorithmen zur Echtzeitberechnung kaum geeignet.

Strip-/Fan-Polygone

Nebeneinander liegende bzw. voneinander abhängige Polygone, die zu Streifen (Strips) oder Fächern (Fans) zusammengefasst werden. Sofern eine 3D-Grafikkarte diese unterstützen, bewirkt eine solche Darstellungsform eine Geschwindigkeitssteigerung bei der Darstellungsberechnung.

Texel

Dieses Wort setzt sich aus den zwei englischen Begriffen *texture* und *element* zusammen. Ein Texel kennzeichnet einen Farbpunkt einer Textur.

Textur

Eine komplexe Oberflächenstruktur (z.B. Gras, Mauerwerk, Baumrinde), die auf 3D-Objekte projiziert wird, womit diese realistischer (natürlicher) erscheinen.

Texture Mapping

Der Vorgang, bei dem ein Polygon mit einer Textur belegt wird.

Texturkompression

Um eine höhere Darstellungsqualität zu erreichen, können hoch auflösende Texturen verwendet werden. Durch Kompressionsalgorithmen können diese speicherschonend in der Grafikhardware *gehalten* werden, was jedoch Rechenzeit kostet und in der Regel auch zu Verlusten bei der Darstellungsqualität führt.

Trilineares Filtering

Interpolationsberechnung in Kombination mit der bilinearen Filterung und dem Mip Mapping. Im Ergebnis erhält man ein exakteres bilineares Filtering-Ergebnis.

Vertex

Eckpunkt eines Polygons.

Z-Buffer

Tiefenpuffer zur Verdeckungsrechnung von Grafikobjekten. Damit kann festgestellt werden, welches Pixel *vorne* und welches *hinten* liegt. Standard ist zurzeit eine 16-Bit-Tiefe. Jeder höhere Wert führt zu einer Darstellungsverbesserung.

Anhang C

OpenGL-Datentypen

OpenGL und seine Befehle verwenden folgende Datentypen, die intern auf Basis der vorhandenen C-Datentypen definiert werden:

Datentyp	Bit-Format	Beschreibung/Analoger C-Datentyp	Kurz-zeichen
GLbitfield	32 Bit	für Bitmasken z.B. Attribute / unsigned int	
GLboolean	8 Bit	Wahrheitsausdruck / unsigned char	
GLbyte	8 Bit	u.a. für Zeichenketten / signed char	b
GLclampd	64 Bit	für Fließkommaparameter und -variablen (Wertebereich begrenzt) / double	
GLclampf	32 Bit	wie GLclampd / float	
GLdouble	64 Bit	Fließkomma doppelter Genauigkeit / double	d
GLenum	32 Bit	für Konstanten / unsigned int	
GLfloat	32 Bit	Fließkomma einfacher Genauigkeit / double	f
GLint	32 Bit	vorzeichenbehaftete Ganzzahl / int	i

Tabelle C.1: Übersicht der OpenGL-Datentypen

Datentyp	Bit-Format	Beschreibung/Analoger C-Datentyp	Kurzzeichen
GLshort	16 Bit	vorzeichenbehaftete Ganzzahl / short	s
GLsizei	32 Bit	vorzeichenbehaftete Ganzzahl / int	
GLubyte	8 Bit	vorzeichenlose Ganzzahl / unsigned char	ub
GLuint	32 Bit	vorzeichenlose Ganzzahl / unsigned int	ui
GLushort	16 Bit	vorzeichenlose Ganzzahl / unsigned short	us
GLvoid	0 Bit	leerer Datentyp	

ANHANG D

OpenGL-Unterstützung

OpenGL wird direkt und indirekt durch Windows und Visual C++ über die so genannten WIN32- und WGL-Befehle unterstützt.

4.0.1 WIN32

Windows besitzt zur Unterstützung der Windows-Funktionalität die WIN32-Betriebssystem-Bibliothek in Form einer Dynamic Link Library *WIN32.DLL*. Mithilfe der darin integrierten 32-Bit Funktionen erzeugt bzw. verwaltet Windows z.B. die berühmten Fenster. Manche dieser Funktionen benötigen Sie, um Windows-Elemente gezielt auf die OpenGL-Verwendung vorzubereiten. Beispielsweise wird über die WIN32-Befehle der nötige Device Context (DC) eines Windows-Fensters definiert. Somit darf man die OpenGL-relevanten WIN32-Funktionen auch als eine *indirekte Unterstützung* bezeichnen.

Die folgenden WIN32-Befehle werden im Zusammenhang mit der OpenGL-Thematik eingesetzt.

Befehl	Parameter	Rückgabewert	Erläuterungen
`ChoosePixelFormat( HDC hdc, PIXELFORMATDESCRIPTOR *ppfd)`	`hdc`, Handle auf Gerätekontext (DC) `ppfd`, Zeiger auf eine vorhandene Pixel-Formatstruktur (PFD)	`int`, Indexnummer der PFD	Versucht, eine vordefinierte PFD einem DC zuzuordnen.

Tabelle D.1: WIN32-Befehle zur OpenGL-Programmierung

Befehl	Parameter	Rückgabewert	Erläuterungen

`DescribePixelFormat(`
`HDC hdc,`
`int iPixelFormat,`
`UINT nBytes,`
`PIXELFORMATDESCRIPTOR`
`*ppfd)`
	`hdc`, Handle auf Gerätekontext
	`iPixelFormat`, Index der Quell-PFD
	`nBytes`, Speicherbedarf der Ziel-PFD
	`ppfd`, Zeiger auf die Ziel-PFD
		`int`, Indexnummer der PFD	Speichert die Informationen aus einer Quell-PFD in eine Ziel-PFD. Diese kann nach Modifikation wieder einem DC zugeordnet werden.

`GetPixelFormat(` `HDC hdc)`	`hdc`, Handle auf den verwendeten DC	`int`, Indexnummer der PFD	Ermittelt die Indexnummer der aktuell genutzten PFD eines DC.

`SetPixelFormat(`
`HDC hdc,`
`int iPixelFormat,`
`PIXELFORMATDESCRIPTOR`
`*ppfd)`
	`hdc`, Handle auf den verwendeten Gerätekontext
	`iPixelFormat`, Index der PFD
	`ppfd`, Zeiger auf die PFD
		BOOL (Erfolg = TRUE oder Misserfolg = FALSE)	Belegt die Pixelformatwerte eines DC mit den Pixelformatwerten der angegebenen PFD.

`SwapBuffers(` `HDC hdc)`	`hdc`, Handle auf den verwendeten DC	BOOL (Erfolg = TRUE oder Misserfolg = FALSE)	Tauscht FRONT- mit dem BACK-Bildschirmpuffer aus.

4.0.2 WGL

Das Betriebssystem Windows wird in der offiziellen OpenGL-Referenz 1.3 mit genau einem Wort in einem Nebensatz erwähnt. Und dies ist auch gut so, denn Windows *sucht* die direkte Anbindung an OpenGL und nicht anders herum. Diese Tatsache wiederum stellt eine Bestätigung des Plattformunabhängigkeitsprinzips von OpenGL dar. Demzufolge ist Microsoft – und auch andere Betriebssystemhersteller – bestrebt, OpenGL so gut und so effektiv wie möglich zu unterstützen. Dies geschieht über die Windows Graphic Library WGL in Form von WGL-Bibliotheksfunktionen. Mithilfe dieser Funktionen wird z.B. der so genannte Rendering Context (RC) programmiert, der die entscheidende Verbindung zwischen der OpenGL- und der Windows-Welt herstellt. Damit stellen diese Befehle die eigentliche Anpassungsarbeit bei der Portierung des OpenGL-Codes auf andere Betriebssysteme dar. Diese werden innerhalb von Visual C++ durch ein dem Befehlspräfix vorangestelltes `wgl_` gekennzeichnet.

Die folgenden WGL-Befehle unterstützen OpenGL direkt.

OpenGL-Unterstützung

Befehl	Parameter	Rückgabewert	Erläuterungen
`wglCopyContext(` HGLRC *hglrcSrc*, HGLRC *hlglrcDst*, UINT *mask*)	*hglrcSrc*, Quell-Rendering-Kontext *hglrcDst*, Ziel-Rendering-Kontext *mask*, Attributmaske = _BIT-Konstanten (siehe Tabelle 11.3)	BOOL (Erfolg = TRUE oder Misserfolg = FALSE)	Kopiert den OpenGL-Attribut-Status von einem OpenGL-Rendering-Kontext (RC) zu einem anderen.
`wglCreateContext(` HDC *hdc*)	*hdc*, Handle auf Gerätekontext (DC), der den RC bereithält	HGLRC, Handle auf OpenGL-RC	Erzeugt einen neuen OpenGL-RC. Das Pixelformat von RC und DC ist gleich.
`wglCreateLayer-Context(` HDC *hdc*, int *iLayerPlane*)	*hdc*, Handle auf DC *iLayerPlane*, 0=Haupt-Layer, >0 Overlay-Layer und <0 Underlay-Layer	HGLRC, Handle auf OpenGL-RC	Erzeugt einen neuen OpenGL-RC, um in Layer-Ebenen (Overlay und Underlay) zeichnen zu können.
`wglDeleteContext(` HGLRC *hlglrc*)	*hlglrc*, Handle auf RC	BOOL, TRUE oder FALSE	Entfernt einen OpenGL-RC.
`wglDescribeLayer-Plane(` HDC *hdc*, int *iPixelFormat*, int *iLayerPlane*, UINT *nBytes*, LAYERPLANEDESCRIPTOR *plpd)	*hdc*, Handle auf DC *iPixelFormat*, Index der PFD *iLayerPlane*, 0=Haupt-Layer, >0 Overlay-Layer und <0 Underlay-Layer *nBytes*, Größe der LAYERPLANE-DESCRIPTOR-Struktur *plpd*, Zeiger auf Layer-Struktur	BOOL (Erfolg = TRUE oder Misserfolg = FALSE)	Ermittelt Informationen zur spezifizierten Layer-Ebene. Höhere Layer-Nummern überlagern Layer mit niedrigeren Nummern.
`wglGetCurrent-Context()`	*keine Parameter*	HGLRC, Handle auf OpenGL-RC	Ermittelt den Handle auf den aktuellen RC, der OpenGL-Befehle empfängt und verarbeitet.
`wglGetCurrentDC()`	*keine Parameter*	HDC, Handle auf DC	Ermittelt den Handle auf den aktuellen DC, der mit dem aktuellen RC in Verbindung steht.

Tabelle D.2:
WGL-Befehle zur OpenGL-Programmierung

Befehl	Parameter	Rückgabewert	Erläuterungen
`wglGetProcAddress(` `LPCSTR` *lpszProc*`)`	*lpszProc*, Zeiger auf einen NULL-terminierten String, der den Namen auf die Erweiterungsfunktion enthält.	PROC, Handle auf OpenGL-RC	Ermittelt die Adresse der OpenGL-Erweiterungsfunktionen (Extensions).

`wglMakeCurrent(`
`HDC` *hdc,*
`HGLRC` *hglrc*`)`
	hdc, Handle auf DC
	hglrc, Handle auf RC
		BOOL (Erfolg = TRUE oder Misserfolg = FALSE).	Setzt die aktuelle RC/DC-Verbindung, die ab sofort OpenGL-Befehle empfängt und verarbeitet.

`wglShareLists(`
`HGLRC` *hglrc1,*
`HGLRC` *hglrc2*`)`
	hglrc1, Handle auf RC Nummer 1, der die Darstellungslisten enthält.
	hglrc1, Handle auf RC Nummer 2
		BOOL (Erfolg = TRUE oder Misserfolg = FALSE)	Ermöglicht RC 1, sich Darstellungslisten mit RC 2 zu teilen. RC2 sollte keine Darstellungslisten enthalten!

`wglSwapLayerBuffers(`
`HDC` *hdc,*
`UINT` *fuPlanes=*
`WGL_SWAP_MAIN_PLANE` /
`WGL_SWAP_OVERLAYi` /
`WGL_SWAP_UNDERLAYi`)`
	hdc, Handle auf DC
	fuPlanes, spezifiziert die Main-, Under- und Overlay-Ebene, die durch nebenstehende WGL-Konstanten angezeigt werden. Die möglichen **i**-Werte liegen zwischen **1** und **15**
		BOOL (Erfolg = TRUE oder Misserfolg = FALSE)	Tauscht FRONT- mit dem BACK- Puffer der entsprechenden Layer- Ebene. bReserved in der PFD hält die Layer-Nummer.

ANHANG E

Quellenverzeichnis

Buchquellen:

- Victor Toth, Visual C++ 5 – Das Kompendium, Markt+Technik Buch- und Software Verlag GmbH 1997.
- Prof. Dr.-Ing. Willi Hallmann, Grundlagen der Temperaturkontrolle von Raumflugkörpern, Aachen Juni 1991
- Dr. Ute Claussen, Programmieren mit OpenGL, Springer-Verlag Berlin Heidelberg 1997

Elektronische Quellen:

- HTML Help Control – Visual C++ 6.0, Autoren Edition, Microsoft Corp. 1995-2000
- Mark Segal/Kurt Akeley, The OpenGL® Graphics System: A Specification (Version 1.3), © Silicon Graphics, Inc., 14. August 2001
- LexiROM 4.0, © 1995-1999 Microsoft Corporation und Bibliographisches Institut & F.A. Brockhaus AG

Fachmagazine

- Ingo Wulf, Raumkommandos, c't 1999 Heft 20, Heise Zeitschriften Verlag GmbH&Co. KG

Internetseiten:

- http://www.sgi.com/
- http://www.opengl.org/

ANHANG F

Inhalt der Buch-CD

Aus redaktionellen und technischen Gründen finden Sie alle Informationen zur Buch-CD in der auf dieser CD befindlichen Datei *readme.txt*.

Temporäres Laden des Projektcodes

Zum Überprüfen von Übungsaufgaben oder um zu Lernzwecken mit einer sauberen Codegrundlage zu starten, laden Sie bei Bedarf den entsprechenden Code von der Buch-CD; diese Codes finden Sie kapitelabhängig in folgendem Ordner: \Buchdaten\Kapitel*xx*\

Speichern Sie dazu über DATEI/ALLE SPEICHERN Ihren aktuellen Projektstand und schließen Sie Visual C++. Kopieren Sie den Kapitel-Projektordner in ein temporäres Verzeichnis auf Ihrer Festplatte (z.B. C:\TEMP\Kap*xx*\). Laden Sie das Projekt aus dem Windows-Explorer über einen Doppelklick auf die Datei *OGLProjekt.dsw*.

> Bevor Sie die übrigen Schaltflächen des Steuerzentrale-Dialogs anklicken können, *muss* zuvor die INITOGL-Schaltfläche zur Initialisierung von OpenGL angeklickt worden sein! Den entsprechenden Hinweis dazu erhalten Sie direkt nach jedem Neustart des Programms in der Infozeile des Dialogs!

Stichwortverzeichnis

2D 30
2D-Bitmuster 375
2D-Pixelgrafik 375
2D-Projektion 257
3D 30
3D-Ausschnittsbereich 262
3D-Flächen 348
3D-Grafik 315
3D-Körper 348
3D-Labs 20
3D-Objekt (NURBS) 362
3D-Raumlängeneinheiten 327
4x4-Matrix, homogene 257

A
Abfang-Funktion (Windows Message) 328 f.
Ablaufgeschwindigkeit 317
Ablauflogik 314
Ablaufreihenfolge 178
Ablaufskizze 318
Ablaufsynchronisation 317
Ablauftransparenz 336
Ablaufverhalten 331
– zeitkritisches 342
Abmaße, quadratische 280
Abschwächung, quadratische 210
Abschwächungsanteile 208
Abschwächungseigenschaft 207
Abschwächungsfaktoren 50, 208
Abstand von Lichtquelle 207
Abstandsgesetz, quadratisches 49, 210
Abstrakt, mathematisch 32
Abstrakte geometrische Gebilde 136
Achsen 413
Aktivierungsstatus 325
Alpha-Wert 48
Ambientstrahler 49, 194, 214
– globaler 199, 215, 242
Animation, komplexe 316, 327
Animationsablauf 325
– autonomer 326
Animationsablaufschema 326
Animationsablaufsteuerung 325
Animationsaktivierung 334
Animationsarten 315
Animationsdarstellung 275, 315, 322
Animationsfähigkeit 252, 334
Animationsgerüst 339
Animationskern 340
Animationskontrolle 319
Animationsmechanismen 316

Animationsmodus 313, 319, 325, 333, 340
– Aktivierung 332
Animationspause 326
Animationsproblematik 316
Animationsprogrammierung 262, 285, 287, 313, 319, 321, 324, 344
Animationsschaltflächen 335 f.
Animationssequenz 317 f., 326, 342
Animationssteuerung 314, 319, 327
Animationssynchronisation 344
Animations-Taktgeber 328, 341
Animationstechnik 322
Animations-Timer 340
Animationswiedergabe 326, 342
Animationszeit, verstrichene 327
Animationszustand 324
Animationszyklus 337 f.
Anschlusspunktinformationen 358
Ansicht, perspektivische 257
API – Advanced Programming Interface 20
Approximationen 363
ARB – Architecture Review Board 20
Attribute 63, 125, 129, 308, 322
– körperspezifische 352
Attributgruppen 310
Attributstapel 302, 308
Attribut-Stapelbefehle 309
Attribut-Status-Sicherung 308
Auflösungsgrenze 377
Aufrufreihenfolge 305
Ausblendeffekt 158
Ausführung 288
Ausleuchtung 199
Ausnahmemodus, kritischer 333
Ausschnittsbereich 262
Autorenversion 23

B

Bearbeitung beginnen 123
Befehlsreihenfolge 178, 241

Befehlsvarianten 135
Begleitbefehle 303
Beleuchtungseinstellung 240
Beleuchtungsmodell, globales 239, 241
Beobachter, lokal/nicht lokal 243
Beobachterposition 230, 243
Berechnungsaufwand 356
Bestrahlungslicht 44
Betrachtung, animierte 348
Betrachtungsblickwinkel 257
Bewegung 316
Bewegungseffekt 319
Bibliotheken 66
Bibliotheksfunktionen 24
Bildanzahl/Zeiteinheit 317
Bildausschnitt 257 f.
Bildschirmauflösung 18
Bildwiederholrate 326, 342, 344 f.
Binärarithmetik 52
Blend-Effekte 174, 389
Blend-Faktoren 390
Blending-Berechnung, multiplikative 392
Blickfelddefinition 122, 262
Blickfelderweiterung 265
Blickfeldvolumen 273
Blickpunkt 243, 265, 318, 322
Blickpunktebene 412
Blickpunktkoordinaten 204, 244
Blickrichtung 244, 248, 263, 318, 322
Blickrichtungsdefinition 267
Blicktransformation 230
Blickwinkel 256 f., 260, 340
Blickwinkeldefinition 122
Brechung 45
Buchstabengrafiken 18

C

CAD 27
CFrameWnd-Klasse 278
Client 121
Client-Bereich 259, 276
Client-Server-Konzept 22, 26, 287
Clip-Koordinaten 259

Clipping-Effekt 274, 412
Clipplane 263, 412
ClipSize
– Abstände 271
– Faktor 271
– Parameter 264, 273
– Wert 265
Color-Index-Modus 172
Computerspiele 251, 262
COpenGL 92
– Animationsvariante 314
– CalcNormale 151
– CframeWnd::Create 100
– Child-Eigenschaft 98
– Child-Fensterdefinition 100
– ChoosePixelFormat 107
– CWnd::CDC 104
– CWnd::GetDC 104
– Fensteraktivierung 102
– Focus 102
– Form einer Instanz 93
– Fremdklasse (Aufruf) 101
– GetClientRect 121
– Größe OpenGL-Fenster 100
– HDC 104
– HelloOpenGL 111, 121
– Initialisierung 99
– Klasse 66, 233
– Klassenbezeichnung 93
– Konstruktor-Destruktor 95
– OpenGL/Windows-Interface 107
– OpenGL-Ausgabefenster 94
– PFD_-Konstanten 106
– PIXELFORMATDESCRIPTOR 105 ff.
– Position OpenGL-Fenster 100
– Server-Initialisierung 121
– SetPixelFormat 107
– SetRenderingContext 121
– ShowWindow-Parameterkonstante 100, 102
– Titelname 100
– Vordergrunddarstellung 100
– WIN32-Befehle 107
– Zeigeroperator -> 101
– Z-Puffer-Tiefenberechnung 106

CounterClockWise 155
Create-Methode 278

D
Darstellung
– flackerfreie 121, 123
– invertierte (Texturbild) 392
– normalisierte 275
– unschattierte 191
– zeitkritische 143
Darstellungsarten 354
Darstellungseffekte, kombinierte 355
Darstellungsgeschwindigkeit 286
Darstellungslisten 285 ff., 315
Darstellungsmedium 275
Darstellungsprobleme 176 f.
Datentypen, OpenGL 126 ff.
Daumenkino 343
DC – Device Context 103
Defaults 120, 125 f., 239 f.
Definitionscode, vollständiger 196
Device Context – DC 427
Differenz, vektorielle 269
Diffusion 45
Dimensionsachse 30
Dimensionsrichtung 294
Dimmereffekt 209
Direct3D 15
Diskrete Systeme 250
Diskretisierungsgrad 251
Diskretisierungsgrenzen 250
Display-List 287
Drahtgittermodell 150
Drehpunkt 300
Drehsinn 152
Dreiecksflächen 137, 141 ff.
Dualsystem 52
Dynamischer Prozess 319
Dynamisierung 313

E
Ebene 30, 147
Echtfarben 379
Echtzeit 22, 170, 317
Echtzeitanimation 317

437

Echtzeitdarstellung 27, 344
Echtzeitprogramme 330
Echtzeitschatten 20
Echtzeitverhalten 344
Eckpunktbewertung 247
Eckpunkte 27, 134
– gemeinsame 358
– ortsgleiche 359
Eckpunktfarbe 27, 248
Eckpunktkoordinaten 256
Effekt einschalten 126
Effektdefinitionsbefehl 175 f.
Einfallswinkel 46
Einheitsmatrix 42, 259 f., 299
Einheitswertebereich 294
Einsvektor 35, 146, 149
Emission 222
Entwicklungsplattform 330
Entwurf, hardware-naher 22
Ereignistypen 328
Evaluator 123
Event 328
Event-orientiert 21
Execution-Model 26
Eye-Koordinaten 204, 213, 243, 259, 262
Eye-Punkt 269 f.

F
Fakultät 408
Farbanteile 172 f.
Farbbezeichnungen 181
Farbdefinition 172 f., 181 ff.
Farbe 44, 222
Farbindexmodus 54
Farbmischung 51
Farbpuffer 184 f.
Farbstatus 139
Farbton 51
Farbverknüpfung 180
Farbverlauf, inhomogener 247
Farbverschmierungseffekt 357
Fensterkoordinaten 259, 275
Filmsequenzen 23
Flächenfarbbildung 248
Flächenkonturlinien 178

Flächennormale 252, 355
Flächen-Primitive 140
Flächenseite, positive 143, 150
Flächenstücke 356
– ebene 353
Flackereffekt 316, 344
Fluchtpunktperspektive 283
Flugzeit 319
Fragment 124
Frame-Buffer 124
Freiformflächen 361, 363

G
Gameplay 342
Generierungsreihenfolge 290
Geometrie
– orthogonale 264
– rechtshändige 300
Geometrietreue 251
Gerätekoordinaten, normalisierte 259, 275
Gitterdarstellung 187, 355, 370
GL-Befehle
– glBegin 137, 384
– glBindTexture 376, 382, 396
– glBlendFunc 176, 180, 401
– glCallList 286, 288, 291, 293
– glCallLists 286
– glClear 184
– glClearColor 184
– glClearDepth 185
– glColor_ 154, 171 f., 217, 219, 223, 226, 232, 234, 352
– glColorMaterial 193, 223, 226
– glColorModel 246
– glCullFace 156, 246
– glDisable 125, 308, 382
– glEnable 125, 382
– glEnd 137, 384
– glEndList 286 f., 367
– glFinish 123
– glFlush 123
– glFrontFace 134, 155
– glFrustum 281
– glGenLists 286, 289
– glGenTextures 376, 379

- glGet_ 193, 311, 379
- gllsList 286
- glLight_ 196 f., 200, 213, 222
- glLightModel_ 193, 215, 230, 242, 245, 274
- glLoadIdentity 259, 294, 299, 302, 305, 307, 352
- glLoadPrepareCurTextur 396
- glMaterial_ 222, 224, 226, 234 f., 237
- glMatrixMode 122, 257, 259, 302 f.
- glNewList 286 f., 291, 352, 367
- glNormal_ 142, 149, 159, 164, 166, 252, 301
- glOrtho 122, 263, 265, 270, 282
- glPixelStore_ 376
- glPolygonMode 185, 226, 355
- glPop_ 301, 304
- glPopAttrib 302, 309
- glPopMatrix 302 ff., 372
- glPopName 302
- glPush_ 301, 304
- glPushAttrib 302, 309
- glPushMatrix 302, 304, 307, 372
- glPushName 302
- glRasterPos 125
- glRotate_ 253, 299
- glScale_ 294
- glShadeModel 164, 246, 248, 352, 356
- glTexCoord_ 376, 382
- glTexEnv 376, 380
- glTexEnvi 400
- glTexImage2D 376, 379
- glTexParameter_ 376, 380, 385
- glTranslate_ 297, 300, 373
- glVertex_ 134, 153, 166, 255, 296, 301, 382
- glViewport 122, 276
- Übersicht (Texturen) 376
- Verwendung, skalare 150
- Verwendung, vektorielle 150

GL-Befehlssatz 118
GL-Bibliothek 133

glColor-Materialdefinitionsmodus 223 f., 236
GL-Datentypen
- GLbitfield 129, 185, 309
- GLdouble 269
- GLenum 126, 128, 129, 288
- GLfloat 127
- GLint 276, 288
- GLuint 379
Gleichlauf 317
GL-Konstanten
- GL_ALL_ATTRIB_BIT 309
- GL_AMBIENT 199, 223, 235
- GL_AMBIENT_AND_DIFFUSE 223, 246
- GL_BACK 156, 185
- GL_BLEND 174, 401
- GL_CCW 155
- GL_COLOR_BUFFER_BIT 185
- GL_COLOR_MATERIAL 223
- GL_COMPILE 288, 291
- GL_COMPILE_AND_EXECUTE 288
- GL_CONSTANT_ATTENUATION 207
- GL_CULL_FACE 156
- GL_CURRENT_BIT 309
- GL_CW 156
- GL_DECAL 401
- GL_DEPTH_BUFFER_BIT 185
- GL_DEPTH_TEST 185
- GL_DIFFUSE 199, 223, 235
- GL_DST_COLOR 392
- GL_EMISSION 237
- GL_ENABLE_BIT 309
- GL_FALSE 130, 158, 175, 245
- GL_FILL 186
- GL_FLAT 246, 248, 356
- GL_FRONT 156, 185
- GL_FRONT_AND_BACK 185, 226
- GL_INVALID_VALUE 366
- GL_LIGHT_MODEL_AMBIENT 215, 242 f.
- GL_LIGHT_MODEL_LOCAL_VIEWER 230, 242

439

- GL_LIGHT_MODEL_TWO_SIDE 242, 245
- GL_LIGHT0 194, 198, 199
- GL_LIGHT1-n 198
- GL_LIGHTi 193
- GL_LIGHTING 126, 190, 240, 308 f.
- GL_LIGHTING_BIT 309
- GL_LINE 186
- GL_LINE_LOOP 140
- GL_LINE_STRIP 140
- GL_LINEAR_ATTENUATION 207
- GL_LINES 139
- GL_MODELVIEW 122, 256, 297, 303
- GL_MODULATE 401
- GL_NORMALIZE 146, 149, 159, 203
- GL_ONE 390
- GL_ONE_MINUS_SRC_ALPHA 390
- GL_POINT 186
- GL_POINTS 139
- GL_POLYGON_BIT 309
- GL_POSITION 200, 202, 204, 206, 213
- GL_PROJECTION 122, 256, 262, 303
- GL_QUAD_STRIP 161, 358
- GL_QUADRATIC_ ATTENUATION 207
- GL_QUADS 148
- GL_REPLACE 401
- GL_SHADE_MODEL 309
- GL_SHININESS 237, 246
- GL_SMOOTH 246, 356
- GL_SPECULAR 200, 235
- GL_SPOT_CUTOFF 206, 212
- GL_SPOT_DIRECTION 200, 203, 211 f.
- GL_SRC_ALPHA 390
- GL_TEXTURE 256
- GL_TEXTURE_1D 382
- GL_TEXTURE_2D 382
- GL_TRANSFORM_BIT 309
- GL_TRIANGLE_FAN 147
- GL_TRIANGLE_STRIP 146, 358
- GL_TRIANGLES 142
- GL_TRUE 130, 158
- GL_VIEWPORT_BIT 309
- GL_ZERO 392

glMaterial-Materialdefinitionsmodus 224

GLU-Befehle 256, 347, 349 f.
- direkte/indirekte 349
- gluBeginCurve 362
- gluBeginSurface 362, 367, 396
- gluBuild2DMipmaps 376, 379
- gluCylinder 349
- gluDeleteNurbsRenderer 362, 367
- gluDeleteQuadric 349, 352
- gluDisk 349
- gluEndCurve 362
- gluEndSurface 362, 367
- gluGetNurbsProperty 362
- gluLookAt 122, 268, 274, 301
- gluNewNurbsRenderer 362, 367
- gluNewQuadric 349, 351
- gluNewTess 374
- gluNurbsCallback 362
- gluNurbsProperty 362, 369
- gluNurbsSurface 367, 396
- gluOrtho2D 270
- gluPartialDisk 349
- gluPerspektive 283
- gluQuadricDrawStyle 349, 355
- gluQuadricNormals 349, 356
- gluQuadricOrientation 349, 355
- gluQuadricTexture 349, 398
- gluSphere 349, 352
- gluTessEndContour 374
- gluTrimBegin 374
- gluTrimEnd 374
- Übersicht (NURBS) 362

GLU-Befehlsnamen 347
GLU-Befehlssatz 118, 347
GLU-Befehlsübersicht 349
GLU-Bibliothek 347, 352
GLU-Datentypen
- GLUnurbsObj 367

Stichwortverzeichnis

– GLUquadricObj 351 f.
GLU-Definitionsdatei 347
GLU-Konstanten 347
– GL_MAP2_COLOR_4 367
– GL_MAP2_NORMAL 367
– GL_MAP2_TEXTURE_COORD_2 367
– GL_MAP2_VERTEX_3 367
– GLU_AUTO_LOAD_MATRIX 371
– GLU_CULLING 371
– GLU_DISPLAY_MODE 370 f.
– GLU_DOMAIN_DISTANCE 370
– GLU_FILL 354, 370
– GLU_FLAT 354, 356
– GLU_INSIDE 354 f.
– GLU_LINE 354
– GLU_NONE 354
– GLU_OUTLINE_PATCH 370
– GLU_OUTLINE_POLYGON 370
– GLU_OUTSIDE 354 f.
– GLU_PARAMETRIC_TOLERANCE 371
– GLU_POINT 354
– GLU_SAMPLING_METHOD 370 f.
– GLU_SAMPLING_TOLERANCE 371
– GLU_SILHOUETTE 354, 361
– GLU_SMOOTH 354, 356
– GLU_U_STEP 370 f.
– GLU_V_STEP 370 f.
– Übersicht 354
GLU-Objekte texturieren 397
GLU-Objekteckpunkte 353
GLU-Objektzeiger 361
GLU-Programmierung 347
GLUT – Graphic Library Utility Toolkit 26
glVertex_-Befehlsreihenfolge 153
Grafikelemente 18
Grafikhardware 22
Grafikspeicher 286
Graphic Library Utility Toolkit – GLUT 26
Grenzen, physikalische 275

Grenzflächen 358
Grenzlinie 358
Größendimensionen 294
Größenverhältnisse
– Objekte 294
– Textur 377
Grundelemente, grafische 133 ff.
Grundfarben 51, 183
Grundgeometrie 19
Grundhelligkeit 242
Grundkörper 19

H
Hauptstrahlrichtung 211
Helligkeit 45, 51, 242
HelloOpenGL
– Member-Funktion 112
– Rahmencode 117
– Testroutine 111
HGLRC 104
Hintergrundfarbe 184
Hintergrundpuffer 123
Höhenachse 30

I
Implementierung 22
Initialbetrachtungen 260
Initialblickpunkt 265
Initialblickrichtung 265
Initialblickrichtungswinkel 262
Initialisierungswerte 198
Initialsichtweise 260 f., 267
Installationsroutine 332
Intensität 49, 207, 209
Interferenz 45 f.
Interpolation, mathematische 248
Interpolationsberechnung 363

K
Kamera
– Endposition 327
– Startposition 327
– virtuelle 259
Kamerabewegung 345
Kamerablickfeld 280
Kamerablickrichtung 327

441

Kameraflug 318, 327, 342 f.
Kamerasicht 267, 269, 321 f.
Kameraweg 318
Kantenbildung 353
Kegel 359 f.
Kombinatorik 408
Komponenten 51
Konstruktor 325
Kontext 26
Konturlosigkeit 191
Konvention 31
Konzentrationsexponent 212
Koordinaten
– absolute 258
– homogene 135
Koordinatensystem 30 ff.
– globales 31, 244, 269, 353
– kartesisches 31
– lokales 31
Koordinatenwert 31
Korkenzieherregel 37
Körper
– komplexe geometrische 133
– räumliche 349
Körperfarbe 51
Kugelmittelpunkt 353
Kugelobjekt 350

L
Lage 297
Laufzeitprobleme 333
Laufzeitverhalten 313
Leuchtdichte 45, 212
Leuchtfarbe 217
Leuchtkegelwinkel 212
Leuchtrichtung 48, 202
Leuchtrichtung/-position 200
Licht 190 ff., 239 ff.
– farbiges 51
Lichtabschwächung 207
Lichtberechnung 245
Lichtberechnungsmodell 27
Lichtbrechung 46
Lichtdarstellung 239
– realistische 356

Lichteffekte 19, 22, 50, 112, 126, 141, 143, 148, 152, 189 f., 222, 224, 234, 240, 310, 411
Lichteinfallswinkel 211
Lichtkegel 211, 247
Lichtkegeleigenschaft 206
Lichtkegelwirkungskreis 247
Lichtmodelle 195
– globales 230, 242
Lichtquelle 48 f., 189, 191, 193, 198, 200, 205, 211, 217, 241, 248
– globale 242
– handelsübliche 215
– natürliche 195
Lichtquellenangaben, konstante 194
Lichtquellenangebot 219
Lichtquellenanteil
– abstrahlbarer 199
– ambienter 199, 209, 217
– diffuser 198 f., 209, 217, 228
– spiegelnder 198 ff., 209, 217
Lichtquellenanzahl 193
Lichtquellendefinition 48, 192 f., 216, 218, 221, 228, 322
Lichtquelleneigenschaften 195 ff., 200, 202, 211, 240
Lichtquellenfarbe 217, 219
Lichtquellenintensität 208 f.
Lichtquellenkonstante 197, 199 f.
Lichtquellenmodelle 239
Lichtquellennummer 193 f.
Lichtquellenposition 200 ff., 205, 210 f., 243
Lichtquellenrichtung 157, 204
Lichtquellenrichtungsvektor 238
Lichtquellen-Standardwerte 196, 217
Lichtquellenstrahlen 199, 231
Lichtquellenstrahler 236
Lichtquellentyp 126, 194 f., 198, 200 f., 211
Lichtquellenverhältnisse 47
Lichtquellenwirkrichtung 200
Lichtresultate 252
Lichtrichtung 248

Lichtverstärkung 207
Linien-Primitive 139 f.
Listen
– generieren 290
– verschachteln 292
Listenaufruf 286 f., 307
Listenbefehle 286
Listendefinitionsbereich 287
Listenmodus 288
Listennamen 288 f.
Listennamenstruktur 290
Listentechnik 285, 289, 313, 321 f.
Lochkreisradius 361
Lochscheibe 361

M
MAP 369, 376
Masken-Parameter 309
Material 191, 221
Materialbeschaffenheit 45
Materialdefinitionsmodus 223, 241
Materialeffekte 222 f.
Materialeigenschaften 222, 224, 240, 248
Materialien, selbstleuchtende 236
Materialkonstanten 222
Materialmodelle 239
Materialoberfläche 200, 227, 229, 237
Materialreflexion
– ambiente 227, 229, 233
– diffuse 47, 229, 233
– spiegelnde 227, 230 f., 233
– zusammengesetzte 231
Mathematik 31
Matrix
– aktive 303
– aktuelle 306
– homogene 40
– quadratische 40
Matrix-Initialisierung 259
Matrixmultiplikation 258
Matrixstapeltypen 303
Matrizenbehandlung 285, 293
Matrizenrechnung 256
Matrizenstapel 302 f.

Mehrfachdefinitionen 140
Member-Funktionen 315
Member-Variablen 315
MipMap-Texturen 20
Mischfarben, reine 52
Modellierung 27
Modellierungsmatrix 122
Modelltransformation 258
Modelview-Matrix 258
Modus, stereoskopischer 22
Multitasking 330
Multithreading 330

N
Nachlaufen 316
Nachrichtenzuordnungsschleife 328
Näherungsflächen 363
Netzdichte 370
Netzmaschen 370
Netzwerktransparenz 26
Neuzeichnen 293
Normalendefinition 301, 355
Normalenrichtung 151
Normalenvektor 35 f., 137, 142, 146, 148, 151 f., 154, 159, 164, 167, 248, 252, 405
– negativer 152 f., 408
Normalenvektorbefehl 252
Normalenvektorbildung 160
Normalenvektordefinition 142, 162
Normalenvektorkomponenten 149
Normalisierung 146
Normierungsgröße 385
NURBS 19, 361
– Eckpunktefeld 367
– Eigenschaften 368
– Erscheinungsbild 371
– Erzeugungsmodus 367
– Farbfeld 368
– Feldebene 363
– Feldpunkte 363
– Flächen 362
– Flächenerzeugung 363
– Flächentypen 367
– Kontrollfeld 363
– Kontrollpunkte 363

- Kurvenerzeugung 363
- Normalenvektorfeld 368
- Oberflächenfarbgebung 369
- Parameterfeld 365
- Texturfeld 368
- texturieren 395
- Topologie 373
- Transformationen 372
- Trim-Befehle 374
- unflache Fläche 141

O

Oberflächenausdehnung 349
Oberflächenbeschaffenheit 45, 222
Oberflächenstücke
- dreieckige 353
- viereckige 353

Objektanimation 316
Objekteigenschaft 45
Objektkoordinatendefinition 396
Objektorientiert 23
Objektvariationen 296
Öffnungswinkel, halber 206, 212
OnPaint-Methode 340
OpenGL-Befehlssatz 21
OpenGL-Code auslagern 321
OpenGL-Konstanten 128
OpenGL-Server 287
OpenGL-Spezifikation 20
OpenGL-Standard 20
OpenGL-Status 125, 241
OpenGL-Unterstützung 24
OpenGL-Versionen 20 f.
Operation einschalten 126
Orientierungspunkt, globaler 265
Orthogonale Ausrichtung 36, 149
Ortsvektor 33

P

Parallelstrahler 48, 194, 204, 213, 217, 228, 231, 243
Parameterliste 135
Performance 22, 143, 146
Performancebedarf 252
Perspektivdivision 259
Perspektive 258

Perspektivmatrix 257
Per-Vertex Operations 124
Pixel 18
Pixel-Operations-Stufe 124
Pixelseitenverhältnis 379
Plattformabhängige Schritte 121
Plattformunabhängigkeit 20
Polygon 19, 136, 165
Position 297
Positionseigenschaft 201
Positionslichtquelle 202
Positionsstrahler 211
Positionsverschiebung, unerwünschte 296
Präprozessor 289
Primitivdefinition 137, 241
Primitive 19, 133 ff.
Primitiv-Definitionsbereich 137
Primitiv-Definitionscode 137
Primitiv-Eigenschaften 139
Programm, rufendes 332, 379
Programmablauf 320
Programmfortführung blockieren 123
Programmieransatz 23
Programmiersprache 21
Projektion
- orthogonale 266
- perspektivische 281
Projektionsmatrix 122, 259
Projektionstransformation 41, 257
Prozesse
- dynamische 319
- zeitgesteuerte 339
Punkt-Multiplikation 138, 258
Punkte-Primitive 138 f.
Punktstrahler 48, 194, 202, 206
Pyramidenstumpf 281

Q

Quadrics 348
- Eigenschaften 352
- Erscheinungsbild 355
- Erscheinungsformen 354
- Objektgerüst 351
Quotient, perspektivischer 282

R

Radiowellen 43
Rasterisierung 124
Raumdefinition 32
Raumlage/-position 256, 353
Raumpunkt 33
Raytracing 27
RC – Rendering Context 103 ff., 428
Realisierungsschritte 120 ff.
Rechter Winkel 31
Rechthändige Geometrie 160
Rechtshändige Geometrie 37, 143, 146, 151, 155
Referenz-Raumlänge 256
Referenzstrahler 216
Reflexion 45, 222
Reflexionsanteil 234
– spiegelnder 243
Reflexionscharakteristik 199
Reflexionseffekte 45
Reflexionsgesetz 46, 244
Reflexionskonstanten, globale 243
Rendering 27
Rendering Context (RC) 103 ff., 259
Rendering-Pipeline 123
Restaurierung, zerstörtes Bild 340
RGB-Echtfarbenmodus 172, 375
RGB-Echtfarbgebungsmethode 172
RGB-Farben 51, 172
RGB-Wellenlängen 43
Richtungsangabe in Eye-Koordinaten 205
Richtungseigenschaft 200
Richtungslichtquelle 202, 204
Richtungsvektor 35, 159, 202 f., 269
Röntgen-/Gammastrahlen 43
Rotation 299
Rotationsachse 39
Rotationstransformation 300
Ruckeleffekt 316, 342, 344

S

Sättigung 51
Schaltflächen 314
Schattenbildung 241
Schattierungsberechnung 245
Schattierungsergebnis 252
Schattierungsfarben 187
Schattierungsfarbverlauf 247
Schattierungsmodell 164, 246
Schnittebene 263
Schnittkantenverlauf 274
Schwarz 51
Seitenverhältnis 277 f.
Server 123
SGI 20
Sichttransformation 259
Skalar 41
Skalierbarkeit 294
Skalierung 41, 296
Skalierungsfaktor 234, 294
Skalierungsparameter 294
Softwareschnittstelle 20
Spektraltheorie 218
Spiegelberechnung 230
– lokale 245
Spiegeleffekte 245
Spiegellichteffekte 368
Spiegelung 45 f.
Spielablauf 342
Spieleprogrammierung 262, 287
Spoteigenschaften 211
Spotlichtquelle 247
Spotstrahler 194, 202, 206, 211
Standard-Ambientwerte 215
Standardbedingungen 198
Standardblickrichtung 217
Standardcode 205, 215
Standarddarstellung 209
Standardeinstellung 156
Standardfarben 181
Standardlichtquelle 217
Standardmaterialeigenschaften 224
Standardnormalenvektor 262
Standard-OpenGL-Grafikbibliothek GL 24
Standard-OpenGL-Utility-Bibliothek GLU 25
Standardstrahler 198, 216 f.
Standard-Szenensichtweise 260

Standardverwendbarkeit 198
Standardwerte 120, 125 f., 181, 199, 224, 238 f.
Stapel 299
Stapelbefehle 302
Stapelhöhe 302 f.
Stapelmechanismus 301
Stapeltyp 302
Stapelüberlauf 310
State-Machine 89, 125 f.
Statische Szene 319
Status-Befehle 125
Statusstruktur 325
Statusverhalten, allgemein 241
Storyboard 318, 342 f.
– Name 327
Strahlung 199
– elektromagnetische 42
Streuanteil 199
Strukturelemente 325
Strukturierung, hierarchische 293
Suffixe 135 f.
Suffixvarianten 222
Szenenanimation 313, 315
Szenenbilder 317
Szenendarstellung 316
Szenendarstellungsereignis 331
Szenendefinition, strukturierte 286
Szenendefinitionscode 122
Szenenelemente 412
– listengenerierte 286
Szenengenerierungsbefehle 325
Szenenmittelpunkt 269, 318, 348
Szenenobjekte/Grafikelemente 122
Szenenüberflug 315

T
Tesselationsobjekte 374
Texelgrafik 376 f.
Textur 286, 376, 400 f.
Texturausrichtung 382, 384
Texturausschnittsdarstellung 385
Texturbreite 379
Textureffekt 388
Texturhöhe 379
Texturierung 180, 373, 375

Texturkoordinaten, normierte 382
Texturkoordinatendefinition 396
Textur-Mapping 124, 377
Texturmaske 391 f.
Texturname 379
Texturnamengruppierung 380
Texturverbindungsbefehle 382
Texturwiederholung 385
Tiefenpuffer 185
Tiefenpufferanalyse 392
Timer 320
Timer-Event 330
Timer-Handle 331
Timer-ID 330
Timer-Mechanismus 332
Timer-Nachrichten 332
Topologie 148, 358 f., 399
Transformation 244, 285, 301, 399, 413
Transformationsanweisungen 353
Transformationsbefehle 285, 293, 297
Transformationsmatrix 41, 297
Transformationsschritte 259, 298
Translation 39, 297
Transparenz 47
Transparenzdarstellung 322
Transparenzeffekt 174
Transparenzfähigkeit, Textur 388
True Color/Echtfarben-Modus 172
Typenumwandlung, explizite 279

U
Überparameter 234
Umfangradius 361
Unterstützung
– indirekte 427
– von OpenGL 23
Up-Vektor 267, 269
Ursprungspunkt 31

V
Vektor 32, 143
– freier 35, 203
Vektorbetrag 34
Vektorbetrag/Vektorlänge 159

Vektorrechnung 32
Vektorrichtung 149
Verdeckungsrechnung 388
Vergrößerung 295
Verkleinerung 295
Verknüpfungsoperationen 27
Verschachtelung 288, 292
Verschiebungsvektor 39, 297
Version 22
Vertex 134
– Definitionsreihenfolge 142
– Reihenfolge 152
Vertices 134
Vielecksflächen 136, 141
Vierecksflächen 141, 147
Viewport 259, 261, 265, 276
Virtuelle Realität 29
Visual C++
– #define 118
– #include 96, 118, 144
– #include <cmath> 144
– Ablauflogik 88
– Adresszeiger 167
– Arbeitsbereich 62
– Ausgabebereich 63
– Autorenversion 60
– Basisklasse 80, 90
– C++ 55
– CButton 83
– CDialog-Basisklasse 68
– CFrameWnd 94
– C-Klasse 93
– COGLProjektApp 60
– COGLProjektDlg 60
– Compilermodi 64
– Compiler-Warning 127
– COpenGL 61
– CRect 121
– CStatic 83
– CString-Klasse 74
– C-Struktur 129
– CWnd 87
– CWnd::EnableWindow 87
– C-Zeigertechnik 136
– Datenformat 167
– Datentypen, einfache 128

– Datentypen-Komplex 128 f.
– Datentypumwandlung 126, 128
– Definitionsdatei 75
– delete-Operator 97
– dialogbasierte Anwendung 57
– Dialogdatenschleife 75
– Dialog-Eigenschaften 67
– DoDataExchange 75
– double 127
– Editierbereich 63
– Entwicklungsumgebung 57, 62
– float 127
– Funktionsrückgabewert 99, 168
– GetClientRect 277
– Gleitkommzahl 128
– Hilfefunktion 90 f.
– if-else-Anweisung 86
– Implementierungsdatei 75
– Instanz 87, 96
– Instanzierung 96
– int 127
– Kapselung 95
– Klassen-Assistent 73 f., 76 f., 79,
  83 f., 93, 158, 182
– Klassendefinition 63
– Klasseninstanz 96
– Klassenübersicht 63
– Konstruktor 75, 131
– Linker 65
– Member-Funktion 73
– Member-Variable 73
– Methode 63
– Methoden/Attribute-Zugriffsrechte
  87
– MFC 56
– MFC-Bibliothek 61, 64
– MFC-Klassen 81, 83
– Nachrichtenschleife 77
– new-Operator 97
– Objekt 87
– Pfeil-Operator -> 169
– Präprozessor-Befehl 96
– Programmierung,
  objektorientierte 87
– Programmlogik 88
– Punkt-Operator . 169

447

- Referenzierungsoperator 96
- Ressource 62, 67
- Ressourcen-Editor 67
- Schaltfläche de-/aktivieren 82, 86, 88
- Schaltflächengröße 69
- Schaltflächenposition 69
- Schlüsselwort class 95
- Speicheradresse 167
- Speicherstelle 167
- Speicherzellen 167
- Stern-Operator * 168
- Steuerelemente kontrollieren 81
- Steuerelemente-Status 89
- Steuerelemente-Werkzeugleiste 69
- Strukturvariable 131
- Textfelder 68, 72 f.
- Und-Operator & 168
- UpdateData 85
- Variablen, lokale 105, 169
- Vererbung 80
- Vererbungshierarchie 91
- Vergleichsoperator, logischer 97
- void 168
- Win32 Release-Modus 64
- Zahlendarstellungskonvention 128
- Zahlenformat 127
- Zeiger 166
- Zeigerdatenformat 168
- Zeigertechnik 151, 166
- Zeigervariable 96, 167
- Zugriffsstatus 99
Vollausleuchtungsfähigkeit 215
Volumen 262
Vorzeichen 264

W
Weiß 51
Wellenlänge 43
Wellenspektrum 42
Wendepunkt/Kameraflug 344
WGL – Windows Graphic Library 428
wgl-Befehle 103
- wglCreateContext 103 ff., 107
- wglDeleteContext 103
- wglGetCurrentContext 103
- wglGetCurrentDC 103
- wglMakeCurrent 103, 107, 120, 122
WIN32.DLL 427
WIN32-Befehle 427 f.
- SwapBuffer 123
Windows Message 328, 340
Winkel, perspektivischer 282

Z
Zeiger 379
Zeitereignis 331
Zeitgesteuert 320
Zeitintervall 327, 330
Zentrierung 280
Zerstörung 340
Zoomen 271, 412
Zoom-Mittelpunkt 272
Z-Richtung, negative 244
Z-Up-Blickfeld 270
Zylinder 359